BIBLIOTHÈQUE
DES MÉMOIRES

RELATIFS

A L'HISTOIRE DE FRANCE

PENDANT LE 18ᵉ SIÈCLE

NOUVELLE SÉRIE
AVEC INTRODUCTION, NOTICES ET NOTES
PAR M. DE LESCURE

MÉMOIRES DE BRISSOT

PARIS
LIBRAIRIE DE FIRMIN-DIDOT ET Cⁱᵉ
IMPRIMEURS DE L'INSTITUT
Rue Jacob, 56

BIBLIOTHÈQUE
DES MÉMOIRES

RELATIFS A L'HISTOIRE DE FRANCE

PENDANT LE 18º SIÈCLE

NOUVELLE SÉRIE

AVEC INTRODUCTION, NOTICES ET NOTES

PAR M. DE LESCURE

TOME XXXII

TYPOGRAPHIE FIRMIN-DIDOT. — MESNIL (EURE).

MÉMOIRES

DE

BRISSOT

AVEC INTRODUCTION, NOTICES ET NOTES

PAR M. DE LESCURE

PARIS
LIBRAIRIE DE FIRMIN-DIDOT ET Cⁱᵉ
IMPRIMEURS DE L'INSTITUT, RUE JACOB, 56
1877

INTRODUCTION.

I.

Brissot est, dans le groupe des Girondins, une des figures les plus mal connues. Quelque chose de la diffamation injuste qui s'est attachée à lui durant sa vie militante l'a poursuivi jusque dans la postérité. Ces débuts pénibles et aventureux, cette jeunesse laborieuse et vagabonde, cette activité inquiète, cette érudition aussi superficielle que vaste, cette fécondité stérile lui ont fait du tort; la première partie de sa vie a nui à la seconde.

Comme tous les polygraphes, comme tous les encyclopédistes, comme tous les cosmopolites, il a plus perdu que gagné à tant d'influences diverses, de successives empreintes, d'efforts en tous sens pour rompre sans y parvenir le cercle de médiocrité, d'obscurité, de pauvreté, où l'enfermèrent de bonne heure les fatalités de sa naissance, les nécessités d'un travail hâtif et mercenaire, ses habitudes d'esprit et ses défauts de caractère. Il y a perdu l'unité de but si indispensable à toute existence, l'originalité d'écrivain qui s'émousse à un emploi multiple

du talent, le relief de physionomie qui n'appartien-
qu'aux visages qu'éclaire un heureux rayon de gloire et
de fortune.

Brissot n'eut jamais le temps de se fixer dans une attitude, un geste, un mot caractéristiques. Il n'a pu s'arrêter que devant l'échafaud, où il arriva conduit par cette implacable logique des révolutions, qui l'y avait fait précéder par des victimes plus pures que lui, et l'y fit suivre par des juges dont aucun ne le valait. L'ensemble d'une telle vie, couronnée par une telle fin, se prête plus facilement à la calomnie qu'à l'éloge, déconcerte l'admiration, trouble jusqu'à l'estime, et comporte surtout la pitié.

Brissot mérite cependant quelque chose de plus que ce dernier sentiment, tout compte fait, et balance exactement tenue de ce qui, dans son rôle, fut volontaire, et de ce qui doit y être surtout attribué aux circonstances, dont il convient de faire la part dans toutes les responsabilités humaines.

Il n'était point né méchant ; et il ne le devint pas, quoique l'entraînement de la lutte l'ait quelquefois exposé à le paraître. La dignité de sa mort garantit l'intégrité de sa vie et la sincérité de sa foi. Il y a dans son existence plus d'une erreur, plus d'une faute ; il n'y a rien de criminel. Il put se tromper sur ce qu'il croyait être le droit de la nation, l'intérêt de la liberté. Il ne se trompa point à son avantage, car après une vie laborieuse, honnête, désintéressée, honorée par l'exemple d'un labeur incessant, d'un patriotisme ardent, de qualités privées, de vertus domestiques trop rares de son temps, il périt victime de son erreur, martyr de sa chimère, les mains pures de sang et d'argent, sans avoir été mercenaire comme Mirabeau, féroce comme Danton, voluptueux comme Camille Desmoulins ou Vergniaud, hypocrite comme Robespierre, cynique comme Marat.

Attaché surtout au progrès des idées, il méprisa les honneurs. Il fit et défit des ministres, sans jamais vouloir l'être, même à une époque où le pouvoir était descendu si bas, qu'il ne fallait que de l'audace pour y atteindre. Il fut, avec Roland, le philosophe de la Gironde; il en fut, plus que lui, l'homme d'État.

Républicain de conviction dès 1789 par suite de son séjour en Suisse, en Angleterre et en Amérique, il visa le premier, dans ses écrits et dans ses actes, non comme tant d'autres, à la Révolution pour elle-même, c'est-à-dire pour le désordre ou pour le pouvoir, mais à la Révolution pour la République, qui lui paraissait l'état le plus convenable à la nation, et réalisait l'idéal du gouvernement auquel il aspirait, non pour en profiter, mais pour en jouir.

Là où tant d'autres ne furent que des destructeurs, il fut un politique; là où tant d'autres ne furent que des pamphlétaires, il fut un journaliste, le plus grave, le plus sensé, le plus hardi et le plus modéré à la fois des précurseurs et des initiateurs révolutionnaires. Il rêva le règne de la raison, de la justice et de la liberté. Il souleva parfois des violences d'opinion, jamais il ne provoqua à des violences de fait.

Fait par la nature pour la coulisse plus que pour le théâtre, pour le cabinet plus que pour la tribune, pour le conseil plus que pour l'action, il n'avait pas d'autre arme qu'une plume, et ne savait qu'écrire; il n'était ni élégant, ni mondain, ni galant, ni éloquent. Il le cédait sur ce point à Vergniaud, à Guadet, à Barbaroux, à Gensonné, à Isnard lui-même; mais il n'eut ni les faiblesses des uns ni les vices des autres, ni les emportements souvent excessifs de tous.

Il n'alla que bien rarement et malgré lui au delà de son but; seul peut-être il en eut un, certain, immuable, parmi ces ambitieux et ces enthousiastes qui s'enivraient de leur parole sans songer au mal qu'elle pouvait faire, et courtisaient le pouvoir, le plaisir, la popularité plus que la liberté.

Doctrinaire tenace de ce parti sans idées, Brissot seul eut un système; et voilà pourquoi il sembla de tous le plus dangereux à Robespierre, qui haïssait pour leur talent et leurs succès les autres Girondins, mais qui haïssait surtout Brissot, le moins ambitieux et le moins brillant de tous, parce qu'il était l'homme d'une cause, qu'il personnifiait en lui, pour laquelle il avait vécu, pour laquelle il mourut. Dans les Girondins, Robespierre ne tuait qu'un parti; dans Brissot, il guillotina une idée, odieuse à ses desseins despotiques, cette idée de la République fédéralisée, à l'exemple de la Suisse et des États-Unis, dont Brissot fut l'apôtre prépondérant pendant tout le temps que les Girondins subirent son ascendant et s'appelèrent les Brissotins.

Voilà pourquoi Brissot mérite d'avoir une étude à part, faite pour redresser plus d'une injustice, pour le venger de plus d'une calomnie et le restituer à l'histoire dans la vérité de son rôle, de son talent et de son caractère, trop dénaturée par ses ennemis et même par ses amis; car il eut beaucoup des uns et des autres, qui, ceux-ci par maladresse, ceux-là par envie, ne l'ont pas épargné.

Cette vérité, c'est que Brissot fut un des précurseurs de la Révolution, et le chef véritable du parti dit Girondin, pendant tout le temps que ce parti eut une doctrine ; un grand journaliste, non par l'esprit et les épigrammes, mais par l'expérience, la raison et les vues, en dépit de plus d'une erreur et de plus d'une faute ; enfin, un honnête homme, qui vécut calomnié et qui mourut pauvre.

II.

Nous avons essayé de caractériser, à grands traits, la figure et le rôle de Brissot. Il nous reste à le connaître plus en détail, et à l'étudier dans l'intimité de son esprit et de son cœur. Nous le ferons toutefois brièvement, car nous n'avons point à répéter ici ce que les *Mémoires* diront assez.

La tâche du biographe est à la fois plus simple et plus difficile ; il s'agit de faire pénétrer la lumière aux bonnes places, dans cette existence touffue, plus anecdotique qu'historique ; il s'agit de mettre de l'ordre et de la suite dans cette vie qui ne put guère se donner que par moments le luxe d'un plan, aux rares heures où Brissot domina la nécessité — par laquelle non moins que par la vocation, il avait été fait écrivain — au lieu de la subir ; il s'agit de distinguer ce que Brissot ne distingua jamais peut-être nettement lui-même : les périodes contradictoires autant que progressives de sa formation intellectuelle et morale ; les phases de son esprit et les évolutions de sa destinée.

Nous aurons particulièrement à insister sur les faits

que les *Mémoires* de Brissot, surabondamment complets en ce qui touche sa vie littéraire, antérieurement à 1789, n'ont pu exposer ou éclaircir, étant demeurés, en ce qui concerne sa vie politique depuis cette époque, à l'état rudimentaire et fragmentaire.

Jacques-Pierre Brissot naquit à Chartres le 15 janvier 1754 [1].

Il était le treizième enfant de sa famille, et sa mère en eut encore quatre après lui. Son père exerçait la modeste profession de traiteur-rôtisseur (on ne disait pas encore restaurateur, à une époque où les mots se bornaient à signifier les choses, sans prétendre à les dissimuler ou à les grandir) mais il l'exerçait avec probité, une considération certaine, et un certain succès, puisque son commerce était assez prospère pour lui permettre d'élever ses enfants, et de viser pour eux à plus haut que lui.

Depuis, ces fourneaux paternels ont été souvent jetés à la tête d'un fils devenu célèbre ; et la Révolution, qui ne se piqua jamais de logique, trouva moyen, sans se contredire, de ridiculiser, dans la maison natale de Brissot, ces fourneaux qu'elle glorifiait dans les bureaux du *Père Duchesne*, qui en avait fait l'enseigne et comme le trophée de son trop populaire journal.

Brissot d'ailleurs, au contraire de Jean-Baptiste Rousseau, ne rougit jamais de l'humble profession paternelle ; et s'il ajouta à son nom celui d'un village voisin de Chartres, ce fut plutôt pour se distinguer des autres membres d'une nombreuse famille, que pour dissimuler une origine

---

[1] Brissot dit lui-même, dans ses *Mémoires* le 14 janvier. Mais son extrait baptistaire dit le 15 janvier.

plébéienne. C'était l'usage commun du temps, dans les familles bourgeoises, et surtout parmi la gent lettrée ; et la plupart des hommes marquants de la Révolution ne se firent point scrupule de recourir comme lui à cet innocent subterfuge, plagiant la noblesse par amour de l'égalité, afin de discréditer le privilége en le banalisant, en attendant de l'abolir.

Voici d'ailleurs sur ce point frivole (s'il y a rien de frivole dans cette question des noms que l'injustice de la haine ou de l'envie s'entend si bien à dénaturer et à envenimer) les explications péremptoires que Brissot a pris la peine de donner lui-même à ses détracteurs.

Leur précision n'exclut pas un certain embarras. Leur modestie n'est point exempte d'une certaine vanité, et leur franchise comporte quelques réserves.

« Né le treizième enfant de ma famille, le second de mes frères, je portais, pour être distingué d'eux, suivant l'usage de la Beauce, le nom d'un village où mon père possédait quelques terres. Ce village s'appelait *Ouarville* [1], et Ouarville fut le nom sous lequel j'ai été constamment connu dans mon pays. Il me prit fantaisie de donner à mon nom un air anglais, et je substituai à la diphthongue française *ou* le *W* des Anglais, qui a le même son. Plus tard, ayant publié des ouvrages et signé des actes avec cette altération dans mon nom, j'ai cru devoir l'y conserver. »

Malgré sa répugnance instinctive pour une éducation et une instruction destinées à placer ses enfants au-dessus de leur condition, et à leur faire renier (il le craignait du moins) des parents sans ancêtres, le père de Brissot, cédant au dévouement plus confiant, plus prévoyant, plus

[1] A quatre kilomètres de Chartres.

désintéressé de sa femme, se résigna à laisser ses garçons aller à l'école et de là au collége.

Brissot ne tarda pas à s'y faire remarquer de ses condisciples et de ses maîtres par la faiblesse de son tempérament, l'énergie de son caractère, l'ardeur doublement précoce de sa curiosité et de son ambition, son esprit réfléchi, ses goûts studieux, son amour quelque peu sauvage de la nature, de la solitude et de la méditation.

De bonne heure, il adora la gloire, la liberté et l'humanité. De bonne heure, il détesta les prêtres, qu'il accusait de détourner de lui l'affection des siens, et les rois qu'il accusait de l'ignorance et de la servitude des peuples. De bonne heure enfin il lut ce Plutarque, souvent si heureusement et si fatalement parfois inspirateur qui a éveillé également la vocation royale d'Henri IV et la vocation républicaine de Mme Roland, de Charlotte Corday et de Brissot, ce Plutarque dont le vin généreux, comme celui de la Bible, enivre ceux qu'il ne se borne pas à fortifier.

« J'ai prodigieusement aimé la gloire; c'est l'amour de la gloire qui, dès l'âge de neuf ans, me faisait travailler la nuit dans mon lit, qui me faisait feuilleter les livres la nuit et dévorer les histoires. J'avais sans cesse sous les yeux l'image de grands hommes qui s'étaient rendus célèbres par leurs écrits et j'écrivis. »

Brissot quitta le collége à l'âge de quinze ans, avec une teinture plus brillante que profonde d'humanités, « l'habitude du travail, une mémoire bien exercée et des connaissances sur l'histoire », enfin, des dispositions irrésistibles qu'expliquent ses lectures de prédilection, pour la philosophie, la polémique et les voyages.

Il avait eu pour amis d'enfance, pour camarades de collége le poëte tragique Guillard, le futur constituant Bouvet, les futurs conventionnels Sergent, Boutcroue, Chasles, Pétion, ce dernier surtout de tout temps fidèle à sa fortune et l'apologiste dévoué, jusque dans son asile précaire de Saint-Émilion, de celui dont il ne pouvait plus servir par son témoignage que la mémoire persécutée [1].

A ce premier pas dans la vie virile, Brissot, comme tant d'autres avant et après lui, se trouva fort perplexe sur la route à choisir.

« Quel parti prendre en sortant du collége? un métier? Mes connaissances étaient perdues. Le commerce? on ne le connaissait pas à Chartres, il n'y avait que des détaillants. Le petit collet? ma sœur m'en pressait ; mais je ne voulais pas être sciemment un charlatan. Il ne me restait que le barreau ; je le préférai. Pour y arriver, il fallait traverser le labyrinthe de la chicane, et je fus forcé de suivre l'usage. J'entrai chez le procureur le plus renommé de Chartres.... [2] »

M. Horeau « était honnête homme malgré sa profession, bon, désintéressé, mais livré à de petites pratiques et n'ayant que des vues étroites ». Heureusement pour Brissot, il avait un fils « plus amoureux des sciences que de la pratique », possesseur d'un bon cabinet de physique et d'une belle bibliothèque qu'il ouvrait libéralement à ses amis, curieux et studieux comme lui.

Brissot tira grand parti pour cette éducation personnelle qui est l'œuvre de notre curiosité, comme la sagesse

---

[1] On trouve au t. II, p. 218, de l'ouvrage intitulé : *Charlotte Corday et les Girondins*, par M. Ch. Vatel (Plon, 1864-1872), une *Notice* sur Brissot, écrite par Pétion, et dont l'intérêt est surtout dans la confirmation qu'elle apporte sur tous les points aux véridiques assertions des *Mémoires*.

[2] *Mémoires*, t. I, p. 60.

est le fruit de notre expérience, des leçons du physicien, mais surtout de l'hospitalité de l'amateur de livres.

Il s'enfonça avec une infatigable ardeur, accrue par les progrès même qu'il y faisait, dans des lectures embrassant toutes les parties des connaissances humaines. Il acquit à la fois (trop à la fois) des notions précises et, par places, profondes, sur la science du droit public, civil, canonique même, la théologie, la philosophie, la géographie, l'histoire. Il apprit seul l'italien, et, avec l'aide de deux Anglais, de séjour à Chartres, leur propre langue. Cette initiation, facilitée par une aptitude naturelle et un procédé d'analyse du mécanisme des langues en général, qu'il trouva par intuition avant de se perfectionner par l'application des méthodes de Court de Gébelin et de Le Brigant, devait exercer sur sa destinée une décisive influence.

L'anglais ne suffit point à cette curiosité insatiable, servie par cette aptitude à apprendre les langues, qui, selon Pétion, « tenait du prodige ». Brissot ajouta l'espagnol, et des circonstances indépendantes de sa volonté, qui interrompirent brusquement son initiation commencée, l'empêchèrent seules d'ajouter l'allemand à l'italien et à l'anglais dans ses trophées d'étude, son bagage de voyageur, son arsenal de vulgarisateur et de polémiste.

Cette soif inextinguible de savoir, si incompatible avec la pauvreté et la nécessité de prendre un état, faillit entraîner Brissot à un parti peu en rapport avec ses répugnances et ses préventions anti-cléricales; il faillit se faire bénédictin, pour avoir du pain et des livres.

Il fut dissuadé à temps par un moine détrompé lui-même des illusions généreuses qui l'avaient conduit dans un cloître; ce sceptique paraît même avoir abusé de son ascendant pour encourager son jeune confident à une sorte de pyrrhonisme universel.

Brissot ne profita que trop de ces leçons d'incrédulité, il afficha un scepticisme précoce, une causticité qui n'épargnait ni la religion, ni ses ministres, ni les femmes, et commença sa réputation par ces succès dangereux, féconds en haines redoutables, qui obligent en général le triomphateur à aller jouir ailleurs de son triomphe.

Brissot sentit plus les épines que la fleur de sa renommée naissante, et les ennemis que lui procurèrent ses railleries furent encore plus nombreux que les amis qu'il dut à son talent.

C'est en comptant les uns et en écoutant les autres, non moins qu'en se rendant au vœu de son esprit et aux pressentiments de son ambition, que Brissot ne tarda point à éprouver ce mal du pays, absolument contraire au sentiment ainsi appelé d'ordinaire, qui ne se guérit qu'en quittant des compatriotes auprès desquels on ne sera jamais prophète.

Il n'avait plus rien à apprendre à Chartres, où il avait épuisé la bibliothèque de son ami Horeau et les entretiens de Dom Mulet. Il lui restait à apprendre ce que Paris peut seul enseigner : Paris, trésor si vaste de connaissances, abîme si profond d'espérances et de déceptions, qu'on n'en trouve jamais le fond avant celui de la vie.

L'occasion se présenta encore à Brissot sous le visage d'un procureur. Il était voué à Thémis, eût dit un de ses ennemis du temps, dès sa naissance. Mais ce procureur était un Parisien, homme d'esprit, bon vivant et souriant comme un jour de noces. Car c'est pour se marier que maître Nolleau fils, procureur au Parlement de Paris, était venu à Chartres, d'où il emmena une femme « dont la beauté et l'esprit faisaient quelque bruit », et un premier clerc à quatre cents livres d'appointement qui n'était autre que Brissot.

Il était entré en conquérant dans la faveur de son patron par la dédicace hardie d'une dissertation paradoxale sur le *vol* et la *propriété*, jeu d'esprit malencontreux auquel s'était amusé un homme dont le badinage était naturellement grave, mais que plus tard ses détracteurs affectèrent par trop de prendre au sérieux. Il n'a pas tenu à eux que Brissot n'ait passé pour un communiste et un anthropophage, et n'ait été regardé par la postérité comme un précurseur de ce Proudhon plus dangereux par les passions auxquelles il a fourni le mot de guerre et le drapeau que par des idées que le peuple ignore et ne comprendrait pas.

Ce qu'il y a de funeste dans les philosophes révolutionnaires, ce n'est pas le système lui-même, inoffensif s'il demeurait dans la sphère spéculative, mais l'application et surtout l'abus qu'on en peut faire.

Ni Brissot ni Nolleau n'avaient songé à tout cela, quand le premier, sur un badinage philosophique qui lui avait valu la faveur du second, entra dans la capitale. Il se sentait si joyeux de ne plus voir le clocher natal, qu'il en trouva léger... les premiers jours, ce bât de la basoche, qui devait bientôt le blesser en tant d'endroits.

Nous avons trouvé intéressant et utile, pour l'intelligence du caractère de Brissot, de son rôle littéraire et politique, de résumer l'histoire de ses origines, des influences qu'il reçut de bonne heure, de ses débuts; pour tout le reste, nous n'avons pas la prétention de suppléer à ses *Mémoires*, amplement détaillés sur tout ce qui touche à la première partie de sa vie.

Nous ne le suivrons donc plus pas à pas dans sa poursuite inquiète de la vérité, de la renommée et de la fortune ; nous nous bornerons à noter les étapes.

Le premier homme célèbre avec lequel Brissot se trouva en relations intimes d'abord, plus tard intermittentes, qui exerça de l'influence sur son talent et sur sa vie, fut Linguet : c'était un des précurseurs de la Révolution comme lui, un polygraphe, un critique, un vulgarisateur comme lui, un de ces hommes prédestinés, utiles et funestes, qui prêtèrent à l'esprit philosophique et démocratique dont le souffle, devenu orageux, commençait à agiter les esprits, le véhicule du pamphlet, du journal, du théâtre.

Linguet, Beaumarchais, Mirabeau, Mercier furent les chefs de cette armée de véhéments ou caustiques ardélions qui devaient faire, à travers les classes privilégiées, la trouée du tiers état, et renverser à jamais l'ancienne société et l'ancienne monarchie française.

Brissot se distingue du groupe en ce qu'il est à la fois sincère et honnête : double originalité qu'il devait payer cher ; car il subit les inconvénients de ses hardiesses sans en recueillir même les profits de vaine gloire. Des premiers à l'assaut, on ne le vit ni au butin, ni dans les soupers où devait se célébrer la victoire. Parmi tous ces cyniques ou sybarites réformateurs, il était seul de la race, toujours sacrifiée, pendant et après la lutte, des stoïques ou plutôt des puritains. Et dans ce long combat de vingt années qui devait fonder un régime nouveau, Brissot ne devait conquérir qu'une indépendance précaire, qu'une réputation, et même qu'un talent de second ordre, tout en ayant pris part aux plus grands dangers et aux principaux résultats.

La disgrâce, la spoliation et le départ de Linguet pour l'Angleterre, où il allait installer ses mercenaires et vengeresses *Annales*, empêchèrent Brissot, dont le cerveau fermentait d'ambition et de projets impatients, de s'attacher au *Journal de politique et de littérature*, confisqué par La Harpe et Suard à leur ennemi vaincu non par leur plume, mais par celle du ministère dont ils avaient fait leur complice.

Le journal de Clément et de Palissot (Brissot s'était lié avec ce dernier) ne le compta pas davantage parmi ses collaborateurs, par suite de sa répugnance à s'associer à des adversaires de la philosophie dont il avait fait sa religion, à des détracteurs de ce Rousseau qu'il admirait et aimait comme son meilleur maître.

A toutes ces relations avec Linguet et avec Palissot, Brissot n'avait gagné que d'être à la fois suspect aux encyclopédistes et au ministère, quelques compliments sur son talent, et la mission ou corvée qu'il accepta de rédiger les *tables* des tomes 4, 5 et 6 des fameuses *Annales*.

Un incident que nous le laisserons raconter lui-même triompha des incertitudes de sa volonté et le mit dans la voie de sa destinée.

Après la mort prématurée de son premier patron et protecteur, M° Nolleau, Brissot était demeuré dans son étude, où il eut pour second clerc, par une singulière ironie du sort, l'homme alors obscur, plus tard trop fameux, qui devait le calomnier, le persécuter et l'assassiner : Robespierre. Voici comment, sur le conseil de ce procureur lui-même, il fut amené à quitter le successeur de Mᵉ Nolleau et à jeter aux orties le froc de la basoche, résolu à se préparer, par des études personnelles et des travaux indépendants, aux succès du barreau ou de la littérature.

« Après avoir perdu M. Nolleau, je m'attachai à son beau-frère, M. Aucante, qui avait acheté son étude. J'y passai deux années agréables, faisant des progrès dans les sciences, et multipliant mes matériaux. Aucante était un homme éclairé, honnête, peu fait pour sa profession. Il me laissa toute la latitude possible pour mes travaux et me traitait en ami. Il m'avait deviné ; un jour il me dit : « Vous resteriez éternellement chez moi que vous n'en apprendriez pas davantage. Livrez-vous ou à la littérature ou au barreau, mais quittez la chicane. » Je suivis son conseil, et ici s'ouvre pour moi une nouvelle carrière [1]. »

C'est dans cette intention que le jeune homme s'imposa une laborieuse solitude, à peine interrompue par de rares apparitions dans des sociétés mondaines et profanes, où la littérature servait de prétexte à toutes les licences de l'esprit, en attendant les autres. Il était décidé à cultiver la langue grecque, « à laquelle tiennent presque toutes les langues modernes, à poursuivre ses études, à s'armer de toutes pièces, et à ne paraître en public que lorsqu'il aurait à déballer un amas considérable de connaissances et de travaux. »

Malheureusement, l'aiguillon de la pauvreté, les tentations de la publicité, l'inexpérience de son honnêteté même ne lui permirent point de demeurer longtemps sans écrire, sans connaître les libraires et leurs décevantes promesses (la librairie alors était un état fatalement immoral comme la servitude, et les caprices du bon plaisir réglementaient

---

[1] *Mémoires*, t. I, p. 163.

seuls cette profession si noble et si dangereuse, selon les temps et les hommes, tour à tour apostolat ou prostitution de l'idée), sans goûter enfin aux fruits amers de la satire et du scandale.

Dans ce toujours rude métier d'homme de lettres, il était alors plus difficile encore de demeurer honnête que de devenir riche.

Les premiers pas de Brissot dans cette carrière ardue furent des faux pas. Il n'afficha pas impunément cette témérité d'esprit dont bientôt il ne devait plus garder que le courage, dans une brochure sur l'*Indépendance de l'Avocat*, pour laquelle il avoue son indulgence.

Il fit encore moins impunément preuve jusqu'à l'excès du talent et du goût de railler dans un autre opuscule intitulé : le *Pot Pourri*, qu'il traite sévèrement lui-même et qui lui valut son premier démêlé avec l'ombrageuse police du temps.

Une lettre de cachet fut décernée contre lui. Il n'en esquiva les suites que par la pitié de l'exempt chargé de la mettre à exécution, et sans doute aussi de se borner à la menace pour une première étourderie, qui ne méritait pas la réalité du châtiment.

Effrayé, affaibli par une fièvre dévorante, que la visite de l'exempt, si bénigne qu'elle se trouva être, n'avait pas apaisée, et qui faillit le consumer, Brissot quitta Paris pour aller chercher dans la maison paternelle et dans l'air natal un remède qui guérit son corps sans calmer son esprit. Car il contracta, durant ce voyage de 1777 au pays chartrain, une curiosité de plus, celle de la médecine, et y puisa, au sein d'une famille patriarcale et dévote, justement prévenue contre lui, de nouveaux griefs contre les influences cléricales, dont la réalité et surtout le fantôme devaient le poursuivre dans ses affections et, par ce côté, envenimer son âme.

Brissot retourna à Paris avec le projet et l'ébauche de travaux immenses, supérieurs, non à son ambition, mais à ses forces.

« Indépendamment de ma *Théorie des Lois criminelles*, j'avais tracé le plan d'un ouvrage intitulé : *L : Pyrrhonisme universel*. Ce plan était lui-même un véritable ouvrage ! »

Brissot l'envoya à d'Alembert, qui lui répondit par des compliments évasifs. Cette réponse, un peu sèche et trop prudente à son gré, refroidit l'enthousiasme que le néophyte se sentait prêt à éprouver pour un maître philosophiquement hardi, mais littérairement très-politique, et moralement assez égoïste.

C'est à ce moment que les tentations de la misère, les mauvais conseils de son ami Guillard, épicurien sans scrupules et un des prototypes de cette Bohême littéraire dont on rencontre les frêlons, les bourdons et les moucherons à toutes les époques d'orage et de corruption, entraînèrent le naïf Brissot dans une fâcheuse affaire. Il faillit avoir maille à partir avec la justice ; il finit pourtant par se tirer de ce mauvais pas, avec son honneur intact mais sa réputation quelque peu entamée.

Il a raconté lui-même cette aventure où il fut dupe et victime, et où d'autres furent fripons, avec une sincérité persuasive et des détails décisifs. Nous ne mentionnons le fait que pour en déduire les conséquences et suivre Brissot,

---

[1] *Mémoires*, t. I, p. 193.

repentant plus que corrigé, non en Angleterre, mais à Boulogne-sur-Mer, sorte de pied à terre anglais en France, où l'attirait à propos l'entrepreneur du *Courrier de l'Europe*, alléché par le talent et les connaissances dont son protégé, destiné à devenir bientôt sa dupe et sa victime, venait de faire preuve dans une brochure qui fit alors quelque bruit, intitulée : *Testament politique de l'Angleterre.*

Voilà donc Brissot embauché au service de Swinton, propriétaire « d'une feuille que rendaient piquante son impression en pays étranger, l'espèce de liberté qu'on lui supposait, la nouveauté des scènes parlementaires qu'on y décrivait, enfin l'intérêt des nouvelles politiques qui s'y trouvaient [1]. »

Il quittait Paris au moment de la représentation triomphale d'*Irène*, du séjour de Voltaire, du séjour de Franklin, du duel entre le duc de Bourbon et le comte d'Artois.

Avant de partir du moins, et en attendant qu'il pût jouir du plaisir de voir une fois (chez M. Marat !) l'illustre bonhomme américain, qu'il devait retrouver plus tard en Amérique, Brissot se donna la bonne fortune de voir Voltaire; il n'en eut que les prémices, par suite d'une insurmontable timidité, qu'essaya en vain de vaincre la jolie et après tout aimable femme (Mme la comtesse du Barry), dont un curieux hasard devait faire son introductrice chez le patriarche de la littérature [2].

Brissot osa du moins écrire, et reçut du grand homme,

[1] *Mémoires*, t. I, p. 224.
[2] *Mémoires*, t. I, p. 259 et 262.

en échange de l'envoi de l'*Introduction* de sa *Théorie des lois criminelles*, une de ces lettres comme Voltaire savait les écrire, sans trop se soucier du cas que ferait la postérité de ses faveurs prodiguées et de ses brevets de complaisance.

Brissot fut tenté dans le même temps d'écrire aussi à Rousseau; mais il ne put prendre sur lui de le faire et mourut sans avoir pu baiser la main qui avait écrit le *Contrat social*.

Nous laissons aux *Mémoires* si curieux, si intéressants, si nouveaux sur ce point, le soin de nous faire connaître en détail la vie que mena Brissot « dans une des villes les plus agréables de France, où il passa une année délicieuse et dont le souvenir, dit-il, ne s'effacera jamais de sa mémoire [1]. »

Cette année fut décisive pour son esprit et pour son cœur.

Il y apprit de gens dont il était déjà, sans le savoir, le maître pour l'art, le métier de journaliste international.

Il y apprit à fond la langue, les mœurs, les idées et les institutions de l'Angleterre, à une époque où l'Angleterre, notre ennemie par la guerre d'Amérique, semble s'être vengée en inoculant dans les veines françaises les poisons de sa décadence.

Il y enseigna un des premiers à l'Europe et surtout à son pays, il vulgarisa après Montesquieu et Voltaire et avec plus de hardiesse qu'eux, par l'organe d'un journal dont l'influence est incontestable sur les prolégomènes de la Révolution française, la théorie du peuple sou-

---

[1] *Mémoires*, t. I, p. 279.

verain, du régime constitutionnel, de l'équilibre des pouvoirs, de la liberté de la presse, du droit de réunion, du mécanisme du suffrage et de l'opinion.

Enfin il y vit pour la première fois celle qui devait être sa femme.

Si son séjour à Boulogne et son premier et rapide voyage en Angleterre développèrent l'esprit de Brissot et firent fleurir dans un coin de son cœur l'amour unique qui devait parfumer sa vie, il n'y recueillit que déceptions au point de vue d'un établissement avantageux, et retomba au bout d'un an de travail sur le pavé de Paris, enrichi de connaissances et d'impressions, mais appauvri encore de 1,500 livres dont le compte fantastique de son patron eut l'art de le constituer son débiteur.

« Rejeté dans ce gouffre que j'avais eu tant de plaisir à abandonner, il me fallut songer à des moyens de pourvoir à ma subsistance. Je ne devais rien attendre de ma famille; j'en étais toujours banni [1]. »

Brissot chercha des moyens d'existence dans une collaboration obscure et mercenaire : la compilation d'*un Dictionnaire ecclésiastique de la France*, sorte de répertoire des bénéfices, entrepris par un certain Hénique de Chevilly, faiseur non moins décevant que les autres, qui trouvait le moyen de vivre grassement d'un ouvrage qu'il était toujours sur le point de publier, et dont Brissot, pas plus que son étrange auxiliaire, l'athée Sylvain Maréchal, ne tira jamais un sou. A ce moment il dut au moins les consolations de l'amitié à son étroite liaison avec Mentelle,

---

[1] *Mémoires*, t. I, p. 801.

et celles de l'amour à sa liaison avec cette Félicité Dupont, qui devait devenir sa femme.

Bientôt Brissot perdit son père, qui laissa une succession de 150 à 200,000 livres, dont il n'eut que des miettes, le chef de la famille ayant légué à sa femme tout ce qu'il possédait, réduisant ses enfants à leur stricte légitime. A ce titre Brissot recueillit une somme de 4 ou 5,000 livres ; et c'est sur ce léger fondement qu'il bâtit l'édifice de sa vie nouvelle.

Le mariage, que contrariait encore l'incompatibilité avec tout autre engagement des fonctions que sa fiancée occupait dans la maison du duc d'Orléans, où elle était attachée à l'éducation de Mlle Adélaïde, se trouvant forcément ajourné, Brissot prit patience en partageant ses travaux avec celle qui devait partager bientôt tout le reste. Il étudia avec elle la physique que Fourcroy savait rendre si attrayante, la chimie et même l'anatomie à laquelle Chambon (depuis maire de Paris après Pétion) l'initia avec tout le zèle de l'amitié.

L'étude des sciences et la fréquentation des savants inspirèrent vers cette époque à Brissot son *Traité sur la recherche de la Vérité ou sur les moyens d'y parvenir* [1].

« Ce traité n'était, pour ainsi dire, que la Préface d'un ouvrage plus important que j'avais projeté, puisque je me proposais de rechercher ce qu'il y avait de certain dans toutes les connaissances humaines. Mais avant tout il était nécessaire de savoir ce qu'est la vérité, par quels moyens on l'obtient, à quels caractères on la distingue. Tel était le but de mon traité... Les circonstances ne m'ont pas permis de continuer cet

---

[1] L'ouvrage parut en 1 vol. in 8°, Neufchâtel, 1782, sous ce titre : *De la Vérité, ou Méditations sur les moyens de parvenir à la vérité dans toutes les connaissances humaines.*

ouvrage qui, j'ose le dire, rendra meilleurs ceux qui le liront. Il m'attira des critiques, des éloges et des injures. Le continuateur de Fréron me dénonça au ministère comme un séditieux. Je dois lui rendre justice, il voyait bien mon but. Il tendait en effet à amener les hommes à réfléchir sur leurs droits [1]. »

Cependant, tout en s'adonnant aux lettres ou aux sciences, Brissot sentait, au moment de contracter les nouveaux devoirs et d'affronter les nouveaux besoins qu'amène la fondation d'une famille, la nécessité d'asseoir sa vie sur une base moins fugitive que les sables de la renommée. Il songea donc à se faire recevoir avocat.

« Il fallait prendre des degrés dans la faculté de droit, et comme ce n'était qu'une vaine formalité, je préférai la voie la plus prompte, celle de les acheter à Reims. Le voyage que je fis dans cette ville me convainquit de l'avilissement de son université, et du mépris que méritaient tous ces établissements qui étaient moins une école de science qu'un marché de titres. On y vendait tout, et les degrés et les thèses et arguments. Je rougis pour les docteurs qui m'interrogaient; ils me parurent jouer et me faire jouer une mascarade dont le comique était encore relevé par le sujet de leurs interrogations, car ils me questionnèrent ou feignirent de me questionner très-sérieusement sur la question de savoir si les eunuques pouvaient se marier. Après avoir payé 5 à 600 livres pour cette pantalonnade, je revins à Paris et me présentai au Parlement. Ce ne fut pas sans quelque répugnance que j'endossai le harnois des avocats. Élevé depuis longtemps dans la philosophie, il me semblait ridicule d'être vêtu en Scaramouche pour défendre l'opprimé. Mais il fallut se résigner à l'impérieux usage. Je l'avoue, je ne me couvris pas une fois de cette maudite robe sans désirer que ce fût pour la dernière [2]. »

Dans de telles dispositions, avec de telles répugnances et de tels scrupules, Brissot ne devait pas la porter long-

[1] *Mémoires*, t. I, p. 327-328.
[2] *Mémoires*, t. I, p. 332.

temps. Un homme aussi indépendant, aussi rebelle à tout joug d'opinion, ne devait pas se plier longtemps à la discipline étroite et ombrageuse du stage, à la tyrannie pédantesque et inquisitoriale des deux anciens de l'Ordre chargés de la surveillance des *colonnes*, c'est-à-dire des novices inscrits sur les colonnes latérales du tableau. Le scandale philosophique et parlementaire produit par la publication de la *Théorie des lois criminelles* fit de part et d'autre déborder le vase. Brissot, accusé d'hérésie en droit comme en philosophie, mis au ban des traditionnels et des orthodoxes de l'ordre, n'évita qu'en la prévenant par un exil volontaire du sanctuaire outragé l'excommunication qui en avait chassé Linguet.

« La foudre allait m'éloigner, mes amis m'en avertirent et me conseillèrent, pour prévenir un éclat, de m'abstenir du Palais jusqu'à des temps plus heureux. Je profitai du conseil et un des plus beaux jours de ma vie fut celui où je transformai ma longue robe en habit court [1]. »

Libre désormais, il s'en flattait du moins, Brissot résolut de se vouer entièrement à la profession d'auteur et à la culture des sciences. Là, rien ne pouvait contrarier cette liberté philosophique dont il était idolâtre. Là il s'imaginait pouvoir acquérir en même temps une grande fortune et une grande réputation.

Tout en nourrissant ces chimères qui ne nourrissent guère, Brissot continua ses études, sans prendre encore aucun parti, et se lia successivement avec ce La Blancherie, auteur d'une *Correspondance générale sur les sciences et les Arts* ou *Nouvelles de la République des Lettres de-*

[1] *Mémoires*, t. I, p. 884.

puis 1778, qui fut un moment le fiancé de Mlle Manon Phlipon, future madame Roland, et dont elle fait le portrait dans ses *Mémoires*, mais surtout avec Marat, sur la jeunesse et les commencements orageux duquel nous trouvons de si curieux détails dans les souvenirs que nous analysons.

C'est au début de sa liaison avec Marat que Brissot publia sa *Théorie des lois criminelles*, dont la mise au jour précédait d'une année celle du *Traité de la vérité*, composé le premier. La *Théorie des lois criminelles* fut suivie elle-même de la *Bibliothèque philosophique des lois criminelles*.

Ces divers ouvrages, dont l'auteur mêlait à des utopies qui trahissent l'ardeur et l'inexpérience de la jeunesse des aperçus aussi neufs que hardis et des vœux de réforme aussi généreux que justes, réalisés plus tard par la Révolution, commencèrent sa renommée sans servir beaucoup à sa fortune.

Le manuscrit de la *Théorie des lois criminelles* ne lui rapporta que mille livres. La *Bibliothèque philosophique des lois criminelles*, par suite de sa naïveté en affaires, si souvent exploitée, et de la duplicité qui présidait à la plupart des transactions de la librairie d'alors, commerce corrompu comme le despotisme même qui le réglementait sans le moraliser, ne rapporta à Brissot que des promesses et des espérances.

Du moins, il était connu et déjà estimé des écrivains les plus autorisés sur ces matières : Lacretelle aîné, Delisle de Sales, l'avocat général Servan et le président Dupaty.

Sa réputation s'accrut encore vers le même temps, par

les deux prix qu'il remporta à l'Académie de Châlons-sur-Marne (une académie qui voulait faire parler d'elle, comme celle de Dijon et celle de Lyon), l'un sur la question de savoir : *s'il était dû des indemnités par la société à un accusé dont l'innocence avait été reconnue*, l'autre sur le moyen de déterminer : *Quelles pouvaient être en France les lois pénales les moins sévères, et cependant les plus efficaces pour contenir et réprimer le crime par des châtiments prompts, et exemplaires, en ménageant l'honneur et la liberté des citoyens.*

L'Académie eût sans doute couronné un troisième Mémoire sur *la meilleure éducation*, dû à la même plume, si M. de Miromesnil et M. de Vergennes n'eussent mis le sceau de leur *veto* sur les lèvres de ces sociétés de province qui encourageaient indiscrètement la propagation de l'esprit nouveau, qui ajoutaient inopportunément à une fermentation d'idées et de passions faite pour exciter l'opinion et préparer une explosion redoutée.

Ces obstacles redoublés à son apostolat ne firent qu'irriter la fièvre réformatrice et humanitaire dont Brissot était enflammé; et c'est à la suite de ces essais des années 1780 à 1782, que se trouvant mûr pour la lutte, il résolut de chercher le meilleur instrument pour cette guerre à outrance contre tous les despotismes qui déjà, dans sa pensée, ne reculait pas devant l'abolition même de la royauté :

« Renverser cette royauté que Perreau [1] croyait si nécessaire à la France, était dès ce temps le but de tous mes écrits, de tous mes projets. Je haïssais profondément les rois ; je ne pouvais en entendre parler de sang-froid.

[1] Un de ses amis de ce temps.

« Je formai, pour abattre le despotisme, un projet qui me paraissait infaillible. Il fallait, pour préparer une insurrection générale contre les gouvernements absolus, éclairer sans cesse les esprits, non pas par des ouvrages bien raisonnés et volumineux, car le peuple ne les lit pas ; mais par de petits écrits, tels que ceux répandus par Voltaire pour détruire la superstition religieuse ; mais par un journal qui répandrait de tous côtés la lumière. Comment exécuter ce projet ?

« J'imaginai que le projet de répandre en France les grands principes politiques s'effectuerait aisément, si des amis intrépides et éclairés de la liberté pouvaient s'unir, se communiquer leurs idées, et composer leurs ouvrages dans un lieu d'où on les ferait imprimer et circuler par toute la terre.

« Je ne voyais qu'un seul gouvernement où cet établissement pût se faire avec sûreté, c'était l'Angleterre.

« J'imaginai d'exécuter à Londres une partie de l'établissement pour les sciences et pour les arts créé par La Blancherie à Paris. Je devais y former un Lycée, un Muséum où se réuniraient, à certains jours de la semaine, les savants, les philosophes de tout l'univers, et où seraient rassemblées toutes les productions des arts ; je songeai aussi à un journal consacré à propager les résultats de ces rendez-vous scientifiques, et qui servirait de passeport aux vérités philosophiques et politiques qu'il fallait inoculer dans tous les esprits français.

« Tel était le projet favori que je nourrissais depuis quelque temps dans mon âme. La Blancherie n'y voyait qu'une copie du sien, et j'étais bien aise que sa vue ne s'étendît pas au delà. Mais j'avais besoin de coopérateurs pour les écrits, et de secours pour leur circulation ; et il fallait mettre quelque discrétion en les cherchant [1]. »

Ces idées et ces sentiments se font jour dans une lettre caractéristique au point de vue de l'appréciation de Brissot à ce moment décisif, et qui contient aussi de curieux détails sur les mœurs littéraires du temps. Elle est adressée à *M. Servant, ancien avocat général au parlement de Grenoble, à Condrieux, par Vienne en Dauphiné.*

---

[1] *Mémoires*, t. II, p. 60 à 63.

« Paris, ce 22 octobre 1781.

« Je me disposais à vous écrire, monsieur, lorsque j'ai reçu votre lettre infiniment obligeante du 15 courant.

« Je voulais vous témoigner tout le plaisir que m'avoit fait la lecture de votre *Discours sur le progrès des connaissances humaines*. Le hasard me l'a fait tomber entre les mains. Je connais votre censeur, et il a eu la complaisance de me le prêter. Je l'ai lu plusieurs fois, et j'y ai toujours trouvé l'énergie des idées, jointe à la beauté du coloris, double mérite bien précieux et bien rare chez les écrivains modernes. Ce qui m'a surtout frappé, c'est la noble hardiesse avec laquelle vous avez traité les matières les plus délicates et payé votre tribut à de grands hommes que l'anathème a frappés. La tourbe des écrivains vulgaires et des journalistes mercenaires les déchire même au sein du malheur. Il me semble que si j'étais à leur place une larme d'un philosophe sensible comme vous, serait pour moi un grand dédommagement ; et que serait-ce de votre suffrage ? L'estime des hommes qui pensent est après sa conscience, le plus grand bonheur pour l'homme qui écrit : *Nil conscire sibi, nulla impalescere culpà*. Voilà un état que rien ne peut payer, que rien ne peut troubler ; quand on en jouit, [tous les lieux sont indifférents, et la Bastille n'est pas plus horrible que le palais des rois.

« Voilà mes sentiments. Votre excellent *Discours* n'a fait que les confirmer. Mais je vous dois cette franchise quoique peut-être il y aurait de l'indiscrétion pour tout autre ; je crains bien, d'après ce que j'ai entendu, que vous n'ayez pas la permission de le faire vendre ici, et voici pourquoi : M. le garde des sceaux n'aime pas qu'on écrive sur la législation ; il aime encore moins les écrivains qui innovent et qui conseillent la réforme, qui la prêchent de manière à être entendus avec plaisir et suivis avec raison ; et vous avez malheureusement ces deux torts. Il ne vous pardonnera point d'avoir fait l'éloge de ce Raynal dont il a lui-même sollicité la condamnation, ni de regarder les lois dans la main des chefs comme des bâtons dans la main des aveugles, qui leur servent plus à frapper qu'à marcher. Il est une foule d'autres vérités dans votre ouvrage qui le feront frémir, s'il le lit et il le lira, j'en suis presque sûr. Les vérités nouvelles sont pour les esprits vulgaires ce qu'est pour le voyageur timide l'aspect imposant des Alpes. Ils sont étonnés, humiliés, ils écrasent pour ne pas être écrasés. Votre censeur a rendu un compte très-favorable de votre ouvrage ; mais votre ton frise ce qu'on appelle le philosophisme dans la magistrature, parce qu'on ne s'y doute pas de la bonne philosophie, je crains bien, d'après ma propre expérience, que vous ne réussissiez pas.

« Vous ne concevez pas tous les désagréments que j'éprouve pour mon ouvrage ; et si moi, être obscur, ignoré, je suis si persécuté quoique si peu à craindre, que pouvez-vous espérer, vous connu avantageusement dans la littérature et dans les tribunaux ?

« On m'a dit que votre libraire avait fait venir tout le ballot à la la chambre syndicale. Il a eu tort. Il fallait, sans demander de permission, faire entrer le livre dans Paris et l'y faire vendre. Le magistrat aurait fermé les yeux ; mais il ne peut pas les fermer, quand on a eu l'honnêteté de le prévenir. C'est l'étiquette ; le mal le plus affreux se tolère ainsi, mais on ne veut pas tolérer le bien le plus évident quand on y manque. Si je puis vous être utile ici ou à votre libraire, je le ferai de tout mon cœur ; je parlerai à votre censeur, et s'il arrive quelque chose de nouveau, je vous en instruirai à l'adresse que vous m'avez indiquée. Je suis bien fâché que votre départ pour la Suisse m'empêche de vous communiquer des projets, suite de mes travaux sur les lois et sur l'éducation, sur lesquels je désire avoir votre suffrage et vos avis. J'espère que vous me permettrez de suivre pour cela votre correspondance. Elle me flatte et m'honore. Je compte aller en Suisse au printemps prochain. J'ai des affaires à Neufchâtel, où s'est imprimé mon ouvrage. Si vous allez dans cette ville je vous engage à aller voir M. Osterwald, qui est à la tête de la *Société typographique*. Votre nom vous préviendra partout et il s'empressera de lui faire payer le tribut qu'en bon citoyen de l'univers il lui doit. J'aime à rapprocher les gens faits pour s'éclairer. Pour moi, monsieur, je le répète, rien ne me sera plus agréable que de cultiver votre amitié et de pouvoir vous prouver toute l'estime et toute la vénération que j'ai pour vous. Je crois que vous pouvez être utile à mon projet sur l'éducation. C'est vous engager à m'entendre.

« ..... Tout à vous pour la vie.

« DE WARVILLE [1]. »

---

[1] Cette longue lettre inédite, dont nous retranchons un *post-scriptum* assez verbeux, consacré à des détails relatifs aux ouvrages de son correspondant ou aux siens, fait partie du riche cabinet d'autographes

Brissot fait allusion, dans cette lettre marquée des effervescences et des déclamations habituelles au temps, à des projets qui passent la portée ordinaire, malheureusement pour lui plus faciles à justifier en théorie qu'à réaliser en pratique, qui absorberont et dévoreront son active, laborieuse et stérile jeunesse.

Il s'agissait pour lui de provoquer par une révolution dans les idées, notamment celles qui touchent à l'éducation et à la répression, la révolution dans les mœurs qui s'étend si vite aux lois et aux institutions elles-mêmes.

C'est sur la terre libre d'Angleterre qu'il avait résolu de chercher le point d'appui de ce levier avec lequel il voulait soulever l'ancien monde. Ce levier, c'était ce qu'il appelait, d'un mot du temps mis à la mode par La Blancherie, son *lycée*, mais un *lycée* autrement vaste et compliqué que le salon de lecture et le journal d'encensement mutuel fondés par son timide prédécesseur. La création de Brissot, dans sa pensée, devait comprendre une association, une confédération internationale de savants et de lettrés, en vue de la réforme politique et sociale, plus encore que du progrès spéculatif des sciences et des arts. Cette confédération des novateurs européens, après avoir fortifié ses doctrines de l'autorité que leur donnait la double épreuve de la délibération et de la publicité, devait les propager au moyen de réunions périodiques, d'assemblées tour à tour intimes ou solennelles, mais surtout par le

---

de M. Boutron-Charlard, qui a bien voulu nous la communiquer. La signature pourrait servir à infirmer les protestations de fidélité à son nom plébéien, articulées plus tard par Brissot en réponse aux malignes insinuations de Théveneau de Morande.

b.

porte-voix retentissant d'un journal *ad hoc*, secondé par la diffusion de Traités à bon marché, sortis des presses indépendantes de l'association.

On voit qu'il s'agit d'une grande entreprise, sinon d'une grosse affaire ; et on comprend que l'intérêt passionné qu'y prenait Brissot l'ait poussé à consacrer l'année 1782 aux démarches et aux voyages nécessités par la réunion des premiers bienfaiteurs et coopérateurs d'une œuvre que l'initiative individuelle pouvait seule entreprendre, mais que pouvaient seules entretenir les forces d'une association.

Pour réunir ce groupe de coopérateurs et de bienfaiteurs de l'œuvre, Brissot employa donc l'année 1782 à des négociations avec d'Alembert, Élie de Beaumont, les bureaux d'esprit influents sur l'opinion à ce moment et le Palais-Royal : négociations dont un Gascon entreprenant et industrieux, ce M. de Villars, qui devait être évêque constitutionnel de Laval en 1791, puis député au corps législatif, inspecteur général des études et membre de l'Académie française, se fit à point l'intermédiaire.

Dans le même but Brissot entreprit un voyage à Châlons-sur-Marne, à Dijon, où il se lia avec Guyton de Morveau et Maret le père ; à Lyon, où l'attendait son ami Blot, et où il visita Servan, M. Poivre, Prost de Roger, le ministre Frossard ; enfin à Genève, où il arriva au moment dramatique de la révolution qui devait provoquer l'intervention des armées combinées de la France, de la Savoie et de Berne.

A Genève, dont il devait reconnaître l'hospitalité « en développant, dans son ouvrage intitulé : le *Philadelphien à Genève*, qui parut en 1783, le détail des causes de la guerre civile qui s'y était allumée, et de sa terrible issue, » Brissot, gagné d'avance à la cause vaincue par la force, mais, suivant lui, victorieuse par le droit, se trouva mis en relation par Francis d'Ivernois avec les chefs du parti populaire, Clavières, Duroveray, Vieusseux, Grenus et Dentand, dont il seconda de son mieux les efforts opiniâtres et la résistance désespérée.

Mais même au milieu de cette conflagration politique, il trouva du temps à donner aux lettres et aux sciences, à la Bibliothèque où Sennebier se fit son guide, et au pasteur Vernes qui essaya en vain de le lier avec Mallet du Pan. Ce dernier devait être dans la Révolution française comme dans la Révolution génevoise, le champion des idées contraires à celles de Brissot, et son adversaire assez déterminé pour paraître son ennemi

Brissot, en Suisse, ne pouvait manquer au double devoir d'un pieux et filial pèlerinage aux lieux illustrés par les traces de Voltaire et de J.-J. Rousseau. Il n'y manqua point, en effet. Il fit le voyage de Ferney avec « un jeune frère de Marat, non moins original que lui. » Obligé par le voisinage de l'armée française d'intervention et l'imminence des hostilités, de quitter Genève menacée par le général de Jaucourt d'une exécution militaire, il « vit en passant le château de Coppet, qui lui rappela le célèbre Bayle, qui y avait été précepteur. » Il passa deux jours à Berne et s'arrêta à Neufchâtel « où il descendit chez le banneret Osterwald, qui y avait établi une vaste imprimerie, d'où sortaient presque tous les bons livres politiques et philosophiques dont la France était alors inondée. »

Il y trouva Mercier « qui était alors occupé à fair

imprimer la suite de son *Tableau de Paris*, ouvrage dont la philosophie facile, et plus à la portée du peuple que celle de Raynal, n'a pas peu contribué à accélérer la révolution en ouvrant les yeux des Français sur une foule de préjugés et d'abus. Plus de cent mille exemplaires de ces deux ouvrages furent répandus en quelques années par toute l'Europe. On faisait huit éditions à la fois de l'*Histoire Philosophique*[1]. »

Il y connut plus intimement Clavière et sa famille, y passa avec lui un mois chez M. Du Peyrou, « et là, dit-il, sous les yeux de ce philosophe dont Jean-Jacques a tracé un portrait ressemblant, nous formâmes une liaison qui ne s'éteindra qu'avec la vie. »

Il consacra ce mois à recueillir de la bouche de Du Peyrou de curieuses anecdotes sur le séjour de Jean-Jacques à Motier-Travers où il séjourna lui-même, et à faire aux environs de Neufchâtel, sur les traces du grand homme, des courses avec le généreux proscrit Génevois. Celui-ci, déjà bienfaiteur de Delolme, voulut l'être aussi de Brissot, et l'obligea d'accepter sur Londres un crédit de cent louis qui, plus tard, ne lui fut que trop utile.

De retour à Paris, Brissot, confiant dans les promesses de Villars et d'Elie de Beaumont, résolut d'aller mettre à exécution en Angleterre ce projet de lycée et de journal dont il espérait la renommée et la fortune, fondées sur le plus noble des commerces, celui de la vérité et de la liberté.

Avant de partir pour accomplir le vœu de son esprit, il accomplit celui de son cœur en épousant Mlle Félicité Du-

---

[1] *Mémoires*, t. II, p. 141.

pont; et après un court séjour à Boulogne, s'arrachant héroïquement aux délices d'une courte lune de miel, il se rendit à Londres, où la fatalité allait le mettre aux mains des trois mauvais génies de sa vie : Swinton, Desforges de Hurecourt et Théveneau de Morande[1].

A ce second voyage en Angleterre, où Brissot devait approfondir heureusement les connaissances, et épuiser malheureusement jusqu'à la lie les expériences décevantes du premier, il s'installa à Brompton, « faubourg agréable de Londres, recherché par les malades même pour sa salubrité. »

En attendant que sa position fût fixée, et que sa famille pût venir le rejoindre, il n'eut d'autres plaisirs que l'étude, la promenade, les relations volontaires qu'il cherchait à nouer avec les savants et les philosophes anglais, les relations nécessaires qu'il ne put éviter avec les réfugiés français conduits la plupart sur cette terre d'asile par des malheurs non innocents et des persécutions non imméritées. Brissot leur ressemblait trop peu pour se résigner à la prospérité honteuse que beaucoup devaient aux profits de la vénalité ou du chantage. C'était un stoïque égaré parmi des cyniques, qui ne tardèrent pas à lui faire expier cruellement ses scrupules, ses pitiés ou ses mépris.

Un moment il se crut heureux avec les cent louis que lui rapportait sa collaboration au *Courrier de l'Europe*, « gazette médiocre à laquelle souscrivaient cinq mille personnes, que lisaient régulièrement un million d'individus, dont le rédacteur tirait plus de 25,000 livres, plus

---

[1] *Mémoires*, t. II, p. 159.

que Rousseau n'avait retiré du produit de tous ses ouvrages » et qui a « contribué plus qu'on ne pense au succès de la guerre d'Amérique et par suite à la Révolution française[1]. »

Brissot ne devait point garder longtemps les illusions naïves et généreuses qui l'avaient conduit en Angleterre et l'y soutenaient « ardent, infatigable pour le travail, toujours lisant, méditant, écrivant, aimant peu la table, fou du bien public, ami de la vérité, de la liberté et déjà prêt à tout leur sacrifier. »

Ses projets d'établissements nouveaux et de créations indépendantes excitèrent les ombrages de Swinton, effarouchèrent l'insouciance de Serres de la Tour, provoquèrent la jalousie de Théveneau de Morande, enfin, et c'est là le pire, attirèrent le zèle parasite et la collaboration cupide de ce Desforges d'Hurecourt, avec lequel Brissot commit l'imprudence de se lier par un traité d'association.

Le résultat de cette coalition d'intérêts, de soupçons, de rancunes, de jalousies fut l'avortement du *Lycée de Londres*, la ruine des espérances du fondateur de cette entreprise scientifique, littéraire, mais plus encore politique, la suppression du privilége du ministère pour l'introduction en France de son journal, condition indispensable de l'existence et du succès de cette feuille ; enfin l'arrestation de Brissot à Londres pour dettes, et à peine délivré, son incarcération à la Bastille, à Paris, où il était allé protester de son innocence, et où les calomnies

---

[1] *Mémoires*, t. II, p. 164 et 166.

intéressées dont ses ennemis le poursuivaient, lui ménageaient de nouvelles épreuves.

Sur ces déceptions littéraires, ces chagrins moraux, ces épreuves domestiques, sur les mœurs et les caractères de cette colonie d'intrigants et d'aventuriers livrés dans les cafés de Londres à l'exploitation de l'industrie du pamphlet, les *Mémoires de Brissot* contiennent des détails émouvants, des renseignements curieux qu'on chercherait vainement ailleurs.

Ils renferment aussi bien des pages intéressantes sur ses relations avec les savants et les littérateurs anglais auprès desquels il cherchait, avec des connaissances nouvelles, la consolation de ses déboires, et respirait un air honnête et pur au sortir de cette caverne de voleurs, de ce guêpier de folliculaires au milieu desquels sa mauvaise fortune l'avait fait tomber.

C'est ainsi que tour à tour il nous peint d'après nature et nous révèle dans leur intimité l'historienne madame Macaulay, miss Evelina Burney, la romancière, miss Capper, le docteur Graham, le docteur Maty, le docteur Kirwan, le docteur Priestley, le docteur Price, le chanoine Magellan, lord Mansfield, Jérémie Bentham, Sheridan, Colman, Gibbon.

Brissot languit deux mois à la Bastille, où il avait pris la place que Linguet avait quittée pour se réfugier en Angleterre. Brissot l'y avait rencontré peu de temps auparavant, mais avait refusé de renouer avec lui les liens de l'ancienne collaboration et de l'ancienne amitié.

Le prisonnier dut enfin sa liberté aux actives démarches de sa femme, à son infatigable dévouement, secondé par l'influence de Mme de Genlis, et les efforts du groupe d'amis zélés que cette intéressante infortune avait mis en campagne.

Mais, pour prix de cette faveur, Brissot dut payer une cruelle rançon en s'engageant à renoncer à son établissement du Lycée de Londres, dont la liquidation hâtive, féconde en litiges, équivalut à une spoliation.

Depuis cette époque, c'est-à-dire depuis sa sortie de la Bastille en septembre 1784, jusqu'au mois de mai 1788, mois où Brissot partit pour l'Amérique, sa vie fut tranquille, obscure et de son propre aveu [1] sans-beaucoup d'événements.

Un des plus importants de ces événements fut la rencontre de Mirabeau, autre aspirant à la gloire, à la fortune, au pouvoir, mais moins difficile sur le choix des moyens, agitateur souvent mercenaire de l'opinion qui l'écoutait sans l'estimer, jouant déjà avec les forces populaires en homme habitué aux orages et résolu déjà à conquérir, en attaquant la monarchie au risque de la renverser, assez d'influence pour lui paraître le seul capable de la défendre. En attendant, Mirabeau vivait d'intrigues plus que de travail, et Brissot put se convaincre à ses dépens de la facilité avec laquelle il tirait parti d'une question étudiée par d'autres.

C'est au commencement de 1785 que les occasions nées de son intimité avec Clavière, lié lui-même avec Mirabeau, nouèrent des rapports fréquents entre Brissot et ce personnage cynique et sublime tour à tour, jamais ridicule, séduisant et repoussant à la fois, dont il subit le prestige, mesura la corruption et admira les grandes fa-

---

[1] *Mémoires*, t. II, p. 347.

cultés. Ce ne fut pas sans regretter plus d'une fois l'usage qu'en faisait un ambitieux capable de cumuler les profits de l'accusation et de la défense, pour mettre enfin tardivement au service de la réaction ce talent si bien fait pour la révolution, que jusqu'au bout et malgré tout il demeura révolutionnaire. Brissot a laissé dans ses *Mémoires* sur Mirabeau, dont il trace un portrait non flatté, mais ressemblant, des renseignements précieux pour le biographe et l'historien, le moraliste et le politique.

On en peut juger par l'appréciation qui sert de conclusion au récit de Brissot, sévère comme l'arrêt d'un honnête homme, mais qui montre combien Brissot avait pénétré à fond Mirabeau, combien rien de ce qui le touche ne lui était étranger, combien enfin il était au courant de la vérité sur ces accusations de plagiat et de vénalité longtemps, mais surtout alors, considérées comme des calomnies [1].

Brissot « s'arracha à l'étude de la finance, à laquelle il se livrait avec Clavière et dont Mirabeau venait parfois s'occuper avec eux, pour aller passer l'été de 1785 chez un de ses anciens amis de collége qui était prieur dans le Dunois. »

C'est au retour de ses promenades et de ses méditations au sein des bois solitaires, parsemés dans cette campagne du prieur Joliet, « qui interrompaient la vue fastidieuse d'un terrain uni, et dont l'horizon était sans bornes » que Brissot composa ses *Lettres à l'empereur Joseph II sur l'émigration et le droit des peuples*. C'est là que, retiré avec sa femme dans une hospitalité studieuse et agreste, il eut le bonheur de devenir père d'un second enfant, qu'il appela

---

[1] *Mémoires*, t. II, p. 386, 387.

Sylvain, et qu'il voua dès le berceau, dit-il, à la vie rurale pour laquelle il se sentit toute sa vie un goût toujours contrarié.

C'est là aussi qu'il lut les *Voyages du marquis de Chastelux dans les Etats-Unis d'Amérique*, et « crut devoir prendre la plume pour les réfuter, et pour venger le peuple, les quakers et les noirs. »

Cet ouvrage, écrit presque d'un trait, d'inspiration et avec une verve et une passion peu habituelles à Brissot, est de son avis « celui qui doit être préféré à tous ceux qui sont sortis de sa plume. » Il fut « le fondement de ses liaisons avec les quakers d'Amérique et avec Crèvecœur. Plusieurs traductions en furent faites par leurs soins, tant en Angleterre que dans les Etats-Unis [1]. »

C'est vers le même temps que Brissot se lia avec Bergasse et devint un des adeptes du magnétisme; attiré vers la propagation de cette doctrine nouvelle, moins par une conviction scientifique que par l'aveu fait par Bergasse « qu'en élevant un autel au magnétisme, il n'avait en vue que d'en ériger un à la liberté. »

Nous devons à Brissot de curieux détails sur la société que dans ce but l'ambitieux visionnaire forma, composée des hommes qui annonçaient leur goût pour les innovations politiques, et parmi lesquels se trouvaient la Fayette, d'Esprémesnil, Sabatier, etc.

« C'était dans les dîners qu'on agitait les questions les plus importantes. J'y prêchais la République; mais à l'exception de Clavière, personne ne la goûtait. D'Esprémesnil ne voulait *débourbonnailler* la

---

[1] *Mémoires*, t. II, p. 401 à 404.

Franco (c'était son mot) que pour y faire régner le Parlement. Bergasse voulait un roi et les deux chambres. Mais il voulait surtout faire le plan seul, et que ce plan fût rigoureusement exécuté ; sa manie était de se croire un Lycurgue...

« ... On ne peut disconvenir que les efforts de Bergasse et ceux de la société qui se rassemblait chez lui n'aient singulièrement contribué à accélérer la révolution. On ne peut calculer toutes les brochures sorties de son sein. C'est de ce foyer que partirent presque tous les écrits publiés en 1787 et 1788 contre le ministère..... On en dut plusieurs à Gorsas.... Carra se distinguait aussi dans ces combats, auxquels je pris quelque part [1]. »

C'est au moment où commençait à bouillonner cette fermentation révolutionnaire, activement entretenue par les pamphlets anti-ministériels en apparence, anti-monarchiques en réalité, que vomissait sans relâche l'officine de la société et dont les auteurs étaient tour à tour Gorsas, Carra, Brissot lui-même, que la situation de ce dernier fut modifiée par une de ces décevantes faveurs de la destinée, souvent pires que ses rigueurs.

Brissot accepta du marquis Du Crest la place de lieutenant général de la chancellerie du duc d'Orléans, moins dans son intérêt que dans celui de ses idées, auxquelles il espérait gagner l'appui d'un prince libéral et frondeur, jaloux de faire du bruit plus encore que de faire du bien, que sa vanité et ses vices avaient placé à la tête de l'opposition, mais que ses souffleurs se flattaient de diriger de façon à lui donner l'apparence de toutes les vertus qu'il n'avait pas. Malheureusement pour eux, le chef nominal de la traditionnelle conspiration du Palais-Royal se montra moins ce qu'il devait être que ce qu'il était, c'est-à-dire plus frivole, mais aussi plus honnête que ne l'eus-

---

[1] *Mémoires*, t. II, p. 416 à 420.

sent désiré les roués politiques qui s'étaient faits ses mentors [1].

Le résultat le plus clair du rapide passage de Brissot, « dans ce palais de boue où, loin de s'enrichir, il fût mal payé de ses services et contracta des dettes [2] » fut, pour le présent, une connaissance plus approfondie des hommes et des choses, toujours acquise au prix de nouvelles déceptions; surtout le mépris de cette Fronde d'ambitieux sans génie et d'intrigants sans scrupule qui s'agitaient autour d'un prince incapable de conduire une révolution et même d'en profiter : étrange parti qui courait toujours après son chef, tandis que son chef courait toujours après lui.

Pour l'avenir, Brissot acquérait un nouveau titre et fournissait un nouveau prétexte à la haine de ces ennemis qui, après avoir abusé de sa qualité de journaliste international, muni d'un privilége d'introduction de sa feuille en France, pour en faire un suppôt de ministère et un espion de police, devaient profiter de son passage au Palais-Royal pour le représenter comme inféodé au parti et comme complice de ces velléités d'usurpation que n'eut jamais, selon lui, un prince d'opposition et non de révolution, « qui ne pouvait supporter sans en être effrayé les conspirations durant plus de vingt-quatre heures, et qui tenait surtout à avoir l'Opéra et les filles dans son camp [3]. »

C'est aussi aux intrigues du marquis Ducrest, son protecteur de passage, que Brissot dut d'ajouter à la liste de

---

[1] *Mémoires*, t. II, p. 231-232.
[2] *Mémoires*, t. II, p. 237.
[3] *Mémoires*, p. 437.

ses pérégrinations un voyage dans les Pays-Bas pour y assister à la révolution brabançonne, et une course en Angleterre, pour esquiver une lettre de cachet en compagnie de l'étonnant, mais digne frère de Mme de Genlis, qui ne cherchait à renverser le premier ministre que pour prendre sa place, comme le prouvent ses lettres, témoignage d'une présomption ridicule et d'une prophétique prévoyance.

Brissot n'était pas fait pour demeurer longtemps en compagnie des gens qu'il ne pouvait estimer, qui travaillaient à compromettre plus qu'à réaliser des principes dont ils affectaient le goût sans en avoir le respect. Celui qu'ils appelaient dédaigneusement « l'homme vertueux » ne devait pas longtemps s'entendre avec ces fanfarons de liberté, pour qui il avait rêvé un rôle plus grand qu'eux, et qui ne voyaient dans la révolution prochaine qu'ils fomentaient en la redoutant rien qui dut aller au delà d'une fronde parlementaire et d'une intrigue ministérielle.

Brissot visait plus haut et voyait plus loin que ces futiles rénovateurs, dont les conciliabules étaient des orgies. Il s'était plongé, au sein d'une solitude enfiévrée, dans l'étude de l'Histoire de la Fronde et la lecture des *Mémoires du cardinal de Retz*. Il n'y trouva que des ambitieux capables de commencer un révolution sans savoir et sans vouloir la finir. Il n'y trouva qu'un esprit frivolement machiavélique, possédant l'art de soulever un parti, sans savoir l'employer à le conduire. Il ne tarda donc point à désespérer « d'un début si mal soutenu » et à se séparer de gens qui « au lieu de se préparer à la révolution par de bonnes mœurs, des écrits vigoureux, par tout ce qui pouvait attacher au prince le peuple las de despotisme, se bornaient à bâtir des projets au milieu des dîners les plus fastueux et de laquais dont la plupart étaient des espions, à censurer le verre à la main ou sur des sofas avec des filles [1]. »

Il comprit de bonne heure « qu'on ferait bien de se servir du Parlement pour poser la première pierre de la réforme de la Constitution, mais que pour l'assurer, pour élever l'édifice, il ne fallait compter que sur le peuple, c'est-à-dire sur les administrations provinciales et même les états-généraux »... enfin « qu'il fallait se plonger dans un ordre de choses tout à fait nouveau, qui exige un changement complet d'habitudes et d'idées [1]. »

Dès 1787-1788 Brissot chercha, en dehors de la France, le levier d'opinion avec lequel ceux qui comme lui voulaient donner à la Révolution imminente toute sa force, afin qu'elle produisît toutes ses conséquences, pouvaient soulever ce monde de traditions tenaces et de préjugés opiniâtres, où ce que la nouveauté avait de trop hardi rencontrait de la résistance.

Ce levier d'opinion, Brissot allait le trouver dans les leçons de la révolution anglaise et les exemples de la révolution américaine. C'est de là seulement que pouvait partir l'étincelle décisive. C'est là seulement que pouvaient se forger les armes, non d'une révolution parlementaire destinée à avorter et qui ne pouvait qu'ébranler le trône, mais d'une révolution populaire capable de le renverser.

C'est à ce plan d'opérations, à cet ordre d'idées et d'espérances que se rapportent les relations nouées par Brissot durant son dernier séjour en Angleterre avec Gran-

---

[1] *Mémoires*, t. II, p. 432-433.
[2] *Ibid.*, p. 477.

ville Sharp, fondateur de la société instituée pour l'abolition de la traite, son affiliation, en compagnie de Clavière, à cette société, et la création de la société sœur des *Amis des Noirs*, qu'il fonda à Paris (février 1788). Il convient d'attribuer aux mêmes mobiles le voyage en Amérique entrepris par lui à la fin de 1788, voyage où il se passionna encore plus pour l'égalité des races humaines, pour l'affranchissement de tous les esclavages, d'où l'admirateur de Franklin revint non moins admirateur de Washington, et mûr pour cette vie politique militante qui ne devait désormais s'arrêter que devant l'échafaud et se reposer que dans la mort.

III.

Si la Révolution française surprit à peu près tout le monde par sa soudaineté et sa rapidité (comme tous les événements que l'on cesse d'attendre à force de les prévoir, et dont l'époque semble d'autant plus incertaine que leur arrivée est inévitable), Brissot fut du très-petit nombre de gens non-seulement parmi ceux qui devaient la subir, mais parmi ceux mêmes qui devaient en profiter, qu'elle n'étonna point et ne prit pas au dépourvu. Il avait passé la première partie de sa vie à semer ces idées, germes heureux et germes funestes, qui allaient fructifier dans les faits; et dès 1787 il avait envisagé de sang-froid les conséquences les plus extrêmes du mouvement de rénovation dont il s'était fait l'apôtre et le prophète, puisque, dès cette époque, il se disait et était républicain.

C'est au milieu d'une République, où il admirait la

réalisation du rêve de toute sa vie, que la nouvelle du mouvement national de 1789 vint trouver Brissot, qui retourna à Paris complétement et sincèrement républicain, d'autant plus apte, d'ailleurs, à la patience qu'il avait un idéal certain et un modèle tout prêt.

Il allait enfin profiter de la réputation que ses travaux déjà considérables, ses voyages, ses malheurs, l'estime de nombreux amis, la haine d'ennemis plus nombreux encore lui avaient faite. Elle touchait à une sorte de popularité, et semblait désigner, pour contribuer à l'établissement du régime nouveau, l'un des plus infatigables adversaires, l'une des plus innocentes victimes du pouvoir arbitraire.

La société des *Amis des Noirs*, qu'il avait fondée, dirigée, étendue, où il avait fait entrer successivement les partisans les plus autorisés de cette réforme qui appelait toutes les autres, Mirabeau, La Fayette, Bergasse, La Rochefoucauld, Lacépède, Volney, de Tracy, Lavoisier, Pastoret, Condorcet, Sieyès, Grégoire, Péthion, Clavière, Carra, Valady, Gorsas, fit un accueil triomphal au retour de son chef. Cette association lui fournit à propos l'instrument avec lequel il devait non-seulement préparer cette émancipation coloniale inopportune, indiscrète, prématurée, et ces désordres de Saint-Domingue, au souvenir desquels son nom est demeuré attaché, mais encore agir sur les opérations électorales, les délibérations de la municipalité et de l'assemblée, l'organisation politique permanente du peuple, usant et abusant, par la société des Jacobins et les comités des sections, du droit de réunion, et investi de la force armée par la garde nationale.

Brissot prit une part plus active et plus efficace encore

qu'apparente et éclatante à cette organisation révolutionnaire, qui devait si vite dévier de sa voie et dépasser son but. Il était à la fois ambitieux et modeste. Il préférait le triomphe de ses idées au sien et s'occupait des principes plus que des intérêts.

Aussi la faveur bourgeoise et populaire, accaparée par des individualités plus bruyantes et plus pressées, ne se porta-t-elle point d'abord sur lui ; cet ouvrier de la première heure fut moins bien traité que ceux de la dernière par des électeurs embarrassés ou enivrés de leurs droits, qu'il fallait quelque peu diriger, violenter même dans leur choix, qui trouvaient plus de plaisir à être flattés qu'à être éclairés et qui préférèrent tout naturellement leurs courtisans à leurs conseillers.

Brissot d'ailleurs leur était moins connu par sa personne que par ses écrits. Son voyage en Amérique l'avait tenu plus en communication avec le foyer des idées nouvelles qu'avec celui des faits nouveaux. Sa figure pâlie par les veilles et la méditation, ses cheveux longs et plats, sans poudre et sans queue, son air distrait et préoccupé, l'exiguïté de sa taille, courbée encore par le travail de mineur intellectuel auquel il s'était livré, ses vêtements d'une simplicité quakerienne, déjà naturelle pour lui, mais qui paraissait encore affectée : tout cet ensemble de sa physionomie le rendait plus estimable que sympathique.

Une coalition passionnée d'intérêts, de jalousies, de rancunes, avait d'ailleurs, dès les premiers temps de son retour, associé contre un homme aussi modéré de caractère qu'audacieux d'esprit, les attaques des pamphlétaires de la cour et des pamphlétaires de son propre parti ; et Théveneau de Morande, revenu de Londres tout exprès pour

c.

exercer impunément cette industrie de la dénonciation et du dénigrement mercenaire, si prospère dans les temps troublés, avait pris Brissot pour cible de ces calomnies dont il reste toujours quelque chose.

Brissot, écarté de l'arène par son goût de la spéculation en ces moments où l'action domine, écarté des succès par des rivalités écrasantes ou des brigues sans scrupules, persuadé d'ailleurs que le vrai poste du dévouement civique était plutôt au fort de la lutte qu'au milieu des honneurs, et parmi les guides de l'opinion que parmi les aspirants au pouvoir, se retira sur le sommet de la montagne philosophique. Il prêcha la révolution par principes du haut de la tribune du *Patriote français* [1], un des organes les plus importants de l'époque et des plus influents au point de vue de la direction des idées et de la direction des partis.

Il ne cessa jamais d'inspirer ce journal, même quand la jalouse loi d'option le força plus tard de renoncer à y écrire pour se consacrer entièrement à ses devoirs législatifs, et qu'il n'y régna plus que par l'ombre de son nom. Cette ombre fut assez grande pour étouffer non le talent, mais l'individualité d'un écrivain plus brillant et plus énergique que lui, non moins honnête et désintéressé, dont la fidélité héroïque à son maître, scellée de son sang, les honore tous deux : Girey-Dupré.

---

[1] Le *Patriote Français*, par Brissot de Warville, journal qui commence le 28 juillet 1789 et finit au n° 1388, le 2 juin 1793. Brissot avait placé en tête de sa feuille cette épigraphe : *Une gazette libre est une sentinelle avancée qui veille sans cesse pour le peuple.* Voir *Histoire des journaux pendant la Révolution* par Léonard Gallois, t. Ier p. 188 à 456, et E. Hatin, *Histoire de la presse*, t. V.

Du reste, cette œuvre de tous les jours n'absorba point complétement un homme aussi laborieux que Brissot. Il avait touché de trop près au mandat législatif (il ne lui avait manqué que quelques voix pour être député suppléant aux États-généraux, avec ses amis Sieyès et Péthion) pour qu'il ne fût pas considéré comme des leurs par ceux mêmes qui l'avaient emporté sur lui.

Les auteurs du mouvement de 1789, bientôt embarrassés devant leur œuvre, quand il fallut sortir de la théorie pour entrer dans la pratique et écrire la charte de leurs conquêtes, ne pouvaient guère se passer des avis d'un écrivain rompu à l'étude des constitutions libres, qui les avait vues fonctionner sous ses yeux en Suisse, en Angleterre, en Amérique, dont l'absence était une faiblesse pour l'Assemblée, dont les critiques eussent porté un coup mortel à son crédit déjà si ébranlé.

Brissot, quoique ne faisant pas partie de l'Assemblée nationale, fut donc appelé, en qualité de publiciste, au sein de son comité de constitution, et prit part à ses travaux.

Il avait été d'ailleurs élu, peu de jours après le 14 juillet 1789, membre de cette représentation communale, où les vainqueurs de la Bastille ne pouvaient manquer de faire entrer l'ancien prisonnier de la Bastille, auquel ils avaient, le soir de la prise de la forteresse du bon plaisir, apporté l'hommage vengeur des clefs sous lesquelles il avait été enfermé.

Dans l'assemblée municipale Brissot se distingua par son zèle, par ses lumières, mais aussi, il faut bien le dire, par ses ombrages, ses susceptibilités, ses soupçons civiques, une indépendance farouche et une systématique intolérance.

Il semble qu'il soit dans la destinée de tous les calomniés de calomnier, dans la fatalité de tous les proscrits de proscrire, de tous les persécutés de persécuter à leur tour.

Sans qu'il y ait à lui reprocher de violence ou d'iniquité, on ne peut méconnaître le rôle signalé, et à certains égards funeste, de Brissot dans les délibérations et les opérations de ce comité de recherches de l'Hôtel-de-Ville, prototype des comités de vigilance, de surveillance, de police, de sûreté générale, de salut public qui furent une si mauvaise école pour le peuple, et fondèrent une inquisition et une tyrannie nouvelles sur les ruines des anciennes.

Le côté ombrageux d'un caractère aigri par l'injustice et la pauvreté, le côté chimérique d'un esprit plus hardi que sûr se retrouvent également dans l'institution de ce premier comité d'inquisition, de perquisition, de dénonciation qui mit la délation à la mode, la méfiance à l'ordre du jour. Il ne découvrit aucun complot, pas même celui de Favras, beaucoup plus imaginaire que réel et, en tout cas, peu redoutable, mais il provoqua contre son président une sorte de conspiration faite de la désapprobation des uns, du ressentiment des autres, qui finit par assurer à Brissot, un des plus modérés en somme parmi tant de violents, et des plus honnêtes parmi tant de corrompus, l'animadversion de tous les partis, l'ingratitude populaire, l'infamie de la vénalité et le supplice de la trahison.

L'infamie de la vénalité à celui qui demeura trop pauvre pour payer, en prison, les frais de la pistole, et ne laissa pas à sa veuve de quoi faire imprimer sa défense ; le supplice de la trahison à celui qui ne trahit jamais que lui-même !

« Enfin l'Assemblée nationale termina une carrière trop longue de quelques mois pour sa gloire et la liberté. Si elle avait été l'objet de viles adulations, je dois avouer qu'elle avait été en butte à des calomnies bien atroces.... Elle tomba dans de grandes erreurs, elle fit de grandes fautes ; mais elle fonda la liberté, elle promulgua les droits de l'homme, et cette promulgation rachète bien des torts. D'ailleurs, le bien qu'elle fit, on le lui devait tout entier ; elle le fit quand elle se livra à sa propre impulsion, quand elle fut elle-même; le mal qu'elle commit fut le crime de quelques intrigants qui l'avaient divisée, trompée, harassée, surtout dans les derniers temps [1]. »

Brissot, dégoûté de rechercher les suffrages de ses compatriotes par l'échec de sa première candidature (nul n'est prophète en son pays), tenta cette fois la fortune de l'urne parisienne.

Il ne triompha pas sans peine des calomnies répandues contre lui par l'implacable Théveneau de Morande, dans son *Argus des patriotes*, répétées dans le *Babillard*, ou affichées au coin des rues par le *Chant du Coq*, pamphlet quotidien, rédigé par Esménard et qu'on lisait sur les murailles.

Il y avait d'ailleurs une réaction excessive et aveugle, comme toutes les réactions, contre l'inutilité des philosophes, la lenteur de leurs travaux, et la stérilité de leurs combinaisons. Condorcet passa avec la plus grande peine; Brissot, suspect pour les mêmes causes, faillit être victime des mêmes velléités d'ostracisme ; il n'arriva à l'Assemblée législative qu'après l'épreuve, plus pénible qu'humiliante, de onze ballotages.

Il avait cependant donné des gages plus que suffisants de

---

[1] *Mémoires*, t. IV, p. 116.

sa haine contre la royauté et même contre le Roi ; car il n'aimait pas Louis XVI, et même ne l'estimait guère, prenant pour des réticences ses incertitudes et ses faiblesses pour des hypocrisies.

Il avait rédigé, après le retour de Varennes, cette fameuse pétition réclamant la mise en jugement[1] du roi fugitif, qui fut cause, au Champ-de-Mars, où on la signait sur l'autel de la patrie, de la première application de la loi martiale, de la première collision entre le parti constitutionnel et le parti révolutionnaire, et qui sans servir sa popularité, marqua la fin de celle de Bailly et de La Fayette.

Il était un des chefs avérés du parti républicain ; mais il voulait arriver à la république peu à peu et non tout d'un coup, préférant comme transition la suspension du roi à sa déchéance même et la transformation progressive des institutions à la brusque abolition de la royauté.

Le roi lui semblait encore nécessaire pour consacrer, en la déclarant, la guerre à la coalition, qu'il sentait inévitable, qu'il préférait provoquer que subir, et qu'il préférait faire déclarer par le roi et la nation d'accord, que par la nation seule, aux puissances étrangères.

Satisfait, pour le moment, de la Constitution, Brissot, à l'intérieur, songeait plutôt à l'appliquer qu'à la modifier ; et il tournait tous ses efforts, comme il cherchait à détourner ceux de la nation, vers l'ennemi extérieur, commun à

---

[1] Et non la déchéance, comme on l'a dit. Mᵐᵉ Roland la caractérise ainsi : « Les jacobins proposèrent une pétition à l'Assemblée pour lui demander le jugement du traître qui avait fui, ou l'inviter à recueillir le vœu du peuple sur le traitement qu'il pouvait mériter, et déclarer en attendant qu'il avait perdu la confiance de celui de Paris. »

tous, trouvant bon pour la liberté le baptême de la victoire, et cherchant à éteindre dans les luttes du patriotisme ce que l'énergie révolutionnaire avait d'excessif à son gré.

Telle fut la politique de Brissot, membre de l'Assemblée législative; telle fut la cause qui lui fit dédaigner toute autre charge, tout autre honneur pour les difficiles travaux et les redoutables responsabilités de ce Comité diplomatique de la seconde assemblée dont il fut l'âme, qui déclara la guerre à l'empereur d'Allemagne, le 20 avril 1792, comme le Comité diplomatique de la troisième assemblée, la Convention, devait, sur ses conclusions, déclarer la guerre à l'Angleterre et à la Hollande, le 1er février 1793.

Aussi décidé à la modération de la logique, à la patience de la force, dans les affaires intérieures, qu'il était résolu à l'activité et à l'énergie à l'extérieur, Brissot se trouva sans autres instruments de résistance que la parole et la plume, sans autre force que l'honnêteté et la pauvreté, en butte aux hostilités des exagérés de tous les partis.

Les royalistes constitutionnels le taxèrent de témérité ; les républicains accusèrent de timidité et de lenteur un homme assez fort pour oser être sage, pour retenir leurs impatiences et gourmander leurs violences. Les derniers partisans de Louis XVI, les partisans plus nombreux d'un changement, lui reprochèrent, les uns d'avoir précipité la guerre, empêché la réconciliation des classes, rendu un cataclysme inévitable, les autres d'avoir cherché une diversion intéressée dans une conflagration européenne, d'avoir doublé les soucis du patriotisme et malencontreusement ajouté l'étranger aux ennemis de la liberté.

Malouet, Rivarol, Mirabeau jeune, Champcenetz, André Chénier, de Pange, les *Actes des Apôtres*, le *Journal de*

Paris, criblèrent à la fois Brissot d'épigrammes et de brocards, toujours dangereux dans un pays où le ridicule tue, et où il est trop facile de déshonorer un homme.

Brouillé avec La Fayette et Bailly depuis l'affaire du Champ-de-Mars, brouillé avec Danton, Robespierre, Camille Desmoulins, depuis qu'il s'obstinait à proposer pour modèle à la révolution française la révolution anglaise et la révolution américaine, et prétendait attendre plutôt que de tout risquer, améliorer plutôt que de tout détruire, enfin et surtout depuis qu'il semblait avoir placé dans un ministère Roland, Clavière, Servan et Dumouriez et son maintien aux affaires, la garantie du salut public, Brissot eut l'honneur de ne prendre aucune part au 10 août, fait par la municipalité autant contre l'assemblée que contre la royauté, et par Danton, Desmoulins, Robespierre, autant contre le ministère que contre Louis XVI.

Il acheva de se compromettre et de se déshonorer aux yeux des partisans de la Terreur naissante en protestant publiquement, solennellement, énergiquement, avec un courage trop peu imité, contre les massacres de Septembre.

Dès lors le conflit devint irréconciliable entre la Gironde qui voulait enrayer et la Montagne qui prétendait accélérer la marche éperdue du char révolutionnaire.

La suprême partie se joua sur le tapis rouge du procès de Louis XVI, dont Brissot jugeait la déchéance prématurée, le supplice impolitique, dont il ne consentit à voter, en désespoir de cause, la mort qu'avec la condition suspensive de l'appel au peuple et de la ratification de la sentence.

Brissot avait d'autant plus de mérite à essayer de sauver Louis XVI, qu'il ne l'aimait point et qu'en le défendant, il cédait à la raison bien plus qu'à l'humanité.

Aussi ce plaidoyer, autrement méritoire, autrement courageux que celui de De Sèze, d'un adversaire acharné, faillit-il être autrement efficace.

Si Louis XVI eût pu échapper à son sort, et il s'en flatta un moment après le discours de Brissot, il l'aurait dû surtout à l'intervention dans le débat de celui qui, sans amour, sans pitié, sans espoir de récompense, sacrifiait d'avance non pour sauver un homme, mais pour éviter un crime funeste, sa renommée et même sa vie [1].

Car, dès ce jour, c'en fut fait de Brissot. Il avait, en hésitant à tuer Louis XVI, prononcé son propre arrêt devant les factions. Il s'était rendu *tuable*. Il suffisait, pour l'envoyer à l'échafaud, de l'occasion d'un jour d'émeute triomphante, d'un de ces accès bientôt périodiques de la fièvre de haine et de peur qui devaient pousser la Convention à se décimer, et à verser elle même le plus pur de son sang, sous le prétexte d'une de ces accusations de fédéralisme qui, comme celles de modérantisme, donnaient alors la mort.

Mais avant d'en arriver à ce dénoûment tragique, il nous paraît utile de rétrograder de quelques pas, et de demander à quelques contemporains célèbres, amis ou ennemis, leur témoignage dans cette enquête ouverte sur

---

[1] L'échec de Brissot fut une des dernières déceptions du malheureux Louis XVI. Après avoir entendu son arrêt, il murmurait mélancoliquement : « Je croyais que M. Brissot m'aurait sauvé. » Le fait est attesté par la plupart des historiens et des biographes, notamment MM. de Beaulieu et Durozoy, rédacteurs de l'article *Brissot* dans la *Biographie universelle* Michaud, et dont le fervent royalisme ne fait point question.

le caractère et la vie de Brissot, que les contemporains refusèrent toujours à son innocence, et qui ne pouvait être impartialement tentée que par la postérité. C'est en effet lors du moment suprême, de l'épreuve décisive de la vie d'un homme, qu'il convient de réfléchir et de concentrer sur son visage toute la lumière de son passé.

Mme Roland a souvent parlé de Brissot. Elle s'y est reprise à plusieurs fois pour peindre cette physionomie complexe. Nous ne saurions reproduire intégralement les pages de ses *Mémoires* qu'a consacrées à un de ses initiateurs politiques cette femme remarquable, dupe des mêmes illusions, victime des mêmes fautes que lui, condamnée par les mêmes juges que lui à une mort qui les absout tous deux. Mais nous leur emprunterons du moins quelques traits caractéristiques.

Mme Roland a parfaitement décrit « ces manières simples, cette franchise, cette négligence naturelle en harmonie avec l'austérité de ses principes », et toutes ces qualités qui ont fait « qu'à mesure qu'elle a mieux connu Brissot, elle l'a plus estimé », son zèle pour la chose publique, qui n'avait d'égal que son désintéressement, son activité, sa naïveté, sa gaieté, la confiance poussée jusqu'à l'imprudence de ce bonhomme « fait pour vivre avec des sages, et pour être la dupe des méchants. »

Ajoutons que, comme ombres au tableau, Mme Roland avoue très-bien les défauts que Brissot mêlait aux qualités qui rendaient son commerce si agréable, et en faisaient un modèle de vertus domestiques et privées. Ces défauts sont « une sorte de légèreté d'esprit et de caractère qui ne séyaient pas à la gravité de la philosophie, qui lui a toujours fait peine et dont les ennemis de

Brissot ont tant tiré parti ; » le défaut d'autorité personnelle, « faute de dignité ; » la facilité de composition et l'habitude d'improvisation, « qui font discerner dans ses ouvrages, avec un fond excellent, la touche hâtive d'un esprit rapide et souvent léger ; » la curiosité trop variée et l'officiosité naturelle, « qui lui ont donné l'air de se mêler de tout et l'ont fait accuser d'intrigue par ceux qui avaient besoin de l'accuser de quelque chose. »

Ceux-là l'ont aussi accusé de vénalité. Or, nous devons le répéter à l'honneur de Brissot, s'il est un point sur lequel les témoignages venus des camps les plus opposés soient concordants et unanimes, c'est celui de la probité, de l'honnêteté, de l'incorruptibilité de Brissot. Mercenaire il le fut toute sa vie, mais du travail indépendant, de celui où le publiciste gagne à la sueur de son esprit un pain qui ne coûte rien à sa conscience ; esclave de la nécessité, du devoir, du salaire nourricier, mais esclave dont l'âme est libre et dont la tâche est volontaire. La pauvreté laborieuse, courageuse, fière de Brissot, son désintéressement dans ces entreprises de librairie ou de publicité qui ne furent lucratives que pour ses associés, le stoïque refus qu'il opposa toujours aux occasions les plus propices, aux offres les plus tentatrices, sont attestés non-seulement par ses amis, par Mme Roland, Pétion, Héléna Williams, mais par ses anciens adversaires, ceux qu'il n'a point ménagés dans ses *Mémoires*.

Garat, Lafayette, Soulavie, rendent justice à cette incorruptibilité de Brissot, qui, pour avoir été moins cynique que celle de Marat, moins ostentatoire que celle de Robespierre, nous semble plus sincère et plus méritoire encore. Elle n'était point chez lui, comme chez eux, le masque de cette cupidité hypocrite qui ne refusait en détail les profits du pouvoir que pour mieux les saisir à la fois. Elle était une habitude pour Brissot et faisait partie de ses mœurs, au point qu'il ne s'apercevait plus lui-même de cette vertu, si rare et de plus en plus rare, il faut le reconnaître, parmi les hommes que les révolutions mettent en évidence, cette vertu du désintéressement qui demeure le meilleur titre de Brissot à l'estime de la postérité et son titre le plus incontestable. L'aveuglement de l'esprit de parti a pu seul essayer de donner le change à l'opinion sur le compte d'un homme que sa pauvreté défend plus éloquemment que tous les témoignages, contre les insinuations ou les accusations d'un Camille Desmoulins, qui, moralement, était si loin de le valoir; d'un Théveneau de Morande, indigne de toute comparaison.

Cette pauvreté de Brissot était si réelle, si sincère, si avérée, qu'il suffit de la rapprocher de certaines hyperboliques assertions de ses ennemis pour les rendre encore plus ridicules qu'odieuses.

A l'époque où Bertrand de Molleville représente Brissot comme ayant aliéné son indépendance et fait marché de *douze millions* (!) pour conjurer la révolution du 10 août, marché qu'il lui reproche de n'avoir pas même tenu, à l'époque où l'injustice de la colère et la passion des représailles aveuglaient des écrivains comme Morellet, comme André Chénier, comme de Pange, au point de leur faire traiter Brissot d'ancien séide du despotisme, d'ancien agent de l'espionnage ministériel, de propagateur de la doctrine de l'amovibilité de la propriété et de l'impunité du vol, à ce moment, Brissot, membre le plus influent du comité diplomatique, maître de la question de la paix et de la guerre, subvenait à grand'peine aux frais de l'existence la plus frugale et la plus modeste. Mᵐᵉ Roland s'écrie à ce propos :

> C'est avec la même justesse qu'on le met à la solde de l'Angleterre, et que, dans un rapport envoyé à tous les départements, on dépeint gravement sa femme, retirée dans les appartements de la reine à Saint-Cloud, et tenant des conciliabules politiques. Rien n'est si plaisant pour qui connaît la femme de Brissot, adonnée aux vertus domestiques, absorbée par les soins du ménage, repassant elle-même les chemises de son mari, et regardant à travers le trou de la serrure pour savoir si elle doit ouvrir à ceux qui frappent ; prenant à loyer une petite vilaine chambre au village de Saint-Cloud, pour avoir la facilité de promener au grand air l'enfant qu'elle vient de sevrer.....

Un dernier et double exemple achève victorieusement cette réhabilitation de Brissot.

Charlotte Corday rendait hommage à ces incontestables vertus d'un homme dont la conversation des Girondins proscrits lui avait appris à révérer le caractère plus encore qu'à admirer le talent, lorsque arrêtée, jetée dans la prison de l'Abbaye, elle regardait comme une consolation, comme un honneur de dormir dans le cachot où avait médité Brissot.

Girey-Dupré, au tribunal révolutionnaire, se glorifia hautement d'avoir été le collaborateur et l'ami de ce Brissot dont on prétendait lui jeter à la face, comme un outrage, le nom diffamé. Il vengea alors son maître immolé par ces mots, que les juges-bourreaux n'entendirent pas sans rougir : « Il a vécu comme Aristide, il est mort comme Sidney. » Et Girey-Dupré subit à son tour le supplice de la vertu, laissant à l'honneur de Brissot un de ces témoignages héroïques qu'il faut bien croire, puisque, suivant le mot de Pascal, ils émanent de témoins qui se sont fait tuer.

IV

Ces funèbres souvenirs nous ramènent au suprême et tragique épisode de la vie de Brissot, celui de sa mort.

Proscrit avec trente-quatre de ses collègues, qu'on appelait les *Girondins*, après les avoir appelés les *Brissotins*, à la suite de la révolution du 31 mai, Brissot fut arrêté à Moulins avec Souques, ami fidèle à sa mauvaise fortune, qui l'accompagnait dans son exode, au moment où il cherchait à continuer sa route vers la Suisse, asile préféré de son innocence persécutée, comme elle avait été le but de ses plus chères excursions de jeunesse.

La catastrophe qui terminait ainsi brusquement son rôle n'avait point surpris Brissot; et si elle l'avait justement effrayé, ce n'avait pas été au point de l'empêcher de l'attendre. Une lettre inédite adressée par lui, le 19 mai 1793, douze jours avant le coup d'État populaire qu'il prévoyait, témoigne éloquemment à la fois de son inquiétude et de sa résolution :

Cher compatriote,

...... Depuis deux ou trois jours, nous sommes dans une horrible tourmente. La moitié des députés ne couchent pas dans leurs logis habituels. Je n'ai pas encore quitté le mien ; mais j'ai plus que personne la conviction qu'on nous prépare une Saint-Barthélemy. Une lettre de Dumont d'Oisemont à Devaux d'Amiens, ramassée dans cette ville, dit expressément qu'il nous faut encore une journée du 10 août bien copieuse, et que ce ne sera pas long. Des harangueurs de place, et je l'ai entendu, disent aussi : « On a guillotiné assez de têtes de cuisiniers et de cochers de fiacre ; ce sont des têtes conventionnelles qu'il faut guillotiner ; » et toujours celles des vingt-deux proscrits sont les premières qu'on cite.

Voilà la terrible position où nous sommes. La dissolution de la Convention est le vœu des factieux et de nos ennemis. Nous resterons à notre poste, nous ferons une constitution, ou il faut périr. C'est déjà quelque chose que d'avoir écarté le gouvernement municipal de Paris par notre division départementale conservée.

M. D......, notre ancien procureur-syndic, que j'ai placé hier à la séance, a été bien vivement affecté des rugissements des tribunes à la voix de Marat nous menaçant de nous faire égorger par son peuple souverain....

J'ai l'honneur de vous présenter mes salutations et mon respect à madame [1].

Enfermé à l'Abbaye, dans un dénûment tel que, lorsqu'il fut plus tard transféré à la Conciergerie, il y fut laissé sur la paille, sans autre nourriture que du pain et de l'eau, et fût demeuré à ce régime, si ses amis ne s'étaient cotisés pour lui assurer un matelas et la pitance de la pistole, Brissot ne se laissa aller ni à de vaines plaintes ni à des regrets stériles. En attendant que le fait brutal l'égorge, il proteste, il résiste, il défend pied à pied le droit outragé doublement dans sa personne; il réclame, à défaut du privilége d'un mandat qui le rend inviolable, les immunités légales qu'on ne saurait refuser au moindre citoyen.

Le 27 juin 1793, celui que Robespierre, son ancien camarade d'études, son implacable rival, traitait du haut de la tribune (séance du 24 juin) de « lâche espion de police que la main du peuple a saisi couvert d'opprobres et de crimes, » celui que les historiens les plus favorables à la cause dont il fut la victime, MM. Michelet et Louis Blanc, n'ont pu s'empêcher de défendre contre de si calomnieuses injures, continuait de poursuivre tour à tour

---

[1]. Lettre inédite communiquée par M. Feuillet de Conches. Elle n'est point signée, par une précaution qui ne se comprend que trop.

la Convention et le Comité de salut public de ses opiniâtres objurgations :

Au Comité du salut public.

Citoïens collègues,

La lettre que j'ai adressée lundi dernier au président de la Convention, et dont je vous ai envoyé copie, est donc restée ensevelie dans l'oubli? Est-ce ainsi qu'on doit traiter la juste demande d'un collègue incarcéré au mépris de tous les principes? La Convention peut-elle avoir deux poids et deux mesures? Peut-elle, en une minute, me décréter d'accusation sans m'entendre, lorsqu'elle n'a décrété Marat qu'après l'avoir entendu, qu'après un rapport, qu'après un appel nominal motivé et une séance de vingt-quatre heures? N'en doutez pas, citoïens, la France fait et fera cette comparaison, et elle aura de quoi s'étonner qu'on ait refusé à quelque député que ce fût une justice qu'elle a accordée et qu'elle devait accorder à Marat.

Quoi qu'il en soit, j'insiste sur la lecture de ma lettre; j'insiste à demander à être entendu sur le décret d'accusation; j'insiste à ce que le décret soit suspendu jusqu'à ce que j'aie été entendu, d'après le rapport qu'on promet toujours et qui ne se fait jamais, sans doute parce qu'il est et sera toujours impossible de trouver des preuves de délits imaginaires.

J'avais fait une autre demande au Comité; la justice l'avait également dictée, et cependant elle est restée, comme l'autre, sans réponse. J'avais demandé ce qu'on ne me refusa pas, même à la Bastille, à voir ma malheureuse épouse; et je n'ai vu ni ma femme ni aucune personne qui me fût chère! On me laisse seul dans mon tombeau, moi représentant du peuple, innocent non entendu!

Mes affaires privées sont dans le plus grand délabrement; et cela ne doit pas étonner, d'après la violation et le pillage qui se sont faits de mes propriétés. J'ai des engagements à remplir, des dettes à acquitter et à recouvrer. Ma détention me lie les mains. Je demande à voir ma belle-mère ou ma belle-sœur Dupont, qui peuvent seules se charger de mes intérêts, mais qui ne le peuvent sans ma procuration et ma direction. Je vous prie donc de m'envoyer une permission pour les voir et pour un notaire.

J.-P. BRISSOT[1].

---

[1] Lettre inédite. Cabinet Feuillet de Conches.

INTRODUCTION.

Le 30 juin, le huitième jour de sa détention au secret, Brissot renouvelait ses réclamations. Peu lui importait que ceux dont dépendait son sort fissent les sourds, il ne voulait pas avoir à se reprocher de s'être tu. Et toujours avec la même forme modérée, mais pressante, dans des épîtres sans formalités banales et qui eussent paru malgré lui ironiques, de salutation et de considération, d'où était banni tout scrupule de protocole et où il ne voulait rien devoir, il répétait sa tenace et digne requête :

Citoïens,

Je ne puis concevoir la cause du silence que vous gardez sur toutes les lettres que je vous ai adressées ; la dernière surtout me semblait propre à devoir vous frapper. Je vous déclare que le secret où je suis dans ma prison me liant les mains pour mes affaires privées, chaque jour ajoute considérablement à mes pertes ; elles cesseraient si je pouvais conférer avec les personnes qui en sont chargées. Je conçois pourquoi on empêche les députés mis en arrestation chez eux de recevoir des visites : on craint leur évasion ; mais moi, sous de triples grilles ou de triples verroux, puis-je donner les mêmes craintes ? Mes collègues voient chaque jour ce qu'ils ont de cher, et non-seulement j'en suis privé, mais on m'ôte encore le moïen d'empêcher la ruine de mes affaires. Mon innocence éclatera tôt ou tard. Ne vous préparez pas le regret d'avoir contribué à ruiner un collègue qui n'a à se reprocher que trop de désintéressement dans son ardeur pour la liberté. Je vous réitère la demande d'une permission de me voir pour ma belle-sœur, chargée de la suite de mes affaires.

J.-P. BRISSOT [1].

Brissot continua de lutter ainsi jusqu'au bout, durant une captivité de quatre mois dont la longueur, — attribuée par les uns à la difficulté de constituer un dossier sérieux, par les autres à la crainte d'un échec, par quelques-uns à la pensée secrète d'épargner des collègues dont la mort

[1] Lettre inédite. Cabinet Feuillet de Conches.

déshonorait la Convention et pouvait en entraîner tant d'autres, — dont la longueur, disons-nous, ne lassa point sa patience et n'énerva point son énergie. C'est pendant sa détention qu'il écrivit ses *Mémoires* et rédigea sa défense, en appelant à la fois à la pudeur de ses juges et à la justice de la postérité. Cette ténacité dans la résistance, cette noble obstination à se confier, même sans espérance, à son droit, sont caractéristiques et distinguent l'attitude de Brissot de celle de plusieurs de ses collègues, notamment de celle de Vergniaud, dont les lettres déclamatoires et insultantes attestent une moindre tenue morale et une moindre force de dignité. Vergniaud, à la même date, le 28 juin, traite les membres du Comité de salut public, d'imposteurs, d'assassins et de lâches. Il a raison; mais peut-être préférons-nous à cette violence un peu théâtrale la modération et la persévérance avec lesquelles, feignant de prendre ses bourreaux pour des juges, il se défendit jusque sous le couteau.

Car c'est là le trait original de ce dramatique procès des Girondins. Ces orateurs parlèrent jusqu'au bout. Il fallut, dit Michelet, pour pouvoir les condamner, décapiter le procès, c'est-à-dire arbitrairement clore les débats; il fallut, pour pouvoir faire taire ces voix de l'éloquente Gironde, décapiter les Girondins.

On sait que le tribunal, et surtout l'accusation, intimidés, lassés, exaspérés par cette lutte de cinq jours où ils n'avaient point l'avantage, sollicitèrent et obtinrent de la Convention un décret, rendu sur le rapport de Robespierre, qui permettait au tribunal extraordinaire, désormais justement qualifié Tribunal révolutionnaire, de clore tous débats le troisième jour, décret dont Fouquier et Antonelle se hâtèrent de profiter pour fermer la bouche à d'importuns contradicteurs.

Le 30 octobre 1793, à sept heures du soir, Antonelle ayant déclaré la religion du jury suffisamment éclairée, l'inique et homicide sentence fut prononcée (pour être exécutée le lendemain) au milieu de la satisfaction des juges, de l'émotion des jurés, que le fanatique Brochet avait obligés de paraître convaincus, des larmes et des remords de Camille Desmoulins, assistant atterré à cette condamnation à laquelle son pamphlet de l'*Histoire des Brissotins* avait trop contribué.

Villate, témoin oculaire, a raconté les scènes diverses de ce drame, non moins émouvant dans la coulisse que sur la scène.

C'est lui qui nous a peint la physionomie et la contenance de Brissot et de ses compagnons d'infortune, lors du prononcé de l'arrêt.

« A peine ce mot fatal, *mort*, est-il prononcé que Brissot laisse tomber ses bras ; sa tête se penche subitement sur sa poitrine [1]. »

Mouvement de dernière lutte entre la résignation et le désespoir trop légitime chez cet homme qui pensait à la fois au sort de sa patrie, de sa famille, de sa mémoire, de cette *Réfutation* victorieuse que, faute d'argent, sa veuve ne put, suivant son vœu, faire imprimer !

Riouffe et Beugnot, tous deux détenus à la Conciergerie, ont peint les Girondins, et entre autres Brissot, durant les derniers jours de leur captivité.

Voici le croquis du premier :

---

[1] Villate, *Mystères de la Mère de Dieu dévoilés*, ch. XIII.

Brissot, grave et réfléchi, avait le maintien du sage luttant contre l'infortune, et si quelque inquiétude était peinte sur son visage, on voyait bien que la patrie seule en était l'objet.

Beugnot, qui est un monarchiste, un constitutionnel, voit naturellement Brissot d'un œil moins favorable; mais il lui rend justice, malgré lui, dans ce portrait dédaigneux dont certaines épigrammes sont des éloges.

Fauchet faisait souvent des rapprochements si frappants et les développait avec tant d'éloquence, qu'il émouvait le froid, le matérialiste Gensonné et que Brissot en restait stupéfait.

Au reste, ce dernier, dont on a dit tant de choses, excepté la vérité, avait aussi sa manière de crédulité. C'était un vieil enfant, toujours prêt à être dupe, et tout à fait incapable d'en faire d'autres. Si jamais acception a été fausse, c'est celle que le public avait donnée au mot *brissotter*. Ce député avait beaucoup d'esprit et autant d'imprévoyance, connaissait à fond l'histoire et fort peu les hommes, embrassait aisément un cercle étendu de relations poliques, et ne voyait pas au bout de son nez ; fort jaloux de prouver qu'il avait raison, il ne connaissait pas les moyens de l'avoir réellement. Il possédait enfin tout ce qu'il fallait pour faire du bruit dans un parti et le conduire à sa perte ; et c'est ce qu'il a fait [1].

Un certain abbé Lothringer, auquel est échue la noble et douloureuse mission de consoler les derniers moments de Miaczenski et de Custine, des Girondins, du duc d'Orléans, donne, dans une lettre, des détails précieux, sur ce que le secret jaloux de son ministère ne l'oblige point à taire de l'attitude de ses ouailles de la dernière heure dans cette Conciergerie, antichambre de l'échafaud. Il raconte le repentir, la rétractation, l'édifiante tenue de l'abbé Fauchet redevenu prêtre et catholique et abjurant hautement ses erreurs. Il montre l'évêque constitutionnel du Calvados recevant à son tour les aveux du marquis de Sillery et

[1] *Mémoires du comte Beugnot*, t. I, p. 183.

lui donnant cette absolution qu'il vient de recevoir lui-même. Enfin il déclare avoir entendu en confession Duperret, Gardien, Beauvais, Lehardy et Viger, plus un sixième dont le nom lui échappe. Il ajoute :

> Brissot, que je connaissais, ne s'est pas confessé ; je me souviens cependant que les autres lui ayant demandé s'il croyait qu'il y eût une vie éternelle dans l'autre monde et une récompense, il leur a répondu qu'oui.

C'est sur cet aveu qui trahit le secret de sa sérénité stoïque, c'est sur cette mâle espérance, cette confiance austère dans les réparations de l'immortalité, que Brissot, le 10 brumaire an II (31 octobre 1793), à une heure, reçut, place de la Révolution, avec ses vingt et un compagnons, la mort, dont l'ingratitude populaire et la haine des partis extrêmes récompensaient ses services. Il laissait l'exemple d'une vie plus remplie de travaux que d'années (il périt à trente-neuf ans) et d'une honnêteté dont il fut la victime, en même temps que la leçon, toujours inutile, de la stérilité de cette violence qui commence et qui achève, qui fait et défait les révolutions !

V.

Les *Mémoires de Brissot* ont été publiés en 4 vol. in 8°. M. de Montrol, connu par divers ouvrages sur l'époque révolutionnaire, notamment une *Histoire de l'Émigration*, a donné ses soins aux trois premiers volumes. Une surveillance anonyme (celle de M. L....) a présidé à l'impression du quatrième [1].

Les quatre volumes qui composent cette unique édition des *Mémoires de Brissot,* non réimprimée à notre connaissance, si ce n'est sans doute par l'inévitable contrefaçon belge, portent la date, les deux premiers de 1830, le troisième et le quatrième de 1832.

L'histoire de la composition de ces *Mémoires,* telle que son éditeur la raconte, d'après les indications de Brissot lui-même et les traditions de famille, est bien simple. Comme madame Roland, il trompa l'ennui des longues heures et des pesants loisirs de sa captivité, à l'Abbaye, en se reportant aux souvenirs de sa jeunesse et en écrivant pour ses enfants l'histoire de sa vie. Le propre de ceux qui n'espèrent plus est de se retourner vers le passé et de se dédommager à se souvenir. D'ailleurs Brissot, encore plus attaqué et calomnié que Mme Roland, éprouvait le besoin de défendre sa mémoire, par ces confidences à la Jean-Jacques, plus apologétiques toutefois que leur modèle, mais inspirées par ce même besoin de consolation et de vengeance sans lequel on n'écrirait, dans une prison antichambre de l'échafaud, que son testament, dédaignant d'écrire des *Mémoires.*

Brissot avait commencé en 1785, à la suite de son funeste procès avec son indigne associé du *Lycée de Londres,* Desforges d'Hurecourt, et des diatribes du *Courrier de l'Eu-*

---

[1] *Mémoires relatifs à la Révolution française.* — *Mémoires de Brissot, membre de l'Assemblée législative et de la Convention nationale, sur ses contemporains et la Révolution française, publiés par son fils, avec des notes et des éclaircissements historiques par M. F. de Montrol;* Paris, Ladvocat, libraire de S. A. R. M. le duc de Chartres, quai Voltaire et Palais-Royal, galerie d'Orléans. — Imprimerie de A. Barbier.

rope tirant, grâce à ce diabolique Morande, contre ses anciennes troupes, ce Mémoire justificatif qu'il étendit et compléta dans sa prison de l'Abbaye, pendant les quatre mois et demi qu'il y passa enfermé.

Telles sont les circonstances dans lesquelles furent composés ces Mémoires que Brissot laissait pour unique legs à ses enfants. On s'explique du reste les scrupules de toute sorte qui empêchèrent sa veuve, morte à Paris en janvier 1818 [1], de publier ces *souvenirs* sincères, qui prenaient à témoin et même à partie plus d'un personnage encore vivant.

La Révolution de 1830, la situation précaire de la famille de Brissot [2], le désir de lui venir en aide, inspirè-

---

[1] Elle était née à Boulogne-sur-Mer le 18 décembre 1759.

[2] Brissot avait trois fils : l'un, aspirant de marine, est mort à Saint-Domingue ; l'autre, célèbre parmi les élèves de l'École polytechnique, par le refus qu'il fit de prêter serment à l'empereur, est mort à Albany après plusieurs voyages en Amérique ; le troisième, Anacharsis, dont Brissot parle d'une manière si touchante dans ses derniers écrits, après avoir servi son pays en qualité d'officier de hussards, et s'être adonné quelque temps aux goûts littéraires qui lui avaient été transmis par sa mère, s'est livré à des spéculations commerciales qui viennent d'emporter sa fortune, et qui le laissent sans ressource et chargé d'une nombreuse famille. Plusieurs anciens amis de son père, des personnes pour qui le nom des Girondins est encore cher, et le dirai-je même? un noble royaliste, qui regarde le discours de Brissot dans le procès du roi comme le plus éloquent plaidoyer qui ait été prononcé en faveur du malheureux prince, ont ouvert une souscription, en faveur de M. Anacharsis Brissot, chez M. Laffitte, membre de la chambre des députés. C'est à la fois un hommage à la mémoire d'un bon citoyen, et un acte de bienfaisance envers un homme auquel il ne reste que son honneur et le nom de son père. Brissot mourant regardait le soin de soutenir sa famille comme une dette nationale. Après le 9 thermidor, la république accorda une pension de deux mille francs à sa veuve et une pareille pension à ses

rent et permirent la résolution de publier les Mémoires de Brissot, comme le 9 thermidor et le Consulat avaient inspiré et permis à Bosc et à Champagneux la mise au jour des œuvres testamentaires de Mme Roland, unique fortune de sa fille. Les circonstances et les sentiments qui ont présidé à la publication font comprendre qu'on en ait plutôt étendu que resserré la matière, et que ce ne soit qu'à grand renfort de notes et de pièces, qu'on ait pu porter à quatre volumes le monument expiatoire de la mémoire de Brissot et la propriété précaire de sa famille, bornée à une jouissance de quelques années.

Aussi, en élaguant les luxuriances parasites non du texte original, toujours respecté, mais des notes et de leurs accessoires, disgressions, répétitions, pièces, documents, nous avons compris dans ce seul volume, d'un caractère, il est vrai, et d'une justification qui permettaient sans sacrifice une pareille concentration de la matière, les quatre volumes de l'édition originale [1]; nous donnons au public tout ce qu'il y a d'essentiel, de nécessaire, d'intéressant, de curieux, d'authentique dans le monument de

---

enfants. Ils reçurent en outre, au nom de leur père, chacun un sabre et des pistolets d'honneur. Lucien Bonaparte ajouta aussi à ces dons patriotiques, et augmenta la pension de madame Brissot, en sa qualité de veuve d'un homme de lettres. Mais ces pensions furent successivement réduites et enfin supprimées. Il ne reste pour héritage au fils de Brissot que son sabre d'honneur. (*Note de M. de Montrol.*) La famille de Brissot est aujourd'hui dignement représentée par M. Brissot de Warville, artiste et administrateur distingué, régisseur du palais de Compiègne. (L.).

[1] Le tour de force n'a rien d'impossible et a déjà été fait dans cette collection pour les *Mémoires de Mme Campan;* les trois volumes de l'édition originale y sont renfermés dans un seul volume.

Brissot, débarrassé, allégé, sans y perdre, y gagnant au contraire, des superfluités dont l'avait surchargé l'abondance souvent stérile du commentateur, résolu à *faire long*[1] dans une pieuse intention, aujourd'hui étrangère à un travail qui n'a plus que les droits et les devoirs de l'histoire.

[1] Nous indiquerons par la lettre M. les notes conservées de notre prédécesseur. La lettre L. désignera les nôtres.

M. DE LESCURE.

MÉMOIRES DE BRISSOT.

MÉMOIRES DE BRISSOT.

CHAPITRE PREMIER.

Captif, et arrivé à cet âge où Rousseau fit un examen général de sa vie, Brissot veut l'imiter, et profiter de la solitude de son cachot pour écrire ses Mémoires. — Sa naissance. — Singulière critique dont elle fut l'objet. — Le marquis de Luchet et Morande. — Sa famille.

SUR MA VIE PASSÉE

Mes ennemis triomphent! Au nom de la liberté ils m'ont jeté dans les fers. Je veux oublier un instant mon martyre, et mettre à profit la solitude de ma prison. Je touche à cet âge où Rousseau fit un examen général de sa vie passée et de toutes ses connaissances, et se fixa un plan de conduite qu'il put suivre jusqu'à sa mort. Je vais imiter Rousseau; j'en ai le loisir, et je remplirai par là plusieurs objets : premièrement, de m'améliorer et de me fixer pour le reste de ma vie, si le ciel m'accorde encore quelques années; secondement, d'occuper agréablement et utilement des heures qu'il est absurde de laisser dévorer par le chagrin et l'ennui; troisièmement, d'être utile à mes enfants, car c'est pour eux principalement que j'écris. Je veux leur apprendre à connaître leur père, je veux les dédommager des instructions que je n'ai pu leur donner, lorsque j'étais entraîné par le tourbillon des affaires.

Je suis né en 1754, le 14 janvier, dans la ville de Chartres. J'étais le treizième enfant de ma famille, et ma mère en eut encore quatre après moi. Mon père était traiteur, et comme lui tous ses parents avaient eu la réputation de probité : je ne crois pas que cette famille fût originaire de Chartres. En cherchant dans le dictionnaire des grands hommes, j'ai trouvé un Brissot, médecin qui avait écrit sur la fièvre [1] et qui est mort en Portugal victime de son courage et de son ardeur à étendre nos connaissances en médecine. Je n'ai rencontré aucun homme qui portât le même nom.

Je ne m'arrêterais pas un instant sur ce hasard, qui m'a fait naître d'un traiteur au lieu de me faire sortir d'un savetier ou d'un duc et pair, si ma naissance même ne me rappelait les premières attaques littéraires dont j'ai été l'objet. Je ne parle pas du méprisable gazetier [2] qui pendant cinq ans a dégoûté ses lecteurs avec son rabâchage sur les *fourneaux* de mon père, ni même de l'auteur de l'*Année littéraire*, qui, dans une notice qu'il consacra à ma satire, mit tant d'acharnement à me déchirer; mais s'imaginerait-on que, sans provocation, sans motifs, un homme que j'aurais dû croire spirituel et poli, puisqu'il se piquait de bon goût et se disait marquis, ne se fût pas contenté de ramasser dans la boue les injures qui y étaient tombées, et, qu'en les

---

[1] Le médecin dont parle ici Brissot était né dans le Poitou, à Fontenay, en 1478 ; il est mort en 1522. (M.)

[2] Morande, auteur du *Gazetier cuirassé* et depuis rédacteur du *Courrier de l'Europe*. Dans ces *Mémoires*, il sera plus d'une fois question de ce libelliste dont la haine exerça une influence fatale sur la vie de Brissot. Il était né à Arnay-le-Duc, en 1748. Après les désordres honteux de sa jeunesse, qui le firent enfermer tour à tour au For-l'Évêque et à Armentières, il se réfugia en Angleterre, et se mit à écrire des libelles contre tous ceux qu'il supposait assez riches, et assez faibles pour acheter son silence. C'est de cette manière qu'il rançonna madame Dubarry, à laquelle il arracha 500 guinées et une pension de 4,000 livres. Le comte de Lauraguais ne le paya qu'à coups de bâton, dont il eut soin d'exiger quittance. Il s'attaqua aussi à Voltaire. A l'époque de la révolution Morande revint en France, où il composa de nouveaux libelles et des journaux. Également méprisé et repoussé de tous les partis, il fut massacré à l'Abbaye dans les journées de septembre. Comme nous le verrons, sa mort même fut encore un événement funeste pour Brissot. (M.)

reproduisant, il y aurait encore ajouté de nouveaux traits [1] ? Attaquant à la fois deux ou trois de mes productions, et m'appelant un Don Quichotte de l'humanité, dont le style était assez coulant, le voilà qui se fait écrire et répète que je suis le fils d'un traiteur-rôtisseur, exerçant à Chartres, et qui raconte comment et pourquoi j'ai pris le surnom de Warville. Dites-moi, que cela faisait-il aux lecteurs du *Traité de la vérité?* Quel mérite l'histoire de ma naissance et de mon nom ajoutait-elle au jugement littéraire porté sur mes ouvrages ? M. Luchet eût donc aussi plaisanté, dans l'occasion, sur l'enclume de Démosthène et le tire-pied d'Amyot ? car, si c'est un sujet de plaisanterie d'être né dans la classe des artisans, moi chétif, j'y suis exposé avec les plus beaux génies. Théophraste, Horace, Virgile, Massillon, Diderot, Franklin, les deux Rousseau, sortaient tous de cette classe de la société, et l'on ne peut en faire un crime qu'à celui qui aurait la petitesse d'en rougir [2]. Puisse ma naissance, à défaut d'autres titres, associer un jour mon nom à celui de ces grands hommes !

Avant que des coups plus sérieux fussent dirigés contre

---

[1] Dans le n° 3 du *Conteur* de 1784, espèce de compilation répandue en Allemagne, peu connue en France, et rédigée par le marquis de Luchet, auteur d'une *Vie de Voltaire*, du *Journal des Gens du monde*, du *Vicomte de Barjac* et d'autres romans. (*Note de Brissot.*) — Ce marquis littérateur fut d'abord un officier de cavalerie, qu'on appelait le marquis de la Roche-du-Maine; il devint maître de forges, puis il fit banqueroute. Il se fit journaliste à Lausanne, d'où le landgrave de Hesse-Cassel le tira pour lui confier le soin de sa bibliothèque et la direction de son théâtre. Au commencement de la révolution, il avait quitté la bibliothèque et le théâtre pour une pension du prince Henri de Prusse, qu'il abandonna elle-même afin de venir rédiger le *Journal de la Ville* à Paris. Parmi ses nombreuses productions on distingue l'*Essai sur la secte des illuminés*, essai à peu près aussi médiocre que ses autres ouvrages, mais qui fut réimprimé en 1792 avec des additions par Mirabeau. Luchet venait de mourir (M.)

[2] Ce fut le crime de J.-B. Rousseau, bien différent en cela de ce savant respectable de l'Allemagne, né comme lui dans une échoppe, et qui raconte dans ses *Mémoires* qu'il épargnait souvent sur ses gains modiques pour acheter du cuir et l'envoyer à sa mère, qui en vendait dans un village. (*Note de Brissot.*) — Les *Mémoires* de Reisk, savant philologue et orientaliste, né à Zoerbig en Saxe et mort en 1775, ont été publiés par sa veuve Ernestine-Christine Muller. (M.)

moi, telles sont les attaques auxquelles ma franchise d'écrivain et l'inimitié de deux ou trois personnes me mirent en butte dès le commencement de ma carrière. Quand déjà tous les préjugés étaient, sinon jetés par terre, du moins marqués au sceau du ridicule, en 1791, enfin, les Champscenetz et les Rivarol [1] ne voulurent-ils pas renouveler contre moi ce genre d'épigramme par lequel ils pensaient m'humilier et faire rire le public à mes dépens; c'était bien du temps perdu, et moi seul peut-être j'en ai ri. Alors, comme avant, je n'avais pas eu besoin qu'un article de la déclaration des droits proclamât, en 1789, ce que la philosophie de tous les siècles avait dit : que les hommes naissent égaux, que, par leurs mérites et leurs vertus, ils se rendent illustres ou restent dans l'obscurité; mais qu'il n'y a point de naissance illustre, point de naissance obscure.

Ah ! si j'avais été l'arbitre de ma naissance, le maître de choisir l'état de l'auteur de mes jours, je ne l'aurais pas placé dans un palais, mais sous le toit simple et rustique d'un cultivateur américain. Voilà l'état qui m'eût enorgueilli, non pour moi, mais pour mon père, qui eût été à portée de développer son caractère et les qualités qui le firent estimer de tous ses concitoyens; ces qualités ont été enfouies dans l'honnête profession que le soin d'élever sa nombreuse famille le força d'exercer.

Mon père était un homme vif, emporté, et souvent violent; mais il était bon et généreux : sans sa femme, qui avait beaucoup d'ordre et d'économie, il eût aisément dissipé en générosités le produit de son travail. Il avait une activité pro-

---

[1] Tout comte qu'il était, personne, moins que Rivarol, n'avait peut-être le droit de plaisanter Brissot sur sa naissance; car, si celui-ci descendait d'un traiteur de Chartres, l'autre passait pour fils d'un aubergiste de Bagnols. « Malheureuse noblesse, infâme révolution! disait-il à un de ses amis : honneur, fortune, jusqu'à nos titres, jusqu'aux noms de nos ancêtres, nous avons tout perdu! » Et comme l'ami ne pouvait s'empêcher de rire : « Eh bien! ajoute Rivarol, qu'y a-t-il donc dans cela de si singulier ? — Eh! mon ami, ce n'est pas le singulier qui me fait rire, c'est le pluriel. » (M.) — Le mot attribué au marquis de Créquy a-t-il jamais été dit par lui et par lui à Rivarol? C'est ce qui n'est pas, le moins du monde, prouvé. (L.)

digieuse, du sens, de l'esprit et de l'ambition ; il eût certainement joué un rôle, s'il eût reçu de l'éducation et s'il eût été placé sur un autre théâtre. Mais, dans l'ordre des choses où il a vécu, son ambition devait se réduire à la place de marguillier de sa paroisse, ou à celle de syndic de sa communauté. S'il eût vécu dans la révolution actuelle, et qu'il eût été dans la vigueur de son âge, nul homme ne l'eût égalé pour la témérité et pour l'esprit entreprenant.

Mon père sentait son ignorance ; je ne puis m'imaginer que ce sentiment n'ait produit la jalousie qu'il a manifestée contre moi, qui a étouffé souvent dans lui la tendresse d'un père, et dans moi la reconnaissance et l'amour d'un enfant ; il me traita toujours rudement ; jamais je ne vis sur son visage le doux sourire de la paternité : même au milieu des succès de mon éducation, lorsque je revenais la tête chargée des lauriers du collége, mon père ne m'embrassait qu'avec une sécheresse qui pénétrait jusqu'à mon cœur et le resserrait. Il jouissait moins de mes succès qu'il ne regrettait de n'en avoir pas eu de semblables, et s'il donnait quelques fêtes à cette occasion, c'était pour satisfaire à son penchant généreux et à tout ce qui avait de l'éclat.

Mon père n'avait jamais été d'avis de me mettre, ainsi que mes frères, au collége. Il disait à ma mère : *Ils me mépriseront.* Ce mot a été plus d'une fois justifié par des enfants ingrats, mais il eût été loin de mon âme de mépriser l'auteur de mes jours, parce que j'aurais été plus savant que lui. Malgré le traitement que j'en ai éprouvé, je n'ai cessé d'estimer mon père, mais je n'ai pu l'aimer ; l'amour ne se commande pas, il s'inspire par l'amour ; il n'en est pas sans réciprocité... Ah ! combien de fois j'ai regretté, dans l'amertume de mon âme, de n'avoir pas dans mon père un ami, qui eût dirigé mes premiers pas dans les sciences, qui eût reçu mes premiers épanchements, qui m'eût précautionné contre de perfides conseils ! Combien de fois j'ai regretté de n'avoir pas eu de langue commune avec mes parents ! Mais, du moment où je devins instruit, il me sembla que je leur devenais étranger et que nous ne nous entendions plus.

Ma mère, qui avait toujours été frappée des vices qu'entraîne le défaut d'éducation, et qui en avait un exemple dans mon père, s'opiniâtra, malgré ses remontrances, à faire étudier tous ses garçons. Elle était déterminée à y dépenser sa fortune, bien convaincue que nous donner une bonne éducation et les vraies connaissances, c'était nous donner la vraie richesse. Excellente mère ! c'est à ses soins que je dois tout ce que je suis. Pourquoi l'infernal esprit du sacerdoce, qui a empoisonné son esprit et amené son état d'enfance, l'a-t-il aliénée d'un fils qui la chérissait ! Que de mauvais traitements elle nous épargnait ! Que d'adresse elle employait pour satisfaire secrètement à nos besoins ! Combien de fois elle s'exposa aux fureurs de mon père pour nous en préserver ! Cette bonne mère vit, et cependant elle ne m'entend plus, elle ne m'entendra plus. Prêtres, voilà votre ouvrage ! Ce n'est pas le seul malheur que je leur doive. J'aimais, j'adorais, j'ose le dire, une sœur aînée, qui, à une piété solide, joignait la douceur la plus séduisante ; qui semblait ne vivre que pour entretenir l'harmonie dans la famille, y calmer le père et adoucir le sort des enfants ; qui, détachée des jouissances du monde, n'aspirait qu'à celles d'un ordre suprême. Elle m'aimait aussi...., elle soutint mes premiers pas, me retira plus d'une fois du sentier du vice... Les prêtres ont encore mis une barrière entre elle et moi.

Tel est l'exécrable esprit de l'intolérance sacerdotale : il sème la haine sur le sol de l'amitié ; il substitue des poignards aux fleurs dont elle s'entoure.

Ils n'ont pu cependant aliéner entièrement de moi cette sœur aimante. Elle me chérit, plaint mes erreurs, adresse des vœux au ciel pour ma conversion. Mais ses préjugés l'empêchent de croire que jamais elle puisse me revoir et m'aimer dans un autre monde, si je n'adopte pas ses opinions ; et cette idée empoisonne ses jours.

Sœur infortunée et aveugle ! ma religion n'est pas si cruelle, elle me permet d'espérer que je vous verrai, malgré vos préjugés, dans cet autre monde, auquel je crois, et que je ne me définis pas ! Oui, vous y serez reçue, accueillie par mon Dieu ; car il est le vôtre ; il aime, il récompense tout ce qui est bon, et votre vie n'a été qu'un tissu de bonnes actions. Je vous y verrai à côté même de quelques-uns de mes amis qui professent l'athéisme ; car ils sont bons, et irréprochables au milieu de leur athéisme ; ils nient Dieu de bonne foi, et le ciel ne punit pas ceux qui ont les organes faibles et trompés, il ne punit que les méchants, les scélérats. Voilà les impies, les incrédules que le ciel châtiera mais non pas éternellement, car une éternité de supplices ne peut se concilier avec la justice de l'Être suprême et la fragilité de la nature humaine.

Outre cette sœur qui existe encore, qui prend soin de la vieillesse de ma mère, j'avais trois autres sœurs. L'une, nommée Augustine, est morte à l'âge de dix-sept ans. J'étais alors en Angleterre, et, en apprenant cette perte, je versai des larmes bien amères ; Augustine m'avait montré de l'amitié, quoique si jeune encore, et quoiqu'éloigné d'elle. Il doit exister dans mes papiers un article que j'écrivis dans l'effusion de mon âme.

Je perdis ma seconde sœur lorsque j'étais en Amérique ; elle s'appelait Jeanne. Ce fut une seconde mère pour moi et pour mes frères. Elle en eut les soins et la tendresse. Vive, généreuse, aimante, elle n'a pas été heureuse, elle méritait de l'être ; un chagrin secret termina ses jours ; peut-être les eussé-je prolongés, si j'eusse vécu dans ma famille ; car elle connaissait mon âme, et je me serais dévoué pour détruire la cause de son chagrin.

Ma dernière sœur a épousé un épicier de Chartres ; elle vit heureuse au milieu de ses nombreux enfants.

De mes deux frères, l'aîné fut jeté dans l'état ecclésiastique, et les prêtres qui avaient tant d'empire sur ma famille, abusèrent bientôt de leur ascendant sur son esprit. Effrayé des tableaux affreux qu'ils lui faisaient de l'enfer, il est devenu plutôt superstitieux que pieux, et s'est laissé entraîner à leurs extravagances, avec les intentions les plus droites.

Mon second frère, le plus jeune de tous, a pris un parti

plus conforme à la nature. Il s'est marié et jouit dans l'obscurité d'un bonheur que je n'ai pas su trouver.

Telle est ma famille; j'ai cru devoir en tracer le tableau à mes enfants, avant de passer à mon histoire.

CHAPITRE II.

Éducation de Brissot. — Ses préjugés d'enfance. — La *profession de foi du Vicaire savoyard* éclaire son esprit. — Ses idées irréligieuses le brouillent avec ses parents. — Il est au collége avec Guillard, auteur d'*Œdipe à Colone*. — Ses rêves de républicanisme. — Son admiration pour Cromwell. — Son amitié pour Blot, ami de Clavière et de madame Rolland.

Quoique mon père et ma mère eussent une bonne constitution, j'en reçus une faible d'eux en naissant, et elle fut dégradée encore par l'insouciance des personnes auxquelles on me confia. J'allais périr par défaut de soins, lorsque ma mère, en m'arrachant de ces mains infidèles, me donna une seconde fois la vie.

L'état de mon père ne permettait pas à ma mère de me faire élever sous ses yeux. Je fus de bonne heure envoyé dans une école où j'appris à lire. Je conserverai toute ma vie de la reconnaissance pour les soins qu'on m'y prodigua. Elle était tenue par les filles d'un tourneur dont la famille offrait l'exemple le plus touchant d'une heureuse union. En 1787, je me faisais un plaisir de revoir ces braves gens, j'en fus empêché par ma seconde sœur, et j'eus la faiblesse de céder. Cette faiblesse m'a causé quelques remords.

Sorti de cette école, à l'âge de sept ans, on voulut me préparer pour le collége, et je fus confié avec mon frère aîné à un oncle, curé d'Emblay, à quatre lieues de Chartres. J'y passai trois mois et assez heureusement malgré la sévérité de mon oncle. Je me rappelle encore avec plaisir les bons déjeuners que je faisais sous un groseiller ou sur un cerisier, avec un morceau de pain que je dévorais. C'est là que je pris le goût de la campagne.

Mon oncle mourut, et je revins à la ville. J'annonçais des dispositions, de la facilité. Je fus placé chez un maître de pension qui me donna les premières leçons de la langue latine,

Que de tourments pour graver dans ma mémoire les déclinaisons, les conjugaisons, et tout ce fatras de rudiments et de méthodes ! Je songe encore avec effroi à ces verbes immenses qu'on nous forçait de copier et de réciter.

Mes pauvres enfants, si le ciel me le permet, vous n'éprouverez point ce martyre. Vous saurez les langues, et vous les apprendrez avec plaisir. C'est la seule méthode qui abrége le chemin.

A huit ans, j'entrai au collége ; à neuf, j'étais en cinquième et l'on parlait déjà de mes succès. Je les dus à un amour prodigieux du travail qui me dévorait, et cet amour vint de l'encouragement et des secours que me donna un professeur qui m'avait pris en amitié. Je me croirais un monstre, si je ne le citais pas avec reconnaissance.

L'abbé Comusle avait une bibliothèque assez bien fournie, il me l'abandonna ; c'était avec quelqu'orgueil qu'à cet âge je m'enfonçais dans la lecture au lieu de partager les jeux de mes camarades de collége.

Je dévorai, plutôt que je ne lus, les différentes histoires de Rollin, de Verter, de Laurent Schard, l'*Histoire ecclésiastique* de Fleury, le *Spectacle de la nature* de Pluche qui avait un singulier attrait pour moi, quoique je n'en pusse comprendre la moitié, faute d'avoir sous mes yeux les objets qu'il décrit.

Au milieu de ces lectures, mon respectable maître dirigeait mes travaux pour le latin. Il me traitait, me chérissait comme son enfant ; et, fier de sa prédilection, voulant la justifier par de grands succès, je travaillais sans cesse.

Je ne citerai qu'un trait pour donner une idée de mon zèle infatigable. Le jour ne suffisait pas à mon ardeur, j'y consacrais une partie des nuits. Ma sœur aînée qui, par dévotion, allait sur les quatre heures du matin à la cathédrale, me donnait de la lumière, et je la renfermais dans une lanterne sourde, pour qu'elle ne fût pas aperçue de mon père, dont la chambre avoisinait la mienne. C'était à cette lueur concentrée que j'étudiais mes auteurs latins.

A cet âge-là même, c'est-à-dire entre neuf ou dix ans, je fus extrêmement abandonné à moi-même. J'avais été jusqu'alors en demi-pension chez le principal du collége, bigot renforcé, triste, même superstitieux et froidement cruel, qui, pour les plus légères fautes, martyrisait ses enfants à coups de fouet. Il me condamna un jour à ce supplice; je ne me rappelle pas si je le méritais, j'en avais la rage dans l'âme; mais je fus bientôt arraché à ce despote barbare, et je devins maître de ma conduite, quoique touchant encore à l'enfance.

Loin d'en abuser, je me livrai avec plus d'ardeur à l'étude. Les succès couronnèrent mes travaux dans toutes mes classes.

En pensant à ces sept années consacrées à me perfectionner uniquement dans l'art de faire des thèmes, des versions et de mauvais vers latins, combien je regrette de n'être pas tombé dans les mains de quelqu'homme instruit, au-dessus des préjugés de l'éducation dominante, familiarisé avec les principes développés depuis par Court de Gébelin! Quels progrès n'aurais-je pas faits avec ma mémoire, mon activité, ma pénétration! Mais avec la barbare méthode qu'on me força de suivre, je ne fus pendant ces sept années qu'un mannequin auquel on soufflait les pensées et les paroles. Je me traînais servilement sur les auteurs latins; possédant parfaitement toutes leurs phrases, je les plaquais dans mes thèmes, et je passais pour un habile homme, lorsque je n'étais qu'une machine à plagiats.

Les seuls avantages que je retirai de ce mauvais système d'éducation, furent l'habitude du travail, une mémoire bien exercée et des connaissances dans l'histoire.

En rhétorique je commençai à sentir mon impuissance et le mauvais effet de la méthode que j'avais suivie. Là, il fallait composer, il fallait avoir des idées, et je n'en trouvais aucune. Toutes mes pensées étaient des réminiscences. Aussi mes amplifications n'étaient-elles qu'une marqueterie de différents auteurs.

Un professeur habile eût deviné mon talent enfoui par un trait. Un prédicateur célèbre faisait alors l'admiration de Chartres. L'abbé Lebouq, pour nous exercer, imagina de nous envoyer tour à tour à ses sermons, en nous chargeant de lui en rapporter l'extrait. Je fus le premier choisi. Le sermon qui tomba dans mon lot était un cours de philosophie et de théologie sur l'existence de la divinité ; il était supérieurement fait. J'en écrivis l'extrait avec la facilité d'un annaliste consommé, et cependant ces matières étaient neuves pour moi. L'abbé Lebouq aurait dû sentir ma prédestination pour la méthode, et la route qui pourrait me mener à la composition; mais il me replongea dans l'imitation des autres, et je continuai à n'être rien.

Je rougissais de moi-même intérieurement, je m'épuisais pour créer et je ne pouvais y parvenir. Il ne fallait que m'abandonner à moi-même, que me forcer de fermer tous mes livres, et de consulter mon esprit. Mais mon professeur ne possédait pas cet heureux secret ; il irritait, décourageait mon amour-propre, au lieu d'en profiter pour me lancer avec vigueur dans la bonne route. L'abbé Lebouq ne savait que coudre des phrases, et ces phrases composées de mots pompeux, d'épithètes ronflantes, ne présentaient que des idées communes et cent fois rebattues. Rien chez lui ne faisait penser, parce que rien n'était pensé. Telle était la glace de ses discours, et la difficulté qu'il avait à enfanter, que je ne pouvais le voir et causer avec lui sans ressentir la même difficulté, les mêmes douleurs dans mes pénibles enfantements. Je me ressouviendrai toujours que m'ayant pressé de faire un article sur le mépris des richesses, pour l'envoyer à un journal d'éducation auquel il coopérait, je ne fis trois fois de suite que le plus ridicule barbouillage, et le troisième était plus ridicule que les autres ; c'est qu'en tout il me faut mes coudées franches et libres, il me faut être moi-même ; me donner un modèle, m'assujettir à des formes, à des règles, c'est me réduire à la nullité. J'ai toujours fait mal quand j'ai voulu copier.

Il faut avouer aussi qu'il est absurde de mettre à la composition des jeunes gens qui n'ont encore aucune idée, qui n'ont pas encore senti leur âme, si je puis m'exprimer ainsi, car c'est elle seule qui crée.

Une triple couche enveloppait la mienne ; je n'étais qu'une machine à mémoire, que pouvait-on tirer de moi ? des souvenirs.

Un des écoliers de l'abbé Lebouq avait alors plus d'idées, plus de talent que lui ; c'était Guillard, qui depuis s'est distingué par plusieurs opéras, et dont le talent précoce promettait un grand poëte à la France. Il n'a pas paru ce poëte, on a voulu cueillir le fruit avant le temps. Il ne s'est pas mûri dans la solitude. Les compliments perfides, la vie dissipée, les productions hâtives ont étouffé son génie. Nourri par son père, dans la lecture des meilleurs poëtes, de Corneille, de Voltaire, de Racine, élevé de bonne heure au-dessus des préjugés religieux, par les ouvrages de Diderot et de Rousseau, Guillard portait dans ses amplifications et dans ses vers les idées hardies qui l'élevaient autant au-dessus de nous que Voltaire pouvait l'être au-dessus d'un professeur de rhétorique[1].

J'appris bientôt le secret de Guillard ; je lus les ouvrages qui l'avaient formé, et je commençai à sentir ma nullité, mon ignorance. C'était un degré pour devenir un homme.

Guillard, en faisant allusion à mon usage de communier, me félicitait un jour d'un air ironique et supérieur d'avoir eu le bonheur de manger *Jean Leblanc*. Je lui ripostai en bon ca-

---

[1] Guillard est mort à Paris en 1814, il était né à Chartres en 1752. Il débuta au théâtre en 1779 par *Iphigénie en Tauride*, dont Gluck fit la musique, et termina en 1811 sa carrière dramatique par *Elfride*, après avoir donné en 1809 la *Mort d'Adam*, « tragédie ou plutôt agonie en trois actes, dont le musicien, a-t-on dit, n'a ni abrégé ni adouci les angoisses. » Ce musicien était M. Lesueur, surintendant de la chapelle du roi et compositeur justement célèbre, dont les motets ont encore obtenu plus de succès dans les églises que ses partitions à l'Opéra. C'est en 1787 que Guillard fit représenter *Œdipe à Colone*. Malgré les révolutions littéraires et musicales, on regarde cet ouvrage comme un des chefs-d'œuvre de notre scène lyrique ; il établit pour jamais la réputation de Guillard et rendit celle de Sacchini européenne. L'auteur d'*Œdipe* a écrit *Louis IX en Égypte* avec M. Andrieux, et *les Casques et les Colombes* avec Collin-d'Harleville : « Guillard, dit la *Biographie des contemporains*, joignait les qualités sociales au mérite littéraire. Trois de ses ouvrages ont été couronnés par l'Académie, et cependant il n'a jamais fait partie de cette société... Il était, il est vrai, dépourvu d'invention. Cependant, quand on compare ses titres à ceux de certains académiciens, on peut s'étonner de ce que la préférence ne lui a pas été accordée sur eux. Il s'était rendu célèbre dans un genre où il n'a eu longtemps pour émule que l'auteur de *Nephté*, de *Phèdre* et de *Stratonice*, M. Hoffmann, envers qui l'Académie n'a pas été plus juste. » (M.)

tholique ; mais le mot resta, le trait m'avait percé, et bientôt mes lectures me firent ouvrir les yeux sur moi-même et rougir des préjugés dont j'étais idolâtre. Élevé par des sœurs dévotes et par des prêtres, j'avais cru sur parole toutes les fables qu'ils m'avaient racontées, je ne m'étais jamais permis d'en scruter les fondements. Je servais chaque jour la messe de mon bon abbé Comusle, j'allais lui raconter pieusement mes fautes, je communiais avec toute la ferveur du plus zélé néophyte. Telle était la bonhomie de ma foi, que j'attribuais tous mes succès à ma dévotion envers la Vierge ; aussi, à la veille de la distribution des prix, mes *Ave Maria* étaient-ils nombreux.

Rousseau se flatte quelque part d'avoir eu seul la niaiserie d'interroger la divinité sur ce qui devait lui arriver en jetant une pierre à un arbre. Cette niaiserie-là, je l'ai souvent eue, et je croyais comme lui que le ciel me donnait des réponses.

J'étais de bonne foi dans l'erreur. La *profession de foi du Vicaire savoyard* me fit tomber le bandeau des yeux. Je cherchai avec ardeur tous les livres pour ou contre le christianisme, et je les dévorai. Le procès fut bientôt décidé dans mon esprit, quoiqu'il se passât plusieurs années avant que je pusse extirper entièrement ces préjugés qui avaient jeté de longues et profondes racines dans mon âme. Les terreurs de l'enfer troublèrent souvent mon sommeil, et il me fallait pour les chasser recourir à ces arguments si frappants du Vicaire savoyard.

Aimant ma sœur aînée, comme je l'ai dit, je cherchai à lui cacher mon changement d'opinion. Elle l'avait pénétré, et la douleur la plus profonde déchirait son âme. Combien de fois, dans des conférences secrètes, n'écoutant que sa tendresse pour moi, et ne faisant parler qu'elle, chercha-t-elle à m'enlever à la philosophie! Sa douleur, je l'avouerai, m'ébranlait souvent. Je trouvais ma sœur si bonne, si douce, si heureuse, quoique chrétienne, que je me réconciliais presque avec une religion qui faisait naître ou permettait au moins tant de vertus. Ah! si tous les prêtres eussent ressemblé à cette sœur chérie et respectable, peut-être serais-je demeuré plus longtemps dans cette religion qui jusqu'alors ne m'avait pas rendu malheureux.

Mais l'orgueil, le despotisme, l'insolence de ces prêtres, irritaient ma fierté et mon indépendance. Furieux de voir ce qu'ils appelaient l'irréligion, ils employaient la persécution pour me rattacher au christianisme, et je brisai tous mes liens.

Ce fut pourtant avec quelques ménagements, car je ne voulais pas déchirer le cœur trop sensible de ma sœur; j'essayai même de la tromper par humanité, et je citerai un trait qui prouvera avec quelle hardiesse je m'étais débarrassé de mes préjugés. Elle me croyait chrétien encore, et je l'en assurais pour la tranquilliser; elle me demandait des preuves, il fallait lui en donner, et je lui en donnai une frappante; je communiai plusieurs fois pendant une année, sans avoir été à confesse. C'était une simagrée dont l'intention paraissait devoir excuser l'hypocrisie apparente.

Pardonne-moi, sœur chérie, tous les tourments que je t'ai causés; mais pouvais-je balancer entre ma raison et l'amitié, entre ma conscience et l'erreur?

Ce changement dans mon être moral s'opéra principalement au milieu de mon cours de logique. L'argumentation de l'école, qui entraîne certainement beaucoup d'abus, qui crée des ergoteurs, des esprits pointilleux et opiniâtres, a pourtant un bon effet, c'est de faire naître le raisonnement dans l'homme. Il faut penser pour faire une objection, il faut penser pour y répondre. Et qu'est-ce que l'éducation de l'homme? C'est d'apprendre à penser par soi-même. L'inconvénient de la logique routinière est d'apprendre à penser, à croire par les autres. Un bon maître qui se bornerait à dire à son élève: Rentre dans toi-même, consulte sur chaque chose ton sens intérieur, ta conscience, consulte ta raison avant de consulter les hommes, un tel maître aurait fait faire le plus grand pas vers la vérité à son élève. Si ensuite il le soutenait dans sa marche, s'il le familiarisait avec la méditation, s'il lui montrait le moyen de distinguer le sophisme du raisonnement, s'il l'accoutumait à être sans cesse de bonne foi, à chercher la vérité plutôt que le triste plaisir du triomphe, un tel maître ferait de son élève, non-seulement un bon logicien, mais un homme vraiment moral.

La logique des colléges ne tend pas à ce but sublime, elle tend à faire des disputeurs plutôt que des gens raisonnables. La logique si claire, si lumineuse de Condillac, cette logique, qui ne contient pas plus de cent pages, est autant au-dessus de la routine scolastique, que la lumière est supérieure aux ténèbres. Voilà l'ouvrage, mes enfants, que vous devez avoir entre les mains. Il a fait souvent les délices de votre père, mais il l'a connu trop tard.

L'amour-propre me plongea dans l'étude de la logique; je voulais briller. Cependant le jargon emprunté d'Aristote m'effraya. Je ne croyais pas qu'il fût essentiel de savoir cette langue barbare pour bien raisonner; et je dédaignai de l'apprendre. Mon professeur piqua mon amour-propre, en me disant que le dédain était l'effet de l'impuissance. Je me jetai aussitôt dans le fatras d'Aristote, et je devins tellement maître de son idiôme, que je ne combattais plus mes adversaires qu'en leur prouvant que leurs raisonnemens n'étaient pas en forme. Il faut l'avouer, il y a peu de raisonnements qui tiennent à cette épreuve, ce qui prouve peut-être plus contre la logique d'Aristote que contre les raisonnements.

Mon professeur, pour vanter l'efficacité des règles d'Aristote, me dit un jour que le fameux Bossuet, embarrassé d'un argument du ministre Claude, ne trouva d'autre moyen de s'en tirer, qu'en lui prouvant que cet argument n'était pas en forme. C'était me donner une bien mauvaise idée de la cause que défendait Bossuet et de l'arme qu'il employait.

Ce professeur avait de l'amitié pour moi; j'ai souvent pensé que mes idées hardies ne lui déplaisaient pas, et qu'il était chrétien plutôt par état que par conviction. Je me confirmai dans mon idée en lui voyant un jour un crucifix sur sa table, et sa chambre tapissée d'autres crucifix. Les canonicats se donnaient alors aux cafards, qui renchérissaient en charlatanisme. Un crucifix aurait pu me prouver sa foi, dix m'en faisaient douter. Ce professeur s'appelait Thierry;

dans le commencement de la révolution il se conduisait en patriote, malgré ses confrères les chanoines de Chartres ; je ne l'ai pas vu paraître depuis sur la scène.

Il avait deviné les idées ambitieuses qui me tourmentaient, ainsi que Guillard, avec lequel je m'étais lié alors étroitement. La soif de la gloire nous dévorait, le théâtre seul nous manquait ; l'abbé Thierry nous faisait souvent la guerre sur les lauriers que nous promettait la grande scène du monde ; il ne prévoyait pas la révolution de 1789.

Cette idée de révolution, que je n'osais avouer, roulait souvent dans ma tête ; je m'y donnais un des rôles principaux, comme il est bien naturel de le croire. L'histoire de Charles Ier et de Cromwel m'avait singulièrement frappé, je me rappelais sans cesse ce dernier, déchirant, dans son enfance, le portrait de son roi, terminant sa carrière par le faire décapiter, et ne devant qu'à son génie le grand rôle qu'il avait joué dans la révolution anglaise. Il ne me paraissait pas impossible de renouveler cette révolution. Cependant, je l'avouerai, et ce trait ne me conciliera pas l'amitié de ces hommes qui font consister le patriotisme dans le cannibalisme, je ne faisais pas, dans mon roman, décapiter mon captif ; après une rude leçon, je le chassais à jamais du territoire français.

On pense bien que je me gardais de communiquer ces rêves de mon imagination souvent extravagante. Je sentais instinctivement qu'il y avait du vraisemblable dans l'avenir, mais que tout ce qui respirait autour de moi était trop loin de ce vraisemblable pour m'entendre. Les jeunes gens sont presque toujours ce que leurs livres les font. En lisant l'histoire de Chine, j'étais un conquérant tartare ; en lisant Plutarque, je brûlais de ressembler à Phocion. Puis la cabane de Philoclès, peinte avec tant de charmes par Fénelon, me paraissait bien préférable à tous les trônes du monde [1].

[1] On retrouve les mêmes idées et presque les mêmes expressions dans une lettre de Brissot à madame Roland :

« Comme l'esprit flexible de la jeunesse prend vite les sentiments des ouvrages qu'elle lit, et se modèle aisément sur les images qu'on lui retrace! J'étais

Que prouvaient tous ces rêves ? L'ardeur de mon imagination, ma soif de la guerre, le besoin de m'épandre autour de moi, loin de moi. Toutes les réputations me tourmentaient alors. On me disait quelquefois que je serais très-heureux de ressembler un jour à l'avocat Janvier, un des meilleurs orateurs du barreau de Chartres. Quoiqu'il eût du talent et de la réputation, je m'humiliais intérieurement de cette comparaison ; mon génie secret me promettait de bien plus hautes destinées.

Mon année de logique se passa dans cette fermentation continuelle. Je mêlais sans cesse à l'étude des arguments mes idées romanesques ; elles faisaient les délices de ma solitude, et, comme je ne pouvais m'y livrer avec mes camarades de collége, je m'arrachais à leur compagnie avec le plus grand soin pour m'enfoncer dans des promenades solitaires, le long des bords de l'Eure. J'y passais des jours entiers dans les rêveries les plus délicieuses.

La lecture des voyages changea le cours de mes idées. Je cessai d'être un conquérant, je devins voyageur. Avec quelle ardeur je dévorais les voyages de Magellan, d'Anson, de Drake, de Kempfer ! avec quelles délices je me bâtissais une habitation dans ces îles tant vantées de Tinian et de Juan-Fernandès ! Je n'y étais pas seul comme Robinson. Je m'y donnais un ami, et surtout un amante sensible, douce, vertueuse ; car, alors, le besoin de l'amour se faisait sentir

---

fort jeune, et je lisais l'histoire de la Chine, par un jésuite. Rien ne me paraissait si beau que d'être le général de ces Tartares, qui détrônaient les empereurs ; rien de si aisé que de faire mouvoir ces lourdes masses de quatre à cinq cent mille hommes. Je faisais des plans, je parcourais la terre en vainqueur. Mais alors même, je me rappelle que j'aimais à faire des heureux, et point à verser le sang.

« Puis, quand je lus des voyages, je devins voyageur. Combien de fois j'ai dévoré le voyage d'Anson ! que de cabanes je me suis construites dans les îles heureuses de Juan-Fernandès, de Tinian. J'y transportais avec moi la maîtresse que je devais avoir un jour, et l'ami que j'avais déjà. Là, je réalisais une partie du roman de Robinson Crusoé. Jours heureux de ma jeunesse, mon illusion était douce et continuelle, mon bonheur dépendait de moi et non de ceux qui m'environnaient ; beaux jours, vous n'êtes plus, la froide raison a tout détruit ! »

sourdement à mon être, mais je le couvrais du voile le plus chaste : vivre sans cesse, et ne vivre qu'avec une femme adorée, dans une île solitaire, me paraissait le suprême bonheur.

Blot était l'ami que dans mes rêves je prenais toujours pour compagnon de mes aventures. Quoique se destinant à l'état ecclésiastique, il avait commencé à abjurer ses préjugés religieux. Cette conformité d'idées me l'avait attaché ; la solidité de son caractère, la simplicité de ses goûts, son amour pour la vie champêtre, me le rendirent encore plus cher. Notre liaison n'a pas été depuis interrompue.

Tels étaient les plaisirs de ma jeunesse ; j'étais désolé quand il fallait m'en arracher pour m'asseoir sur les bancs de l'école : ils nuisirent à mes études de la logique, et quoique mon professeur me crût assez fort pour soutenir seul, pendant quatre heures, une thèse sur les idées innées, sur les ridicules querelles des thomistes et des scotistes, j'avoue de bonne foi que je répondis souvent à mes adversaires sans entendre leurs arguments.

L'auteur des *Mémoires du cardinal de Polignac* le félicite beaucoup d'avoir, dans deux séances consécutives, soutenu thèse pour et contre le système de Descartes. Un bon esprit n'eût soutenu ni le pour ni le contre ; il eût douté, puisque le pour et le contre étaient également problématiques. Mais on veut faire de l'esprit, on veut briller, et on s'accoutume à sacrifier la vérité à son orgueil.

CHAPITRE III.

Brissot quitte le collège. — La physique et l'abbé Joumois. — L'étude du procureur. — Bouvet, de l'assemblée constituante. — Sergent, de la Convention. — Le droit canonique. — Le premier écrit *Rome démasquée*. — Étude de l'anglais. — D'où vient le surnom de Warville. — M. d'Anton. — M. de Robespierre. — Le décret de paix et de guerre. — Robespierre et le petit dauphin. — Lettre de Robespierre à Camille Desmoulins. — Robespierre chez Brissot. — Réponse de Camille à Robespierre.

Je quittai le collége à l'âge de quinze ans. Je ne fis point de cours de physique. Ce cours à Chartres ne consistait plus qu'en paroles; un chanoine, qui s'était acquis quelque réputation, lors des expériences de Nollet sur l'électricité, l'abbé Delorme, avait voulu mettre cette science à la mode; mais telle était l'ignorance de nos Chartrains, qu'ils aimaient mieux perdre leur jeunesse dans des études vaines et ridicules que de s'occuper de la science des faits, la seule, avec la morale et la politique, qui soit digne de l'homme.

Cette physique était d'ailleurs enseignée par un abbé Joumois, espèce de rigoriste outré, qui trouvait un péché mortel dans le doux plaisir de respirer l'odeur suave de la rose; je ne voulus pas perdre une année pour apprendre à déraisonner avec cette tête de travers.

Quel parti prendre en sortant du collége? un métier? Mes connaissances étaient perdues. Le commerce? on ne le connaissait pas à Chartres, il n'y avait que des détaillants. Le petit collet? ma sœur m'en pressait; mais je ne voulais pas être sciemment un charlatan. Il ne me restait que le barreau, je le préférai. Pour y arriver, il fallait traverser le labyrinthe de la chicane, et je fus forcé de suivre l'usage. J'entrai chez le procureur le plus renommé de Chartres, M. Horeau, honnête homme malgré sa profession, bon, désintéressé; mais livré à de petites pratiques et n'ayant que des vues étroites. Heureusement il avait un fils plus amoureux des sciences que de la pratique, et qui cultivait avec plus d'ardeur que d'utilité pour le public presque toutes les branches de la physique. Il avait formé une espèce de société d'idées et de travaux avec deux ou trois autres personnes, qui depuis ont paru sur la scène du monde; Bouvet, membre de l'Assemblée constituante, qui, sans sa timidité et son âpreté farouche, eût pu être utile ; Sergent, que j'ai cru, dans l'origine de la révolution, plus avide de gloire que d'argent, et qui a trompé mes espérances..... Qui m'eût dit, quand je ne le voyais occupé que de sciences et de beaux-arts, qu'il sortirait un jour de ces douces occupations pour se signaler par de pareils exploits! L'âme d'un artiste devrait-elle s'ouvrir ainsi au brigandage et à la barbarie ? Il se vante avec bien d'autres, qui n'y sont pour rien, d'avoir opéré la glorieuse journée du 10 août; mais la suite de cette journée couvrirait son nom d'une honte éternelle, quand ce nom, accolé à celui de Marat, ne serait pas gravé en lettres ineffaçables au bas de l'apothéose des massacres de septembre[1].

[1] Sergent est né à Chartres en 1751; il est maintenant réfugié à Milan, où il s'occupe, dit-on, d'une traduction d'E. Q. Visconti. La conduite révolutionnaire de Sergent n'est pas entièrement éclaircie. On le vit à la tête des assaillants des Tuileries, au 20 juin et au 10 août, et on lui attribue une grande part dans l'issue de ces journées. On dit qu'il provoqua le massacre des Suisses dans les cours du château, et que, dans l'inventaire dont il fut chargé, après que le roi eut été chassé de sa demeure, il se rendit coupable de vol et de dilapidation; une agathe dont il s'était emparé, dit-on, et qu'il portait au doigt, lui fit longtemps donner le surnom de Sergent-Agathe. Membre du comité de salut public, érigé par la municipalité insurrectionnelle, on le vit signer, avec Marat, Panis, Jourdueuil et Duplain, cette épouvantable circulaire envoyée dans les départements, pour justifier les massacres de septembre, et en provoquer de pareils dans toutes les communes de France. Député de Paris à la Convention, il y vota la mort de Louis XVI, après avoir ajouté de nouvelles préventions à l'acte d'accusation de ce malheureux prince. Enfin, quoiqu'il se fût à peine fait remarquer dans les orages qui précédèrent et suivirent la chute de Robespierre, son attachement au régime de la Terreur le fit envelopper dans la proscription provoquée par l'insurrection de prairial, et il fut décrété d'accusation comme terroriste.

D'un autre côté, on assure que les Suisses de Courbevoie furent sauvés par ses ordres, que d'Esprémenil, Sombreuil, l'abbé Barthélemy, Larive, Gossec, le marquis de Châteaugiron, Barré, Radet, Desfontaines, et une foule d'autres personnes, des émigrés, et principalement des habitants de Chartres lui durent à

La bibliothèque de M. *Horeau* le fils m'ouvrit une nouvelle carrière. Je me précipitai dans l'étude de la physique ; mais soit impatience d'arriver, soit défaut d'attention et d'observation, soit encore défaut de machines, j'y fis peu de progrès ; quoique j'entendisse la théorie et la langue de la physique, j'en ignorais la pratique, j'étais très-gauche pour les expériences.

Je voulais d'ailleurs concilier l'étude d'un trop grand nombre de sciences à la fois ; dans le même temps, j'exploitais toutes les branches du droit public, civil, canonique même ; j'apprenais l'anglais et l'italien ; je cherchais à me faire un système général sur le mécanisme des langues ; je continuais mes recherches sur la religion ; je dérobais même beaucoup d'instants pour les jeux de mon âge, pour le billard, pour les parties de plaisir, enfin je remplissais tous les devoirs de mon état ; car je me suis toujours imposé la loi de faire la besogne qui m'était confiée, avant de satisfaire mes goûts.

En rétrogradant sur cette époque de ma jeunesse, je ne me rappelle pas sans étonnement tous les travaux que j'en-

---

diverses époques la liberté et la vie. On dit qu'il refusa les offres que la cour faisait à tous les démocrates qu'elle voulait séduire, et qu'il se justifia des accusations de vol dont il avait été l'objet ; il réclama plusieurs fois contre la part qui lui était attribuée dans les massacres de septembre, et accusa Marat d'avoir accolé sa signature à la sienne au bas de la fameuse adresse qui justifiait ces massacres. Quoi qu'il en soit, au milieu de ce temps de dévastation et d'épouvante, il se montra moins vandale que tant d'autres, et son goût pour les arts ne s'éteignit point dans le sang et les ruines. On lui doit la conservation de plusieurs monuments de la capitale et les premiers embellissements des Tuileries ; il fonda avec Chénier le Conservatoire de musique, et plus tard le Musée national ; il provoqua aussi plusieurs lois favorables aux beaux-arts qu'il avait autrefois cultivés, et auxquels il devait revenir un jour. Élève de Saint-Aubin, il avait cherché à se faire une réputation dans la gravure en couleur. On cite de lui un portrait de Necker et un portrait de Marceau, qui ne doivent pourtant pas donner une haute idée de son talent en ce genre. Il était devenu beau-frère de ce général, qu'il suivit dans une de ses campagnes, et fut fait prisonnier de guerre. Après le 18 brumaire il se réfugia en Italie. Il a donné : *Notices historiques sur le général Marceau, mort en* 1796, publiées par Sergent-Marceau, membre de l'Athénée de Brescia, etc., Milan, 1820. (M.)

trepris. Je possédais même assez bien le droit canonique, dont la langue est si bizarre, dont la science est si stérile et si ingrate, et dans une discussion qui s'éleva sur la prétention de deux ecclésiastiques à la même cure, je développai dans un mémoire des arguments et des connaissances qui étonnèrent les plus fameux avocats de Chartres. Ce fut dans ce temps que je composai un petit écrit sous le titre de *Rome démasquée* ou *Observations sur le droit canonique,* écrit qui fut publié deux ans après en Allemagne, et que j'ai réimprimé dans le cours de la révolution.

Deux Anglais étaient alors à Chartres. Je ne sais trop ce qui les avait attirés dans cette ville écartée de l'itinéraire ordinaire des voyageurs. Guillard les connaissait, ils lui avaient offert de lui apprendre l'anglais. Il commença cette étude ; je voulus l'imiter, et je le surpassai bientôt ; car déjà je mettais de la suite à ce que j'entreprenais. Ces Anglais furent fort étonnés de recevoir au bout de quelques jours une lettre dans leur idiome ; ils me répondirent très-honnêtement en m'invitant à dîner. La réponse fut apportée par leur valet de chambre à mon père, qui n'entendit rien à cette invitation, et qui la reçut au milieu des travaux de sa cuisine. Je ne voulus pas paraître ; une fausse honte, qui a terni longtemps mon caractère, et qui m'a fait faire bien des sottises, m'en empêcha. Ma liaison avec ces étrangers fut donc étouffée avant que de naître ; mais je n'en continuai pas avec moins d'ardeur l'étude de l'anglais, et cette étude a décidé du sort de ma vie, comme on le verra par la suite.

Ce fut dans le commencement de ma passion pour cette langue que je métamorphosai dans mon nom la diphthongue dont le marquis de Luchet, ou son vicaire anonyme, m'ont aussi fait un crime. Je dirai quelle en fut la cause. Né le second de mes frères, je portais, pour être distingué d'eux, suivant l'usage de la Beauce, le nom d'un village où j'avais été mis en nourrice et où mon père possédait quelques terres. Ce village s'appelait *Ouarville,* et Ouarville fut le nom sous lequel j'ai été constamment connu dans mon pays ; ainsi mon troisième frère fut appelé *Thivars* ; ainsi Pétion, mon compatriote et mon malheureux ami, était appelé *Villeneuve*; ainsi cent membres du tiers-état de l'Assemblée constituante portaient des surnoms comme nous, et pas plus que nous, sans doute, ne songeaient à s'en faire des titres à la noblesse; mais peut-être sera-ce un jour une preuve d'aristocratie. Que dis-je? de royalisme. Et qu'il sera plaisant de nous voir mis en jugement par le républicain Danton, qui, il n'y a pas deux ans, se faisait appeler M. d'*Anton*; et par le républicain Robespierre, qui, à la même époque, écrivait encore, à Camille Desmoulins, une lettre signée : *de Robespierre* [1].

A ces noms qui me reportent, malgré moi, aux lieux où je me vois captif; à ces mots d'aristocratie et de royalisme que je viens de prononcer, je n'éprouve ni haine, ni colère, mais une sorte d'étonnement, devant ma destinée, qui va jusqu'à la stupeur. Moi, aristocrate! l'auteur du *Patriote Français* de 89, royaliste! et qui l'accuse? Camille, qui dès lors connaissait si bien le fond de son cœur; Robespierre, qui sur ce sujet a acquis si tard le droit d'accuser quelqu'un!

Je relis cette lettre à Camille, que le hasard met en cet instant sous mes yeux, et dont Robespierre lui-même m'avait apporté la copie pour l'imprimer, afin qu'elle eût plus de publicité. Elle est du 8 juin 1790; depuis longtemps déjà je prêchais presque ouvertement la république; je bravais la cour, ses offres, et ses menaces; et Robespierre? M. de Robespierre tremblait seulement d'avoir offensé un marmot de roi! Au souvenir de l'audace qu'il n'avait pas eue, il entrait en épouvante.

C'était après le décret rendu le 22 mai sur le droit de paix et de guerre. Camille, à ce qu'il paraît, avait raconté dans son journal, que : « Le samedi 22 mai, le petit dauphin applaudissait au décret de Mirabeau, avec un bon sens fort au-dessus de son âge. Le peuple applaudissait aussi de son côté, et reconduisait en triomphe Barnave, Pétion, Lameth, d'Ai-

---

[1] La fin de ce chapitre avait été biffée par Brissot dans son manuscrit; nous pensons que le lecteur nous saura gré de la conserver. (M.)

guillon, Duport, et tous les jacobins illustres ; il s'imaginait avoir remporté une grande victoire, et les députés avaient la faiblesse de l'entretenir dans cette erreur dont ils jouissaient. Robespierre fut plus franc. Il dit à la multitude qui l'entourait et l'étourdissait de ses battements : « Eh! messieurs, de quoi vous félicitez-vous? le décret est détestable, du dernier détestable; laissez ce marmot battre des mains à la fenêtre, il sait mieux que nous ce qu'il fait. »

Robespierre, après avoir répété ce récit textuellement, ajoutait :

« Je dois, Monsieur, relever l'erreur où vous avez été induit sur le
« fait qui me concerne dans ce passage.
« J'ai dit, à l'Assemblée nationale, mon opinion sur le principe et
« les conséquences du décret qui règle l'exercice du droit de paix et
« de guerre ; mais je me suis borné là. Je n'ai point tenu, dans le
« jardin des Tuileries, le propos que vous citez. Je n'ai pas même
« parlé à la foule des citoyens qui se sont assemblés sur mon passage,
« au moment où je le traversai. Je crois devoir désavouer ce fait :
« 1° parce qu'il n'est pas vrai; 2° parce, que quelque disposé que je sois
« à déployer toujours, dans l'Assemblée nationale, ce caractère de
« franchise qui doit distinguer les représentants de la nation, je n'i-
« gnore pas qu'ailleurs il est une certaine réserve qui leur convient.
« J'espère, Monsieur, que vous voudrez bien rendre ma déclaration pu-
« blique par la voie de votre journal, d'autant plus que votre zèle
« magnanime pour la cause de la liberté vous fera une loi de ne pas
« laisser aux mauvais citoyens le plus léger prétexte de calomnier
« l'énergie des défenseurs du peuple. *De Robespierre.* »

Ainsi Robespierre donnait un démenti à qui lui avait attribué le courage d'un mot contre la royauté; il voulait bien avoir de la franchise à la tribune, mais aux Tuileries, il s'en faisait scrupule; c'était calomnie que de lui en supposer. Ah! qu'au temps du péril il était prudemment constitutionnel, celui qu'en face du trône abattu, je retrouve si énergiquement républicain !

Tout, dans cette lettre sur laquelle je ne puis m'empêcher de m'arrêter encore, ne porte-t-il pas le caractère d'une vague inquiétude, d'une singulière timidité? Un esprit fin ne pouvait trop se méfier de l'avenir; et puis, la place de gouverneur du dauphin était encore à donner... Je me rappelle en cette occasion Robespierre avec ses craintes et ses scrupules qu'il ne pouvait dissimuler. L'étourderie de Desmoulins le mettait en alarme; il ne savait qu'en penser. Ce jeune homme était-il payé pour écrire de pareilles folies, et compromettre ainsi les amis de la raison et de la liberté?

La réponse du député au journaliste était digne, était fière; c'était bien le style d'un patriote. Du royalisme! quelle maladresse! Paraître avoir les sentimens d'un aristocrate, fi donc! C'est bien assez dans sa signature d'en laisser percer la vanité. Mais cette vanité était pardonnable, c'était un droit, un droit constitutionnel; par le décret du 24 juin, MM. de Montmorency et de Robespierre n'avaient pas encore décidé qu'ils s'appelleraient modestement : Robespierre et Montmorency.

Avant d'insérer cette réclamation dans mon journal, je prévins Camille, dont je connaissais la susceptibilité. Sa réponse était faite, il me la laissa; mais je crus lui être agréable en ne publiant, ni cette réponse, ni la réclamation dont elle était l'objet. Il m'avait semblé vivement piqué contre Robespierre. Était-ce sur ce ton qu'un ami de collége devait lui écrire? A qui en avait donc ce Brutus à l'eau de rose, et à quelle puissance craignait-il si fort de déplaire! Cependant Cassius ne voulait point fâcher Brutus. Desmoulins chercha toujours à se coller aux célébrités, à Danton comme à Mirabeau, à Linguet comme à Robespierre; il eût recherché Marat, si ce loup eût pu vivre avec quelqu'un en société. Au reste la lettre de Robespierre, comme sa signature, avait frappé son esprit, et sa réponse sentait un peu le persifflage; je l'attache à ce feuillet pour permettre d'en juger, et je reviens à mes *Mémoires*, dont je me suis trop éloigné [1].

[1] Voici cette lettre de Desmoulins, que nous avons effectivement trouvée attachée à ces feuilles du manuscrit. Elle est sans date et sans signature. (M.)

Si j'insère cet *errata*, mon cher Robespierre, c'est seulement pour montrer ta signature à mes confrères les journalistes, et leur apprendre à ne plus estropier un nom que le patriotisme a illustré. Il y a dans ta lettre, une dignité, une gravité sénatoriale qui blesse l'amitié de collége. Tu es fier à bon droit du laticlave de député à l'assemblée nationale. Ce noble orgueil me plaît et ce qui me fâche bien davantage, c'est que tous ne sentent pas, ainsi que toi, leur dignité. Mais tu devais saluer au moins un ancien camarade, d'une légère inclination de tête. Je ne t'en aime pas moins, parce que tu es fidèle aux principes, si tu ne l'es pas autant à l'amitié. Cependant, pourquoi exiger de moi cette rétractation ? Quand j'aurais légèrement altéré la vérité dans l'anecdote que j'ai contée, puisque ce fait est honorable pour toi, puisque j'ai dit sans doute ta pensée, si ce ne sont tes paroles expresses, au lieu de désavouer le journaliste si sèchement, tu devais te contenter de dire comme la cousine, dans la charmante comédie du *Mort Supposé :*

Ah ! Monsieur, vous brodez.

Tu n'es pas de ces hommes faibles dont parle J.-J. Rousseau, qui ne veulent pas qu'on puisse répéter ce qu'ils pensent, et *qui ne disent la vérité qu'en déshabillé ou en robe de chambre*, et non point dans l'assemblée nationale ou dans les Tuileries. »

CHAPITRE IV.

Étude de l'italien avec Bouteroue, député à la Convention. — Études diverses. — Court de Gébelin. — La censure. — Le président du musée. — Embarras de Gébelin. — Dureté de ses amis. — Leur générosité après sa mort. — Le comte d'Albon. — Le mausolée de Franconville. — Projet d'ouvrage abandonné. — Dom Mulet, prieur des Bénédictins. — Veaugeois, président du comité d'insurrection du 10 août. — La traite des noirs.

J'ai dit qu'il m'avait pris fantaisie de donner à mon nom un air anglais, et je substituai à la diphthongue française *ou* le double W des Anglais, qui a le même son. Depuis, ayant commencé à publier des ouvrages et à signer des actes avec ce changement, j'ai cru devoir continuer. Si c'est un crime, je le partage avec les gens de lettres, qui, dans les derniers siècles, ne se sont jamais fait scrupule de *gréciser* ou de *latiniser* leurs noms. Arouet, pour échapper à un mauvais calembourg, métamorphosa le sien en celui de Voltaire. L'anglomanie, si l'on veut l'appeler ainsi, m'a fait altérer le mien, mais ce n'était pas du moins pour repousser celui de mon père ou le faire oublier, puisque j'ai constamment porté, signé, imprimé, le premier nom que je tenais de lui à côté du second que l'usage du pays m'avait donné.

Dans le temps où j'étudiais l'anglais, un autre de mes concitoyens m'inspira le dessein d'apprendre l'italien. C'était un jeune enfant, vif, pétulant, plein d'esprit; il s'appelait Bouteroue. Je l'ai revu depuis à la Convention. Je ne sais quel mauvais génie le précipita dans le maratisme. Comme il n'a, ni parlé, ni écrit, je n'ai pu juger, ni de ses motifs, ni de ses progrès[1]. Il avait un frère qui s'était fait soldat avant la révolu-

---

[1] Bouteroue ne monta à la tribune que pour voter la mort du roi, et s'opposer au sursis à l'aide duquel on espérait sauver ce prince. Il fit un instant partie du comité de salut public et disparut des assemblées législatives. Avant d'entrer

tion et auquel Servan, sur la recommandation de Pétion, donna un avancement dont il était digne [1].

L'étude de l'italien qui me parut bien plus difficile, au moins pour le mécanisme, que l'anglais, me conduisit à l'espagnol, au portugais, et je parvins bientôt, toujours seul, à lire les ouvrages composés dans ces deux langues. Calderon même ne m'effraya pas. C'était une véritable jouissance pour moi que de lire une espèce de polyglotte des *Lettres provinciales*, superbe édition, où le génie de Pascal se montrait en français, latin, anglais, italien, et espagnol [2].

Il existait alors à Chartres un maître de pension allemand, qui, sous sa rusticité apparente, cachait une véritable philosophie pratique. Il était ami de Blot, et j'eus bientôt fait la connaissance de M. Rey. J'en tirai deux avantages, l'un de recevoir de cet homme simple de bonnes leçons de philosophie, l'autre d'apprendre l'allemand. Je continuai pendant six semaines avec succès, et je ne sais quelle raison me le fit abandonner. J'aurais aimé à lire dans leur langue Gessner, Klopstock, Haller, etc.

Ma fureur pour ce genre d'étude n'était pas rassasiée. Il fut un moment où je voulus entreprendre celle des langues orientales. Je m'étais fait un système qui pouvait m'abréger tout ce qu'elles offraient de pénible. Je l'ai consigné dans un grand ouvrage que je commençai alors sur la langue française, et qui n'a jamais vu le jour. Avec le secours de l'analyse, j'étais parvenu à démêler dans les langues les éléments utiles, des éléments inutiles de leurs mécanismes. J'étais par-

---

à la Convention, il avait été notaire à Grais, puis administrateur du département de la Sarthe. Il résidait encore dans ce département, à la Ferté-Bernard, lorsqu'en 1816 il fut frappé par la loi d'amnistie qui proscrivait les régicides. Bouteroue était dangereusement malade ; il demanda un sursis qui ne lui fut accordé qu'après les informations les plus scrupuleuses et les certificats des médecins les plus authentiques. Il mourut deux jours après l'avoir obtenu. (M.)

[1] Le colonel Bouteroue fut tué à l'affaire de Caldiero devant Vérone, le 5 décembre 1805, à l'âge de quarante-cinq ans. C'était le plus ancien colonel et l'un des plus braves militaires de l'armée. Il avait quitté le notariat et était parti comme simple volontaire en 1791, lorsque la guerre avait été déclarée. (M.)

[2] C'est l'édition de Cologne, 1684, attribuée aux Elzevirs. (M.)

venu à me faire un système étymologique, qui établissait une sorte de communauté entre tous nos idiomes, et qui prévenait en même temps toute espèce de confusion.

Alors les ouvrages de Court de Gébelin [1] n'avaient pas paru. Je n'avais même lu, ni l'écrit de Dumarsais [2], ni les deux volumes du président Des Brosses [3]. Depuis j'ai vu avec plaisir que je m'étais rencontré avec ces savants illustres. J'eus l'occasion d'en entretenir un jour Court de Gébelin, qui, malgré la supériorité de ses connaissances, me parut avoir la simplicité de l'homme de la nature, et la timidité d'un écolier.

Hélas! à la suite de son nom on lisait alors : « censeur royal et président honoraire perpétuel du musée de Paris! » Quels titres pour un tel homme! Que j'eusse mieux aimé Gébelin tout court! Comment accoler l'idée du talent et celle de la censure? Je me rappelle toujours cette antichambre où l'humble auteur attendait que le ministre daignât lui sourire, et ces ordres impérieux que les pauvres censeurs ne pouvaient enfreindre, et leur dépendance du premier commis qui les leur transmettait. Il fallait être censuré pour écrire; mais qui vous obligeait à vous faire censeur? Le génie, le talent, auraient-ils jamais dû se trouver dans l'antichambre des grands, être à leurs gages, et connaître leurs ordres?

J'aurais pardonné plus facilement à Gébelin son titre de président, s'il n'eût présidé qu'une assemblée de littérateurs

---

[1] Auteur du *Monde primitif analysé et comparé au monde moderne*, ouvrage couronné deux fois par l'Académie française. Ne s'imaginant pas que Court de Gébelin eût entrepris seul ce vaste ouvrage, d'Alembert demandait s'il y avait quarante hommes disposés à y travailler. Il forme 9 vol. in-4°, qui ont été publiés de 1773 à 1784. Indépendamment de l'étymologie des langues, française, grecque et latine, de l'origine du langage et de l'écriture, de la grammaire universelle, de la mythologie, de l'histoire civile, religieuse et allégorique du calendrier, cet ouvrage contient encore une foule de dissertations sur différents sujets, qui ont placé Court de Gébelin à la tête des hommes les plus érudits du siècle dernier. Il était né à Nîmes en 1725; il est mort à Paris en 1784. (M.)

[2] La première édition du *Traité des tropes*, qui a fait la réputation de Dumarsais, a été trente ans à s'écouler. (M.)

[3] Les deux volumes du président des Brosses contiennent un *Traité de la Formation mécanique des Langues*.

estimables. Mais, comme le dit Helvétius, l'enfer n'est pas pis qu'un musée; le savant doit mépriser le poëte, et le philosophe doit les mépriser tous les deux : qu'y a-t-il à espérer de bon parmi leurs inévitables querelles, et au milieu de tous ces mépris? Le musée ruina Gébelin ; il était parvenu à s'arranger avec ses créanciers, ils ne lui demandaient que deux mille écus. Dans cette position, il crut pouvoir s'adresser à plusieurs personnes riches et qui se disaient ses meilleurs amis ; il n'en tira pas une obole et mourut de chagrin. Après sa mort, les papiers publics annoncèrent que le comte d'Albon érigeait à sa mémoire, dans ses jardins de Franconville, un monument superbe ; il devait lui coûter près de vingt mille livres. Du vivant de Gébelin, cet ami si généreux n'avait pas voulu lui donner dix louis pour acquitter ses dettes. Je tiens ce fait de la personne même à qui d'Albon les refusa.

La publication des ouvrages de Gébelin m'empêcha de jamais songer à mettre au jour celui que j'avais entrepris sur la *théorie des langues de l'Europe et surtout de la langue française.* Mais le travail auquel je m'étais livré ne me fut pas inutile. L'étude d'une science amenait toujours chez moi le désir d'en apprendre une autre, ma soif dévorante ne cessait pas pour s'adoucir un peu. Je pensais quelquefois au bonheur dont j'aurais joui si le ciel m'avait fait naître riche, si je n'avais pas été forcé d'embrasser un état pour subsister. Dé-

---

1 Lorsque le musée de Paris, livré à des dissensions qui devaient amener sa ruine, vit rentrer avec Cailhava, leur chef, une partie des personnes qui l'avaient abandonné, il se forma dans son sein une société philharmonique qui donnait des concerts, et qui débuta par une espèce de fête funèbre en l'honneur de Gébelin. On y chanta des stances lyriques intitulées la *Solitude de Franconville.* Ces stances, qui produisirent un grand effet, étaient chantées par les premiers sujets de l'Opéra ; elles finissaient par ces quatre vers :

Sous le poids du chagrin le malheureux succombe :
Tu n'es plus, cher objet d'amour et de douleur,
Gébelin ! Gébelin ! la pierre d'une tombe
Renferme ton corps et nos cœurs.

Quelle sensibilité tardive pour un bon et honnête homme qu'on avait laissé mourir de chagrin ! (*Note de Brissot.*)

sespéré de voir presque toujours la richesse combler les fripons, ou n'être le prix que d'un travail obscur et borné, je voulais me jeter dans quelque cloître pour m'y livrer sans contrainte à mon amour pour les sciences. J'avais sans cesse devant les yeux les images de Malebranche, de Mabillon, de Hardouin. *Du pain et des livres,* voilà ce que je demandais pour être heureux.

Cette idée contribua autant que l'anglais à me lier avec dom Mulet, prieur d'un couvent de bénédictins à Chartres. Je ne sais quelle fantaisie le portait vers l'anglais et l'avait rapproché de moi. Il voulait, disait-il, faire de cette étude une partie de plaisir avec mon ami Vaugeois et moi. Je n'ai pas encore parlé de Vaugeois : c'était un de mes camarades de collége, qui avait de la solidité dans l'esprit et de l'amour pour les sciences. Le zèle avec lequel il se livra à l'étude de l'anglais ne lui fut pas inutile ; il traduisit avec succès divers ouvrages de cette langue. Sa philanthropie éclairée fut aussi d'un grand secours à notre société des amis des Noirs, et plusieurs de ses lettres que je communiquai à Condorcet et à Mirabeau, lui avaient mérité leur estime. Nous l'avons vu depuis président de ce comité révolutionnaire qui opéra l'insurrection du 10 août. Il en a eu la peine, d'autres s'en sont attribué l'honneur. *Sic vos non vobis.* Le ministère l'en a récompensé en le faisant commissaire exécutif dans la Belgique, mais Vaugeois avec des connaissances, du caractère, et un esprit fort, est sans intrigue ; il a horreur des bassesses. Il faut l'un et l'autre pour parvenir avec l'aide des hommes qui font un trafic de la sans-culotterie [1].

[1] M. Vaugeois vit aujourd'hui retiré dans le département de l'Orne ; il est membre correspondant de la *Société des Antiquaires de France.* (M.)

CHAPITRE V.

Brissot veut se faire bénédictin. — Sages conseils de Dom Mulet. — Combats entre l'athéisme et le déisme. — Publication des *Lettres philosophiques sur saint Paul.* — Quelques opuscules : la parodie du *Stabat.* — Philosophie d'une femme de dix-sept ans. — Suicide. — Le procureur Nolleau. — Dissertation sur le vol et la propriété. — Cette démonstration est déterrée par Suard, André Chénier et Morellet. — Médisances et calomnies dont elle est le sujet. — L'abbé Chasles prêtre, aristocrate et depuis athée et démagogue à la Convention.

Dom Mulet me recevait avec plaisir, ainsi que Vaugeois; je crus pouvoir m'épancher avec lui. Je lui communiquai mon dessein de me faire bénédictin, pour devenir savant. Je n'aspirais qu'au moment de me trouver maître de ces vastes bibliothèques que je ne parcourais jamais sans l'envie de m'y ensevelir toute ma vie. Dom Mulet rit de ma simplicité; il connaissait les vices et l'horreur de la vie monacale; il me les développa; il me montra l'envie s'attachant à mes pas, me persécutant partout, l'inquisition réprimant et punissant même la hardiesse de mes idées. C'est ici, me disait-il, le repaire de toutes les passions, la science en est le baume. Nous ne sommes plus qu'une ombre de nous-mêmes. Il faut être hypocrite pour être quelque chose, pour n'être pas persécuté.

Le tableau que me fit dom Mulet du cloître m'en dégoûta. Je me défiais à la vérité de la fidélité de ses pinceaux, car quelques liaisons que j'entrevis me prouvèrent qu'il était un peu loin de remplir le vœu de chasteté. Je ne l'en blâmais pas, ce vœu me paraissait absurde et criminel. Je le croyais déiste, et ce fut aussi l'opinion de la ville après un sermon qu'il débita, et où le nom du Christ ne fut pas prononcé, ce qui scandalisa profondément toutes nos dévotes. Il me parlait en souriant de l'adresse qu'il avait eue de faire digérer ce discours à un peuple de cagots. On pense bien que je ne l'en aimai pas moins; je l'aurais aimé davantage si sa vaste bibliothèque eût eu quelques attraits pour lui. Mais dom Mulet se bornait à jouir secrètement du présent; il jouait fort bien la comédie et je n'ai jamais estimé les charlatans, surtout en matière de religion.

Ces liaisons me confirmèrent dans mon incrédulité. Ce fut alors que, non content de lire tous les ouvrages philosophiques, je voulus moi-même en composer un. J'étais embarrassé, car depuis quelque temps j'errais de système en système. Je me couchais matérialiste et je me réveillais déiste; le lendemain je donnais la pomme au pyrrhonisme. Quand j'avais la fierté de l'esprit fort, l'athéisme me plaisait davantage. Plus je m'éloignais des prêtres, plus je me croyais près de la vérité. Lorsque la voix intérieure se faisait entendre, lorsque je l'écoutais, alors j'étais convaincu de l'existence de l'Être suprême, je lui adressais des prières avec ferveur. Mais si j'avais recours au raisonnement, alors tout me devenait incertitude; je ne me voyais pas plus de démonstration dans le système de l'athéisme que dans celui du déisme. Je doutais par conviction. Ainsi ma haine pour les prêtres me faisait renier Dieu, ma conscience me ramenait à lui, ma raison me rejetait dans le pyrrhonisme. Tel est l'état de doute et d'erreur où j'ai passé quelques-unes de mes années, jusqu'à ce qu'enfin, éclairé par les ouvrages de Jean-Jacques, ayant mûrement pesé le témoignage de mon sens intime, j'ai pris le parti de croire à un Dieu, et de régler ma conduite en conséquence. Un seul argument m'a frappé : Ou ce dieu existe ou il n'existe pas; s'il existe, en faisant bien tu seras heureux; s'il n'existe pas, tu ne seras pas plus malheureux que le matérialiste, et tu auras été plus heureux que lui dans la vie actuelle.

Mais en consultant cette voix intérieure, ce sens intime, je vis bientôt qu'il était impossible de ne pas reconnaître l'existence d'une puissance supérieure à tout ce qui nous environne, et l'existence de cette puissance une fois admise, les idées d'ordre, de justice, de providence, de vie future, en découlaient naturellement.

Ces oracles de ma conscience plaisaient d'autant plus à mon âme, qu'ils m'offraient le moyen de concilier ces contradictions qui nous frappent et que la raison seule ne peut expliquer. Le triomphe des méchants ici-bas sur la vertu ne me paraissait plus un crime dont on pût charger la divinité, ni dans le système de l'athéisme une preuve de l'absurdité de la vertu.

Mon pyrrhonisme ne s'était jamais étendu jusque sur la révélation ; à cet égard, j'avais toujours été convaincu que toute religion révélée était une imposture. Je voulais, pour une religion révélée par Dieu, des caractères généraux, frappants pour tous les yeux, et qu'il fût impossible de méconnaître : le déisme seul offre ces caractères. Toutes les autres religions ne présentent que des preuves contestables, qu'il est plus ou moins facile de renverser.

Je ne balançai donc pas, dans cette opinion, à attaquer le christianisme. Le hasard fit tomber dans mes mains un ouvrage anglais sur saint Paul, bien prolixe, bien diffus, et presque inintelligible, rempli cependant de recherches curieuses. Je fis un livre sur ce livre, et il a paru sous le titre de *Lettres philosophiques sur la vie et les écrits de saint Paul*. Virchaux, libraire de Hambourg, l'imprima en 1782. Il a été plus répandu en Allemagne qu'en France.

C'est le seul ouvrage contre la religion qui soit sorti de mon portefeuille, quoiqu'il contînt alors beaucoup de petits écrits et de plaisanteries irréligieuses que je m'applaudis d'avoir détruites. Je me rappelle, entre autres, une parodie du *Stabat*, dont l'obscénité était piquante ; ce caractère d'obscénité m'était étranger, je l'avais puisé dans la société de mes esprits forts, et je le prenais pour leur plaire. Aujourd'hui que je fonde le bonheur de tous les homme sur la tolérance réciproque des opinions, je ne puis que blâmer vivement ces plaisanteries, très-propres à irriter et à causer des haines et des combats.

Je ne dois pas cacher un défaut que j'avais contracté dans mon incrédulité, le ton tranchant et dominateur, si commun parmi les jeunes gens qui passent tout à coup des ténèbres à la lumière, qui aiment à punir leurs maîtres et leurs supérieurs de l'empire que ces derniers ont autrefois exercé sur eux. J'étais ergoteur, caustique, intolérant, violent dans les disputes, et j'appelais cela de la philosophie. Le temps, le monde, l'expérience m'ont insensiblement guéri de ce défaut; je m'aperçois, à l'âge de quarante ans, que je suis passé à l'extrémité inverse, c'est-à-dire, à une facilité, à une indulgence de discussion qui s'accommode à toutes les passions, soit par orgueil, soit par paresse.

Ce caractère de causticité m'avait fait une espèce de réputation, et comme il s'exerçait sur les femmes, il m'avait rendu odieux à leurs yeux; on me regardait comme un sauvage dangereux : on se trompait. Je déchirais les femmes, parce que je les aimais, et je ne les aimais que trop ! Mais, furieux de leur voir donner la préférence à des jeunes gens qui n'avaient d'autre titre à leurs faveurs que des agréments extérieurs, furieux de voir l'esprit, le talent éconduits, je me dédommageais aux dépens des imbéciles heureux.

J'ai toujours soupiré après une liaison digne de mon âme, et formée sur un modèle dont les romans m'avaient donné les traits. Je voulais une femme qui, aux attraits extérieurs, joignît des lumières, de la philosophie; qui préférât aux vains plaisirs du monde ceux de la solitude; qui fût bonne épouse, mais assez éclairée pour être mon ami, mon second, mon compagnon d'études. Je cherchais cette héroïne imaginaire dans tout ce qui m'environnait, et je ne la trouvais point.

Je crus pourtant un jour avoir ce bonheur. Mon ami Blot, qui partageait mes idées philosophiques et romanesques, et que la sensibilité de son cœur a depuis tiré de l'état ecclésiastique pour en faire un bon mari, me parla d'une jeune personne qui réunissait toutes ces qualités, et qui avait développé surtout un caractère bien énergique. Elle en donna une preuve qui me mit au désespoir : fatiguée du monde, de la stupidité des uns, de la bassesse des autres, du despotisme qui régnait partout, elle trancha ses jours à l'âge de dix-huit ans.

A mesure que la sphère de mes idées s'étendait, le séjour de Chartres me devenait insupportable. Le bigotisme y était à son comble, et il me persécutait; l'ignorance était presque universelle. Tous les esprits y étaient dans une torpeur qui contrastait trop fortement avec l'activité de mes idées pour ne pas attrister mon existence.

La calomnie seule, ou la médisance, tiraient les esprits de cette apathie et mon dégoût s'en augmentait encore. Dans l'ordre des choses qui régnait alors, je ne connaissais que deux séjours qui pussent convenir au philosophe, une ville immense ou la campagne; il pouvait aisément se faire une solitude ou une société délicieuse.

Une occasion se présenta pour quitter Chartres, et je la saisis. Un procureur du parlement de Paris, M. Nolleau, avait la réputation d'un homme plus éclairé que ne le sont ordinairement les gens de cette profession. Je crus qu'il m'entendrait; je lui écrivis, en lui exposant les motifs qui me faisaient désirer de me fixer à Paris; et pour lui donner une idée de mon talent, de mon caractère, de mon style, je lui adressai la préface d'une petite dissertation sur *le vol* et sur *la propriété*. C'était une espèce de tour de force, pour soutenir un paradoxe que j'avais avancé dans une société. Mon ami Goueşard s'était engagé à me répondre; il le fit, j'ai encore son manuscrit. Cette dissertation, imprimée plusieurs fois depuis, a été la source de calomnies contre moi. Elle fut déterrée, lors de l'Assemblée législative, par un petit club secret, soudoyé par la cour pour diriger l'opinion publique en faveur du feuillantisme, club dont étaient membres Pange, Morellet, Suard, André Chénier, Ramond, etc. Ils me traduisirent en public comme un apologiste du vol, de l'anthropophagisme, etc. Au fait, cette brochure n'était qu'une amplification d'écolier, qu'un de ces paradoxes que soutient, pour s'exercer, un jeune homme qui, débutant dans la carrière philosophique, cherche à s'écarter des sentiers battus. J'avais voulu y prouver que la propriété sociale n'était pas fondée sur la nature, que dans l'état naturel il n'y avait pas de vol, que dans cet état encore, l'anthropophagisme n'était point un crime. La première opinion, celle sur le vol et sur la propriété, était soutenable; je l'ai retrouvée depuis dans Montaigne et dans Rousseau. Il est possible de la démontrer géométriquement. L'application de cette doctrine à l'état social est seule condamnable, mais j'avais eu grand soin de protester contre cette application. Quant au goût de chair humaine, il est et doit paraître révoltant, puisqu'il serait difficile peut-être de renverser l'argument de l'analogie physique. Au reste, c'était une pure méchanceté de donner de la célébrité à une opinion ignorée d'un jeune homme de vingt ans, et qui depuis avait suffisamment prouvé son respect pour la propriété et son amour pour l'humanité.

Quoi qu'il en soit, mon style plut à Nolleau, il m'offrit la place de premier clerc avec quatre cents livres d'appointements. J'allais enfin demeurer dans une ville que je regardais comme le centre des sciences, comme un théâtre digne de moi.

Depuis quatre ans je brûlais d'y aller; ma famille m'y aurait envoyé si j'avais voulu continuer mes études dans les colléges, ou me livrer à la théologie dans les séminaires; mais j'abhorrais la théologie, et me replonger dans les humanités ou dans la scholastique ne me paraissait propre qu'à me rendre stupide. J'avais sous les yeux des exemples de quelques-uns de mes camarades d'études. Qu'étaient-ils devenus? des machines à versions, à vers latins, des ignorants anciens, des brutes remplies de préjugés. De ce nombre il faut mettre un Chartrain qui depuis a contribué à déshonorer la Convention, et à faire rétrograder la révolution, l'abbé Chasles, esprit médiocre, qui se croyait du talent pour être boursouflé; lâche charlatan qui, ayant été, de bonne foi, prêtre, cafard, aristocrate, a affiché depuis l'incrédulité la plus dégoûtante, la démagogie la plus exagérée; qui a prétendu n'avoir été prêtre que pour démasquer les prêtres. Avec cette morale, cet homme aurait dévalisé pendant dix ans les passants, pour apprendre à connaître les voleurs.

CHAPITRE VI.

Arrivée à Paris. — M. Aianon et M. Legrain. — Le bourreau de Soissons. — Paris et les spectacles. — Les gens de lettres. — Laharpe. — Marmontel. — Dudoyer. — Les drames anglais. — Ducis. — Lemière. — Les acteurs de la Comédie française. — Mademoiselle Dumesnil. — Mademoiselle Gaussin. — Mademoiselle Clairon à Anspach. — Lekain. — Dugazon, aide de camp de Santerre. — Les parades. — Monvel. — Mademoiselle Mars. — Hébert.

J'arrivai à Paris, la nuit, par la barrière de la Conférence; c'est l'entrée la plus brillante de Paris. La rivière, les ponts, les Champs-Élysées, le jardin des Tuileries, tout offrait à mes yeux des points de vue ravissants. Les quais étaient illuminés, ce spectacle m'enchanta; on portait alors le deuil de Louis XV; je le pris avec l'épée; on me dit qu'on n'était admis nulle part sans cette étiquette. Malgré mon deuil et mon épée, je devais avoir un air fort provincial et fort gauche. Je n'ai jamais aimé cette manie embarrassante des longues rapières. Quand je quittai Paris en 1779 pour demeurer à Boulogne-sur-Mer, j'en ai abjuré l'usage pour jamais ne le reprendre.

Mes premières connaissances furent très-circonscrites et très-modestes. Elles se bornaient à deux familles estimables quoique dans une classe obscure et peu honorée, M. Aianon, traiteur, et M. Legrain, facteur sur la Vallée. C'étaient des amis, des correspondants de mon père : gens obligeants et encore plus aimants qu'aimables. La simplicité, la bonhomie, régnaient dans ces familles, et ces vertus ont toujours eu pour moi un attrait particulier. J'y étais à mon aise, j'étais comme avec des parents.

Je me rappellerai toujours avec plaisir la bonne madame Legrain, le ton avec lequel elle vous faisait des histoires, l'attention qu'elle vous prêtait en vous écoutant. Je n'ai point oublié la première que son mari lui conta devant moi et les yeux qu'elle ouvrait. Il s'agissait du bourreau de Soissons (les journaux en ont, je crois, parlé) dont la femme, des plus jolies, avait gagné le cœur d'un lieutenant-criminel des plus galants. Le bourreau s'étant aperçu que le lieutenant-criminel lui portait, depuis quelque temps, un intérêt plus vif, et qu'il l'envoyait pendre à droite et à gauche beaucoup plus souvent que de coutume, arrive au logis une belle nuit qu'on ne l'attendait pas. Sa femme n'est pas seule dans son lit... Il va rougir le fer dont il marquait les criminels, et, revenant subitement, il l'appuie sur l'épaule nue du magistrat. Celui-ci, auquel la douleur avait arraché des cris perçants, ne craignit pas de divulguer son affront. Mieux valait pour lui qu'on reconnût à la marque qu'il portait une vengeance de mari plutôt qu'une flétrissure de bourreau. Il dénonça l'homme qu'il avait outragé, le fit arrêter, et condamner au fouet et aux galères. Il y avait trois ou quatre ans que M. Legrain avait vu ce malheureux à la Conciergerie ; il était alors jugé en première instance et allait subir son jugement. Madame Legrain prétendait que, pour que justice fût faite, il eût fallu forcer le lieutenant-criminel à se charger une seconde fois des fonctions du mari, et lui donner commission d'exécuter la sentence sur la place publique.

Quand j'eus parcouru Paris dans tous les sens et examiné, comme on le fait en courant, ses monuments les plus remarquables, l'étude de mon procureur, les promenades et les spectacles remplirent tous les intervalles de ma journée. Ma passion pour le spectacle était dans toute sa vivacité. Voir représenter sur la scène ces chefs-d'œuvre dont je n'avais vu que la lettre morte dans mon cabinet; entendre ces Roscius dont la célébrité m'était arrivée grossie dans ma province ; me trouver peut-être face à face de ces poëtes que je me figurais la vivante image des Sophocle et des Térence, comme tout cela agitait mon imagination, excitait mes désirs, avant que je n'eusse pu écouter les uns et toiser les autres de la tête aux pieds!

Les beaux jours du théâtre étaient passés. La scène française était en proie aux Laharpe, aux Marmontel, et à cette foule de littérateurs de second ordre, qui, pour être tombés de chute en chute au trône académique, se croyaient des hommes de génie, et régentaient insolemment le Parnasse. J'ai vu *Cléopâtre* que l'on a tant sifflée, *Mensikof*, et les *Barmécides*, et *Gustave*; on ne jouait déjà plus qu'en province ce *Warvick*, pièce assez purement écrite, mais d'un faible intérêt, et dénuée de ces tableaux qui étonnent et donnent à l'âme de violentes secousses. Il n'y eut jamais ni vigueur ni vérité dans Laharpe, et je suis tout surpris maintenant de son ardeur républicaine. Oh! qu'il a bien choisi son temps pour avoir de l'âme et s'inspirer!

C'était alors un petit personnage rogue et arrogant, qui, jusque dans la rue, se donnait des airs de monseigneur échappé d'un ministère, parce qu'il sortait du *Mercure*; singe manqué de Voltaire, recherchant le style ironique, antithésique, et ne trouvant guère que celui de l'Académie; style que l'on croit harmonieux parce qu'il est ronflant, plein de goût et d'esprit parce qu'il est sans chaleur et entortillé.

Lui et sa cabale se piquaient de conserver seuls les traditions de la véritable tragédie; nous avons vu leurs œuvres tragiques! Et ils osaient proscrire les drames attendrissants de La Chaussée! Ils leur reprochaient de présenter à l'esprit de trop noires idées, de trop funèbres images. J'ai entendu l'aristarque Marmontel, pérorant comme s'il eût été en chaire, tranchant comme dans une page du *Mercure*, toujours pédant et partout, déchirer avec suffisance et dédain le *Vindicatif* de Dudoyer [1]. Je ne défendis point Dudoyer parce que c'était un compatriote, ni que je prétendisse que son ouvrage fût un chef-d'œuvre, mais parce que Marmontel enveloppait dans la proscription tous les drames anglais et ceux qui aiment à les voir représenter. Je ne doute pas qu'il n'y ait des cerveaux trop faibles pour soutenir les spectacles de quelques-unes de ces pièces, mais il est aussi des âmes d'une trempe dure et qui demandent à être fortement ébranlées. Tels sont les peuples du Nord et parmi nous une foule de personnes; nos plus som-

---

[1] Le *Vindicatif* est un drame en 5 actes et en vers libres qui fut représenté en 1774. — Dudoyer est mort en 1788; il était né à Chartres; il avait épousé Mlle d'Oligny, actrice du Théâtre Français (M.)

bres tragédies n'ont pas le talent de les toucher. Il leur faut les cris de la mort, ses angoisses, son agonie; il leur faut du sang. Laissez donc à ceux qui les aiment ces scènes sombres et sanglantes. Du moins le sang qui coule au théâtre ne fait de mal à personne.

J'aime la terreur que m'inspire une forêt obscure et ces caveaux lugubres où l'on ne rencontre que des ossements et des tombeaux. J'aime le sifflement des vents qui annonce l'orage, ces arbres agités, ce tonnerre qui éclate ou gronde, et les torrents de pluie qui roulent à grands flots. Mon cœur frémit, ému, froissé, déchiré; mais c'est une émotion qui m'est douce, car il ne peut s'en arracher. Il y a pour moi dans cet instant un charme horrible, un plaisir que je sens mieux que je ne puis le définir. Voilà, sans doute, l'impression que produit Skakespeare et les dramaturges qui l'ont imité. Si ce spectacle plaît, attache, intéresse, pourquoi faire un crime de l'aimer? Ce n'est point un défaut de goût, mais un besoin de l'âme. Pourquoi d'ailleurs toujours prêcher l'imitation de la nature et vouloir en effacer les images?

Hélas! moi qui comprenais son langage libre et sauvage, quel désappointement j'éprouvai en écoutant ce Shakespeare affadi, aplati, mutilé! et cet *Hamlet*, débitant des vers aussi durs que ceux d'*Hypermnestre*[1]. Mais il faut avouer que toutes ces pièces avaient quelquefois d'admirables interprètes. C'étaient Brizard, Molé, Monvel et le jeune Larive, qui avait à consoler de Clairon dont il était l'élève, et de Lekain qu'il voulait remplacer. C'étaient les Vestris, les Raucourt, les deux Sainval, et cette Melpomène affreuse et terrible qui de-

---

[1] L'*Hamlet* de Ducis a été représenté pour la première fois en 1770. — On se rappelle ces vers sur Lemière, auteur de la tragédie d'*Hypermnestre* et de la *Veuve du Malabar:*

> Prenez les vers du dur et rocailleux Lemière,
> Dont en passant ici j'emprunte la manière,
> Lisez, relisez-les tout haut assidûment;
> Et si votre langue vous gêne,
> Ils feront pour son mouvement
> L'office des cailloux que mâchait Démosthène. (M.)

mandait, dit-on, ses inspirations tragiques à Bacchus[1]. Mais tout cela ne paraissait que rarement, car tout cela vieillissait ou courait le monde et les amants, ou était de temps à autre enfermé au For-l'Evêque. Je n'ai vu ni Dangeville, alors retirée du théâtre; ni cette Zaïre, pauvre et délaissée, et que sur la fin de ses jours on ne laissait plus jouer que par charité[2]; ni Clairon, gardant rancune à Paris, et réfugiée chez le margrave d'Anspach[3].

J'ai vu Lekain, ignoble de figure, de tournure ignoble, affreux à regarder en passant, et sur la scène souvent beau jusqu'au sublime. Mais souvent aussi quel débit monotone, noté, cadencé, ou quelle déclamation ampoulée, quels cris

[1] C'est madame Vestris, qui estropiait des vers d'*Irène*, et à qui Voltaire criait en colère que ce n'était pas la peine de lui faire des vers de six pieds pour qu'elle en mangeât trois. Mademoiselle Dumesnil a quitté la scène en 1776 ; elle passa les dernières années de sa vie à Boulogne-sur-Mer, et y mourut en 1803; elle était née en 1713, et avait conservé jusqu'à sa mort toutes ses facultés intellectuelles. Ce fait seul ne semble-t-il pas devoir faire révoquer en doute ce goût si prononcé pour Bacchus, qu'on lui a supposé ? Les excès de ce genre ne laissent pas ordinairement vivre jusqu'à quatre-vingt-dix ans. (M.)

[2] Mademoiselle Dangeville, qui fit pendant trente-trois ans l'ornement du Théâtre-Français par les grâces de sa personne, la finesse et la vérité de son talent, est morte en 1796. — Mademoiselle Gaussin, longtemps jeune et jolie, n'avait point assez songé à l'avenir. L'amour n'avait jamais été pour elle qu'une affaire de cœur, et quand on lui reprochait son insouciance et sa facilité à ce sujet : « Que voulez-vous, disait-elle, cela leur fait tant de plaisir, et ça coûte si « peu! » Ça finit pourtant par lui coûter fort cher, car elle passa les dernières années de sa vie presque dans la misère. Les vers de Voltaire ont consacré le souvenir de son talent et de sa beauté, et son nom vivra autant que celui de *Zaïre*. (M.)

[3] On raconte : « qu'un mauvais comédien, nommé Dubois, atteint du mal qui coûta un œil à Pangloss, se fit guérir, et ne voulut pas payer son médecin. Cela fit du bruit au Palais, puis à la Comédie française, qui expulsa Dubois de son sein. Mais ce Dubois avait une jolie fille; cette jolie fille connaissait un grand seigneur; ce grand seigneur prit fait et cause pour le mauvais comédien; il fut maintenu de force au théâtre; ses camarades ayant refusé de jouer avec lui, quatre d'entre eux, Brizard, Lekain, Molé et mademoiselle Clairon, furent envoyés au For-l'Evêque. En sortant de prison, mademoiselle Clairon signifia sa retraite, et les résultats de la protection scandaleuse accordée par un grand seigneur à un mauvais sujet privèrent la scène française de son plus utile et de son plus bel ornement; ce fut alors que mademoiselle Clairon se réfugia à la cour du margrave d'Anspach, où elle demeura dix-sept ans. » (M.)

de forcené! Comme mademoiselle Clairon, il ne se montrait qu'à de longs intervalles; et quand il jouait, la salle était encombrée [1]. Heureux qui pouvait y pénétrer! Je dus à Monvel de jouir de ce bonheur, la dernière fois qu'il parut dans *Gengiskan* [2]. Monvel et Dugazon avaient des relations avec M. Nolleau, et je fis chez lui leur connaissance. C'était une bonne fortune pour moi quand je les rencontrais, et que par leur protection je pouvais entrer à la comédie; car mes économies ne me permettaient pas d'y aller aussi souvent que je l'aurais désiré. J'ai toujours conservé de l'amitié pour Dugazon, qui était si comique au théâtre, plus comique encore à la ville, et dont les charges grotesques m'ont alors si souvent égayé. Je ne l'oublierai point, racontant ses infortunes conjugales à madame Nolleau : mais on ne peut répéter ces choses-là.

Dugazon laissera la réputation de l'un de nos meilleurs acteurs et de l'un des hommes les plus plaisants de notre temps. Il est devenu fervent révolutionnaire; je lui en sais gré, mais je ne sais pourquoi j'ai regretté qu'il quittât la livrée des valets comiques, pour servir militairement les gens qu'il a servis. Peut-être n'a-t-il cru faire qu'une nouvelle plaisanterie, mais les temps sont tragiques et il aura raison de retourner à son premier métier [3].

---

[1] Lekain ne voulait pas mettre le pied sur la scène plus de douze ou quinze fois dans l'année; et si la Comédie française le priait avec trop d'instance, il disait à la Comédie française, du ton d'Orosmane ou d'Agamemnon : « Je vous ai déclaré que je ne jouerais pas. » Mademoiselle Clairon, souvent malade et indisposée, était souvent forcée de rester chez elle; si ses camarades s'en plaignaient, elle leur répondait, pour les consoler, qu'une seule de ses représentations les faisait vivre durant tout un mois. (M.)

[2] Lekain est mort en 1778, le jour de l'arrivée de Voltaire à Paris; il se confessa, et, plus heureux que mademoiselle Chameroy, on l'enterra sans difficulté en terre sainte. On sait que Voltaire, qui l'avait produit au Théâtre-Français, ne l'y vit jamais jouer, et que lorsque l'abbé Mignot lui apprit sa mort, il tomba en défaillance; le poëte avait pourtant un sujet de mécontentement contre son illustre interprète : celui-ci venait de refuser nettement de prendre un rôle dans *Irène*. (M.)

[3] Dugazon avait épousé mademoiselle Lefèvre, actrice des Italiens; un jeune maître des requêtes, fils du fermier-général de Caze, s'était épris d'elle, et afin d'être plus à son aise avec la femme, il avait présenté le mari chez son père, où ils

J'ai perdu les bonnes grâces de Monvel pour une cause assez singulière. Il avait recruté dans je ne sais quel lieu, peut-être dans la rue, une fille à l'accent provincial, à la voix de taureau, plus longue que la Raucourt et grosse à proportion. On l'appelait mademoiselle Mars. Au lieu de se contenter de la garder chez lui pour sa maîtresse, il voulut la donner au public pour tragédienne. Il lui manquait à peu près tout pour réussir ; elle n'avait ni grâce, ni dignité, ni maintien ; nuls moyens, nulle intelligence ; une tête superbe, mais d'âme point. « Bah ! lui dit étourdiment Guillard, auquel il parlait de son projet devant moi, vous l'avez retirée du...... pour

---

jouaient ensemble des parades qui amusaient fort les amis et les gens de la maison. Cependant quelques soupçons éveillèrent la jalousie de Dugazon. Il monte un matin dans l'appartement du maître des requêtes, et, le pistolet sur la gorge, lui arrache des lettres et un portrait accusateurs, lui tire violemment les oreilles, puis s'en va tranquillement après cette expédition. M. de Caze, revenu de sa frayeur, court après lui dans l'escalier en criant à l'assassin ! Dugazon applaudit avec le plus grand calme à la merveilleuse colère de son ami, au naturel de son jeu ; il trouve la scène excellente, et capable de faire illusion aux domestiques mêmes, s'ils n'étaient habitués à ces parades... Puis il gagne la porte et laisse les valets incertains si c'est une parade ou non.

Quelques jours après M. de Caze se trouvait sur le théâtre à la Comédie italienne. Dugazon l'aperçoit, laisse écouler la foule, et dans un moment où personne ne le regardait, il lui applique un grand coup de canne sur les épaules et lui tourne lestement le dos : M. de Caze devient furieux et menaçant ; on accourt, on approche. Dugazon, sans se déconcerter, est le premier à demander des explications. Est-ce encore une parade ? disait-il. L'autre parlait d'assassinat, de guet-à-pens. Parade ! parade ! répétait Dugazon. Et plus le magistrat s'emportait, plus l'acteur affectait de persiflage et de sang-froid : « Vous voyez bien, mes amis, que c'est une parade, toujours une parade, répétait-il encore ; un farceur comme moi n'aurait jamais eu l'effronterie de bâtonner ainsi un maître des requêtes ! » Et comme la scène s'était passée sans témoins, il fallut bien que M. de Caze étouffât sa vengeance et son dépit. Tout cela au fond n'était peut-être pas fort comique ; mais ce qui le devenait probablement beaucoup, c'était d'entendre Dugazon lui-même raconter les amours de sa femme et les mésaventures du robin aux épaules meurtries, aux oreilles allongées. On cite une foule d'autres anecdotes sur Dugazon, qui sont trop connues pour être répétées. Celle de son duel avec Desessarts a formé le sujet d'un joli vaudeville. Ce comédien justement célèbre est mort en 1809. Il avait été aide de camp de Santerre en 1793. Il fut le maître de Talma. Madame Lefèvre-Dugazon est morte en 1821, et au théâtre elle a laissé son nom à l'emploi des *amoureuses*, qu'elle jouait avec perfection. (M.)

la mettre au théâtre; c'est la faire tomber de Charybde en Scylla. » Je ne comprimai point un léger sourire, et depuis ce temps Monvel me battit froid. Cependant nous allâmes applaudir mademoiselle Mars, qui débuta dans *Phèdre*; elle eut beaucoup de succès ce jour-là, mais la suite de ses débuts fut moins heureuse.

L'espèce de proscription qu'a subie Monvel et les motifs secrets qui l'ont éloigné du théâtre m'ont empêché de regretter beaucoup la rupture d'une liaison à peine ébauchée, et qui séduisait bien plus Guillard que moi-même[1]. C'est un homme spirituel, d'une rare intelligence, un véritable artiste; car, avec la figure, la taille et l'organe les moins propres à la scène, il y a obtenu les succès les plus mérités. Nolleau disait qu'il n'y avait dans lui que son talent qui fût plus long que son nez. Il a fait des comédies charmantes. J'ai applaudi de tout mon cœur à son *Amant bourru*. Il avait donné, avant que je ne fusse à Paris, une petite pièce, l'*Erreur d'un moment*, pièce oubliée, dont on a dit :

> Monvel, las de nous faire rire,
> Hélas! se livre au larmoyant:
> Fasse le ciel que ce délire
> Ne soit que l'Erreur d'un moment!

Il a réparé cette erreur en donnant les *Trois Fermiers*, et j'avoue que rien ne m'a jamais fait plus de plaisir que le premier acte de cette comédie. La pièce entière, mais cet acte surtout, présente un tableau touchant des mœurs villageoises : tout dans les peintures d'amour respire le sentiment, et la pureté de la vertu. Il y a de la gaieté sans bouffonnerie, de l'esprit sans bel esprit, de la naïveté sans fadeur. Personne, ce me semble, n'a jamais fait parler les paysans dans un langage plus ingénieux et plus vrai. La *Matinée du*

---

[1] « Le cours des succès de Monvel, dit un biographe, fut interrompu inopinément en France, par ordre de la haute police, qui lui enjoignait, au grand étonnement du public, de quitter sa patrie. La chronique scandaleuse du temps assigna divers motifs à cette mesure, tous pris dans la vie privée de l'auteur, et qui ne sont point du domaine de l'histoire. » (M.)

14 juillet et les *Victimes cloîtrées* que j'ai louées dans mon journal, seront plus vite oubliées que ce premier ouvrage de Monvel[1]. Il a embrassé avec enthousiasme les idées nouvelles; elles le purifieront de ce que ses mœurs ont eu de trop analogue à celles de l'ancien régime. Il faut qu'avec le républicanisme, les vertus austères pénètrent partout, même au théâtre. Je ne m'étonne point que des hommes habitués à s'identifier avec les Brutus et les Caton, trouvent dans leurs nobles âmes de nobles inspirations, et quelquefois un penchant vers l'exagération, qui semble les rapprocher de leurs modèles héroïques[2]; mais qu'ils laissent à des garçons bateleurs à prendre dans leurs écrits, dans leur langage et leur personne, la sale démagogie et la nature des corps de garde et des ruisseaux[3].

[1] L'*Amant bourru* fut représenté au Théâtre Français en 1771. Monvel y brilla à la fois comme auteur et comme acteur, et le succès de l'ouvrage, dans lequel Molé avait accepté un rôle, fut des plus complets. Ces deux comédiens, rappelés ensemble après la représentation, se précipitèrent dans les bras l'un de l'autre, et oublièrent dès cet instant leurs inimitiés. L'*Erreur d'un moment*, comédie en un acte, mêlée d'ariettes, dont Dezède avait fait la musique, ainsi que celle des *Trois fermiers*, fut représentée en 1773; les *Trois fermiers* en 1778. Le drame des *Victimes cloîtrées* fut joué en 1791, et la *Matinée du 14 juillet* en 1790. (M.)

[2] Ce ne fut qu'après le 31 mai, et la mort des Girondins, que Monvel fit preuve de cette exagération, que Brissot semble craindre ou prévoir. Mais dans cette occasion elle n'eut en vérité rien d'héroïque; elle dut bien plutôt ressembler à une comédie. Vêtu d'une dalmatique aux trois couleurs, on vit Monvel s'emparer de la chaire de Saint-Roch, et s'écrier : « S'il existe un Dieu, je le défie en ce moment de me foudroyer pour montrer sa puissance. » Monvel mourut tranquillement vingt ans après ce sermon; il a été publié sous ce titre : « *Discours fait et prononcé par le citoyen Monvel, dans la section de la Montagne, le jour de la fête de la Raison, célébrée dans la ci-devant église de Saint-Roch, le 10 frimaire an 2 de la République une et indivisible.* » (M.)

[3] Avant la révolution, comme il est dit à son procès, Hébert, membre de la commission du 10 août, substitut du procureur de la commune, et rédacteur du journal intitulé *le Père Duchesne*, était employé en qualité de contrôleur au ci-devant théâtre des Variétés. (M.) Voir sur Hébert, sa vie et son journal, les *Souvenirs de la fin du dix-huitième siècle*, par Des Genettes, t. I, et la Notice consacrée au *Père Duchêne* par M. G. Brunet. (L.)

CHAPITRE VII.

M. Nolleau. — L'abbé Coyer et Voltaire. — Le curé de Sainte-Geneviève. — Les prières à la Vierge. — Conversion et mort de M. Nolleau. — Madame Nolleau. — Les mouchoirs à la Wilkes. — M. de Gouves et l'abbé Terray. — L'administration du contrôleur général. — L'éloge de Maupeou. — Le partage des trois cent mille francs du comte de Clermont. — Marat, M. Guérier et l'abbé Terray.

J'aimais à causer avec Nolleau ; il avait de la littérature et sa philosophie me plaisait. Il était d'ailleurs d'une grande tolérance, et n'évitait pas plus les capucins que les comédiens. J'ai vu chez lui un abbé Coyer, membre de plusieurs sociétés savantes, et ne pouvant se consoler d'être toujours repoussé de l'Académie française où il se présentait toujours. Voltaire en a souvent parlé avec éloge. Il l'avait reçu à Ferney, et comme l'abbé, un peu sans façon, annonçait le projet d'y séjourner durant quelques semaines pour avoir le temps, sans doute, d'admirer le philosophe de plus près, et de dire plus souvent la messe dans son église : « Eh! mais, lui dit le pa« triarche, il ne paraît pas que vous vouliez ressembler à « Don Quichotte ; il prenait les auberges pour des châteaux, « et vous prenez les châteaux pour des auberges[1]. »

Un autre prêtre de la connaissance de Nolleau était le curé de Sainte-Geneviève ; celui-ci a eu, je crois, l'art de souffler l'âme du procureur au démon ; c'était un fin matois, et bien loin d'être un sot, témoin cette réponse qu'il fit, après l'agonie de Louis XV, à ceux qui le plaisantaient d'avoir découvert la châsse de sa sainte, et d'avoir inutilement invoqué les secours

---

[1] L'abbé Coyer était de l'académie des Arcades de Rome, de la Société royale de Londres, etc.; il mourut en 1782, laissant sept volumes d'œuvres diverses, qui n'auraient sans doute pas empêché son nom d'être oublié, si Voltaire ne se fût chargé de lui donner une petite part d'immortalité. Il avait été jésuite et précepteur du duc de Bouillon. (M).

du ciel : « Eh ! de quoi vous plaignez-vous, dit-il, est-ce qu'il « n'est pas mort ? » Je me rappelle que l'on a fait une chanson de ce bon mot[1]. Ce fut ce prêtre qui convertit Nolleau, ou du moins qui le confessa dans sa dernière maladie. Jusque-là, Nolleau avait été franchement incrédule, mais je le vis abjurer l'incrédulité à l'article de la mort; je ne m'y attendais pas. En se confessant, y avait-il été de bonne foi ? Plus par terreur ou faiblesse que par conviction, je pense. Du moins il fit les choses avec décence, et s'il en fût revenu, je doute que, comme Voltaire, il eût prétendu avoir mystifié le sacerdoce.

Son épouse, jeune, douée d'une jolie figure, d'un esprit sémillant, à beaucoup de douceur de caractère réunissait beaucoup d'égoïsme et cette avarice qu'ont les femmes de Paris qui aiment la parure coûteuse. Cependant sa parure n'était pas toujours de la dernière mode, car je lui vis porter encore des mouchoirs à la Wilkes, ce qui m'émerveillait beaucoup et me semblait faire plus d'honneur à ses sentiments qu'à son goût. Figurez-vous une toile anglaise très-fine et très-belle, sur laquelle on avait imprimé tout au long la lettre de Wilkes aux habitants du comté de Middlesex, et, au milieu de cette lettre, Wilkes lui-même représenté dans l'attitude d'un homme occupé à écrire. Mais, alors, c'était tout ce qu'on pouvait afficher de patriotisme, et il faut en savoir gré à madame Nolleau. Du reste, elle valait mieux que sa réputation ;

---

[1] Par le mot de chanson, Brissot veut sans doute parler de l'épigramme suivante, à laquelle c'est faire peut-être beaucoup trop d'honneur que de la citer, quoiqu'elle soit un témoignage de l'amour universel que l'on avait pour le *Bien-aimé* :

> Sur Geneviève que l'on vante,
> Sur la châsse dont autrefois
> La découverte ou la descente
> Du ciel, en faveur de nos rois,
> Suspendaient les fatales lois,
> On faisait maintes railleries ;
> A la sainte on donnait grand tort,
> Quand le chef de la liturgie
> N'y peut tenir, se lève et crie :
> « Incrédules ! n'est-il pas mort ? » (M.)

il est une foule de femmes à qui la légèreté de leur caractère donne souvent une célébrité fâcheuse qu'elles ne méritent point [1].

Madame Nolleau était parente de la femme de M. de Gouves, et celle-ci lui avait fait confidence d'un singulier marché conclu par son mari avec l'abbé Terray. Ce contrôleur général, fameux comme Cartouche, habitait un hôtel superbe dans la rue Notre-Dame-des-Champs. Son voisin, M. de Gouves, procureur-général à la cour des Aides, possédait un jardin de quatre arpents, attenant à sa maison. Ce jardin magnifique avait appartenu au médecin Chomel [2], qui avait dépensé des sommes immenses, en sorte qu'on l'avait appelé la *Folie Chomel*, comme on disait la *Folie Beaujon* [3].

[1] Cette mode avait été importée d'Angleterre en 1768; elle devait son origine aux persécutions et à la captivité que Wilkes avait essuyées à cette époque. Le peuple anglais, dont il avait pris la défense contre les ennemis des privilèges nationaux, en avait fait son idole, et gravait partout et sur tout son image. Dans les troubles, dont il fut l'occasion, on vit les habitants de Londres, aux cris de *Vive Wilkes!* promener sur un char une jeune fille au front de laquelle on avait écrit : *la Liberté*. Trois autres écriteaux en forme de médailles antiques étaient suspendus à sa poitrine et à ses côtés; sur l'une on lisait *Charles Ier, couronné en 1625, décapité en 1649*; sur l'autre, *Jacques II, couronné en 1685, chassé en 1688*; sur la troisième enfin, *Georges III, couronné en 1760....* — Wilkes, qui fut l'adversaire le plus redoutable du ministère, mourut, obscur et oublié, en 1797. (M.)

[2] Il y a eu plusieurs Chomel qui se sont distingués dans les sciences. Celui dont parle Brissot était mort en 1765, et avait publié plusieurs dissertations et ouvrages de médecine, parmi lesquels on distingue avec raison son *Essai historique sur la Médecine en France*. (M.)

[3] Beaujon, banquier de la cour, sous Louis XV, avait une fortune immense, et toute la vanité des parvenus. Les curieux ont conservé le billet d'enterrement de sa femme. Il portait : « Vous êtes prié d'assister au convoi, transport et enterrement de TRÈS-HAUTE ET TRÈS-PUISSANTE DAME, Élisabeth Bontems, femme de TRÈS-HAUT ET TRÈS-PUISSANT SEIGNEUR, Nicolas Beaujon, conseiller d'État, secrétaire du Roi, maison, couronne de France, et de ses finances de La Rochelle, etc. » Si Beaujon eut l'amour des titres et du faste, il eut aussi l'amour de l'humanité et le goût de la bienfaisance. Il éleva le pavillon qu'on appela la *Folie Beaujon*, situé à l'extrémité des Champs-Élysées, près l'Arc de l'Étoile; mais, dans le même lieu, il avait fondé l'hôpital qui porte encore son nom, et l'avait généreusement doté. La Folie Beaujon est détruite, mais l'hôpital reste. (M.)

M. de Gouves, ayant épousé la veuve de ce médecin, était devenu maître du jardin; mais il regardait cette propriété comme un objet d'un luxe inutile et coûteux, et il cherchait à s'en défaire. Pour tenter l'abbé Terray, il ouvre une porte de communication et le laisse se promener à son aise dans ses allées touffues. Ce qu'il avait prévu ne manque pas d'arriver. Le ministre, enchanté de cette délicieuse dépendance, veut la joindre à son hôtel, et sur le ton de froideur avec lequel on accueille ses premières propositions, il offre cent mille livres de l'arpent. « Une pareille offre est bien séduisante, lui dit M. de Gouves, mais qui me remplacera mon jardin? Cependant, je l'accepte, si je puis espérer que vous me saurez gré de cette condescendance et que vous vous en souviendrez dans l'occasion. Mais, non... Rien au monde ne pourrait compenser... Allons, quoi qu'il m'en coûte, je ne m'en dédis pas. Comptons à l'instant vos quatre cent mille livres, car, cet après-midi, je ne vous tiendrais peut-être pas quitte pour un million. » L'abbé le prit au mot, mit à l'instant la somme dans sa voiture, et ils allèrent ensemble signer la vente chez un notaire [1].

Comment cet homme trouvait-il si vite de pareilles sommes pour ses menus plaisirs? Dans les poches de tout le monde, et il ne s'en cachait pas [2]. Jamais on n'a tyrannisé le peuple

---

[1] Ce M. de Gouves était aussi ou avait été procureur général de la cour des monnaies; voici ce qu'on dit de lui dans les *Mémoires sur l'abbé Terray*, publiés en 1776 : « La cour des monnaies était souvent en querelle avec le sieur de Gouves, son procureur-général, mauvais sujet, dont les friponneries et les vexations lui avaient plusieurs fois mérité l'interdiction de sa compagnie. On avait des preuves que ce magistrat avait dans sa jeunesse été enfermé à Bicêtre, et l'on voulait profiter de cette découverte pour l'expulser à jamais. L'abbé Terray le soutenait puissamment, et avait avec lui des liaisons de plaisir qu'on sait êtr fortes chez tous les hommes et surtout chez les grands. Il était son *Bonneau* avait un talent merveilleux en ce genre pour un ministre et pour un prêtre, qui, en bravant tous les préjugés de religion, est obligé de s'asservir à ceux de la société. »

[2] On reprochait un jour à l'abbé Terray que, par ses opérations financières, il prenait l'argent dans les poches des Français. « Eh! où voulez-vous que je le prenne? » répondit-il. (M.)

avec plus d'impudence. Impôts, banqueroutes, tous les moyens lui étaient bons pour voler, et il n'en faisait pas mystère. J'ai vu par hasard cet homme, qui ressemblait à un cuistre de collége et dont la figure et les manières retraçaient tous les genres d'immoralité[1]. Avant lui, les tyrans financiers avaient quelque pudeur; il jeta le masque. Tous ses successeurs ne l'ont pas repris.

Lorsqu'on a lu tous les attentats des d'Aiguillon, des Maupeou, et des Terray, quel homme même modéré ne les condamnerait pas à la potence? J'ai parcouru la vie de ce dernier. Quelle effroyable accumulation de forfaits de toute espèce !

Il met la main sur la caisse des amortissements; il suspend les remboursements pour la libération des dettes, réduit les effets royaux, convertit les tontines en rentes viagères.

Il enlève l'argent mis en dépôt à la ferme par les particuliers, et arrête le paiement des rescriptions; deux mille deux cent cinquante bilans déposés aux greffes, et deux cents suicides constatés à la police, voilà le résultat de cette opération désastreuse.

Sont-ce là tous ses vols, toutes ses extorsions? Non. Il a volé l'argent de la compagnie des Indes, qu'il ne remboursa qu'en mauvais contrats; il a volé 40 millions aux états de Bretagne et aux créanciers de l'État; il a volé jusqu'à l'Université. Et quand on criait à l'injustice de ces mesures, il répondait : « Qui vous dit qu'elles soient justes ? »

Tous les coffres ont été forcés de s'ouvrir devant ses mains rapaces. Il a extorqué des sommes énormes à celui-ci violemment, à celui-là par mauvaise foi et véritable escroquerie. Il a introduit dans le paiement des rentes de l'Hôtel-de-Ville une foule de formalités, afin d'en faire traîner l'acquittement; il a soumis au dixième les rentes qui étaient exemptes de cette formalité; il s'est fait donner deux millions par un Juif qui s'est tué de désespoir; et tout en affectant de laisser crier,

---

[1] L'ex-ministre était retiré près d'Arpajon, où il mourut en 1778. Avant sa mort on prétendait qu'il avait la gangrène dans le sang, ce qui ne devait pas surprendre, disait-on, puisqu'il l'avait toujours eue dans le cœur. (M.)

comme Mazarin laissait chanter, il a envoyé à la Bastille vingt personnes, dont le crime était d'avoir blâmé ses actes et ses projets [1].

Et que n'a-t-il pas fait pour conserver le pouvoir et les bonnes grâces de madame Dubarry ? Non content d'avoir fait doubler la pension que le roi faisait à cette fille entretenue, il payait sans difficulté tous les bons qu'elle lui présentait, et tous les bons de tous les Dubarry. Puis il métamorphosait son maître royal en monopoleur, en croupier, et lui faisait accaparer les blés, comme il les accaparait lui-même. A ce commerce, il en ajoutait un autre, celui de vendre toutes les faveurs et tous les emplois. Sa maîtresse Lagarde imitait effrontément son exemple, et le scandale fut poussé si loin, qu'il se vit un jour forcé de la sacrifier et de la chasser ignominieusement.

A des vexations inouïes dans la perception de tous les droits, il ajoutait des impôts arbitraires. Il a forcé, par exemple, les nouveaux anoblis de payer une seconde fois leurs lettres de noblesse : petite spéculation sur la vanité, que je lui pardonne volontiers ; mais il a fait des emprunts ruineux en Hollande, et il a passé en acquit de comptant près de 80 millions : dépense infâme que je ne lui pardonne pas.

Citons un dernier trait à ce tableau. Le comte de Clermont meurt. Il laissait trois cent mille livres de rente viagère sur l'État [2]. L'abbé Terray fait doucereusement entendre au roi que madame Dubarry recevrait volontiers cent mille livres sur cette somme, et que ce don lui serait d'autant plus agréable, qu'il n'augmenterait en rien les charges du peuple, puisque l'extinc-

---

[1] L'abbé Terray disait à un chanteur de l'Opéra qui sollicitait en vain son paiement : « Attendez, il est juste de payer ceux qui pleurent avant ceux qui chantent. » (M.)

[2] Louis de Bourbon-Condé, comte de Clermont, était abbé du Luc, de Saint-Claude, de Noirmontiers et autres abbayes, ce qui ne l'empêcha point de faire les campagnes d'Allemagne, des Pays-Bas et celle de 1747 sous les ordres du maréchal de Saxe. Il commanda à son tour dans le Hanovre, et fut battu à Crevelt. Après cette défaite il retourna à ses abbayes et vécut dans la retraite. Il avait conservé ses bénéfices par bref du pape, et il fut nommé membre de l'Académie française par la grâce de Dieu. D'Alembert a fait son éloge. (M.)

tion de cette rente était tout bénéfice pour le roi; et le roi de donner. Madame Dubarry demande à son tour cinquante mille livres pour ce pauvre abbé, si bon, si zélé, et qui n'a pas de quoi vivre; et le roi de donner encore. A cette nouvelle Maupeou accourt, et cinquante autres mille livres sont le prix de son empressement. Survient enfin le comte de La Marche[1], qui a fait ses preuves d'amour pour le despotisme, et d'amour pour la favorite; et on ne put lui refuser les cent mille livres qui restaient à dilapider.

Marat me disait un jour avoir entendu raconter à un monsieur Guérier, employé dans les haras du roi, un petit trait de friponnerie qui prouve toute la droiture d'âme du bon abbé, mais qui prouve en même temps que cet homme si insensible aux murmures du peuple manquait de courage devant les menaces que lui faisait en face un particulier. L'employé des haras avait obtenu de lui, à je ne sais plus quel titre ou prétexte, un droit de propriété sur un domaine, et il avait secrètement promis de partager cette propriété avec M. Damerval. Ce Damerval avait épousé la fille de madame Lagarde, et se trouvait le gendre de l'abbé Terray. Il abandonna sa portion de la propriété en échange de cinquante mille livres, pour lesquelles Guérier lui souscrivit deux billets. Mais voilà que le contrôleur-général l'appelle un matin, et lui dit : « Mon cher, je suis désolé; l'arrangement a manqué : le roi a refusé de signer le bon du domaine, et il faut regarder l'affaire comme f... — Et bien! je m'en f..., répond Guérier sur le ton du ministre; ayez soin pourtant de me faire rendre mes deux billets. — Mon ami, cela ne me regarde pas. — Cela vous regarde si bien que si Damerval ne me les remet pas à l'instant, je reviens aussitôt ici les chercher, et je n'en sors pas qu'ils ne me soient restitués. » En effet, Guérier, qui se sentait protégé par tous les ennemis du contrôleur, parla si haut, que l'abbé lui fit rendre un de ces billets; l'autre s'était, dit-on, perdu : le fait est que Damerval n'osa pas le présenter. Ceci est un trait de conscience et de

---

[1] Le comte de La Marche était fils du prince de Conti.

restitution que Linguet aurait dû citer dans son panégyrique. Car voilà les héros dont Linguet s'est donné le plaisir de faire l'apologie. On connaît ses défenses de d'Aiguillon et de Terray; je ne sais s'il n'a pas fait imprimer aussi un scandaleux éloge de Maupeou, éloge emphatique et déhonté que j'ai eu écrit et signé de sa main[1], et dans lequel il fait à la fois un Solon, un Mécène, un petit saint,

> Du noir vizir, despote en France,
> Qui pour régner mit tout en feu.

Un l'Hospital n'était rien en comparaison. Mais comment vais-je citer l'Hospital! L'auteur des *Annales* ne nous a-t-il pas révélé que l'Hospital n'était qu'un coquin?

Malgré la conviction intime qu'il avait de ses vertus morales et patriotiques, Linguet aura dû être émerveillé en apprenant un jour par la *Gazette de France*, qui en faisait grand bruit, que l'ex-chancelier avait bien mérité du trésor national, en y envoyant généreusement cinq cents, d'autres disent huit cent mille livres en espèces; mais cette générosité d'un homme qui a professé et pratiqué le despotisme avec impudence était due aux seules craintes qu'une visite de brigands lui avait inspirées pour ses richesses. Je puis garantir la vérité du fait. Il prouve que, dès 1790, les despotes avaient meilleure idée du trésor public que du feu trésor royal. M. Maupeou n'aurait sûrement pas confié mille écus à la caisse de son respectable collègue l'abbé Terray. Ce versement était un bel hommage au nouvel ordre de choses. C'était un athée qui rendait grâces à la divinité [2].

---

[1] Les Mémoires de Linguet en faveur du duc d'Aiguillon ont été publiés en 1774. La défense de l'administration de l'abbé Terray a été insérée dans les *Annales politiques*, page 379, tome III. Mais son éloge de Maupeou n'est point dans ses *œuvres*. (M.)

[2] Le chancelier Maupeou, à l'avénement de Louis XVI, et après avoir vu rappeler le parlement, avait été exilé dans sa terre de Thuit, près des Andelys, où il mourut ignoré en 1792.

Brissot a rappelé les deux premiers vers d'une épigramme, dont nous avons vu faire une singulière application dans ces derniers temps, et qui avait été composée à l'époque où l'ex-chancelier de Louis XV fut nommé chevalier du Saint-Esprit :

> Ce noir visir, despote en France,
> Qui pour régner met tout en feu,
> Méritait un cordon, je pense,
> Mais ce n'est pas le cordon bleu. (M.)

CHAPITRE VIII.

Linguet. — Accueil qu'il fait à Brissot. — Il l'engage à travailler à son journal. — Lettre de Linguet. — Réception de Laharpe à l'Académie. — Critique de Linguet à ce sujet. — Le libraire Panckoucke. — Intrigue académique. — Épigrammes de Linguet. — Suard et Laharpe font supprimer son journal. — La reine essaie en vain de le protéger auprès de Louis XVI. — Il quitte la France.

Pendant que je travaillais chez un procureur, Linguet remplissait la capitale et la France du bruit de son nom. C'était le temps de ses combats avec son ordre, avec Gerbier, avec l'Académie. Linguet était homme de lettres, et Gerbier ne l'était point; Linguet était persécuté, et annonçait un caractère fier, indépendant, ennemi de toute espèce de despotisme. Je devins bientôt le partisan le plus forcené de Linguet. Je brûlais de le connaître; je lui écrivis, il m'accueillit et me fit valoir son accueil. « A l'âge où vous êtes, me dit-il, je recherchai les « maîtres en littérature et ils me reçurent avec hauteur. » Je lui demandai des conseils pour suivre le barreau; je lui parlai des longues études du droit public. Il me sourit : « Cul- « tivez, me dit-il, votre raison, vos talents, vous trouverez « toujours des livres. Ces études ne servent qu'à rendre l'é- « crivain lourd, stupide. » J'entendais l'espagnol, il avait traduit des comédies dans cette langue, il me prêta des originaux. Je lui montrai le plan d'un théâtre étranger, anglais, italien, espagnol, allemand. Linguet y vit l'élan d'un jeune homme dévoré par une prodigieuse activité, et par le besoin de la célébrité. Il le modéra sans le décourager; je lui dois la justice qu'il me montra de l'intérêt, qu'il voulut même m'obliger en m'attachant à son *Journal de Politique et de Littérature*, qui lui faisait tant d'ennemis, et j'aurais alors cherché des ennemis, loin de les éviter. Sa bonne volonté devint impuissante[1].

---

[1] La lettre suivante de Linguet à Brissot indique l'espèce d'intérêt que cet

Ce fut par suite des intrigues de l'intolérante vanité de quelques-uns de ces spéculateurs en philosophie, si peu dignes du beau nom de philosophe, que Linguet perdit son journal et se décida à s'expatrier. Nous avions assisté ensemble à la réception de Laharpe à l'Académie; l'auteur de *Mensikoff* y entrait entre Arnaud et Suard, et tout chargé d'une pluie de sarcasmes et d'épigrammes[1]; c'était, il m'en souvient,

écrivain alors si célèbre prenait au jeune clerc de procureur, et prouve que la persécution qu'il éprouva, relativement à son journal, remontait à la nomination de Laharpe à l'Académie.

« Je réponds à votre polyglotte, monsieur, avec ma langue toute naturelle. Je serais fort embarrassé à parler comme vous tout à la fois celle du Tibre et du Mançanarès. Je ne suis pas étonné que vous ayez tant de dégoût pour les sublimes occupations de l'*ordre*, et que vous ne vous plaisiez pas dans une étude de procureur.

« Je ne pourrai cependant jamais prendre sur moi de vous pousser au penchant où votre cœur est enclin, et de vous conseiller cette malheureuse littérature. C'est une vraie sirène, elle perd tous ceux qu'elle séduit, à moins qu'ils n'aient, comme nos écrivains du jour, un front d'airain, un cœur encore plus dur, et un esprit souple dans la même proportion. Tâtez-vous : si vous ne vous trouviez pas ces parties-là ainsi conformées, ne soyez pas littérateur; vous vous en repentiriez; vous maudiriez cent fois dans votre vie le jour où vous seriez entré dans cette affreuse carrière.

« Je regrette d'avoir été privé du plaisir de voir M. Guillard, qui apparemment a les mêmes inclinations que vous, et que le talent ne sauvera pas plus que vous des déboires attachés à la culture des lettres, s'il s'y applique sans les préliminaires que je viens de vous détailler. Je serai enchanté à mon retour de faire connaissance avec lui. Je pars pour Versailles, ensuite pour aller passer deux jours dans le voisinage, à la campagne. Dès que je serai arrivé, j'aurai l'honneur de vous renouveler l'assurance des sentiments que je vous ai voués.

« Je ne vous parle pas de la lettre sur le *Shakespeare*, nous en causerons. D'ailleurs il y a bien du changement dans l'affaire du journal. On fait une affaire d'État de la critique du choix de l'Académie prostituée au Hapula. Le ministère s'en mêle : et puis, soyez littérateur sans être vil. Je vous embrasse,

« LINGUET. »

[1] L'abbé Arnaud s'est distingué dans la querelle des Gluckistes et des Piccinistes; il était de l'Académie française et de celle des inscriptions. Il a écrit quelques fragments sur Platon, sur Apelles et sur Catulle, des dissertations sur la musique des anciens, et des pamphlets en faveur de la musique allemande, qui ont été recueillis en 1808. Arnaud était mort en 1784. Suard, qui n'avait guère plus de titres vraiment littéraires qu'Arnaud, avait précédé Laharpe à cette académie, où l'auteur de *Warwick* avait du moins acquis le droit de s'asseoir.

un beau jour du mois de juin; et malgré la chaleur, tout ce que la secte encyclopédique avait de plus brillant faisait cortége à cette ovation de l'un de ses coryphées. D'abord un discours bien longuement et bien impertinemment ennuyeux du nouvel élu, auquel Marmontel, pour n'être pas en reste, répondit d'une manière aussi pédante et aussi ennuyeuse; puis un chant mortel de la *Pharsale*, et enfin un de ces inévitables éloges du grand prêtre d'Alembert en l'honneur de son amie mademoiselle l'Espinasse, morte quelque temps auparavant en odeur de philosophie et dans les bras du bel esprit [1]. Tout cela n'était pas seulement long, froid, emphatique et soporifique, mais encore souverainement ridicule et déplacé. Ces petits grands hommes, leurs encensoirs à la main, louant les rois, les reines, les ministres, les morts, les vivants et eux-mêmes, avaient quelque chose des marchands d'orviétans débitant leurs drogues sur la place publique. A voir cette complaisance d'applaudissements les uns pour les autres, ils me paraissaient tous complices de leur réciproque nullité. Parmi tant de petits littérateurs, il y avait, selon moi, de l'injustice à Fréron de n'avoir appliqué qu'à Laharpe seul le surnom de *Bébé littéraire*. Il est vrai qu'il n'y avait personne en France, même à l'Académie, auquel la

> Le jour qu'Arnaud fut de l'Académie,
> La l'Espinasse, en riant du succès,
> Disait partout : Grâce à mon industrie,
> Voilà déjà deux grands hommes de faits.
> A qui donner la place du génie
> A l'avenir? Il nous reste Suard,
> Bien lourd, bien froid, comme monsieur Gaillard
> Et quand enfin la noble compagnie,
> Par tant d'affronts sera bien endurcie
> Au déshonneur, il nous faudra peu d'art
> Pour y glisser Laharpe *et Mélanie*.

Laharpe ne fut reçu qu'en 1776 et cette épigramme est de 1771 ; à cette époque Gaillard n'avait point encore publié son *Histoire de la rivalité de la France et de l'Angleterre* qui doit le placer au premier rang de nos historiens. (M.)

[1] Dans l'éloge de Sainte-Foix, prononcé à l'Académie, il y a un petit paragraphe en l'honneur de Mlle l'Espinasse. (M.)

petite stature, la petite vanité et la petite colère du nain du roi de Pologne pussent être plus naturellement comparées.

Dans cette séance, tout ce qui avait si vivement choqué mon esprit impartial et sans prévention n'avait pu échapper à l'observation de Linguet, qui, comme moi, n'était pas étranger aux hommes et aux choses. Son journal reproduisit bientôt sa pensée, et en fouettant Laharpe avec tous les délices de sa haine, il n'épargna pas la satire et l'ironie au reste des académiciens. Il y eut bientôt une grande rumeur. Avoir critiqué l'auteur de *Mélanie*, son discours et ses vers, avoir jugé le jugement de ses confrères, c'était un crime que la philosophie des philosophes ne pouvait supporter. Les académiciens, en nommant Laharpe à l'académie, avaient agi avec conscience et discernement, car ils étaient infaillibles aussi bien qu'immortels. Laharpe souleva avec beaucoup d'adresse l'amour-propre de Nivernois et de Duras; et dans cette querelle de gens de lettres, les deux hommes de qualité s'avisèrent de se regarder comme solidaires [1]. Ils intriguèrent près de Miromesnil; Suard, beau-frère de Panckoucke, intrigua de son côté près du libraire, et le libraire, qui vendait de l'esprit comme une marchandise à la livre, pensa que celui de Suard ou de Laharpe vaudrait mieux, parce qu'il serait moins léger; par les tracasseries qu'il suscita et aida le garde des sceaux à susciter à Linguet, il le força à aban-

---

[1] Le duc de Nivernois avait remplacé Massillon à l'Académie française. C'était un grand seigneur, renommé par sa magnificence et son esprit. On parla beaucoup dans le temps de l'éclat et du succès de son ambassade à Londres, à l'issue de laquelle il fut appelé à l'Académie des inscriptions et belles-lettres. Ce n'était pas seulement en qualité de grand seigneur qu'il avait été choisi; Nivernois possédait des titres littéraires. Arrêté par l'ordre de Chaumette, et rendu à la liberté après le 9 thermidor, il se consola de la perte de sa fortune par l'étude des lettres; et, deux ans avant sa mort, arrivée en 1798, il publia huit volumes de ses œuvres : on y distingue du moins quelques pièces de vers ingénieuses et des fables écrites avec naturel et simplicité. — Le duc de Duras avait servi en Italie, et commandé en Bretagne lors des troubles qui firent naître l'affaire de la Chalotais; mais il n'a rien écrit. C'était en qualité d'homme de la cour, et non d'homme de lettres, qu'il siégeait à l'académie. (M.)

donner son journal. Ils eurent à ce sujet de très-vives discussions pécuniaires.

Ce Panckoucke était une espèce de Turcaret littéraire, courtisant les grands écrivains dont le talent pouvait servir à sa fortune, et se formant une cour de petits auteurs qui cherchaient à faire fortune par son moyen. Il se laissait adresser les épîtres et les dédicaces des ouvrages qu'il imprimait, et faisait composer des ouvrages qu'il dédiait aux ministres, comme s'il en eût été autre chose que l'imprimeur. C'est ce qu'il fit de la traduction de l'*Arioste*, qui est de Framery, et qu'il adressa à Vergennes[1]. Par ce moyen et par d'autres, il était bien venu du ministère : aussi, lors de la publication de l'Encyclopédie, obtint-il sans peine une défense à tous les journaux d'en parler, soit en bien, soit en mal, parce qu'il s'imaginait que les éloges ne feraient pas tant de bien que les critiques ne causeraient de mal. En effet, on croit plus facilement à la critique qu'on n'ajoute foi aux louanges.

Linguet, qui n'était pas d'humeur à montrer beaucoup de complaisance pour un aussi petit monseigneur, et qui ne se sentait pas fait pour se soumettre à ses caprices, soupçonnait déjà l'envie secrète qu'il avait de se débarrasser de lui. Avant même la levée de boucliers dont le choix académique fut le prétexte, ce n'était pas la faute de Panckoucke si le journal n'avait pas été enlevé au rédacteur[2]. Linguet a su le secret de toutes ces intrigues par M. Lenoir, le lieutenant de police, qui inculpa aussi d'Alembert; il sentit bien qu'il y avait là-dessous plus qu'une vengeance d'amour-propre, mais une spéculation à son détriment; et le public n'en put douter

[1] La traduction du *Tasse*, et non celle de l'*Arioste*, a été dédiée par l'auteur au comte de Vergennes. Il a composé celle de l'*Arioste* en compagnie avec Framery; mais rien ne prouve que celui-ci soit l'auteur unique de cet ouvrage qui porte le nom des deux traducteurs. Framery était rédacteur avec Ginguené de la partie musicale de l'*Encyclopédie*; on lui doit diverses productions qui traitent de l'art musical et de l'art dramatique; il a composé plusieurs opéras oubliés. Il est mort en 1810, pendant qu'il travaillait à mettre en musique son opéra de *Médée*, qui venait d'obtenir le prix destiné aux drames lyriques. (M.)

[2] Dans les *Mémoires historiques sur Suart et le dix-huitième siècle*, M. Garat juge Panckoucke d'une manière toute différente. (M.)

quand on vit Laharpe et Suard institués les héritiers de celui qu'ils venaient de dépouiller.

<small>Ah! doit-on hériter de ceux qu'on assassine!</small>

Il n'y eut qu'une opinion sur cette conduite aussi noire de la part de Panckoucke que de ceux qu'il s'associait. Dans le monde, comme dans les journaux, on appela cela *une infamie*. N'était-il pas odieux de voir Laharpe se plaindre si fort des attaques de Linguet, quand lui-même l'avait plus d'une fois critiqué dans son *Mercure?* Ce n'était point par des coups d'autorité que Linguet lui avait répondu, mais par deux épigrammes, les seules peut-être qu'il ait faites en vers, et dont l'une me revient à l'esprit :

> Monsieur Laharpe, en son *Mercure*,
> Blâme le fon de mes écrits :
> Monsieur Laharpe, je vous jure,
> D'un défaut de cette nature
> Vous ne serez jamais repris ;
> Et s'il me prend un jour envie
> D'abandonner ce mauvais ton,
> Pour bien refroidir mon génie,
> J'étudirai *Timoléon*,
> *Warwick, Gustave* et *Mélanie* [1].

[1] Voici l'autre épigramme, intitulée *le Journaliste :*

> Qu'est-ce que c'est qu'un journaliste?
> Disait une femme d'esprit.
> En est-ce un que ce froid copiste
> Qui, sur un ton pédant et triste,
> Va dénigrant tout bon écrit,
> Et se rend le panégyriste
> Des auteurs dont le public rit?
> — Oui, c'en est un, je vous assure,
> Un des bons, des plus en crédit.
> — Ah! j'entends. En littérature
> Il est ce que, dans la nature,
> Est un ver odieux, qui vit,
> En se roulant sur la verdure
> D'un bel oranger qu'il flétrit
> Et qui souille par son ordure
> La feuille dont il se nourrit.

Linguet s'est rarement amusé à faire des vers, et quand il faisait des épi

L'impression que cette intrigue académique produisit sur les esprits fut générale, et ceux qui y semblaient le moins disposés s'intéressèrent à la cause du proscrit. Quoique protectrice de Laharpe, qui tenait déjà de sa faveur la pension dont avait joui Dubelloy, on vit la femme de Louis XVI prendre parti pour Linguet, et vouloir lui faire restituer sa propriété. Il est vrai qu'elle y mit cette légèreté qu'elle a portée dans toutes les affaires. Le *Journal politique* lui plaisait parce qu'il était satirique et médisant, qu'il l'égayait parfois et ne la blessait jamais. Pourvu qu'il ne s'attaquât point à d'augustes personnages, tels qu'elle et le roi, qu'importait ce que disait ou ne disait pas son rédacteur? — Louis XVI lui répondit, sans doute, que cela importait beaucoup à toutes les personnes qui, pour n'être pas de grands personnages, n'en tenaient pas moins à leur réputation. Et comme on lui avait peint Linguet sous les traits d'un impudent Zoïle, d'un Arétin effronté, s'en prenant à la fois au trône et à l'académie, la bonne volonté d'Antoinette fut perdue. Linguet, alors réfugié à Bruxelles, se transporta en Angleterre, où il fonda ses fameuses *Annales*, dans lesquelles il versa à pleines mains la colère et la vengeance sur tous ses ennemis.

Au commencement de la révolution, Linguet, rentré en France, pensa à faire valoir les droits qu'on lui avait ravis; il annonça qu'il allait en demander la restitution et une indemnité pour les 10,000 livres de traitement qu'on lui devait, en vertu d'un contrat passé en bonne forme, et dont il avait été privé par Panckoucke sur un simple mot d'ordre de Vergennes ou de Miroménil. Il répondait ainsi à un article du *Mercure* qui racontait son expulsion d'une des séances de l'Assemblée nationale, et lui faisait dire : « Ils m'ont rendu justice, j'étais déplacé parmi des amis de la liberté. » Je sais

---

grammes, elles étaient plus vives et plus piquantes en prose. Il y a de lui une épître à d'Alembert, dans laquelle on trouve plus de méchanceté que de poésie, et même que d'esprit ; et une autre épître de sa jeunesse, dans laquelle il persifle les avocats, les gens de lettres et les moines, ce qui ne l'empêcha pas d'écrire plus tard en vers et en prose, et de plaider pour le duc d'Aiguillon et les jésuites. (M.)

ce que vaut Linguet, mais il faut avouer que la conduite de Laharpe, en déchirant son ennemi dans le journal qu'il lui avait volé, a été odieuse jusqu'au bout. Le mot, comme l'anecdote qu'il citait, étaient faux; les injures, dont il accompagnait son récit, de la dernière grossièreté [1].

Avant son départ Linguet m'avait engagé à m'attacher à la nouvelle rédaction du journal, qui, à mon refus, fut obligé d'appeler de Strasbourg un rédacteur politique nommé Fontanelle [2]. J'avais apprécié les hommes d'après leurs procédés. Malgré l'éclat de leur renommée, malgré le désir que j'avais de m'enrôler sous les drapeaux dont ils se couvraient, j'aurais rougi de voir mon nom associé au leur. Ils profitèrent peu de leur déloyauté; Linguet n'était pas doué d'un génie inimitable, mais il avait un talent supérieur pour la polémique, et il mettait plus de verve et d'esprit dans une page, que Laharpe et Suard ensemble dans tout un volume. Leur jour-

---

[1] Dans l'article dont il est question, le rédacteur du *Mercure* parle de la plume infecte de ce fameux Linguet, vendue depuis trente ans à tous les genres de despotisme; homme vraiment rare, né avec un si grand fonds de tendresse pour le pouvoir arbitraire, que la Bastille même n'a pu l'en corriger; puis il le montre, après tant d'aventures mémorables, chassé des galeries de l'Assemblée nationale par l'indignation publique soulevée à son seul nom, et se disant à lui-même : Ils ont raison, ce n'est pas ici ma place.

Linguet répond que, mêlé un jour parmi les curieux qui se disposaient à entrer dans la salle de l'Assemblée, il en avait trouvé les portes fermées, parce qu'on ne les avait ouvertes qu'aux députés, et que n'étant point député, il avait souffert cette exclusion commune à cinq cents personnes sans se plaindre et comme accoutumé à de pareils présents. Puis il prévient Laharpe qu'à propos de despotisme et de plume infecte, il va intenter à sa muse parfumée un procès au Châtelet pour faire redresser l'acte odieux commis jadis à son égard dans l'affaire de son journal, et il finit par demander, à lui Laharpe, qui parle d'un aventurier de la Bastille, s'il a déjà oublié ses propres aventures de Bicêtre.

Et tout cela s'imprimait dans le n° 51 du *Mercure* de 1789 et le n° 15 des *Révolutions de France et de Brabant*. De nos jours on ne s'écrirait pas des injures de meilleur goût et de meilleure grâce. Camille Desmoulins, en publiant l'article de Linguet, et tout en avouant les torts de Laharpe, mettait en note : « Duclos dit « très-bien, en parlant des querelles des gens de lettres, qui divertissent un cer-« tain public : *Autrefois on faisait combattre les animaux pour amuser les hom-« mes; ne serait-ce pas aujourd'hui tout le contraire ?* » (M.)

[2] Fontanelle rédigeait une gazette politique et littéraire aux Deux-Ponts et non pas à Strasbourg. (M.)

nal, sec, froid, fade et lourd, après avoir fait mourir d'ennui ses souscripteurs, allait mourir lui-même d'inanition. La banqueroute de Lacombe vint, je crois, le sauver. Lacombe, que ses spéculations sur les ouvrages de Marmontel, et principalement l'édition des *Incas*, avaient ruiné, fut obligé de vendre son *Mercure* à Panckoucke. Celui-ci réunit les journaux et les rédacteurs pour en faire cette chaire magistrale où, depuis Marmontel jusqu'à Mallet-du-Pan, une demi-douzaine de pédants ont longtemps régenté la littérature [1].

[1] Mallet-du-Pan a beaucoup écrit contre Brissot et les nègres dans le *Mercure*. (M.)

CHAPITRE IX.

Le journal de Clément et de Palissot. — Clément. — Palissot et J.-J. Rousseau. — Jugement sur une édition des œuvres de l'auteur de la *Dunciade*. — Les commentaires et les notes. — La *Dunciade*. — L'homme dangereux. — Intrigue comique. — Le pardon de Jean-Jacques. — La brochure de Brissot contre les Jacobins. — Opinions courageuses de Palissot sur les anarchistes.

A l'époque dont je viens de parler, je fus sur le point de m'attacher à un nouveau journal, que le départ de Linguet avait fait naître; il était rédigé par Clément et Palissot. Ils espéraient recueillir une succession prête à échapper des mains qui s'en étaient emparées. Mais j'avais eu le temps de faire des réflexions. Ce n'était plus Linguet, frappant de sa férule à droite et à gauche, et dans tous les rangs, mais respectant, du moins alors, quelques noms dignes de respect : c'était une guerre ouverte contre tout le parti encyclopédique, les soldats et les chefs. Je ne pus supporter l'idée de me trouver ligué avec des hommes, dont l'un avait le grand tort de mépriser Voltaire, et l'autre d'avoir indignement outragé Rousseau[1].

---

[1] Clément, accueilli par Voltaire dont il avait réclamé l'appui, était bientôt devenu son détracteur, et celui de tous les philosophes. Mécontent du peu de succès qu'avaient obtenu ses ouvrages, il se mit à la suite de Fréron, et consuma sa vie en combats contre ses plus célèbres contemporains. Ses coups furent principalement dirigés contre Voltaire, Lebrun, Delille et Saint-Lambert. Voltaire lui répondit par des sarcasmes et du mépris, Lebrun par des épigrammes, Delille en profitant de toutes les observations dont il reconnût la justesse, et Saint-Lambert en le faisant enfermer au For-l'Évêque. Ce procédé n'était, il faut l'avouer, ni philosophique ni littéraire. Clément avait écrit des satires, une tragédie de *Médée*, et il avait réduit à douze chants la *Jérusalem* du Tasse; autant en avait fait Lamotte de l'*Iliade*, et les deux travestissements eurent le même sort. Lorsque Clément publia ces productions fort peu poétiques, il trouva dans ses juges une sévérité dont il leur avait donné l'exemple. Presque tous ses autres ouvrages, à l'exception de quelques traductions, sont des ouvrages de critique. On y remarque plus d'aigreur et d'instruction que d'esprit, plus d'obser-

J'aimais trop la philosophie pour faire métier de la combattre ; j'étais trop attaché dans le fond à la cause des encyclopédistes pour m'unir à ses ennemis déclarés. Je voulais bien livrer à la critique quelques-uns des indignes soutiens de cette cause ; je voulais bien persifler leur égoïsme, leur arrogance, et dénoncer leur despotisme, qui se vengeait d'une critique littéraire par une lettre de cachet ; mais j'aurais eu regret d'attaquer en masse les philosophes, quelles que fussent les erreurs de plusieurs d'entre eux ; j'aurais rougi surtout de mon alliance avec un ennemi de J.-J. Rousseau.

Il est vrai qu'alors je ne connaissais point Palissot ; je n'avais lu que quelques-uns de ses ouvrages, et la disposition ou l'indisposition de mon esprit me les faisait juger avec une sévérité que, dans la suite, je ne lui ai pas trouvée pour moi-même. Je dois dire que mon opinion était une affaire secrète, confiée seulement aux marges d'une édition de ses œuvres imprimées à Londres, en 1771 : édition qui n'était qu'une compilation indigeste de quelque libraire affamé. On avait fait un ramas de tout ce qui s'était présenté, et on s'était hâté d'y commenter chaque pièce, comme on eût commenté Horace et Quintilien, de sorte que le texte de l'auteur ne comptait pas pour moitié dans la collection de ses ouvrages. C'était du reste une industrie fort usitée dès ce temps-là : on publiait trois ou quatre chants d'un poëme, quelques centaines de vers, quelques pièces fugitives, et les éditeurs d'annoter ! Voyez plutôt les *Géorgiques* de Delille et les *Saisons* de Saint-Lambert. Comment n'a-t-on pas encore imprimé l'*Œuvre complète* du marquis de Saint-Aulaire ? Avec des avertissements, des notes et des notices, on finirait par faire un in-folio d'un madrigal ou d'un quatrain.

Je ne pus jamais lire que deux chants de la *Dunciade* ; ces deux chants, le premier surtout, me parurent entièrement

---

rations souvent minutieuses que de véritable goût. Ses traductions ne sont pas sans mérite. Il a fondé divers journaux avec Palissot, Deschamps et Fontanes. Geoffroy, qui fut aussi son collaborateur et son ami, avait fini par le faire oublier. Il est mort en 1812. (M.)

dépourvus d'intérêt et d'invention; tel était à mes yeux le plan de ce poëme, qu'après cette lecture je ne devinais pas encore où le poëte en voulait venir, où il prétendait nous mener; je n'y trouvais que vers d'une platitude inimitable, pensées ineptes ou communes, et rien que des bons mots, dignes de Vadé; il y a pourtant des vers heureux, des pensées ingénieuses, des traits vraiment spirituels; je m'indignais encore d'y voir à chaque page Marmontel et Fréron mis en scène et vilipendés; il faut avouer qu'à l'égard de Marmontel et de Fréron c'était montrer par trop de bonté.

Le *Jugement alphabétique des ordres* ne me paraissait ni neuf ni piquant; je croyais lire les *Trois siècles littéraires*, et, en effet, le ton de ces satires se ressemble beaucoup. Je n'avais pas grand'foi dans l'impartialité affectée du censeur, quand je voyais avec quelle rage il s'acharnait après ses victimes. Je ne me fiais pas non plus entièrement à la pureté de sa critique, quand je l'entendais parler de *styles* graveleux, de *bluettes* du génie, expressions qu'aurait effacées ce Boileau que Palissot louait avec enthousiasme, sans doute pour faire niche à Voltaire.

Je me rappelle aussi son *Homme dangereux*, pâle copie du *Méchant*, qui n'est lui-même, dit l'abbé de la Porte, qu'un froid réchauffé du *Médisant* : mêmes personnages, les noms seuls sont changés; mais quelle différence entre cette peinture vive et piquante des cercles de Paris, retracés dans le *Méchant*, et les pesantes railleries du Valère de Palissot! Le caractère de Julie est d'une insupportable maussaderie, et l'imbécile Dorante n'est encore qu'un personnage bien maladroitement dérobé à Gresset. Ce qu'il y aurait eu peut-être de plus comique dans cette comédie, c'est le moyen employé par l'auteur pour essayer de la faire jouer, si son intrigue eût réussi[1].

---

[1] Palissot avait répandu le bruit que *le Satirique ou l'Homme dangereux* était une pièce dirigée contre sa personne, et que, sous les traits du satirique, on voulait à son tour le traduire sur la scène et le livrer aux sifflets. Palissot avait écrit au lieutenant de police pour le prier d'empêcher la représentation qu'il affectait de redouter : il croyait que ce serait une raison de plus pour la faire re-

J'ai fait la connaissance de Palissot à mon retour de Londres; ce fut alors que j'appris de sa bouche combien il témoigna de repentir d'avoir traduit ridiculement sur la scène le grand citoyen de Genève, et que, touché de ses excuses, Jean-Jacques lui-même avait pardonné son erreur. Il ne faut pas être plus sévère que Jean-Jacques. J'ai bien compris plus tard comment Palissot, que ses principes et la tendance de son esprit portaient aux idées philosophiques, s'était si longtemps montré l'adversaire fougueux des philosophes. Leur orgueil avait blessé le sien; il en avait éprouvé quelques froideurs, quelque mépris; il avait trouvé dans leurs prétentions et leurs vanités une source féconde de plaisanteries et d'épigrammes; il avait donné cours à son humeur satirique dans sa *Petite lettre à de grands philosophes*, dans *le Cercle*, dans les chants de la *Dunciade*, et après de pareilles hostilités il ne voulait pas reculer. C'est un homme de beaucoup d'esprit, d'un commerce doux et facile, et qui ne ferait pas soupçonner sa violence d'écrivain, d'un jugement sûr et pur quand il juge sans amour-propre ou sans passion. Il a moins de verve, mais bien plus de goût que Linguet; sans doute aussi qu'il a plus de conscience et de vertu. Par ses satires, il a été en proie à toutes les animosités du temps; il ne faudra donc juger ni de son talent ni de son caractère d'après ce qu'en ont dit ses contemporains; car il s'est presque fait un ennemi de chaque écrivain de son siècle, et de Fréron lui-même. Sa conduite anti-philosophique m'avait fait partager cette animosité. En ne l'aimant point, je croyais payer un tribut d'amour à Rousseau[1].

présenter; mais M. de Sartines fut beaucoup plus obligeant que le poëte ne l'avait prévu, et son *Homme dangereux*, arrêté alors, et qui ne put être joué que longtemps après, n'obtint aucune espèce de succès. (M.)

[1] La conduite de Palissot envers Rousseau avait été odieuse; car Rousseau n'était pas seulement un homme de génie, mais un homme persécuté; et son malheur, comme son génie, devaient être sacrés à tous les yeux. Dans sa comédie des *Philosophes*, Palissot le faisait marcher à quatre pattes. Stanislas partagea l'indignation excitée par cette misérable parade, et il voulut rayer le moderne Aristophane de la liste des académiciens de Nancy. Rousseau lui-même eut l'adresse et la générosité d'empêcher cette mesure. Palissot se montra sensible à un

Palissot a parlé de mes ouvrages avec indulgence. J'avais eu le plaisir de lui être utile auprès du marquis Ducrest. Depuis j'ai peu vu cet écrivain, mais à une époque où l'anarchie commençait à déborder, et où il y avait du courage à se mettre en insurrection contre elle, je l'ai trouvé sur la brèche. Je lui avais adressé ma brochure du mois d'octobre, écrite contre la faction de Marat et de Robespierre. D'autres eussent déjà craint de se compromettre en accusant seulement réception de cet envoi; Palissot déclara hautement qu'il partageait mes opinions [1]. D'autres commençaient à m'éviter, car on me dénonçait de toutes parts aux poignards et à la proscription; lui m'écrivit qu'il regardait comme des lâches ceux qui avaient rejeté de la société des jacobins, l'un des hommes dont elle devait le plus s'enorgueillir. Il ne craignait pas d'appeler indignes, il aurait pu dire ignobles, les choix faits par les sections de Paris pour la Convention nationale. Amant de la liberté, mais ennemi de l'anarchie, il gémissait hautement de l'esprit détestable qui soufflait autour de nous, et quoiqu'il fît aussi des vers, ce n'est point lui qu'on eût en-

---

pareil procédé et exprima publiquement son repentir de l'amère et inconvenante plaisanterie à laquelle il s'était livré ; mais son inimitié contre la secte philosophique ne parut point éteinte. Il n'épargnait que Voltaire, parce que Voltaire le ménageait et semblait redouter sa fougue et son esprit. (M.)

[1] Palissot a été déchiré dans tous les journaux, dans tous les libelles, dans tous les Mémoires du temps; on ne peut nier qu'il n'ait souvent mérité la haine de ses contemporains par son injustice, mais on doit convenir aussi qu'il les trouva également injustes à son égard. D'un esprit violent, emporté, dans les querelles littéraires, et d'une excessive sévérité en matière de goût, il avait pourtant, comme le dit Brissot, un caractère indulgent et facile dans le monde, et s'il compta beaucoup d'ennemis, il compta aussi des amis dont l'attachement l'honore. Il s'était annoncé comme une espèce de prodige : c'était bien pis que François de Neuf-Château; il a raconté dans ses Mémoires, placés en tête de ses œuvres, qu'à douze ans, il était maître ès-arts en philosophie, et qu'à seize il s'était fait recevoir bachelier en théologie. Après avoir quitté les Oratoriens pour la littérature, il s'était marié, était devenu père et avait achevé deux tragédies avant d'avoir obtenu sa vingtième année. L'une d'elles contenait des scènes d'un véritable effet dramatique et d'une poésie élégante et pure; il y a aussi de la facilité et des vers heureux dans la *Dunciade*; il a prouvé un talent réel pour la critique dans ses *Mémoires pour servir à l'histoire de la littérature*, ouvrage dont les éditions sont si diverses entre elles, et où l'on trouve souvent

tendu chanter des hymnes sanglants au milieu des massacres de septembre.

des injures là où il y avait des éloges, et des éloges là où il y avait des injures. Ses œuvres ont été recueillies et publiées en 1809. Palissot avait été appelé au conseil des anciens en 1798 ; il est mort en 1814, à l'âge de quatre-vingt-cinq ans ; il était né à Nancy. (M.)

CHAPITRE X.

Brissot compose les tables du journal de Linguet. — Ce que c'était que les *Annales politiques, civiles et littéraires*. — Mademoiselle Sainval, rayée de la Comédie française. — Mot de Linguet qui semble prévoir la révolution de 1789. — Enthousiasme pour son talent. — Illusion dissipée. — Linguet au club des Cordeliers. — Le secrétaire de Marat. — Pourquoi Linguet n'a pas défendu les États de Bretagne. — M. Mazade. — Le cheval du duc des Deux-Ponts. — Les cent louis de Dorat. — Le cadeau de la figurante de l'Opéra. — La *Cacomonade*, par le docteur Pangloss. — La Chalotais. — Ses ouvrages ne sont pas de lui. — Madame Lem lui fait passer dans sa prison les *Mémoires* qu'il prétend avoir écrits avec un cure-dent.

J'ai dit que Linguet m'avait témoigné quelque intérêt, intérêt assez stérile du reste, et qui ne se manifesta qu'en paroles. J'avais écrit pour lui une dissertation sur les ouvrages de Shakespeare; il m'en a fait des compliments, et voilà tout. Depuis il l'imprima dans l'un de ses journaux, fondés après l'expatriation qu'il s'était imposée. Lorsque je travaillai au *Courrier de l'Europe*, je m'empressai de lui annoncer ce changement dans ma position. Il était en Belgique; il s'applaudit beaucoup de ce que je lui donnais de mes nouvelles; il me félicita d'être échappé à *l'antre des chicaneurs*; il me chargea de diverses missions près de Swinton. Quand je lui fis part de ma rupture avec celui-ci, et qu'à son tour je réclamai des preuves de son amitié, il ne put rien faire pour moi, que de me charger de rédiger les tables des tomes 4, 5 et 6 de ses fameuses *Annales*.

Lorsqu'on a été forcé de l'analyser comme moi, on sait combien ce journal répondait peu au titre fastueux que lui avait donné Linguet : *Annales politiques, civiles et littéraires du dix-huitième siècle!* La partie politique n'était jamais qu'un réchauffé, parfois raccourci, souvent ampoulé, des événements déjà consignés dans toutes les gazettes. La partie civile offrait, avec l'histoire de quelques procès portés devant les tribunaux français, des sarcasmes longuement amplifiés contre les magistrats. La partie littéraire était encore plus insuffisante; ce ne sont que querelles, anecdotes, diatribes, sur les académiciens et les philosophes, d'un côté : récriminations contre les gens du barreau et du parquet ; de l'autre, contre les gens de lettres et les savants ; on voit à chaque instant percer les souvenirs des démêlés de l'auteur avec ses contemporains. Si la postérité y cherchait l'histoire des productions de notre temps, des ouvrages que l'esprit humain a conçus en 1783, par exemple, elle croirait que le talent et le génie se sont reposés durant tout le cours de cette année. Linguet n'y rend pas compte d'un seul livre important, et quand ailleurs il en cite quelques-uns, ce ne sont jamais que des ouvrages français. En jurisprudence, en littérature, Linguet ne connaît, ne parle que de la France. Là, seulement, on cultive les sciences et les lettres ; là, seulement, les progrès des lumières et de la civilisation sont dignes d'arrêter les regards de l'observateur ; là, enfin, est tout son dix-huitième siècle. Quel pauvre siècle, si on le croyait sur parole ! Heureusement qu'il ne le présente pas tel qu'il est, mais tel qu'il se l'est figuré. Il le montre à travers un prisme, et comme il a eu soin de s'interposer souvent entre ce prisme et nous, pour nous occuper de sa personne, l'auteur des *Annales* se trouve naturellement le plus gros personnage de son époque.

Quand je parcourais un numéro de Linguet, je le jugeais comme Sénèque jugeait Sextius. Je me demandais s'il m'avait rempli l'esprit de nouvelles idées, l'âme de force, s'il m'avait élevé au-dessus du commun des hommes ; rien de tout cela. Je cherchais à analyser, et les *Annales* disparaissaient comme des ombres devant mon analyse. Je cherchais à recueillir et je ne trouvais que de vaines rumeurs et des chimères.

Cependant je rédigeai les tables de trois volumes. Je n'avais point refusé ce singulier travail, parce que je voulais être utile à Linguet, et que je désirais, par tous les moyens, lui prouver mon dévouement. Lui-même, en cet instant, semblait me donner une preuve d'obligeance et d'amitié. J'avais réclamé son appui pour une femme célèbre qui était alors victime d'une criante injustice : obligée de quitter la France, elle avait jeté les yeux sur la Belgique. Linguet, qui s'y était fixé, m'offrit de l'accueillir et de la soutenir de sa plume et de ses conseils. Ils pouvaient lui être utiles [1]. Quant à moi, il me prodigua aussi des conseils, mais qui ne pouvaient me servir à rien. Un jour il m'engageait à fuir l'antre de la chicane; puis, comme s'il eût craint que je n'allasse à lui, il me détournait de l'antre de la littérature. Enfin, soit impuissance ou mauvaise volonté, ses bons offices à mon égard se sont bornés à des compliments sur mes talents, et à me charger de l'analyse des trois volumes de ses *Annales*.

Linguet voulait des collaborateurs purement officieux, des

---

[1] Une lettre écrite par Linguet à Brissot, en date de Warbuck, près Bruxelles, indique la personne dont il est ici question :

Je serais très-aise que Mademoiselle Sainval passât par ici, et qu'elle vînt visiter mon hermitage : si vous la connaissez, ou elle, ou quelqu'un de ses amis, faites-lui, je vous prie, parvenir ce vœu, qui est sincère, de ma part. Si elle ne passe à Bruxelles que dans trois semaines, il lui sera bien plus facile de me trouver, car j'y serai établi : j'y vais occuper une maison que j'y ai louée, et à l'avenir j'y passerai l'hiver : mais soit là, soit ici, je me ferai un vrai plaisir d'y recevoir ma consœur en exil et en radiation. Peut-être même ferait-elle aussi bien de rester à Bruxelles que d'aller à La Haye comme vous me le mandez. »

Mademoiselle Sainval était une des actrices les plus célèbres du Théâtre-Français. Inférieure à mademoiselle Dumesnil, elle pouvait cependant lui être quelquefois comparée. Elle était douée, comme elle, d'une sensibilité profonde ; avec un débit souvent monotone et déclamatoire, elle avait aussi parfois les accents les plus tragiques, et comptait un grand nombre d'enthousiastes de son talent. Linguet raconte son expulsion du théâtre avec des traits qui rappellent sa propre expulsion du barreau :

« Il était venu de Toulouse une grande fille nommée Sainval, moins jolie que madame Vestris, mais remplie de feu et d'entrailles, disait-on ; toutes deux se partagèrent l'emploi de la Melpomène retirée. L'empire de mademoiselle Clairon, comme celui d'Alexandre, fut divisé.

« Le public semblait assigner à chacune des deux émules des bornes dont elles devraient être satisfaites, et donnait à l'une les rôles de tendresse, et à l'autre ceux de vigueur : mais il est apparemment de la nature de toutes les puissances de chercher à envahir. Madame Vestris a voulu goûter aussi de la vigueur : mademoiselle Sainval a prétendu qu'on ne devait pas l'exclure de la tendresse, et la guerre s'est déclarée........

« Mademoiselle Sainval pouvait plus dans le public, et madame Vestris dans la chambre : celle-ci avait pour elle un des *bâtonniers de l'ordre :* elle a été victorieuse ; son émule a été exilée, à ce qu'on me marque. Il y a défense à elle de jouer aucun rôle, et à personne d'en jouer avec elle. Ce n'est pas tout, ses collègues ont arrêté entre eux de ne *plus communiquer* avec elle. Ils l'ont rayée de leur tableau. »

correspondants bénévoles, des gens qui fussent en position de le servir, de le prôner : malheureusement je ne pouvais faire ni l'un ni l'autre. Et cependant, le croyant calomnié, je ne perdais point d'occasion de le défendre; lui voyant peu d'amis parmi les littérateurs, je m'efforçais de lui rendre la justice qu'on me semblait refuser à ses ouvrages. On trouverait dans les lettres qu'il m'écrivait à cette époque combien mes éloges lui paraissaient modérés, et comment il eût fallu le louer pour lui plaire. Ses plaintes à ce sujet commencèrent à me surprendre. Depuis, ses propres amis me dessillèrent les yeux sur son compte. Je lui dus bientôt une des grandes peines qui m'aient affligé; mais je gémis encore plus sur le caractère de l'écrivain que j'aurais voulu pouvoir toujours estimer, que sur le mal passager qu'il venait de me faire [1].

Je me souviendrai toujours d'un mot de cet homme si fameux alors et depuis si prodigieusement oublié. Quelque temps avant qu'il fût mis à la Bastille, je lui parlais de mes travaux littéraires, de mes projets, de mes études en chimie, en physique, en politique, etc. « Quel âge avez-vous ? me dit-il. — Vingt-six ans. — Heureux mortel, vingt-six ans ! et à la veille de tout ce qui se prépare ! » Linguet semblait entrevoir la révolution.

J'ai donné, dans le neuvième volume de la *Bibliothèque criminelle*, ma profession de foi sur son caractère et ses écrits, et certes Linguet seul pourrait dire que je ne l'ai pas traité avec indulgence. Mes liaisons avec lui m'ont été longtemps et vivement reprochées par la secte encyclopédique, à laquelle il m'empêchait de m'attacher, et par les hommes du pouvoir, qui me tinrent aussi à la Bastille. Les philosophes

---

[1] J'ai écrit sur sa vie des notes qu'il ne faut point livrer à l'impression, mais dans lesquelles on trouverait peut-être quelques traits curieux. Une partie des anecdotes que j'y rappelais était tirée d'un écrit qui a paru sous ce titre : *Notice pour servir à l'histoire de la vie et des écrits de Linguet*. On la dit imprimée à Liége, en 1781, je la crois imprimée à Abbeville par le libraire même qui, sur la fin de cette notice, se plaint de l'ingratitude de celui dont il publiait l'histoire. Linguet m'a assuré que ce libraire était un malheureux qui lui avait les plus grandes obligations. (*Note de Brissot.*)

me regardaient comme son partisan ; il me regardait comme celui des philosophes. Tous se défiaient de moi, tous se trompaient. A mes yeux le talent n'a aucune couleur de parti, et mon admiration pour quelques-uns des philosophes ne m'empêchait point de rendre justice à leur bouillant antagoniste. Mais, je l'avoue, la chaleur, l'accent de vérité qui respire dans quelques-uns des écrits de Linguet, avaient séduit, enchanté ma jeunesse novice et engouée du bien public ; je croyais toucher à son âme par plus d'un côté, être en rapport avec lui sur plus d'un sujet. Ses ennemis étaient puissants, et triomphaient ; il était fugitif et malheureux. Son courage et son esprit, son caractère emporté, comme sa plume énergique, tout me plaisait, m'intéressait, m'attirait ; et lorsque, après sa sortie de la Bastille, je le retrouvai à Londres, je ne courus pas, je volai dans ses bras.

Ah ! Linguet, Linguet ! pourquoi une fatale lumière a-t-elle dissipé le doux prestige qui m'entraînait vers toi ! J'aimais à te voir le défenseur de l'humanité, l'apôtre ardent et pur de la vertu, j'aimais à te voir terrasser le despotisme orgueilleux des corps, combattre les abus de la législation et les iniquités du pouvoir. A chaque ligne qui sortait de ta plume, je croyais voir ton âme entière s'échapper en torrents de feu. D'Aiguillon même, défendu par toi, ne me semblait plus coupable ; je t'écoutais quand tu parlais pour Lally ou Descrosses, ou pour les jeunes imprudents d'Abbeville ; je te suivais pénétrant dans leurs cachots, t'asseyant à leurs côtés, interrogeant leurs douleurs, et imprégnant tous tes discours de leurs angoisses et de leurs larmes. Que j'enviais la noble et touchante mission que tu devais à ton génie ! Te voyant éloquent, je te croyais honnête et sensible. Pourquoi le bandeau qui couvrait mes yeux s'est-il déchiré ? J'en atteste les dieux, pour te retrouver tel que tu m'avais d'abord apparu, je donnerais de mon sang. Et ce vœu, je le forme encore aujourd'hui pour toi, et pour tous ceux qui m'ont trompé comme toi, et auxquels je croyais, comme à toi, un cœur vraiment dévoué à la dangereuse fonction de tribun du peuple !

Linguet tribun du peuple ! Linguet ami de la liberté ! non, non, et Camille, et Danton, ne le persuaderont à personne. Moi-même, je ne puis me figurer par quelle illusion j'ai pu me laisser si longtemps abuser. Je parle des défenses de Lally, de Descrosses, mais celle de d'Aiguillon, je n'avais donc point voulu la lire et la juger. J'ai parcouru un jour ces mémoires, monument éternel de honte et d'infamie. L'auteur y justifie toutes les exécutions arbitraires des commandants de la Bretagne. Il justifie l'enlèvement de La Chalotais et des autres parlementaires. Il justifie la commission nommée pour les condamner, et jusqu'au supplice de leur longue et cruelle détention ! Linguet se plaignit ensuite d'avoir éprouvé les horreurs de la Bastille ! Et il s'indigna d'avoir connu la verge de fer du despotisme, qu'il trouvait douce et caressante, quand elle frappait les malheureux Bretons ! Et il vient aujourd'hui se donner pour un soutien de la liberté, pour un ami du peuple. Ami du peuple ! oui, à la manière de Marat, dont il serait digne d'être le lieutenant, dont il est bien capable d'avoir été le secrétaire, puisqu'il n'a pas hésité à se faire l'apologiste de Néron [1].

Hélas ! les fautes de Linguet ne viennent point d'amour de la gloire, d'erreur ou de conviction ; c'est amour du bruit, c'est cupidité, faiblesse ou calcul. J'ai connu une femme de beaucoup d'esprit, madame Lem, qui lui reprochait un jour d'avoir écrit en faveur du duc d'Aiguillon. — Pourquoi les états de Bretagne ne se sont-ils pas adressés à moi ? répondit-il, je les aurais défendus.

[1] Linguet se fit recevoir au club des Cordeliers en 1790, et se montra grand partisan de la révolution, dont il devait être une des victimes. Il adressa à cette époque plusieurs lettres à Camille Desmoulins : dans l'une d'elles il offrait au procureur-général de la lanterne d'être son substitut ; dans l'autre, il témoignait son admiration pour Marat qui se cachait alors, et dont on eût dit que le silence lui semblait une calamité publique. La phrase de Brissot, qui fait de Linguet le secrétaire de Marat, rappelle les bruits qui coururent sur le véritable auteur de quelques numéros de l'*Ami du peuple*. Nous citerons à ce sujet un pamphlet de huit pages qui nous a paru curieux ; il a pour titre : « *Confession sincère et générale de l'avocat Linguet, auteur de l'Ami du peuple, attribué au sieur Marat.* » (M.)

Ainsi sa plume était au plus offrant; avocat ou journaliste, il ne s'agissait que de le payer. M. de La Bouillie, son correspondant à Calais, s'était chargé de décacheter ses lettres. Il trouva dans l'une d'elles une traite de cent louis de M. Mazade, qui le priait de ne point parler d'une affaire où il était compromis. Linguet reçut les cent louis, et n'en parla point.

On a publié sur Linguet une foule d'écrits dans lesquels on juge sévèrement son caractère et ses actions, mais dans lesquels on le calomnie quelquefois. S'il m'est permis d'être sans indulgence envers un homme de qui j'ai sujet de me plaindre, et dont la conduite parmi les Cordeliers n'est pas faite pour le réhabiliter à mes yeux, je n'en dois pas moins être juste à son égard. On a dit, par exemple, que lord North, sous prétexte de sa conduite privée, l'avait forcé de quitter l'Angleterre, et qu'ensuite il avait été également expulsé à cause du scandale de sa vie avec une femme qu'il avait enlevée. Je suis certain que ces deux faits sont faux. On l'a fait aussi plus vil qu'il n'était. Dans une histoire imprimée, on a été jusqu'à répéter des accusations d'escroquerie que je ne croirai jamais. Pour justifier sa radiation du tableau, les avocats prétendaient qu'il avait volé un cheval au duc des Deux-Ponts, avec lequel il était allé en Pologne; et que plus tard il vola également cent louis au poète Dorat. Linguet a défié le barreau et le parlement de jamais trouver preuve ou témoignage quelconques de ces prétendus vols, et on a lu dans le *Journal de politique et de littérature* une lettre de Dorat par laquelle il désavouait le fait qui le concernait. Je dois pourtant convenir que Dorat a assuré depuis que cette somme lui avait été extorquée par Linguet; Sauthereau[1] m'a

---

[1] Sauthereau de Marsy, mort en 1815, est le fondateur de ce fameux *Almanach des Muses*, qu'il commença, en 1765, avec Maton de la Cour, et dont il a publié les vingt-huit premiers volumes. Depuis cette époque il a passé en différentes mains, pour arriver aujourd'hui dans celles de M. Justin Gensoul; car cet *Almanach* a survécu à toutes nos révolutions politiques et littéraires. En 1793, Sauthereau l'avait abandonné pour donner, avec M. Noël, le *Nouveau siècle de Louis XIV*. Il est éditeur de divers recueils poétiques. Il paraît, d'après ce que Brissot en dit ailleurs, qu'il fut l'un des rédacteurs du *Journal de Paris*. C'est lui qui recueillit, en 1786, les *Œuvres choisies* de Dorat. (M.)

dit le lui avoir entendu avouer devant cinq ou six personnes ; mais qu'est-ce qu'un pareil aveu après le démenti qui l'avait précédé? Dorat et Linguet avaient un instant vécu sous le même toit et dans la plus grande intimité. Lorsque le poëte travaillait à sa tragédie de *Zulica*, le légiste l'aidait de ses conseils ; et après son mauvais succès, il refit cette pièce presque en entier. Ils se brouillèrent ensuite, car Linguet s'est brouillé avec tout le monde. Alors Dorat revint sur cette anecdote, qui n'est sans doute dans le fond qu'une affaire d'argent mal arrangée entre lui et Linguet, mais qui ne peut être un vol de la part de ce dernier. C'est un excès de bassesse dont on ne saurait le supposer capable.

Linguet écrivant beaucoup et à tout propos, et pour qui voulait, a gagné des sommes immenses avec sa plume ; le luxe qu'il afficha bientôt a donné lieu à des inculpations calomnieuses. J'ai lu qu'il avait gagné plus de cent mille livres avec ses *Annales* ; il y a de l'exagération, mais il est sûr que tel numéro de cette feuille rapporta plus à son auteur que l'*Émile* à J.-J. Rousseau. A Paris, son journal de littérature lui valait dix mille livres, sans parler de ce qu'y pouvaient joindre des MM. Mazade. Il fut un temps où il avait table ouverte, équipage et maîtresse ; et à ce propos, je me rappelle une autre inculpation, beaucoup moins sérieuse que les précédentes, et qui n'est pas plus vraie. Mademoiselle Lecrelle, ancienne figurante à l'Opéra, lui fit un jour un cadeau funeste. Il courut partout, et on imprima même dans les *Mémoires de Bachaumont*, une lettre du plus mauvais ton et en style de *portier*, quel'on prétendit avoir été adressée par l'amant offensé à la figurante. Linguet m'a certifié que cette lettre n'était point de lui, et je le crois, car elle n'était bonne qu'à l'afficher. La seule chose peut-être qu'il ait composée à propos du cadeau de mademoiselle Lecrelle, est l'histoire politique de la maladie qu'elle lui avait donnée, et de ses ravages, sous le titre de la *Cacomonade*, par le docteur Pangloss.

Quittons Linguet, sur qui j'en ai peut-être trop dit, puisque je serai forcé d'en parler encore. Je répèterais bien différents mots de lui, recueillis par madame Lem, mais qui ne lui font pas plus d'honneur que celui que j'ai déjà cité; il vaut mieux les laisser dans l'oubli. Madame Lem était fort attachée au parlement; elle avait beaucoup vécu chez M. La Chalotais, et le connaissait intimement. Elle m'a donné sur ce procureur-général, tant vanté, plusieurs détails qui m'ont étrangement surpris. A l'entendre, il avait peu de talents, et les ouvrages qui ont paru sous son nom, tels que le *Compte des institutions des Jésuites*, et le *Plan d'éducation nationale*, et les *Mémoires secrets*, n'étaient point de lui. Madame Lem m'assura que M. Abeille, pendant un certain temps, et après M. Abeille, un autre homme de lettres que La Chalotais s'était attaché, avaient eu la plus grande part à ces ouvrages. Elle ajoutait que la maison de M. La Chalotais était ouverte à tous les gens d'esprit; qu'il se ruinait pour se faire prôner par eux; qu'il était plein de vanité, et ambitieux de se faire un nom; et qu'enfin cet homme, victime d'une si affreuse injustice, s'était montré lui-même le plus injuste des magistrats.

L'histoire de ces pages écrites avec de la suie, au fond d'un cachot, sur des enveloppes de pain de sucre, m'avait toujours paru bien romanesque. Madame Lem m'a révélé que c'était elle-même qui avait fait passer à La Chalotais, dans le château du Taureau, ce fameux Mémoire, qu'il a prétendu avoir composé, et écrit avec un cure-dent [1].

[1] Le nom de M. Lem se retrouve dans les Mémoires du temps relatifs aux affaires de la Bretagne. C'était un des amis de La Chalotais. — Abeille est auteur d'un ouvrage sur la *Liberté du commerce des grains*, et de plusieurs opuscules sur l'économie politique. Il était inspecteur-général des manufactures de France, et secrétaire du bureau de commerce; il est mort en 1807. — La Chalotais était lié avec d'Alembert, Duclos, Mably et beaucoup d'autres écrivains du XVIIe siècle, dont il partageait les opinions philosophiques. Indépendamment des ouvrages dont madame Lem assure qu'il n'était point l'auteur, il a fait imprimer en 1768 un mémoire sur les *Dispenses de mariage*. Ce mémoire est inséré dans un recueil intitulé : *Avis aux princes politiques, ou Seize mémoires de canonistes célèbres*. (M.)

CHAPITRE XI.

Robespierre et Brissot clercs de procureur. — Guillard. — Vie de poëtes. — Indigence et travail. — Les brochures. — La femme bel-esprit. — Le *Pot-pourri* et la lettre de cachet. — L'officieux exempt. — Les propositions de M. Goupil. — Maladie. — Le docteur Doublet. — Le perruquier docteur. — Remède merveilleux.

Avant de quitter l'étude de Nolleau, dont j'ai raconté la mort, je dois rappeler que le hasard m'y avait donné pour second clerc un homme qui a joué depuis un rôle prodigieux dans la Convention, et contre la célébrité future duquel j'aurais alors parié ma tête. Ignorant, étranger à toutes les sciences, incapable d'idées, incapable d'écrire, il était parfaitement propre pour le métier de la chicane. Les années ne l'ont point changé, et je suis encore à concevoir comment un tel individu exerce une influence si grande et si fatale sur le sort de notre liberté[1].

Après avoir perdu M. Nolleau, je m'attachai à son beau-frère, M. Aucante, qui avait acheté son étude. J'y passai deux années agréables, faisant des progrès dans les sciences, et multipliant mes matériaux. Aucante était un homme éclairé, honnête, peu fait pour sa profession. Il me laissait toute la latitude possible pour mes travaux et me traitait en ami. Il m'avait deviné; un jour il me dit : « Vous resteriez éternellement chez moi que vous n'en apprendriez pas davantage. Livrez-vous ou à la littérature ou au barreau, mais quittez la chicane. » Je suivis son conseil, et ici s'ouvre pour moi une nouvelle carrière.

J'étais alors intimement lié avec mon concitoyen Guillard, répandu dans les sociétés les plus brillantes, caressé par les poëtes les plus célèbres à cause de son talent pour les vers. Il ne me parlait que des agréments de la vie d'un homme

---

[1] Il s'agit ici de Robespierre, que Brissot ne pouvait juger ni favorablement, ni justement. (L.)

de lettres. Je le crus et je me jetai entièrement dans la littérature, non dans celle que cultivait Guillard, mais dans celle qui conduit aux sciences et qui les embellit. Ces vers fades sur l'amour, ces épigrammes, ces chansons dans le style bizarre que l'abbé de Voisenon avait alors mis à la mode, et que Guillard avait si malheureusement imités dans les *Heures de Cythère*, tout cela me donnait la nausée. J'aurais voulu voir dans mon ami un poëte vigoureux, un Corneille bravant le despotisme et retraçant ses horreurs sur la scène, pour opérer une révolution dans les esprits; mais Guillard ne m'entendait pas. Le plaisir était son idole; il ne courait qu'après le plaisir, qu'après une réputation éphémère dans les sociétés qu'il fréquentait; les femmes y donnaient e ton, et elles préféraient des chansons, des épîtres, où le ibertinage était légèrement gazé, à des vers énergiques contre l'insolence de la tyrannie et la bassesse de ses esclaves.

En m'associant avec Guillard, je résolus de suivre une autre route. Il voulait me présenter dans ses sociétés ; l'une des plus intimes était celle de Favart, dont la femme avait été longtemps l'amie de Voisenon, et chez qui l'on trouvait beaucoup de poëtes et d'auteurs, reste de ceux qui s'y rassemblaient au temps où l'abbé demeurait chez ce couple aimable et y donnait le ton de la frivolité. Je n'allai là et dans d'autres réunions de ce genre que très-rarement, bien déterminé à me consacrer à la solitude, à y poursuivre mes études, et à ne paraître en public que lorsque j'aurais un amas considérable de connaissances et de travaux. N'ayant pas perdu mon goût pour les langues, je résolus de cultiver la langue grecque, à laquelle tiennent presque toutes les langues modernes. Guillard, rentrant de ses petits soupers, à une heure du matin, me trouvait souvent mon dictionnaire grec à la main : il souriait; moi, qui ne voyais que l'avenir, je souriais aussi. Il doit juger aujourd'hui lequel a le plus mal calculé.

Il fallait vivre; ma mère, à qui je m'étais adressé, m'avait accordé secrètement quelques secours pour trois ou quatre mois, mais les besoins devenaient urgents. J'imaginai que de petites brochures sur les matières qui fixaient alors les esprits me procureraient quelque argent. Je m'adressai à un libraire qui me promit, et ne tint rien, qui vendait et gardait tout.

Je ne rappellerai pas ces premiers essais de ma jeunesse, qui furent presque tous ignorés. Tous ne méritaient pas cependant de l'être, et on dut trouver le caractère d'un esprit fier et ennemi du despotisme dans l'écrit sur l'*Indépendance de l'Avocat*.

Une autre brochure bien médiocre et bien plate m'attira des malheurs amers. Elle avait pour titre : *le Pot-pourri*. Je l'avais faite pour me venger des dégoûts que la chicane m'avait causés. J'y maltraitais divers orateurs, et surtout une femme de procureur qui pouvait avoir le tort de jouer la précieuse, mais que j'avais le plus grand tort, moi, de déshonorer comme une prostituée. Cette femme tenait un de ces bureaux de bel esprit alors si communs dans Paris. Sa table bien servie était fréquentée par les poëtes, les journalistes, et cette horde de parasites qui payaient leurs dîners en flagornerie, ou en protégeant les bourgeois près des grands. Le trait satirique lancé contre elle fut regardé comme le plus grand crime, et on obtint facilement contre moi une lettre de cachet.

Pour comble de malheur, j'étais malade; une fièvre opiniâtre, que je dus à l'excès de mes travaux, à l'irrégularité de ma manière de vivre, au punch dont je faisais trop d'usage, avait épuisé mes forces. J'étais dans cette triste situation lorsque se présenta chez moi un exempt de police, accompagné de mon libraire. Il m'exhorta d'abord à ne point m'effrayer de la nouvelle qu'il allait me donner. Il m'annonça la lettre de cachet, sa cause, et les auteurs de ma persécution. « Vous avez fait une étourderie, elle ne mérite pas une peine si sévère, cependant on a été forcé d'expédier la lettre de cachet. Elle vous sera signifiée demain en cérémonie, ayez soin de décamper aujourd'hui; mais, afin que j'aye l'air d'avoir rempli mon devoir, laissez-moi une ou deux feuilles manuscrites de cette brochure; je feindrai de les avoir trouvées dans votre chambre, et je les montrerai pour preuve de mon zèle à remplir mes ordres. »

Je suis confiant; cette fois je ne fus pas trompé. Je remis à l'obligeant exempt de police les deux feuilles manuscrites. Ma malle fut bientôt faite, je partis, et lorsque les alguazils se présentèrent le lendemain pour jouer la comédie, ils ne trouvèrent personne.

A quoi devais-je cet acte d'humanité de la part de cet exempt de police? Était-ce compassion? On la suppose difficilement dans ces valets de la tyrannie. Etait-ce quelque vue particulière? je le soupçonnai d'après des propositions qui me furent faites depuis en son nom pour quelques brochures. Je refusai, mais il trouva un auteur plus complaisant que moi, et qui, après avoir figuré sur les tréteaux, s'est fait bénédictin et a joué une espèce de rôle subalterne dans la révolution. Cet exempt était fort intrigant, et voulut s'avancer, même aux dépens de M. Lenoir (alors lieutenant de police). On se rappellera toutes ses manœuvres en apprenant son nom. C'était Goupil, mort depuis à Vincennes, de mort subite, comme on a dû l'imprimer.

Ce Goupil, fameux parmi les exempts de ce temps-là, et qui avait le titre d'inspecteur de la librairie, fut d'abord mis à la Bastille. On l'avait ensuite transféré à Vincennes, où sa femme était enfermée. Cette femme faisait métier de vendre au public les livres que son mari saisissait aux particuliers. On voit que de tout temps il y a eu de fort honnêtes gens parmi les inspecteurs de la librairie. Celui-ci était en outre convaincu d'avoir souvent profité du trouble et du désordre que causait sa présence dans les maisons, pour y soustraire les effets précieux qui tombaient sous sa main. On juge combien il était facile au suppôt du despotisme et de l'inquisition de se livrer à ses vols dans le cours des recherches domiciliaires et des arrestations dont il était chargé. C'est ainsi que le fameux d'Hemmery, son digne prédécesseur, s'était fait une bibliothèque et un cabinet de curiosités, qu'il vendit une somme énorme à un financier[1]. De tout

---

[1] D'après les *Mémoires secrets*, d'Hemmery était un exempt de police, chargé

cela il arriva un bien : un pauvre homme de lettres eut de quoi dîner. Le financier se voyant une bibliothèque, l'envie lui prit d'avoir un bibliothécaire; il donna cette place à Querlon, auteur estimable, à ce que dit le *Nécrologe des hommes célèbres*, et qui a travaillé à cinq ou six journaux, traduit et composé dix à douze ouvrages [1].

Un ami, un concitoyen, dont le nom restera éternellement gravé dans mon cœur, m'accorda un asile bien précieux dans la maladie qui me dévorait, et dans la persécution qui s'acharnait contre moi. C'était le docteur Doublet, recommandable par une foule d'écrits utiles sur sa profession, et que ses connaissances firent choisir, quoique bien jeune encore, pour diriger l'hôpital de M. Necker. Humain et désintéressé, il me garda chez lui pendant trois mois, me traita comme son frère, me prodigua tous ses soins, et je regretterai toujours que mon impuissance et la sécheresse de mes parents ne me permissent pas de lui témoigner ma reconnaissance, comme je le désirais [2].

de la librairie ; en conséquence, il avait cru devoir se donner une bibliothèque, et il n'eut pas de peine à s'en composer une à bon marché, au moyen des captures qu'il faisait chaque jour ; il voulut ensuite se donner l'air de curieux et de philosophe ; il se composa un cabinet d'histoire naturelle et d'antiquités, de pièces qu'il escamotait aussi de droite et de gauche, et qui ne lui coûtaient pas beaucoup plus cher que ses livres. Il avait établi le tout à l'ancien hôtel de Pompadour, où il s'était fait donner un logement, car, à cet homme, il fallait que tout fût donné. Mais Beaujon, banquier de la cour, ayant acheté cet hôtel, d'Hemmery fut obligé de déloger. Il tira fort habilement parti de cette mésaventure, il fit entendre au Turcaret qu'un homme comme lui devait avoir une bibliothèque, un cabinet, et que tout cela se trouvant déjà placé, casé dans son hôtel, il ne pouvait mieux faire que l'acheter. Beaujon lui donna quarante mille livres. (M.)

[1] Muesnier de Querlon, mort en 1780, était auteur des *Impostures indécentes*; il a travaillé à la *Gazette de France*, au *Journal encyclopédique*, au *Journal étranger*; il a continué l'*Histoire* de l'abbé Prévost, et a traduit Phèdre, Lucrèce et Anacréon. (M.)

[2] Le docteur Doublet a publié de 1785 à 1788 quatre volumes d'*Observations faites dans le département des hôpitaux civils*; en 1791, des *Mémoires sur la nécessité d'établir une réforme dans les prisons, et sur les moyens de l'opérer*, et des *Recherches sur la fièvre puerpérale*. On lui doit aussi des *Mémoires sur les symptômes et le traitement de la maladie vénérienne chez les enfants nouveau-nés*. Il

Ma fièvre ne céda point aux soins généreux du docteur Doublet. Il me conseilla d'aller respirer l'air natal, et je suivis son conseil. Ma pauvre mère me reçut au sortir de la diligence, et à peine me reconnut-elle, tant j'étais pâle, maigre, défiguré. Elle en eut l'âme navrée, et elle m'a depuis assuré que nul spectacle au monde ne lui avait fait plus d'impression. J'avais bu plus de quinze bouteilles de quinquina, et la fièvre me dévorait toujours. Un ami de ma sœur, pieux comme elle, et qui s'était consacré à des œuvres de bienfaisance, entreprit de me guérir : c'était un ancien perruquier retiré; il disait avoir hérité de quelques recettes merveilleuses d'un savant médecin qui était mort dans ses bras. Ces recettes ne consistaient que dans l'expression de simples presque toujours très-ordinaires. Les malades sont crédules; j'abandonnai la médecine pour l'empirisme, et je ne m'en trouvai pas mal. On rira de ma crédulité en lisant le trait suivant; mais qu'on rie tant qu'on voudra; je suis forcé de croire ce que j'ai vu, ce que j'ai senti. J'avais régulièrement la fièvre de deux jours l'un, depuis quatre mois; rien n'est plus cruel pour un homme attaqué de cette maladie que l'approche du frisson, précurseur de la fièvre. Que de vœux on fait pour ne plus le sentir! que de projets l'on bâtit pour conserver désormais sa santé! Mon empirique m'ordonna un soir de mettre des lardons entre les doigts de ma main droite ou de ma main gauche, je ne me rappelle pas laquelle : même cérémonie pour un des doigts du pied. Je devais passer les nuits dans cet état et boire le lendemain, à cinq heures du matin, un verre de bourrache. Je suivis l'ordonnance, et, à mon grand étonnement, la fièvre ne reparut pas. Mais telle était ma faiblesse qu'en passant d'une chambre à une autre un rayon de soleil qui frappa ma vue me fit tomber sans connaissance.

Je me livrai alors uniquement à l'étude de la médecine, et je serais devenu docteur dans cette science si ma fa-

---

était professeur de pathologie à l'ancienne école de santé de Paris. Il est mort en 1795. (M.)

mille avait voulu me prêter quelques secours. Mais ce goût si violent disparut avec ma maladie. C'est la seule maladie dont je me souvienne dans le cours de ma vie. Depuis cette époque, c'est-à-dire depuis 1777, jusqu'au moment où j'écris, j'ai bien éprouvé quelques indispositions, des maux de tête, mais je n'ai jamais été malade.

Je me rétablis peu à peu, grâce aux soins tendres et assidus de mes sœurs et de ma mère. Mon père ne vint pas me voir une seule fois. Il était toujours irrité contre moi ; les prêtres ne cessaient d'attiser sa colère en lui parlant de mon incrédulité. Ma mère eût beaucoup désiré de m'établir avocat à Chartres. Je me prêtais volontiers à ce projet, mais la résistance de mon père, dirigé par les prêtres, le fit échouer.

Celui de tous qui avait le plus d'empire sur son esprit et auquel j'ai le moins pardonné, était un abbé Delangle, chanoine de Chartres, bigot fanatique, directeur de consciences, s'insinuant dans les familles pour y semer la zizanie et en recueillir les fruits. Il avait préposédé toute la mienne et j'en fus la victime. La race de ces bigots fut très-nombreuse à Chartres sous l'épiscopat de Bonne-Fleuri ; c'était par le charlatanisme de la dévotion qu'on lui plaisait et qu'on allait à la fortune. Cette voie ayant été fermée sous son successeur, homme de plaisir, la foule de ces pieux hypocrites a bien diminué.

CHAPITRE XII.

Lubersac, évêque de Chartres. — L'abbé de Lubersac au Palais-Royal. — L'évêque convertissant la femme d'un cocher du comte d'Artois. — Le drôle de billet. — La double amende et l'exil de Monseigneur. — C'est l'erreur d'un abbé de cour. — Le prélat philosophe et constitutionnel à la veille des états généraux. — Sieyès, Pétion et Brissot, ou le conseil privé d'un évêque. — Les deux galériens. — La chaîne se rompt. — Goutte et les curés. — La religion de l'État. — Les protestants catholiques. — Le comte de Montlosier. — Lubersac excommunié. — L'institution des religieuses de Chartres. — Le catéchisme. — Ce que c'était qu'un intrus. — Regrets à une ancienne amitié. — La comtesse de La Seinie. — Ses lettres à Brissot sur Sieyès, Pétion, le duc d'Orléans et leur élection à l'Assemblée nationale.

Cet homme de plaisir était Lubersac, que le clergé chartrain a députe aux états généraux. On a raconté de lui plusieurs anecdotes, qui peignent bien les mœurs relâchées du temps où nous avons vécu. Elles lui ont fait une réputation qu'il ne méritait peut-être pas tout à fait. Il avait un cousin portant son nom, prêtre comme lui, et qui moins que lui savait observer le décorum de son état. Les écarts de l'abbé auront sans doute servi à grossir la renommée de l'évêque. L'affaire qu'il eut un soir au Palais-Royal est d'un véritable soldat aux gardes. Il passait à côté d'un officier, qui le coudoie par mégarde ou pour ne point se déranger. L'abbé se plaint et s'emporte; le militaire donnait le bras à sa maîtresse, qui persifle et rit au nez de l'abbé : pour toute réponse l'abbé lui donne un coup de pied au derrière; alors l'amant outragé le saisit au collet, et, à défaut d'armes, veut l'étrangler de ses mains; l'abbé le saisit à son tour, et allait l'étrangler lui-même, quand il voit tout à coup la foule se former : des militaires accourent au secours du militaire, tandis que d'autres personnes veulent prendre sa défense contre eux; on lutte, on se presse; il y a mêlée, cris, combat à outrance ; l'officier ou l'un des siens reste à peu près mort sur la place : il faut le guet et les gardes du palais pour mettre fin à ce tapage, qui fit d'autant plus de bruit, que le nom de Lubersac venait tout récemment d'éveiller l'attention par une scène d'un autre genre [1].

Cette fois, on l'assure, c'était bien notre évêque. Il avait découvert à Versailles une jeune et jolie personne, qui lui dit être la femme d'un cocher de M. d'Artois ; elle lui parut discrète et sage, et il pensa que c'était une conversion à entreprendre. Devenu bientôt le directeur de sa conscience, il en obtenait de dévots entretiens, tandis que son mari était employé à promener la ci-devant Altesse. Ce commerce durait depuis quelques mois, lorsque le cocher fut prévenu par un voisin charitable. Laissant là chevaux et carrosse, il court subitement à son logis ; il y surprend Monseigneur. La jeune femme lui confessait sans doute des péchés dont un mari seul se croit le droit de donner l'absolution ! L'homme furieux s'élance sur le prélat qu'il connaissait, et qu'il appelle par son nom ; celui-ci, qui avait tout à craindre d'une pareille scène, fait entendre au mari qu'il doit également redouter le scandale et le bruit, et il lui offre un billet de cent louis pour l'aider à oublier le chagrin que ses soupçons injustes lui font concevoir. Le cocher n'eût rien gagné de mieux en se plaignant plus fort. Il accepte le billet, et retourne en courant à son devoir ; mais il était trop tard : M. d'Artois, à qui son absence avait peut-être fait manquer un rendez-vous, venait de donner l'ordre de le chasser. Le cocher demande son pardon ; il parvient à se faire écouter du maître, qui veut savoir quelle cause importante lui a fait déserter si brusquement son service. Il faut bien tout révéler : et la nouvelle qu'il avait apprise, et la découverte qu'il avait faite, et le billet qu'il avait obtenu. Le billet, d'Artois veut le voir ; on le lui montre ; il était signé. C'est à rire aux éclats, à raconter partout l'aventure. Elle vient

---

[1] Ce Lubersac était abbé de Brives. Il est auteur de plusieurs projets d'embellissement pour Paris, qui ont été publiés. (M.)

jusqu'aux oreilles de Louis XVI, très-peu plaisant de son caractère ; il trouve que son aumônier n'a point assez chèrement expié ses plaisirs, double l'amende au profit du mari, et fait donner ordre à l'évêque de se retirer dans son diocèse.

Ce fut quelque temps après cet exil (si toutefois il y avait réellement exil, ou si ce que je viens de répéter en était la véritable cause) que je vis Lubersac[1]. Il vivait alors retiré à sa campagne de Bougainval, avec madame de La Seinie, et, soit par goût, soit par esprit de sagesse, il ne me semblait point regretter Paris et ses plaisirs aventureux. Je dois même dire qu'aimable et tolérant, si rien en lui n'annonçait le rigoriste, rien le tartuffe, rien non plus ne rappelait le prêtre léger, l'homme dépravé. Entraîné par l'exemple des abbés de cour, il avait pu commettre quelqu'erreur, mais leur souvenir le portait à l'indulgence en faveur des autres. Élevé dans une famille aristocratique, et entièrement opposée aux idées nouvelles[2], il avait des opinions toutes philosophiques, et l'esprit le plus éclairé ; mais il recula quand il fallut mettre la théorie en pratique. Avant même l'ouverture des états généraux, que nous avions appelée ensemble de tous nos vœux, je le vis déjà s'épouvanter ; il craignait l'influence de la cour sur l'assemblée, il ne craignait pas moins l'influence de l'assemblée sur le peuple, et celle du peuple sur l'assemblée : il craignait tout. « Nous devons nous attendre à toutes les contrariétés dans la besogne, me disait-il, à toutes les personnalités outrageantes, et qui sont la suite de l'amour-propre blessé, de l'envie et de l'avarice menacés, de tous les

---

[1] Dans un écrit, publié il y a quelques années, on dit que ce fut l'exil de Lubersac qui inspira les vers de Boufflers dans lesquels il fait dire à son prélat *qu'une jolie femme est un bénéfice qui exige résidence*.

(*Note de Brissot.*)

[2] Lubersac avait été aumônier du roi, évêque de Tréguier, puis évêque de Chartres. Il était frère du marquis de Lubersac, lieutenant général, qui se fit porter malade à Fontenoi, émigra avec ses deux fils au commencement de la révolution, et mourut à Paris, en 1820, à l'âge de quatre-vingt-neuf ans. Ses fils furent tués à Quiberon. (M.)

petits intérêts compromis. Je vous avoue, ajoutait-il, que j'ai quelquefois du regret d'avoir engagé mes goûts personnels, les premiers devoirs de mon état et mon repos, à l'espoir presque vain de contribuer à un ordre de choses meilleur, que j'ai cru possible quand j'en ai jugé de loin, mais qui me paraît hérissé de difficultés à mesure que j'en approche. La composition des états généraux ne me rassure pas; j'y vois un grand nombre d'hommes bien dangereux. Quelques-uns ont des talents, ils parleront très-haut, parce qu'ils se sentiront appuyés. Les honnêtes gens diront leur avis doucement, froidement, timidement, parce qu'ils seront en minorité. Dans une pareille lutte, il est facile de prévoir que le triomphe ne demeurera pas du côté de la raison, de la bonne foi, de la vertu. Et cependant, si nos fers ne sont pas brisés, anéantis, ils seront surchargés, appesantis, rivés de manière à être éternels. » Alors Lubersac avait foi en mes opinions, il me demandait des conseils, ainsi qu'à Sieyès et à Pétion. « J'ai besoin de vos forces pour appuyer le peu que j'en ai, m'écrivait-il un jour; je me regarde comme lié désormais à votre personne, de manière que si nous sommes réunis à la galère, mon pied droit et votre pied gauche seront attachés aux deux extrémités de la même chaîne. »

Nous marchâmes ainsi attachés pendant quelque temps. Nos amis, ceux de madame La Scinie, avaient rassuré son courage; il fut un des premiers de son ordre à se réunir au tiers-état; il demanda l'abolition de quelques priviléges, et fut pendant quelque temps un de ceux qui s'opposèrent vivement aux projets du despotisme ministériel; mais bientôt la chaîne qui nous liait se brisa. Un prêtre est toujours prêtre. Lubersac ne put supporter les décrets de l'Assemblée nationale sur le clergé et sur le catholicisme. Ses intérêts étaient trop vivement froissés, ainsi que ceux de ses amis; il trouva dès-lors que nos opinions politiques n'étaient plus d'accord [1].

---

[1] Parmi ses amis était Thierry de Ville-d'Avray, intendant du garde-meuble. D'après les états qu'il avait contresignés avec Saint-Priest, les dépenses de son administration se montaient depuis 1774 à 23 millions et quelques cent mille

Qu'y avait-il donc de si injuste et de si passionné dans les miennes? Le jour même où Lubersac rompait avec moi, je faisais un éloge pompeux de l'assemblée, qui venait de porter Gouttes à la présidence, parce qu'à mes yeux les curés étaient les plus dignes ornements de l'Église française, qu'une foule d'entre eux avaient rendu de véritables services à la cause populaire, et que tous enfin me semblaient plus particulièrement appelés à devenir les instituteurs des campagnards, et comme leur intermédiaire entre la patrie et la divinité.

Si j'avais loué Gouttes [1], Grégoire, et plusieurs autres, dans la discussion du 13 avril, je n'avais point attaqué Lubersac. Ce n'était pas non plus, ce me semble, avoir menacé sa religion et sa vie, que d'avoir demandé protection égale de la loi pour tous les cultes, destruction des asiles de

livres; il parut important à l'Assemblée nationale de connaître les causes de dépenses aussi considérables; il me parut à moi plus important encore d'examiner si l'on devait conserver un établissement aussi dispendieux, et si un pareil ameublement et quinze à dix-huit millions de diamants étaient nécessaires au roi d'un peuple libre pour avoir de la majesté. Plus de garde-meuble, plus de place pour Thierry. Mes réflexions l'alarmèrent; je n'avais pas montré non plus grande confiance en son patriotisme et même dans la pureté de ses comptes : sur ces derniers objets il m'écrivit et me fit écrire par Lubersac une longue lettre qui me persuada au moins sur sa probité, et je voulus bien avoir l'air d'être également convaincu de tout le reste. Ce fut cependant en m'envoyant les lettres de Thierry, qui, à défaut de mes éloges, me remerciait de mon silence, que M. Lubersac m'engagea à ne plus lui adresser mon journal, parce que depuis la séance du 17 avril 1790, il y lisait des opinions qui lui faisaient bouillir le sang, et qu'il ne voulait pas qu'elles lui fissent renoncer aux sentiments d'amitié qu'il m'avait voués et qu'il désirait me conserver pour la vie.

(*Note de Brissot.*)

[1] Gouttes, après avoir servi dans un régiment de dragons, était devenu curé d'Argelliers. Nommé député aux états généraux, il fut élu, au mois d'octobre 1790, président de l'assemblée. Il venait d'appuyer de toutes ses forces la vente des biens du clergé. « Ce n'est pas moi, dit-il en prenant possession du fauteuil, que vous avez choisi, c'est le *curé*, afin de prouver à la France combien vous honorez cette religion sainte qu'on vous accuse d'ébranler. »

Gouttes montra autant de penchant à la tolérance et à la liberté que d'aversion pour l'anarchie. Nommé évêque constitutionnel de Saône-et-Loire en remplacement de Talleyrand-Périgord, il ne se prêta nullement à la destruction du culte catholique ni aux idées ultra-révolutionnaires, et, devenu suspect aux jacobins, il fut mis en jugement et condamné à mort en 1794. En 1790 il avait été membre du comité des recherches avec Brissot. (M.)

la fainéantise, restitution des immenses et scandaleux bénéfices que le haut clergé accaparait depuis des siècles. Il me disait pourtant dans ses adieux « qu'il tenait encore à sa religion, à sa vie, aux moyens de la conserver; que tous ces objets me paraissaient plus qu'indifférents, et que je condamnais à la mort, à la proscription tous les malheureux qui, comme lui, venaient d'être dépouillés par la plus inique et la plus déshonorante de toutes les décisions ».

J'ai cru et je crois encore que si l'assemblée n'eût pas adopté la liberté des cultes, elle se fût déshonorée. Nous ne pouvions être du même avis sur ce décret, que je trouvais plein d'équité, que Lubersac appelait inique; mais je ne proscrivais personne, j'approuvais au contraire ceux qui ne voulaient plus qu'on pût désormais proscrire. Je ne voulais point que la France, par l'organe de ses représentants, fît une profession de foi religieuse et qu'elle n'autorisât que les solennités du culte catholique, parce que c'était forcer de ne croire ou de ne pratiquer que ses dogmes. Cette intolérance eût été un crime contre le Christ même, qui s'est laissé crucifier, et n'a fait crucifier personne. Lubersac dès lors s'est rangé parmi ces protestants-catholiques, qui l'ont conduit sur la route de l'émigration. Il approuva leur déclaration contre le décret du 13 avril, concernant la religion; mais je dois faire remarquer que ni lui, ni eux, n'osèrent s'élever contre la vente des biens du clergé. Ce fut une faute de moins. En général leur protestation était écrite d'un style plus souple et plus modéré qu'on ne l'attendait, d'après les scènes scandaleuses et violentes qui l'avaient précédée. Leur but unique, disaient-ils, était de témoigner authentiquement de leur résistance impuissante à la délibération qui effaçait la religion catholique du rang suprême de religion de l'État.

Qu'était-ce que la religion de l'État? Qu'est-ce avant tout qu'un État? État est un mot abstrait. Entendait-on par ce mot la réunion des citoyens qui forment une nation? Alors le catholicisme n'était point la religion de la nation française, puisque deux ou trois millions de citoyens français rejettent ses doctrines et ses lois.

Entendait-on que la religion de l'État était celle de la majorité des citoyens, ou celle du chef de l'État? Soit! Et si le chef de l'État eût été juif ou mahométan, vous eussiez donc décrété l'islamisme pour religion suprême? Et parce que le catholicisme est la religion de la majorité des citoyens, vous voudriez donc que son culte fût seul public et solennel?

Alors ceux qui ne sont point catholiques ne pouvant exercer publiquement leur culte, et leurs ministres n'étant pas traités sur le même pied que les ministres catholiques, il n'y avait plus de liberté, d'égalité, il fallait déchirer la déclaration des droits.

« La protestation des catholiques était un acte d'orgueil et de fanatisme; elle fut accompagnée d'une foule de déclarations qui tenaient du délire. On connaît celle du chapitre de Paris, imprimée à la suite. Une autre disait que le catholicisme seul inspirait les sentiments et enseignait les maximes de morale les plus conformes à l'ordre social; ainsi les luthériens, les moraves, les quakers, les déistes n'enseignent que débauche ou brigandage. Enfin Montlosier, un des dignes apôtres de cette cabale frénétique, couronna l'œuvre en prêtant aux partisans de la tolérance l'intention de substituer la religion juive ou protestante, ou l'athéisme même, à la religion romaine, ce qui ne pouvait arriver, disait-il, sans guerres terribles, et sans discordes sanglantes.

Parler d'athéisme à propos de tolérance, et prêter ainsi à ses adversaires des intentions qu'il supposait criminelles, était d'un calomniateur; dire que la tolérance enfante les guerres civiles, était d'un ignorant. Quand Montlosier, qui a émigré comme Lubersac, aura vu la Hollande ou les États-Unis, il s'apercevra bien vite que toutes les sectes y sont en paix, parce qu'aucune n'y est dominante [1].

[1] Le comte de Montlosier, qui se distingua à l'Assemblée constituante par sa ferveur pour les intérêts de la religion catholique et son zèle pour la royauté, est aujourd'hui l'homme qu'une foule de catholiques et de royalistes poursuivent avec le plus de zèle et de ferveur. Ils lui ont ravi jusqu'à la pension qu'il avait acquise pour prix de ses services. On trouve que c'est une manière peu chrétienne de lui témoigner de la reconnaissance. Voyez sur ses travaux à l'As-

Lubersac fut remplacé dans l'évêché de Chartres par Bonnet, curé de Saint-Michel. Lui qui avait donné de si bonnes preuves de son amour pour la liberté quelque temps auparavant, fit aussi des mandements incendiaires ; il excommunia ceux qui prêtaient le serment, ceux qui reconnaissaient le nouvel évêque et les nouveaux curés, et, oubliant les préceptes de saint Paul, il déclara schismatiques tous les constitutionnaires [1] ; il engagea ainsi plus d'un de nos prêtres chartrains à se rétracter de leurs serments, ou à ne le point prêter. Je n'en rappelle un, M. Favrand, ci-devant chanoine, ci-devant missionnaire, ci-devant riche en bénéfices, homme au reste du temps de Charles IX, qui dirigeait à Chartres une institution confiée aux soins des Filles de la Providence. Il avait composé à leur usage un catéchisme, qui fera voir quel était l'esprit de ces gens-là. Les leçons commençaient ainsi : — D. Qu'est-ce qu'un intrus ? R. C'est M. Bonnet. D. Pourquoi M. Bonnet est-il un intrus ? R. Parce qu'il a usurpé le siége épiscopal de M. Lubersac. — Les petites filles qui savaient parfaitement la leçon qu'on leur avait apprise, la répétèrent couramment à l'officier municipal qui, le livre à la main, était venu leur faire le catéchisme. La municipalité fit aussitôt fermer l'école des béguines, en leur disant que n'étant ni religieuses ni patentées, elles n'avaient aucun droit pour enseigner.

J'avoue que j'ai regretté la désertion de Lubersac. Il était digne d'être compté parmi les plus généreux soutiens de notre liberté. Mais il n'aurait jamais eu l'âme d'un anarchiste, et aujourd'hui il serait sans doute proscrit, s'il ne s'était pas proscrit lui-même [2]. Je pense encore avec plaisir à notre

---

semblée constituante, la notice placée en tête des *Mystères de la Vie humaine*, ouvrage philosophique, plein d'intérêt et d'originalité, que M. de Montlosier vient récemment de publier. (M.)

[1] « Soyez soumis à vos souverains ; rendez à César ce qui appartient à César. » (*Saint Paul.*)

[2] Lubersac, à qui la modération de ses opinions constitutionnelles et les craintes d'une révolution qu'il avait prévue, ne permirent pas de rester longtemps au sein de l'assemblée, l'abandonna en 1791 et passa en Allemagne. Il

longue et douce correspondance, et à des relations qui m'ont laissé d'agréables souvenirs. Madame La Seinie est une des personnes les plus aimables et les plus spirituelles que j'aie connues, un des caractères les plus élevés et les plus capables de nobles sentiments qu'on puisse rencontrer dans une classe où la frivolité fut trop longtemps l'apanage des femmes. Mieux valait, du reste, la frivolité que la pédanterie. Je dois dire aussi que lors de la convocation des états généraux, madame La Seinie s'est employée avec dévouement pour me faire élire; mais le moyen d'être élu dans son propre pays, lorsqu'on n'y a pas une famille puissante, des alliances nombreuses, et de la fortune?

Peu s'en fallut pourtant que je ne fusse élu, sinon député, du moins suppléant. Mais d'Orléans, qui connaissait les sentiments que m'inspiraient ses principes et sa personne, usa de son influence secrète pour favoriser d'autres élections, et empêcher la mienne. Ma correspondance à cette époque avec Lubersac et madame La Seinie prouverait combien peu j'approuvais moi-même la nomination de d'Orléans aux états généraux; elle servirait à convaincre de notre mutuelle antipathie ceux qui ont voulu persuader que j'étais un de ses amis, ceux qui, pour me perdre, m'ont accusé de servir sa prétendue faction.

rentra en France en 1802, et donna sa démission de l'évêché de Chartres où il avait été remplacé dès 1791. Il fut alors nommé chanoine du chapitre de Saint-Denis, dont il faisait encore partie en 1820. Il est né à Limoges en 1740. (M.)

CHAPITRE XIII.

Retour à Paris. — Réunion avec Guillard. — L'amitié n'est qu'un mot. — L'embarras des finances. — Les petits soupers du poëte. — Le dîner du savant. — La *Théorie des lois criminelles*. — Le *Pyrrhonisme universel*. — Lettre à d'Alembert. — Ses deux réponses. — Générosité des philosophes. — D'Alembert et madame Corneille. — Madame Corneille et Larive.

Après la maladie dont j'ai parlé, j'étais revenu à Paris, sans espoir, sans projet, et muni seulement de quelques secours que me donna secrètement ma tendre mère. Je m'associai de nouveau avec Guillard, quoique sa conduite, pendant ma maladie, m'eût beaucoup refroidi pour lui. Sa cruelle insouciance sur les progrès de mon mal m'avait prouvé que la sensibilité s'étouffe aisément dans le monde, et que l'amitié n'est qu'un mot.

Nos finances étaient dans le plus triste état; nous étions souvent dans la détresse. Guillard s'en inquiétait peu; il allait assouvir sa faim aux tables de ces grands seigneurs qui le recherchaient à cause de son talent et de son esprit. Tandis qu'il se gorgeait de mets délicats, le pauvre solitaire dînait souvent avec du pain et du fromage, et se trouvait peut-être plus heureux que le poëte parasite. Un livre seul lui tenait compagnie à son frugal dîner; mais il ressentait quelque orgueil de pouvoir conserver son indépendance à si peu de frais.

J'avais alors entrepris des travaux immenses. Indépendamment de ma *Théorie des lois criminelles*, j'avais tracé le plan d'un ouvrage intitulé : le *Pyrrhonisme universel*. Ce plan était lui-même un véritable ouvrage. Je l'envoyai à d'Alembert, qui me répondit par des compliments :

« Monsieur,

« Malgré les occupations dont je suis accablé dans ce moment-ci, j'ai parcouru le plan que vous m'avez adressé; j'yai vu que l'auteur avait beaucoup d'érudition et de philosophie. Si je ne crois pas entièrement comme vous au pyrrhonisme universel, je suis persuadé qu'il y a beaucoup d'incertitude dans les sciences.

« J'ai l'honneur d'être, etc.

« D'ALEMBERT.

C'était une réponse bien sèche pour quiconque avait pu lire le secret de mon âme ; et d'Alembert l'avait lu dans ma lettre ; elle respirait l'énergie et la tristesse d'un homme ardent pour les sciences, pour la vérité, ennemi implacable du despotisme ; mais malheureux, mais recherchant un appui, un ami, des secours enfin pour s'élancer dans la carrière qu'il brûlait de parcourir. Je ne flattais pas d'Alembert ni les philosophes ; et les flatteurs seuls, ou ceux qui promettaient de l'être, obtenaient les faveurs des chefs du Sanhédrin académique.

Je voulus faire imprimer mon ouvrage avec la lettre que j'avais écrite au géomètre, et la réponse qu'il y avait faite. J'avais perdu l'original de cette lettre, je lui en soumis une copie ; il écrivit au bas : « Cette copie est inexacte ; voici quelle elle devait être :

Monsieur,

« Quoique les occupations dont je suis chargé en ce moment n m'aient pas permis de lire en détail et à tête reposée l'ouvrage que je vous renvoie, j'en ai assez lu pour voir qu'il suppose dans l'auteur beaucoup de savoir et de philosophie ; si je ne crois pas absolument comme vous au pyrrhonisme universel, au moins, je suis persuadé que nous savons bien peu de chose.

« J'ai l'honneur d'être avec respect, monsieur, votre très-humble et très-obéissant serviteur,

« D'ALEMBERT. »

« A Paris, ce 14 octobre 1777. »

Je vis bien dans cette nouvelle version quelques expressions changées, et une formule de style épistolaire plus honnête ; mais il me sembla que le fond restait toujours le même. Ce n'était pas des formes respectueuses que j'étais venu demander à d'Alembert, mais ses encouragements, ses conseils, pour parvenir à la gloire, et gagner quelque fortune; je me retirai le cœur navré.

J'ai eu plus d'une occasion de revoir d'Alembert, dont Linguet disait si plaisamment dans ses *Annales*, que c'était un grand géomètre aux yeux des littérateurs, et un grand littérateur aux yeux des géomètres; il m'eût volontiers rappelé à lui par calcul d'amour-propre, après m'avoir éloigné par peur que je lui fusse importun, ou peut-être à charge. Ce n'est pas la faute de Villar, qui courtisait dès lors tous les puissants du temps, si j'ai refusé d'aller grossir sa cour. Mais je gardais malgré moi le souvenir du passé; son égoïsme, sa froideur à mon égard, quand un mot d'intérêt ou d'amitié eût été si sensible à mon cœur, m'avaient désenchanté. Moi, jeune néophyte, étranger aux individus, et venu pour admirer des grands hommes, ou écouter au moins des philosophes, je m'attendais à les trouver affables et bienveillants, tels qu'ils se peignaient dans leurs ouvrages, humains et tolérants, puisqu'ils parlaient sans cesse de tolérance et d'humanité. Quand je les vis descendus de leurs trépieds, et que je pus les considérer de plus près, mon illusion fut bientôt dissipée. Je n'en aimai qu'avec plus d'ardeur la philosophie; mais je fis bien peu de cas de certains philosophes. J'aurais parié dès lors que, le jour où la liberté détruirait les abus qui leur étaient profitables, les Marmontel, les Morellet, les Suard, déserteraient la cause de la liberté.

D'Alembert, s'il eût vécu, aurait imité leur exemple. Cet homme, qui pleurait et s'attendrissait si facilement, avait le cœur dur et froid comme un marbre. Je ne le juge point aussi sévèrement que l'a fait Linguet; Linguet était devenu son ennemi implacable; il est pourtant des traits qui m'ont été racontés par Linguet lui-même, et dont je ne puis douter, parce que d'autres personnes me les ont confirmés. La manière dont il repoussa un rejeton de Corneille est odieuse; Voltaire a dû en tressaillir d'horreur au fond de son tombeau. On sait tout ce que Voltaire avait fait pour mademoiselle Corneille, et combien ses amis avaient donné d'éclat à sa louable bienfaisance. Cependant une femme se présente un jour chez d'Alembert; elle semble abattue, malheureuse, et comme à peine vêtue;—elle se nomme madame Corneille; elle est épouse en secondes noces de ce Corneille dont la fille avait été jadis si généreusement dotée par les soins de M. de Voltaire. Elle a osé compter sur quelque intérêt pour elle-même; elle est venue à Paris avec son enfant sur les bras pour implorer les secours et les bontés de ceux qui se sont montrés autrefois les protecteurs de sa famille; elle voudrait bien aller à Ferney; mais elle n'a ni la force, ni les ressources nécessaires pour entreprendre ce voyage; depuis deux jours réfugiée dans un modeste hôtel de la rue du Roule, à peine sait-elle comment elle s'acquittera envers son hôte, et ce n'est qu'en tremblant qu'elle s'est traînée jusqu'à M. d'Alembert, dont quelques personnes lui ont fait connaître la bienfaisance et la générosité. Alors d'Alembert se met des larmes aux yeux; il lui apprend que M. de Voltaire vient de mourir; que lui et ses amis ont fait jadis tout ce qui dépendait d'eux pour le grand nom de Corneille, et il engage la pauvre femme à aller prendre du service, à chercher une place de domestique pour l'aider à nourrir son enfant et son mari!

Les temps étaient changés, il n'y avait pas moyen de rattacher en ce moment les yeux sur une bienfaisance d'ostentation dont on avait assez parlé. Les éloges avaient été épuisés, la réputation d'humanité établie : qu'importait maintenant le sort d'une malheureuse dont la misère était repoussante, et les besoins si grands, qu'il en aurait beaucoup trop coûté pour essayer de les satisfaire? On voulait être généreux à meilleur marché : force était bien de laisser mourir de faim la pauvre femme. On dit que lorsqu'elle arriva à la porte de la Comédie française, où son hôte l'avait adressée, elle était dans un état si pitoyable, qu'elle attendrit jusqu'au portier; il alla chercher les comédiens; elle leur expliqua, en pleurant de honte et de douleur l'état affreux où elle était réduite. Tous à l'instant l'entourèrent, la pressèrent, se l'arrachèrent; tous se disputaient à qui lui donnerait asile. Le jeune Larive voulut absolument se charger d'elle et l'emmena aussitôt chez lui, où Dugazon m'a dit qu'elle était restée plusieurs mois. La

Comédie lui donna le produit d'une représentation de *Cinna*; elle s'était montée, je crois, à sept mille livres.

Lorsque d'Alembert s'aperçut combien la révélation de sa conduite avait indisposé contre lui, il essaya d'en atténuer l'effet. Il fit courir après madame Corneille, lui offrit les secours de l'Académie, ceux de sa plume pour adresser un mémoire au roi; mais tout cela n'empêcha point de croire que ce qui avait été fait et dit ne fût juste et vrai. La tournure même des dernières dénégations des amis de d'Alembert pouvait en servir de preuve. Ils prétendaient que le philosophe n'avait point conseillé à madame Corneille de se mettre en condition, mais qu'au contraire, il l'en avait dissuadée. Donc, elle lui avait fait part de l'extrémité où elle était réduite, et il ne lui avait pas donné un écu pour l'en retirer. Vilette même m'a avoué, à ce sujet, que, dans le récit qu'on avait voulu lui faire démentir, madame Corneille n'avait rien inventé [1].

---

[1] La famille de Corneille était nombreuse; elle n'est point éteinte aujourd'hui; mais, à l'exception de madame Dupuis adoptée par Voltaire, et de Fontenelle, vieil égoïste qui ne fit rien pour ses parents, même par testament, il semble que tous les membres de cette famille aient été condamnés à l'infortune et à la misère. Le trait cité par Brissot en rappelle un autre publié récemment dans un recueil anecdotique, et qui doit faire la contre-partie de l'histoire de d'Alembert.

Gault de Saint-Germain, dont le nom est connu dans les lettres, et surtout dans les arts, avait entrepris un voyage scientifique dans l'ancienne province de Normandie. Vers la fin d'une journée employée à de pénibles recherches, il retournait à Vernon; en traversant le village de Tilly, il fut frappé de l'aspect pittoresque d'un vieux moulin tombant en ruine. Il arrêta son cheval, et s'apprêtait à dessiner cette masure, quand tout à coup un orage éclate avec violence. Gault de Saint-Germain se dispose à entrer dans le moulin, pour y chercher un abri; une vieille femme, d'une assez haute stature, paraît sur le seuil de la porte, et lui fait signe d'approcher.

Les vêtements de cette femme étaient déchirés, ses cheveux blanchis flottaient épars sur ses épaules : tout, chez elle, annonçait la misère la plus affreuse, et cependant sa figure avait quelque chose de noble et de sévère qui contrastait avec sa situation.

Le savant voyageur lui adressa différentes questions, dictées par la bienveillance plutôt que par la curiosité, et l'infortunée lui apprit qu'elle se nommait Marie-Angélique *Corneille*. Elle était petite-fille de P. Corneille, avocat au parlement de Rouen, oncle du grand Corneille et de Thomas, son frère. La sœur de son grand-père était Marthe Corneille, à laquelle *Fontenelle* dut le jour.

Restée orpheline et sans fortune, dans l'âge le plus tendre, Marie-Angélique avait été élevée par charité; plus tard elle avait uni son sort à celui d'un meunier aussi franc, mais moins heureux que celui de Sans-Souci; et après avoir travaillé toute sa vie avec résignation, elle se trouvait à l'âge de soixante-onze ans sans aucun moyen d'existence, son mari ayant perdu le peu de fortune qu'il possédait en spéculant sur les blés.

Frappé du ton simple et vrai que cette femme avait mis dans sa narration, Gault de Saint-Germain lui donna quelques secours, crayonna ses traits, qui rappelaient beaucoup ceux de l'auteur de *Cinna*, et revint peu de temps après à Paris.

Il raconta dans le monde l'histoire singulière de la descendante de Corneille, fit graver son portrait par *Vangelisti*, et ouvrit une souscription en sa faveur. Le montant en fut adressé à la meunière de Tilly, et l'aida, depuis, à couler paisiblement ses derniers jours. (M.)

CHAPITRE XIV.

D'Alembert et madame de Tencin. — Mademoiselle de l'Espinasse. — Les bureaux d'esprit. — Madame de Fourqueux et le chevalier d'Éon. — Madame Dupin. — Madame Suard. — Madame Necker. — Madame Geoffrin. — Madame Doublet. — Bachaumont et l'abbé Xaupi. — La présidente de l'école de médecine. — Le nouveau *Potpourri*.

D'un autre côté, en rappelant ce trait, je ne veux pas oublier la manière dont d'Alembert se conduisit à l'égard de la pauvre femme qui l'avait élevé, et qu'il préféra à l'opulente catin de qui il tenait le jour. C'est peut-être le seul homme qui eût le droit de renier sa mère, et pour qui ce fût à la fois un devoir et un acte d'honneur. Qu'est-ce après tout, que ce prétendu don de la naissance que l'on doit à ses parents? Que cela leur a-t-il coûté, je vous le demande? Loin d'être un bienfait, n'est-ce pas le plus souvent un malheur que d'être tiré du néant et jeté sur la terre? Le bienfait, c'est le lait dont nous a nourri notre mère, ce sont ses caresses, ses soins, les maux que nous lui causons, l'amour qu'elle nous voue, l'éducation qu'elle nous donne. Lui devoir le jour n'est rien, si elle n'a pas conduit nos premiers pas dans la vie, si elle ne nous a pas appris à vivre!

Il paraît aussi, quoi qu'on en ait dit, que mademoiselle de l'Espinasse n'inspira jamais à d'Alembert qu'une vertueuse amitié. Villar m'a assuré qu'elle était morte d'amour pour un auteur de tragédie, qui ne répondait pas à sa flamme, et que d'Alembert, qui connaissait le secret de sa maladie, resta tendre et empressé vers elle jusqu'à l'extrémité. Cette tendresse n'eût-elle pas fait place à la jalousie s'il eût eu sur cette femme d'autres droits que ceux de l'amitié? Il l'aimait comme une sœur, et il avait plus d'une raison pour l'aimer ainsi. Quand madame Tencin lui apprit qu'elle était sa mère, elle lui apprit sans doute, en même temps, que mademoiselle de l'Espinasse était fille du cardinal Tencin, archevêque de Lyon, par conséquent enfant de l'amour comme lui et comme lui du même sang. Cette conformité d'origine et de parenté dut nécessairement aider à établir ou consolider une liaison qui n'a fini qu'avec la vie [1].

Mademoiselle de l'Espinasse était, dit-on, une personne aimable, d'une imagination vive, exaltée, mais plus qu'un bel esprit, car elle présidait la coterie d'Alembert, et l'aidait à diriger l'Académie. Ses mains tenaient la clef du tabernacle ; sans elle on ne pouvait guère y pénétrer. J'ai toujours eu en horreur ces sortes de femmes littérateurs. L'on a déjà vu ce que m'a coûté mon aversion pour elles. Je faillis y être repris.

Comme je l'ai dit, on trouvait partout de ces présidentes. C'était une madame Hénique, dont je parlerai. C'était une madame Lecoulteux, chez qui j'ai aussi eu le malheur d'être conduit, épouse d'un turcaret, sachant par cœur le roman des *Incas*, et rompant des lances pour les *Barmécides*, parce que l'auteur les avait récités chez elle après les avoir lus devant Louis XV, qui avait dit à la favorite : « Madame, cela vous a-t-il bien fait bâiller [2] ? » C'était encore une madame de Fran-

---

[1] C'est là une erreur de Brissot. (L.)

Les *lettres de mademoiselle de l'Espinasse*, publiées en 1811, et adressées à Guibert, auteur de la tragédie du *Connétable de Bourbon*, ont révélé la passion malheureuse qui la conduisit au tombeau. Cette femme, que ses amis nous ont peinte comme douée de l'esprit le plus aimable et du cœur le plus aimant, mourut en 1774, à l'âge de quarante-deux ans. Elle était fille adultérine d'une dame d'Albon, alliée à la famille de madame du Deffand ; c'est là que tous les hommes les plus distingués de cette époque l'avaient connue. Excédée de la jalousie de madame du Deffand, elle se retira près de d'Alembert, avec qui elle demeura vingt ans. « C'était, dit Marmontel, un étonnant composé de bienséance, de raison, de sagesse, avec la tête la plus vive, l'âme la plus ardente, l'imagination la plus inflammable qui ait existé depuis Sapho. » (M.)

[2] Les premières lectures des *Barmécides* ont été faites chez madame Dubarry, qui bâilla dès le premier acte, et s'obstina à admirer jusqu'au bout, toujours en bâillant. Mais Louis XV n'était pas présent, ou du moins le mot cité par Brissot fut adressé à la comtesse d'Artois, nouvellement mariée, et devant qui on venait de représenter *Isménor* à l'Opéra. Cette pièce avait été mise en scène à grands frais. Par les soins de madame Dubarry, qui voulait lui plaire, on y avait intercalé beaucoup de vers à la louange de la jeune princesse, ce qui n'empêcha point le vieux roi de lui dire en sortant : « Ma fille, avez-vous bien bâillé ? » (M.)

conville, une madame de Fourqueux, fameuse par le rôle qu'elle avait fait jouer à Musson[1]; et puis, avant tout, madame du Deffand, qui avait formé mademoiselle de l'Espinasse ; madame Dupin, chez qui Rousseau fit quelque temps l'humble métier de pédagogue et de copiste ; madame Helvétius et madame Necker, que j'eus plus tard l'occasion de connaître, et qui me parut encore moins pédante que sa fille et son mari ; et enfin madame Suard, qui tenait aussi son petit bureau : car femmes d'académicien et de procureur, de bourgeois et de grand seigneur, de contrôleur des finances et de simple financier, toutes voulaient avoir un bureau à présider. Le plus couru d'entre tous, comme on sait, était celui de Geoffrin, que j'ai vu fermer. Lui-même avait succédé à celui de madame Doublet, dont on a beaucoup moins parlé[2].

---

[1] Musson, peintre médiocre par état, et grand mystificateur par goût, se déguisait surtout avec beaucoup d'habileté. A l'époque où l'on ne savait pas s'il fallait dire le chevalier ou la chevalière d'Éon, une dame (sans doute madame de Fourqueux, dont parle ici Brissot) demanda avec tant d'instance à ses amis de lui amener d'Éon sous un costume ou sous un autre, que, faute de mieux, on lui présenta le peintre déguisé en femme et prenant le titre de la chevalière d'Éon. Ce fut une grande joie dans le salon en le voyant entrer ; mais, sur son sexe, on n'était pas plus instruit. Quelques femmes, qui n'y tenaient plus de curiosité, l'amènent, sous un prétexte, dans un lieu écarté, et là, se jetant à la fois sur leur prétendue compagne, elles acquièrent la certitude que c'est un vrai chevalier. Musson, en cédant à la force des circonstances, avait du moins exigé le plus profond mystère ; mais des femmes, qui venaient de faire une pareille découverte, pouvaient-elles garder le secret ? Madame de Fourqueux commença, dès le soir, à le révéler à l'oreille de chacun de ses amis, et elle finit le lendemain par le répéter devant tout le monde. De son côté, Musson ne s'était pas piqué de discrétion ; il raconta la scène qu'il venait de jouer à qui voulut l'entendre, et chacun de rire aux dépens de madame de Fourqueux : tel fut le dénouement de cette comédie, que d'Éon raconte, ou rappelle du moins dans une de ses lettres à Beaumarchais. (M.)

[2] Madame Geoffrin est morte en 1777, madame du Deffand en 1780, et madame Dupin en 1800. Madame Dupin était née en 1702, et avait ainsi vécu durant tout un siècle. Cette femme, que les *Confessions* de Jean-Jacques ont rendue célèbre, avait autant d'esprit que de beauté et d'instruction. Elle a laissé quelques écrits de morale et plusieurs morceaux traduits de Plutarque. En 1771, lord Chesterfield écrivait à son fils : « Je vous conseille de débuter par madame Dupin, qui a encore de la beauté plus qu'il n'en faut pour un jeune drôle comme vous. Son âge ne lui laisse pas absolument le choix de ses amants, et je vous

C'est pourtant son salon qui avait servi de type à tous les bureaux pédantesques qui fourmillaient dans Paris. Elle seule peut-être aurait pu se le faire pardonner, si pareille réunion eût été supportable [1]. Ce fut de sa maison que sortirent les prétendus *Mémoires de Bachaumont*, gazette littéraire et souvent scandaleuse, écrite sous la dictée de tous ceux qui venaient chez elle raconter le soir la chronique du jour. Bachaumont, sous le nom duquel on l'a publiée, y avait contribué pour beaucoup, ainsi que le vieil abbé Xaupi, homme d'esprit, qui ne croyait à rien, et s'était fait janséniste pour être quelque chose [2]. Mais il faut distinguer leur ouvrage, qui se réduit à quelques volumes, de l'ordurière continuation qu'on y a jointe, dans laquelle on recueillait sans discernement et sans goût tous les bruits les plus invraisemblables, toutes les critiques les plus injustes, et où l'on attaquait indistinctement et sans raison les hommes les plus célèbres et les plus obscurs, depuis le vieux Voltaire jusqu'à un pauvre et jeune écrivain, qui s'appelait Brissot, et dont on voulait salir le nom avant qu'il en eût un [3].

La maison de madame Doublet avait été ouverte pendant

réponds qu'elle ne rejetterait pas les offres de vos très-humbles services...... Si la place n'est pas prise, soyez sûr qu'à la longue elle est prenable. » Rousseau assure que madame Dupin fut irréprochable dans sa conduite. Elle était fille du fameux Samuel Bernard, et avait épousé M. Dupin, fermier général, et auteur de plusieurs ouvrages sur l'industrie et les finances, qui ont été insérés en partie dans l'*Encyclopédie méthodique*. (M.)

[1] Un passage d'une lettre de Pétion à Brissot peut faire présumer que madame Doublet était originaire de Chartres, et parente du docteur Doublet, dont il a été question tout à l'heure; elle était morte en 1771, âgée de plus de quatre-vingt-quatorze ans. Mais son salon, que Brissot regarde comme le type des bureaux d'esprit, ne s'était-il pas formé lui-même sur celui de l'hôtel Rambouillet? (M.)

[2] L'abbé Xaupi, que j'ai connu en 1778, s'est tué en descendant de voiture; c'était le doyen des abbés et des beaux esprits de son temps; il avait quatre-vingt-douze ans. (*Note de Brissot.*) — L'abbé Xaupi était doyen de la faculté de théologie de Paris. (M.)

[3] Les *Mémoires de Bachaumont* formaient primitivement six volumes, auxquels on en a ajouté trente. Brissot a été maltraité dans ce recueil, à l'occasion de ses querelles avec Desforges et Morande. (M.)

un demi-siècle à tous les gens de lettres qui s'y étaient présentés. Elle recevait particulièrement des savants et beaucoup de médecins. A force de causer avec ceux-ci, sa petite-fille, qui allait beaucoup chez Favart, et qui avait épousé le frère de l'abbé de Voisenon, devint folle de médecine, et voulut traiter tout le monde, ses gens, ses amis, ses amants ; il paraît que deux ou trois de ces derniers furent horriblement maltraités. C'est cette même dame Voisenon qui, au temps où les mystifications étaient à la mode, reçut un jour le diplôme de présidente de la faculté de santé : on avait fait imprimer exprès une gazette pour lui bien persuader sa nomination. Cette gazette fut copiée sérieusement par d'autres ; le *Journal des Savants* répéta même son discours de réception, ou plutôt sa lettre d'acceptation, et cela fit rire tout Paris. Faut-il que je fasse ici un nouvel aveu ? Cette anecdote et beaucoup d'autres de ce genre, que Guillard avait retenues, devaient figurer dans un nouveau *Pot-pourri*, mélange de prose et de vers, et que nous voulions composer, à l'époque où il était encore question d'une comédie intitulée *Les Bureaux d'esprit*, comédie qui n'aura problablement jamais été représentée que sur des théâtres de société, et dont Rutlidge, qui s'est distingué dans ces derniers temps par son enthousiasme pour notre révolution et sa haine contre Lafayette, se prétendait l'auteur ; on lui a depuis disputé cette pièce, ainsi que plusieurs autres ouvrages, qu'il s'attribuait, dit-on, parce que personne n'osait alors en prendre la responsabilité [1].

Ainsi ma lettre de cachet ne m'avait pas servi de leçon. J'allais donner encore carrière à mon humeur satirique. Cette fois, il est vrai, je n'attaquais que des travers d'esprit, et je le faisais, je crois, avec décence et bon goût. Mais je

---

[1] Le chevalier James de Rutlidge, ou plutôt Rutledge, était un Irlandais qui a publié, en 1788 et 1789, divers écrits politiques parmi lesquels il faut citer le *Valet de chambre financier, ou Mémoires de M. de Provence*, et une *Vie de Necker*. — Il mourut, dans les prisons de Paris, en 1796. Avant la révolution, il avait donné, sous son nom, plusieurs ouvrages, et entre autres des *Observations à l'Académie française, au sujet de la Lettre de Voltaire sur les traductions de Shakespeare*. (M.)

compris qu'il fallait laisser le fouet de la satire aux mains de Gilbert ; que ce n'était point à cette littérature qu'un esprit grave et philosophique devait jamais s'adonner ; que le plaisir de plaisanter aux dépens de quelques ridicules ne pouvait éloigner l'idée de la peine et peut-être du tort que l'on causait aux personnes ridiculisées. Guillard, malgré le prix avantageux qu'un libraire lui avait déjà offert de notre ouvrage, partagea mes sentiments, et ne balança pas à jeter au feu l'œuvre commencée. Cette bonne action doit excuser et faire oublier la mauvaise intention qui l'avait amenée. Je crois que notre conduite était d'autant plus méritoire, que l'un et l'autre nous étions bien loin d'avoir de l'argent à jeter.

CHAPITRE XV.

Les expédients pour vivre. — Guillard et l'actrice de l'Opéra. — Les amours. — Le bijoutier. — Le baron allemand. — Le comte Schmetau. — La loge maçonnique. — Bonneville et Thomas Payne. — Fin de l'aventure du bijoutier.

La pauvreté n'était pas mon plus grand malheur ; il fallait emprunter, et pour séduire mes amis, il fallait en imposer sur mes espérances futures. Ce rôle humiliant déchira souvent mon âme. Oh ! combien de fois je regrettai de ne pas savoir un bon métier qui me rendît complétement indépendant en me conservant toutefois les idées et les connaissances que j'avais ! Cette époque de ma vie est celle dont le souvenir m'attriste le plus ; je n'y trouve que misère cachée sous l'apparence de l'aisance, liaisons dangereuses, expédients peu délicats, tels que celui que je viens de rappeler, et dont il aurait été presque pardonnable à mes yeux de profiter. Ah ! je remercie le ciel d'avoir préservé mon cœur de plus grands vices et des fautes auxquels la détresse peut quelquefois vous pousser. Je frémis encore en y pensant. A quoi l'indigence ne peut-elle pas conduire une jeunesse imprudente ! et combien ils étaient coupables ces prêtres scélérats, qui, me séparant de ma famille, voulaient me réduire par la force à abjurer mes opinions !

Guillard s'était lié avec une jeune actrice de l'Opéra qui était alors dans son début. Il s'essayait pour ce théâtre, mais n'avait pu encore y produire aucun ouvrage. Il faut rendre justice à sa maîtresse, elle était loin d'avoir les vices de ses semblables, et c'était même par une espèce de vertu qu'elle s'était arrachée à toutes les séductions pour vivre avec Guillard [1].

---

[1] Ce ne fut qu'en 1779 que Guillard fit représenter son premier opéra. Il venait d'assister à l'*Iphigénie en Aulide* de Durollet ; cette pièce avait si vivement excité son imagination, qu'en sortant du spectacle, il conçut à l'instant le plan

Elle avait une compagne; il fallait lui donner un second, et mon poète, peu scrupuleux sur les moyens, n'eut pas de peine à faire naître une liaison qui m'a coûté bien des regrets, bien des larmes, et sur laquelle je dois jeter ici un voile.

La mauvaise compagnie où nous étions lancés devait nous faire tomber tôt ou tard dans un précipice; je suis encore à concevoir comment je l'ai évité. Cependant mon penchant à obliger, au milieu de mon malheur, m'attira une bien cruelle affaire. Un de ces goûts éphémères que se permettait trop souvent Guillard, nous avait liés avec un baron allemand, couvert de dettes, et réduit aux plus fâcheux expédients pour vivre. Guillard m'engagea à m'intéresser à lui. Le baron soutenait un procès dont l'objet me paraissait juste, et il avait des espérances assez fondées sous d'autres rapports. Je l'adressai à un bijoutier que j'avais connu lorsque je travaillais au Palais; il m'avait rendu quelques services, et je croyais à sa probité. Le bijoutier vint me voir, me dit qu'il n'avait pas d'argent, mais qu'il avait des bijoux, qu'il les vendrait volontiers au baron à crédit, que celui-ci pourrait emprunter sur ces gages; il m'ajouta que malgré la solidité des sûretés qu'il offrait, il ne conclurait rien sans mon cautionnement. Je répondis à cet homme que cette condition était

---

de son *Iphigénie en Tauride*. A peine, raconte-t-on, avait-il mis en vers les deux premiers actes, qu'il ne put résister à l'envie de consulter celui dont l'ouvrage avait causé son enthousiasme. Il se présente avec timidité chez ce bon vieillard qui l'accueille d'une manière encourageante, et lui promet de lire son manuscrit. Quelques jours après, l'auteur retourne en tremblant chez son juge, dont il redoute la sévérité : celui-ci garde un silence mystérieux, fait mettre ses chevaux à sa voiture, et invite Guillard à l'accompagner. Où vont-ils, c'est un secret; mais quelle fut la surprise du jeune poëte en se voyant, au bout de quelques minutes, dans l'appartement de Gluck! Celui-ci, non moins taciturne que Durollet, le dispense des politesses d'usage, se met, sans dire mot, à son clavecin, et fait tout à coup entendre à notre auteur l'admirable musique de son premier acte... Quels éloges auraient pu valoir l'éloquence de cette brusque réception! — Le bailli Durollet était un poëte estimable, dont le plus grand mérite fut d'avoir le premier reconnu et fait reconnaître le génie de Gluck. On lui doit *Iphigénie*, *Alceste*, une comédie en cinq actes, les *Effets du caractère*, représentée sans succès, et des lettres sur les *drames-opéras*, que nous appelons des drames lyriques. (M.)

doublement extravagante, premièrement parce que le baron m'était étranger; parce que je ne l'avais lié avec lui que pour procurer à l'un du pain, à l'autre une affaire lucrative ; et secondement parce que j'étais mineur. Le brocanteur ne s'arrêta point à ces raisons; il me dit que ma minorité ne l'inquiétait point, parce qu'il connaissait ma bonne foi ; je persistai dans mon refus; mais le baron se jeta à mes genoux, me promit tout; Guillard se joignit à lui ; je n'ai jamais pu résister à des larmes, et je cédai. Le subtil brocanteur, abusant de son ascendant sur nous, prit tous les moyens pour me bien lier, et pour tromper le baron. Il lui vendit d'abord ses bijoux six fois plus qu'ils ne valaient; il exigea quatre ou cinq sortes de billets, mon cautionnement, et cela ne lui suffit pas; il me dit qu'il serait possible que le baron nous trompât tous deux, et que pour le lier bien complètement, il fallait lui faire passer une lettre de change de cent louis, à mon ordre, laquelle resterait entre mes mains. Cette lettre, ajouta-t-il, vous mettra à portée de le faire arrêter, s'il manque de parole. Comme je répugnais à ce moyen, il me dit qu'il se chargeait de l'arrestation, avec un endossement. Encore une fois, je croyais à son honnêteté; je souscrivis à tout : le baron fit la lettre, et je la gardai ; quelques jours après, je rencontre le bijoutier, qui me fait entrer dans un café. Là il me raconte que nous sommes pris pour dupes, qu'il a de bons renseignements, que le baron n'est qu'un escroc, qu'il est urgent de le faire arrêter. Je ne doute pas un instant de la véracité de mon homme; il me presse de lui remettre la lettre, je fais d'abord quelques difficultés ; le fourbe connaissait mon caractère, il persiste, et je cède encore. Telle était mon aveugle confiance en sa probité, que je lui remets la lettre de change avec mon endossement *valeur reçue*, sans même exiger un reçu de lui, qui constatât que cet endossement n'était que simulé. On m'a peint dans ces derniers temps comme un homme fin et défiant ; le trait que je rapporte prouvera combien ce portrait est faux. On se corrige peu d'un pareil penchant, et, arrivé à l'âge de quarante ans, ce n'est qu'avec de violents efforts que je puis quelquefois me vaincre et me permettre quelques défiances.

On a dit que la confiance était le partage des âmes supérieures. Cette maxime devient fausse en la généralisant trop, car cette confiance aveugle caractérise aussi fort souvent l'étourderie et l'irréflexion.

Quoi qu'il en soit, mon penchant à la confiance ne tient ni à l'orgueil, ni à l'étourderie; il est inné dans mon âme, et je ne puis l'en détacher. Il tient, je crois, à ce caractère de bienveillance et de facilité dont j'ai déjà parlé.

Quelques jours s'écoulent. J'apprends, avec le plus grand étonnement, que le bijoutier veut poursuivre non seulement le baron, mais moi-même. Rien n'égale ma surprise que ma terreur. Je vis le piége qu'il m'avait tendu, je vis l'orage qui allait m'atteindre, et je me hâtai de le prévenir.

J'étais alors lié avec le comte Schmetau, fils de ce maréchal Schmetau, dont les services avaient été si utiles au roi de Prusse[1]. C'était un vrai philosophe, quoique bien jeune encore; un vrai républicain, quoique homme de qualité. Il m'avait donné plusieurs fois d'utiles conseils; il avait même contribué à me faire recevoir dans une loge allemande de franc-maçonnerie. Je m'étais toujours moqué du secret de cette institution, qui ne me paraissait utile que pour le plaisir. Schmetau entreprit de me convertir. Pouvez-vous m'assurer, lui dis-je, que cette association ait un but utile à l'humanité, tel que celui de perfectionner les sciences ou le bonheur de l'homme, ou le délivrer de ses tyrans? Si cela est, je me fais demain franc-maçon. Il me répondit que ses serments l'empêchaient de trahir le secret de cette société, mais que je ne serais pas trompé dans l'objet de mes vœux, si je voulais y entrer.

---

[1] Le comte Samuel de Schmetau avait d'abord servi l'Autriche dans la guerre contre les Turcs; c'était un officier du génie d'un mérite distingué; et, à la fin de la campagne, il fut créé feld-maréchal et gouverneur du Temeswad. Bientôt fatigué d'une cour toute remplie des ennemis que l'envie lui avait attirés, il offrit ses services à la Prusse. Frédéric II le nomma feld-maréchal-général, lui donna toute sa confiance et son amitié. Il était curateur de l'Académie des sciences de Berlin; Maupertuis y prononça son éloge. (M.)

— Sur ce mot je consentis ; je passai par toutes les épreuves, je fis d'horribles serments ; mais, soit que je n'aie pas été assez avancé dans les grades, soit qu'au fond ce ne fût que pure niaiserie, mon attente a été frustrée. Mon ami Bonneville et Thomas Payne, à qui je racontai cette anecdote, et qui se piquent de posséder tous les secrets de l'ordre, m'ont depuis assuré que je l'avais fort mal jugé [1].

Puisque j'ai prononcé le nom de Bonneville, que je consacre quelques lignes en tribut à l'estime qu'il m'a inspirée. Je parlerai plus tard de Thomas Payne. Profondément instruit dans toutes les langues de l'Europe, Bonneville a fait connaître à la France la littérature allemande, qu'on méprisait trop avant lui. Il a aidé Letourneur dans sa traduction de Shakespeare, et son secours n'a pas été inutile à Luneau-Boisgermain. Original, bizarre, si l'on veut, dans son style et ses idées, son esprit enthousiaste l'a porté dans la mysticité francmaçonnique, et il en discourt comme un illuminé ; il a même publié un long ouvrage sur ce sujet, que je lui demande pardon de n'avoir jamais pu lire ; mais ardent apôtre de la révolution, et digne de la servir comme elle doit être servie, il employa tous ses talents à seconder son essor. Vrai philosophe, véritable ami du peuple, véritable ami de la liberté, il n'a point dépassé les bornes nécessaires. Comme Thomas Payne et beaucoup d'autres, pour l'honneur de la république, il a mérité la haine de nos plus affreux anarchistes ; puissent-ils échapper à la proscription que, sous le règne des Tibère, le courage et la vertu ne sauraient manquer d'attirer sur leurs têtes [2] !

[1] Thomas Payne a laissé un ouvrage posthume, intitulé : *Essai sur l'origine de la Franc-Maçonnerie*. En 1812 Bonneville en a publié la traduction. (M.)

[2] Bonneville embrassa la cause de la révolution avec ardeur. Il fut lié tour à tour avec Condorcet, Bailly, Lafayette, Th. Payne et Kosciusko. Électeur en 89 et 91, ce fut lui qui, le premier, demanda la formation de la garde nationale. Chargé à cette époque des approvisionnements de la ville de Paris, il s'acquitta de cette importante fonction avec un patriotisme que Monsieur, depuis Louis XVIII, n'hésita pas à récompenser publiquement. Pendant la révolution, il rédigea divers journaux, et fit paraître une infinité de brochures, dans lesquelles il se montra partisan d'une sage liberté. La modération et la justice qu'il invoquait dans ses écrits le firent un jour dénoncer comme aristocrate par

Je reviens à l'histoire du bijoutier. Schmetau, indigné au récit que je lui fis, me proposa de me transporter aussitôt chez lui, pour le forcer de rendre la lettre de change, j'y consentis. Schmetau parla à ce vil coquin, avec cet ascendant que donne la vertu, et que donnait alors la naissance sur les hommes de cette espèce. Il le menaça du lieutenant de police, d'une lettre de cachet. Verrier, effrayé, consentait bien à me donner un reçu qui attesterait que je n'avais pas touché la valeur de l'endossement. Le comte voulait la lettre de change, parce qu'il craignait que si elle était cédée à un tiers, je ne fusse mis en prison; mais le bijoutier tint ferme, et je n'eus ni la lettre de change ni le reçu. Le comte Schmetau alla aussitôt chez le lieutenant de police, qui promit et ne tint pas parole. Je rendis plainte de vol, mais n'ayant aucun moyen pour suivre ma plainte, elle tomba dans le néant.

Le bijoutier allait m'arracher ma liberté, lorsqu'un événement inattendu vint me soustraire à ses poursuites. Avant de le raconter, je veux finir l'histoire de cette escroquerie, qui n'a été terminée que dix années après.

Pendant mon absence de Paris, le bijoutier obtint une sentence de prise de corps contre moi; j'en interjetai appel au parlement, et, fondé sur ma minorité, je demandai un arrêt de défense contre l'exécution provisoire. L'arrêt me fut accordé; ce fut un coup de foudre pour mon adversaire; mais il n'en fut pas atterré. A l'affût des occasions pour renouveler ses poursuites, il saisit le moment où je me présentai au barreau de Paris; c'était en 1782. Il me dénonça à cet ordre si ridiculement rigide; il était déjà question de me rayer de la liste du stage à cause de ma *Théorie*

Marat, qui venait de l'apercevoir dans une des tribunes de la Convention. Il fut arrêté; mais il eut le bonheur d'échapper à l'échafaud et même à la prison. Il reprit sa plume, et continua de prêcher les véritables principes de la philosophie et de la liberté. Après le 9 thermidor, il écrivit encore dans le même esprit. L'élévation de Bonaparte ne le fit pas changer d'opinion; il se montra ennemi du despotisme comme il l'avait été de l'anarchie; et, loin d'éprouver les faveurs de l'empire, il n'en connut que la persécution. (M.).

des lois criminelles. La tracasserie nouvelle du bijoutier, jointe à toutes celles que j'éprouvai, me fit abandonner la robe.

Je croyais cette affaire entièrement oubliée, lorsqu'en 1791, immédiatement après mon élection à la législature, ce bijoutier, réduit à l'état de domesticité par la banqueroute qu'il avait faite, m'adressa une lettre menaçante. Il me disait que mes ennemis lui avaient marchandé ses papiers pour publier de nouveaux libelles contre moi, qu'il s'était constamment refusé à leurs offres quoiqu'elles fussent infiniment avantageuses, qu'il allait éclater si je ne le payais pas.

Je crus d'abord à ce trait de générosité, et j'étais sur le point d'en être la dupe; mais quelques renseignements m'apprirent que cette générosité n'était que feinte, et quoique accablé de libelles, quoique environné d'ennemis, quoique convaincu que ce procès les égayerait à mes dépens, fort de ma conscience, je résolus de le suivre; le tribunal auquel il fut porté confirma mes espérances en déclarant nulle la lettre de change.

Cette histoire doit être une leçon salutaire pour mes enfants. Elle doit les mettre en garde contre la bienveillance même, qui n'est souvent qu'une vertu funeste dans la corruption où nous sommes plongés. Elle doit les engager à ne jamais souscrire d'obligations, ni prendre des engagements sans en bien connaître l'étendue et les conséquences.

CHAPITRE XVI.

Le testament politique de l'Angleterre ; M. de Vergennes et M. Swinton. — Le journaliste anglais. — Les adieux à Guillard, aux deux actrices. — Un dernier coup d'œil sur Paris. — Les grands événements du jour. — Benjamin Franklin. — Voltaire. — La première représentation d'*Irène*. — Le duc de Bourbon et le comte d'Artois. — Affaire du bois de Boulogne. — Les petits-fils de Franklin, et leurs talons rouges. — Souvenirs d'une visite de Brissot à Franklin, en Amérique.

J'ai annoncé un événement qui m'avait soustrait aux poursuites de mon fripon de bijoutier. La guerre déclarée par la France à l'Angleterre pour soutenir l'indépendance des États-Unis de l'Amérique le fit naître. Cette guerre avait déjà exercé ma plume : je m'étais amusé aux dépens du cabinet britannique dans une brochure qui fit alors quelque bruit ; elle avait pour titre : *Testament politique de l'Angleterre*. Rien n'était plus propre que cet écrit à donner de la confiance à notre nation, à faire apprécier l'extravagance de lord North et de ses adhérens, à inspirer le respect pour les principes des Américains. J'étais fondé à croire que sous ces rapports elle plairait au comte de Vergennes qui avait décidé le cabinet de France à cette rupture. Le manuscrit lui en fut présenté, mais il avait tellement peur d'irriter les Anglais, et d'accoutumer les esprits français à la politique, qu'il en défendit expressément la publicité. Sa défense ne m'arrêta pas, et grâce aux presses de Neufchâtel, qui se chargeaient alors d'éclairer la France, malgré les ministres, le *Testament politique de l'Angleterre* vit le jour.

Il tomba entre les mains du propriétaire du *Courrier de l'Europe*, feuille que rendaient piquante son impression en pays étranger, l'espèce de liberté qu'on lui supposait, et la nouveauté des scènes parlementaires qu'on y décrivait, enfin, l'intérêt des nouvelles politiques qui s'y trouvaient. Jusqu'au moment de la publication du *Courrier,* l'Angleterre avait été véritablement une terre étrangère pour le reste de l'Europe. On ignorait presque tout ce qui se passait dans son sein. On ne connaissait guère sa constitution que par les écrits de Montesquieu, ou par les récits frivoles des voyageurs qui allaient passer quinze jours à Londres, pour le compte de quelques libraires, et revenaient à Paris débiter leurs relations. Les gazettes hollandaises auraient pu suppléer au vide total des faits et des documents, mais leurs fragments mutilés, traductions informes des gazettes anglaises, étaient si défectueuses, si fatigantes, si confuses, qu'à peine pouvait-on les lire, et lorsqu'on les avait lues, c'était un chaos où l'on s'apercevait bien qu'il n'y avait rien à prendre. Un Français, homme d'esprit, avait entrevu dans tous ces motifs et dans la nécessité où étaient les gouvernements du continent de connaître les affaires de l'Angleterre, les éléments d'un grand succès pour un journal. Il résolut de le fonder. Il sentit tout le parti qu'il pouvait tirer de l'amas immense des feuilles quotidiennes et périodiques que Londres voit éclore, pour composer, à Londres même, un journal français. Il annonça son plan, qui fut partout goûté, même en France; il leva les obstacles qu'il avait d'abord éprouvés, et fit adroitement sentir de quelle utilité ce journal pouvait devenir pendant le cours de la scène sanglante qui allait s'ouvrir. Il était extraordinaire sans doute qu'un étranger allât s'établir en Angleterre pour de là divulguer les desseins de l'Angleterre. Il ne dut pas sembler moins étrange qu'un Anglais s'associât à cette publication fatale à son pays, et qu'il fournît les fonds nécessaires pour l'entreprendre.

On prétend, et Voltaire l'a répété dans sa préface de *Zaïre,* qu'il n'y a point de commerce qui déshonore à Londres. Celui du *Courrier de l'Europe* pouvait paraître peu patriotique; mais en se rappelant que les Hollandais fournirent eux-mêmes aux vainqueurs de Bergopzoom les poudres qui firent prendre cette ville, on pardonnait à un spéculateur d'échanger les secrets de son pays contre l'or d'un pays ennemi : car l'or n'a point d'ennemis, disait-on sans doute. Cet or se dépensait à Londres, c'était tout bénéfice pour Londres. Ce calcul n'est peut-être pas tout à fait celui des Romains : mais les Romains n'étaient pas marchands.

L'entrepreneur du *Courrier de l'Europe* était Swinton. Il s'était associé à Deserre Delatour, auteur du plan de ce journal, pour le faire imprimer. Il y mettait son industrie, l'autre y mettait son esprit. Ce fut lui qui, après la lecture de mon *Testament politique*, se transporta chez mon libraire, prit mon adresse, et vint me rendre une visite. Grand, bien taillé, d'un embonpoint assez considérable, il avait cet air de gravité qui caractérise les Anglais, et cette mise simple, mais riche, qui annonce l'homme fortuné; il ne s'ouvrit pas d'abord sur son projet, mais il me parla vaguement du besoin qu'il avait d'un homme de lettres, actif, un peu versé dans la politique, sachant l'anglais, et qui fût disposé à quitter Paris pour se fixer dans la province, ou même passer la Manche. Il n'offrait pas d'abord de grands appointements, mais il promettait de les augmenter. Guillard aurait bien désiré profiter d'une pareille occasion ; il aimait le changement, et il se promettait, dans ce nouvel ordre de choses, une abondance de bonnes fortunes. Mais Swinton, comme depuis il me l'a dit, craignait sa morale relâchée, sa légèreté, son goût pour les femmes ; il crut voir plus de solidité dans mon esprit, plus de sûreté dans mon caractère, et il me donna la préférence. Dès que son mot fut prononcé, je ne lui demandai plus rien; je quittais Paris. C'était mon suprême bonheur ; j'étais las de vivre dans le bourbier où mes connaissances m'avaient plongé. Ce n'était pas la misère qui me pesait; j'avais assez de force pour la supporter; mais, lorsque je rentrais en moi-même, ma conscience me reprochait ma vie actuelle, mon désordre, elle me faisait entrevoir l'abîme où j'allais tomber. Je regardai donc Swinton comme mon libérateur ; il voulut faire des conditions, je ne voulus en entendre aucune : on ne fait pas de conditions avec son père, et je le regardais comme le mien. Il me donna de l'argent pour régler mes affaires; je payai toutes les dettes de notre petite communauté, je partageai le reste avec Guillard et les deux personnes qui vivaient avec nous, et je partis l'âme satisfaite.

En disant adieu à Paris, en sortant de ses barrières, il me sembla être déchargé d'un poids énorme. Comme la campagne me parut belle! Comme l'air me semblait pur! C'était une volupté pour moi de le respirer.

Cependant je l'abandonnais dans un instant où tout autre que moi eût peut-être été désolé d'en sortir. Jamais Paris n'avait été plus brillant, plus animé; jamais la vie n'y avait été plus remplie d'activité et d'émotions, de ces émotions qui agitent l'âme d'un peuple élégant, poète et philosophe. Au milieu de vingt autres circonstances propres à intéresser, c'était le moment du séjour de Benjamin Franklin et de Voltaire, le moment où chacun se portait encore sur les pas du législateur américain et le poursuivait jusqu'à sa retraite de Chaillot; le moment des représentations d'*Irène* et des triomphes de son immortel auteur.

J'avais assisté à la première représentation d'*Irène*. Elle ne fut pas tout à fait un triomphe pour le génie de Voltaire, et n'aurait pas dû l'abuser sur *Agathocle*, que dès le soir même il préparait, dit-on, pour la scène. Dans deux lettres adressées au *Courrier de l'Europe*, et qui devaient être mes débuts à ce journal, je rendais compte de cette tragédie, de sa représentation et des incidents qui s'y rattachaient. On n'osa pas les imprimer. L'éloge que je faisais du poète, la respectueuse critique que je me permettais sur son ouvrage, n'étaient point la cause de cette interdiction. Mais, au milieu des applaudissements prodigués à la pièce, je parlais des applaudissements prodigués à MM. Bourbon et Condé, lorsqu'ils parurent dans leur loge, et du silence qui accueillit Marie-Antoinette et M. d'Artois, lorsqu'ils arrivèrent à leur tour au spectacle. J'expliquais à la fois ces applaudissements et ce silence. On sait que MM. Bourbon et d'Artois avaient été le matin au bois de Boulogne pour terminer un différent..... Je racontais cette affaire avec une foule de curieux détails que je devais au hasard, mais à un hasard de bonne source. Swinton craignit de se compromettre en publiant mes lettres; arrangées sous une autre forme, elles sont restées dans mes papiers.

En sortant de voir *Irène*, on me montra, dans le vestibule, les petits-fils de Franklin, qui avaient assisté à la représentation. J'avoue que je ne retrouvai point en eux l'image que je m'étais faite des simples Américains. C'étaient des petits-maîtres français, portant l'épée et les talons rouges. J'ai été accueilli depuis par l'un d'eux sur la terre qui l'avait vu naître, et je dois dire que rien ne rappelait en lui cette frivolité, ni ces concessions d'un moment à la mode d'un pays étranger.

Je ne pus parvenir à rencontrer Franklin, qu'une seule fois, pendant le séjour qu'il fit en France. Chose singulière, c'était chez Marat. Mais, grâce au ciel, j'ai joui du bonheur de le voir et de l'entendre en Amérique, au moment même où il échappait au tourment de la pierre, qui avait failli l'enlever.

Quand je me présentai à sa maison, rempli des alarmes que les nouvelles de sa maladie faisaient naître, son mal était dissipé. Il existait encore pour moi, ce grand homme, si longtemps le précepteur des Américains, et qui a si glorieusement contribué à leur indépendance. Je le vis, j'en fus accueilli, je pus jouir de sa conversation au milieu de ses livres, qu'il appelait encore ses meilleurs amis[1]. La mort avait menacé ses jours, mais les douleurs que lui causait sa cruelle infirmité n'altéraient point la sérénité de son visage ni le calme de ses entretiens. Ils ont longtemps enchanté l'esprit de nos Français qui vécurent dans son intimité. Mais, chez lui, au milieu de sa bibliothèque, près de ces fenêtres d'où il contemplait un beau ciel et des campagnes fécondées par la liberté, quel charme enivrant n'eussent-ils pas trouvé dans ses discours? Son ancien rôle d'ambassadeur ne lui imposait plus cette réserve gênante et diplomatique qui glaçait quelquefois ses convives. Au sein de ses foyers domestiques, Franklin ressemblait à un de ces patriarches qu'il a peints dans ses écrits,

---

[1] C'était en 1788. Voyez le récit des voyages de Brissot dans les États-Unis. (M.)

et dont il savait copier le langage avec tant de naïveté. Quelque chose d'antique était répandu autour de lui et sur toute sa famille. Il m'apparut comme un philosophe des temps anciens, qui, descendu de la sphère élevée où s'élançait parfois son génie, revenait doucement à la terre pour instruire de simples mortels, en se prêtant avec indulgence à leurs faiblesses.

Franklin dans la conversation avait tout l'abandon, toute la modestie qui provoque la réplique et le dialogue intime. Il était loin de cette âpreté orgueilleuse et farouche qui repousse toutes les idées des autres; il écoutait. Et pourquoi ne nous a-t-il pas laissé quelque traité bien précis, bien clair, sur l'art d'écouter? Nous en aurions eu grand besoin de notre temps où l'on a tant péroré, déclamé sans vouloir entendre. Il répondait aux idées de ceux qui lui parlaient et non aux siennes. Je l'ai vu près de jeunes gens pleins d'orgueil, de frivolité, et qui s'empressaient de faire parade devant lui de quelques connaissances superficielles. Il savait les apprécier, mais il ne les humiliait pas même par cette bonté qui suppose toujours une distance fatigante. Se mettant sans faste à leur niveau, il causait avec eux sans avoir l'air de les instruire. Il causait, et c'est la causerie seule qui attire et peut faire recevoir l'instruction, car si elle est dogmatique ou apprêtée on la repousse.

Franklin avait des connaissances profondes et variées; mais c'était au peuple qu'il voulait principalement qu'elles fussent utiles. Il était cruellement affligé de son ignorance et sans cesse occupé du soin de l'éclairer. Il cherchait à répandre l'instruction de tous les côtés. Il ne songeait qu'aux moyens de baisser les prix des livres afin de les multiplier et de les faire circuler partout.

J'ai trouvé en Amérique une foule de politiques éclairés, d'hommes vertueux; mais je n'en ai point vu qui me parussent posséder à un si haut degré que Franklin les qualités du vrai philosophe. Amour du genre humain, zèle infatigable pour le servir, lumières étendues, simplicité dans les manières et pureté dans les mœurs, toutes ces vertus n'établiraient pas une ligne de démarcation assez marquée entre lui et les politiques patriotes, si je n'ajoutais un trait caractéristique : c'est que Franklin, au milieu de la vaste scène où il jouait un rôle si brillant, songeait sans cesse à l'avenir, avait les yeux sans cesse fixés sur le ciel, théâtre bien autrement vaste, seul point de vue qui puisse peut-être soutenir, désintéresser, agrandir l'homme sur la terre. Au-dessus de vains et sots préjugés, toute sa vie n'a été qu'une étude, qu'une pratique constante de la plus sainte philosophie. Je veux donner une esquisse de cette vie d'après les documents que j'ai recueillis en Amérique, et dans sa propre famille. Comme son histoire a été fort défigurée, cette esquisse pourra servir à rectifier quelques-unes des anecdotes mensongères qui circulent en Europe.

CHAPITRE XVII.

Rencontre de Voltaire chez M. Horeau. — Stupidité du procureur. — L'escorte du poëte. — Brissot pourra dire, j'ai *vu* Voltaire. — Il voudrait pouvoir dire, je *lui ai parlé*. — Tentatives à ce sujet. — La préface de la *Théorie des lois criminelles*. — Le marquis de Vilette. — Son portrait. — Il se charge d'une lettre de Brissot. — Réponse de Voltaire. — J.-J. Rousseau. — Brissot veut lui offrir d'être son garde-malade. — La comtesse Dubarry. — La faute en est aux Dieux qui la firent si belle. — Mirabeau. — Laclos. — Madame de Nehra. — Madame de Genlis. — Ses sentimens constitutionnels et républicains *peut-être*. — Portrait de madame Dubarry par Mirabeau.

Avant de quitter définitivement Paris, je ne dois pas oublier une autre bonne fortune qui m'arriva le jour même de mon départ. Avec Franklin, qui y résidait déjà depuis près de deux ans, Voltaire faisait alors l'admiration de la capitale, et y recevait à la fois les hommages des gens de lettres, des grands seigneurs, de tout ce que la cour et la ville renfermaient de plus distingué. Il n'était bruit que du grand homme, de ses conversations, de ses saillies, de son *Irène*, de tout ce qu'on faisait et disait autour de lui, ou à son occasion, et de la mauvaise humeur de Louis XVI, et des cabales du clergé.

J'étais un matin chez un confrère de M. Aucante, M. Horeau, chargé de terminer une affaire embrouillée, qui les divisait, et dont j'avais eu anciennement la clé. C'était une mission que j'avais acceptée par complaisance, et que je m'applaudis vivement de n'avoir pas refusée.

M. Horeau était la tête la plus forte, l'esprit le plus fin, le procureur le plus retors qu'on pût voir au parlement; hors de là, l'esprit le plus borné, le plus épais, l'ignorant le plus encroûté qu'on pût trouver en France.

Pendant que je dissertais diplomatiquement au nom de celui qui m'envoyait, il entra un vieillard d'une taille élevée, à l'œil vif et perçant, au regard d'aigle ; homme sec et droit, malgré son grand âge et une figure souffrante, et qui tenait en ses mains une canne à bec de corbin, sur laquelle il semblait à peine avoir besoin de se soutenir. Il venait demander des nouvelles d'un procès arriéré, et dont il indiqua l'objet. Je n'ai rien oublié de lui. Une large robe de chambre bigarrée enveloppait son corps ; sa tête était au fond d'une vaste perruque noire, surmontée d'une espèce de bonnet carré. C'était bien là le plus bizarre accoutrement que j'aie vu de ma vie.

Horeau commença par lui faire répéter le sujet de sa visite. « Je vous demande, dit le vieillard, où en est le procès que M. de Voltaire vous a chargé de poursuivre, il y a quelques années, et dont il n'a plus entendu parler. » À ce nom de Voltaire vous m'eussiez vu tressaillir de la tête aux pieds. Mon procureur ne s'en émut pas plus que s'il eût été question de Pierre ou de Jérôme ; il alla à ses dossiers.

« Je ne me rappelais plus, dit-il en revenant, que j'avais M. de Voltaire au nombre de mes clients. Que fait-il donc à son Ferney ? — A son Ferney, répondit le vieillard, il cherche à éclairer le monde, et depuis qu'il est ici, il s'aperçoit que la lumière n'est pas encore universellement répandue. — Quoi ! serait-il à Paris, réplique Horeau ? » Alors je vis passer sur les lèvres du vieillard ce rire sardonique qui me l'avait déjà révélé. — Oui, monsieur, il est à Paris, et chez vous, quoique vous n'ayez pas l'air de vous en douter. » En effet, le rustre chicaneur ne témoignait pas plus d'égards à l'illustre visiteur, que s'il se fût agi du plus obscur particulier. Il se civilisa pourtant, car si pour Horeau l'homme de génie n'était rien, il voyait du moins en lui un client et un procès.

Pour moi, heureux et honteux à la fois de me voir chez un tel homme, et si près du sublime auteur de tant d'immortels ouvrages, je tâchais de m'effacer, de me faire disparaître, rougissant du procureur, comme si j'eusse été complice de sa rusticité. Mais je ne perdais pas un mot, un geste, un mouvement de Voltaire. Mes yeux le parcouraient, le dévoraient. Je voulais le contempler cette fois pour toujours, car qui me disait que je pusse le revoir jamais ?

Quand il fut sorti, les jeunes clercs d'Horeau, qui avaient appris le nom du philosophe, descendirent sur ses pas, ne croyant pas l'avoir vu d'assez près et assez longtemps dans leur étude; ils l'accompagnèrent jusqu'à sa voiture. Déjà la nouvelle avait couru du haut en bas de la maison, et tout le monde dans la rue s'était assemblé sur son passage. La foule qui s'était formée, et qui se grossit, l'escorta jusqu'à son hôtel.

J'ai entendu raconter, dès ce jour même, et fort diversement, cette anecdote. On a parlé du mécontentement qu'avait témoigné Voltaire, de son orgueil blessé, parce qu'il y avait dans Paris un lieu où il était ignoré, parce qu'il existait un individu en Europe auquel son génie était inconnu. Je puis assurer qu'il ne témoigna qu'un peu d'ironie en se voyant obligé de décliner un nom qui était dans toutes les bouches; et que s'il y eut quelque mécontentement de sa part, ce fut sans doute de voir ses intérêts confiés à un homme qui ne paraissait pas être plus au courant de son procès que des nouvelles dont tout le monde s'entretenait en France.

Cette rencontre imprévue ranimait dans moi un désir qui m'avait long-temps agité. Mourir sans pouvoir dire : j'ai vu Voltaire, m'eût semblé un grand malheur. Pour le voir j'eusse volontiers entrepris, à pied, le pèlerinage de Ferney. Depuis son arrivée à Paris, le cortége brillant qui l'entourait et le suivait partout m'avait éloigné. Comment et à quel titre me présenter à lui? le hasard venait de me servir. Je pouvais dire : Je l'ai vu ; mais cela ne me suffisait pas. Je regrettais de n'avoir pas osé lui parler. Que n'eussé-je pas donné pour m'entendre adresser un mot de cette bouche dont toutes les paroles semblaient devoir être recueillies par la postérité !

J'avais terminé l'introduction de ma *Théorie des lois criminelles*. En attendant que le livre fût achevé, je voulus présenter cette préface à Voltaire. Un jour que je me sentais l'esprit entreprenant et décidé, je pars avec mon ouvrage sous le bras, et armé de courage et d'éloquence. Arrivé au Pont-Royal, mon courage commença à s'affaiblir; sur le seuil de la porte, le frisson me prit ; introduit dans la maison, je fléchissais sur mes genoux. Qu'allais-je faire? qu'allais-je dire? Je vis que mon éloquence m'abandonnerait comme mon courage....., et je m'en retournai.

Rentré à mon logis, je réfléchis à ma sottise; mais je me sentis capable de recommencer. En me rendant justice, il eût dû me paraître inutile de songer encore à Voltaire ; mais j'avais un nouveau projet; je ne risquais rien de l'essayer. Je lui écrivis une lettre, dans laquelle je lui offrais les prémices de mon ouvrage. Je voulus la porter moi-même, résolu de la remettre au premier venu, si je manquais d'audace pour la présenter. Cette fois je me sentais plus de courage : le courage des lâches, qui avancent tant qu'ils sont certains de pouvoir se sauver.

J'étais presque parvenu à l'antichambre, où il n'y avait pas moins de mouvement ce jour-là que la veille; j'entendis du bruit au-dedans; la porte s'entrouvrit : assailli par ma sotte timidité, je redescendis rapidement; mais, honteux de moi-même, je retournai sur mes pas. Une femme, que le maître de la maison venait de reconduire, était au bas de l'escalier. Cette femme était belle, et elle avait une physionomie aimable. Je n'hésitai pas à m'adresser à elle ; je lui demandai si elle pensait que je pusse être introduit près de Voltaire, en lui apprenant ingénument quel était l'objet de ma visite. — M. de Voltaire n'a reçu presque personne aujourd'hui, me répondit-elle avec bonté; cependant, Monsieur, c'est une grâce que je viens d'obtenir, et je ne doute pas que vous ne l'obteniez aussi. — Et comme si, à mon embarras, elle eût deviné ma timidité, elle appela elle-même le maître de la maison, qui n'avait pas encore fermé la porte sur lui. J'étais pris. Elle me laissa, après avoir répondu à mes profondes salutations, par un sourire plein de bienveillance, et qui semblait me recommander. Je dirai tout à l'heure quelle était cette femme.

Je remis ma lettre à l'hôte de Voltaire, c'était l'aimable Vilette, que nous avons vu depuis à la Convention, et qui a racheté toutes les erreurs de sa jeunesse en prêchant, pendant le cours de la révolution, sous des formes ingénieuses, la destruction des préjugés et du despotisme.

Vilette, si j'eusse paru le désirer, m'eût volontiers introduit près de son hôte. Il m'a assuré, lorsque je le rencontrai plus tard, que, malgré l'indisposition réelle de l'auteur d'*Irène*, qu'un travail de toute la nuit, consacré à *Agathocle*, avait fatigué, il regretta de ne m'avoir pas fait remettre ma lettre moi-même : mais cet éclat qui environnait Voltaire, cet appareil de présentation qu'il m'eût fallu subir, avait tout à coup refroidi mon ardeur : c'était le grand poète, le grand philosophe, c'était un dieu, si l'on veut, aux pieds duquel j'aurais voulu déposer mon hommage; mais ce n'était pas un grand seigneur que je voulais humblement saluer. Vilette m'avait offert de m'introduire, en m'engageant pourtant à choisir un instant plus propice, et qu'il m'indiquait. Je me contentai de lui confier ma missive. C'était, je l'ai dit, l'introduction de ma *Théorie des lois criminelles* que j'adressais à Voltaire avec quelques lignes flatteuses. Voltaire me répondit par une lettre plus flatteuse encore. J'en ai inséré une partie dans la préface de mon ouvrage, lorsque je le fis imprimer.

« Paris, 13 avril 1778.

« Celui à qui vous avez fait, monsieur, l'honneur d'écrire et d'en-
« voyer un plan, est bien loin d'être un grand homme ; mais il cher-
« che à en former..... Votre ouvrage sera digne de la philosophie et
« de la législation ; il pourra contribuer au bonheur des hommes, s'il
« est écrit avec l'énergie qui caractérise l'exorde, etc., etc. »

« VOLTAIRE. »

Ce fut cette réponse que je reçus le jour même où je partais pour Boulogne.

Dans l'intervalle j'avais revu une seconde fois Voltaire au Palais-Royal. Quel feu dans ses regards, quoiqu'il fût âgé de plus de 80 ans! mais je ne le recherchais plus : ce cortége trop brillant d'hommes de cour, de littérateurs enivrés d'eux-mêmes, m'effarouchait, m'éloignait.

Je fus tenté plus fortement de rechercher Rousseau, dont j'admirais les talents et surtout la vie philosophique, dont je plaignais l'infortune. N'osant me proposer pour son ami, je me serais fait volontiers son garde-malade. Vingt fois je pris la plume pour lui écrire, mais je me disais : Il te soupçonnera d'être un émissaire de ses ennemis, il ne verra dans toi qu'un homme de lettres. Ah! s'il pouvait lire dans ton âme!... Et la plume me tombait des mains. Je n'ai jamais vu Rousseau.

Je dois nommer cette femme aimable que j'avais rencontrée à la porte de Voltaire; c'était madame Dubarry. En me rappelant son sourire si plein de grâce et de bonté, je suis devenu plus indulgent envers la favorite; mais je laisse à d'autres le soin d'excuser la faiblesse et l'infamie de Louis XV. On ne pouvait avoir plus d'attraits, ni « un plus grand assortiment de beautés, » comme le disait un peu brutalement un portrait qu'on a fait d'elle, et dans lequel l'auteur convenait que le déshonneur de cette femme venait de sa naissance, de son éducation, de ceux qui l'ont prostituée, tandis que le déshonneur de ceux qui se sont prostitués dans ses bras ou à ses pieds ne venait que d'eux seuls. Ce portrait était de Mirabeau, avec qui je causais de la Maintenon, de la Pompadour, et auquel je témoignais en riant quelque indulgence pour la Dubarry, aussi vile, mais cent fois moins odieuse à mes yeux que ses rivales, et qui n'eut de commun avec elles qu'une faveur dont elle n'abusa pas despotiquement, et des mœurs qui ne me semblaient guère plus coupables. — Vous avez raison, me dit Mirabeau; si ce ne fut pas une vestale,

La faute en est aux Dieux qui la firent si belle ;

mais, du moins, elle n'a pas lancé de lettre de cachet contre ceux qui médisaient de ses vertus. — Il faut la purifier, répliqua Laclos [1], qui était présent ainsi qu'Henriette de Nehra. Je parus curieux de voir la purification dont on m'offrait de

---

[1] Laclos, auteur des *Liaisons dangereuses*, et secrétaire intime du duc d'Orléans. (M.)

me faire juge et qu'on devait écrire, pour je ne sais quelle galerie secrète. Madame Nehra m'envoya effectivement, avec plusieurs volumes que je lui avais prêtés, le portrait de madame Dubarry; j'en parle, parce qu'en le copiant, elle y avait joint un portrait de madame de Sillery. Je pensai que ce second envoi était une méchanceté de Laclos, qui était bien aise de me faire lire ses épigrammes contre une femme qu'il détestait et pour laquelle il connaissait mes sentiments d'estime; sentiments que la conduite de madame de Sillery, et ses opinions plus constitutionnelles, plus républicaines peut-être que celles des républicains qui la calomnient aujourd'hui, m'empêcheront de jamais démentir.

CHAPITRE XVIII.

Arrivée à Boulogne-sur-Mer. — Une famille anglaise. — Les Gascons de l'Angleterre. — Fanfaronnade de Johnston.— La morale d'Arétin. — Le cadet écossais. — Ce que c'était que M. Swinton. — Les hauts faits de ses aïeux. — Ses deux frères. — Lord Olive. — Les divers métiers du marin. — Spéculation à l'anglaise ; une femme de douze ans. — La belle-sœur du comte de Lauragais. — Les idées des Swinton sur le mariage. — Les enfans naturels, et les lois anglaises. — Portrait de mademoiselle Félicité Lefèvre et de ses enfants.

Deux jours après notre départ de Paris, nous arrivâmes à une jolie maison de campagne, que Swinton avait louée à deux lieues de Boulogne, et près de la mer ; j'y trouvai une famille anglaise, et je fus bientôt à l'aise. Mon imagination m'avait toujours représenté les Anglais comme des hommes vertueux, bons, généreux, amis de la simplicité, de l'ordre, ennemis de l'afféterie, des modes, des prétentions ; ce portrait me parut réalisé dans la famille anglaise où je tombais, et en un instant je fus comme l'un d'eux, ou au moins tel que je les imaginais. Je me disais : Ils sont bons, ils sont francs ; tu l'es, et ils t'aimeront ; point de réserve, elle est étrangère à ton âme ; sois toi-même, et il est impossible qu'ils ne t'adoptent pas bientôt comme un de leurs enfants.

Je me rappelle encore la surprise que causa cet air d'aisance, si subitement improvisé. On l'attribuait au caractère français, à cette bonne opinion de soi-même, que les individus de cette nation portent sur leurs visages, et qui, les mettant au-dessus de tout, écarte d'eux la timidité et la fausse honte. On se trompait à mon égard. Je n'avais jamais été répandu dans les brillantes sociétés où l'on contracte cette habitude de légèreté et d'aisance. Renfermé dans mon cabinet, ne vivant qu'avec mes livres, j'étais au contraire très-timide, très-gauche, surtout lorsque je paraissais pour la première fois devant des étrangers. C'est ce défaut qui m'avait attiré plusieurs fois les épithètes de sauvage, d'ours. Je n'ai jamais été à mon aise qu'avec les gens de bien, qu'avec les vrais philosophes. J'étais sûr de leur estime, j'étais sûr qu'ils me pardonneraient mes défauts en faveur de ma franchise et de ma droiture. Les gens de bien, a dit quelque part Jean-Jacques, ont un penchant secret qui, du premier abord, les porte les uns vers les autres; ils sont, dès le premier jour, amis comme s'ils se connaissaient depuis dix ans.

Swinton était loin cependant de partager mon abandon, quoiqu'il jouât la confiance. Il craignait ma jeunesse, et il avait appris à se défier des hommes. Hélas! je ne pensais pas alors que mes relations avec lui dussent remplir ma vie d'une si grande amertume.

C'était un Écossais, et c'est tout dire pour qui connait l'Angleterre. Entreprenants, féconds en ressources, spirituels, sans foi ni loi, menteurs et ventadours, les Écossais sont les Gascons de l'Angleterre. C'était un Écossais que ce fameux commodore Johnston, qui criait en plein parlement que deux Anglais suffisaient pour battre dix Français [1]. Voilà de la fanfaronnade : voici de l'arétestimisme. Un Écossais me disait un jour qu'avec ma facilité d'écrire, il n'eût demandé que deux ans pour faire sa fortune à Londres. — « Et comment cela ? — En publiant du mal contre tout le monde, répondit-il avec une franchise étonnante ; à votre place, je ferais un libelle tous les jours, et vous verriez bientôt les guinées rouler chez moi comme au trésor. — Et le bâton, et l'infamie ? — On reçoit l'un, on méprise l'autre. » Et comme je me récriais : « Écoutez cette maxime, me dit-il, il faut de la probité ; il en faut, mais juste ce qui est nécessaire pour ne pas aller à la potence. » Il y aurait sans doute de l'injus-

---

[1] Johnston débuta dans la carrière militaire par être simple matelot ; il était devenu capitaine de vaisseau en 1762. Il fut l'un des trois commissaires anglais chargés de traiter de l'émancipation des colonies d'Amérique, et fut nommé gouverneur de la Floride. Il a publié en 1771 des pensées sur les acquisitions des Anglais aux Indes-Orientales, surtout relativement au Bengale. Il avait composé cet écrit à la suite de quelques discussions qu'il eut avec Clive au sujet de la compagnie des Indes. (M.)

tice à appliquer de pareils traits de caractère à tous les Écossais ; mais c'est la morale de presque tous ceux qui veulent faire leur chemin. Ils ont tous les genres d'industrie, se font à toutes les intrigues, ne reculent devant aucun moyen. Avides de plaisir et d'argent, précisément parce que l'esclavage où languit leur contrée les rend misérables, ils accourent en foule de leurs montagnes, et se précipitent sur Londres, où, pour devenir riches, tout métier leur est bon. Aussi Londres compte-t-il par milliers les Écossais parvenus.

Cadet d'Écosse, et comme un véritable cadet de Gascogne, Swinton était arrivé dans la capitale de la Grande-Bretagne léger d'argent, mais se donnant des aïeux et une famille antique. Le chef de cette famille avait, disait-il, porté les armes en France au service de Charles VII, et s'était alors rendu fameux par un combat à outrance contre un officier anglais qu'il avait tué de sa main. L'un des frères de Swinton s'était enrichi dans la guerre de l'Inde où il avait servi sous les ordres de ce Clive que j'ai appelé ailleurs l'assassin des Nababs [1]. L'autre était chef de justice en Écosse. Quant à lui, il avait commencé par s'aventurer sur un vaisseau. Il fit sur mer la campagne de 1756, et y acquit le grade de lieutenant de frégate. Depuis la paix on l'accusait d'avoir fait toutes sortes de métiers pour vivre. A l'époque où je formai sa connaissance, il avait la réputation d'être fort riche, mais on l'accusait d'avoir gagné cet argent, soit frauduleusement au jeu, soit en prêtant à une grosse usure, surtout aux jeunes seigneurs français qui venaient prendre à Londres des leçons d'anglomanie, soit en exerçant mille sortes d'in-

---

[1] Lord Clive, gouverneur du Bengale, avait montré autant de bravoure que d'habileté dans son gouvernement. La compagnie des Indes lui dut son plus haut degré de prospérité. En faisant les affaires des autres il n'avait pas négligé les siennes, et son immense fortune le fit accuser de concussion, tandis que d'autres l'accusaient de cruauté : mais il fut acquitté par la chambre des communes, ce qui ne l'empêcha point de se donner la mort en 1774 dans un accès d'ennui ou de chagrin. C'est dans sa réfutation de l'ouvrage de Chastellux sur l'Amérique que Brissot reproche à Clive d'avoir « assassiné les Nababs, les bienfaiteurs de l'Angleterre. » (M.)

dustries peu honorables. Ainsi, tout à la fois, il tenait une boutique de marchand de vin, sous le nom d'un commis ; un café sous le nom d'un autre ; ailleurs il donnait à jouer. Au dehors de la ville il avait des maisons où il logeait de jeunes seigneurs français ; dans le même temps il spéculait sur des pépinières plantées d'arbres fruitiers transportés de France et sur des remèdes anti-vénériens, ou sur des préservatifs contre ce fléau, imaginés pour favoriser la débauche ; enfin, et c'était là le plus clair de son revenu, il tirait prodigieusement d'argent des intérêts qu'il avait dans plusieurs gazettes anglaises, et surtout dans *le Courrier de l'Europe*. Cette gazette, favorisée par le ministre Vergennes, qui voulait faire connaître la marche de la cour de Londres et du parlement, avait, six mois après sa création, trois à quatre mille souscripteurs, rendait prodigieusement à son propriétaire, et le mettait à même de déployer cet appareil de richesses dont les Anglais sont jaloux, et qui délecte surtout l'âme des pauvres Écossais. Aussi Swinton avait-il à Boulogne maison de ville, maison de campagne, voiture, phaéton, cabriolet, chevaux de selle, qui servaient à son épouse *apparente*, lorsqu'il était en voyage ; et il avait, comme les Anglais, la manie des voyages.

Je dois peindre l'épouse de Swinton, et faire son histoire ; on en connaîtra mieux le personnage et sa morale.

Félicité Lefèvre était une Française, jeune, d'une assez jolie figure, mais d'un embonpoint considérable. Sa physionomie annonçait de la douceur, de la bonté ; elle parlait peu, on verra pourquoi tout à l'heure ; elle avait cependant un jugement très-sain, elle observait assez bien, et elle était naturellement disposée à la gaieté et à la franchise. Sa mère, plongée dans la misère, l'avait vendue, à l'âge de douze ans, à Swinton, dans le même temps qu'elle vendait son aînée au fameux Lauraguais [1]. Swinton, en faisant cet achat, n'avait

---

[1] Le duc de Brancas, pair de France, fameux sous le nom du comte de Lauraguais, par son esprit, son originalité, sa mauvaise tête et ses bons mots, et par la manière dont il dépensa et prodigua sa fortune, est mort en 1820, à l'âge de quatre-vingt-cinq ans.

fait qu'une spéculation à l'anglaise; il voulait se former, dans cette jeune personne, une femme qui fût entièrement dévouée à ses volontés, qui, se rappelant sans cesse son origine et ses bienfaits, contractât cette humilité, cette servitude que beaucoup d'Anglais recherchent encore dans leurs femmes. Il voulait vivre avec elle, mais il ne voulait pas l'épouser. Voyageant un jour avec lui, il laissa échapper son secret : « Ne vous mariez jamais, me dit-il, mais ayez une maîtresse. Une femme trahit ses devoirs, et on est obligé de la garder; une maîtresse est infidèle, on la met à la porte, en gardant les enfants. » Cette morale me faisait horreur : il voulait une esclave et point de compagne. Eh! qu'est-ce que la vie domestique, sans une compagne selon le cœur [1]?

Swinton ne s'était pas trompé dans une partie de ses calculs. Félicité Lefèvre le regardait plutôt comme un maître que comme un mari. Ayant appris de bonne heure à le redouter, elle ne contrarierait jamais ses volontés. Mais la soumission constante vaut-elle un tendre attachement? L'affection qu'elle avait pour ses enfants l'engageait à dissimuler le malheur de sa situation. Quoique jeune, elle en avait eu un grand nombre, ils promettaient beaucoup, et c'est la tendresse que leur témoignaient le père et la mère qui m'avait séduit en leur faveur, dans les premiers jours que je passai avec eux. Je n'ai jamais pu imaginer qu'un bon père ne fût pas honnête homme, qu'une mère tendre ne fût pas vertueuse. Tous ces enfants étaient cependant destinés à être éternellement bâtards, et la mère même, par attachement pour leurs intérêts, ne pouvait plus faire un mariage légitime, car, d'après les lois anglaises, contraires en cela aux lois françaises, l'union légitime ne réhabilite pas les enfants nés avant le contrat; et si la mère se fût mariée, tous ces

---

[1] Si l'on voulait sur Swinton plus de détails que Brissot n'en veut donner ici, il faudrait lire le singulier *factum* de Lauraguais, intitulé *Mémoire pour moi et par moi*. Ce mémoire fut publié dans un procès criminel où Swinton était accusé d'avoir aidé à enlever la sœur de sa femme, mariée au secrétaire de Lauraguais, pour la livrer à Lauraguais même. On l'accusait en outre d'avoir voulu assassiner son beau-frère, nommé Drogard. (*Note de Mentelle.*)

petits malheureux n'auraient pu partager également l'héritage de leurs parents, avec les frères qui leur seraient survenus.

Swinton, pour procurer à la mère de ses enfants tous les agréments dont elle pouvait jouir, lui en donnait le nom, et elle fut ainsi présentée dans les meilleures sociétés de Boulogne. Je fus moi-même longtemps la dupe de ce jeu ; ce n'est qu'à mon premier voyage en Angleterre que j'appris à connaître Swinton. Jusque-là je le regardai comme un honnête homme, comme un excellent mari. Jusque-là je ne voulus jamais croire toutes les vérités qu'on m'apprenait sur son compte. Je les traitais de fables, de calomnies, je ne pouvais penser mal d'un homme que je regardais comme mon père.

Il avait eu deux filles d'une autre femme, que je crus longtemps ne plus exister, lorsqu'elle était pleine de vie ; l'une de ces filles, âgée de quatorze ans, était très-jolie ; toutes les deux vivaient sous la conduite de Félicité Lefèvre. Elle les élevait avec soin, oubliait leur origine, et les traitait comme ses propres enfants ; ce nouveau trait, lorsque je le connus, ajouta à mon estime pour elle et à mon mépris pour son mari.

Ce fut au sein de cette famille, et dans une des villes les plus agréables de France, que je passai une année délicieuse, et dont le souvenir ne s'effacera jamais de ma mémoire.

CHAPITRE XIX.

Le *Courrier de l'Europe*. — Il révèle les grands orateurs et la constitution de l'Angleterre. — Les libertés anglaises. — C'est là qu'est le peuple-roi. — Lord Stormond, ambassadeur en France. — Lord Mansfield. — Lord Arhburton. — Projets vertueux du journaliste. — Travaux littéraires. — Promenades au bord de la mer. — Les sociétés de Boulogne. — Brissot voit pour la première fois celle qui doit être sa femme. — Amour et discrétion.

Swinton ne tarda pas à m'apprendre quel devait être mon emploi. Le ministère anglais avait été frappé de tout le mal que pouvait lui faire la publication du *Courrier de l'Europe*. La guerre continuait ses ravages au moment où la gazette anglo-française commençait les siens ; on se l'arrachait de Paris à Saint-Pétersbourg ; elle compta bientôt des souscripteurs dans tous les coins de l'Europe. Par elle on apprenait à connaître Fox, Burke, North, dont on répétait les discours, et dont on écorchait les noms. Et chacun admirait l'éloquence sublime, et jusqu'alors inconnue, de tous ces orateurs ; et chacun s'étonnait que Georges se laissât si tranquillement insulter par eux, et ne logeât pas à la Tour quelques-uns de ces beaux parleurs. Quoi ! point de lettres de cachet, point de Bastille ! c'est là que le peuple est roi, se disait-on. Puis on croyait avoir quelques idées de la constitution anglaise, parce qu'on avait lu les discours de rhétorique que le journaliste français prêtait souvent à ces personnages, ou fabriquait d'après les journalistes anglais, qui les fabriquaient les premiers. Dans tout ceci, il n'y avait pas grand mal pour l'Angleterre, mais ce qui lui en fit beaucoup, c'est que par le récit plus ou moins exact des débats parlementaires, par les réflexions qui les accompagnaient ou qu'elles faisaient naître, on s'aperçut tout à coup de la faiblesse de l'administration, des divisions qui régnaient et parmi les hommes d'État et parmi les trois peuples. C'est qu'il arriva souvent qu'on devina plusieurs mois d'avance les plus importants des ministres, et qu'on en profita pour les renverser. Et qu'on ne s'imagine pas que les rapports des agents diplomatiques auraient pu suppléer à cette publicité. Un mot que me dit un jour M. Lenoir, et que je répéterai plus tard, montrera quelle était leur profonde insuffisance à ce sujet.

Lord Stormon, pendant son séjour à Paris, avait été témoin des succès du *Courrier de l'Europe*, des lumières qu'il répandait sur les affaires de son pays, et du tort qu'il faisait à ses intérêts[1]. Rappelé en Angleterre par la déclaration inattendue du traité de commerce entre la France et les États-Unis, et par la guerre nouvelle qui allait en être la suite, il ne cessa de remontrer au parlement, et surtout à son oncle, lord Mansfield, l'oracle de la justice, et auquel personne plus que moi ne sait rendre hommage, les funestes résultats de la tolérance qu'on accordait à cette gazette française, qu'il appelait un espionnage public[2].

Le respectable et profond magistrat lui répondit qu'on avait déjà cherché tous les moyens légaux pour arrêter sa publication; mais la loi était muette, ou plutôt la loi permettait d'imprimer en français, en grec, en hébreu toutes les sottises que les folliculaires bretons imprimaient dans leur langue, et il fallait respecter la loi ou en faire une nouvelle : tel était son avis, tel était aussi celui de quatre célèbres jurisconsultes, consultés à ce sujet, et parmi lesquels figurait Dunning, depuis lord Arhburton[3].

---

[1] Lord Stormon était ambassadeur d'Angleterre près la cour de France. On a dit de lui « qu'il était nommé le *bel* Anglais par les Français qui ne faisaient que le voir, et le *bon* Anglais par les Français qui vivaient avec lui, et que son ambassade à Paris a été l'époque où a commencé cette estime mutuelle des talents anglais et français dans le dix-huitième siècle. » (M.)

[2] Hallliday a publié à Londres, en 1797, un volume in-4° sur la vie de lord Mansfield. C'était un des plus profonds jurisconsultes de l'Angleterre; après avoir été avocat-général, il était devenu chancelier de l'échiquier. Il se distingua surtout par le talent avec lequel il défendit l'administration de lord Buth devant la chambre des communes. On sait aujourd'hui que Temple et Littleton sont les auteurs d'un pamphlet *Contre la prérogative de suspendre et de dispenser*, qu'on avait longtemps attribué à lord Mansfield. Il est mort en 1793. Brissot parlera encore de lui avec de nouveaux éloges. (M.)

[3] Le titre de lord Arhburton fut donné à Dunning en 1782. Le talent qu'il

Or il avait paru indigne d'une grande nation de descendre à une pareille mesure ; elle eût décelé des craintes et de la pusillanimité. On pouvait le proscrire, on eut l'air de mépriser le journal ; et le rédacteur français, qui pendant quelque temps avait été vivement inquiété, vit bien qu'il pouvait continuer à nuire à l'Angleterre, à l'abri même des lois anglaises.

Cependant le ministère anglais, que les succès toujours croissants du *Courrier* indisposaient de plus en plus, ne pouvant en arrêter l'impression, imagina d'en arrêter du moins l'expédition pour la France. Il prétendit que les ballots de la gazette étaient des ballots de marchandises, et il fit mettre un embargo sur les paquets qui s'expédiaient deux fois la semaine par les paquebots, et crut ainsi avoir trouvé le moyen, en éludant la loi, d'empêcher son effet dans le pays où il lui paraissait le plus à craindre. Le patriote écossais ne fut point déconcerté, et pour parer le coup, il songea à élever une imprimerie à Boulogne-sur-Mer, et à y faire imprimer le *Courrier* qui s'imprimait à Londres. Vergennes y avait consenti, en assujettissant toutefois ces papiers à la censure de l'abbé Aubert. Je devais être chargé de diriger cette réimpression, et surtout de la partie des *variétés*, dont le rédacteur de Londres, qui demeurait dans cette ville depuis quelques années, ne pouvait être aussi bon juge que moi. C'était cette partie qui me plaisait davantage, car le reste était purement administratif et mécanique. Mais je me réjouissais d'avoir un papier à mes ordres, qui pouvait répandre des principes dont j'étais un fervent enthousiaste, qui me mettait à même de satisfaire mes goûts pour la littérature, et de poursuivre mes études et mes recherches sur la politique et les sciences.

Il fallait bien des considérations semblables pour me faire voir en beau ma position sociale et ces occupations de journaliste, alors si peu estimées. Bayle, me disais-je, a bien été précepteur, Postel goujat de collége, Rousseau laquais d'une

---

avait déployé au barreau comme avocat, l'avait fait député au parlement, où il soutint avec éclat sa réputation d'orateur. Il était chancelier du duché de Lancastre, lorsqu'il mourut en 1788. (M.)

marquise; je puis bien être gazetier. Honorons le métier, il ne me déshonorera point. Au lieu de ces misérables vers, de ces satires grossières, de ces éloges vendus à des écrivains médiocres, il faut publier des extraits des meilleurs livres, et les faire ainsi connaître; il faut y propager les saines doctrines, qui rendent les hommes éclairés et vertueux; il faut y révéler le mérite de la littérature anglaise, que tout le monde ignore; il faut y rendre des services à des hommes de lettres estimables, et qui t'en conserveront souvenir et reconnaissance. Voilà de quoi faire honorer ton métier et te faire aimer.

Cet emploi si doux me laissait beaucoup de moments libres; j'en employai une partie à suivre les différents ouvrages que j'avais projetés, et surtout à terminer ma *Théorie des lois criminelles,* que j'envoyai au concours du prix proposé par la Société Économique de Berne. Je m'occupais aussi alors, avec délices, à écrire le soir mes réflexions du jour, à consigner mes pensées, mes opinions sur les hommes et les choses, à faire des portraits, à retracer mes souvenirs. Les souvenirs de ma vie! quand à peine j'entrais dans la vie, Mais quelques-uns de ces souvenirs me reviennent aujourd'hui, et je les rappelle ici, quoiqu'ils ne soient pas tous sans amertume; j'ai depuis conservé l'habitude de ces réflexions écrites; quelques-unes peuvent avoir de l'intérêt! mais le plus grand nombre sont bonnes à détruire, non pas tant parce qu'elles sont fort incorrectes, et peut-être illisibles, que parce qu'il peut s'y trouver des jugements passionnés, et dictés par les impressions du moment, qui sont souvent injustes.

Je consacrais le reste de mon temps à visiter les différentes sociétés où j'avais été présenté, et à des promenades solitaires.

Rousseau dit dans sa description charmante de l'île Saint-Pierre, qu'il a toujours aimé passionnément l'eau, que sa vue le jetait dans une rêverie délicieuse. Si le petit lac de Bienne produisait cet effet sur son âme, que n'aurait-il pas senti à la vue de la mer! Avec quelles délices j'allais la contempler dans mes promenades solitaires, près des debris de cette tour d'Ordre, qui reportait mon imagination vers les temps si lointains de ces gigantesques Romains. Tous les soirs j'y allais, et c'était chaque fois un spectacle nouveau ! Comme les Tuileries, le Palais-Royal, me paraissaient insipides et mesquins, en comparaison de cette imposante perspective ! La mer était-elle agitée ? c'était en frémissant que je voyais lutter au loin contre elle un vaisseau ! Avec quelle ardeur ne désirais-je pas que le ciel plus favorable l'envoyât dans le port ! avec quel effroi ne voyais-je pas d'intrépides contrebandiers profiter d'un gros temps pour aller déposer leurs richesses sur la côte opposée, et pour un léger gain, braver dans leur petite nacelle toutes les fureurs de l'Océan ! et ces bons pêcheurs quand ils revenaient chargés d'une abondante recette, comme il m'était doux de les considérer, d'observer toute leur petite famille, se tenant autour du bateau de leur père nourricier! Si le grand spectacle de la mer plaît tant à l'âme, c'est qu'il la rapproche sans cesse de l'auteur de la nature, c'est qu'il l'éloigne de la société. La nature agrandit l'âme, la société la rétrécit. Montrez-moi des hommes, des palais, des maisons, je ne suis plus qu'un homme ordinaire, petit, passionné, mécontent de moi. Placez-moi en face des Alpes, de leurs torrents, de leurs mers de glace, de leurs sommets blanchis, je ne tiens plus à la terre, je suis loin de mon corps, je suis moi. C'est pour cela que je me plais dans les tempêtes, dans les grands vents, dans tous les mouvements violents de la nature. Ils m'élèvent au-dessus de moi, ils brisent ou me font oublier au moins ma fragile écorce.

Elle ne me dominait que trop lorsque je retombai dans la société. Là, ma dangereuse facilité me laissait entraîner à tout ce qu'on voulait, à des repas longs et bruyants, au jeu de cartes que j'ai toujours détesté, à des conversations frivoles et puériles. Boulogne, au moins, la basse ville, était peuplée de commerçants riches, aisés, accoutumés à la bonne chère, et à se traiter tour à tour. L'esprit qu'on me prêtait me fit rechercher; ma franchise et ma candeur m'y firent bientôt chérir. Je me rappellerai toujours avec reconnaissance l'estime et l'amitié que l'on m'a témoignées dans les maisons Cavilliers, Casin, Coilliot, etc. Partout on me regardait comme un enfant de la maison, ou au moins comme un enfant de la ville, et cette intimité sans réserve était pour moi la plus douce des jouissances.

Mon cœur soupirait depuis longtemps après un attachement. Il me semblait errer dans le vide, et, rentré chez moi, rendu à la solitude, j'étais toujours mécontent de ma journée. Il me fallait un autre moi-même et je ne le trouvais point. Boulogne me l'offrit enfin dans la digne épouse que je possède aujourd'hui. Mais je remets à d'autres temps à traiter cette partie, la plus intéressante de ma vie. Je dois dire cependant que malgré l'amitié que me témoignait sa respectable mère, malgré les facilités que j'aurais eues pour faire connaître mes sentiments, je les laissai à peine entrevoir. Je savais que celle dont j'aurais voulu gagner le cœur avait un autre engagement, je le respectais et me bornais à l'aimer, à l'admirer en secret. Je cherchais à m'étourdir sur le besoin de mon âme par les plaisirs convulsifs des sociétés, par mille occupations diverses, par des attachements passagers qui ne me laissaient que de vains regrets.

CHAPITRE XX.

Derniers souvenirs de Boulogne. — Promenade de nuit. — Scènes fantastiques. — Désespoir d'amour.— Le suicide. — La jeune femme est vite consolée. — Autre suicide. — Adieux d'un philosophe au magnanime tiers-état et au clergé. — L'avenir de Brissot se rembrunit. — Son journal est censuré. — L'abbé Aubert. — Nouveaux projets de Swinton. — Il tâche de se débarrasser de Brissot. — Voyage en Angleterre.

Parmi les souvenirs que j'ai conservés de Boulogne il en est un qui n'a pu s'effacer de ma mémoire. Une nuit je me promenais le long des falaises et je m'y étais oublié si longtemps que je pris le parti de ne revenir qu'au jour à la ville. J'errais sans but, allant, revenant sur mes pas, livré à toutes les rêveries qu'un ciel tantôt éclatant de la lumière des étoiles, tantôt obscurci par des nuages sombres, pouvait inspirer à mon imagination. Je m'arrêtais par instants, et je me mettais à écouter le bruit des vents et des flots. Dans un de ces instants, je crus entendre quelqu'un près de moi. On avait parlé, et pourtant je ne voyais rien ; j'écoutais, je n'entendais rien. Je continuai à marcher, et alors j'aperçus comme deux ombres qui fuyaient. L'une atteignit l'autre. Ces ombres ainsi arrêtées, l'une me semblait résister, se laisser reprendre et s'échapper sans cesse. Je distinguais comme la taille élancée d'un jeune homme, comme la robe blanche d'une jeune fille ; je me dis qu'il y avait sans doute là quelques scènes d'amants. C'étaient des bras enlacés, des gestes suppliants, des prières, des refus sans doute, et des serments ; mais les légers amants échappaient toujours et fuyaient si vite, et avec tant d'adresse, qu'après un long moment passé à les suivre, il me parut qu'ils avaient gagné le seuil d'une maison isolée. Alors, la voix d'un dogue se fit entendre, et les deux ombres disparurent.

Cette espèce d'apparition jeta dans mon âme un trouble inexprimable. Je ne savais ce que j'avais vu, et si ce n'était pas une illusion. Agité, inquiet et sous le charme d'une émotion que je ne pouvais me définir, je restai longtemps à ma place, attendant quelque suite à tout cela, et demandant une scène nouvelle pour m'assurer de la réalité de la première. Plus rien ne se remuait. Le dogue s'était tu. C'était un silence universel. Moi, arrêté à deux pas de cette maison, d'où mes yeux ne pouvaient se détacher, je me livrais encore à mes idées, et, pour tout au monde, je ne voulais pas avoir rêvé. Je me figurais avoir été témoin du premier rendez-vous d'une jeune fille encore à moitié sage; ou peut-être d'un rendez-vous d'adieu, dernière consolation accordée à un malheureux. La nuit pourtant s'avançait; j'arrivai devant la maison, et quand j'en fus proche, j'aperçus, sur le seuil de la porte, et la tête profondément inclinée, un jeune homme qui se leva brusquement, fit quelques pas, revint comme pour regarder si personne ne le rappelait; puis retourna d'une marche rapide du côté de la mer.

Le lendemain, ramené là par je ne sais quelle curiosité, et voulant revoir, le jour, les lieux témoins de cette scène de nuit, j'y arrivai quand trois pêcheurs portaient le corps d'un homme qu'ils avaient trouvé sans vie sur le rivage; et quand ils passèrent près de la maison, d'une fenêtre qui s'était entr'ouverte, on entendit partir un cri perçant, et comme le bruit de la chute d'une femme qui serait tombée morte. Tout cela ne semble-t-il pas romanesque? Mais voici de l'histoire:

On m'a dit que cette jeune femme, que je ne nomme point, quoique j'aie connu son nom, s'était bien vite consolée du malheur qu'elle avait causé. Son mariage, projeté par ses parents, s'effectua quelques jours après cette aventure, sans qu'elle parût songer à celui qu'elle avait désespéré. Pour moi, je n'ai pu oublier cette scène fantastique et cette mort, provoquée pour un sujet si tendre. Ces souvenirs laissèrent longtemps une vive impression dans mon esprit; je ne pouvais plus retourner du côté de la tour d'Ordre que durant le jour; je m'en sauvais avec effroi et malaise à l'approche de la nuit.

J'ai presque été témoin, en 1790, d'un autre suicide. Dans

celui-ci il n y avait pas de délire, tout y était froid et calculé, et en cela n'est-il pas plus singulier? J'en ai écrit les détails à cette époque où j'en avais l'esprit tout frappé. J'avais procuré à une personne de ma connaissance un jeune domestique dont elle se louait beaucoup, et dont l'intelligence et la probité étaient également dignes d'intérêt; sa conduite était des plus régulières; il consacrait une partie de ses économies à acheter des livres, et ses instants de repos à les lire. Un beau jour, il fait son testament, il place en tête une espèce de notice sur sa vie, déclare qu'il est bâtard, qu'élevé comme d'Alembert par une pauvre femme qui lui a témoigné toute la tendresse qu'elle avait pour ses propres enfants, il lui en a prouvé sa reconnaissance autant qu'il était en son pouvoir, et qu'il l'a aimée comme s'il eût été son fils; mais que dégoûté d'une position sociale à laquelle il se croit supérieur, et au-dessus de laquelle il désespère pourtant de s'élever, il a résolu de se donner la mort. Dans un dialogue de son âme à Dieu, il raisonne sur l'acte qu'il va commettre comme ont raisonné Sénèque et Jean-Jacques; puis il fait ses adieux « au magnanime tiers-état, à la noblesse, qui doit se féliciter de la clémence de ses vainqueurs, et au clergé, qu'il exhorte à quitter son costume et ses superstitions ».

Ses maîtres, auxquels il paraissait très-attaché, n'avaient remarqué aucun changement dans son service, aucune altération dans sa figure, rien qui pût leur faire soupçonner son fatal projet. Dès le matin pourtant il avait écrit à un fils de sa mère adoptive, qu'il instituait son héritier, et lui avait annoncé sa mort. Rentré le soir dans sa chambre, il la ferme au verrou, après avoir écrit en dehors : *Suicide. Aujourd'hui mon tour, demain le tien.* Il passe la nuit à faire ses dispositions dernières; il distribue une partie de sa fortune aux pauvres de son district, aux prisonniers détenus pour mois de nourrice, à la société de la charité maternelle, et à ceux qui le porteront au cimetière; il avait aussi réservé cent livres pour sa contribution patriotique. Toutes ces dispositions étaient écrites d'une main ferme, et au bout on lisait, en caractères moins assurés : *Allons vite, il faut partir!*

Quand j'entrai le matin dans la maison, on venait de trouver ce malheureux baigné dans son sang, tenant encore dans ses mains un pistolet avec lequel il s'était tué, et auquel il avait attaché cette devise :

> Quand on n'est rien, et qu'on est sans espoir,
> La vie est un opprobre et la mort un devoir.

Je reviens à Boulogne. Mes jours s'y écoulaient sans inquiétude et dans des travaux selon mon cœur. J'avais oublié Paris ; l'avenir m'inquiétait peu. J'ai toujours aimé à jouir du présent en jetant un voile sur l'avenir. Bientôt le mien se rembrunit. Mon plan de rédaction si honorable et si digne d'être suivi ne fut pas observé longtemps. Le ministre français y vit l'émission de principes qu'il voulait laisser ensevelis, une tribune qu'il fallait abattre, et il l'abattit. Il intima l'ordre de s'en tenir aux nouvelles anglaises, et le *Courrier* de Boulogne redevint à peu près la plate réimpression du *Courrier* de Londres. Je dis à peu près, car de temps en temps il s'y glissait des articles raisonnables, qu'on avait soin de supprimer, ce qui procurait au public le plaisir de lire à leur place les fables de l'abbé Aubert[1], de mauvais vers, de méchantes épigrammes, et quelques morceaux de littérature, scrupuleusement censurés. Ainsi, depuis la décision ministérielle, mon emploi au journal devint purement mécanique ; sans avoir une pensée à mettre en avant, je traduisais et coordonnais celles des autres. C'est sans doute à cette occupation *mécanique* qu'on a fait allusion en imprimant quelque part que j'avais été correcteur d'imprimerie. L'on a cru m'avoir beaucoup humilié ; je n'ai même pas daigné m'en défendre : tous les savants des XVIe et XVIIe siècles débutaient par cette profession ; Reiska l'exerça de nos jours pour subsister ; je l'aurais fait sans honte aussi bien que lui, mais je n'ai pas été réduit à cette extrémité ; j'ai corrigé les épreuves

---

[1] L'abbé Aubert, professeur et censeur royal, est mort en 1814. Voltaire trouvait dans quelques-unes de ses fables du sublime et de la naïveté : elles sont en général écrites d'un style élégant et facile, et qui n'en exclut ni l'élévation ni la simplicité. (M.)

de mes ouvrages, et je n'ai jamais mis le pied dans une imprimerie pour autre chose.

J'étais fort attristé des contrariétés que j'éprouvais dans la rédaction du *Courrier*, lorsque Swinton m'annonça tout à coup notre séparation prochaine; il était alors à Londres. Un nouveau projet l'avait séduit, et, pour l'exécuter économiquement, il voulut se débarrasser de moi. Considérant avec délectation les profits immenses qu'il tirait de sa gazette, malgré l'énorme rétribution qu'il était obligé de payer à la trésorerie secrète du ministre Vergenne, il imagina qu'il pourrait les doubler et les tripler en étendant son entreprise. L'Espagne paraissait vouloir prendre une part active aux troubles de l'Amérique, et à l'abaissement de cette puissance anglaise, qui l'avait si cruellement humiliée lors de la dernière paix. L'Espagne était dans la plus profonde ignorance sur la situation de l'Angleterre. Lui procurer les connaissances qui lui manquaient, c'était donc lui rendre service; c'était mériter d'être accueilli par elle. Dans cette idée, Swinton imagina de faire traduire sa gazette en espagnol, et d'obtenir une permission pour la faire circuler en Espagne. La permission lui fut accordée. Il avait besoin d'un traducteur; il s'en trouva un : Sala Delunel, Espagnol plein d'esprit et de connaissances, qui écrivait aussi bien l'italien que l'espagnol, et qui pouvait être utile au spéculateur de gazettes, s'il lui prenait fantaisie d'en faire en italien. Sala offre son ministère, est accepté, se fixe à Boulogne. Entraîné par ses petites idées économiques, Swinton imagine qu'il pourra remplir mon poste, et le lui donne. Tel était le vrai motif de notre séparation, que Swinton voulait pallier par je ne sais quelles brouilleries avec Deserre Delatour, rédacteur du *Courrier de l'Europe*, sur lesquelles j'aurai occasion de revenir. Tout était mensonge dans ce que me dit Swinton. Mais, encore une fois, j'avais confiance en lui; je le crus et je me résignai. Avant de retourner à Paris, je lui témoignai mon envie de voir Londres. Il m'y offrit sa maison pour une quinzaine de jours, et je partis par le dernier paquebot qui sortit de Calais. Notre voyage fut long et pénible; la mer était très-agitée. Je me défendis du mal de mer le plus longtemps qu'il me fut possible, en respirant des sels, ne mangeant point, me tenant toujours sur le pont.

La vue des campagnes de l'Angleterre m'aurait ravi, si j'avais porté dans ce voyage une âme bien tranquille. Mais l'avenir commençait à m'inquiéter, et les nuages que j'y entrevoyais rembrunissaient pour moi les objets. Je vis pourtant avec quelque plaisir ces hauteurs à pic qui bordent la mer du côté de Douvres, et d'où l'on dit que l'intéressant roi Lear s'est précipité. Je vis ce château dont on attribue la première fondation à Jules César, à qui l'on prête tant de merveilles. Je le vis, malgré les défenses faites d'en laisser approcher les Français, et malgré les injures dont la canaille nous accueillit à notre retour. La rapidité, l'aisance avec laquelle nous fûmes transportés dans une simple diligence de Douvres à Londres, me firent apercevoir l'influence de la liberté dans le service public, et la différence entre la circulation libre et la circulation privilégiée.

Je ferai grâce ici des petites aventures de ce voyage et de la bourse que l'on fait pour les voleurs, et des contes qui se distribuent aux voyageurs sur les différentes places par lesquelles ils passent.

Les voyages imprimés ont tellement rabattu ces puérilités, qu'il serait ennuyeux de les répéter.

CHAPITRE XXI.

Nouveaux projets de Swinton. — Départ de l'Angleterre. — L'abbé Batte et sa gazette scandaleuse. — Les comptes de Swinton. — Retour à Paris. — Brissot écrit à son père. — La réponse de l'abbé de Langle. — Le bureau d'esprit de madame Hénique. — Sylvain Maréchal. — L'*Almanach des honnêtes gens* — Saint-Lazare. — Le *Journal de Paris*. — Encore un projet. — *Le Dictionnaire ecclésiastique* de M. Hénique. — Étrange manière de payer les travaux des littérateurs. — Extraits d'une lettre de Brissot à Gensonné. Départ de Swinton. — Projets de mariage. — Béla. — Liaison avec Mentelle. — Quelques jours passés au sein des lettres et de l'amitié.

Je trouvai Swinton occupé d'un nouveau projet; il songeait à faire réimprimer son *Courrier* pour la Hollande, les Pays-Bas, l'Allemagne. C'était une panacée avec laquelle il voulait, non pas guérir tous les peuples de leurs préjugés, mais faire une fortune immense, car il ne rêvait que fortune. Je lui témoignai mon désir de me lier avec Deserre Delatour, mon collaborateur. Il craignait que trop de mystères ne fussent éclaircis dans cette visite, et il sut nous éloigner l'un de l'autre, en nous supposant réciproquement de la haine.

Nous revînmes ensemble à Paris avec un compagnon de voyage qui a fait quelque bruit à Londres. C'était un prêtre qui rédigeait la gazette la plus scandaleuse, et par conséquent la plus courue : le *Morning Post*. Batte était son nom. Il avait de l'esprit, affectait une grande immoralité, mettait ouvertement à l'enchère les injures, les calomnies; bardé de pistolets et de sabres, il avait l'air de défier tout l'univers. Son goût pour la calomnie lui avait attiré plusieurs querelles, dont on disait qu'il s'était tiré en brave. On doit penser combien un pareil caractère dut me paraître odieux et méprisable, à moi qui ne voyais dans les papiers publics que des canaux ouverts pour la raison et pour la liberté. Swinton avait une part dans les profits de cette gazette, et j'en étais indigné. Tous ses sermons à cet égard ne pouvaient me convertir. Il me disait un jour : « Ah ! si j'avais eu votre talent pour tourner un paragraphe, je n'aurais pas eu de faux scrupule, et j'aurais fait une fortune immense. »

Ma probité sur ce point lui paraissait très-ridicule, quoique pourtant il affectât de la louer devant les personnes qui me chérissaient. Il lui échappa de dire un jour que j'étais bien l'homme le plus honnête qu'il eût rencontré, mais que cette honnêteté était dangereuse dans le siècle où nous vivions.

En nous quittant il nous fallut compter. J'avais eu la plus grande insouciance sur mes intérêts, et, quoique Swinton m'eût promis d'augmenter mes appointements, qui étaient de cent louis, à raison de l'augmentation des souscripteurs, je n'avais jamais rien réclamé. Croyant à sa bonne foi, je le laissai le maître de faire mon compte comme il l'entendrait. Il me constitua son débiteur de 1,500 livres après une année de fonctions; je fus confondu. Je vis avec surprise qu'entre autres choses il me faisait payer cinq à six louis que j'avais perdus avec lui à une partie du jeu où je m'étais embarqué comme un jeune homme, et où il m'avait encouragé. Je ne dis mot, je renfermai mon mécontentement dans mon âme, je souscrivis à tout, et, en le quittant à Paris, je le serrais encore dans mes bras et l'arrosais de mes larmes.

Rejeté dans ce gouffre que j'avais eu tant de plaisir à abandonner, il me fallut songer à des moyens de pourvoir à ma subsistance. Je ne devais rien attendre de ma famille ; j'en étais toujours banni. J'étais convaincu qu'avec peu d'argent j'aurais pu passer cinq à six mois à la campagne de mon père sans lui être à charge, et là, dans l'indépendance, y finir des ouvrages utiles pour le public et pour moi. Au commencement du nouvel an, je lui avais écrit, de Boulogne, une lettre dictée par la soumission et par la douleur. Il me répondit, en me repoussant :

« Vous ne devez point, mon fils, regarder comme un lieu d'exil une ville où vous vous portez bien, où vous êtes content et accueilli autant que vous pouvez le désirer. Je veux bien croire qu'il serait plus doux pour vous de passer vos jours dans le sein de votre famille ; mais il vaut mieux attendre l'exécution de vos projets et ne rien sacrifier au hasard. Il est certain que vous ne réussiriez point dans le barreau chartrain. Votre imprimé, auquel vous avez justement donné le titre de *Pot-Pourri*, a donné lieu de critiquer votre esprit, et les paroles empruntées du *Méchant*,

« Les sots sont ici-bas pour nos menus-plaisirs,

de blâmer votre cœur. Votre mère est toujours dans la même situation, et il n'y a point de sacrifice humain qui puisse la rétablir. Votre retour à Dieu, sincère et soutenu, pourrait peut-être lui procurer quelque soulagement, et c'est par là que vous devez commencer.

« Dans la lettre que vous m'avez écrite, il y a environ deux mois, vous vous êtes écarté du respect qu'un enfant doit à son père ; je ne puis m'empêcher de blâmer votre erreur : pour vous obliger de rentrer en vous-même, j'ai gardé le silence, et j'ai défendu à votre sœur de vous écrire.

« Si vous voulez rétablir tout commerce entre elle et vous, comme avec moi, revenez à Dieu, et vous trouverez en moi un bon père. Votre frère a dit et chanté sa première messe le jour de Noël : toute la paroisse a été édifiée et de la piété et de l'aisance avec laquelle il a fait cette cérémonie.

« Je dois vous dire pourtant que votre dernière lettre m'a fait un vrai plaisir ; j'y ai reconnu les sentiments d'un enfant envers son père : pour mettre le comble à ma satisfaction, faites que dans les autres je reconnaisse ceux d'un chrétien pour son Dieu. »

Ce style n'appartenait point à mon père ; ce mélange de persiflage, de douceur et d'onction dévote ne pouvait émaner de son âme : j'y reconnus les inspirations du tartufe qui dirigeait sa conscience et maîtrisait son esprit[1].

Le hasard m'avait procuré, quelques années auparavant, la connaissance d'une dame qui tenait un de ces bureaux de

---

[1] L'abbé de Langle. (*Note de Brissot.*)

bel esprit alors si communs à Paris. Son mari, qui s'appelait Hénique, grand faiseur de projets, avait entrepris un *Dictionnaire ecclésiastique de toute la France*, qui servait de prétexte à sa femme, accréditée auprès des ministres, pour en tirer des grâces. Hénique me proposa de coopérer à cet ouvrage, moyennant des appointements assez modiques, mais qui suffisaient à mes besoins. J'acceptai avec empressement, je composai quelques articles, et je ne touchai jamais un sou. Je n'étais pas le seul dont il pressurât ainsi gratuitement le talent ; je succédais à quelqu'un qu'il avait payé de la même monnaie, Maréchal, connu par des poésies agréables, et qui l'était bien davantage par un poème très-énergique en l'honneur de l'athéisme, dont j'admirais quelques vers en blâmant leur objet [1].

Pour qui connaît aujourd'hui Maréchal, la théologie de ses articles dans un Dictionnaire ecclésiastique paraîtrait sans doute fort singulière ; il doit peut-être à ces premiers travaux la direction de ses idées en matière de religion. Après son poème en l'honneur de l'athéisme, il a donné *Le livre échappé au déluge*, parodie du livre des prophètes, qui lui fit perdre une place de bibliothécaire. *L'Almanach des honnêtes gens,* dans lequel il substitua des noms profanes aux noms des saints et saintes du paradis, le fit enfermer à Saint-Lazare. Rendu à la liberté au commencement de la révolution, il en profita pour célébrer la chute de la Bastille et du despotisme, et, en 1792, il a publié des anecdotes sur les

---

[1] Malgré ses vers qui pourraient le mettre au second rang de nos poëtes, malgré ses travaux qui pourraient le placer au premier rang de nos érudits, Sylvain Maréchal s'est rendu plus célèbre par l'audace de ses opinions philosophiques et religieuses, que par le mérite de ses ouvrages. Outre ses premières productions citées par Brissot, il a publié le *Code d'une société d'hommes sans Dieu*, le *Dictionnaire des athées, pour et contre la Bible*, ouvrage dans lequel il appelle l'Évangile un livre de sang et de boue, et Jésus-Christ un saltimbanque, et un misérable fou. Maréchal ne fut pourtant pas toujours conséquent avec lui-même ; quoiqu'il ne reconnût pas plus la divinité de Jésus-Christ que l'existence de Dieu même, il n'en composa pas moins un *hymne à l'Être-Suprême* ; et il a fourni, à la nécessité d'un système religieux, des arguments qui semblent dictés par un esprit rempli de conviction. Or, s'il avait pu constituer un culte sans prêtres, comment pouvait-il admettre une religion sans Dieu ? (M.)

journées de septembre, qui lui attireront sans doute la haine des anarchistes, mais qui le rendront digne de voir son nom placé dans son calendrier des honnêtes gens.

Les intrigants de Paris ont un talent particulier pour s'insinuer dans les maisons opulentes. Hénique m'avait entendu parler de Swinton comme d'un Anglais très-riche. Il désira le connaître. J'ai toujours aimé à lier mes amis les uns avec les autres. Je lui présentai donc Swinton, malgré les défiances que celui-ci avait conçues; mais le sachant bien avec quelques ministres, il consentit à le voir. On parla de projets de gazette. Swinton était fâché de n'avoir aucune part dans le *Journal de Paris*, dont le produit était très-considérable. Lors de notre première connaissance, on lui avait offert un intérêt à ce journal; il m'avait consulté, et, très-étourdiment, je lui avais conseillé de refuser. Je calculais alors le succès de cette feuille d'après la pauvreté de sa rédaction et la censure qui pesait sur elle; je ne voyais pas la soif immense qu'on avait en France de nouvelles, et la disposition des esprits à les rechercher partout, et quelles qu'elles fussent. Swinton proposa d'élever une feuille qui pût rivaliser avec celle de Paris. La proposition fut acceptée : je devais la rédiger, Hénique devait solliciter les ministres, Swinton devait fournir les fonds. Je travaillai beaucoup : Hénique sollicita et ne put rien obtenir, et le pauvre auteur en fut pour son travail. Hénique finit par demander de l'argent à emprunter à Swinton, qui le refusa et partit pour l'Angleterre [1].

[1] « Lorsque je débutai dans la carrière des lettres je n'étais pas riche, et mes parents me délaissèrent. Le hasard me fit faire connaissance d'un intrigant, appelé Hénique de Chevillé, dont le revenu consistait dans l'adresse de sa femme ou de sa maîtresse, alors fort bien avec le ministre de Paris. Il tenait bonne maison. Je le croyais opulent; il s'occupait d'un dictionnaire de bénéfices. Pauvre occupation! Mais avec ce livre qu'on ne devait jamais faire, on devait tirer du ministre une pension. Il m'accapara avec d'autres littérateurs pour cette besogne, me promit monts et merveilles. Je travaillai, je n'eus pas un sou. Je me souviendrai toujours qu'un jour il m'envoya, de très-grand matin, prier de passer en hâte chez lui pour une affaire pressée; c'était pour m'emprunter 24 livres. » (*Extrait d'une lettre de Brissot à Genzonné*.)

En partant il m'avait assuré de son amitié et de ses dispositions à me rendre service, si l'occasion s'en présentait. Je ne sais par quelle fatalité je pensais sans cesse aux jours heureux que j'avais passés dans sa famille à Boulogne ; ils pouvaient encore revenir : rien ne me paraissait si facile. La fortune de Swinton reposait principalement sur le produit des gazettes. Mon talent pouvait de jour en jour lui devenir plus utile ; il était donc de mon intérêt de m'attacher éternellement à lui, et à sa famille, qui devait succéder à ses prétentions. Sa fille aînée ne paraissait pas éloignée du mariage, mais sa naissance semblait l'en éloigner. Je mettais à l'écart cette considération, que ses agréments extérieurs faisaient oublier. Elle avait des défauts, mais avec de la douceur, de la bonté, de la constance, on pouvait espérer de les vaincre. Telles étaient les idées dont mon imagination se berçait dans mes promenades solitaires du Luxembourg, non que mon cœur oubliât celle qu'il avait distinguée, mais son engagement me défendait alors de penser à elle.....

Au fort de mes chimères j'écrivis une longue lettre à Swinton, qui, dans sa réponse, me développa une foule de raisons pour appuyer son refus. J'en remercie le ciel chaque jour. Dévoré d'ambition, Swinton espérait marier sa fille à quelque étranger riche que sa beauté pouvait séduire. Il s'en offrit un ; mais Béla était éprise d'un Français peu fortuné, âgé, très-actif et très-intrigant ; elle refusa, et je contribuai depuis à déterminer son père à l'unir avec son amant.

Au milieu de ma solitude et de tous mes ennuis, le ciel m'envoya une consolation bien douce, c'était la connaissance d'un homme de lettres qui joignait à des connaissances étendues, une aménité séduisante, et un zèle toujours actif pour ses amis. Mentelle[1] était son nom ; et ce nom doit rap-

---

[1] Mentelle, professeur à l'école Normale, et membre de l'Institut et de la Légion d'honneur, fut l'un des amis les plus intimes et les plus fidèles de Brissot. Il a eu longtemps dans ses mains le manuscrit de ses Mémoires, en marge duquel il a écrit quelques notes, que nous avons conservées. Il avait débuté dans l'*Almanach des Muses*, par de petits vers qu'il a fait oublier en publiant, en 1768, ses *Éléments de Géographie*. Quelque temps après il fut appelé à la chaire de professeur à l'école militaire, place qu'il conserva jusqu'à la suppression de

peler de bons ouvrages géographiques. Mentelle n'a pas étendu la science, mais il l'a rendue plus facile, plus agréable à apprendre, et lui a fait embrasser plus d'objets. Il est fâcheux que les circonstances ne lui aient pas permis de traiter les quatre parties du monde, comme il a traité l'Espagne ; s'il l'eût fait, nul ouvrage n'eût été plus précieux, pour avoir une idée exacte et bien détaillée du globe que nous habitons. Mentelle eut à peine appris mon arrivée à Paris, qu'il s'empressa de venir me voir. Franc et confiant, je devins bientôt l'ami d'un homme dont madame Dupont m'avait fait à Boulogne le plus brillant portrait. C'était à ses bons soins que je devais cette liaison, et j'y trouvai chaque jour des jouissances bien douces pour un infortuné qui se croyait abandonné de toute la nature. Mentelle ne devait qu'à son travail infatigable sa réputation et l'aisance dont il jouissait. Jeune, il avait été comme moi sans appui. Ma situation, semblable à la sienne, l'émut, et il me traita en frère. Le talent que son épouse développait sur le clavecin attirait chez elle les musiciens les plus habiles, comme l'excellent caractère de son mari y amenait les hommes de lettres les plus célèbres. C'était presque chaque jour le rendez-vous des talents et des arts : l'esprit y trouvait toujours de nouvelles instructions et des amusements nouveaux.

cette école. Mentelle était sans fortune, et il fut compris, en 1795, au nombre des écrivains auxquels le gouvernement accorda des secours pécuniaires. Ce défaut de fortune empêcha peut-être Mentelle de parvenir au rang qu'il eût occupé parmi les savants. Obligé de travailler pour les libraires, il a consacré une partie de ses travaux à des livres élémentaires. Il mourut en 1815, à l'âge de quatre-vingt cinq ans ; quelques années avant sa mort il avait épousé la fille du comte de Lanoue. Madame Mentelle, amie de Brissot, avait dès longtemps cessé de vivre. (M.)

CHAPITRE XXII.

Brissot apprend la maladie de son père. — Il part pour Chartres et le trouve aux mains d'un confesseur. — Le testament. — Les partages. — La mère de Brissot rêve qu'elle voit son fils englouti dans la mer. — Elle devient folle. — De la démence. — Différence du traitement des fous en France et en Amérique. — Bernardin de Saint-Pierre. — L'hôpital des fous de Philadelphie. — La bibliothèque, le buste de Franklin ; les œuvres de Fourcroy. — Le Sylvia de Sterne. — Les hôpitaux conduisent au gibet et aux galères. — Le docteur Chambon. — Brissot retrouve mademoiselle Félicité Dupont chez Mentelle. — C'est l'instant le plus heureux de sa vie. — Il veut reprendre l'étude du droit. — Il y joint celle des sciences. — L'anatomie et la physique. — Le cours de chimie de Fourcroy.

Telle était la vie douce que je menais au sein de l'amitié et des lettres, lorsque j'en fus arraché pour quelque temps par un événement imprévu. J'appris tout à coup que mon père, tombé malade, était à l'extrémité. Ma famille m'envoyait un exprès pour me faire venir, parce qu'il avait témoigné le désir de me voir, de se réconcilier avec moi, de me donner sa bénédiction avant de mourir. Je volai à Chartres, et bientôt, près de son lit, je le vis touchant à sa dernière heure. Il avait à ses côtés un prêtre, son confesseur, que je regardais comme l'auteur de son animosité contre moi. La vue de cet homme contrista, resserra mon cœur. D'une nature aimante, j'avais souvent désiré avec passion de trouver dans mon père cette affection que j'ai, que je conserverai pour mes enfants, et qui fait partie de mon existence. Mes vœux n'ont point été exaucés. La sécheresse, et je dirai presque la dureté de mon père, avaient étouffé en moi les sentiments de la nature, malgré une impulsion secrète qui me portait quelquefois vers lui. Car je pensais que bon avec les étrangers, il ne pouvait être naturellement dur envers ses enfants. Je pensais que sa dureté était la suite de sa mauvaise éducation, de la rudesse du métier qu'il avait exercé et surtout des conseils atroces que lui donnaient les prêtres. Mon père me dit en peu de mots qu'il était fâché de la division qui avait régné entre nous, que je devais l'attribuer à mon éloignement de la religion; il m'exhorta à revenir dans son sein, me pardonna mes fautes, et m'assura que par son testament il ne me faisait aucun tort. Des larmes s'échappèrent de mes yeux; je regrettai les chagrins que je lui avais causés; quelques moments après il expira.

A l'ouverture de son testament, je vis qu'il m'avait réduit, ainsi que mes frères et sœurs, à la légitime, et qu'il avait tout donné à ma mère. Je ne me plaignis pas; mais je plaignis mon pauvre père du mensonge que lui avait mis dans la bouche le prêtre qui lui avait dicté son testament. Nos partages furent promptement faits, il n'était pas dans mon caractère de chicaner. Quoique mon père laissât une succession de 150 à 200,000 livres, je ne touchai que 4 à 5,000 livres pour ma légitime; nous abandonnâmes le reste à notre mère.

Elle était tourmentée par la plus cruelle maladie, et peut-être ai-je à me reprocher d'en avoir été la cause innocente? Quoiqu'elle jouît d'une santé robuste et d'un excellent jugement, elle perdit tout à coup la raison, ou plutôt elle essuya des accès de démence. Ce malheur arriva dans le temps où je m'embarquai pour l'Angleterre. Elle rêva que je périssais au milieu des flots, et ce rêve lui ôta la raison. Elle m'avait toujours aimé; souvent elle avait désiré de me voir établi sous ses yeux, comme avocat, ou comme notaire; elle me disait souvent que ce serait son suprême bonheur. La vie malheureuse et errante que je menais, la dureté, la haine que mon père témoignait souvent pour moi, et qu'elle avait cherché vainement à combattre, la damnation à laquelle me condamnaient sans cesse les prêtres dont elle était environnée, le souvenir de l'état languissant où elle m'avait vu, toutes ces circonstances réunies l'agitèrent tellement qu'elle me crut à jamais perdu pour elle.

Trois autres circonstances influèrent encore bien plus puissamment sur la perte de sa raison. Elle était née d'une mère qui, arrivée à l'âge de soixante ans, était tombée dans une espèce d'enfance. Cette mère l'avait élevée dans la dévotion. L'image de l'enfer lui faisait une profonde impression, et les prêtres ne cessaient de l'épouvanter avec ce hideux tableau. Enfin elle avait passé une vie extrêmement orageuse au milieu des fatigues d'une profession pénible, et des tourments que lui donnait le caractère violent de celui auquel elle s'était unie. Ils furent tels un jour, qu'étant à la campagne elle quitta son lit pour venir se jeter dans un puits. Heureusement son mari s'en aperçut, la suivit, et arriva assez à temps pour prévenir ce funeste coup. Des traitements plus doux avaient depuis rétabli sa santé et sa raison.

Son état de démence ou d'enfance n'était que momentané. Presque tout le jour elle jouissait de sa raison; la nuit seule la faisait disparaître. Abandonnée à elle-même, elle se croyait environnée de démons, et poussait des hurlements horribles; et quand, dans le jour, on touchait l'article de la religion, c'était ramener sa déraison, ses fureurs, ses imprécations contre mon impiété.

Il m'a toujours semblé qu'il eût été facile de la guérir, en l'arrachant aux prêtres, aux conversations religieuses, en la transportant à la campagne, et en la bornant à l'usage des végétaux; la vue de la nature est un baume efficace pour les âmes trop violemment agitées, et le physique a trop d'influence sur notre moral pour ne pas croire que des mets acides, gras, spiritueux n'irritent encore plus une âme disposée à l'irritation.

J'ai vingt fois fait ces observations à ma sœur aînée, qui s'était chargée de veiller sur les jours de notre mère. J'ai prêché dans le désert. On l'a tenue gardée à la ville, enfermée dans sa maison, n'ayant sous les yeux qu'une dévotion triste; son état s'est perpétué, et cela devait être. Cependant, quoique l'altération de sa raison soit toujours la même, non-seulement sa santé n'en a point souffert, mais elle paraît être devenue plus robuste. La folie est l'absence des réflexions; elle l'est aussi des peines, et c'est ce qui explique la dureté physique et la bonne santé des individus qui en sont atteints. Mais qu'est-ce que cette existence, grand Dieu! Qu'est-ce encore que les liens qui nous attachent à de pareils individus? Il n'en existe plus que deux, la pitié et la reconnaissance.

Il est des pays où les fous sont traités avec indulgence et même avec respect : chez nous c'est tout autre chose ; on les enferme la plupart comme des forcenés, on les abandonne comme des gens hors la loi, et ils ne manquent guère de devenir furieux, de fous qu'ils étaient. « Les Turcs, au contraire, dit le philanthrope Bernardin de Saint-Pierre, les respectent singulièrement, s'empressent de leur présenter à manger, et ils leur font toutes sortes de caresses. On n'entend jamais dire qu'ils aient offensé personne. Nos fous, au contraire, sont dangereux parce qu'ils sont misérables [1]. »

J'ai vu à Philadelphie, cet hôpital de fous, que M. Crevecœur a si justement vanté, et dont l'humain M. Mazzei ne parle que comme d'une curiosité qui ne vaut pas la peine d'être regardée. Je veux rappeler ici cet établissement ; quoiqu'encore imparfait, puisse-t-il servir de modèle pour en former d'autres! Le bâtiment était élégant et bien tenu ; dans les salles des malades, comme dans les chambres particulières, il régnait partout une propreté ravissante. On y avait formé une bibliothèque ouverte à ceux qui pouvaient s'en servir ; le buste de Franklin y était placé [2]. Cette bibliothèque n'était pas nombreuse, mais bien choisie ; je me souviens que j'y vis avec plaisir la quatrième édition, en anglais, des éléments de l'*Histoire naturelle*, et de la *Chimie* de mon jeune maître et ami Fourcroy.

Le premier étage était consacré aux hommes malades, le second aux femmes, le rez-de-chaussée aux fous qu'on appelle *lunatiques* ; la plupart étaient des lunatiques religieux, des femmes à qui l'amour avait fait perdre la raison. J'y remarquai surtout un prisonnier plongé dans une profonde

---

[1] *Études de la nature*, t. III.

[2] Je demandai pourquoi il était là. On me répondit que Franklin était l'un des fondateurs de cet hôpital. (*Note de Brissot.*)

méditation, et une fille jeune et jolie, dont le regard était touchant, et qui me rappela la Sylvia de Sterne ; elle me parla avec une douleur intéressante. L'infidélité d'un officier anglais, dont elle aimait encore à prononcer le nom, l'avait réduite à cet état.

L'aspect de ces infortunés m'affecta vivement. Ils sont traités avec la plus grande douceur ; on les laisse se promener dans une cour sur laquelle leur cellule est ouverte ; ils sont visités régulièrement deux fois par semaine par deux médecins. Le docteur Rush, l'un d'eux, a imaginé de faire mettre une escarpolette dans la cour pour leur amusement ; mais, hélas ! leur cour est grillée : leur cellule n'en est pas moins une prison ; et suivant moi l'emprisonnement est le plus grand des maux. Je ne crois d'ailleurs pas qu'on puisse guérir un malade, quel qu'il soit, lorsqu'il est captif. Bernardin de Saint-Pierre observe sagement dans l'ouvrage que j'ai déjà cité que le régime des hôpitaux forme souvent des maladies plus dangereuses que celles que les malades y apportent, qu'il affecte surtout le moral ; et il ajoute, ce qu'il m'a répété à moi-même, qu'on lui a assuré que la plupart des criminels qui finissent leurs jours au gibet ou aux galères sortent des hôpitaux.

L'exercice, la promenade, la vue des campagnes, le murmure d'un ruisseau, le chant des oiseaux, lui paraissent avec le régime végétal le meilleur moyen de guérir les fous. Ce système de traitement n'est pourtant pas, j'en conviens, sans des inconvénients qui méritent d'être pesés. Il faut lire, à cet égard, le savant et précieux ouvrage d'un médecin qui, aux connaissances et à la pratique de son art dans les hôpitaux, joint les lumières d'un philosophe et l'enthousiasme d'un démocrate pour la liberté, de mon digne ami le docteur Chambon.

Ce serait une étude bien curieuse et bien utile pour le genre humain que celle des causes des diverses folies, et des moyens de les guérir. Celle de ma mère eût fourni des traits bien précieux à cette histoire. On y voyait un contraste frappant de bonnes et de mauvaises qualités : l'audace à côté de la crainte de ceux qui la menaçaient; des accès de tendresse pour ses enfants à côté d'accès de violence; de petites malices qu'elle se plaisait à faire, une curiosité fatigante sur tous les objets, une causerie éternelle qui brouille souvent les individus, une envie de dérober, non pour garder, mais pour donner aux pauvres, une hardiesse à dire des vérités dures aux personnes. . . . .

Mais pourquoi m'arrêter si longtemps sur cet être infortuné.....? fasse le ciel que ses jours soient prolongés, et qu'ils s'adoucissent! Mais je sens trop que je n'ai plus de mère. Bénie soit la Providence qui, dans la mère de ma femme, m'en a donné une autre qui me regarde, me soigne, me chérit comme son propre enfant!

J'arrive ici à une des époques les plus heureuses de ma vie. De retour à Paris, je retrouvai chez mon ami Mentelle la femme que mon cœur avait choisie, celle qu'il se bornait à chérir, à respecter en secret. Elle avait rompu son premier engagement, elle était libre, elle ne le fut bientôt plus. Son amour répondit au mien, et dans près de deux années que nous passâmes ensemble, confondant nos travaux, nos idées, les jouissances de l'âme, nous goûtâmes ces joies ineffables que procure un amour heureux et non contrarié, fondé sur une estime mutuelle. Cette partie de ma vie mérite des détails particuliers; mais ni le lieu, ni le temps où j'écris ces Mémoires, ne sont favorables pour le talent qu'ils exigent. Je veux relire la collection de ces lettres brûlantes où sont déposés nos sentiments. Je me bornerai donc dans la suite de ces Mémoires à raconter les événements extérieurs et non domestiques de ma vie.

J'avais 4,000 francs! C'était un trésor pour moi, il me semblait devoir être inépuisable. Sûr de pouvoir vivre tranquillement pendant quelque temps, je me traçai un plan de conduite. Déterminé à suivre le barreau, parce que la profession d'avocat pouvait faciliter et accélérer mon mariage, je ne voulus pas, d'un autre côté, abandonner l'étude de la philosophie et des lettres qui pouvaient m'offrir des moyens de fortune. Je résolus même d'y joindre l'étude des sciences que j'avais trop négligée. Aussitôt je me jetai dans la chimie, l'anatomie et la physique.

La facilité avec laquelle le jeune Fourcroy développait les étranges phénomènes de la décomposition des corps, m'enflamma d'abord pour la chimie. Je la saisis avec une ardeur opiniâtre. Mais dépourvu d'instruments et de moyens pécuniaires, pour répéter ses expériences, je fus toujours borné à la théorie, et qu'est-ce en physique que la théorie? elle s'oublie si vite.

Mentelle et Félicité venaient avec moi à ces cours. Le goût de ma Félicité pour les sciences, le plaisir qu'elle trouvait à seconder mes études, lui firent aisément prendre le parti de donner ses soirées à faire l'analyse des leçons du matin; et elle y reussit au point qu'il en résulta un cahier fort étendu dont nous tirâmes grand parti pour soulager ensuite notre mémoire.

Elle avait aussi beaucoup de goût pour la médecine, et s'occupait à l'avance des connaissances physiques que nous devions avoir pour bien élever nos enfans; elle me porta à étudier l'anatomie. Je m'y livrai avec la même ardeur qu'à la chimie, malgré le dégoût que me fit éprouver, pendant quelque temps, la vue des cadavres; la curiosité fait bientôt disparaître ce que cette science a de révoltant, quand on cherche à découvrir les principes et les éléments de la vie.

Après un intervalle de dix années, il ne me reste plus de ces deux sciences que des idées vagues et générales, la connaissance des bonnes sources, et la facilité de me remettre sur la voie, lorsque des moments plus favorables me rejetteront dans l'étude de la nature, la seule que je désire maintenant cultiver.

CHAPITRE XXIII.

Le docteur Chambon. — Ses ouvrages. — Il est élu maire de Paris à la place de Pétion. — Il assiste à la lecture de l'arrêt de mort de Louis XVI. — Sa voiture conduit le monarque déchu à l'échafaud. — Grouvelle et Garat. — Pache, maire de Paris. — Les réunions de Mentelle. — Les gens de lettres et les savants. — Bon estomac et mauvais cœur. — L'abbé Choupy et son fanatisme pour la Trinité. — Le Brigant. — Le languedocien et le bas-breton. — La dispute scientifique et le saignement de nez de Choupy. — Première idée du *Traité de la Vérité*. — But de cet ouvrage. — Lablancherie. — Le musée. — L'agent-général de la littérature, des arts et des sciences. — M. le comte de Rivarol. — *Le petit Almanach des grands hommes*. Le journal de Lablancherie. — Brissot va à Reims acheter un diplôme d'avocat. — Son examen. — Les eunuques peuvent-ils se marier ? — Le stage. — Brissot, pour éviter d'être proscrit avec son ouvrage sur les lois criminelles, abandonne la robe de Scaramouche et le barreau.

Je fis, en suivant mon cours d'anatomie, l'acquisition d'un ami précieux, celle de Chambon, qui dirigeait ce cours. Distingué par son patriotisme dans la révolution, il a été porté à la place de maire de Paris, où sans doute il eût réussi à se rendre important, si l'anarchie ne l'eût pas contrarié sans cesse. Il avait longtemps exercé la profession de médecin en province; il vint à Paris à l'époque dont je parle, et il s'y fit remarquer par ses connaissances, les services qu'il rendit à la science, et les ouvrages qu'il publia. Ses idées philosophiques lui firent embrasser avec ardeur les principes qui animaient tous les bons citoyens, et nous employâmes tous nos efforts pour qu'il fût nommé maire à la place de Pétion. En cette qualité, il suivit au Temple Grouvelle et Garat, lorsqu'ils y vinrent signifier à Louis l'arrêt de la Convention, qui le condamnait à mort [1]. Ce fut, je crois, même dans sa

---

[1] C'est en qualité de ministre de la justice que, d'une voix émue et tremblante, M. Garat lut à Louis XVI son arrêt de mort. Grouvelle était alors secré-

voiture que l'on conduisit l'ex-roi à l'échafaud; ces scènes, sans ébranler son patriotisme, touchaient vivement son esprit. Manuel m'a dit lui en avoir vu les larmes aux yeux. Il s'aperçut bien ensuite que son républicanisme n'était pas à la hauteur de ceux qui ne voulaient en lui qu'un instrument passif de leurs fureurs. Il ne pouvait pas être terroriste, mais il eut peur de la Terreur, et abandonna les fonctions de maire au mois de février suivant; ce fut un grand mal, car Pache le remplaça[1].

La société qui se réunissait chez Mentelle m'offrit l'occasion d'y acquérir des amis, si les talents et la célébrité eussent été les seuls titres que j'eusse recherchés dans mes amis. Mais j'observais avec peine que les hommes de lettres, les académiciens se haïssaient, se déchiraient réciproquement. La sécheresse de leur âme me révoltait autant que leur hauteur et leur morgue, et je remarquai trop souvent la vérité de ce proverbe, que Linguet avait appliqué aux académiciens : *Bon estomac et mauvais cœur*. Une observation me frappait surtout à l'égard des géomètres que je rencontrais, c'est que malgré leur science, qui devait rectifier leur jugement, ils n'avaient que des idées fausses, qu'une logique perverse lorsqu'ils raisonnaient sur d'autres sciences. La fameuse querelle du Gluckisme et du Piccinisme divisait alors les esprits. Mes géomètres prenaient parti suivant le goût des seigneurs dont ils piquaient les tables.

La même mauvaise foi, le même amour-propre, le même entêtement me paraissaient avilir les savants adonnés à l'é-

---

taire du conseil exécutif; il fut depuis envoyé en ambassade en Danemarck, près du roi Christian.

[1] Chambon était un honnête homme et un homme instruit. Ses idées en politique, en philosophie, avaient suivi celles de son siècle; mais en médecine il était resté stationnaire, car il repoussait la vaccine et prônait encore le magnétisme tombé en discrédit. Ses théories sur ces deux sujets sont, je crois, inédites. C'est à Langres qu'il avait exercé la médecine avant de venir professer à Paris. Ses ouvrages sont : un *Traité de l'anthrax*; un *Traité des fièvres malignes*; des *Moyens de rendre les hôpitaux utiles à la nation*, et enfin un *Traité des maladies des femmes, des filles et des enfants*, formant 10 vol. in-8°. Chambon est mort à Paris il y a quelques années. (M.)

tude de l'antiquité, qui fréquentaient cette maison. Je me souviendrai toujours d'une comédie très-plaisante que me donnèrent cet abbé Choupy, si connu par ses voyages en Italie, son fanatisme pour la Trinité, et ses trois gros volumes sur la maison de campagne d'Horace, et l'universel Brigant, sous le nom duquel Abeille a publié un excellent prospectus d'un ouvrage sur l'origine des langues, qui n'a jamais paru. Choupy trouvait dans le languedocien, sa langue natale, la clef de toutes les langues, et le breton Le Brigant[1] faisait cet honneur au bas-breton. Chacun, pour prouver sa thèse, expliquait à sa manière le fameux mot gaulois conservé par César : *aquo e cesac*, chacun citait force étymologies. La fureur de disputer était telle, que Choupy, qui avait la meilleure poitrine, et qui était infatigable dans son parlage, surpris par un saignement de nez, ne s'arrêta pas même, et continua sa dissertation, en saignant, un verre d'eau à la main.....

Rentré dans mon cabinet, je cherchai à mettre à profit cette scène et toutes les autres de même nature dont je fus le témoin. Je me promis d'éviter ces ridicules, d'éviter le ton tranchant, la présomption, et telle fut l'idée qui me conduisit à composer mon traité sur *la Recherche de la vérité, ou sur les moyens d'y parvenir* [2].

---

[1] Les travaux, dans l'étude des langues, de Le Brigant furent immenses ; et à côté de ses erreurs on ne peut disconvenir qu'il n'y ait souvent les aperçus les plus ingénieux et les recherches les plus savantes. Mais ce qui attachera à son nom plus de célébrité que ses ouvrages, c'est la tendre amitié qu'il avait inspirée au brave Latour-d'Auvergne. Le Brigant avait eu vingt-deux enfants, et les avait presque tous perdus : ceux qui lui restaient, à l'exception d'un seul, servaient dans les armées de la république : celui-ci même, appelé par la conscription, allait laisser son père dans le plus cruel isolement. Latour-d'Auvergne voulut partir à sa place. Ce fut ainsi que le premier grenadier de France abandonna une seconde fois les études scientifiques qui l'occupaient depuis la paix de 1795, et courut remplacer le fils de son ami. On sait qu'il fut tué d'un coup de lance à l'affaire de Neubourg. Le Brigant ne lui survécut que quatre années, et mourut en 1806. (M.)

[2] Cet ouvrage a pour titre : *de la Vérité, ou méditations sur les moyens de parvenir à la vérité dans toutes les connaissances humaines*. 1 vol. in-8°, Neuchâtel, 1782. (M.)

Le but de cet ouvrage n'était point d'amuser les esprits systématiques ou superficiels, par un roman agréable, comme l'a fait Malebranche dans un traité qui porte à peu près le même titre ; le siècle, juste appréciateur de son mérite, l'avait déjà mis à côté des rêves ingénieux de Platon sur la nature de l'âme et sur la grande chaîne des êtres. Malebranche avait suivi la route dangereuse et perfide de la synthèse, je voulus suivre la route opposée, celle de l'analyse. Je voulus, à la lueur de son flambeau, descendre jusque dans les fondements de toutes les sciences, en examiner la solidité, la liaison, fonder et éprouver au creuset de la vérité, ces systèmes, ces découvertes qu'on croit dépouiller de l'alliage de l'erreur. C'était un pas rétrograde que je faisais, mais il était utile, il était nécessaire aux sciences. Au sein des richesses, on se borne à jouir, sans prendre la fatigue d'analyser ses jouissances. On n'a pas songé jusqu'à présent à purger l'or des scories : c'est l'opération que je tentai ; elle me jetait bien loin de mon siècle ; car je cherchais à constater s'il existait quelque chose de vrai, de certain, de parfait dans ce siècle, où tout paraît vrai, positif et parfait.

Ce traité n'était pour ainsi dire que la préface d'un ouvrage plus important que j'avais projeté, puisque je me proposais de rechercher ce qu'il y avait de certain dans toutes les connaissances humaines. Mais avant tout, il était nécessaire de savoir ce qu'est la vérité, par quels moyens on l'obtient, à quels caractères on la distingue. Tel était le but de mon traité.

Dans un moment où tout était sacrifié à la chimie, à la géométrie, au bel esprit, j'imaginai que le commun des lecteurs trouverait trop de métaphysique dans mon livre. Je voulus donc l'orner de fleurs, et joindre aux arguments de l'esprit, le langage du sentiment. J'évitai la sécheresse de Condillac, la manière encore trop scolastique de Locke : je préférai celle d'Helvétius, métaphysicien à la fois instruit et agréable, dont je consultai le goût, sans suivre les idées.

Les circonstances ne m'ont pas permis de continuer cet ouvrage, qui, j'ose le dire, rendra meilleurs ceux qui le liront. Il m'attira des critiques, des éloges et des injures. Le continuateur de Fréron me dénonça au ministère comme un séditieux. Je dois lui rendre justice, il voyait bien mon but. Il tendait en effet à amener les hommes à réfléchir sur leurs droits.

Aucun de mes ouvrages ne m'a procuré des jouissances plus douces que ce traité. Il est le produit du sentiment comme de la raison. Il porte le caractère d'un homme heureux, aimé, et qui cherche à communiquer son bonheur à ses semblables. Que de soirées délicieuses je passai dans les promenades solitaires du Luxembourg, en composant ses divers articles ! Lisez l'article *Méditation* ; lisez l'article *Ce que doit être un philosophe*, et vous y trouverez l'âme de l'auteur. J'étais plein de ma Félicité, plein de ma résolution d'être bon et vertueux, plein de la Divinité, que je remerciais de ses bienfaits, et c'était sous la dictée de tous ces sentiments que j'écrivais.

On m'a reproché d'avoir trop écrit ; je le dois à ce sentiment expansif qui m'a constamment brûlé ; j'aime à obliger, à rendre les autres heureux de mon bonheur, savants de ma science. C'était ainsi que j'aimais à m'entretenir sur les sciences avec Félicité, à former le cœur jeune et flexible de sa sœur Nancy, qui annonçait déjà cette solidité de caractère qu'elle a depuis développée : c'était le même sentiment qui me portait vers son frère, dont je fis alors la connaissance, frère dont l'âme pure et candide eut bientôt fait naître en moi un sentiment plus fort que celui du sang.

Enfin, c'était par l'impulsion de ce sentiment expansif que j'étais toujours prêt à rendre service soit aux gens de lettres, soit aux amis qui invoquaient mon secours. A cette époque, je fus recherché par un homme profondément ignoré depuis, et qui alors faisait une grande explosion par un établissement immense qu'il avait projeté : c'était Lablancherie. Il avait imaginé de former un centre de réunion pour les savants de tous les pays, par les inventions journalières de tous les arts et de toutes les sciences. L'idée était excellente, mais les talents du chef n'y répondirent pas. Il eut le bon sens, pour réussir, de s'adjoindre d'abord les hommes dont les talents pouvaient assurer ses succès; mais la médiocrité de son esprit et l'inconstance de son caractère les éloignèrent ensuite. Il publiait un journal qui pouvait devenir un monument précieux; j'y contribuai par quelques articles; mais l'entêtement de cet homme qui, très-ignorant, voulait s'ériger en juge de tout, m'eut aussi bientôt dégoûté. Lablancherie avait une difficulté pour écrire et pour composer, qui me rappelaient les douleurs de l'enfantement, et il me semblait que j'en étais saisi lorsque j'étais à ses côtés. Il avait un autre défaut qui le rendait vil à mes yeux : c'était sa bassesse à ramper dans les antichambres, et à flagorner les grands seigneurs. Fier et indépendant, je ne pouvais lui pardonner ces adulations intéressées. Cependant Lablancherie était bon, obligeant, zélé pour rendre service; c'eût été un bon citoyen s'il n'eût pas voulu être homme de lettres.

Il avait quelque temps voyagé en Amérique, et, témoin de la traite des nègres, il avait conçu pour cet infâme trafic une horreur dont il lui faut savoir gré. Le récit qu'il me fit des affreux tourments éprouvés par les noirs dans les colonies françaises a aussi servi à développer en moi le zèle actif qui m'anima plus tard en faveur de cette classe infortunée. Quelques années avant que je ne fisse sa connaissance, il avait publié deux petits volumes contenant un extrait de ses voyages, qu'il destinait moins à étendre les connaissances géographiques et historiques que les sciences morales. L'idée était heureuse, mais le talent manquait dans l'exécution.

Je ne sais ce qu'est devenu Lablancherie; je l'ai vu quelque temps en butte aux épigrammes de l'auteur du *Petit Almanach des grands hommes* qui ne lui pardonnait pas son titre d'agent général de la littérature, des arts et des sciences, quoiqu'il ait pris lui-même, dans ce livre, le titre de comte de Rivarol. Voyez ce livre. « M. de Lablancherie, y disait le petit grand homme, est un des plus puissants génies de ce siècle. Il avait conçu un projet admirable qui devait le conduire à la plus haute fortune, et pour l'exécution duquel il ne demandait qu'une ville impériale, où tous les souverains de l'Europe devaient s'assembler et traiter avec lui. Il avait fort bien expliqué ses vues dans un journal de sa composition, mais l'Europe, occupée de je ne sais quels intérêts du moment, négligea le grand projet de M. de Lablancherie ; la ville impériale ne fut point accordée, les souverains ne s'assemblèrent pas, et ce grand homme resta seul, avec ses plans et son génie, rue Saint-André-des-Arts, près l'égoût. O temps ! ô mœurs ! » Passe des persiflages sur le génie de Lablancherie [1], mais le plan de son musée était ingénieusement conçu.

Son établissement offrait un avantage pour l'humanité ; il mettait sans cesse en communication les savants de tous les pays ; c'était le rendez-vous de tout l'univers ; il est fâcheux qu'il ne subsiste plus. Rien n'efface plus les préjugés nationaux, rien n'est plus propre à répandre les vérités qu'un pareil centre de réunion.

Les moments que je donnais aux lettres et aux sciences ne me faisaient point négliger mes études du barreau. J'y voyais la certitude de mon mariage ; je songeai donc à me faire recevoir avocat. Il fallait prendre des degrés dans la faculté de droit, et comme ce n'était qu'une vaine formalité, je préférai la voie la plus prompte, celle de les acheter à Reims. Le voyage que je fis dans cette ville me convainquit de l'avilissement de son Université, et du mépris que méritaient tous ces établissements qui étaient moins une école de science qu'un marché de titres. On y vendait tout, et les degrés, et les thèses et les arguments. Je rougis pour les docteurs qui

---

[1] Mamès Claude Pahin de Lablancherie, né à Langres en 1752, se réfugia à Londres à l'époque de la révolution, et y mourut en 1811. Sa correspondance générale sur les sciences et les arts, ou *nouvelles de la république des lettres*, depuis 1778, forme 8 vol. in-8°. On voit d'après Brissot, qu'il ne faut guère le regarder que comme l'éditeur de cette correspondance qui se termina en 1788.

Une circonstance assez singulière de l'émigration de Lablancherie, c'est que s'étant logé à Londres dans la maison jadis habitée par Newton, il attira chez lui, pour la voir, une foule de personnages qu'il sut intéresser à son sort, il se fit autoriser à ajouter à son nom celui de Newton ; surnom illustre qui ne l'empêcha point de mourir inconnu. (M.)

m'interrogeaient : ils me parurent jouer et me faire jouer une mascarade dont le comique était encore relevé par le sujet de leurs interrogations, car ils me questionnèrent ou feignirent de me questionner très-sérieusement sur la question de savoir si les eunuques pouvaient se marier. Après avoir payé 5 à 600 livres pour cette pantalonnade, je revins à Paris, et me présentai au Parlement. Ce ne fut pas sans quelque répugnance que j'endossai le harnois des avocats. Élevé depuis longtemps dans la philosophie, il me semblait ridicule d'être vêtu en Scaramouche pour défendre l'opprimé. Mais il fallut se résigner à l'impérieux usage. Je l'avoue, je ne me couvris pas une fois de cette maudite robe sans désirer que ce fût pour la dernière.

Mon dégoût pour le barreau s'accrut encore, lorsque j'éprouvai toutes les difficultés dont alors on environnait cette profession. Avant d'être inscrit sur le tableau, il fallait faire un noviciat de quatre années. Ce noviciat s'appelait *le stage*. On ne pouvait, avant d'être arrivé au terme fortuné, signer de mémoires, ni de consultations, ni de ces pièces d'écriture, dont l'énorme volume enrichissait les matadors de l'ordre. L'esclavage s'étendait bien plus loin. Les vénérables anciens prétendaient jusqu'au droit d'enchaîner les idées des jeunes aspirants, et pour y réussir, le conseil secret et suprême de l'ordre avait imaginé de les diviser en différentes colonnes, dont ils donnaient la surveillance à deux anciens, qui remplissaient très-bien le rôle de pédagogues. J'eus à peine assisté à quelques-unes de leurs conférences, que me croyant de nouveau sous la férule et sur les bancs de l'école, je pris la résolution de renoncer au Palais, s'il fallait traîner une vie aussi ennuyeuse pendant quatre ans et renoncer à l'indépendance de mes opinions. Je fus confirmé dans cette résolution, par deux aventures qui me déterminèrent. J'ai déjà parlé du procès que m'avait suscité l'infâme Verrier; il m'avait dénoncé à l'ordre, et c'était un péché irrémissible, aux yeux de ce ridicule tribunal, que d'avoir souscrit une lettre de change. Ma perte était donc assurée; mais j'étais coupable, aux yeux de mes inquisiteurs, d'un forfait bien plus abominable; je venais de mettre au jour ma *Théorie des lois criminelles!* Moi, jeune néophyte, oser soulever le voile qui enveloppait cette partie des lois criminelles! Moi néophyte, oser censurer les jurisconsultes qui avaient blanchi sous le harnois! Oser fouler à mes pieds de vieilles lois, qui assassinaient l'innocent! Moi, aspirant au tableau, oser parler le langage de la philosophie dans une caverne où elle était abhorrée! Je devais être proscrit et je le fus bientôt. Mes tyrans trouvèrent dans mon ouvrage une foule de propositions hérétiques et mal sonnantes. La foudre allait m'éloigner, mes amis m'en avertirent, et me conseillèrent, pour prévenir un éclat, de m'abstenir du palais jusqu'à des temps plus heureux. Je profitai du conseil, et un des plus beaux jours de ma vie fut celui où je transformai ma longue robe en un habit court.

CHAPITRE XXIV.

Brissot se livre entièrement aux sciences et à la littérature. — Les découvertes que Marat annonce sur la lumière et sur le feu lui font rechercher sa connaissance. — Il se lie avec lui d'une étroite amitié. — Marat lui raconte quelques circonstances de sa vie. — Ses premiers ouvrages. — Ses liaisons avec Catherine Kaufman. — Ses succès prodigieux dans la médecine qu'il avait pourtant abandonnée pour la physique. — Ses remèdes et ses bouteilles. — De ses procédés en médecine. — Il veut se faire ouvrir le ventre pour se guérir d'une colique. — Sa dureté envers les autres, il l'exerce envers lui-même. — Ses travaux pour humilier l'Académie des sciences. — Le nec plus ultra de son ambition. — Son traité sur les principes de l'homme. — Voltaire le persifle. — Marat n'a jamais obtenu justice dans le cours de sa vie. — Injustices à son égard. — Querelle de Brissot et du géomètre Laplace, au sujet de Marat. — Le chapitre du préjugé académique, ou récit fidèle de cette dispute. — Brissot y a peut-être porté trop de dureté. — Égoïsme de Marat. — Quoique taillé en sapajou, il trouve pourtant le secret de plaire à la marquise de L..... Esprit et amabilité de cette femme. — Marat ne se borne pas auprès d'elle au rôle de médecin. — Sa violence dans la vie domestique. — La marquise de L..... Marat lui a sauvé la vie. — Mot féroce et trait de générosité de Marat.

Libre désormais, je résolus de me vouer entièrement à la profession d'auteur et à la culture des sciences. Là, rien ne pouvait contrarier cette liberté philosophique, dont j'étais idolâtre; là, j'imaginais pouvoir acquérir en même temps une fortune et une grande réputation. Je me berçais de ces chimères, mais je balançais encore sur la route que je préférais. Quelques amis me pressaient de me livrer exclusivement aux diverses parties de la physique, alors si recherchée et dont l'enseignement pouvait être très-lucratif. Je continuai mes études sans prendre aucun parti; j'entendais en même temps Fourcroy, Lesage, Chambon. Les expériences que Marat annonçait sur la lumière et sur le feu piquèrent ma curiosité;

10.

je le vis et la fierté de caractère que cet homme devenu depuis si fameux déploya devant moi, me fit rechercher sa connaissance. Nous nous liâmes d'une étroite amitié. Marat me raconta quelques circonstances de sa vie qui augmentèrent mon estime pour lui; il s'annonça comme un fervent apôtre de la liberté. Il avait, en 1775, écrit en Angleterre un ouvrage sur cette matière, qui avait pour titre : *les Chaînes de l'esclavage*. Il y démasquait la corruption de la cour et du ministère. Cet ouvrage, me disait-il, avait fait une grande sensation dans cette île, et il en avait été récompensé par de brillants cadeaux et par son admission à des corporations et à la bourgeoisie de quelques villes [1]. Il me parlait de ses liaisons avec la célèbre Kaufman, dont il ne vantait pas moins les talents pour la musique que pour la peinture, et sur laquelle il me raconta plusieurs anecdotes intéressantes que j'ai conservées [2]; il me parlait de ses succès prodigieux dans la médecine, et tels qu'à son début à Paris on lui payait trente-six francs par chaque visite, et qu'il ne pouvait suffire à toutes les consultations que chaque jour on lui demandait. Quoiqu'il fût très-bien logé, je n'apercevais pas cependant chez lui ce luxe qui devait être le résultat des richesses dont dont il se disait accablé; mais, j'en ai déjà prévenu, j'ai toujours été crédule, et ce n'est qu'en repassant les diverses circonstances de ma liaison avec cet homme odieux, en les rapprochant du rôle qu'il a joué dans la révolution, que je me suis convaincu du charlatanisme qui, toute sa vie, a dirigé et couvert ses actions et ses écrits.

[1] Plusieurs biographies, et entre autres celle de MM. Arnaud, Jay, Jouy et Norvins, ont dit que la première production de Marat était une traduction du livre *the Chains of slavery*. Je crois que c'est une erreur. L'ouvrage *the Chains of slavery* était lui-même de Marat; il l'avait d'abord publié en anglais à Édimbourg, à une époque où il y donnait des leçons de français. *Les Chaînes de l'esclavage* qu'il fit imprimer à Paris, en 1792, étaient la traduction de son ouvrage. (M.)

[2] Catherine Kaufmann, née en Suisse, et élevée par son père dans l'art de la peinture, commença à se distinguer à l'âge de onze ans. Elle visita l'Italie, passa à Londres, où elle s'acquit une grande réputation par ses tableaux. L'un des plus remarquables est celui qui représente la *Mort de Léonard de Vinci*; on cite aussi ses *Funérailles de Pallas*. Elle est morte à Rome en 1807. (M.)

Marat me dit qu'ayant fait de grandes découvertes dans la physique, il abandonnait la médecine, qui n'était à Paris qu'une profession de charlatans indigne de lui ; tout en renonçant cependant à cette profession, il vendait de temps en temps des remèdes et des bouteilles dont il garantissait l'efficacité, et il était très-soigneux d'en réclamer le prix. Je me rappelle une dartre à une main qui lui frappa la vue ; il m'envoya une bouteille d'une eau fort limpide, je l'en remerciai et lui en demandai le prix : c'était douze livres ; je n'en fis aucun usage. Marat m'avait inspiré un peu de défiance, sinon pour ses succès, au moins pour ses connaissances médicales, en me racontant un jour, que pour se guérir d'une colique, il avait voulu se faire ouvrir le ventre. Heureusement pour lui, le chirurgien n'avait pas eu la complaisance que peut-être il feignait d'exiger.

Il faut lui rendre justice : la dureté qu'il avait pour les autres il l'exerçait sur lui-même ; insensible aux plaisirs de la table et aux agréments de la vie, il consacrait tous ses moyens à ses expériences de physique. Jour et nuit occupé à les répéter, il se serait contenté de pain et d'eau pour avoir le plaisir d'humilier une fois l'Académie des sciences : c'était là le *nec plus ultra* de son ambition. Irrité de ce que les académiciens avaient dédaigné ses premiers essais, il ne brûla plus que du désir de se venger en renversant leur idole la plus révérée, Newton. Il ne s'occupait que d'expériences propres à détruire ses principes d'optique. Combattre et détruire la réputation des hommes célèbres était sa passion dominante. Tel était le motif qui avait dicté le plus important de ses ouvrages, son *Traité sur les principes de l'homme,* qui parut en 1775, en trois volumes, et que Voltaire persifla dans un journal du temps.

Le système d'Helvétius avait alors la plus grande vogue, et c'était contre Helvétius que Marat voulait lutter. Certes Voltaire eut raison de ridiculiser certaines propositions et quelques extravagances de Marat, mais il ne lui rendit pas justice sous d'autres point de vue. Jamais Marat ne l'a obtenue dans le cours de sa vie, et il dut cette fatalité singulière à son orgueil immodéré et à ses scandaleuses diatribes. Par exemple, les académiciens se sont acharnés contre ses expériences sur la lumière, sur le feu, sur l'électricité, et je n'ai vu aucun d'eux distinguer et avouer ce qu'il y avait de neuf dans ces expériences; on ne voulait pas même que son nom fût prononcé tant on craignait de contribuer par la critique à sa *famosité*. J'avoue que cette injustice des physiciens à son égard m'a longtemps révolté, et c'est ce qui m'a dicté un chapitre de mon *Traité de la Vérité* sur le préjugé académique. Je le fis à la suite d'une longue et trop vive dispute que j'eus avec le géomètre Laplace. Ce chapitre est le récit fidèle de cette dispute. Il n'y a qu'à substituer mon nom à celui du sceptique, et à celui du géomètre le nom de Laplace [1].

Peut-être dans ce dialogue répondis-je à Laplace avec trop de dureté; peut-être au fond avait-il raison; mais je ne pouvais supporter qu'il traitât avec insolence et despotisme un physicien parce qu'il ne jouissait pas comme lui du fauteuil. Je suivais depuis trois ans les expériences de Marat, et je croyais qu'on devait quelque estime à un homme qui s'ensevelissait dans les ténèbres pour reculer les bornes des sciences. Je ne prétends pas cependant que ce fût son intention; il ne voyait que lui partout, il ne spéculait sur les sciences que pour sa propre gloire, il voulait à tout prix se faire une réputation sur celle des autres.

Entièrement occupé de lui-même, de ses découvertes et de

---

[1] Pendant la révolution, Laplace devint ministre de l'Intérieur, et fut remplacé au bout de six semaines par Lucien Bonaparte. Comme astronome et comme géomètre, il a laissé un nom illustre et une réputation incontestable. Comme homme d'État, il s'est acquis moins de gloire. Napoléon disait de lui qu'il avait porté dans les affaires l'esprit des infiniment petits; aussi se contenta-t-il d'en faire un comte et un sénateur. Son principal ouvrage, l'*Exposition du système du Monde*, publié en 1796, fut dédié au conseil des Cinq-Cents. Une cinquième édition de cet ouvrage a paru en 1824, et quelques légères mutilations qu'elle éprouva font présumer que, si le savant n'avait point changé d'opinions sur ses théories scientifiques, le marquis et le pair de France répudiait quelques-uns des principes du ministre républicain. Il semble pourtant que les vérités morales et politiques devraient être aussi immuables que les vérités géométriques. (*Note de M. de Montrol.*)

la célébrité qu'il s'imaginait mériter, Marat ne me semblait pas devoir être sensible à la beauté. Taillé en sapajou, il paraissait peu fait pour plaire, et cependant il avait trouvé le secret de s'attacher madame la marquise de L......, femme dont la délicatesse d'esprit rendait la conversation très-séduisante. Séparée de son mari, qui, couvert de dettes, déshonoré par d'infâmes escroqueries, avait souillé le lit conjugal en y apportant une maladie infecte, elle s'était mise sous la conduite de Marat, qui, ne se bornant pas au rôle de médecin, voulut encore succéder au mari. Une pareille union m'a longtemps étonné. La dame était douce, aimable, bonne, et il n'y avait rien de si rêche, de si violent, de si sauvage dans la vie domestique que Marat [1].

[1] Nous avons entendu raconter à un vieillard vénérable, qui s'est également distingué dans les arts et la littérature, et qui a conservé, à plus de quatre-vingts ans, toute la mémoire d'un jeune homme, quelques traits de la vie de Marat, qui semblent devoir trouver ici leur place, et qui peuvent servir de note au passage de ces Mémoires relatif à la marquise de L...

M. Ponce avait connu Marat sept ou huit ans avant la révolution. Il le rencontrait chez une femme pleine d'esprit et d'amabilité dont celui-ci était le médecin. C'était la marquise de Laubépine, sœur des marquises de M... et de S..., et arrière petite-nièce de l'un des plus illustres ministres qu'ait eus la monarchie. Madame de Laubépine, en proie à une maladie cruelle, venait d'être condamnée par Bouvard, qui avait déclaré qu'elle ne passerait pas vingt-quatre heures. M. de S... parla alors d'aller chercher le docteur Marat, l'annonçant comme un médecin instruit, audacieux, et capable de tirer sa belle-sœur de sa position désespérée. Marat fut aussitôt appelé. Il déclara qu'il reconnaissait le mal de la marquise; il exigea, avant de la traiter, que tout le monde se retirât, qu'on s'en reposât entièrement sur lui du soin de diriger le moral et le physique de la malade, et répondit à ces conditions, de la sauver. Il la sauva.

Depuis ce temps, M. Ponce a souvent revu Marat chez celle qui lui devait la vie. Il s'en est rappelé depuis un mot trop frappant pour que nous puissions l'oublier. M. Ponce venait de donner lecture d'une lettre qu'il avait reçue du grand Frédéric, et dans laquelle le prince remerciait l'artiste de l'hommage qu'il lui avait fait de l'un de ses ouvrages. Les ouvrages de Marat ne lui avaient pas obtenu les mêmes succès : l'Académie comme le public les avaient également repoussés. Fort peu gracieux de son naturel, ses échecs réitérés ajoutaient encore à son humeur sauvage, et les succès des autres n'étaient pas faits pour l'adoucir ou l'égayer. On était à table. C'était le jour même où l'Académie des sciences avait rejeté l'examen de ses découvertes sur la lumière. Marat n'avait encore laissé échapper que quelques mots farouches; on le plaignait; on lui disait d'attendre, d'espérer, et qu'avec ses talents il parviendrait tôt ou tard au but où il voulait atteindre. — « Ce que je voudrais, répondit-il avec un grincement de « dents affreux!... Je voudrais que tout le genre humain fût dans une bombe à « laquelle je mettrais le feu pour le faire sauter. »

M. Ponce cessa bientôt de voir Marat parce que la conduite du médecin envers le marquis de Laubépine l'avait vivement indisposé. Marat accusait le marquis d'avoir voulu empoisonner sa femme, et il avait fait tout au monde pour mettre le trouble et la discorde dans cette maison.

M. Ponce retrouva Marat à une époque et dans une position où tout avait changé. La conduite du docteur en médecine, devenu alors le roi de la Terreur, pourrait également donner une idée bien différente de celle que l'on conçoit de sa férocité. C'était l'instant où, poursuivi par les Girondins, et prêt à comparaître devant le tribunal révolutionnaire, Marat, encore incertain du triomphe, préparait son courage loin du grand jour et au fond des caves, et attendait, pour oser paraître, la certitude de son impunité. M. Ponce entre un jour chez une personne de sa connaissance : il n'était bruit que de l'*Ami du peuple*. On lui demande ce qui s'en dit dans le monde, si l'on connaît sa retraite, et ce qu'il faut présumer du tribunal qui doit le juger ? M. Ponce, en répondant à ces questions, n'hésite pas à déclarer tous les sentiments d'horreur que lui inspire le personnage ; et malgré quelques signes auxquels il ne comprend rien, il continue à exprimer énergiquement sa pensée. Le lendemain le maître de la maison vient lui dire : « Savez-vous devant qui vous parliez hier si imprudemment de Marat ?... devant lui-même. Il était là ; une porte vous le cachait. »

A cette confidence, M. Ponce ne put s'empêcher d'éprouver quelque inquiétude ; il pensa que si, comme on l'assurait, Robespierre avait fait arrêter plusieurs de ses anciens condisciples, dont il se rappelait les propos de collège, Marat pourrait bien aussi le punir de son indiscret bavardage. Voilà qu'un jour, au détour d'une rue, il se trouve face à face avec lui ; il voulait l'éviter, Marat vient vivement à sa rencontre; et lui serrant dans ses mains hideuses une main dont il ne sentait pas le cruel saisissement, il lui demande avec intérêt de ses nouvelles, s'inquiète tendrement de ce qu'il fait et de ce qu'il devient, lui rappelle leur ancienne liaison, lui témoigne tout le plaisir qu'il aurait à la renouveler, et l'engage avec instances à l'aller voir. M. Ponce ne savait trop ce que la prudence lui commandait, quand, dix jours après, le poignard de Charlotte Corday délivra la France de Marat, et M. Ponce des embarras de son amitié. (*Note de M. de Montrol*)

CHAPITRE XXV.

Lettre de Marat. — Cause de son amitié pour Brissot. — Marat fait lui-même ses articles sur ses ouvrages. — Il accable d'injures Volta qui semblait douter de l'infaillibilité de son génie. — Brissot rend justice à ses connaissances en physique. — Franklin lui-même a rendu hommage à ses talents. — L'Académie des sciences fait supprimer un rapport qui lui était favorable. — Acharnement de Marat pour obtenir un éloge de cette Académie. — Stratagème qu'il emploie pour réussir. — Position précaire de Marat. — Il n'était point vénal. — Son unique passion. — Son opiniâtreté, ses moyens pour parvenir. — Il fut en tout comédien et polichinelle; flagorneur de la multitude et tribun avant d'être tyran. — Singulières confidences. — Mépris de Marat pour les Robespierre et les Danton. — Il veut se battre avec Charles. — Il menace la Convention de se brûler la cervelle. — L'idée de la Bastille lui faisait peur. — Lorsqu'elle fut par terre, il prétendit l'avoir renversée. — Autres fanfaronnades. — Le colonel de dragons. — L'*Ami du peuple*. — Brissot prône le premier cette feuille. — Son étonnement en la lisant — Brissot pardonne à Marat le mal qu'il lui a fait, mais il ne lui pardonnera jamais d'avoir prêché les massacres et l'anarchie, d'avoir corrompu la morale du peuple. — Sans morale et sans humanité, il n'y a pas de république. — Portrait de Marat écrit par lui-même.

Lorsque je quittai Paris pour fonder le lycée de Londres, l'amitié de Marat me suivit au-delà du détroit; mon établissement pouvait lui être utile sous plus d'un rapport. Il m'écrivait souvent. Il y a loin du style des lettres qu'il m'adressait alors, à celui des infâmes articles qu'il a depuis publiés contre moi. On en pourrait juger surtout par la première lettre qu'il m'envoya après la publication du *Traité de la Vérité*. Ce fut du reste la seule fois qu'il parut sensible à des éloges qui, à ses yeux, étaient toujours trop modérés.

« Une longue et cruelle maladie, mon très-cher ami, m'a privé longtemps du plaisir de m'entretenir avec vous, et je saisis les premiers moments de ma convalescence pour réparer le temps perdu. Ces fréquentes rechutes me font croire que ma santé n'est plus à l'épreuve des fatigues de l'étude, heureux si les instants de relâche qu'elle me laissera suffisent à finir mes ouvrages, et plus heureux encore si je puis voir arriver le temps où je serai libre de me livrer aux doux entretiens de l'amitié. Vous savez, mon très-cher, la place que vous occupez dans mon cœur.

« Ma première lecture, après le retour de ma tête, a été vos *Méditations*. J'y ai vû avec plaisir le charmant persiflage du sceptique (je ne sais si le géomètre y prendra goût), et avec plus de plaisir encore votre façon de penser sur le compte de votre ami. Si quelque éloge doit flatter, c'est celui que fait un ami éclairé : après votre amitié, votre estime serait pour moi le bien le plus flatteur, si l'une pouvait aller sans l'autre.

« Recevez, mon très-cher, mes sincères remercîments, pour toutes les démarches obligeantes que vous avez bien voulu faire au sujet de mes ouvrages, et continuez-moi vos bons offices ; on a besoin du zèle d'un ami quand on a à combattre une aussi puissante faction.

« J'ai vu M. du Villars[1], il m'a dit que vos affaires avaient été retardées en France, mais espérait que les obstacles allaient être levés. Les âmes franches et droites comme la vôtre ne connaissent pas toutes les routes tortueuses des satellites d'un despote, ou plutôt elles les dédaignent. Souvenez-vous cependant, mon tendre ami, qu'il faut quelque ménagement quand on n'est pas les plus forts.

« Mes affaires commencent à reprendre une tournure favorable : mais si elle ne se soutient pas, je me déterminerai à repasser à Londres, et comptez que le plaisir de me rapprocher de vous y entrera pour beaucoup, car je ne me flatte pas de vous revoir ici de longtemps.

» Adieu, mon cher ami, aimez-moi toujours comme je vous aime. Madame la marquise me charge de mille choses honnêtes pour vous.

« *P. S.* Le journal de Maty, le *Westminster Magazine* et les autres journaux anglais ne sont pas à mépriser. J'ai écrit à Wirchaux qui m'a demandé des extraits. Répétez bien mes expériences. Si vous pouvez placer un certain nombre d'exemplaires de mes ouvrages chez Elmsley, parlez, je vous en enverrai à l'adresse que vous m'indiquerez.

---

[1] Marat parle ici de Villars, mort il y a quelques années, membre de l'Académie française. (M.)

« Écrivez-moi souvent et voyez si quelque Anglais veut traduire les recherches sur le fer et l'électricité, je vous ferai passer des exemplaires corrigés. »

Marat avait fort bien remarqué que les journalistes étaient les distributeurs privilégiés des réputations; mais sa morgue, son insolence, ses prétentions, l'avaient fait éconduire par tous ceux qui l'avaient recherché. Il me savait lié avec plusieurs d'entre eux, et je crois que je dois à cette circonstance plutôt qu'à son estime, l'espèce d'attachement qu'il me montra pendant plusieurs années. Sans cesse il m'adressait des extraits, des éloges de ses ouvrages écrits de sa propre main. Je ne pouvais concevoir qu'on eût l'impudence de s'encenser ainsi soi-même; mais ne considérant que l'injustice dont je le croyais la victime, je déployais tout mon zèle pour donner de la publicité à ses écrits, et je réussis souvent. A peine m'en remercia-t-il une fois, et voici pourquoi : malgré mon estime pour ses connaissances et pour ses découvertes, je ne partageais pas entièrement l'admiration dont il s'honorait lui-même, et, doutant quelquefois de la vérité de ses propositions, je me permettais de retrancher ses exagérations, surtout dans les éloges; il ne me savait point gré de cette modestie que je croyais devoir avoir pour lui.

Plein du désir de le voir prospérer, je ne cessais de lui amener de nouvelles connaissances pour être témoins de ses expériences. Je ne sais par quelle fatalité on sortait toujours de chez lui content de ses tours de force et peu content de lui-même. Il s'exprimait difficilement, ses idées étaient confuses, et sa susceptibilité, qu'il était facile d'éveiller par la moindre objection, par le moindre indice de mépris et d'indifférence, cette susceptibilité, enflammant aussitôt ses esprits, le portait à la violence, brouillait toutes ses idées, et lui en faisait perdre le fil. Je vis un jour un effet frappant de cette irascibilité. Volta, si célèbre par ses expériences sur l'électricité, avait été curieux de voir celles qu'annonçait Marat pour renverser la théorie de Franklin. A peine ce dernier en eut-il répété quelques-unes et entendu une ou deux observations, que se doutant de l'incrédulité de Volta, il l'accabla d'injures au lieu de répondre à ses objections[1].

Il s'était aperçu cependant de sa difficulté à parler et à se modérer dans la discussion. Il cherchait un homme de lettres qui eût le talent de la parole, et qui pût développer pour lui sa théorie. Après les développements, il aurait paru dans son temple, comme le dieu, pour recevoir l'encens des simples mortels. Il me fit plusieurs fois la proposition d'être son suppléant, son grand prêtre; je lui objectai ma timidité, mon ignorance en physique; il me promit de m'initier, en peu de temps, dans les mystères les plus abstraits de ses découvertes.

Je persistai constamment dans mes refus, parce que je ne m'étais jamais senti un très-grand attrait pour la physique, parce que je ne me croyais pas assez de prestesse dans le poignet pour bien faire les expériences, parce qu'enfin mon sens intérieur m'éloignait plutôt qu'il ne me rapprochait de Marat. La curiosité, le désir d'apprendre, de connaître me l'avaient fait rechercher; l'envie de lui être utile, parce qu'il me paraissait opprimé, m'avait fait entretenir sa connaissance; mais j'avoue qu'il ne m'avait jamais inspiré aucun de ces sentiments qui font les délices de l'amitié. C'est par ce sentiment d'humanité que je lui procurai quelquefois la vente de ses livres et de ses boîtes d'expériences. L'ardeur qu'il mettait pour recueillir le petit profit de ses ouvrages me faisait juger qu'il était dans la détresse, quoiqu'il eût assez de fierté pour ne pas me l'avouer. Eh bien! ce service que je cherchais si gratuitement à lui rendre, lui a fourni la ma-

---

[1] A cette époque Volta, auquel Brissot donne déjà le nom de célèbre, n'avait point encore acquis son plus grand titre à la célébrité par l'invention de sa pile électrique ou appareil électromoteur, invention qui ne fut pas moins féconde en découvertes physiques et chimiques que le microscope et le télescope ne l'ont été dans d'autres parties des sciences naturelles. En prenant la couronne de fer, Napoléon nomma Volta comte et sénateur du royaume d'Italie, comme il avait nommé Laplace comte et sénateur de l'empire, et par un hasard singulier les sciences eurent à déplorer leur perte le même jour. Volta et Laplace moururent le 26 mars 1826. (M).

tière des injures les plus infâmes, qu'il m'a prodiguées depuis dans un de ses numéros. Loin de lui retenir le prix de ses ouvrages, j'aurais alors partagé avec Marat mon argent, si j'en eusse été bien pourvu.

J'ai dans tous les temps rendu justice à Marat, et je la lui rendrai encore, quoique je lui doive une partie des persécutions que j'éprouve aujourd'hui. Il était infatigable dans le travail, habile dans l'art de faire des expériences. J'entendis un jour Franklin lui rendre cet hommage. Ses expériences sur la lumière l'avaient enchanté. Je n'en dirai pas de même de celles du feu ou de l'électricité. Marat crut avoir fait des découvertes qui détruisaient le système de Franklin; mais ce dernier ne fut point dupe de son charlatanisme. L'académicien Leroi, nommé commissaire pour examiner ses découvertes sur la lumière, convint lui-même que celles sur le prisme étaient ingénieuses, et que Marat avait une adresse admirable pour les faire. Son rapport lui était à certains égards avantageux, mais quelques académiciens le forcèrent de le supprimer.

Marat était acharné à vouloir obtenir un éloge de l'Académie des sciences, et cet acharnement lui suggéra l'idée d'une ruse qui lui coûta un travail immense. Il entreprit de donner une nouvelle traduction des *Principes d'optique* de Newton. C'était la meilleure manière de les détruire, car je ne doute pas qu'il ne les eût altérés. Il voulait faire approuver cette traduction par l'Académie. En la signant il aurait éveillé les soupçons et fait examiner l'ouvrage sévèrement. Pour éviter ces difficultés, il proposa à plusieurs de ses amis de lui prêter leur nom. Il réussit auprès du grammairien Bauzée, homme faible et doux, qui ne se méfia pas de la manœuvre de Marat. A ce nom les commissaires de l'Académie ne balancèrent pas à donner, sans lire, une approbation et des éloges au livre de leur ennemi. Je ne sais quel fruit il en a retiré. Cette traduction est ignorée, quoique superbement imprimée. Marat me fit présent d'un exemplaire sur papier vélin, dans le commencement de la révolution.

A cette époque, Marat était pauvre et vivait misérablement, et quoique depuis mon retour de l'Amérique je l'aie peu vu chez lui, je ne crois pas qu'il ait changé de principes. On l'a accusé de vénalité, de corruption. Je n'ai cessé de le dire, il était au-dessus de la corruption. Marat n'avait qu'une seule passion, celle de dominer dans la carrière qu'il parcourait. L'ambition de la gloire était sa maladie, il n'avait point celle de l'argent. D'un tempérament bilieux, d'un caractère atrabilaire, il était opiniâtre dans ses sentiments, et constant dans sa marche. On peut juger de son opiniâtreté par ce trait : avec la plus grande difficulté à parler, il s'est cependant montré dans toutes les tribunes. Il oubliait tout pour ne voir que son objet.

Le désir d'arriver à son but lui faisait employer toutes sortes de moyens, mensonges, calomnies. Il fut en tout comédien. Il défendit le peuple comme il avait défendu la vérité en physique, non pour être utile au peuple, Marat le méprisait, mais pour parvenir à ses fins. La flagornerie envers la multitude était le meilleur moyen, il l'employa. Si la tyrannie lui eût été plus facile, il l'eût préférée. Mais il fallait être tribun avant d'être tyran.

Tous ses mouvements étaient d'un saltimbanque. Il semblait voir un polichinelle dont on tirait tantôt la tête et tantôt les bras. Tout était coupé, décousu dans ses discours comme dans ses gestes. C'est que rien ne sortait de son âme, tout partait de sa tête, tout était artificiel.

Marat n'aimait personne, ne croyait point à la vertu; il n'aimait que lui-même. Jamais il n'a loué aucun écrivain. Il semblait que tous les talents, tout le génie, fussent concentrés dans lui. Il se croyait très-sérieusement seul capable de gouverner la France, et il en a fait la confidence à quelques amis. Obligé de marcher à la suite des Robespierre et des Danton et de soutenir le parti qui le protégeait, il avait le plus profond mépris pour ses chefs.

J'ai dit qu'il était audacieux, et cependant il n'était pas brave; il n'avait ni le courage d'un spadassin, ni celui d'un philosophe. Quoiqu'il ait voulu se battre un jour avec le physicien Charles, parce qu'il n'avait pas témoigné assez de respect pour ses expériences, quoiqu'il ait menacé un jour la Convention de se brûler la cervelle au pied de la tribune avec un pistolet qui n'était pas chargé, quoiqu'enfin il parlât toujours de sang, et qu'il défiât toute la terre, jamais ses fanfaronnades ne m'en ont imposé. Je l'avais vu de trop près, il était violent mais peu courageux. Sous le despotisme il craignait les bastilles; il a encore craint les prisons depuis le règne de la liberté. Je citerai deux traits qui feront à cet égard connaître son caractère. Marat avait en 1780 concouru pour le prix fondé par la Société Économique de Berne, sur la question de la réforme des lois criminelles. Cette société différait chaque année à prononcer son jugement. En 1782 j'annonçai ma *Bibliothèque des lois criminelles*, en dix volumes. Marat me pria d'y insérer le Mémoire qu'il avait adressé à la Société. Ce discours contenait des hardiesses qui devaient mécontenter le gouvernement. Je demandai à Marat s'il voulait que son nom parût : — « Non pas, me dit-il, la Bastille est là, et je ne me soucie pas d'y aller. » Il m'en laissa donc courir la chance à moi, dont le nom était à la tête de cette collection.

Je le rencontrai un jour aux Tuileries, en 1786 ou 1787. Il y avait longtemps que je l'avais vu. Nous parlâmes de ses travaux. Je lui demandai pourquoi il s'opiniâtrait à suivre la physique, tandis qu'il avait contre lui toutes les académies et tous les physiciens; je l'exhortai à consacrer ses travaux à la politique. Il est temps, lui disais-je de songer à renverser le despotisme; réunissez vos travaux aux miens, à ceux des gens de bien qui ont juré sa perte, cette entreprise vous couvrira de gloire. Marat me répondit qu'il aimait mieux continuer paisiblement ses expériences parce que la physique ne menait point à la Bastille, et il me fit très-bien entendre que le peuple français n'était ni assez mûr, ni assez courageux pour soutenir une révolution.

Quand la Bastille fut renversée, Marat cessa de la craindre et quitta sa tanière; il prétendit même, deux ou trois mois après cette époque, avoir tous les honneurs de cet événement glorieux ; et, fabriquant je ne sais quelle histoire d'un colonel de dragons qu'il avait arrêté sur le Pont-Neuf, il me pressa de l'imprimer dans le *Patriote Français*. Il s'y donnait à lui-même des éloges si extravagants, que je ne pus me résoudre à cette complaisance. J'effaçai les éloges, j'imprimai le fait ; ainsi modifié, il était encore assez invraisemblable. Mais personne n'en ayant été témoin, Marat pensait que personne ne pouvait le contredire. Il disait dans ce récit, écrit de sa main :

« Le jour même de la prise de la Bastille, un détachement de hussards et de dragons, entrés dans Paris par la rue de Sèvres, feignit de venir se joindre aux braves défenseurs de Paris. Ils méditaient une trahison.

« Il en faut convenir : soit terreur, à la vue de tant de bourgeois en armes, soit remords d'une conduite si lâche, leur air morne et sombre annonçait le trouble de leur âme. Celui qui écrit ceci les a vus, et peut le certifier.

« Arrivés sur le Pont-Neuf, leur chef s'arrêta en face de la statue de Henri IV, et dit au peuple : « Messieurs, nous venons nous réunir « à vous comme à nos frères, nous combattrons pour vous et je « vous annonce que vous allez voir tout le régiment des dragons, « tous les hussards, et Royal-Allemand cavalerie. » Le bon peuple était enchanté, et ne voyait, dans ce détachement armé, qu'une addition à ses forces, qu'un secours de plus. Mais M. Marat, connu par d'ingénieux ouvrages en physique, et qui, dès les premiers moments du danger, avait donné des preuves du plus ardent patriotisme, perça la foule et s'adressant à l'officier : « Quel gage, monsieur, « lui dit-il, nous donnerez-vous de votre fidélité ? Si vous venez en « armes vous réunir à nous, la soumission doit être la première preuve « de votre bonne foi. Commencez donc par mettre pied à terre, et re- « mettez vos armes, pour les recevoir des mains de la nation. » L'officier garda le silence.

« Alors M. Marat fit observer à l'officier que ce silence annonçait un refus, et que ce refus manifestait une trahison. On refusait de le croire, et l'on croyait se mettre en garde contre tout événement sinistre en séparant ces hommes pour les distribuer en différents corps de gardes. Cependant l'événement justifia la justesse de sa conjecture. Ces hussards, ces dragons, refusèrent absolument de quitter leurs armes et leurs chevaux. Ils furent présentés à l'Hôtel-de-Ville, et y refusèrent de nouveau de mettre bas les armes. On les renvoya sous bonne escorte jusqu'à la barrière. »

Dans ce récit, d'où j'avais retranché des comparaisons, telles que celles d'Horatius Coclès « arrêtant, comme Marat, toute une armée sur un pont; » « le front audacieux de Marat faisait pâlir les hussards et les dragons, comme son génie pour la physique, avait fait autrefois pâlir l'Académie » il restait, certes, encore beaucoup d'honneur à Marat. Je voulais bien que ma complaisance servît à le faire valoir; mais je ne voulais pas qu'elle rendît ni lui ni moi ridicules. Jamais Marat ne put me pardonner la pudeur de mes retranchements.

Désespérant de trouver des journalistes adulateurs, il entreprit lui-même un journal. Je l'annonçai avec éloge, pour lui attirer des souscripteurs. En lui rendant ce service que je n'ai refusé à aucun de mes confrères, je croyais être utile au public; Dieu! quelle était mon erreur! Quelle fut ma surprise en lisant quelques-uns de ses numéros! Comment un écrivain qui se respectait pouvait-il se dégrader par un ton aussi vil, aussi scandaleux, aussi atroce? Je l'avoue, je croyais Marat médiocre écrivain, logicien inconséquent, incrédule en morale, ambitieux et ennemi de tous les talents; mais je ne croyais pas qu'il violât tous les principes, toutes les lois, au point de calomnier les hommes les plus vertueux; de prêcher le massacre et le pillage. Je m'arrête ici, et je finis par cette réflexion : quelque mal que m'ait fait Marat, je le lui pardonne; mais je ne lui pardonnerai jamais d'avoir corrompu la morale du peuple, de lui avoir inspiré le goût du sang. Sans morale et sans humanité, il n'y a pas de république.

Jamais, et malgré toutes les provocations de Marat, je n'ai voulu laisser échapper un mot des circonstances que je viens de raconter; les discussions personnelles m'ont toujours déplu : elles ne me semblaient que trop propres à servir les desseins des ennemis de la révolution.

J'ai cru devoir m'étendre ici sur cet homme qui a joué un rôle extraordinaire, parce qu'on apprend mieux à le connaître dans la partie de sa vie qui a précédé la révolution que dans celle qui a suivi. Depuis 1789 il a été constamment sur les tréteaux; auparavant on le voit chez lui et plus au naturel.

Le portrait que je viens de faire de Marat ne ressemble point du tout à celui qu'il a récemment tracé de lui-même. C'est que dans ce portrait léché, caressé avec soin, Marat ne s'est point montré tel qu'il était, mais tel qu'il voulait paraître. On voit qu'il s'y est peint en miniature et tout en rose. C'est la première fois, depuis 1789, que *l'Ami du peuple* n'a pas trempé ses pinceaux dans le sang. On s'étonne encore après l'avoir lu. L'homme des massacres de septembre et des trois cent mille têtes, parlant de sa morale, de son humanité, de son indignation à l'aspect d'une cruauté : c'est à faire frémir! On dirait un tigre affublé d'une peau de mouton.

CHAPITRE XXVI

Des spéculateurs littéraires engagent Brissot à traduire Milton. — Il veut associer Marat à ce travail. — Un ouvrage anglais écrit par Marat. — Son indignation à propos d'un éloge de Voltaire. — Motifs de sa haine contre le philosophe de Ferney. — L'article de Voltaire sur le livre de l'*Homme*. — Ressentiment de Laplace contre Brissot, au sujet du dialogue du *Sceptique et du Géomètre*. — L'abbé Miolan, Letourneur, Mercier et Charles Pougens chez Marat. — Marat voudrait se lier avec Fourcroy et Lavoisier. — Il accuse Lavoisier d'avoir pillé Cavendish. — Lavoisier. — Estime de Brissot pour ses talents comme chimiste. — Il fait moins de cas de ses lumières en politique et en finance. — Il attaque le commissaire du trésor. — Buzot. — M. Devaisnes. — Lavoisier donne le projet des murailles de Paris. — Lettre de Lavoisier à Brissot, sur sa nomination du commissaire du trésor.

A l'époque où je fis la connaissance de Marat, on me fit une proposition qui me tenta. Il existait alors des hommes qui, sans avoir de talent, faisaient commerce du talent des autres, qui bâtissaient de grandes entreprises, publiant de brillants prospectus, prenant l'argent des souscripteurs, et ne fournissant aucun ouvrage. Une de ces sociétés de spéculateurs annonça une nouvelle traduction de Milton. On me croyait savant dans l'anglais, on me proposa cette traduction, et je consentis à la faire. Je fournis deux chants, et je ne reçus rien. Cependant je voyais des bureaux bien montés, des registres, des quittances de souscriptions, etc.; mais tout cet appareil n'était que pur charlatanisme ; l'entreprise resta là ; je ne sais ce que devint l'argent.

J'avais également offert à Marat de s'unir à moi pour la traduction de Milton ; car, malgré les monts d'or qui pleuvaient sur lui, je croyais le servir en lui faisant partager le produit de l'ouvrage dont j'étais chargé. Marat ne s'en occupa point, du moins il ne m'en a jamais rien montré ; mais quand je lui annonçai le triste résultat de mon travail, en l'enga-

11.

geant à arrêter le sien, il eut l'air vivement piqué. Il regrettait beaucoup son temps et ses espérances perdues; enfin, il ne craignit pas de me témoigner du mécontentement d'un accident dont je souffrais seul, au lieu de me savoir gré de l'intention qui m'avait fait aller au-devant de lui pour cet objet [1].

Telle fut toujours la conduite de Marat à mon égard. Mon chapitre du *Préjugé académique* l'avait enchanté. J'y défendais ses talents, et je critiquais un de ses rivaux. Voilà comme il aurait toujours fallu me conduire pour lui plaire; c'est à quoi je ne pouvais me soumettre. Je voulais bien le louer, mais je voulais aussi payer aux autres mon tribut d'éloge quand il était mérité. Marat eût préféré, je crois, qu'on gardât le silence sur son compte, plutôt que d'en parler sans l'élever au-dessus de tous les savants, de tous les philosophes de son temps. Croirait-on qu'il était indigné d'une page de ma *Théorie des lois criminelles*, consacrée à l'éloge de Voltaire, de cette page dans laquelle je disais :

« C'est à toi, sublime Voltaire, toi qui soufflant sur ton siècle le feu de ton génie, l'as créé, l'as vivifié ; c'est à toi que l'univers doit le jour pur qui l'éclaire ! A ta voix la vérité a repris son flambeau, la raison son essor; l'essaim nombreux des préjugés a disparu, le fanatisme sanguinaire a caché sa tête en lançant son poison contre lui. Ami de l'humanité, père des malheureux, tu déployas ta mâle éloquence, tu prodiguas tes trésors pour soulager leurs maux, et pour extirper ces atrocités raisonnées qui souillent nos tribunaux criminels. Si l'admiration t'a érigé des statues, la reconnaissance t'a dressé des autels dans tous les cœurs. Chéri pendant ta vie, regretté après ta mort,

---

[1] Marat, qui avait habité l'Angleterre, écrivait facilement l'anglais. Il paraît, d'après une note de sa main, qu'indépendamment de *The Chains of Slavery*, il est auteur d'un second ouvrage en cette langue. Cette note était ainsi conçue :

« MARAT, cet ardent écrivain, qui a travaillé dans la politique, la législation, la physiologie, la physique, la médecine, est l'auteur d'un ouvrage peu connu en France, intitulé : *An Essay on a singular disease of the eyes, by M' M... M. D.; at Nicholls St. Pauls church-yard or Williams in the Strand*. Un Essai sur une singulière maladie des yeux, par M. Marat, docteur en médecine. Chez Nicholls, au cimetière Saint-Paul, ou Williams, dans le Strand. » (M)

admiré partout et dans tous les temps, tu fus moins qu'un dieu sans doute, mais tu fus plus qu'un homme. »

Croirait-on, dis-je, que Marat me reprocha un jour de n'avoir pas supprimé cette page, qui semblait une offense à notre amitié, parce que Voltaire l'avait jadis offensé lui-même en attaquant lâchement et platement un de ses ouvrages ?

Cet ouvrage était, comme je l'ai dit, le livre intitulé : *De l'Homme, ou des principes et des lois de l'influence de l'âme sur le corps, et du corps sur l'âme.* Il n'y avait point de lâcheté à Voltaire de défendre Helvétius alors opprimé, et on ne trouvera peut-être de plat dans son article que les citations qu'il empruntait au livre de Marat pour le critiquer. Par exemple, lorsque Marat dit que la pensée fait vivre l'homme dans le passé, le présent et l'avenir, l'élève au-dessus des objets sensibles, le transporte dans les champs immenses de l'imagination, étend pour ainsi dire à ses yeux les bornes de l'univers, lui découvre de nouveaux mondes, et le fait jouir du néant même, Voltaire répond à ce galimatias en le félicitant de jouir du néant. « C'est un grand empire, ajoute-t-il, régnez-y, mais insultez un peu moins ceux qui sont quelque chose. » Marat venait de traiter les Locke, les Malebranche, les Condillac « d'hommes orgueilleusement ignorants, d'esprits bornés, fermés à l'évidence pour ne rien voir au-dessus de leur capacité. » Voltaire remarque qu'on pouvait établir un système contraire au leur sans les injurier, parce que des injures ne sont des raisons ni en physique, ni en métaphysique.

Après avoir prouvé que l'homme a une âme et une volonté, Marat parle d'*observations curieuses* sur nos sensations et nos sentiments ; ces observations curieuses sont le spectacle d'une tempête, de la mer en fureur, du ciel en feu, du mugissement des eaux et des vents déchaînés ; puis c'est le tableau d'une belle campagne que le soleil éclaire de ses derniers rayons à la fin d'une journée sereine. Rien dans tout cela ne paraît à Voltaire neuf et bien placé. A ces observations curieuses, Marat en joint d'autres sur la vraie force d'âme ; il refuse cette force « à ce bouillant Achille, à ce furieux Alexandre, à cet austère Caton », oubliant qu'il a vanté plus haut l'intrépidité de ces héros. Voltaire se borne à faire observer « que si monsieur le docteur en médecine se contredit ainsi dans ses consultations, il ne sera pas souvent appelé par ses confrères. » Je vois bien dans tout cela du persiflage, et une malignité à faire ressortir les défauts de l'ouvrage qu'il attaque, mais je n'y trouve ni platitude ni lâcheté. Peut-être, au reste, la sévérité de Voltaire avait-elle été provoquée autant par son amitié pour Helvétius que par sa haine contre Rousseau. Marat terminait son livre par une magnifique invocation à l'auteur d'*Emile*. « Prête-moi ta plume, disait-il, prête-moi ton talent enchanteur, prête-moi tes accents sublimes. » Voltaire ajoutait : « avec lesquels tu as enseigné à tous les princes qu'ils doivent épouser la fille du bourreau si elle leur convient, et que l'honneur joint à la prudence est d'assassiner son ennemi, au lieu de se battre avec lui comme un sot. » Heureusement pour l'honneur de Voltaire qu'il avait terminé sa carrière avant la révolution ; Marat l'eût fait passer pour un aristocrate et un modéré. Il est vrai que Voltaire n'aimait ni les égorgeurs ni les bourreaux.

J'avais failli me faire un ennemi mortel de Laplace en imprimant notre conversation. Mon panégyrique d'un homme doué de quelques talents, et que je trouvais injuste de traiter d'imbécile, m'avait fait passer aux yeux du géomètre pour une tête exaltée, et qui n'entendait rien à la logique et aux sciences. Nous fûmes quelques années sans nous parler ; Mentelle opéra enfin notre réconciliation. Laplace me donna depuis des marques de son estime ; son opinion sur mon compte avait changé, je lui laissai celle qu'il s'était formée sur Marat, auquel il ne pardonnait pas son mépris pour Newton. Marat, de son côté, ne lui pardonnait pas son mépris pour lui-même.

C'était principalement contre les hommes qui suivaient la même carrière que Marat nourrissait une haine profonde. Cependant il faisait secrètement tous ses efforts pour s'en rapprocher, et je m'efforçais alors de lui donner toutes mes connaissances, de répandre sa réputation et comme médecin et comme physicien. C'est une connaissance dont plusieurs de mes amis n'ont pas dû, par la suite, me savoir beaucoup de gré. Ainsi je lui amenai Chambon, Villar, l'abbé Miolan, Letourneur, traducteur de Shakespeare, que j'avais rencontré chez Mercier, et Mercier lui-même, qui depuis se cachait en le voyant. Je me rappelle que Mercier, qui avait suivi ses ordonnances, me disait un jour qu'il s'en trouvait bien, mais qu'il se serait encore trouvé mieux de s'en passer; et depuis, il ne lui en a pas redemandé.

Marat voulait aussi que je le misse en rapport avec Fourcroy, auquel il se croyait trop supérieur en mérite pour le craindre ou l'envier. Fourcroy avait pourtant déjà commencé sa belle réputation, malgré les petitesses et les jalousies de l'académie de médecine, qui avait failli l'arrêter dans ses travaux en lui refusant des titres qu'il fut forcé d'acheter. Ses cours attiraient la foule. Autant Marat éprouvait de difficulté à s'exprimer, autant il mettait d'hésitation, d'incohérence et d'âpreté dans ses leçons, autant Fourcroy y déployait de netteté, d'élégance, de facilité. Son organe était pur, agréable comme son langage; il mettait la science à la portée de tout le monde, et les gens les moins instruits et les moins disposés à s'instruire trouvaient encore du plaisir à l'entendre.

Je me rappelai la comédie de Marat chez le physicien Charles, homme honorable qui a participé à l'honneur de la découverte des ballons de Montgolfier en construisant l'aérostat dont on se servit pour les fameuses expériences de ces ballons, et qui, par ordre du dernier roi, vit graver son nom à côté de celui des frères Montgolfier dans la médaille consacrée à la mémoire de leur invention. Je me gardai bien, je l'avoue, de proposer à Fourcroy de se lier avec un savant aussi terrible et aussi chatouilleux que Marat, et qui menaçait ses contradicteurs de les tuer [1]. Malgré sa haine contre

[1] Brissot ne semble indiquer ici pour la seconde fois qu'une provocation de duel, une fanfaronnade de Marat. Et c'est là sans doute toute la vérité. Cependant on a raconté que, cherchant à se procurer par le scandale une célébrité qu'il ne

les fermiers généraux et les académiciens, il voulait aussi que je le conduisisse chez Lavoisier. Je le refusai nettement, lui disant que je connaissais à peine ce chimiste illustre, qu'il était l'ami de Mentelle et non le mien, et que Mentelle même n'était pas assez lié avec lui pour lui présenter un étranger. Marat ne me crut point. Je lui disais pourtant la vérité. Je n'avais alors jamais vu Lavoisier ; j'estimais ses ouvrages et son ardeur pour les sciences ; mais je n'étais point assez savant pour aller aux réunions qui se tenaient chez lui, où l'on ne voyait que des savants distingués ; et il n'entrait pas dans mon caractère de me présenter comme homme du monde dans son salon. Puisque je n'avais point de relations d'amitié avec Lavoisier, Marat en conclut que je devais me montrer son ennemi, et il me fit passer un article contre lui dans lequel il prétendait que l'académicien s'était injustement approprié les découvertes faites par Cavendish. Je n'avais point les ouvrages de Lavoisier sous les yeux, et ne pouvais apprécier l'accusation ; mais je voulus que Lavoisier lui-même en fût le juge. Il démontra l'injustice de cette accusation en prouvant qu'il avait toujours cité ceux auxquels il avait emprunté quelque chose. On n'avait pas toujours eu même attention à son égard, disait-il à ce sujet à Mentelle, auquel il racontait qu'on avait donné comme neuves, en 1779, des expériences et des théories qu'il avait communiquées à l'Académie des sciences dès 1777. Ces communications étaient relatives à la décou-

---

pouvait obtenir par le talent, Marat avait un jour interpellé le physicien Charles au milieu de son cours, et qu'il avait porté la folie jusqu'à forcer cet homme paisible à tirer l'épée dans le lieu même où il donnait ses leçons. On a même ajouté que ce combat n'avait eu de suites funestes que pour le provocateur, auquel Charles avait allongé un coup d'épée à travers la cuisse. J'avoue que ce combat au milieu d'un cours public me paraît bien peu vraisemblable. Qu'un homme exaspéré, comme Marat, ait injurié, provoqué un savant dont il connaissait le caractère pacifique, je le conçois. Mais que celui-ci ait répondu à cette provocation en tirant l'épée, et surtout qu'à la vue de cette épée nue, Marat, qui de sa vie ne fit preuve que de lâcheté, n'ait pas aussitôt senti son courage s'évanouir, voilà ce que je ne puis concevoir. Charles était membre de l'ancien Institut, et professeur au Conservatoire des arts et métiers. Il est mort en 1828 (M.) Sa seconde femme, qu'il avait épousée dans sa vieillesse, fut l'*Elvire* de Lamartine. (L.)

verte de la décomposition de l'eau ; et on ne pouvait les lui contester, car Lavoisier avait pris la précaution de les faire parapher à leur date par le secrétaire. Je ne sais si le fait est connu.

Lavoisier, auquel je croyais avoir ainsi donné des preuves de mon estime et de ma déférence comme chimiste, m'a depuis regardé comme un de ses ennemis. Il est vrai que je ne faisais aucun cas de ses connaissances administratives et financières, ou plutôt que je le considérais comme appartenant à une classe naturellement opposée à l'intérêt public. Je n'applaudis point à sa nomination de député-suppléant à l'Assemblée nationale, et encore moins à celle d'administrateur de la trésorerie. Lavoisier, fermier général et président de cette caisse d'escompte dont les chefs ont longtemps cherché à s'emparer des finances de l'État, et qui, dans l'intérêt de leurs billets, avaient tous écrit contre les assignats, me semblait aussi déplacé pour régir le trésor national que pour voter librement contre les ministres auxquels il était subordonné. J'attaquai sa nomination, et bien plus vivement encore celles de Devaines, de Rouilli et d'Huber qu'on lui avait associés. Je n'épargnai que Dutremblay, honnête et laborieux maître des comptes, esprit net et exercé, et Condorcet, à qui je fis mes condoléances de se trouver en compagnie d'un imbécile incapable d'idées, d'un Suisse, banqueroutier à Londres, agioteur à Paris, et d'un ancien commis, distributeur de lettres de cachet contre ceux qui avaient attaqué ses déprédations, ami de Turgot qu'il avait perdu, et ennemi de la révolution qu'il voulait perdre.

Il y avait dans la réunion des six commissaires du trésor un plan qui ne devait pas échapper aux esprits les moins prévenus. De Lessart, obligé de se dessaisir d'une partie de sa puissance, n'avait voulu la confier qu'à des gens sur les opinions et les intérêts desquels il pouvait compter. Les combats que je livrai contre cette mesure ne firent qu'éveiller l'attention. Buzot, à qui j'avais communiqué mes idées, les soumit à l'Assemblée nationale. Chacun voulut se justifier et prouver à la fois qu'il était habile, patriote et désintéressé.

Huber fut confondu par Clavières; le choix de cet homme était indigne et maladroit, et il empêchait que les autres passâssent inaperçus. Devaines vint chez moi plaider sa cause, il m'envoya un petit écrit qu'il avait publié en faveur du tiers état, et où les bons principes étaient soutenus. Devaines, qui pouvait se vanter d'avoir la femme la plus aristocrate et la plus spirituelle en aristocratie qui ait existé, ne voulait point paraître ennemi de la révolution; sa femme seule l'avait en horreur, et elle s'était déjà retirée en Suisse, dans la crainte de se laisser gagner par les opinions qui dominaient en France [1].

On attribuait à Lavoisier le projet de murailles pour Paris, projet exécuté à notre honte, au déshonneur de l'architecte et du bon goût, et au profit seul de certains entrepreneurs qui s'y sont enrichis. Si le fait est vrai, il accusait les lumières et le patriotisme de Lavoisier; car, sous prétexte que le despotisme régnait, il n'était pas autorisé à fabriquer des menottes, des mentonnières et des geôles pour ses semblables. De plus, il était fermier général; était-ce à ce titre qu'il fallait espérer en lui un restaurateur des libertés du peuple et de ses finances? Collègue de Lavoisier à la Société des Amis des Noirs, j'aurais voulu n'avoir qu'à le louer; je lui trouvais des formes prévenantes, un esprit aimable, et un nom justement célèbre dans les sciences. Je soutiendrai son système ingénieux sur l'*air pur*; j'aime la manière dont il explique tous les phénomènes que *Stahl* et les Anglais ne peuvent résoudre qu'à l'aide de leur phlogistique imaginaire, que Fourcroy détruit avec tant de force. Mais comme il serait très-ridicule de mettre à la tête d'une école de chimie un Colbert ou un Davenan, il ne semblerait pas moins étrange d'aller chercher un ministre des finances au milieu des fourneaux de son laboratoire, à moins que ce chimiste n'eût fait ses

---

[1] Devaines était premier commis des finances sous le ministère de Turgot. Il est mort en 1803, conseiller d'État et membre de l'Institut, où il fut remplacé par Parny. M. Garat vante beaucoup son esprit, l'aisance de ses manières, le charme des réunions dont sa maison était le centre, et où l'on rencontrait les gens du monde et les littérateurs les plus distingués. (M.)

preuves en finances. Or, quelles étaient les preuves de Lavoisier ?

En attaquant vivement les autres, en attaquant même l'honnête et pur Condorcet, je n'avais parlé de Lavoisier qu'avec le ménagement que je voulais montrer pour son caractère personnel. Je vis par une lettre qu'il m'écrivit combien ma franchise lui avait paru dure ; mais nous n'aurions pas été dignes de la liberté si nous avions eu les uns pour les autres une molle indulgence, et si nous avions sacrifié à de petites considérations les grands intérêts du peuple.

CHAPITRE XXVII.

Brissot publie sa *Théorie des lois criminelles.* — Voltaire et la Société économique de Berne. — Situation de l'Europe sous le rapport de la législation. — Zamoiski. — Campomañès. — Jugement de Brissot sur son ouvrage. — Hobbes et le règne de la Terreur. — La bibliothèque de milord Devonshire. — La législation anglaise. — Le comte d'Albon.

Ce fut aussi au commencement de ma liaison avec Marat que je publiai ma *Théorie des lois criminelles,* dont j'ai déjà parlé, et qui avait précédé d'une année la publication de mon *Traité de la Vérité.* Je dois dire quelques mots de cet ouvrage. La multiplicité des abus qui souillent le code pénal de toutes les nations de l'Europe, avait engagé un ami de l'humanité à proposer un prix pour celui qui donnerait le moyen de les réformer. La Société économique de Berne avait été choisie pour juge. Elle détailla dans un programme les vues sous lesquelles ce sujet important devait être considéré. Voltaire voulut concourir à l'exécution d'un si noble projet; il ajouta non-seulement une somme d'argent au prix proposé, mais quoique sur le bord de la tombe, il ne recula point devant la composition d'un ouvrage sur cette partie de la législation.

Ses vices m'avaient depuis longtemps frappé; je les étudiais alors plus particulièrement; j'en cherchai le remède. Jamais on n'avait envisagé la législation pénale sous un aspect philosophique; c'était cependant l'unique voie pour réussir; j'osai donc appliquer la philosophie à la jurisprudence, et après avoir épuisé presque tous les codes, observé toutes les constitutions, je dessinai un plan de code pénal propre à tous les climats et même à tous les gouvernements; j'en avais désespéré au premier coup d'œil.

Mon plan était tracé lorsque Voltaire arriva à Paris, et, comme je l'ai raconté, il voulut bien accueillir l'introduction que je lui avais adressée. Ce suffrage était flatteur, il m'encouragea : j'envoyai mon plan à la Société de Berne ; mais comme cette Société, pour donner plus de temps aux concurrents, remettait d'année en année la distribution du prix, je fis imprimer mon ouvrage sans attendre sa décision. Le moment était favorable, tout semblait annoncer une révolution prochaine dans la législation de l'Europe entière ; les philosophes en marquaient les abus, les princes semblaient chercher le moyen de les détruire. Non-seulement Frédéric, mais le despote humain de la Suède avait annoncé dans la diète de 1778 le projet de corriger les lois criminelles et d'en modérer les rigueurs. Le grand-duc de Toscane avait déjà simplifié la vieille procédure de ses États et réuni les juridictions au grand tribunal de Florence. On s'occupait en Pologne de la confection d'un nouveau code dont la rédaction était confiée à M. Zamoiski, grand chancelier de la couronne [1]. Enfin le souverain de l'Espagne même avait donné de pareilles instructions à M. Campomañès, et l'avait chargé de dresser un plan dont un avocat américain devait coordonner les détails. Ce code rédigé avec soin promettait d'être clair, court et uniforme, et il eût été plaisant que le Mançanarez offrît à l'Europe un pareil exemple [2].

[1] André Zamoiski, de la famille du grand chancelier Sabius Zamoiski, qui avait jadis refusé la couronne de Pologne et fondé la ville de Zamosk, vit d'abord rejeter le code qu'il avait rédigé à la demande de la diète de 1776. Les troubles qui désolèrent son pays au commencement du règne de Stanislas Poniatowski l'engagèrent à se retirer des affaires publiques ; le rejet de son code, que la classe de la noblesse trouvait trop populaire, le décida à s'en éloigner entièrement ; et il voyageait en Italie, lorsqu'il apprit en 1791 qu'en proclamant leur nouvelle constitution, les Polonais avaient adopté son plan législatif. Ce plan a été imprimé en 1778 sous le titre de *Code des lois judiciaires, rédigé en vertu de la constitution de 1776*. Zamoiski jouit peu du succès de son ouvrage, et mourut en 1792. (M.)

[2] Le comte de Campomañès, ministre de Charles III et de Charles IV, fut disgracié avant d'avoir terminé ses utiles travaux. Il supporta sans plainte et sans faiblesse cette injuste disgrâce, et mourut en 1789, regretté de tous ceux qui avaient pu apprécier les bienfaits de son administration et la sagesse de ses vues politiques. Il a laissé plusieurs ouvrages qui attestent l'élévation de ses principes et l'étendue de ses connaissances dans l'histoire de son pays, dont il fut l'un des hommes d'État les plus illustres. (M.)

Ce fut au milieu de cette fermentation générale que je crus devoir lancer ma *Théorie*; j'avouerai que dans cette théorie il est une foule d'idées qui ne doivent paraître qu'effleurées, mais il y a loin du temps où j'écrivais au temps où nous vivons: alors il eût peut-être été dangereux de présenter ces idées dans toute leur force. La matière était trop neuve, trop hardie; les yeux doivent être accoutumés par degrés à la lumière pour n'être pas éblouis; vouloir détruire à la fois tous les préjugés reçus, c'est nuire à l'établissement de la vérité. Ce n'est pas du soir au lendemain qu'on a conçu l'idée de renverser la Bastille : il a fallu un siècle pour s'y préparer.

Je fus principalement guidé, dans l'exposition de mes principes, par la législation anglaise. Et quelle autre législation avait alors mieux su concilier les intérêts de la société avec les droits de chaque citoyen? Là tout accusé jouit de la liberté en donnant caution; là on ne confond point dans le même cachot l'homme soupçonné et le coupable convaincu; là les condamnés ne souffrent pas mille morts dans l'attente d'une seule. La loi est inflexible, mais l'instruction est sans torture, et la marche des procès exempte de formalités longues et cruelles. Admirable constitution que tant d'écrivains décriaient parce qu'ils ne la connaissaient pas, ou parce que leur bouche, accoutumée au frein de l'esclavage, ne savait plus qu'aboyer après les partisans de la liberté !

L'un des plus forcenés antagonistes de la constitution anglaise que j'aie vu est ce d'Albon dont j'ai déjà parlé et qui avait laissé mourir de chagrin Court de Gébelin [1]. Il a même imprimé contre elle, sous forme de discours, une longue déclamation en phrases arrondies, en termes ampoulés. Il peignait sous de fausses couleurs, il exagérait à plaisir les abus de cette constitution; et pour se montrer conséquent, il leur préférait le monarchisme illimité. La question entre les enthousiastes et les frondeurs du gouvernement anglais n'est

---

[1] Le comte d'Albon, mort en 1789, était auteur de plusieurs opuscules littéraires et de poésies qui ont été réunis en 4 vol. in-12; il a aussi écrit trois volumes de discours politiques sur divers gouvernements de l'Europe. (M)

pas de savoir s'il renferme des abus, tout le monde en convient; mais si ces abus sont moindres ou plus grands que dans un état monarchique : voilà le vrai point de la difficulté. Un gouvernement sans abus est, en politique, la pierre philosophale. Le meilleur du monde est celui où il y a le moins de désordre, et l'on conviendra alors qu'on s'est bien inutilement battu les flancs pour enfoncer une porte ouverte. Les déclamations contre la corruption des membres de la chambre basse, contre les impôts excessifs et la dette nationale, sont choses connues et rebattues : il fallait laisser à Grosley, Coyer, Linguet et consorts le plaisir de les répéter [1]. Mais à l'époque où l'on s'acharnait le plus contre le gouvernement des Anglais, chez quel peuple la liberté, la propriété étaient-elles plus respectées, les priviléges plus restreints, les impôts plus également répartis? Quel peuple avait encore déployé plus d'héroïsme patriotique et plus d'énergie dans le danger? Et qu'on n'aille pas attribuer à la législation de ce pays les discordes civiles qui l'ont déchiré : les guerres de la Rose-Blanche et de la Rose-Rouge ne furent pas un effet de la liberté populaire, mais bien du despotisme des chefs qui se disputaient l'honneur de s'entr'égorger et d'inonder de sang leur malheureuse patrie. Alors la liberté se débattait encore sous le couteau de la tyrannie; elle parvint enfin à la désarmer. Malgré d'Albon, qui a écrit que la constitution anglaise est un monstre, malgré six ou sept autres qui l'ont calomniée sans la connaître, malgré Linguet qui l'attaquait en haine de Montesquieu, malgré ses concessions au pouvoir, son esprit aristocratique, et toutes les imperfections que je suis le premier à reconnaître, la constitution anglaise fut, jusqu'à nous, le chef-d'œuvre des constitutions populaires. A défaut de liberté politique, les Anglais jouissaient du moins de la liberté civile, la plus essentielle au bonheur des individus, et leurs lois criminelles étaient les plus douces, les plus humaines qui régissaient les nations civilisées.

---

[1] Grosley est auteur de plusieurs ouvrages sur l'histoire de la Champagne, et d'un *Voyage en Angleterre*. (M.)

Les imperfections de ma *Théorie des lois* sont nombreuses, je le sais, mais pouvait-il en être autrement dans un début, sur une matière neuve, épineuse, et qui, à l'exception de de quelques points tracés avec succès par Beccaria et Servan, n'avait point encore été envisagée dans son ensemble et sous un aspect philosophique? Trop jeune encore et trop pressé de publier mes idées, je cédai à l'impatience de débuter par un grand ouvrage et de me signaler en frappant à mon tour la tyrannie politique qui m'avait toujours révolté. J'avais dès lors juré de consacrer toute ma vie à sa destruction. La tyrannie religieuse succombait sous les coups des Voltaire, des Rousseau, des Diderot ; je voulais attaquer la tyrannie politique et briser l'idole des gouvernements qui, sous le nom de monarchie, pratiquaient le despotisme. Déjà, comme je l'ai dit, les tyrans les plus rusés, inquiétés du mouvement des esprits, de toutes parts en révolte, le détournaient sur les parties de la politique où l'on pouvait réformer les plus grands abus sans ébranler leur autorité. Je voulus suivre leur désir, l'outrepasser ensuite ; mais une précipitation que je croyais utile, une prudence qui était nécessaire, m'empêchèrent sans doute de donner à mon plan toute la réflexion, la sagesse et les développements dont il était susceptible.

CHAPITRE XXVIII.

Les journalistes et la *Théorie*. — Lacretelle. — Brissot reçoit des encouragements de quelques hommes célèbres. — Delisle de Sales lui fait présent de l'un de ses ouvrages. — L'avocat-général Servan. — Le président Dupaty. — Contraste entre l'accueil que les jurisconsultes font à Brissot et celui qu'il a reçu jadis des philosophes. — Les conseils de Dupaty et ses observations font apprécier à Brissot le juste mérite de ses ouvrages. — Lettre de Dupaty.

Ma *Théorie*, accueillie par les étrangers, fut louée par quelques journalistes, et déchirée par d'autres. Lacretelle, dont le jugement ne peut pas être suspect, est un des écrivains qui l'ont le mieux appréciée. Voyez sa *Dissertation* sur les auteurs qui ont traité de la réforme des lois criminelles : « La *Théorie des lois criminelles*, dit-il, est le plus considérable de ces ouvrages. L'auteur était peut-être trop jeune lorsqu'il l'a écrite. On n'y aperçoit pas un esprit assez sage, mais des connaissances étendues, l'ambition d'arriver aux grands principes, beaucoup de sagacité et d'énergie, annoncent un écrivain qui n'a besoin que de reprendre son ouvrage dans la maturité de son âge et de son talent pour le rendre digne du sujet. »

Cette *Théorie* me valut quelque chose de plus précieux que des éloges de littérateurs : ce fut l'estime et l'amitié des plus zélés défenseurs de l'humanité. L'énergie que j'y avais développée me fit pardonner à leurs yeux tous les défauts de mon plan. Ils accueillirent, encouragèrent ces premiers travaux, et témoignèrent à leur auteur une flatteuse indulgence. Parmi eux, je citerai Delisle de Sales qui, sans me connaître, me fit présent de son *Histoire philosophique de la Grèce*, en douze volumes, avec atlas [1]; je citerai Servan, et le prési-

---

[1] Delisle de Sales a laissé une foule d'ouvrages qui ne sont pas tous dignes du dédain qu'ils excitent aujourd'hui. Son *Histoire des Hommes*, qui forme quarante un volumes, et sa *Philosophie de la nature*, jadis brûlée par la main du

dent Dupaty, l'un des hommes qui m'ont témoigné le plus d'attachement, et à la mémoire duquel j'ai voué le plus de reconnaissance. Écrivain spirituel, jurisconsulte éclairé, courageux magistrat, c'est aussi l'un des hommes dont la France doit le plus s'honorer.

On aurait pu en dire autant de Servan si son courage eût égalé son esprit et ses lumières; peut-être aussi est-il juste d'ajouter que ses talents oratoires l'avaient placé dans un rang plus élevé parmi les hommes célèbres de notre temps. Retiré du barreau où, dès l'âge de vingt ans, il s'était fait un nom illustre, Servan s'occupait comme moi et comme Dupaty de la législation criminelle. Ses félicitations sur la naissance de mon enfant, qui, disait-il, avait étouffé celui qu'il allaitait depuis dix-huit mois, étaient empreintes de cette amabilité à la fois spirituelle, douce et familière que j'ai toujours trouvée en lui, et qui était bien faite pour me captiver. Il me semblait aimer l'auteur plus encore qu'il n'estimait l'ouvrage, et il n'a point démenti pour moi cette amitié. Ses idées sur la législation étaient beaucoup moins indulgentes que les miennes; et le grand défaut qu'il me reprochait était de donner à des tigres une législation pour des moutons. Je prétendais que ces tigres quitteraient peu à peu griffes et dents : « Je le veux croire, me répondait-il, mais pendant la métamorphose, que de crimes, que de cruautés! Allez surtout, ajoutait-il, allez persuader à nos *maîtres* de l'indulgence pour les crimes de lèse-majesté. Jamais M. Josse ne permettra qu'on cesse de pendre ceux qui volent les orfévres. » Servan croyait alors que MM. Josse, qui avaient toujours fait les lois pour leur bon plaisir, ne cesseraient jamais de les faire pour leur plus grande commodité.

Dupaty était à cette époque comme relégué à Bordeaux, où l'on cherchait à lui faire expier son ancien dévouement pour La Chalotais et son zèle toujours actif pour les opprimés.

bourreau, renferment des pages que ne désavoueraient pas quelques-uns de nos meilleurs écrivains. Dans les orages de la révolution, il publia les défenses courageuses pour MM. Pastoret, Carnot et Barthélemy, et un *Mémoire* en faveur de Dieu. Il est mort à Paris en 1816. (M.)

On lui avait annoncé le projet de mon ouvrage, et il semblait vivement désirer connaître mon plan et mes idées ; je m'empressai de les lui communiquer ; quoique suivant la même carrière, il me témoigna un plaisir extrême en apprenant que l'humanité allait me devoir, disait-il, un ouvrage qu'elle attendait depuis tant de siècles. Nous ne marchions pas à la vérité précisément dans la même route ; mon projet était beaucoup plus étendu que le sien. J'avais tracé une théorie des lois criminelles propre à tous les temps et à tous les gouvernements, et lui se bornait à en tracer une qui fût propre seulement à un ordre social bien constitué. Mon ouvrage était infiniment plus utile à ses yeux, j'avais inventé une pompe qui devait épuiser l'eau dans toutes sortes de vaisseaux. La sienne ne pouvait le faire que dans un vaisseau en bon état.

L'histoire philosophique de la législation criminelle de tous les peuples entrait cependant aussi dans le plan de Dupaty, mais les orages au milieu desquels il vivait, les tracasseries dont il était tourmenté ne lui permettaient pas de l'achever. Alors il assistait régulièrement aux séances de la Tournelle, quoique d'étranges délibérations le privassent de la voix délibérative dans les jugements qui s'y rendaient, et il écrivait tous les soirs ce qui s'y était passé d'intéressant sous ses yeux ; c'est ainsi, comme il me le disait, qu'il étudiait l'anatomie sur les corps vivants tandis que la plupart, et surtout les philosophes, n'ont pu l'étudier que sur les cadavres.

Aussitôt que mon ouvrage parut, je le lui envoyai ; les encouragements pleins de bienveillance que j'en avais reçus m'avaient vivement touché. Il y avait loin de cette bienveillance affectueuse et de ces encouragements généreux et dégagés de toute jalousie secrète des Servan et des Dupaty, à la froideur, à l'égoïsme que m'avaient témoignés certains littérateurs dont j'ai parlé [1]. Dupaty fit plus ; après les en-

---

[1] Les lettres de Dupaty sur l'Italie ont placé son nom parmi nos écrivains les plus spirituels ; ses *Réflexions historiques sur les lois criminelles*, son *Mémoire* pour trois hommes condamnés à la roue, enfin ses ouvrages et son caractère l'ont rendu célèbre comme jurisconsulte et comme magistrat. Dupaty est mort en 1788,

couragements, il ne m'épargna point les conseils, les observations, les critiques ; une longue lettre, pleine de réflexions dont je reconnus la justesse, dissipa quelques-unes des illusions que je m'étais formées ; elle m'ôta de mon amour-propre d'auteur, et me fit dès lors sentir que je ne devais considérer mon ouvrage que pour ce qu'il valait, et n'en parler qu'avec modestie. N'est-ce pas un bienfait que je lui dus ? car qu'y a-t-il de plus ridicule qu'un auteur aveuglé par un sentiment exalté de lui-même ? Même avec du talent, il semble toujours joindre l'orgueil à la médiocrité. Pour moi je ne sais si je reviendrai jamais sur ce premier ouvrage ; mais à coup sûr, je lui ferais subir de grands changements, et n'en laisserais peut-être subsister que le sentiment qui le dicta.

laissant deux fils, Emmanuel et Charles Dupaty, qui dans la littérature et les beaux-arts ont continué la gloire de son nom. (M)

CHAPITRE XXIX

La *Bibliothèque criminelle*. — Les deux prix d'académie. — Les critiques des journaux. — Lacretelle. — M. Garat et le Mercure. — Les ordonnances du règne de Louis XIV. — Sources des liaisons de Brissot et de M. Garat —Reproches de Brissot adressés à M. Garat. — Les massacres de septembre. — Pétion, Robespierre, Danton et Marat. — La conspiration du 10 mars. — La lettre du comte de Pontécoulant. — Vaines tentatives de rapprochement. — Justification d'Hébert. — Différence entre le ministre et le citoyen, l'homme privé et l'écrivain.

En fréquentant les spéculateurs, je gagnai la maladie des spéculations. Les études qu'avait nécessitées ma *Théorie des lois criminelles* m'avaient fait connaître une foule de bons écrits, de mémoires et de dissertations, qui étaient peu connus, parce qu'il était difficile de les trouver. J'imaginai que je rendrais un véritable service à l'humanité et à la philosophie, si j'en faisais une collection, et si je la publiais : tel fut le premier motif qui produisit la *Bibliothèque philosophique des lois criminelles*, en 10 volumes, commencée à Paris, finie à Londres, imprimée à Neufchâtel, introduite par contrebande en France.

Cette collection devait avoir l'avantage réel de réunir toutes les dissertations et les discours épars et publiés en différentes langues, et de procurer par cette réunion une bibliothèque complète également intéressante pour tous les pays. Le véritable objet, celui que je ne pouvais montrer ouvertement, était de répandre les principes de la liberté qui guidaient les Anglais et les Américains, en insérant dans cette collection plusieurs pièces qui n'avaient part qu'à la grande réforme politique. L'idée, je crois, était utile et philosophique et Servan m'écrivait à cette occasion

« Vous avez réalisé l'un de mes vœux les plus anciens, la réunion de tous les ouvrages qui ont traité de la réforme des lois criminelles.

Crions, monsieur, crions tout un siècle ; peut-être à la fin un roi dira. Je crois qu'ils me parlent ! peut-être il réformera. »

Servan avait raison, excepté sur un point. C'est le peuple qui a entendu et qui a réformé.

Je dois l'avouer, cette collection, quoique renfermant d'excellents ouvrages, ne fut pas travaillée avec le soin qu'elle méritait. Les notes et la préface sont faites avec trop de légèreté, et il y a souvent du remplissage. Le IX° et le X° volume offrent quelques bons articles ; on y voit partout un homme moins occupé de faire réformer les lois criminelles que de détruire le despotisme, et c'est peut-être là son principal mérite.

J'avais espéré que cette collection me produirait une somme assez considérable, et je fus dupe de mes calculs, comme je l'avais été dans mes précédentes entreprises. Un libraire m'avait acheté mille livres ma *Théorie des lois criminelles* ; il m'acheta pareillement ma *Bibliothèque* en dix volumes ; mais les frais d'impression absorbèrent les deux tiers, et l'autre ne me fut pas payé. J'ai toujours montré trop d'insouciance sur mes intérêts pour n'avoir pas été facilement trompé par les libraires. Il faut observer d'ailleurs que mes écrits, étant imprimés et vendus en contrebande, ne pouvaient être annoncés dans les journaux, ce qui nuisait à leur publicité, à leur vente, et par conséquent au profit de l'auteur.

Dans les divers intervalles de cette publication, je remportai deux prix à l'académie de Châlons-sur-Marne, l'un sur la question de savoir : *S'il était dû des indemnités par la société à un accusé dont l'innocence avait été reconnue* ; l'autre sur le moyen de déterminer : *Quels pouvaient être en France les lois pénales les moins sévères, et cependant les plus efficaces pour contenir et réprimer le crime par des châtiments prompts et exemplaires, en ménageant l'honneur et la liberté des citoyens*

On devait trouver des rapprochements et des différences entre ma Théorie et mon Mémoire couronné sur cette dernière question. L'une est en effet, si j'ose m'exprimer ainsi une mappemonde, l'autre n'est qu'un plan topographique.

D'un autre côté, il est une partie de ces deux écrits entièrement semblable, elle devait l'être : c'est celle qui roule sur les moyens de prévenir les crimes.

Quant aux peines qui doivent leur être infligées, quoique celles que je propose pour la France soient dictées par l'esprit de la législation universelle, cependant cette partie diffère dans ma Théorie et dans mon Mémoire.

Cette différence ne surprendra point, si l'on veut observer que dans le code général, je ne considère les lois que comme les géomètres considèrent le point et la ligne, que comme les mathématiciens se servent des abstractions. Dans le code particulier, j'ai dû modifier l'esprit général des lois, le plier à nos mœurs, à nos positions, soit physiques, soit politiques, à la religion dominante.

Dans le premier cas, j'ai dû m'élever avec force contre certains abus : je ne nommais aucun état ; dans le second, ces abus n'ont été que montrés ; plus fortement indiqués, on aurait malicieusement interprété mes tableaux, j'aurais offensé sans guérir.

Dans mon Mémoire sur la question de savoir s'il était dû des indemnités à un accusé dont l'innocence avait été reconnue, je soutenais dès lors que tout mal irréparable fait à un individu par la société est un véritable crime plus énorme que ceux qu'elle-même punit par la roue et par le bûcher, puisque souvent ceux-ci peuvent se réparer, et que celui commis par la société est irréparable. C'était, ainsi que je le disais, et comme me le répétait Dupaty, l'argument le plus fort contre la peine de mort. Si cette abolition eût été alors adoptée, que d'atrocités judiciaires elles nous eût épargnées et nous épargnerait encore aujourd'hui !

Ce dernier ouvrage, écrit avec chaleur, fixa l'attention des journalistes, obtint des éloges, et m'attira des censures amères. Un des rédacteurs du *Mercure* s'attacha à le déchirer avec une virulence qui m'étonna. Je crus la satire de Lacretelle, écrivain à peu près de mon âge et qui courait la même carrière; il s'en défendit, et me communiqua, au sujet de mon Mémoire, des réflexions et des avis que quelqu'un de moins modeste, et d'un esprit plus susceptible, aurait pu trouver fort étranges. Je ne les considérai que comme les marques d'intérêt d'un émule qui était bien aise de se donner des titres à ma reconnaissance et à mon amitié. Il me disait, par exemple, de faire de sérieuses réflexions sur les principes qui dirigeaient ma manière d'écrire et de philosopher, ce qui pouvait être juste : il me disait que j'avais trop de connaissances, de méditations, de talent naturel, pour ne pas porter plus de discussion dans mes idées, pour ne pas renoncer à un certain engouement philosophique qui fausse toute philosophie, et pour ne pas écrire dans un style vrai. C'était me dire que ma philosophie et mon style étaient faux, et en cela il pouvait encore avoir raison. Je ne trouvais point que Lacretelle fût bien jeune d'âge et de réputation pour me donner de pareils conseils, avant de savoir comment j'étais disposé à les recevoir ou à en profiter : mais je trouvai qu'il était bien tranchant, bien journaliste hors de son journal, en me reprochant d'avoir trop adopté deux écrivains nés, l'un avec beaucoup d'esprit, l'autre avec un beau talent, mais qui étaient parvenus, l'un à perdre son talent en renonçant au goût, l'autre à déraisonner jusqu'au dégoût et au scandale. Certes Lacretelle a eu beau faire, tout ce que je connais de lui ne vaut pas un des beaux plaidoyers de Servan; et s'il n'eût pas été rédacteur du *Mercure*, il n'aurait peut-être pas non plus jugé si sévèrement Linguet. Au reste, je pris pour ce qu'elles valaient les observations de Lacretelle. J'y aperçus l'envie secrète et louable d'excuser la diatribe de son collaborateur du *Mercure*, et j'y aperçus aussi à mon égard un sentiment de bienveillance dont je lui sus gré [1].

[1] Lacretelle était né à Metz en 1761; il avait débuté dans la littérature par un éloge de *Montausier*, qui obtint le second prix à l'Académie française en concurrence avec M. Garat. Il avait aussi publié en 1783 un discours sur le préjugé des peines infamantes qui fut également couronné. Il travaillait au *Mercure* avec M. Garat et La Harpe qu'il remplaça depuis à l'Académie. Nous l'avons vu dans ces derniers temps parmi les collaborateurs de cette *Minerve* qui a honoré

La satire était de Garat, et j'aurais dû le reconnaître à son style précieux, obscur, entortillé. Peut-être me gardait-il rancune d'avoir osé combattre, cependant avec respect, un passage de son éloge de L'Hôpital dans lequel il avance que les ordonnances de 1667 et de 1670 sont les deux plus beaux ornements du siècle de Louis XIV. Je ne conçois pas comment on pouvait préconiser de pareilles lois au siècle où nous vivons. Garat les comparait sans doute aux lois imparfaites qui les avaient précédées ; car, s'il eût voulu mesurer l'intervalle immense qu'il y a de l'ordonnance de 1670 à un code criminel simple et universel dans son plan, droit dans ses dispositions, intelligible dans ses expressions ; s'il eût considéré qu'il n'y a dans cette ordonnance ni ordre ni régularité, qu'on n'y fixe ni la valeur des preuves judiciaires ni la forme des pièces, il eût rangé ce protocole de procédure criminelle dans la classe des productions ordinaires du Palais, dont le sceau de l'autorité pouvait seul le tirer. Au reste, toutes les ordonnances rendues sous ce règne portent le caractère de l'imperfection où étaient alors les connaissances humaines. Ainsi l'ordonnance de 1669 sur les eaux et forêts décèle l'imperfection de la physique et des sciences naturelles, lorsqu'elle autorise à couper des taillis dès l'âge de dix ans ; lorsqu'elle ordonne, pour marquer un arbre, de le blesser à coups de hache et de marteau, et lorsqu'elle défend d'arracher de vieux arbres qui ne peuvent repousser.

Avoir émis une opinion contraire à celle de Garat n'avait rien de satirique, et rien qui devait me mériter sa colère. Mais Garat vivait avec des académiciens, il aspirait au fauteuil, et ne pouvait excuser en moi la sévérité avec laquelle j'avais traité les hommes qui s'érigeaient en tyrans de la littérature à Paris. Il voulut les venger ; sa vengeance me parut cruelle, j'en fus peut être alors affecté plus qu'il ne fallait, mais je l'oubliai bientôt comme tant d'autres dont j'ai été l'objet, et

---

le nom de tous ceux qui ont contribué à sa rédaction. Il est mort en 1824, après avoir été membre de diverses assemblées législatives où il fit également preuve d'indépendance et de modération. (M.)

je ne me la rappelle aujourd'hui que parce qu'elle fut peut-être la source de ma liaison avec son auteur, ainsi qu'avec Lacretelle.

Garat peut attester que je lui pardonnai facilement ce qu'il y avait d'injuste à mes yeux dans sa critique. Je pourrais raconter quels ont été alors nos rapports et nos relations réciproques. Je l'ai compté au nombre de mes amis. Je l'ai loué dans plusieurs de mes ouvrages, et, comme écrivain, je suis prêt à le faire encore, mais comme politique sa conduite dans la révolution m'a révolté, désespéré. Il avait une âme d'homme, un esprit de philosophe; il n'en a rien su tirer. Il n'a montré que l'âme d'un lâche, et l'art d'un sophiste pour justifier d'affreux anarchistes qui le faisaient trembler.

Quand je songe au bien qu'il pouvait faire, au mal qu'il pouvait empêcher, quand je songe à quel prix il a cru devoir sacrifier son honneur et celui de la liberté, je ne sais si parmi les grands coupables que j'ai dénoncés, comme je l'ai dénoncé lui-même, aux approches du 31 mai, il en est un qui mérite plus de reproches; car s'il n'a pas commis de crimes par ses mains, il a fait plus, sa bouche les a justifiés. Pour justifier moi-même la vérité de mes reproches, je n'aurais besoin que de les répéter.

Le caractère pacifique de Garat, et les opinions qu'il avait développées dans son journal pendant l'Assemblée constituante, faisaient espérer aux amis de l'ordre que, sous son ministère, la loi serait enfin respectée. Qu'a-t-il fait? A peine fut-il installé, qu'il décela sa complaisance pour les anarchistes, dans un mémoire entortillé sur les massacres du 2 septembre, mémoire dans lequel il peint faussement ces massacres comme une suite de la révolution du 10 août, et dans lequel il absout, il honore même leurs criminels auteurs.

La loi lui ordonne de poursuivre les massacreurs, et une coupable mollesse caractérise cette poursuite. Il n'ignorait pas cependant, lui, membre du conseil, il n'ignorait pas que, si quelque chose pouvait nous réconcilier les nations étrangères, c'était la poursuite rigoureuse de ces massacres.

Je sais bien qu'il me citera des lettres écrites à l'accusateur public, et quelques dépositions recueillies... Mais ce n'est point avec de pareilles simagrées qu'on acquitte une dette sacrée envers l'humanité et la révolution.

Je sais bien qu'il m'alléguera sa crainte de compromettre dans ce procès des hommes vertueux, Pétion même. — Ménagements faux et perfides! Pétion ne pouvait être compromis que par la scélératesse, qui voulait lui faire un crime de la paralysie à laquelle cette scélératesse même l'avait condamné; Pétion serait sorti triomphant de cette absurde accusation; Pétion et ses amis ont rejeté avec fierté toute transaction sur ce point. Tranchons le mot : le véritable objet de Garat était d'arracher aux poursuites d'autres hommes inculpés par la procédure, Robespierre, Danton et Marat; aussi doit-on attribuer à leur influence la suspension du procès.

Qu'a fait encore Garat pour la recherche et la punition des pillages du 26 février? Où sont les poursuites qu'il a ordonnées? En a-t-il même jamais rendu compte, quoique plusieurs décrets le lui aient ordonné?

La conspiration du 10 mars éclate[1] : qu'a-t-il fait pour la prévenir? Lui qui, s'il ne pouvait fixer précisément le lieu des séances du comité d'insurrection, savait au moins, par une foule d'indices et de rapports, qu'un grand complot se tramait contre la vie de plusieurs députés, contre la liberté et la sûreté de la Convention entière! Et lorsque cette conjuration a été découverte, quels sophismes misérables n'a-t-il pas employés pour persuader à la Convention, à la France, qu'elle n'était qu'une chimère, que le comité d'insurrection n'était qu'une fable; tandis que les journaux des jacobins annonçaient à tout l'univers que le complot s'était tramé au sein de leur société, tandis que les coupables eux-mêmes se nommaient! Non, jamais conspiration ne fut plus évidemment prouvée; jamais conspiration n'eut un but plus affreux; et cependant le ministre de la justice l'a traitée

---

[1] La conspiration du 10 mars était une avant-scène de l'insurrection du 31 mai contre les Brissotins; les montagnards essayaient leurs forces. (M.)

avec une indifférence qui devenait une véritable complicité !

Qu'a répondu Garat à la lettre sage et énergique de Doulcet [1], lettre où le patriotisme lui exposait avec franchise l'abîme où sa faiblesse allait nous précipiter? Il a gardé le silence, et pourquoi? Parce que sa réponse ne pouvait faire illusion à personne, parce que sa réponse lui aurait attiré une vigoureuse réplique, parce qu'enfin il espérait que le silence ensevelirait plus promptement les reproches qui lui étaient adressés.

Garat a essayé de pallier son inertie par ses intentions pacifiques, par son dessein de rapprocher les partis, et de sauver ainsi la chose publique.

Je veux croire qu'il n'a été guidé que par ce motif; je veux même pardonner à Garat l'outrage qu'il a fait à des hommes de bien, dont il est forcé d'estimer le caractère irréprochable, en les mettant sur la ligne d'imbéciles qu'il méprise, et de scélérats qu'il déteste. Mais lorsqu'il a vu l'impossibilité de pouvoir établir une paix durable entre la vertu et le crime; lorsqu'il a vu les anarchistes se jouer perpétuellement des promesses, que n'ont jamais suivi que des conspirations avortées (telle que la réunion du 12 mars, comédie dont l'intrigue a été très-bien filée pour arrêter l'indignation et découvrir les projets des hommes qu'on avait voulu égorger), lorsqu'il a vu que les vrais républicains ne tendaient qu'à deux points, *ordre provisoire et contitution;* lorsqu'il a vu que les anarchistes ne voulaient ni ordre ni constitution, et que cependant le salut de la république dépendait de l'un et de l'autre, a-t-il pu balancer entre les deux partis? Ne devait-il pas alors employer son ministère dans toute sa rigueur? Et s'il n'en avait pas le courage; si les sabres, dont il était peut-être menacé, effrayaient sa faible imagination, ne devait-il par renoncer à sa place, et l'abandonner à un citoyen qui aurait eu assez de caractère pour tenir tête aux factions?

---

[1] M. le comte Doulcet de Pontécoulant, aujourd'hui pair de France, l'un des hommes les plus honorables et les plus éclairés qui aient passé au travers de la révolution et échappé à ses orages. (M.)

Au lieu de suivre cette marche, que lui prescrivait le bien public, Garat quitte le ministère de la justice ; mais c'est pour en prendre un autre dont le fardeau est encore plus lourd. Et qu'a-t-il fait dans ce nouveau ministère qu'on trouvait déjà trop vaste pour Roland, et que cependant Garat a dirigé seul pendant six semaines avec le ministère de la justice ; qu'on trouvait trop propre par son étendue à favoriser le despotisme d'un seul homme, et que cependant on a cessé de vouloir diviser lorsque Roland ne l'occupa plus : ce qui prouve bien que les principes des partis tiennent plus aux personnes qu'aux choses ? Qu'a fait, dis-je, Garat ? Toujours dévoué aux volontés des anarchistes, il a fermé les yeux sur les délits des corps administratifs qu'ils influençaient. A-t-il cassé aucune des délibérations séditieuses de la Commune de Paris et de ses turbulentes sections ? Non, il s'est agenouillé devant elle pour se donner un certificat de civisme. A-t-il dénoncé ce département qui a sonné le tocsin sur les subsistances ? A-t-il dénoncé cette formation d'armées que les anarchistes avaient commandée dans le département des Bouches-du-Rhône, et qui devait servir à réprimer leurs projets ? A-t-il poursuivi les dilapidateurs du mois de septembre, qui n'ont jamais voulu rendre de comptes, et dont la Commune de Paris lui envoya toutes les pièces ? A-t-il cassé, ou même dénoncé cet arrêté du département d'Indre-et-Loire, qui violait la liberté de la presse en se permettant d'arrêter la circulation de tels ou tels journaux ? Non, pour justifier les excès et se dispenser de punir les coupables, Garat a porté dans le ministère de l'intérieur la même faiblesse, la même inertie, le même art de sophiste que dans son précédent ministère. A quoi donc attribuer cette conduite ? Au défaut de caractère, au défaut de cette volonté forte de l'homme résolu, de périr plutôt que de dévier des principes ; à la peur, qui fait toujours encenser le pouvoir dominant. Celui qui n'osa braver les tyrans, celui qui caressa les feuillants, doit flatter les anarchistes.

Ah ! il a fait plus que de les flatter, et à ces fautes, que je lui reproche, j'en pourrais ajouter d'autres. Le jour même où je l'accusais, comme tout le ministère, avec une énergie dont l'histoire me tiendra compte; le jour où, pour réponse, Danton me dénonçait de la tribune aux poignards des assassins, Garat méritait de nouveaux éloges de la faction impie qui perdait la république, et il multipliait ainsi ses titres au déshonneur. Garat, auquel la loi ordonnait d'arrêter les écrits incendiaires, justifiait, en face de la Convention, l'homme qui demandait publiquement le sang des membres de la convention; il faisait un crime à Rabaut, à Fonfrède, à Mollevaut, d'avoir osé mettre en jugement un Hébert qui venait de prédire dans son dégoûtant langage que la dernière heure des plus vertueux patriotes était venue, et que leur sang allait enfin couler ! Oui, il défendait le sale et affreux père Duchesne contre la commission des douze ! il le défendait ! Et avant qu'on ne l'eût légalement acquittée, il demandait qu'on relachât cette louve enragée; il invoquait pour elle les droits de la liberté ! Indéfinissable sophiste, il affectait de confondre un droit légitime et sacré avec le droit de tout détruire, de tout désorganiser; il fournissait des armes aux incendiaires et aux bourreaux, en parlant toujours de principes et d'humanité ! Mais j'aurai occasion de juger ailleurs sa conduite, et de la mettre en regard de sa morale et de ses principes.

C'est la dernière fois que j'ai entendu Garat à la Convention et comme je ne le crois ni cruel ni méchant, j'avoue que je l'ai pris en pitié. Homme étrange et faible, républicain de cour et d'académie, il n'oserait couper le cou d'un poulet, et trouverait mille arguments en faveur d'un Marat faisant tomber ses trois cent mille têtes.

CHAPITRE XXX.

M. de Miroménil. — Le parlement. — L'abbé Delacourt. — L'abbé Sabathier. — Son ouvrage sur l'origine de la puissance temporelle des papes. — Brissot académicien. — Voyage à Châlons. — Les académies de province. — Concerts chez Mentelle. — Clementi. — Desforges d'Hurecourt. — Perreau, auteur de *Mizrim*. — Attraits de sa conversation. — Ses amours pour une religieuse. — Il veut purifier un journal de la cour. — Projets de Brissot pour renverser la royauté. — Plan du lycée de Londres. — Villar. — Ses minauderies. — Ses complaisances pour les philosophes. — Visite à Élie de Beaumont. — Les belles promesses. — Charlatanisme philosophique et patriotique.

Le garde des sceaux d'alors, Miroménil, n'avait vu qu'avec effroi l'académie de province proposer des prix sur la critique des abus qui tenaient d'aussi près au despotime, et couronner des discours aussi propres à tirer les esprits de leur léthargie. Le parlement ou plutôt la cour partagea son indignation ; il se fit une conjuration contre la pauvre académie de Châlons-sur-Marne. Il lui fut donné ordre de ne plus imprimer ni couronner, sans une censure préalable. Cette défense la força d'être circonspecte pour le nouveau prix qu'elle venait de proposer sur *la meilleure éducation*. J'avais encore concouru ; Vergennes empêcha que le prix ne fût distribué.

Ces ouvrages me mirent en rapport avec deux membres de cette académie. L'un était l'abbé Delacourt, homme d'esprit et de goût, qui m'avait voué de l'attachement ; l'autre était Sabathier, estimable auteur d'un recueil de dissertations sur divers sujets de l'histoire de France, et d'un essai historique et critique sur l'origine de la puissance temporelle des papes : ouvrage qui lui mérita un prix de l'académie de Berlin, et le fit nommer membre correspondant de cette académie. Le bon Delacourt crut devoir faire pour moi à Châlons ce qu'on avait fait pour son confrère à Berlin, et il m'apprit un beau jour, sans que je m'y attendisse, que son académie m'avait élu au nombre de ses associés. Plus tard il m'engagea à faire un voyage, et j'y consentis : mais sur les lieux, je vis combien était faible et médiocre cette académie dont on n'avait à louer que les bonnes intentions. L'on pouvait prononcer le même jugement sur les autres académies de province. Le despotisme étouffait toutes les idées généreuses; une lettre du ministre les faisait trembler; je n'en conçus que plus d'horreur pour un gouvernement qui abâtardissait ainsi les esprits.

Tels étaient les ouvrages dont je m'occupais dans le cours des années 1780, 1781 et 1782. Je me délassais de mes travaux dans quelques réunions, ou dans des concerts qui avaient lieu fréquemment chez mon ami Mentelle; cependant je dois l'avouer, malgré les talents de son épouse, de Clementi et d'autres célèbres clavecinistes, j'éprouvais à la fin un dégoût singulier de musique. Je ne trouvais de plaisir constamment agréable à mon âme que dans mes entretiens avec Félicité, dont la conversation valait un livre de philosophie, et dont j'aurais dû mieux suivre l'exemple et les conseils.

Parmi les amateurs de musique qui fréquentaient la maison de Mentelle, je dois distinguer un homme qui eut une influence bien funeste sur le reste de ma vie : il s'appelait Desforges d'Hurecourt. Quelle était son origine, je l'ai toujours ignoré; il avait le plus grand soin d'envelopper sa vie passée du plus grand mystère.

Depuis que mon malheureux procès avec lui m'a forcé de faire des recherches sur son histoire, j'ai appris que, sorti d'une famille peu fortunée, il avait donné des leçons de clavecin dans la province, y avait amassé quelque argent, et que sa fortune, bien ménagée, le mettait à même de vivre à Paris avec l'air de l'aisance, dans les plus brillantes sociétés. On sait qu'alors les artistes comme les littérateurs étaient partout recherchés. Le talent mettait tous les hommes de niveau; il était à lui-même son père, son créateur, et on ne lui demandait pas sa qualité. Jouant le sentiment avec quelque adresse, parlant d'éducation et de philosophie, affichant la plus grande vénération pour Rousseau, Desforges eut un titre de plus pour être accueilli dans une société où se trouvaient des femmes sensibles et des amis de la philosophie; il en devint bientôt un des familiers. Félicité ne fut jamais dupe de son jeu; je ne crus pas longtemps à sa philosophie; mais je ne me méfiais ni de sa méchanceté et de sa noirceur, ni de son avidité pour gagner de l'argent par toutes sortes de voies. Il spéculait alors secrètement sur le crédit de ses amis et des femmes qu'il voyait; il spéculait sur la succession si fameuse et si romanesque de Thierry; il spéculait sur un commerce clandestin avec les îles. J'ignorais toutes ses intrigues secrètes, et j'avais la faiblesse de croire à toutes les protestations de désintéressement que me faisait Desforges : il voulait, disait-il, s'attacher à moi, me consacrer sa fortune, seconder mes travaux philosophiques. Je le remerciai d'abord sèchement; à son approche j'avais senti au dedans de moi quelque chose qui m'éloignait de lui; mais malheureusement je n'écoutais jamais cette voix intérieure, qui pourtant ne m'a presque jamais trompé.

Un autre individu que je rencontrai dans cette société, et auquel je m'attachai avec toute la force de mon cœur, fut Perreau, auteur de *Mizrim*, et de quelques autres romans politiques. Physionomie douce et ouverte, langage séduisant, aménité dans la conversation, âme sensible et tendre, raison éclairée, Perreau avait toutes les qualités qui peuvent procurer de véritables amis. Il contait avec un charme extrême. Je me souviens qu'un jour, ou plutôt une nuit, dans les beaux jardins de Roissy, il nous raconta, à Mentelle et à moi, avec un tel intérêt ses amours malheureux pour une religieuse, que des larmes coulèrent de nos yeux et que nous éprouvâmes le plus sensible déplaisir en arrivant à la fin de son histoire. Perreau était le gouverneur des enfants du comte de Caraman, et quoique cette profession n'eût pas altéré sa sensibilité, elle avait peut-être empêché sa raison de s'élever à ces hauteurs en politique d'où l'on pouvait découvrir la source des abus sociaux. Élève du fameux Quesnay et de Mirabeau l'*Ami des hommes*, il croyait à la possibilité de former de bons rois, et par eux de gouverner sagement de vastes États. Il ne voulait que des réformes partielles : c'était le but de tous ses écrits;

ils ont contribué à la révolution. Il y a été presque entièrement ignoré, quoiqu'il eût pu être utile. Mais ses habitudes et ses principes l'attachaient à la secte des modérés. Ce fut pour eux qu'il écrivait des articles dans l'*Ami des patriotes*. Je le lui reprochai un jour : « Comment, lui disais-je, vous que je crois philosophe, vous que je crois pur, avez-vous pu contribuer à un journal aussi infâme, élevé par une cour corrompue pour détruire le véritable patriotisme? — Je veux, me répondit-il, purifier ce journal, et le rendre utile, en prévenant les maux que nous prépare l'anarchie. » Il voyait bien notre mal; seulement, avec tous les autres modérés, il confondait sous le nom d'anarchistes des hommes qui voulaient l'ordre, mais qui le voulaient à côté de la liberté et de l'égalité [1].

Renverser cette royauté que Perreau croyait si nécessaire à la France, était dès ce temps le but de tous mes écrits, de tous mes projets. Je haïssais profondément les rois; je ne pouvais en entendre parler de sang-froid. La vue de Versailles me donnait le frisson et je n'allai qu'une fois au château. C'était avec la plus grande répugnance; mais j'obéissais à la femme que j'aimais et la mauvaise humeur qu'elle me trouva ce jour-là, et que j'attribuai à une autre cause, fut l'effet de ce spectacle royal.

Je formai, pour abattre le despotisme, un projet qui me paraissait infaillible. Il fallait, pour préparer une insurrection générale contre les gouvernements absolus, éclairer sans cesse les esprits, non pas par des ouvrages bien raisonnés et volumineux, car le peuple ne les lit pas; mais par de petits écrits, tels que ceux répandus par Voltaire pour détruire la supertition religieuse; mais par un journal qui répandrait de tous côtés la lumière. Comment exécuter ce projet?

J'avais remarqué que si les livres philosophiques étaient

---

[1] Perreau avait débuté dans la littérature par *Clarice*. Outre *Mizrim ou le Page à la cour*, il a laissé beaucoup d'autres ouvrages philosophiques et quelques poésies. Chénier a dit de son *Traité sur la législation naturelle*, que c'était le livre d'un écrivain sage et d'un bon citoyen. Après la révolution, Perreau devint professeur de droit naturel au collège de France et membre du tribunat. Il était encore inspecteur-général des écoles de droit en 1813. CM.

le meilleur véhicule des révolutions politiques, de grands obstacles s'opposaient à son efficacité. La crainte des bastilles arrêtait le génie, la crainte de la police arrêtait les imprimeurs ; les libraires seuls bravaient les prohibitions. La difficulté n'était donc pas dans la vente, mais à trouver des auteurs et des imprimeurs ; or, en plaçant les uns et les autres en pays étranger, loin des atteintes de la tyrannie, on remédiait à ce double obstacle ; car ensuite la cupidité des contrebandiers répondait du succès de l'introduction.

Plein de cette idée, j'imaginai que le projet de répandre en France les grands principes politiques s'effectuerait aisément, si des amis intrépides et éclairés de la liberté pouvaient s'unir, se communiquer leurs idées et composer leurs ouvrages dans un lieu d'où on les ferait imprimer et circuler par toute la terre.

Je ne voyais qu'un seul gouvernement où cet établissement pût se faire avec sûreté, c'était l'Angleterre. Le seul cabinet de Saint-James n'obéissait pas aux impulsions du ministère français. Dans tout autre pays, même en Hollande, même en Suisse, il eût aisément obtenu l'expulsion de ses auteurs, et peut-être même eût-il eu le crédit de se les faire livrer.

Afin d'inonder plus sûrement l'Europe et surtout la France, de tous ces écrits, et de mettre en défaut les alguazils de l'inquisition française, je pensais qu'il fallait réimprimer en Suisse, en Allemagne en Hollande, les écrits politiques qui d'abord auraient été imprimés à Londres, ville où la liberté individuelle était portée au plus haut degré. La Suisse, l'Allemagne et la Hollande, voilà les contrées où l'impression, le papier et la main-d'œuvre étaient le moins coûteux, et d'où l'on pouvait plus aisément les introduire et les répandre en France.

Annoncer ouvertement ce projet c'était le faire échouer ; il fallait lui donner une enveloppe pour tromper le cabinet de Versailles, et cette enveloppe était bien naturelle.

J'imaginai d'exécuter à Londres une partie de l'établissement pour les sciences et les arts créé par La Blancherie à Paris. Je devais y former un lycée, un muséum, où se réuniraient à certains jour de la semaine les savants, les philosophes de tout l'univers, et où seraient rassemblées toutes les productions des arts; je songeai aussi à un journal consacré à propager les résultats de ces rendez-vous scientifiques, et qui servirait de passeport aux vérités philosophiques et politiques qu'il fallait inoculer dans tous les esprits français.

Tel était le projet favori que je nourrissais depuis quelque temps dans mon âme. La Blancherie n'y voyait qu'une copie du sien, et j'étais bien aise que sa vue ne s'étendît pas au delà. Mais j'avais besoin de coopérateurs pour les écrits, et de secours pour leur circulation, et il fallait mettre quelque discrétion en les cherchant.

Un ami des lettres plutôt qu'un homme de lettres, qui fréquentait alors la société Mentelle, s'offrit à moi pour ce double objet. C'était un Toulousain appelé Villar, d'une figure agréable, et d'une taille avantageuse. Il n'avait pas la vivacité de son pays, mais bien toutes les minauderies d'un homme qui se croyait adoré des belles, et qui s'imaginait encore que ce n'était qu'une stricte justice. Ses mouvements langoureux, ses airs, ses prétentions, m'auraient éloigné de lui, si l'intimité qui paraissait exister entre lui et les académiciens les plus célèbres ne m'en avait pas rapproché. Il m'a paru depuis qu'il la devait à ses complaisances pour d'Alembert, qui dominait alors dans la littérature, et dont la cour nombreuse se recrutait sans cesse de nouveaux adorateurs. Villar n'avait jamais écrit une ligne, mais il jugeait hardiment de tout et se faisait croire en citant à tout propos d'Alembert et quelques autres oracles de cette sorte. Je l'avoue, je fus dupe pendant quelque temps de son jargon. Je ne voyais pas que Villar vivait de ses complaisances et de ce trafic d'opinions.

Il me présenta chez Élie de Beaumont, avocat qui, grâce aux éloges de Voltaire, jouissait d'une réputation bien supérieure à son mérite[1]. Élie de Beaumont, me disait Villar, avait été enchanté de mon projet. Il haïssait le despotisme, il voulait

---

[1] On sait qu'Élie de Beaumont avait fondé sa réputation par un Mémoire en faveur de Calas. (M.)

contribuer à le renverser et de sa plume et de sa fortune. Il ne devait pas être seul dans cette honorable entreprise. Une société d'hommes célèbres, obligée de garder le secret, mais dont il répondait, promettait les secours les plus étendus. Il ne fallait pas ménager l'argent.

Tous ces discours me furent exactement répétés par cet avocat que je trouvai superbement logé; la magnificence de ses appartements, son faste, excitèrent dans mon âme quelques préventions. Pour concourir à mon projet il fallait de la philosophie, l'amour de la liberté et de l'indépendance, et, cette philosophie, cet amour, ne se conciliaient pas facilement avec cet appareil de luxe. La philosophie n'est point en dehors et je n'aime pas à voir répétés partout de superbes portraits des héros de l'antiquité; la plupart de nos hommes vivants me paraissent trop petits à leurs côtés. La simplicité dans les mœurs est un bien meilleur garant de la philosophie que toutes ces belles images. C'est une observation que j'ai été à portée de répéter chez un homme qui parut grand sur un théâtre éloigné, et qui s'est rapetissé dans notre révolution. Sa bibliothèque, à laquelle il ne touchait guère, était ornée de l'urne des Gracques, du portrait de Sidney, des bustes de Brutus.... Moins de charlatanisme et plus de vérité, et il n'aurait pas éprouvé le triste sort dont il a été la victime.

Cependant, sourd à ces avertissements secrets de mon sens intérieur qui auraient dû me mettre en garde, j'avalai à longs traits les éloges qu'Élie de Beaumont donnait à mon plan, ses protestations d'amitié et de secours pécuniaires. Nous rendrons la liberté à la France! et cette idée enflammait son imagination; il me proposait ainsi qu'à Villar de nous engager à l'exécution de ce projet par les serments les plus forts, il nous proposait de le sceller de notre sang. Moi, jeune et crédule, je lui disais: Point de serments, point de sang; je vous crois, donnez-moi votre parole, elle suffira. Il me promit tout; l'argent ne devait point manquer. Si je l'eusse mis à l'épreuve, peut-être aurais-je vu la fourberie de cet homme, dont un seul trait devait me découvrir la bassesse et la pusillanimité. Il me priait de garder un secret éternel sur lui, sur son entrevue, parce qu'il risquerait de perdre ses diverses places, et surtout sa charge d'intendant de M. d'Artois; je ne vis dans cette recommandation, quoiqu'elle me causât quelque peine, qu'une simple précaution; et puis je n'ai jamais exigé des autres cette indépendance philosophique à laquelle je m'élevais.

CHAPITRE XXXI.

Villar. — Le Toulousain et ses gasconnades. — Voyage à Lyon. — Dijon. — Guyton de Morveau. — M. Poupignon. — Séance d'académie. — M. de Juigné, évêque de Châlons. — Ses bonnes et mauvaises œuvres. — Il sauve une femme d'un incendie et proscrit les jansénistes. — Il succède à Christophe de Beaumont. — Son fanatisme. — Le député-archevêque chez Louis XVI. — Les huées du peuple. — Le peuple est vindicatif et ingrat. — La croisade contre la France. — La diligence de Lyon. — Le vicomte d'Astier. — L'apothicaire de madame de Genlis, et ses souris blanches. — La nièce vaporeuse. — Rencontre du comte et de la comtesse du Nord. — La diligence d'eau. — Les bords de la Saône. — La jolie batelière. — Arrivée chez Blot.

Par l'entremise de d'Alembert et des bureaux de bel esprit, qu'il fréquentait, Villar se trouvait ainsi en relations avec une foule de personnages de tous les rangs et de tous les pays. Il me promettait monts et merveilles. Tout le monde, disait-il, s'intéressait à mon projet; c'étaient des comtes russes, des princesses polonaises, des académiciens, des ambassadeurs, tous, ses amis intimes, et qui devaient partout nous appuyer. D'Alembert avait écrit à Berlin, d'Argental en Toscane, un autre à Vienne, et La Harpe m'avait recommandé particulièrement dans sa correspondance en Russie. D'un autre côté, madame de Genlis en avait parlé au duc de Chartres, et celui-ci, qui partait avec Sillery pour l'Italie, devait nous servir et nous prôner. Enfin, tous les jours Villar avait des audiences des ministres, une fois avec Vergennes, une autre avec Miromesnil, puis avec Lenoir ou Sartines, et au besoin il aurait été parler directement au roi! Que ne pas espérer avec un tel soutien? Mais quand nous fûmes à la besogne, je m'aperçus bien que, dans le succès de notre entreprise, Villar cherchait autre chose que ce que je voulais qu'on y cherchât. Il en attendait bien plus ses avantages particuliers, que le triomphe de la philosophie et le bonheur de l'humanité; il m'écrivait, m'écrivait sans cesse, me recommandant chaque fois la circonspection, les ménagements pour ses amis et les amis de ses amis. Pour tout au monde, il ne fallait pas le compromettre à leurs yeux, comme aux yeux de l'autorité. Chaque ligne indépendante le faisait trembler, aussi eut-il une fièvre continuelle depuis le premier numéro de notre journal jusqu'au dernier. Lorsque cet homme s'est vu plus tard jeté au sein des orages révolutionnaires, que n'a-t-il pas dû éprouver [1]?

Plein de confiance dans les promesses de Villar et de Beaumont, je résolus de faire un voyage en Suisse, avant de me rendre en Angleterre. Ce voyage avait pour but de préparer à Neufchâtel des moyens d'exécuter une partie nécessaire du plan que j'avais formé; je voulais aussi y chercher des amis qui partageassent mes idées, et y établir des relations et des correspondances. Je pris la route de Lyon où j'étais attendu par mon ami Blot, chez lequel j'avais promis de séjourner; j'aurais voulu passer par Dijon où je désirais voir Guyton Morveau que je connaissais déjà, et que j'estimais également comme jurisconsulte et comme chimiste. Guyton offrait alors le singulier spectacle d'un avocat général de parlement professant un cours public de chimie, et publiant des vers qui pouvaient aussi le ranger parmi les poëtes. Depuis nous l'avons vu à la Convention, où les fureurs de la Montagne paraissaient avoir subjugué son esprit, mais où ses vues et ses connaissances ne peuvent manquer d'être utiles à son pays si on veut les employer [2].

---

[1] Villar, qui était de la congrégation des doctrinaires, fut un des premiers à prêter le serment constitutionnel. Il devint évêque de Laval en 1791, fut député à la Convention nationale, et devint successivement membre du corps législatif, inspecteur-général des études et membre de l'Académie française. C'était un homme de goût et d'esprit, et d'une modération politique qui l'a fait passer partout inaperçu. Il a écrit des lettres pastorales et des rapports à la Convention, quelques notices historiques, et des poésies tellement fugitives, que nous serions assez embarrassé de dire où l'on pourrait les trouver. (M.) Il s'agit ici de Villar (Noël-Gabriel-Luce), né à Toulouse le 13 décembre 1748, membre résident de l'Institut (3me classe) le 10 décembre 1795, mort à Paris le 28 août 1826. (L.)

[2] Guyton de Morveau était avocat général au parlement de Dijon dès l'âge de

Je désirais encore voir à Dijon un académicien de cette ville avec lequel j'étais en relation; c'était Maret, savant estimable, qui, après avoir lu quelques-uns de mes écrits, m'avait témoigné de l'intérêt, et m'avait envoyé pour ma *Bibliothèque des lois criminelles*, une dissertation sur un point de médecine légale qui n'avait pas encore été traité. Maret s'élevait contre le préjugé qui fait classer parmi les assassins l'homme qui en a blessé ou frappé un autre, lorsque celui-ci est mort dans les quarante jours qui ont suivi sa blessure : il démontrait que la mort survenue dans cet intervalle pouvait avoir une cause toute différente de la cause apparente, et il demandait qu'en de pareilles circonstances on se décidât sur la cause réelle de la mort, et non parce qu'elle était survenue dans un temps déterminé. Maret était médecin et chimiste distingué; il s'est associé à plusieurs travaux de Guyton de Morveau, et il est mort victime de son ardeur à vouloir arrêter une épidémie qui désolait quelques cantons de la Franche-Comté.

J'avais le projet de demander à l'académicien dijonnais des nouvelles d'un éloge de Saumaise que je lui avais adressé, et que les statuts de la Société défendaient de me rendre, quoique je prouvasse que j'en étais l'auteur; Maret m'en offrit une copie, je ne sais ce qu'elle est devenue. Mon plan du Lycée de Londres, que je lui envoyai plus tard, lui parut excellent; il fit tous ses efforts pour me seconder, il écrivit à plusieurs académiciens et à différentes personnes, entre autres à MM. Talberge et Droz de Besançon; enfin je n'ai qu'à me louer du zèle que le progrès des lumières et des sciences lui inspirait en ma faveur [1].

18 ans; il se décida fort tard et abandonna le barreau pour se livrer exclusivement aux sciences, qui devaient lui acquérir un nom à jamais célèbre. Ses procédés pour désinfecter l'air ont été adoptés par l'Europe entière. Le poëme dont parle Brissot est *le Rat iconoclaste*, publié en 1763. Au procès du roi, il vota avec la majorité, et rendit d'immenses services à la révolution par l'étendue et la variété de ses connaissances. On sait qu'on lui doit en partie le système monétaire qui nous régit. Il avait cessé depuis un an d'être administrateur de la Monnaie de Paris, lorsqu'il mourut en 1816. (M.)

[1] Maret était secrétaire perpétuel de l'académie de Dijon, et associé à une

L'abbé Delacourt m'avait aussi recommandé de voir à Dijon M. Poupignon, avocat au bureau des finances de cette ville, et qui avait partagé avec moi le prix sur la question de l'indemnité des accusés reconnus innocents. Son mémoire, qui m'avait été communiqué, me semblait rempli d'excellentes vues et écrit avec talent; j'étais bien aise d'en connaître l'auteur. Ce mémoire me rappelle un fait assez singulier, c'est qu'à la lecture de mon discours dans la petite académie, et à l'ouverture du billet qui révélait mon nom, il y eut beaucoup de battements de mains, et celui qui applaudit le plus fort fut cet archevêque de Paris, alors évêque de Châlons, qu'on ne put sans doute accuser que cette fois d'avoir montré quelque sympathie pour les idées philosophiques et tolérantes. A Châlons comme à Paris, il s'est fait connaître par de bonnes et de mauvaises œuvres. Ainsi, on le vit persécuter, proscrire les jansénistes, et répandre ses bienfaits sur les pauvres de son diocèse. On me conta dans mon voyage, qu'au moment d'un incendie, il s'était précipité courageusement au milieu des flammes pour en arracher une femme prête à périr, et que lui-même faillit être brûlé vif en la sauvant. Devenu archevêque de Paris après la mort de ce Christophe de Beaumont, moins célèbre par sa haine et ses mandements contre les philosophes que par la sublime réplique qu'il s'attira de Jean-Jacques Rousseau, on assure que dans l'hiver de 1788 il vendit jusqu'à sa croix pastorale pour porter des secours aux malheureux qui mouraient de froid et de faim. Voilà assurément un dévouement évangélique dont on doit lui tenir compte ; mais sa conduite à l'Assemblée nationale, son opposition à toute espèce de réforme, à toute espèce de concession, le fit bientôt oublier. Il ne sut pas se soumettre à de plus utiles et plus généreux sacrifices. Au nom du ciel et un crucifix à la main, le député-archevêque vint adjurer Louis XVI, dont il connaissait bien l'esprit timoré et la faible imagination, d'opposer son *veto* à tous les

---

foule d'autres sociétés savantes. Il a travaillé à l'Encyclopédie et a laissé différents ouvrages qui attestent la variété de ses connaissances. Il est père de M. Maret, duc de Bassano, l'un des principaux ministres de Napoléon. (M.)

décrets législatifs qui attaquaient les prérogatives du clergé ; ce fait connu motiva les huées dont il fut un jour poursuivi au sortir de l'Assemblée ; le peuple se souvient plus longtemps des outrages que des bienfaits. Juigné s'est depuis réfugié à l'étranger, où il rassemble tous les prêtres factieux et fanatiques qui refusent à la fois de reconnaître les lois de l'Évangile et de la patrie. Qu'en pense-t-il faire? Est-ce pour leur prêcher une croisade contre la France [1].

Je ne suivis point la route que je m'étais tracée, parce que Blot m'en avait indiqué une autre, et qu'il devait venir au-devant de moi. J'eus pour compagnon de voyage un capitaine de dragons, appelé le vicomte d'Astier, jeune homme assez instruit et fort aimable, avec lequel je m'entretins longtemps, pour me dédommager de ne pouvoir le faire avec un Italien qui s'était voué à un éternel silence, quoique nous lui adressassions souvent la parole en français, en italien et en latin ; il y avait en face de nous un apothicaire de la rue Saint-Paul, qui se disait fort grand ami de madame de Genlis ; il tenait sur ses genoux une petite cage contenant quatre souris blanches qui lui avaient été données par la spirituelle comtesse, et il menait avec elles une nièce assez jolie, mais sujette aux vapeurs, qui nous en donna à plusieurs reprises des échantillons. L'officier de dragons trouvait les yeux de la jeune personne fort à son goût, et pendant qu'il les considérait en dessous, je m'occupais des sauts et des jeux des petites souris blanches qui m'amusaient beaucoup. Du reste, temps affreux, chemins détestables, postillons impertinents, disette de chevaux, tout se réunit pour me faire trouver la route longue et ennuyeuse ; le jour, nous attendions ; la nuit, il fallait courir : partant point de sommeil ; et je ne sais encore par quel miracle nous n'avons pas versé deux cents fois. A Châlons, nous rencontrâmes le comte et la comtesse du Nord : une foule de monde entourait l'hôtel où l'on savait qu'ils allaient descendre ; mes compagnons de voyage se joignirent à la foule ; moi je profitai d'un instant de soleil pour

---

[1] M. de Juigné rentra en France en 1802 et y vécut dans la retraite. (M.)

aller me promener. A mon retour, les voyageurs russes étaient arrivés ; on me dit que le comte était fort laid, la comtesse me parut grande et bien faite, et d'une physionomie aimable, mais je ne maudis pas moins leur voyage, car c'est à lui que nous devions la disette des chevaux.

A Châlons, nous prîmes la voiture d'eau. Autre compagnie, plus nombreuse, plus mêlée et plus mauvaise. Cependant j'y trouvai plus d'agrément ; je dormais la nuit, et le jour je jouissais, du haut du pont, des points de vue les plus attrayants et les plus variés. En approchant de Lyon surtout, je fus surpris par un spectacle ravissant : c'était de tous côtés des maisons élégantes, situées au milieu de jardins et de bosquets. On m'assura qu'il était aisé de louer ces maisons toutes meublées, et où l'on n'avait besoin que de son bonnet pour venir coucher, car on y trouvait toutes les commodités de la vie. Quelles idées, quels désirs qui se raniment en cet instant dans mon cœur, ne formais-je pas en les voyant ! Un de ces petits ermitages, et ma Félicité tant aimée, voilà tout ce que j'enviais, tout ce que je demandais au ciel de bonheur sur la terre ! Et ce vœu, en face des chalets de la Suisse, et des fermes rustiques de l'Amérique, combien de fois ne l'ai-je pas répété !

Blot me fit quitter la diligence d'eau pour m'embarquer dans un petit bateau conduit par deux filles charmantes, et qui nous firent payer un peu cher l'étourderie de n'avoir pas fait d'avance un prix avec elles. Enfin, après cinq jours et cinq nuits de fatigue, j'arrivai au port. L'appartement qu'occupait mon ami offrait la plus riante perspective, il était situé vis-à-vis le pont volant, mes regards plongeaient sur la Saône et se reposaient sur ce coteau charmant de Fourvière, dont Jean-Jacques a fait un tableau si séduisant. Ce fut là que je passai un des mois les plus agréables de ma vie, dans la société d'un ami de mon enfance, longtemps uni avec moi par les mêmes goûts, les mêmes opinions, les mêmes projets ; et auprès de sa femme, dont les grâces, l'instruction et la douce conversation intéressaient à la fois l'esprit et le cœur.

CHAPITRES XXXII ET XXXIII.

Servan. — Brissot lui fait une visite à Lyon. — Son esprit dans la conversation. — Les *Confessions* de J.-J. Rousseau. — Servan se propose d'écrire contre cet ouvrage. — Les plus grands détracteurs des Confessions de J.-J. sont les plus grands partisans de Voltaire. — Leur injustice. — Comparaison des *Mémoires* de Voltaire et des *Confessions* de Rousseau. — Entretien sur le *Siècle de Louis XIV*. Générosité du *grand roi* injustement louée par Voltaire. — Son despotisme excusé. — Servan aime avant tout sa liberté. — Crainte que lui inspire la Bastille. — Lettre de Servan à Brissot.

Servan, si célèbre par ses écrits sur la réforme des lois criminelles, était alors à Lyon; j'allai le voir. En entendant mon nom, il me sauta au cou, comme si nous eussions déjà été liés par une longue amitié; il me remercia du plaisir que lui avait fait ma *Théorie des lois criminelles,* m'exhorta à persévérer dans cette carrière. Nous passâmes deux heures ensemble, et jamais temps ne me parut plus court. Servan écrit avec un style plein de charme, mais sa conversation est encore plus séduisante que ses écrits. Il y a moins d'apprêt, plus de naturel, et cependant son imagination est toujours brillante. Les traits pétillants qui en jaillissaient à chaque instant m'étonnaient et m'ôtaient toute liberté de lui répondre.

Les *Confessions* de Jean-Jacques faisaient alors un grand bruit; il en était indigné, quoique d'ailleurs il protestât de son admiration pour le génie de ce grand homme. Mais révéler les faiblesses, les vices des sociétés où l'on était admis, lui paraissait une violation de l'hospitalité, et le plus grand des crimes. Il se proposait de le démontrer. Il a tenu parole en publiant quelques lettres; mais il ne m'a pas convaincu. Servan n'était pas seul de cet avis. Si tous ceux qui le partageaient fussent descendus dans leur âme, pour y chercher la cause de leur haine contre cette œuvre de Jean-Jacques, ils l'auraient peut-être trouvée plutôt dans un intérêt personnel que dans leur respect pour les principes. La grandeur de Rousseau avouant ses fautes humiliera toujours l'orgueil qui en a de plus graves à se reprocher. Quant à Servan, il était, dans son jugement, bien plus le défenseur de ses amis que celui de la vérité, car il était lié avec tous ces philosophes que Rousseau dénonçait; et, en cette qualité, il avait même été fort mal accueilli par l'auteur d'*Émile*, dans une visite qu'il lui avait faite au milieu de sa solitude.

Une chose digne de remarque, c'est que les plus acharnés détracteurs des *Confessions* de Jean-Jacques étaient tous les plus grands partisans de Voltaire. Ils trouvaient surtout indécent, affreux, abominable que Rousseau eût osé mettre par écrit et révéler au public et ses faiblesses et celles de madame de Warens. Et pourtant comment s'est conduit Voltaire? Il raconte des anecdotes cent fois plus horribles d'un de ses bienfaiteurs, de son ami, du Salomon du Nord; et cet écrit voit la lumière du vivant même du prince qu'il outrage! Et les amis de Voltaire n'ont pas, pour cela, cessé de l'admirer. Cependant, comme le caractère de l'Aristippe moderne me paraît à nu dans ses mémoires! On l'y voit louer, admirer en public un prince dont il ravale en secret le mérite, dont il ridiculise les vices; on le voit jeter le ridicule et l'opprobre à pleines mains sur une foule de personnages qui en versent encore aujourd'hui des larmes; on le voit détruire par ses satires les réputations qu'il avait créées par ses éloges; barbouiller de fumée les idoles qu'il avait parfumées de son encens; on le voit ironique, jaloux, méchant, et s'applaudissant de ses méchancetés et de ses sarcasmes. Comparez-le donc à Jean-Jacques! Celui-ci est faible, et il s'accuse; celui-là est vicieux et coupable, et il s'élève et se pavane. Certes, nul plus que moi n'admire le génie de Voltaire, et ne lui tient plus de compte du bien qu'il a fait à la philosophie et à l'humanité; dans plus d'un de mes écrits, j'ai prouvé cette admiration; mais entre son génie et son cœur, entre ses confesions et celles de Rousseau, je crois qu'il y a un immense intervalle.

Je vis bien que tout ce que je dirais sur ce sujet à Servan ne servirait pas plus à le convaincre que lui-même ne m'a depuis convaincu. Je me rappelle qu'à Lausanne nous eûmes une autre conversation sur ces deux grands hommes, et qu'il ne s'étonnait pas moins du culte que j'avais voué à Rousseau, que de l'enthousiasme mêlé de réserve que j'éprouvais pour l'auteur de la *Henriade* et du *Siècle de Louis XIV*. Ce dernier ouvrage fut même le sujet un peu long de notre entretien. Il est plus d'une partie de cette histoire que j'étais loin d'approuver.

Ce n'était pas Servan qui voulait disconvenir de tous ces faits. Il y trouvait un argument de plus pour justifier sa conduite privée, car s'il se méfiait moins du despotisme de Louis XVI que de celui de son aïeul, il n'estimait pas plus le caractère de ses ministres que celui de Louvois ou de Letellier.

Je lui témoignai le regret que ressentaient tous les philosophes de le voir garder un silence opiniâtre. Il prétendit se justifier d'abord par sa mauvaise santé, et ensuite par l'intolérance du gouvernement. Peut-être contribuait-il lui-même à déranger sa santé, car, par exemple, il me dit qu'après avoir consulté Tissot et une foule d'autres médecins, ne sachant plus comment refaire son estomac, il s'était mis au hachis de viande pour toute nourriture. Le remède me parut étrange et le paraîtra sans doute à d'autres. La Bastille lui causait une indicible peur et presque des spasmes, quand il y songeait. Son imagination était tellement frappée que, croyant voir toujours des sbires à sa suite en restant en France, il passait neuf mois de l'année à Lausanne. Là, disait-il, et là seulement je puis respirer librement. Cette crainte me prouva que Servan aimait mieux sa liberté que celle du genre humain; peut-être aussi jugeait-il mieux du genre humain que moi.

LETTRE DE SERVAN A BRISSOT.

« J'ai reçu, monsieur, la veille de mon départ pour la Suisse la lettre que vous avez eu la bonté de m'adresser chez mon père. Ce que vous me dites sur mon avorton lyonnais m'a fort agréablement chatouillé. Plût à Dieu qu'un peu d'intérêt pour l'auteur eût produit votre illusion sur l'ouvrage, qui, véritablement, n'est qu'une esquisse étriquée dans un cadre d'académie. Je vous avouerai que je suis fort indifférent pour les idées de M. le garde des sceaux ; je ne lui demande que paix et sûreté pour ma personne ; qu'il emprisonne tant qu'il voudra mes pauvres pensées : hélas ! c'est le moyen de faire vanter en prison qui l'on n'aurait pas regardé dans une rue. Ne pensez-vous pas comme moi, monsieur ? ce qu'il y a de plus clair, de plus net dans le produit de l'étude et de la composition, c'est le plaisir qu'on y prend ; c'est la première nuit des noces ; il y a certainement du plaisir à faire un enfant, fût-il un magot ; mais l'enfant tout fait ne donne guère que du chagrin. Réformer les hommes est une chimère quand on les connaît. Vous suez à changer une pièce de leur grande machine de morale, tandis qu'ils en gâtent mille autres. La plus petite réforme tient à une complication d'effets et de causes qui décourage l'espérance ; mais passer sa vie dans l'innocence, s'éclairer, se connaître mieux, devenir tous les jours plus indulgent pour des hommes qui ne sont que ce qu'ils ne peuvent point ne pas être : voilà ce que tous les gardes des sceaux du monde depuis Adam ne sauraient empêcher ni corrompre.

« Quant à la Bastille, monsieur, je vous déclare que je ne suis point de votre avis, et que ma conscience aurait bien de la peine à me consoler de la liberté de mes jambes ; je vous l'avoue avec pudeur et j'en dis mon *meâ culpâ*; mais il n'y a guère de vérité que je voulusse acheter par une année d'esclavage. Ce régime-là ne convient point à mon tempérament ; aussi vais-je en Suisse tant que je puis ; je m'y sens plus libre et plus heureux, j'y ai un *moi*; une plaine me serre en France, je respire sur les montagnes de Suisse. Les mœurs, les esprits sont tout à fait à ma portée ; je me croirais Chinois à Paris, je me sens compatriote en Suisse. Ne doutez pas, monsieur, qu'en passant à Neufchâtel je ne demande quatre personnes, vos trois ouvrages et M. Ostervald. Je ne connais point Neufchâtel, et c'était une fantaisie qui me restait ; qu'il me serait doux en vous y rencontrant de contenter mon cœur et ma curiosité !... Vous voulez, dites-vous, mon avis sur un projet d'éducation ; je vous dirai ce que je saurai ; mais ce que je vous dirai de mieux, c'est que vous n'en avez pas besoin ; vous ne me paraissez point du tout un homme à lisière, et quand on sait comme vous jeter toutes les idées en un seul moule, les idées des autres sont des pailles qui font quelquefois manquer le jet d'une statue, en se mêlant à la fonte. Au reste, interrogez-moi, et le pis sera de vous répondre comme Socrate : *Je ne le sais pas*. Mais ce que je sais, ce que je n'oublierai jamais, c'est de vous estimer infiniment.

« Si mon commerce continue de vous convenir, daignez m'adresser vos lettres à *Lausanne, poste restante.* J'ignore jusqu'à quelle ville il faut affranchir les lettres pour la Suisse, en partant de Paris. Qu'il y aura loin de vous à moi, monsieur ! Quelle distance de la rue Champ-Fleuri à une cabane suisse ! Toute la morale est entre deux. Adieu, monsieur ; quand vous ne saurez que faire, dites-moi ce que vous faites, mais point de Bastille, s'il vous plaît.

« *P. S.* J'ai prié mon libraire, en passant, d'envoyer à l'adresse indiquée les deux exemplaires que vous avez le courage de vouloir ; je vous avertis en conscience que ma fille première est un peu bavarde : j'avais 23 ou 24 ans ; il me semble qu'alors mon esprit salivait furieusement. Dans la jeunesse, on tire en grenaille ; dans la maturité, on veut tirer à balle.

« Je vous supplie de remercier cet aimable censeur dont vous me parlez ; si la phrase du *bâton des aveugles* lui fait quelque peine, il faut la corriger et dire que les lois politiques sont *un jonc qui se plie dans la main des ministres.*

« Lyon, 29 octobre 1782. »

CHAPITRE XXXIV.

Visite à M. Poivre. — Délices de son habitation sur les bords de la Saône. — Sa charmante famille. — Son accueil bienveillant. — Son aimable et douce philosophie. — Sa modestie et ses ouvrages. — Son neveu Sonnerat et le voyage à la Chine. — L'abbé Raynal et le nègre de Madagascar. — Beniowski et M. de Sartines. — Ce qu'eût été M. Poivre dans la révolution. — Quelques notes sur sa vie. — M. Dupont de Nemours mari de la veuve de M. Poivre. — M. Poivre échappe aux jésuites. — Perfidie dont il est victime dans les Indes. — Combat sur mer. — Il perd un bras dans le combat. — Il ne pourra plus peindre. — Sa mission à la Cochinchine. — Il en rapporte le poivrier et les différents arbres à épices qui enrichissent l'Ile de France, dont il devait un jour être l'administrateur suprême.

Un homme célèbre qui ne me causa pas moins d'intérêt que Servan, fut Poivre, l'ex-intendant de l'Ile-de-France ; je lui rendis une visite dans sa charmante habitation, située à quelques milles de Lyon, sur les bords de la Saône. J'y allai avec Blot et M. Lambert, directeur du collége, qui, après un excellent déjeuner, nous avait procuré une excellente voiture. Quelle charmante retraite que celle que possédait ce philosophe aimable! Un jardin délicieux enrichi des plantes qu'il avait recueillies dans toutes les parties des Indes; des bosquets, des cascades, des rochers, des grottes, des ombrages, une foule de perspectives variées, et le murmure d'un fleuve tranquille, sur lequel nous retournâmes en bateau : que tout cela me parut enchanteur et digne d'être envié! Mais ce qui excitait surtout mon enchantement et mon envie, c'était la vue de son heureuse famille. Il n'avait que trois filles et une femme jolie et infiniment respectable par ses vertus et ses aimables qualités. M. Poivre m'accueillit sans faste, sans cérémonie, sans ce luxe de politesse qui accable et refroidit; il ne cessa de m'entretenir avec intérêt pendant tout le temps que je demeurai près de lui ; nous fîmes deux fois en causant le tour de son immense et magnifique jardin. Sa femme n'était point sur nos pas, et elle m'en parut plus aimable ; je n'aime point ces femmes qui ont l'air de s'intéresser si vite aux étrangers et qui les suivent partout. Les jeunes demoiselles faisaient des bouquets pour des personnes qui vivaient familièrement dans la maison ; elles ne songèrent point à nous en offrir, et j'en fus également enchanté ; il ne faut point que des jeunes filles soient moins discrètes que leur mère, et d'ailleurs il n'est pas bon qu'elles prodiguent les fleurs au premier venu.

Au milieu de cette douce retraite, je croyais être transporté au sein de cet élysée peint par Rousseau dans son *Héloïse*. Les habitants m'en paraissaient célestes. La bonhomie, la simplicité du maître, la douceur et l'affabilité de son épouse, la modestie, les agréments de ces jeunes filles, tout m'attachait, me transportait ; il me semblait être au milieu d'une famille patriarcale, j'y aurais passé toute ma vie. Félicité m'aurait paru la sœur de madame Poivre. La conversation ne languissait point avec l'homme instruit. Il savait tant de choses, il les savait si bien, et il avait si peu de prétention en les disant ! Voilà ce que je cherchais depuis longtemps dans les savants, dans les philosophes, ce que je n'avais jamais trouvé, la science utile et sans prétention ! Il ne me parla de ses écrits qu'avec la sévérité d'un rival. Cependant il en existe peu qui soient dignes de plus d'éloges pour leur mérite et leur utilité.

Ses observations sur les mœurs et les arts des peuples de l'Amérique, que des libraires charlatans ont publiées sans l'aveu de l'auteur, sous le titre de *Voyage d'un philosophe*, ont excité au plus haut point ma curiosité, et m'ont causé le plus vif plaisir. C'est avec raison qu'on a dit de cet ouvrage intéressant, précis, nerveux, qu'il contenait plus de choses que de mots ; et qu'on y voyait partout en traits de lumière, comment dans l'univers entier la félicité, la population, la puissance des États sont en raison de l'agriculture et de la liberté ; et à quel point la main du despotisme, celle de l'anarchie et celle de la superstition, rendent inutile la fécondité du sol le plus favorisé du ciel.

Les voyages de Sonnerat dans la Chine et l'histoire de l'abbé Raynal faisaient alors le plus grand bruit. Sonnerat était neveu de M. Poivre, et il regrettait qu'il se fût trop empressé de publier son voyage. Il y avait remarqué une foule d'inexactitudes et de faussetés. La partie des Indes orientales, dans l'histoire de Raynal, était entachée des mêmes défauts ; il ne l'avait écrite que sur de mauvais mémoires. Poivre lui avait offert des matériaux, mais Raynal n'avait pas eu la patience de les attendre. Il avait imité Vertot, qui aima mieux publier un roman dans son histoire de Malte, que d'avoir la patience de la refaire d'après les véritables sources. Poivre fut témoin de la manière dont Raynal recueillait quelquefois ses renseignements. Allant un jour chez un ancien gouverneur de l'Ile-de-France, il trouva l'historien écrivant dans l'antichambre, sous la dictée d'un nègre. Poivre lui demanda ce qu'il faisait. Ce nègre, dit Raynal, est de Madagascar, et je prends des notes de lui sur cette île. Poivre ne put s'empêcher de sourire, à cette facilité de puiser partout sans s'informer si la source était bonne. Je fis observer à Poivre qu'il était difficile à Raynal d'avoir pu donner un tableaux exact des Indes orientales. On n'en peut rassembler les traits que dans les nombreux écrits publiés par les Anglais, presque maîtres en entier de cette partie du monde ; or ces écrits ne sont pas traduits, et Raynal ne savait pas l'anglais. M. Poivre convint de la justesse de cette observation. Il me donna des détails curieux sur Madagascar, sur la facilité d'y former des liaisons utiles avec ses nombreux habitants, en traitant avec eux amicalement et de bonne foi. Il se plaignait que le ministère français ait toujours eu la manie d'y faire des établissements, et n'ait jamais considéré cette île que sous le rapport de la conquête. Il s'élevait avec force contre M. de Sartines, assez faible pour prêter l'oreille à ce Beniowski, aventurier hongrois, qui avait eu la témérité de venir de la Sibérie, par mer, à Madagascar, et qui voulait de nouveau conquérir cette île. En effet, le ministre de la marine lui donna un vaisseau, des hommes, de l'argent : l'entreprise échoua ; les hommes et l'argent furent perdus ; les Madécasses se brouillèrent avec les Français, l'approvisionnement des îles de France et de Bourbon devint plus difficile que jamais. M. Poivre avait prédit tout cela; mais que peut à la cour le bon sens d'un homme qui ne se vend point, contre les instances des aventuriers qui promettent des monts d'or, et l'avidité des ministres et des commis qui ont l'imbécillité de les croire? Ah! pourquoi le ciel n'a-t-il pas conservé cet homme instruit et bienfaisant, pour éclairer notre révolution? Ses idées eussent été utiles dans le conseil exécutif, si cependant il n'eût pas été victime de sa fidélité aux principes?

Mentelle, qui connaît toute mon admiration pour ce sage, que la France, que l'Europe entière doit révérer, m'a communiqué des notes sur sa vie qui sont pleines d'intérêt [1]. J'en ai fait l'extrait suivant, pour mes enfants et ma Félicité.

M. Poivre était né à Lyon, au mois d'août 1719, d'une famille commerçante. Il montra, dès son enfance, un esprit doux et facile, les plus grandes dispositions pour les lettres et pour les arts, un caractère bienfaisant, qui lui faisait désirer d'être utile à ceux qu'il connaissait, et à ceux qu'il ne connaissait pas.

Ses études furent brillantes; il les avait finies dans un âge encore très-tendre, et commençait un cours de théologie à la communauté des Missionnaires de Saint-Joseph, à Lyon, dont le supérieur était ami de sa famille, lorsque les jésuites, qui ne négligeaient rien, firent attention aux succès d'un élève qu'ils ne formaient pas, et qui croissait dans une maison avec laquelle ils avaient un point de rivalité. Ils cherchèrent à persuader au jeune Poivre de préférer leurs professeurs et leur compagnie.

Ils représentèrent en même temps à M. de Rochebonne, alors archevêque de Lyon, le danger de laisser imprégner un enfant heureusement né, de principes qui n'étaient pas les siens. Cette seconde démarche détruisit l'effet de la pre-

---

[1] Ces notes étaient de M. Dupont de Nemours, qui a épousé la veuve de M. Poivre, femme digne par ses vertus d'avoir été unie à ces deux hommes vertueux. (*Note de Mentelle.*)

mière, et peut-être, sans elle, M. Poivre eût-il été jésuite ; mais il vit, avec le sentiment naturel de résistance que toute apparence de contrainte inspire aux caractères nobles, que l'on songeait à porter atteinte à sa liberté dans le choix de ses maîtres, et il pria ses parents de le faire passer à Paris dans la congrégation des missions étrangères ; il y vint, il y finit son éducation, il s'y distingua.

Les supérieurs des missions étrangères se hâtèrent de l'affilier à leur corps, et de l'associer à leurs travaux. Ils l'envoyèrent en Chine, et lui prescrivirent de passer ensuite à la Cochinchine, quoiqu'il ne fût pas encore engagé dans les ordres sacrés.

Dans une relâche qu'il fit avant d'arriver à Kanton, il reçut d'une main trompée ou perfide une lettre en chinois, qu'on lui dit être de recommandation, et dans laquelle, au contraire, un Chinois qui avait été offensé par un Européen dénonçait cet Européen, qu'il croyait devoir être le porteur de sa lettre, comme un coupable dont la nation chinoise avait à se plaindre et qui méritait la mort.

Le jeune homme, rempli de confiance, se hâta de présenter la lettre au premier mandarin dont il put approcher, et fut mis en prison. Les prisons sont très-douces à la Chine, il y apprit la langue. Le vice-roi de Kanton, intéressé par sa contenance noble, douce, patiente, grave, presque asiatique, touché de son ingénuité, indigné d'une si odieuse trahison, devint son protecteur, et lui procura toutes les facilités qu'on refuse ordinairement aux Européens pour voir l'intérieur du pays.

Il y avait séjourné à peu près deux ans, lorsque se présenta l'occasion qu'il attendait pour aller à la Cochinchine avec les missionnaires qu'il accompagnait. Il s'y rendit et y passa deux autres années. Le vice-roi de Kanton avait approuvé et facilité ce voyage ; et, à son retour, M. Poivre retrouva au même degré toutes les bontés de ce grand mandarin, qu'il suivit dans plusieurs tournées, et dont il ne s'écarta presque plus pendant un an.

En 1745, M. Poivre revenait en France pour revoir

famille, rendre irrévocables ses liens religieux, et retourner ensuite au bout du monde, où l'appelait son zèle. Le vaisseau qui le portait fut attaqué dans le détroit de Banca par un Anglais supérieur en force, et combattit. Il y a dans les âmes très-élevées, même avec le caractère le plus doux, une répugnance naturelle à fuir le danger : pendant tout le combat, M. Poivre se porta sur la galerie, sur le gaillard, sur le tillac, partout où il se crut le plus utile, aidant à la manœuvre, exhortant les soldats et les matelots, et surtout secourant les blessés : un boulet de canon lui emporta le poignet.

Pour donner une idée de la sérénité de son âme, nous dirons que le premier mot qu'il prononça en se voyant un bras de moins, fut : *Je ne pourrai plus peindre.* Cet amusement était alors pour lui une espèce de passion.

Peu de moments après sa blessure, le vaisseau fut pris, et M. Poivre, jeté à fond de cale, resta vingt-quatre heures sans être pansé ; la gangrène s'était établie, il fallut faire l'amputation beaucoup plus haut. L'opération se fit à bord des Anglais et par leur chirurgien. Avant que l'appareil fût posé, le feu prit au bâtiment. Tout le monde y courut, et le chirurgien comme les autres ; M. Poivre, abandonné, perdit une grande quantité de sang, et bientôt la connaissance : peut-être fut-ce un bien, cette énorme saignée ayant prévenu et affaibli la fièvre inflammatoire, dont le danger est extrême sous le climat brûlant de l'Inde.

La vie est une si singulière énigme, qu'on ne peut jamais savoir si les événements qu'elle présente sont avantageux ou funestes. L'accident grave que venait d'essuyer M. Poivre fut la source de presque tout le bonheur qu'il a éprouvé. Quelle qu'eût été sa carrière, il y eût certainement déployé beaucoup de zèle, de talents et de vertus ; et les missions étrangères, auxquelles il s'était consacré, présentent sans doute de grands objets d'utilité religieuse et même civile. Mais s'il fût resté missionnaire, comme il n'y aurait pas manqué sans sa blessure, il n'aurait pas été administrateur ; il n'aurait pas donné d'importantes instructions et de touchants exemples à ceux qui le seront après lui ; il n'aurait pas goûté toutes les douceurs de la vie domestique et patriarcale; il n'aurait pas épousé une femme du mérite le plus rare, et laissé trois filles d'une intéressante espérance. Ainsi la Providence a compensé avec usure pour lui et pour nous la perte de son bras.

L'auteur des notes ajoute que dans le combat M. Poivre fit une autre perte qui n'a point été réparée, ce fut celle du journal de tout ce qu'il avait remarqué à la Chine, à la Cochinchine, à Macao, auquel était joint un grand nombre de dessins précieux. Il espère que ces manuscrits seront tombés dans les mains de quelque Anglais éclairé, et qui se fera un devoir de les rendre un jour à la famille de M. Poivre. Je ne sais si ses vœux seront jamais remplis.

Voici un dernier trait à recueillir. En 1749, M. Poivre avait été envoyé en qualité de ministre de France à la Cochinchine. Le roi de ce pays, surpris de trouver un jeune Européen avec lequel il pouvait converser sans interprète, prit pour lui la plus grande affection, et le combla de ses présents. M. Poivre, de retour à l'Ile-de-France, déposa dans les magasins de la Compagnie des Indes les présents et tout ce qu'il avait rapporté, et même tout ce qu'il ne rapportait pas; car il écrivait à cette compagnie : « Je vous ai remplacé différentes choses de mon argent, parce que je m'étais laissé voler par ma faute, et il n'est pas juste que vous supportiez cette perte. » On peut demander aux compagnies anglaise, hollandaise et française, combien elles ont eu de pareils agents, soit dans cette ville, soit à la Cochinchine. M. Poivre, ne se bornant pas à l'objet de sa mission, recueillit avec soin les plantes les plus utiles, pour les introduire et les naturaliser à l'Ile-de-France. Il y avait apporté le riz sec, le cannellier, plusieurs arbres de teinture, de résine et de vernis, plusieurs arbres fruitiers et le poivrier qui porte son nom. Il était le bienfaiteur de cette île seize ans avant de se douter qu'il en serait un jour l'administrateur.

CHAPITRE XXXV.

Le lieutenant de police de Lyon. — L'ami de Turgot. — L'avocat et l'homme de lettres. — Hommage rendu au mérite de Prost de Royer par Voltaire, Campomanès et Romtzaw. — Maurepas et Vergennes lui adressent Joseph II. — Entretiens de l'Empereur et du jurisconsulte. — Les coudes sur la table. — Joseph II et les Hongrois. — Bathiani et l'éducation. — La nation charmante. — L'amitié pour le roi de Prusse. — Les Turcs. — Les spectacles et les prêtres. — Discrétion de Prost de Royer sur ces entretiens. — Il craint d'indisposer Voltaire que Joseph II avait évité. — Les panckouckistes. — Bruys. — M. Dusoleil. — Le gentil Lacretelle. — Portalis. — Gilibert et le roi de Pologne. — Le pamphlet du comte de Fortia et de Charles Pougens.

Lyon renfermait dans ses murs un homme de lettres qui avait entrepris une vaste collection de jurisprudence, où pour la première fois on parlait le langage de la philosophie : c'était Prost de Royer. Comme lieutenant de police de cette ville immense, il y avait rendu des services, en y mettant en pratique les grands principes de Turgot sur l'économie dont il était l'admirateur : bien convaincu que le commerce illimité des grains était le seul préservatif contre la famine, il avait contribué à la destruction de ces greniers publics qui ne servaient qu'à enrichir des spéculateurs aux dépens du public. Trop insouciant sur ses intérêts privés, trop généreux, Prost de Royer avait vu écouler une fortune assez considérable ; et obligé de se défaire de sa charge, il avait été réduit à vivre de son cabinet, comme avocat, et comme homme de lettres. Comme légiste, c'était alors le premier, et peut-être le seul homme instruit et éclairé que Lyon possédât. Comme littérateur, il avait bien quelque mérite, puisqu'il s'était acquis l'estime et l'amitié de Voltaire, qui ne dédaigna pas de faire entrer dans un recueil de pièces diverses qu'il publia en 1769, un des opuscules que Prost de Royer lui avait adressés [1].

---

[1] Ce recueil de Voltaire était une compilation en 9 volumes, intitulée : Les

Le mérite de Prost de Royer a peut-être été plus senti à l'étranger que dans sa patrie. Campomanés lui a accordé un juste tribut d'éloges dans le *Corriero litterario*, journal imprimé à Madrid. J'ai lu cet éloge, parce qu'il se trouvait à côté d'un article sur moi-même, qui me flatta; il me prouvait que ma *Théorie*, proscrite en France, s'était glissée jusque dans le pays de l'inquisition. Le comte Romtzaw, ministre de Danemarck, avait fait placer le *Dictionnaire de jurisprudence* dans toutes les bibliothèques publiques. *Habent sua fata libelli*; ce livre, qui n'avait pas deux souscripteurs à Paris, en avait quarante à Versailles. Le ministre d'alors, il faut lui rendre cette justice, avait su apprécier l'auteur. Il lui en donna une preuve lors du voyage de Joseph II en France. Maurepas et Vergennes avaient engagé ce prince à s'entretenir avec le magistrat de Lyon, et il n'oublia point de suivre leur avis. Arrivé à Lyon, il le vit et ne vit que lui. Prost de Royer m'a confié dans le temps, par écrit, les entretiens dont il faisait un grand mystère; et je crois maintenant qu'il n'y aurait pas d'indiscrétion à répéter ce que j'en ai conservé.

Joseph II, qui malgré son *incognito* avait été traité partout en frère de reine et en futur souverain, permit à un simple jurisconsulte d'en agir avec lui sans façon. « Monsieur le comte, lui avait dit Prost de Royer dans leur première entrevue, je connais le protocole des cours; si vous y êtes strictement attaché, je vais attendre que vous m'interrogiez, et ne faire que répondre par monosyllabes. Mais vous avez visité la France; peu de personnes ont été assez heureuses pour vous approcher. Vous cherchiez pourtant des hommes; vous cherchiez la vérité, et vous allez peut-être terminer votre voyage sans l'avoir trouvée. Je suis capable de vous la dire; mais il faudrait me permettre de m'entretenir avec le comte de Falkeinstein, et non avec le fils de Marie-Thérèse; il faudrait me permettre de lui parler à mon aise, de le questionner

---

choses utiles et agréables; l'opuscule de Royer a pour titre : *Lettre à monseigneur l'archevêque de Lyon, dans laquelle on traite du prêt à intérêt à Lyon, appelé dépôt de l'argent* (M.)

même; car sans cela il n'y a pas de conversation possible. — Fort bien, répondit Falkeinstein; nous nous enfermerons ce soir, et nous mettrons les coudes sur la table. » Ce trait n'est-il pas aimable ? ajoutait Royer en le répétant.

Le sujet de leur entretien était la jurisprudence et la législation; mais le jurisconsulte avait le droit de parler de tout, et il profitait de la permission.

Le soir du second jour il fit cette observation : « Vous laissez des regrets parmi nous, et vous le savez bien; mais la nation est persuadée que vous ne l'estimez pas et que vous l'aimez encore moins. » Après un moment d'inquiétude, de silence, Joseph demanda en souriant : « Mais quel peut être le motif de ce préjugé! — Monsieur le comte, on se rappelle, et vous n'avez pu l'oublier, cet instant terrible où Marie-Thérèse, vous tenant entre ses bras et vous présentant aux Hongrois, leur demandait du secours contre la France. — Je vous entends, répliqua le prince en interrompant Royer avec vivacité, mais c'était Louis XV et les gens de son cabinet qui me faisaient la guerre. Tous sont morts aujourd'hui. — Me permettrez-vous encore une objection? — Volontiers. — Vous avez été élevé par le vieux Bathiani; il détestait les Français. — Je vous entends encore, et, monsieur le lieutenant de police, vous êtes bien instruit; mais depuis que nous causons, me connaissez-vous assez peu pour ne pas voir que je voyage pour me dépouiller des préjugés de l'éducation, et pour m'instruire partout? Croyez-vous que je ne prenne pas assez de peine pour réussir? — Me permettrez-vous une dernière objection? — Voyons. — Vous avez parlé des Français à Paris. Vous vous êtes écrié : Nation charmante! Rien de plus. L'éloge est mince dans votre bouche. — J'ai raison de dire que vous êtes instruit. Oui, c'est à Versailles que j'ai prononcé ces mots, je m'en souviens; et j'ai dit vrai. En considérant la cour et la capitale, on voit là une nation charmante, et rien de plus. Mais dans le cabinet des administrateurs, chez les savants, chez *nos amis* (c'était l'expression par laquelle il désignait quelques hommes de la connaissance de Prost de Royer qu'il avait recherchés, des économistes comme Turgot), mais dans

14.

les ateliers des artistes, mais dans les provinces que je viens de parcourir, il n'y a pas de peuple plus intéressant à tous égards; et vous devez déjà savoir tout ce que j'en pense d'après ce que je vous en ai dit. — Je vois, ajouta Prost de Royer, que ce préjugé sur votre antipathie contre les Français ressemble fort à celui que l'on s'est formé sur votre attachement au roi de Prusse. Moi j'ose vous prédire qu'au premier instant où vous pourrez toucher à la Silésie... » Joseph sourit et ne répondit pas.

Mais l'intrépide questionneur ne devait pas le laisser si vite en repos. « On vous croit amoureux des conquêtes, lui dit-il, et ne cherchant la gloire qu'au sein de la guerre; il en est une digne de votre grande âme : c'est de renvoyer sur l'Euphrate ces Turcs affreux, ignorants et qui occupent insolemment le trône des Césars. Ce serait bien mériter de l'Europe et de l'humanité. — Vous ne le croyez sans doute pas, reprit Joseph d'un ton plus sérieux; je n'envie que la gloire des administrateurs. — Mais si, comme vous m'avez fait l'honneur de me le dire, vous approuvez les principes d'administration du grand-duc votre frère que vous chérissez si tendrement, comment ne les avez-vous point encore fait adopter à l'Autriche? — Oh! je n'y puis rien, je ne suis que le premier conseiller de Sa Majesté ». Et alors Joseph ajouta des éclaircissements étendus sur la législation, la jurisprudence de son pays, et sur la manière dont l'administration y était dirigée.

Je voudrais pouvoir me rappeler plusieurs autres traits de ces entretiens, relatifs aux spectacles considérés dans leurs rapports avec les mœurs du peuple, et surtout quelques opinions sur les prêtres, qui faisaient connaître quelle devait être la conduite de l'empereur; mais pour ceci, Prost de Royer était fort discret, et il n'en aurait pas confié une ligne au papier; il craignait autant de se compromettre en paraissant indiscret qu'en se faisant l'écho d'un philosophe, et Joseph avait eu la prétention de le paraître. Le silence, je crois, lui avait été recommandé par Maurepas, ministre de cour et à petites vues, et Prost de Royer n'osa longtemps en parler que tout bas ; il me dit aussi qu'une des raisons de sa réserve, c'est qu'il avait craint dans le temps d'indisposer Voltaire contre lui. Voltaire avait paru piqué au premier mot qu'il lui en avait dit. Joseph II était passé devant le château de Ferney sans daigner y descendre. Le philosophe en avait été vivement affecté, et son dépit eût été plus grand s'il eût su que le voyageur s'était arrêté plusieurs jours à Lyon pour causer avec un légiste. Ce dépit n'avait rien de philosophique, et le chagrin de Voltaire en cette occasion, comme celui de Racine désespéré d'un coup d'œil de Louis XIV, montre que les plus grands génies ont parfois de bien petites faiblesses. Prost de Royer, qui avait été à Ferney quinze jours après le passage du comte Falkeinstein, m'assura que Voltaire ne paraissait pas encore parfaitement consolé.

Prost de Royer, qui admirait Voltaire, qui était lié avec Turgot et tous les économistes, avait une grande haine contre les rédacteurs de l'*Encyclopédie,* qu'il appelait les *panckouckistes.* Je me souviens que ses amis Bruys, avocat estimable, et Baron Dusoleil, ancien procureur général de la cour des monnaies, qu'il m'adressa à Londres, y firent publier, par le moyen de Linguet dont ils servaient en cela l'animosité, une copie des plagiats des encyclopédistes, d'où il résultait clairement qu'ils lui avaient volé tout son premier volume. Prost de Royer espérait au moins qu'ils parleraient de son ouvrage ; mais, avec de grands compliments et de petits prétextes d'occupation, le gentil Lacretelle le promena de mois en mois, et ne le fit point annoncer.

Prost de Royer n'était pas le seul auteur de son *Dictionnaire de jurisprudence* ; il s'était donné d'utiles collaborateurs. Portalis, alors le jurisconsulte le plus renommé en Provence, lui avait fourni l'article *Aix.* Espaque, avocat de Montpellier, avait fourni celui d'*Agrier* ou de *Tasque,* mot barbare du droit féodal ; et Gilibert, professeur d'histoire à l'université de Vilna, s'était chargé de la partie médico-légale. C'était un médecin habile qui avait sauvé du poison le roi de Pologne, et avait reçu une médaille d'or et une distinction beaucoup plus flatteuse. Un jour le prince conduisit Gilibert dans la galerie de Varsovie, et lui montra son buste en bronze qu'il venait de faire placer parmi ceux des grands hommes de son pays.

La colère de Prost de Royer contre les panckouckistes me rappelle aussi un petit pamphlet politique écrit par le comte Fortia et Charles Pougens, et qu'il s'amusa à me copier tout entier de sa main pour me l'envoyer à Londres. C'est à Prost de Royer que je dois la connaissance de Charles Pougens, aussi intéressant par le malheur qui lui a fait perdre la vue à l'âge de vingt-quatre ans, que par la science et l'érudition qu'il avait déjà, et qu'il a encore étendues. Charles Pougens n'est pas moins distingué par ses lumières que par son patriotisme.

Je n'ai jamais pardonné à Prost de Royer cette insouciance qui l'avait jeté dans la dissipation, dans le besoin, et qui l'avait séparé d'une femme spirituelle que, peut-être, avec plus d'ordre dans son intérieur, il eût retenue près de lui. J'ai vu cette dame à Paris où elle vivait retirée dans la société de sa tante, madame de Saint-Germain. Royer est mort dans la misère, il a été peu regretté; et il méritait de l'être par la bonté de son caractère, et par son amour pour le bien public Ses qualités n'étaient obscurcies que par une prodigieuse vanité qui le ramenait toujours a lui-même.

CHAPITRE XXXVI.

Le ministre Frossard. — Les *Mémoires* de Blair. — Le prêche des protestants. — La cène. — La comédie. — La sœur Nancy. — Les Brotteaux. — Les banqueroutes à Lyon. — Les portraits des échevins. — M. Desforges. — L'exercice de collége. — Les jésuites à Lyon. — Mes frères, il n'y a point de Portugal. — Le jésuite et la jeune fille. — C'était un eunuque. — La Bibliothèque. — L'Oratoire. — Le père Roubier. — La morale de Sénèque. — La guerre contre Genève. — M. Francis d'Ivernois. — Son patriotisme de ce temps-là — Ses écrits. — Il imprime les œuvres de Rousseau.

Blot me procura la connaissance d'un autre habitant de Lyon très-estimable, le ministre Frossard. Frossard a publié depuis deux ouvrages : l'un est une traduction des excellents *Mémoires* de Blair, l'autre est un traité sur la *nécessité d'abolir la traite et l'esclavage des noirs*, qui n'a pas peu contribué à dissiper les préjugés répandus par la cupidité sur ce sujet important. Frossard, jeune encore, dévoué à sa profession et à l'éducation des jeunes gens, s'était attiré l'estime de tous les protestants, très-nombreux dans cette ville. Un jour il me conduisit au prêche, à une lieue de la ville ; j'entendis son discours ; je fus édifié de la bonne morale qu'il professait, et du recueillement de tous les auditeurs. Il contrastait dans mon imagination avec le spectacle qu'offrent la plupart de nos églises catholiques, où l'on ne voit sur presque toutes les figures que l'air de l'ennui, de la légèreté, ou de la frivolité qui s'occupe plus des personnes que du culte. On fit la cène : c'est bien là le repas et le signe de l'égalité ; j'admirai une jolie demoiselle élégamment mise, qui buvait dans la coupe immédiatement après une vieille assez dégoûtante.

Une autre fois, Frossard me conduisit à un spectacle différent ; c'était à la comédie : on donnait *le Sylvain*. Frossard était soucieux et gai tout ensemble ; il connaissait les liens qui m'unissaient à Félicité, il avait entendu faire son éloge par madame Blot, et je lui avais montré son portrait. Le jeune pasteur semblait vivement s'intéresser à elle, et surtout à sa sœur Nancy, sur laquelle il m'avait beaucoup questionné. Déjà il m'avait fait confidence de ses affaires, de l'état de son cœur et de ses projets. Il aimait surtout les Anglaises, et il me parla de plusieurs auxquelles on avait voulu le marier; mais leur amour du luxe l'avait épouvanté. Il désirait une jeune personne aimable et sensée, douée de quelques talents et d'un esprit cultivé, élevée surtout dans des principes de vertu et d'honnêteté. Enfin il semblait à chaque mot vouloir me désigner Nancy. Nous n'en parlions pourtant qu'en plaisantant à demi; mais à l'envie qu'il me témoignait de la connaître, aux prières qu'il me faisait d'entrer en correspondance avec moi, je compris facilement que le portrait de Félicité qu'il avait vu, et tout ce qu'on lui avait dit de la bonté de son âme et du charme de son esprit, l'avaient complétement séduit, et qu'il eût vivement désiré pouvoir devenir l'époux d'une sœur qui lui ressemblait, et qui était digne de faire le bonheur d'un honnête homme comme lui. Les circonstances n'ont point permis que nous donnassions de suite aux projets que nous avions peut-être secrètement conçus chacun de notre côté.

C'est aux vertus et à la grande industrie des protestants, que Lyon doit une partie de ses capitaux et de sa grande industrie.

J'eus une idée de cette prospérité et de la nombreuse population de Lyon, de la gaîté qui l'animait, en me promenant un dimanche aux *Brotteaux*; l'aisance est à côté de la richesse, et l'on n'y entrevoyait pas la misère.

On m'a assuré qu'à Lyon il n'y avait pas quatre familles qui ne fussent pas tachées par quelques banqueroutes. De là vient qu'on les fait avec tant de facilité. L'opinion publique n'a plus de nerf contre la mauvaise foi.

On a vu des banqueroutiers emprunter à leurs meilleurs amis, à leur père, la veille de leur désastre, puis les coucher sur leur bilan. Aussi les banqueroutes sont-elles regardées à Lyon comme un moyen sûr de faire fortune.

Dans l'Hôtel-de-Ville, on expose les portraits de tous les

échevins, mais quand ils font banqueroute on les retourne, et il y en a un grand nombre de retournés.

L'esprit de commerce est si prononcé dans cette ville, que M. Poivre, recommandé par le ministre, par le roi même, pour être prévôt des marchands, ne put être nommé parce qu'il n'était pas négociant; et c'est cet homme qui est adoré aux Indes, qui devrait être béni en France par la transplantation des arbres à épice dont les fruits l'enrichissent.

La promenade délicieuse des Brotteaux offre plusieurs maisons agréables où l'on va se rafraîchir. J'y dînai un jour avec le musicien Desforges qui, me sachant à Lyon, était venu me relancer chez Blot. Il me parla de mes projets, de son violent désir d'y concourir : il avait, à l'entendre, des millions dont il pouvait disposer pour quelque entreprise lucrative. J'écoutais tranquillement; pas un mot de réponse de ma part. Blot conçut de cette affectation la même défiance que moi; et pourtant j'ai pu m'y laisser tromper.

Si l'homme me paraissait bien insinuant, le musicien ne me semblait pas moins étrange; il était fort singulier de le voir se mettre en chemise et retrousser ses manches pour étudier certaines pièces qui, apparemment, ne se jouent qu'à tour de bras; je n'étais pas grand connaisseur, je vis seulement que sa manière est ce que certains amateurs appelaient le genre de l'expression; c'est à peu près ce que nous appellerions de l'afféterie. Le possesseur d'un petit talent caresse doucement son clavier, et relève de temps en temps la main, qu'il repose ensuite avec grâce; de moments en moments, il soulève ses épaules, balance doucement son corps, et tourne quelquefois les yeux avec un air de tendresse qui va jusqu'à faire craindre pour lui la pâmoison. Voilà le genre de l'expression, l'*ardente*, l'*amoroso delicioso*, comme disait M. Desforges.

J'assistai avec Frossard à un exercice public de collège, et je vis combien, là comme ailleurs, on prenait de peine pour tourmenter des enfants et en faire des ignorants. Pendant que les petits perroquets répétaient leur leçon, on me conta sur les jésuites deux traits qui prouvent combien les bons pères connaissaient le peuple et se jouaient de lui avec impudence.

Un jésuite enseignant les fidèles à Lyon dans le temps de l'assassinat du roi de Portugal, disait à ses auditeurs : « Voyez l'audace de nos ennemis, mes frères ! On nous accuse d'avoir assassiné le roi de Portugal ; eh bien ! il n'y a point de Portugal. »

Un jeune père avait fait un enfant à une fille, qui vint se plaindre au recteur, et qui jetait les hauts cris. Le recteur l'écoute, cherche à la calmer, et lui promet qu'il va s'assurer du séducteur, vérifier l'accusation, et que s'il parvient à s'en convaincre, elle obtiendra tous les dédommagements qu'elle pourra désirer. Le recteur assemble aussitôt les anciens de la congrégation ; on délibère, on prend un parti ; le jeune père est appelé, on le réprimande, puis on se jette sur lui ; on le lie et l'on en fait à l'instant un Abailard. Quand il est guéri, le recteur envoie chercher celle qui était venue lui demander vengeance, il l'injurie, la traite de menteuse, de calomniatrice, et offre de prouver à tous ceux qu'elle oserait tromper, que le jésuite qu'elle accuse d'être son ravisseur était un eunuque.

Parmi les monuments que je visitai pendant mon séjour à Lyon, j'en dois distinguer deux, les hôpitaux et la bibliothèque de l'Oratoire. L'humanité paraissait enfin avoir été plus écoutée à Lyon qu'à Paris ; elle avait présidé à la distribution des malades.

La bibliothèque avait jadis appartenu aux jésuites ; elle était occupée, ainsi que leurs vastes bâtiments, par les oratoriens qui leur succédèrent dans l'enseignement de la jeunesse. Rien de plus magnifique que la perspective de cette bibliothèque, dont la vue dominait sur le Rhône et sur les campagnes qui sont au delà. Le soin en était confié à un philosophe avec lequel j'étais en correspondance ; c'était le père Roubier, ami de Blot.

Il gémissait des préjugés de son ordre et des chaînes qu'il portait. Un tendre attachement le liait à une femme respectable, mais sa religion lui défendait d'être amant, d'être mari, d'être père. Je lui conseillai de rompre tous ses liens, mais il n'était pas riche, et craignait de ne pouvoir honorablement subsister. Mon oratorien n'avait pas encore la pratique de la morale de Sénèque. Qui se restreint aux besoins de la nature a besoin de si peu!

On ne parlait alors à Lyon que de la révolution qui s'était opérée dernièrement à Genève. La communication intime établie entre ces deux villes avait créé à Lyon deux partis, comme à Genève. Le bruit se répandait que les armées combinées de France, de Berne et de Savoie allaient enfin assiéger cette ville; je résolus d'y aller avant que le siége fût commencé. J'étais avide de connaître ces républicains qui avaient l'audace de résister à trois puissances; j'étais invité d'ailleurs à ce voyage par le jeune d'Ivernois, qui figurait dans le parti des représentants [1].

D'Ivernois m'avait adressé quelques-uns de ses écrits sur les divisions qui déchiraient sa patrie. Tous ses efforts tendaient à maintenir sa constitution primitive, et à réformer les abus qui s'étaient glissés dans l'administration de la justice criminelle. On voit quels rapports avaient dû s'établir entre nous à ce sujet; d'Ivernois se regardait comme un des premiers qui eussent essayé de fixer les regards des Genévois sur cet objet si intéressant au bonheur des peuples; et s'il avait eu quelques succès, il en faisait honneur, me disait-il, à ma *Théorie des lois*, qui lui avait ouvert les yeux à cet égard, et lui avait fait entreprendre la seconde partie de son écrit intitulé *Offrande à la liberté*. D'Ivernois, regrettant que je me fusse adressé à Neufchâtel pour l'impression de mes ouvrages, m'offrait tous ses services pour l'avenir. Il avait une belle imprimerie, et était éditeur des Œuvres de Rousseau. Il pensait que je trouverais moins de gêne et plus d'économie chez lui qu'à Neufchâtel. Mais je ne pouvais profiter de

---

[1] M. d'Ivernois, après avoir figuré dans les troubles qui agitaient Genève fut forcé d'abandonner cette ville à l'époque dont parle Brissot. Il y rentra en 1789, et sembla ensuite répudier le parti républicain après qu'il eut aidé à son triomphe. Il passa en Angleterre, d'où il lança vingt pamphlets contre la France. Au retour des Bourbons, l'ex-républicain, devenu le chevalier d'Ivernois, fut un moment accrédité en qualité de ministre de Genève près la cour de Londres. Il s'est de

ses services à cet égard, et ces motifs n'étaient que secondaires dans le désir que j'avais de voir Genève.

puis retiré dans sa patrie, où il a publié de nouveaux ouvrages en faveur de l'Angleterre. (M.)

CHAPITRE XXXVII.

Départ de Lyon. — Les fourgons de l'armée de Jaucourt. — Le Philadelphien à Genève. — État de cette ville. — Les négatifs. — Les représentants. — Portraits des Genévois républicains. — D'Ivernois. — Hommage aux Genévoises de 1782. — Elles ont bien changé. — Clavière. — Durovray. — Grenus. — La montre des grenadiers de Jaucourt. — Fuite sur le lac. — La famille de Clavière. — Les lettres de Calvin. — Le pouce embaumé de Richelieu. — Sennebier. — Deluc. — Saussure. — Le pasteur Vernes. — Souvenir d'une promenade de Rousseau sur le lac de Genève. — Tronchin et Voltaire. — Effroi du philosophe à l'aspect de la mort. — Rousseau laçant le corset de mademoiselle Levasseur. — Mallet-Dupan. — Ses critiques lourdes et méchantes. — Sa lettre à Linguet contre Voltaire. — Il déchire Brissot après son départ de Genève.

Quittant donc et mon ami et sa respectable épouse, et sa petite Henriette qui promettait déjà de devenir spirituelle et bonne comme sa mère, je partis pour Genève par la dernière diligence qui devait y transporter les voyageurs. Avant d'arriver, mes regards furent affligés dans le pays de Gex de la vue de voitures et d'équipages, sur lesquels je lisais ces mots en gros caractères : *Armée de Jaucourt*; c'était une guerre impie que mon pays faisait à Genève, puisqu'elle était dirigée contre le parti populaire en faveur de l'aristocratie, et j'en avais l'âme navrée. En entrant dans cette malheureuse ville, je voyais l'inquiétude et les soucis gravés sur toutes les figures; il me semblait qu'on ne regardait en moi qu'un ennemi, puisque j'étais Français. Si j'eusse pu élever la voix, je leur aurais dit : C'est un ami qui vient vous voir, vous consoler, qui vient gémir avec vous de l'atroce conduite du ministère français; malheureusement il est seul, et il est faible.

Je n'entrerai point ici dans le détail des causes de cette guerre civile qui s'alluma dans Genève, et de sa terrible issue; je les ai développées dans mon ouvrage intitulé *le Philadelphien à Genève* ouvrage qui parut en 1783. Il me suffit de dire que Genève était divisée en deux partis. L'un, composé de la haute bourgeoisie, voulait tout conduire à l'aristocratie, on l'appelait le parti des *négatifs*; l'autre, nommé le parti des *représentants,* soutenait les droits du peuple. Ayant eu le dessus dans la dernière prise d'armes, ce parti avait cassé ses magistrats; onze d'entre eux étaient renfermés dans l'auberge des Balances. Pour les remplacer provisoirement, le peuple avait créé une commission de sûreté générale, composée de onze membres de son choix. Ils réunissaient tous les pouvoirs administratifs, et depuis quatre-vingts jours ils les exerçaient à la satisfaction de tous les habitants. Nulle ville n'offrait plus de tranquillité que Genève, malgré l'appareil militaire développé sur ses remparts, malgré les hostilités dont on la menaçait de toutes parts; la sûreté individuelle y était respectée partout, et pas un meurtre, pas une rixe ne s'y commit dans le long intervalle de cette dictature populaire.

A peine d'Ivernois eut-il appris mon arrivée qu'il vola à mon auberge; je crus voir en lui un Français, il en avait la vivacité, la loquacité et l'air avantageux; mais d'ailleurs son air franc et ouvert, ses manières agréables et prévenantes, et l'esprit qu'il déployait dans la conversation, effacèrent insensiblement l'effet de ses défauts. Il me présenta aux chefs du parti populaire, Clavière, Durovray, Vieusseux, Grenus et Dentand. Celui-ci, magistrat respecté par ses ennemis mêmes, a mis depuis sa retraite à profit; il a publié deux bons ouvrages sur la réforme des lois criminelles. Je les vis tous réunis dans une société où se trouvaient plusieurs Genévoises qui se mêlaient à la conversation politique. J'apportais mes préjugés de France : la politique y paraissait une science lourde, ennuyeuse, indigne d'occuper une jolie femme. Plaire, amuser, était le grand art que les femmes devaient apprendre toute leur vie; et si la philosophie, dont je faisais profession, les obligeait à d'autres études, c'était à celle des vertus qui pouvaient rendre la société d'une épouse, d'une mère, utile et agréable à son époux et à ses enfants; en un mot, une femme livrée à la politique me paraissait un monstre, ou tout au moins une précieuse ridicule d'un nouveau genre.

Il n'est pas douteux que si j'eusse voulu réfléchir sur mes opinions, je n'eusse bientôt découvert leur absurdité, et que j'eusse tourné le ridicule contre moi-même au lieu de l'exercer sur les femmes politiques; mais dans la plupart des circonstances extérieures de ma vie, entraîné par le tourbillon, j'ai plutôt été esclave des préjugés publics que l'apôtre de la vérité; j'avais une bonne dose d'ailleurs de ces airs avantageux que je reprochais à d'Ivernois, de ce ton tranchant et leste dont on accuse si justement mes compatriotes; et quand je me rappelle ma conduite à Genève et dans toute la Suisse, je crois que mes bons amis genévois durent me trouver *bien français*. Dans le cercle où j'étais, on parlait politique, et uniquement politique; je crus faire une excellente plaisanterie aux Genévoises en leur parlant à mon tour des découvertes en physique, en chimie, qui occupaient alors tous les esprits à Paris. Je croyais les payer dans la même monnaie de pédantisme, et je ne faisais qu'une sottise.

Hommage aux Genévoises de 1782! Nul pays (car alors je n'avais jamais vu les États-Unis) ne m'offrit de figures plus séduisantes. Je n'ai jamais fait cas de la beauté, des grâces, si la douceur et la modestie ne les accompagnaient pas; je trouvai tous ces dons heureusement réunis dans les Genévoises. Mais on m'assure que depuis elles sont bien changées, elles sont devenues françaises. Je reconnaissais le pays de cette adorable Julie; et je me disais souvent que c'était là que ma Félicité, dont la tournure me paraissait plus génevoise que française, aurait dû naître; que c'était là que j'aurais voulu vivre avec elle dans la solitude.

Plus je me liais avec les Genévois, et plus je m'attachais à eux; mais celui qui me séduisit surtout, celui que je commençai dès lors à regarder comme mon ami, comme mon mentor, fut Clavière. Sa conversation me paraissait plus solide, plus spirituelle, plus agréable que celle de tous les autres; ses idées comme ses manières appartenaient davantage aux cosmopolites, aux philosophes. Il n'était point avantageux, point présomptueux comme la plupart de ses compatriotes; il doutait de lui-même, se défiait des faits et des hommes, en même temps qu'il était constamment occupé à leur faire du bien. Durovray était peut-être plus instruit, plus méthodique, mais plus opiniâtre et plus tranchant; on comparait Grenus aux premiers Romains, et il cherchait à leur ressembler; je me souviens d'un mot qu'il me dit et qui le peindra. J'observais les canons qui étaient sur le rempart : On nous assure, me dit-il, que Jaucourt a promis une montre à chacun de ses grenadiers s'ils prenaient Genève; voilà, me dit-il en me montrant les canons, voilà qui va briser les montres des grenadiers. Je crois que Grenus parlait de bonne foi, et que bien des Genévois étaient déterminés comme lui à s'ensevelir sous les ruines de la place plutôt que de se rendre.

Rien n'était plus touchant que le spectacle de leurs exercices, de leurs travaux; c'était la rage dans l'âme qu'ils parlaient des puissances coalisées et de leurs projets homicides : on semblait être à Sagunte. On eut besoin un jour d'un grand nombre de mains pour quelques fortifications, les paysans des campagnes se présentèrent avec leurs pioches, travaillèrent avec adresse; on voulut les payer, ils refusèrent en disant qu'ils partageaient les opinions des Genévois, et que les services qu'ils rendaient les payaient suffisamment.

En considérant ces braves gens prédestinés à la mort ou à la servitude, j'avais la larme à l'œil; je ne pouvais contenir mon indignation, et j'eus à peine passé 48 heures dans Genève, que j'enfantai une adresse à ses intrépides habitants, pour les encourager à une vigoureuse défense. J'étais persuadé que les puissances n'auraient pas la lâcheté d'attaquer de vive force; leur appareil ne me paraissait qu'une feinte pour amener une capitulation plus avantageuse. Je remis ma brochure à d'Ivernois, mais au moment où elle allait être publiée arriva la catastrophe qui prépara la reddition de Genève.

Cette catastrophe fut précédée de la résolution que prirent les *représentants* d'envoyer dans la Suisse leurs femmes et leurs enfants, afin de ne pas les exposer aux horreurs d'un siége. Le lac leur offrait une grande facilité pour cette émigration. Rien de plus attendrissant que ces séparations de tant de familles, il semblait que ces infortunés se vissent pour la dernière fois. Je soupai avant leur départ avec l'épouse et la fille de l'estimable Clavière. Son épouse avait naturellement cette délicatesse de sentiment, cette finesse d'esprit que Marivaux et Crébillon le fils avaient mises à la mode dans Paris; et sa fille, à cette douce physionomie, à ces grâces séduisantes des Genévoises, joignait une solidité de jugement peu ordinaire à son âge. Elle aimait avec toute la bonne foi du monde son mari et elle osait l'avouer, ce qui paraissait un peu provincial; mais je m'expliquai bien toute sa tendresse en voyant ce digne jeune homme, c'était la bonté personnifiée.

Les travaux militaires, qui absorbaient les esprits, ne m'empêchaient pas de donner quelque attention aux sciences et aux monuments. En entrant dans la bibliothèque de Genève, un frémissement involontaire me saisit à l'aspect du portrait de ce Calvin qui a eu tant de part à la révolution du seizième siècle, et qui a préparé celles qui signaleront à jamais le nôtre. On me montra beaucoup de lettres manuscrites de ce grand homme. Je ne sais pourquoi ces restes, qui semblent retracer l'existence physiques des êtres, attirent notre hommage, et font naître dans l'âme une douce mélancolie... Il n'est plus; sa main a tracé ces caractères; sa main s'est promenée sur ce papier. Ainsi la mort frappe ce que l'univers même respecte....... Voilà ce qu'on se dit intérieurement, et en touchant ces restes, on semble voir ces grands hommes et causer avec eux; on rapproche ainsi des siècles éloignés. Telle fut l'impression que me fit un jour le pouce de la main droite du cardinal Richelieu; il était embaumé, bien conservé. Voilà donc, me disais-je, ce doigt qui a signé tant de lettres de cachet, la mort des Marillac, des Cinq-Mars, et tant de traités qui ont fait pâlir l'Europe. Je n'aime pas ce Richelieu; mais il avait du caractère, du génie, et les restes matériels du génie excitent des mouvements involontaires d'admiration dans l'âme.

Sennebier, qui me montrait la bibliothèque, était bien propre à m'en faire connaître toutes les richesses. Je regrettais sa conduite versatile en politique; c'était le caractère des savants genévois; c'était celui de Deluc, à qui l'on doit en physique des expériences et des observations dont on n'a pas senti assez le prix en France. Le séjour de la cour de Londres avait achevé de lui ôter sa démocratie.

On pouvait faire à Saussure, que je n'ai point rencontré (il était alors assiégé dans sa maison), un reproche bien plus grave : il était un des ennemis les plus acharnés de la cause populaire. Les connaissances qu'il avait acquises dans la physique lui avaient déjà attiré l'estime des hommes instruits, et je ne pouvais comprendre comment un homme instruit n'était pas le partisan de la démocratie. Elle n'avait jamais produit d'excès à Genève comme à Athènes, comme dans les petites républiques de la Grèce, où ses atrocités avaient plus d'une fois fait rappeler les tyrans. Quel motif pouvait donc jeter tant d'hommes instruits dans le parti des aristocrates? Peut-être l'orgueil de la science, orgueil ennemi de l'égalité, comme l'orgueil de la noblesse.

Le pasteur Vernes, connu en France par ses querelles avec Rousseau, avait évité cet écueil. Il me parut franchement démocrate, moins franchement néanmoins que le ministre Amspach, qui me représentait un républicain des beaux temps de la Grèce et de Rome. En soupant avec Vernes, je trouvai dans sa conversation une aménité, une urbanité que je n'attendais point près du Mont-Blanc. Il me parla avec respect de Rousseau, avec douleur de leurs querelles ; les accusations qu'il avait élevées contre lui déchiraient son âme, et n'avaient pas diminué l'admiration qu'il avait pour ce grand homme. il me citait avec attendrissement une promenade qu'il fit une fois avec lui au clair de la lune sur les bords du lac. La conversation tomba sur la Providence. Jean-Jacques, qui bégayait, balbutiait dans les sociétés, où il était presque toujours mal à son aise, parce qu'il était hors de son niveau, Jean-Jacques, vivement ému par le silence de la nature, par le spectacle qui frappait ses yeux, parla de la Divinité en inspiré. « Jamais, me disait Vernes, il ne fut aussi éloquent dans ses livres. Rien dans tout ce qu'il a publié n'approche de cet élan de son imagination. » Des larmes roulèrent dans ses yeux, et les miennes lui répondirent.

Ce fait confirme bien ce que Rousseau disait de lui-même; c'est que lorsqu'il était livré à son âme, perdu dans ses rêveries, il avait des idées sublimes; c'est que lorsqu'il était échauffé par un sujet qui l'intéressait, il devenait l'homme le plus éloquent du monde.

Tronchin venait d'apprendre à Voltaire la mort de l'épouse de Vernes, jeune femme douée de mille qualités, qu'il voyait souvent, ainsi que son mari, quoiqu'il en eût été maltraité dans ses *Confidences philosophiques* et dans plusieurs autres ouvrages. Le philosophe fut frappé de cette nouvelle, et ne sortit de ses réflexions que pour s'écrier : « Quoi! mourir si jeune! » Tronchin lui dit : « Vous craignez donc bien la mort, vous vieux et cassé? — Si je la crains! lui répondit Voltaire en lui serrant le bras; mettez-moi sur un échafaud; étendez-moi sur une roue; là, brisé, rompu, prêt à périr, si je pouvais conserver la vie en évitant le coup de grâce, je dirais encore : Épargnez-moi ce coup et laissez-moi la vie[1]. — Voilà donc, s'écria Tronchin, le fruit de vos beaux systèmes : vous tremblez à l'approche de la mort, tandis qu'une femme, qui n'a que sa religion pour la soutenir, est morte avec la plus grande tranquillité. » D'après tout ce que m'a dit Vernes, Voltaire respectait, craignait Tronchin. C'est un trait de ressemblance entre cet écrivain et Louis XI. Ils en avaient plus d'un autre dans le caractère.

Pendant un voyage qu'il fit à Genève, avant celui de 1764, Rousseau était souvent invité dans les premières maisons avec la demoiselle Levasseur; Rousseau ne manquait jamais de l'y conduire. Il disait à Vernes : « Elle m'a sauvé la vie, et j'aurai soin d'elle tant que je vivrai. » Vernes le trouva un jour occupé de la lacer; il parut surpris : Rousseau, sans quitter la besogne, lui dit : « Elle m'aide, et je le lui rends. »

De pareils traits peignent l'âme vertueuse de J.-J. Ils donnent du prix et un sentiment plus vrai à la morale de ses ouvrages. Aussi ne suis-je point étonné que tant de personnes

---

[1] Ces paroles sont les mêmes que celles de Mécène, qui consentait à avoir toutes les infirmités pourvu qu'il vécût. (*Note de Brissot.*)

aient été en pèlerinage visiter son tombeau et l'aient arrosé de leurs larmes. Croira-t-on un jour que ce monument de paix et d'oubli fut souvent couvert de libelles et de vers infâmes! Le traducteur renommé des *Géorgiques* a chanté le jardin d'Ermenonville, et il n'a pas dit un mot de Jean-Jacques, pas déposé une fleur sur sa cendre.

Mallet-Dupan, qui depuis a obtenu dans la révolution une célébrité si méprisable, alors peu connu mais ambitieux de l'être, Mallet-Dupan avait été engagé par Vernes à souper avec nous; soit défiance, soit indifférence, il ne vint pas. Vernes me parla de lui avec estime; son début dans la littérature n'avait annoncé qu'un amplificateur emphatique, et il me citait un discours de réception prononcé par lui à Cassel, qui était un chef-d'œuvre de *pathos*. Quelques leçons de Voltaire l'avaient corrigé de cette manie de rhéteur : cependant le journal qu'il publiait alors, et qui faisait suite aux *Annales* de Linguet, prouvait qu'il n'était pas entièrement guéri, car il était surchargé d'épithètes interminables, de métaphores gigantesques et dignes de Balzac; ce défaut n'était pas racheté, comme dans les écrits de Linguet, par la vivacité d'imagination et des sarcasmes piquants contre les hommes qui dominaient alors, et que le public n'était pas fâché de voir humilier. Les satires de Mallet étaient lourdes et sans goût. La nature le fit méchant et peu plaisant. Ainsi, après la mort de Voltaire, qu'il avait courtisé, et dont il se vantait d'avoir été l'ami pendant six ans, il se mit à égratigner la réputation du philosophe dans une longue lettre adressée à Linguet, qu'il courtisait à son tour pour le déchirer plus tard. C'est par suite de ce caractère envieux et méchant que, quelques semaines après, il m'attaqua dans un de ses numéros, sans aucune provocation. J'aurai occasion de revenir sur cette querelle et sur quelques autres que nous eûmes ensuite.

CHAPITRE XXXVIII.

Pèlerinage à Ferney. — Les Délices. — Le marquis français. — L'église et le château de Ferney. — Le marquis de Villette. — Le frère de Marat. — Source de la haine de Marat contre Clavière. — Départ de Genève. — Bayle et le château de Coppet. — Aubonne et Tavernier. — Lausanne et Servan. — Berne et Frendensich. — Neufchâtel. — Le banneret d'Osterwald. — Le ministre Bertrand. — Mercier. — Le tableau de Paris. — L'Histoire philosophique des Indes de Raynal. — Droz et M. Pope. — Arrivée des proscrits genévois à Neufchâtel. — L'ami de Rousseau. — Bienfaisance de madame Dupeyrou.

Le quartier général des troupes françaises était au château de Ferney : je résolus d'y aller ; c'était un pèlerinage à la demeure d'un grand homme, et je comptais en profiter pour convertir quelques officiers français sur l'impiété de la guerre qu'ils faisaient. Je m'arrêtai aux *Délices*, jolie maison bâtie par Voltaire, et occupée par un marquis auquel j'étais recommandé : je crus être à Paris. Sa femme jouait la précieuse ; et les airs avantageux des officiers qui composaient sa cour, leur jargon ridicule, leur dédain pour les républicains, tout m'imposa la loi du silence. Était-ce à des êtres aussi frivoles de s'ériger en réformateurs du gouvernement de Genève ?

A Ferney, je vis le sanctuaire où était déposé le cœur de Voltaire ; on l'avait tendu de noir, et tout y rappelait l'âme et les sens à ce silence imposant que commande le souvenir du génie. L'église bâtie par ses soins portait ce mot, qui devrait être substitué à tous ceux dont on surcharge les temples où l'on adore l'Éternel : *Deo.* Il me fut impossible de pénétrer plus loin dans le château ; le général Jaucourt en disposait comme un maître ; il appartenait à Villette, dont j'ai déjà parlé ; homme aimable, et devenu sage après des erreurs que la fin de sa vie lui fera sans doute pardonner. Il vient de mourir martyr des frayeurs que lui causait la puissance des anarchistes, qu'il détestait sans oser les heurter. Tant de courage n'appartenait pas à un homme élevé dans la mollesse, et qui s'était plongé dans tous les vices. C'était un grand pas d'en être sorti, d'avoir deviné les vertus qui font fleurir les républiques, de les avoir prêchées. Il faut l'avouer, il en avait un modèle sous les yeux dans l'estimable épouse qui lui avait été donnée par Voltaire.

Je fis ce pèlerinage de Ferney avec un jeune frère de Marat, non moins original que lui. Il avait jeté quelques écrits dans le torrent politique qui agitait alors Genève. Il y était peu connu, et sa famille n'étant pas à l'aise, il prit le parti de passer en Russie et d'y embrasser la partie du *préceptorat*, où l'on peut gagner de l'argent si l'on n'y gagne pas de la considération. L'histoire de ce jeune homme me rappelle un fait qui peut être la cause première de la violente haine que Marat portait à Clavière. Il prétendait que son frère de Russie lui devait de l'argent, il tira sur lui, et pria Clavière de prendre cette traite. Clavière, qui n'avait pas une haute idée de ses ressources, et qui se méfiait de ses manœuvres, refusa ; et depuis ce temps Marat ne m'en parla plus qu'avec un ressentiment que je ne pus apaiser.

Les armées combinées cernaient de plus en plus Genève ; on menaçait chaque jour de tirer. Le général Jaucourt publia une proclamation par laquelle il ordonnait aux Français qui étaient dans la ville d'en sortir, sous peine d'être pendus. Je fus donc obligé de quitter cette malheureuse cité, dont je prévoyais plutôt le déshonneur que la ruine. Je dirigeai ma route vers Berne.

Le château de Coppet, que je vis en passant, me rappela le célèbre *Bayle* qui y avait été précepteur.

On sait qu'un prêtre catholique avait séduit la jeunesse de cet homme que Voltaire a placé au premier rang des dialecticiens et des philosophes sceptiques, et qu'il l'avait fait abjurer. Rendu à lui-même, Bayle était bientôt revenu à sa première croyance et par suite de l'édit qui bannissait à perpétuité ceux qu'on appelait des *relaps*, il s'était retiré à Coppet. Là, celui qui devait un jour instruire l'Europe entière, fut réduit au triste métier de pédagogue.

En passant à Aubonne, je songeai quelques moments à cet infatigable voyageur Tavernier qui n'avait pu y trouver le repos. C'est d'Aubonne que l'on jouit du plus beau point de vue de la Suisse, et peut-être du monde. Tavernier disait qu'il n'en existait de comparable que dans les environs d'Érivan. Que de souvenirs délicieux à l'aspect du beau lac de Genève et des coteaux charmants qui l'avoisinent ! J'aimais, j'étais heureux, et les lettres de Julie et de Saint-Preux dont j'étais pénétré me rappelaient mille situations enivrantes. Je n'aurais pas souhaité d'autre demeure ; les hommes y étaient simples, les champs y étaient solitaires, et la nature y était belle, quoique l'hiver couvrît ces contrées de ses neiges pendant une grande partie de l'année. L'hiver n'a rien qui me repousse : il force les hommes à vivre en famille ; on y est moins assiégé d'importuns ; l'âme est plus livrée à elle-même, il semble que l'intensité du froid lui donne plus de nerf et plus de vie.

A Lausanne je ne vis que Servan. Lausanne, rivale de Genève, triomphait de son malheur ; Lausanne, esclave de Berne, ne voulait pas que Genève secouât le joug de l'aristocratie. Je quittai avec empressement cette ville que sa position appelait à la liberté, que la frivolité des mœurs de ses habitants condamnait à la servitude. Berne me parut un tombeau ; il offrait en effet le silence des catacombes. Les rues en sont régulières, les bâtiments agréables, les environs charmants, mais ce silence des hommes et des choses m'annonçait l'inquisition qui enchaînait les idées ; mon âme ne s'ouvrit que dans une conversation avec Frendensich, membre du sénat ou qui allait le devenir. Ce jeune et respectable Suisse, qui remplissait alors la place de secrétaire de la Société économique de Berne, s'était plus livré à l'étude des sciences qu'à celle du gouvernement de son pays. Il gémissait sur les préjugés, sur les entraves qu'on mettait à la pensée, mais ses livres, et son union avec une jeune et jolie femme qui l'avait rendu père de deux enfants, lui faisaient oublier les maux et les excès du genre humain. Frendensich me parla des nombreux discours envoyés à la Société économique sur la réforme des lois criminelles, pour disputer le prix proposé.

J'étais surpris qu'on différât le jugement ; il me parut que c'était une manœuvre du gouvernement de Berne, qui voyait avec peine que les esprits s'agitassent sur cette question politique, et qui craignait que, l'horizon ne s'éclaircissant, le peuple ne voulût enfin porter aussi la main sur le sceptre. Les progrès de la liberté et de la philosophie obtenaient chaque jour de nouveaux succès dans ce pays. Un de ses habitants, que je ne connaissais pas, M. Lehmann de Detershague, recteur du collége de Bure, a traduit, en 1791, mon *Traité de la Vérité*. Je ne sais si sa traduction a été publiée.

Neufchâtel, où je me rendis après avoir passé deux jours à Berne, a été décrit dans un trop grand nombre de relations pour que je m'y arrête. Je descendis chez le banneret Osterwald qui y avait établi une vaste imprimerie, d'où sortaient presque tous les bons livres politiques et philosophiques dont la France était alors inondée. On les introduisait facilement en contrebande à travers le mont Jura, et Lyon offrait ensuite des facilités pour les distribuer par toute la France. Neufchâtel avait succédé dans cette branche de commerce à la Hollande, et la France payait un tribut immense à ce petit État, pour recevoir des lumières qui sortaient de son propre sein, et dont la proscription était tout à la fois une absurdité et un crime de son gouvernement. Que ne surmonte pas l'amour de l'or ! L'inquisition du cabinet de Versailles avait cru fermer tous les passages à la lumière en garnissant les frontières de la Flandre de ses sbires. Le génie de la liberté avait changé de place, et transporté ses ateliers au milieu des montagnes où l'inquisition ne pouvait pénétrer.

J'admirai l'établissement de M. Osterwald, dont la situation était charmante et bien choisie ; elle était sur le lac. Osterwald était un vieillard instruit ; mais sa fille, veuve du ministre Bertrand, le surpassait par ses connaissances singulièrement étendues. Elle était vraiment digne de la place à laquelle l'électeur palatin l'appela depuis en lui confiant une maison d'éducation publique à Manheim. Son mari dut sa mort à l'excès de son travail. Il avait entrepris une nouvelle édition des Arts et Métiers de l'Académie des Sciences, avec des additions immenses puisées dans des sources inconnues aux auteurs de ces arts.

Ce respectable ministre était originaire de Toulouse, et descendait de Jacques-Henri de Bertrand, dont le petit-fils Jean fut successivement président au parlement de Paris, garde des sceaux, archevêque de Sens et cardinal. Henri Bertrand, chef de la famille, et bisaïeul du professeur suisse, avait embrassé la religion protestante, et était sorti de France, abandonnant forcément ses biens à des collatéraux catholiques. Les décrets de l'assemblée législative ayant ressuscité des hommes que des ordonnances royales avaient déclarés morts civilement, la veuve de M. Bertrand réclama quelques parties de ses biens ; j'appuyai alors inutilement sa réclamation. Quant à elle, lors de l'établissement que le marquis Ducrest voulut fonder à l'instar de celui de Frankenthal, je l'avais proposée pour le diriger. On ne pouvait mieux choisir ; madame Bertrand avait autant de tolérance que de lumières et de dévotion, et point de bigotisme. Mais il a mieux valu pour elle qu'elle restât à Manheim.

Je trouvai à Neufchâtel Mercier, qui était alors occupé à faire imprimer la suite de son *Tableau de Paris*, ouvrage dont la philosophie facile, et plus à la portée du peuple que celle de Raynal, n'a pas peu contribué à accélérer la révolution, en ouvrant les yeux des Français sur une foule de préjugés et d'abus. Plus de cent mille exemplaires de ces deux ouvrages furent répandus en quelques années par toute l'Europe. On faisait huit éditions à la fois de l'*Histoire philosophique*.

La crainte de la Bastille et le désir de donner à ses tableaux toute l'énergie possible avaient forcé Mercier à choisir cette retraite. Mais, quoiqu'il jouît d'une vie agréable, il me parut regretter les spectacles et les petits soupers de Paris, dans lesquels il avait passé la moitié de sa vie. La solitude ne riait pas à ses yeux comme aux miens. Il aimait mieux observer dans les villes les hommes et les ridicules, que jouir de lui-même et de la nature dans les campagnes solitaires.

Que les amis de la solitude se réfugient dans la Suisse,

voilà leur patrie. La hauteur imposante des montagnes, ces sapins mélancoliques qui couvrent les collines, ces vallons où sont disséminées les habitations, ces lacs dont l'onde paisible les arrose, tout entraîne l'âme à de douces méditations ; elles sont douces encore quand vous les portez sur les hommes épars dans ces lieux solitaires ; vous retrouvez en eux cette simplicité de mœurs, cette douceur de caractère, cette raison éclairée que je souhaiterais voir répandues parmi toutes les nations, parce qu'alors tous les hommes deviendraient véritablement des frères.

Tel fut le spectale agréable dont je jouis en parcourant *le Val de Rhus, le Locle, la Chaux de Fonds,* délicieuses habitations placées dans un beau vallon entouré de toutes parts de hautes montagnes, couvertes de neiges pendant six mois de l'année et qui en défendent alors l'entrée aux importuns et aux étrangers. Il me semblait être dans cette île séparée de tout l'univers, quoique près de Sainte-Hélène, dans cette île décrite avec tant d'intérêt dans l'histoire de Cléveland, et où s'étaient réfugiés des protestants français. C'était la même vie, les mêmes mœurs, mais une industrie bien plus active. Il semblait que le génie des arts y eût fixé sa demeure; ce génie se montrait partout dans l'art de construire les moulins comme dans l'horlogerie. Il se montrait aussi dans l'art d'animer les automates, dont on doit le perfectionnement à ce célèbre Droz, que la France n'a pas connu, et qui aurait pu lui être utile dans la fabrication des monnaies. Je descendis dans cet abîme où trois moulins superposés les uns sur les autres sont mis en mouvement par un filet d'eau recueilli soigneusement dans la campagne.

Le génie de Droz fut porté à un tel point, qu'un roi voyant une de ses machines la crut réellement animée, et prit l'inventeur pour un sorcier.

Le nom de Droz et l'industrie des cantons de la Suisse me rappellent l'Américain Pope et son planétaire, que j'ai visité à Boston. Pope s'occupait comme Droz de l'horlogerie. La machine qu'il avait construite pour expliquer le mouvement des cieux me parut d'autant plus étonnante qu'il n'avait eu aucun secours de l'Europe, et n'avait été guidé par aucun livre. Il se devait tout à lui-même; il était, comme le peintre Trombull, l'enfant de la nature et de la méditation. Après avoir employé dix ans de sa vie à perfectionner son planétaire, il ouvrit une souscription pour se dédommager de ses travaux. La souscription n'était pas considérable, elle n'a jamais été remplie. L'artiste, découragé, m'annonça un jour qu'il allait passer en Europe pour y vendre sa machine et en construire d'autres. L'Amérique est trop pauvre, me disait-il, et ne peut encourager les arts. Les mots : *l'Amérique est trop pauvre* me frappèrent; ils pouvaient donner de fausses idées sur l'état de cette contrée, car l'idée de la pauvreté offre en Europe l'image des haillons, de la faim, et les États-Unis étaient loin de présenter ce triste spectacle ; mais quand les richesses sont à peu près également réparties dans un petit nombre d'individus, ces derniers ont un grand superflu ; ils peuvent l'appliquer à leurs plaisirs, comme à favoriser les arts frivoles. Quand au contraire les richesses sont à peu près également réparties dans toutes les mains, il y a peu de superflu, et par conséquent peu de moyens d'encourager les inventions agréables. De ces deux pays, quel est le plus riche, quel est le plus pauvre? Dans les idées européennes, et dans le sens qu'y donnait Pope, ce doit être le premier; mais aux yeux de la raison, à coup sûr, l'autre est plus riche et plus heureux.

En revenant de mes courses à Neufchâtel, j'appris la funeste catastrophe qui avait mis Genève au pouvoir des armées combinées. Ce malheur, affligeant pour les amis de Neufchâtel, n'était pas vu partout du même œil. De tous les coins de la Suisse on spéculait déjà sur l'émigration des Génevois.

Je rencontrai Clavière et sa famille chez M. Dupeyrou, et là, sous les yeux de ce philosophe, dont Jean-Jacques a tracé un portrait ressemblant, nous formâmes une liaison qui ne s'éteindra qu'avec la vie.

La société de M. Dupeyrou, triste à cause de sa surdité qui lui permettait difficilement de prendre part à la conversation, était embellie et égayée par sa jeune épouse et par quelques dames de Neufchâtel et de Genève qui la fréquentaient. Fille du colonel Prory, élève de Jean-Jacques, les vertus de madame Dupeyrou rappelaient et honoraient le maître de son père. Sa sensibilité n'était égalée que par sa prodigieuse activité. Sans cesse occupée du soin de faire le bien, de soulager les malheureux, de consoler les proscrits, on la voyait le matin panser les plaies d'un enfant, distraire son mari par des lectures continuelles, ou amuser ses amis par une conversation intéressante. Avec tant de qualités, elle n'a cependant pas été heureuse. Vertueuse, elle a trop souvent dédaigné ces formes, ces ménagements qui commandent à la vertu même de fixer l'opinion publique; elle s'est trop livrée à cette facilité qui accompagne la bonté, la générosité, et que la calomnie travestit ensuite en crime: Aimante autant qu'aimable, il lui était difficile de ne pas trouver dans tous les hommes honnêtes et sensibles autant d'amis qui lui restaient attachés. Tel est le sentiment que je lui vouai. Elle me parlait souvent de mon union prochaine avec ma Félicité, et elle se proposait, me disait-elle, de voir élever mes enfants sous ses yeux. Voir élever des enfants est un bonheur pour tout être sensible; c'est un bonheur dont madame Dupeyrou était et devait être à jamais privée. Ah! pourquoi nos deux rêves ne se sont-ils pas réalisés!

Le mois que je passai dans cet agréable séjour me parut le temps le plus court de ma vie; je ne regrettais que d'y être environné de trop de somptuosité. Quoique philosophe, M. Dupeyrou habitait un palais magnifique qui lui avait coûté plus d'un million à bâtir, car il avait fallu souvent forcer la nature et tirer de loin soit les matériaux, soit les ameublements. Le salon doré, qui convenait plus à Paris qu'à des montagnes solitaires, contrastait trop avec la simplicité du maître, la bienfaisance de son épouse, et le buste de Rousseau qu'on y vénérait. Je regrettais que M. Dupeyrou n'eût pas employé les revenus immenses qu'il tirait de ses habitations de Surinam à des objets d'utilité publique, comme avait fait le Pury : les richesses de cet homme bienfaisant avaient fondé des hôpitaux, des manufactures et des villes.

CHAPITRE XXXIX.

Anecdotes sur J.-J. Rousseau contées par M. Dupeyrou. — Les pierres de Motiers-Travers. — Querelle de Hume et de Rousseau racontée à Londres par Kirwan. — Mademoiselle Levasseur. — Offre généreuse de M. Dupeyrou à Rousseau. — Ses concitoyens expient leur conduite à son égard. — Soumission de Genève. — Arrivée des proscrits à Neufchâtel. — Injustes reproches qu'on leur adresse. — Ingratitude à leur égard. — On tire des coups de fusil à Clavière. — Projets des proscrits. — Courses de Clavière et de Brissot autour de Neufchâtel. — Sages conseils de Clavière. — Sa générosité. — Sa conduite envers Delolme. — Delolme, guichetier d'une prison. — Le ministre de Colombier. — Milord Maréchal. — L'île Saint-Pierre. — Saint-Robert. — Sa retraite dans la Suisse. — Sa bière de santé. — Ses spéculations bienfaisantes. — Il accompagne Brissot jusqu'à Besançon. — Séjour à Motiers-Travers. — Arrivée à Paris. — Mariage de Brissot. — Départ pour Londres.

M. Dupeyrou me raconta beaucoup d'anecdotes sur Rousseau, que je regrette bien de n'avoir pas alors mises par écrit, car on pouvait se fier à sa véracité. Il me le peignit comme un homme ombrageux, mais qui n'était devenu tel que par les artifices de la Levasseur ; avant qu'il ne l'eût épousée, cette femme avait intérêt à s'emparer de lui, à éloigner ses meilleurs amis, afin qu'on ne lui ouvrît pas les yeux sur ses désordres.

C'est à ses manœuvres qu'il devait son aventure de Motiers-Travers. Thérèse Levasseur voulait l'en éloigner, parce qu'elle y était trop connue, parce qu'elle craignait que son caquetage ne revînt à Rousseau, et qu'il n'apprît tous les marchés qu'elle faisait pour vendre aux étrangers jusqu'à sa vue sans qu'il s'en doutât. De là cette scène de pierres jetées dans sa maison, et cette haine prétendue des habitans de Motiers contre lui.

Ce récit de M. Dupeyrou coïncide parfaitement avec ce que m'a dit en Angleterre M. Kirwan, si célèbre par ses expériences chimiques. Il avait connu Hume, et l'avait souvent entretenu sur Rousseau. Hume n'attribuait sa brouillerie avec ce grand homme, qu'aux faux rapports de la Levasseur. Elle s'ennuyait dans sa solitude de Wotton. Ignorant la langue, elle ne pouvait causer avec personne, ni se livrer à son commérage ordinaire. Elle créa des fantômes pour effrayer facilement son maître, le tirer de cette île, et elle y réussit.

Kirwan avait été lié avec un ministre de Shrewsbury. Celui-ci voyait souvent Rousseau lorsqu'il demeurait près de là; il assurait que le Génevois était alors heureux, et que sa gouvernante seule, ne pouvant se souffrir en ce lieu sauvage, avait imaginé de brouiller les deux philosophes. Kirwan répéta depuis le propos du ministre à Hume, qui ne répondit pas.

Cette querelle bizarre peut être maintenant jugée. On doit plaindre Jean-Jacques de s'être trop laissé emporter à la vivacité d'une imagination qui lui peignait tout en noir. Il ne faut pas voir dans Hume un homme aussi coupable que le croyait Rousseau; mais peut-être seulement un de ces despotes littéraires, un de ces orgueilleux protecteurs qui font le bien plus par vanité que par humanité; incapables d'amitié, parce qu'ils se croient supérieurs à tous les autres; un homme enfin dont l'âme froide ne pouvant longtemps être d'accord avec l'âme brûlante de l'auteur d'*Héloïse*, devait tôt ou tard le ridiculiser, le craindre ou le détester, parce qu'il devait tôt ou tard le regarder comme un fou ou comme un génie supérieur à lui. Quant à l'honnête Horace Walpole, qui prit parti contre le philosophe de Genève, il a dicté lui-même le jugement qu'on doit porter sur la bonté de son cœur et de son esprit, en écrivant qu'il a persiflé Rousseau jusqu'au sein du malheur, parce qu'il ne lui a jamais inspiré qu'un profond mépris.

M. Dupeyrou me dit qu'il avait essayé vingt fois de desiller les yeux de Rousseau, mais jamais il ne put vaincre son opiniâtre aveuglement; il se rendit même suspect par trop de zèle, et faillit perdre son amitié. Il lui avait offert en pur don une rente pour assurer sa subsistance, une maison qu'il me montra, et il le dispensait de toute reconnaissance, même de continuer sa correspondance avec lui : Rousseau craignit de s'enchaîner, il refusa tout.

Rousseau mettait une espèce d'orgueil à prendre le parti de sa gouvernante contre tous ses amis; le dédain qu'ils montraient pour elle lui semblait une espèce de reproche pour le choix qu'il avait fait, et, si j'en crois quelques Génevois et Neufchâtelois, qui ont été à portée de la connaître, elle méritait peu l'estime dont il l'honorait.

Peut-être aussi la passion a-t-elle dicté en partie ces divers jugements. Rousseau ne pouvait pardonner aux Génevois de n'avoir pas embrassé son parti lorsqu'il fut proscrit par le conseil; et les Genévois et les Suisses ne lui pardonnèrent pas davantage la sévérité avec laquelle il les avait quelquefois traités dans ses écrits. Sa célébrité les accusait, il fallait donc lui trouver des défauts.

Les représentants semblaient punis par le ciel de la lâcheté avec laquelle ils avaient sacrifié sa cause. Errants, proscrits, ils n'étaient d'accord entre eux ni sur les sources de leurs malheurs, ni sur les moyens de les réparer. Les plus violents reprochaient à leurs chefs de les avoir abandonnés, de ne s'être pas ensevelis sous les ruines de Genève. Moi-même, entraîné par mes idées romanesques en politique, je fis ce reproche à Clavière; il connaissait mieux les hommes, sa patrie et son siècle que moi. Résister à la force, me disait-il, pour obtenir une meilleure capitulation, était une absurdité; car Genève ne pouvait se défendre quarante-huit heures, et sa défense l'exposait à un pillage assuré : il n'y avait qu'un moyen pour prévenir ce pillage, mais il était violent; c'était de se battre jusqu'à la dernière extrémité et de faire ensuite sauter la ville. Mais, me disait Clavière, si nous pouvons disposer de notre vie, qui nous donne le droit de disposer de celle de dix mille femmes ou enfants? Sagunte, ajoutait-il, n'était pas une ville commerçante et manufacturière. Des sauvages, des peuplades belliqueuses peuvent préférer de s'ensevelir tous dans une mort commune; mais un peuple commerçant ne fait que calculer ses jouissances, et ceux d'entre nous qui se distinguent par leurs vociférations sont encore plus hypocrites que frénétiques. Dans cette circonstance, que devaient faire les chefs? Se sacrifier, puisqu'ils étaient la pierre d'achoppement à la réconciliation.

Au lieu de les remercier de leur générosité, on les avait poursuivis à coups de fusil, et je vis Clavière plus d'une fois injurié. Je ne pouvais croire à tant d'ingratitude pour un homme qui avait sacrifié sa fortune, ses veilles, sa vie au peuple. Je ne prévoyais pas qu'une expérience encore plus douloureuse m'était réservée.

Les Génevois proscrits s'étaient disséminés dans les environs de Neufchâtel; plusieurs habitaient un village à une demi-lieue, nommé *Péjeux*, et c'étaient les plus estimables. J'y louai une chambre pendant quinze jours afin de jouir mieux de leur conversation. Durovray et Clavière me communiquèrent une foule de faits précieux, dont je consignai ensuite une partie dans mon *Philadelphien à Genève*. Ce fut là que je trouvai dans le respectable Vieusseux père, le caractère d'un vrai Romain. Sa jeune fille, depuis madame Turet, me parut ressembler à Porcia pour le langage mâle et énergique.

Les Génevois proscrits variaient sur le parti qu'ils devaient prendre. Ils voulaient fonder une colonie; mais où? La France qui leur donnait des fers, leur était odieuse. L'empereur les appelait à Constance. Mais quelle foi faire sur les promesses d'un despote? La Suisse semblait leur offrir des frères : mais une jalousie secrète rongeait le cœur de ces frères. Insensiblement tous les yeux se tournèrent vers l'Angleterre. Sa constitution présentait à la liberté des gages plus assurés; l'Irlande pouvait voir s'élever une nouvelle Genève. Le projet en fut formé. Je parlerai ailleurs de ses progrès.

Pour dissiper les chagrins de mon ami Clavière, nous imaginâmes de parcourir les environs de Neufchâtel. Je gagnais de tous côtés dans ces voyages. Clavière, mûri par l'âge, par l'expérience de la vie civile et politique, par la pratique du commerce et des hommes, Clavière, qui se devait tout à lui-même, qui ne puisait que dans son propre fonds, qui n'était fort que de sa force, rectifiait à chaque instant mes réflexions et donnait de l'aplomb à mes idées. Il avait aperçu dans mes ouvrages une grande facilité pour écrire, de la fécondité, de la clarté, de la méthode, et surtout une vive sensibilité. Mais il trouvait avec raison que j'abusais de ces qualités, que rien n'annonçait de la profondeur, que les réflexions étaient trop superficielles, et il voulait m'accoutumer à creuser mes idées, à me rendre mécontent de moi-même et difficile sur mes productions. C'est alors que je fis une seconde éducation, et je lui en dois à lui seul tout le bienfait. Ah! si le ciel nous avait entièrement favorisés, s'il avait pu le tirer des affaires et moi de la nécessité de sans cesse songer à mon existence, je ne doute pas que nous n'eussions été bien plus utiles au genre humain en mettant en commun nos idées et nos travaux. Clavière avait tout ce qui me manquait, et je pouvais suppléer en partie à tout ce qu'il n'avait pas. Un autre lien nous attachait, c'était la même sensibilité pour le beau, pour le bon, le même désir pour être utile, le même besoin d'expansion désintéressée hors de nous-mêmes. Nous nous devinâmes du premier coup d'œil; aussi mon amitié pour lui n'a-t-elle pas augmenté. Il fut pour lors tel pour moi que depuis je l'ai toujours vu, c'est-à-dire un véritable père, un sage mentor. Il me donna de judicieux conseils sur l'établissement que je voulais faire en Angleterre, et quoiqu'il ne connût point mes moyens, sachant que les gens de lettres n'étaient pas communément dans l'aisance, il m'offrit un crédit de deux cents louis sur une maison de Londres. Ce trait me fit verser des larmes ; j'en pris un de cent louis qui plus tard ne me fut que trop utile.

Ce trait me rappela le service qu'il avait rendu jadis à son compatriote Delolme, si célèbre par son Traité sur la constitution d'Angleterre; il n'était encore qu'avocat et connu par quelques brochures. Clavière devina son génie; il lui conseilla de ne pas s'ensevelir dans Genève et de voyager pour étendre ses connaissances et ses idées; Delolme suivit son conseil, mais il était né sans fortune. Clavière lui donna 250 louis, et il m'assura qu'il aurait encore ajouté à ce don si l'inconduite de cet homme original ne l'avait pas dégoûté de poursuivre sa bienfaisance envers lui. Pour subsister, Delolme fut obligé de se faire à Londres guichetier dans une prison.

A Colombier, où j'allai avec Clavière, nous eûmes le plaisir de passer deux heures intéressantes avec le ministre qui rédigeait alors le *Journal helvétique*. A l'austérité de sa profession il joignait une philanthropie douce qui régnait dans tous ses écrits. Pur comme la nature qui l'entourait, il était aussi bon père, aussi bon mari qu'il était sévère dans ses mœurs et religieux dans ses discours.

Colombier avait été la demeure de ce philosophe grand seigneur qui fut le patron de J.-Jacques, de milord Maréchal, et ce lieu nous rappela un grand génie et un grand homme de bien.

Une manufacture de toiles élevée dans le voisinage nous montra combien les Suisses étaient adroits à profiter des fautes et des besoins de la France.

Rousseau avait fait un tableau si enchanteur de la petite île de Saint-Pierre, que je résolus de ne pas quitter la Suisse sans y aller faire un pèlerinage; Clavière seul m'accompagnait; je ne voulais pas d'autre compagnon, parce que je me proposais bien de m'instruire par sa conversation dans ce court voyage. J.-Jacques n'avait pas exagéré les charmes de son île favorite. C'était la thébaïde d'un philosophe, a retraite de l'homme opprimé ou mécontent du monde, et bien avec lui-même. L'intendant de cette petite île ne parlait de Rousseau qu'avec enthousiasme; tout en ranimait pour nous le souvenir, et ces arbres sur lesquels il aimait à grimper, et ce bateau où, abandonné au cours de l'eau, il laissait errer ses idées à leur gré, et ce petit salon qu'il fuyait avec soin parce que là se rassemblaient les importuns qui se rendaient en partie de plaisir dans cette île. Je passai quelques heures enfoncé seul dans une rêverie délicieuse qui ne fit qu'accroître mon goût pour la solitude. Pourquoi, pourquoi le ciel m'en a-t-il arraché? Pourquoi m'a-t-il jeté dans un tourbillon si peu fait pour la trempe de mon âme?

Combien de fois n'enviai-je pas en moi-même le sort d'un Français que je rencontrai dans ces contrées presques sauvages, et que le malheur seul y avait fixé; on le connaissait sous le nom de Saint-Robert, mais il portait un autre nom lorsqu'il administrait en chef les finances et les affaires du feu prince de Conti ; sa générosité, son zèle pour ce prince, et la mauvaise foi dont il avait été payé, l'avaient forcé de faire banqueroute et de fuir pour se soustraire à l'emprisonnement. Retiré en Suisse, il ne put se dérober à son génie actif. Il lui fallait une occupation constante, et son goût pour la bienfaisance sut la lui fournir. Est-ce l'exemple du fameux empirique *Schoupach* qui la lui inspira? Je l'ignore. Saint-Robert avait quelques idées de botanique, et il crut, à l'aide de ces idées, et de diverses recettes qu'il connaissait, faire une espèce de panacée pour toutes les maladies; il la composait de trois règnes, de fer, de vin ou de bière et de lait de chèvre : il avait été longtemps à trouver ce dernier ingrédient. Son livre lui indiquait, pour élément du règne animal, *luc montuum*, et il sauta de joie, comme Archimède, en rêvant un jour que ce mot ne pouvait s'appliquer qu'aux habitants des montagnes, aux chèvres. Ce remède est connu dans la France, mais surtout dans la Suisse, sous le nom de *bière de santé*. On ne peut nier qu'elle ne soit bonne et curative dans beaucoup de maladies, je l'ai moi-même éprouvé. Le succès de Saint-Robert réveilla son goût pour les spéculations, et là il abandonna la sagesse; au lieu de se borner à rendre service aux malheureux qui avaient besoin de son secours, il voulut courir après la fortune; lui qui en avait été si cruellement maltraité, lui qui me racontait avec une espèce d'orgueil qu'il avait trouvé le secret de vivre avec deux ou trois sous par jour. Il en fut puni, il fut encore une fois malheureux; je l'en ai plaint, car sa spéculation même avait un objet utile : celui d'étendre son remède partout, celui d'être plus à portée d'exercer sa bienfaisance. Nos âmes avaient trop de rapport pour qu'il n'en résultât pas un attachement mutuel. Je cultivai Saint-Robert, qui fréquentait beaucoup la société de madame Dupeyrou. Il m'offrit de m'accompagner jusqu'à Besançon où ses affaires l'attiraient, et j'y consentis. Avant mon départ, j'arrêtai avec la Société typographique de Neufchâtel le plan de distribution en France du journal que je devais composer en Angleterre. Cette Société avait imprimé ma *Théorie des lois criminelles* et mon *Traité de la vérité*. En parcourant ses magasins, j'observai avec surprise des ballots de mon premier ouvrage, que j'avais cependant payé et dû emporter en entier. Je m'en plaignis. On me répondit qu'on n'en avait imprimé un plus grand nombre que pour étendre la réputation de l'auteur. Je ne répliquai pas un mot, je n'en pouvais dire que de désagréables. J'étais prédestiné à vérifier encore l'adage de Virgile : *sic vos non vobis*.

Il y avait trop du jeune homme dans ces ouvrages, et ce fut à Neufchâtel que je m'en aperçus. Clavière et madame Dupeyrou en firent devant moi une critique judicieuse, mais ils la firent avec tant de grâce et de bonté, que je les en aimai mieux, que je m'en estimai moins, et que je résolus de me corriger.

Mes journées s'écoulaient délicieusement dans cette société chérie; nous les prolongions fort avant dans la nuit; nous ne nous quittions jamais qu'avec peine; et chaque jour semblait ramener un nouveau plaisir, quoique le seul plaisir de chaque jour fût de se voir, de converser, de s'épancher mutuellement.

Il fallut faire ses adieux; je me consolais en pensant que bientôt je reverrais Clavière et sa famille en Angleterre, et nous bâtissions mille projets pour revenir en Suisse.

La route jusqu'à Besançon me parut peu longue : les moments que je ne donnais pas à l'agréable conversation de Saint-Robert, je les consacrais à mes projets romantiques, et surtout à m'enivrer du spectacle que m'offraient les montagnes au travers desquelles roulait notre rustique *caraba*. Ah! combien je désirai de partager l'état d'un anabaptiste que nous rencontrâmes ! Il demeurait seul avec sa famille au sein de ces déserts; il y vivait du produit de ses mains; des légumes qu'il cultivait, des bestiaux qu'il élevait! La tranquillité dont il était environné, et qui se peignait dans toute sa personne, me paraissait le comble du bonheur. Je pensais avec effroi que bientôt, loin de cette tranquillité, j'allais me replonger dans la fange et le tourbillon des villes.

Motiers-Travers, où nous nous arrêtâmes, augmentait encore mes regrets. C'était bien le séjour d'un philosophe, quoique la cabane de l'anabaptiste m'eût séduit davantage; mais le philosophe avait plus de besoins que l'anabaptiste. Aussi ce dernier n'avait-il point de querelle avec les ministres protestants. Je vis la maison simple qu'habitait Rousseau, la galerie sur laquelle il se promenait, l'arbre au pied duquel il s'asseyait lorsque, pour exciter l'émulation des enfants à la course, il leur distribuait des gâteaux. J'interrogeai plusieurs habitants sur l'histoire de ces pierres jetées à Jean-Jacques, et de ces outrages dont il s'est plaint amèrement. Les versions étaient si diverses que je ne sus où était la vérité.

Arrivé à Paris, je revis les deux hommes qui avaient juré de s'associer à ma philosophique entreprise, Villars et Élie de Beaumont. Ils furent enchantés de mon voyage, et me promirent de nouveau des monts d'or. J'eus la simplicité de ne pas exiger une seule avance, et de partir en leur annonçant seulement que je ne tarderais pas à leur en demander. Qui fournissait donc à mes dépenses? Une femme généreuse qui me donna bientôt après le plus précieux des titres, celui de son fils. Je puisais dans sa bourse, ne doutant pas d'y remplir les vides que j'y causais. C'était ainsi que me berçant toujours de mes projets, que confiant dans des hommes qui me trompaient, je creusais la ruine d'une famille qui m'adoptait, et pour laquelle j'aurais donné mon sang.

Je disais adieu à la France, devais-je y laisser mon amie? L'emmener avec moi avant que mon établissement eût quelque fondement, paraissait imprudent. Nous nous résolûmes donc à une séparation, qui ne pouvait durer longtemps; mais avant de la quitter, la meilleure des mères nous unit secrètement, et sous les yeux de la seule amitié. Je passe sur cet événement, parce que, comme je l'ai déjà dit, je veux traiter séparément cette partie de ma vie.

Je retournai à Boulogne avec ma belle-mère. J'y demeurai quelques semaines au sein de la tendresse filiale et fraternelle, et au milieu des conseils de l'amitié. Mon mariage me donnait trois sœurs, c'est-à-dire trois amies; car il n'y avait qu'une âme dans cette famille.

CHAPITRE XL.

Arrivée à Londres. — Le séjour de Brompton. — Les Français réfugiés. — Pelleport. — Aventures de Serres de Latour, rédacteur du *Courrier*. — Madame de Béjan et l'intendant d'Auvergne. — Le rapt et le *Courrier de l'Europe*. — Succès du *Courrier*. — Les dragées de la Mecque. — Paresse et insouciance de Latour. — Brissot se charge d'une partie de son travail. — Idées sur le journalisme. — Swinton à Londres. — Ses craintes et ses soupçons. — Son regret de voir Brissot en Angleterre. — Ses amis. — Propositions qu'il fait à Brissot pour dépouiller Latour de son journal.

J'avais pris un logement à Brompton, faubourg agréable de Londres, recherché par les malades mêmes pour sa salubrité. Il était loin de la ville, moins sujet à ce brouillard épais, si cuisant, si insalubre, qui l'enveloppe une partie de la journée. Il était près de la demeure de Swinton, que je me proposais de cultiver, près de la charmante habitation du rédacteur du *Courrier de l'Europe*, de Serres de Latour, avec qui je commençais à me lier; il était près enfin de la pension de mon aimable Nancy.

La plupart des Français qui vivent en Angleterre y sont attirés par la nécessité : les uns pour éviter des rigueurs injustes, les autres pour parer aux suites de leurs fautes ou de leurs crimes. J'avais fait choix de cette terre de liberté par un motif bien différent. Je m'y fixais parce que dans la carrière que je courais, je croyais pouvoir y être utile à mes semblables plus que partout ailleurs.

En m'établissant dans cette île, je m'étais fait une loi d'éviter tous les réfugiés dont la vie n'était pas intacte, et dont la liaison, si elle n'eût pas été dangereuse pour moi, eût pu paraître suspecte à des yeux peu éclairés. Cependant j'ai quelquefois laissé venir chez moi des Français dont les erreurs me paraissaient condamnables; mais j'espérais les ramener à la vertu. La conduite, les opinions, la vie intérieure de l'homme vertueux ont nécessairement de l'influence sur celui dont le cœur n'est pas entièrement gangrené. Il est d'abord tenté de vous persifler, ne répondez rien : soutenez votre rôle, il vous respectera. J'en ai fait l'expérience, et j'en ai conclu qu'il ne faut pas toujours mal juger des personnes honnêtes qui voient des hommes vicieux. Au reste, Pelleport, dont il sera question par la suite, et dont les écarts ont été la cause ou au moins le prétexte d'un de mes plus grands malheurs, était presque le seul Français qui vînt me visiter dans ma solitude de Brompton.

Pelleport, homme d'esprit mais sans fixité dans ses principes, aimant les plaisirs, quoique dénué de la fortune qui les procure, avait été conduit en Angleterre par le dessein de se soustraire au besoin, et peut-être aussi par ce caractère inquiet qui le promenait successivement dans toutes les contrées de la terre. Je le connaissais pour l'avoir rencontré quelquefois chez mon ami Mentelle, dont il avait été l'élève à l'École militaire. Depuis madame Dupeyrou m'avait recommandé de le voir et de lui être utile. Je fis peu pour lui, mais je fis tout ce que je pus, et ce peu eût suffi pour le retirer de l'abîme où son imprudence l'a précipité depuis, si le désordre n'eût pas été son élément. Je vis aussi pendant quelques mois le trop fameux Linguet : mais je n'eus de relations suivies qu'avec Latour.

Il était bien naturel qu'en me fixant à Londres je cherchasse à connaître le rédacteur du *Courrier de l'Europe*, avec lequel j'avais autrefois entretenu une correspondance ; son caractère se dévoila dès notre première conversation ; il était vif, conséquemment ouvert. Il me dit beaucoup de mal de son métier de journaliste, de la feuille qu'il rédigeait, de Swinton, des auteurs, du public, de tout le genre humain et de lui-même. Il m'apprit ses aventures sans en cacher le mal, sans en exagérer le bien : né sans fortune, mais d'une bonne famille, élevé dans un monde brillant, quoique incapable d'en soutenir la dépense, il avait fait la cour, quoique marié, quoique père de plusieurs enfants, à la femme de M. de Béjan, intendant d'Auvergne ; elle était sa parente, il était le secrétaire du mari ; elle était jeune, jolie, aimable, le mari était vieux,

16.

laid, grondeur. Le secrétaire fut donc bientôt préféré à l'intendant. Cette liaison ne pouvait manquer d'éclater, et d'attirer des malheurs au couple d'amants. Ils arrêtèrent de prendre la fuite en se munissant de secours abondants, pour ne pas tomber dans la misère. L'Angleterre seule offrait un asile impénétrable à toutes les recherches du ministère français. Ils le choisirent. Les premiers mois s'écoulèrent délicieusement ; la misère arriva. L'imprévoyant Latour n'avait pas songé à la prévenir. Il fallait pourtant s'en tirer. On épuisa toutes les ressources. L'amante infortunée soutint ce revers avec calme, et de ses doigts délicats elle fournit longtemps aux besoins du petit ménage. Latour, de son côté, se mit à l'affût des expédients. Swinton était alors en grande renommée parmi les Français, qu'il aidait de sa bourse ; on le recherchait, quoique les conditions de son obligeance fussent onéreuses. Swinton comptait sur le talent de Latour, et il l'aida. La guerre d'Amérique occupait alors tous les esprits, on craignait aussi une rupture avec la France ; cette contrée était avide de nouvelles, et cette avidité devait encore redoubler si la guerre venait à se déclarer. Cette idée conduisit Latour au projet d'une gazette qui serait composée en français à Londres, et distribuée en France ; mais comment faire répandre cette nouveauté dans un pays où la censure était si sévère ? L'intérêt aplanit tout. Vergennes avait besoin de connaître à fond l'Angleterre ; la gazette de Latour valait cent espions, et elle lui rapportait au lieu de coûter.

Telle est l'origine du *Courrier de l'Europe.*

Cette feuille, qui a contribué plus qu'on ne pense au succès de la guerre de l'Amérique, et par suite à la révolution française, on la doit à un rapt. Son succès fut rapide. Les souscripteurs arrivèrent en foule ; Latour se vit une fortune assurée. Mais la cruelle expérience qu'il avait faite de la misère ne l'avait pas guéri de son goût pour la dissipation, ni de son imprévoyance. N'aimant pas les Anglais, dont le caractère orgueilleux et sec lui était insupportable ; méprisant les Français qui étaient à Londres, et dont la presque totalité méritait ce mépris ; voulant jouir du présent sans s'inquiéter de l'avenir, il se réfugia dans une petite maison à Brompton, au bout de laquelle il y avait un ou deux arpents de terre. Il embellit cette chaumière et transforma la prairie en jardin. Sa retraite était délicieuse. Heureux s'il ne s'y était pas livré à son amour pour la bonne chère; s'il n'y avait pas vécu en épicurien, en vrai Lucullus; si sa folie pour le jardinage ne l'avait pas jeté dans des dépenses excessives; heureux enfin, s'il eût voulu quelquefois, du sein de sa prospérité, jeter les yeux sur l'avenir, et réfléchir un peu plus sur le présent! Le *Courrier de l'Europe* lui rapportait un superbe revenu; il retirait un autre produit considérable d'une recette empirique qui a joui pendant long temps du plus grand succès sous le nom de *dragées de la Mecque*. Il les composait lui-même; la composition lui coûtait peu, et le prix en était énorme. Mais la fortune de Latour l'aveugla; il ne pensa pas qu'elle aurait un terme, ou, s'il entrevit ce terme, il crut que l'héritage immense que sa maîtresse, ou plutôt sa nouvelle femme, devait recueillir un jour, le mettrait à l'abri des coups du sort.

J'ai dit sa nouvelle femme, car quoique Latour fût marié et eût des enfants, cependant il brisa tous ces liens pour satisfaire sa passion. C'était un crime; il en commit un second en oubliant tout ce qu'il devait à la famille infortunée qu'il abandonnait dans l'indigence. A peine lui envoyait-il quelques légers secours. Je sus ces détails par Swinton, car Latour ne me fit jamais la confidence de son premier mariage. Il craignait ma morale. Mais tout sermon glissait sur son cœur. Il entendait avec peine les remontrances et suivait toujours la route qu'il s'était frayée. Ouvert, franc, il était bon et généreux. Il avait l'esprit peu cultivé, quoiqu'il n'en manquât pas, et sa facilité pour écrire et pour traduire de l'anglais était extraordinaire; il avait même publié un livre intitulé *le Bonheur*, ouvrage qui n'était pas sans mérite. Mais il haïssait le travail, surtout celui de la plume, et aimait à passer ses jours dans l'indolence. Aussi fut-il enchanté quand j'eus consenti à lui servir de second pour son *Courrier* dans la partie des variétés. Avec cent louis il se procurait une oisiveté qui lui était chère; et se reposait sur mon activité infatigable.

Il vivait en sauvage, et peut-être n'avait-il pas tort. Trois choses le réconciliaient avec la vie, son jardin, sa table, et surtout la femme aimable qui avait tout sacrifié pour le suivre. Hors de là, il n'estimait rien, n'aimait personne, ne lisait aucun livre; il aurait bien partagé sa vie, comme La Fontaine, en deux parts, l'une à dormir, l'autre à ne rien faire. Je ne revenais pas de mon étonnement, quand je le voyais avec de pareils goûts chargé d'une aussi lourde rédaction.

Mais il exploitait la littérature et les nouvelles comme on exploite une ferme, il ne l'estimait que par son revenu, sans s'y attacher; étonné lui-même de ses succès, il en jouissait sans vouloir les mériter, sans s'en enorgueillir. Cinq mille personnes souscrivaient à une gazette médiocre, un million d'individus la lisaient régulièrement, il en tirait plus de 25,000 livres; tandis que Rousseau n'avait pas retiré de tous ses ouvrages une année du produit du *Courrier*. Ce fait n'est-il pas déshonorant pour le siècle, et décourageant pour le génie? C'est une réflexion que Latour me faisait quelquefois lui-même, et cette réflexion ne semblait qu'ajouter à son mépris pour les sciences et pour les hommes.

Nos deux caractères, comme on le voit, contrastaient singulièrement. Moi, ardent, infatigable pour le travail, toujours lisant, méditant, écrivant, aimant peu la table, fou du bien public, ami de la vérité, de la liberté, et déjà prêt à tout leur sacrifier, je plaignais sincèrement Latour, tandis qu'il me regardait comme un fou, dont les rêveries étaient parfois amusantes. Lui aussi me traitait en Don Quichotte de l'humanité. Je le plaisantais à mon tour, je le prêchais parfois. je lui reprochais son épicuréisme, son insouciance, mais nous vivions paisiblement. Sa franchise envers les autres et envers lui-même, la facilité de son commerce, et plusieurs services que je le vis rendre à des malheureux, me faisaient excuser ses erreurs et lui pardonner des fautes dont le mal ne pesait que sur lui. Je cultivais aussi sa connaissance parce que j'espérais tirer parti de sa feuille pour mes folies, comme il les appelait, c'est-à-dire pour répandre partout les bons principes : je ne fus point trompé. Il m'offrit de m'abandonner la partie littéraire de la gazette, aux conditions que je voudrais fixer, et je ne le refusai pas; son journal ne pouvait nuire à mes projets, il pouvait au contraire leur servir d'appui. Je répugnais d'abord à reprendre le métier de journaliste, mais il me fut aisé d'apaiser mes scrupules par la pureté de mes intentions et la nature même du travail dont j'étais chargé. Appelé à écrire par un goût impérieux et par les circonstances, j'ai cru qu'un écrivain devait distinguer son siècle et la postérité, et qu'il fallait travailler pour l'une sans abjurer l'autre. Il y a vingt manières différentes d'influer sur son siècle, et d'être utile à ses semblables. On peut le faire, en remplissant les papiers publics de ses opinions, en répandant, en multipliant les brochures utiles et qui parlent le langage du jour. Les livres profondément pensés et purement écrits vont seuls à la postérité. Pour elle, il faut jeter en bronze et graver au burin; pour son siècle, on peut se contenter de plâtres et d'esquisses légères, ils suffisent aux besoins du jour. Tel était le raisonnement qui me fit adopter, comme tous les écrivains les plus distingués de cette époque, le travail des ouvrages périodiques et des journaux; je travaillais comme eux pour influer sur les lecteurs du moment, et non pour ma réputation, ni pour le siècle à venir.

Ces articles n'étaient pas toujours soignés comme ils l'auraient été s'ils eussent porté mon nom; il y aurait eu des points discutés avec plus de profondeur, des articles que mon scepticisme sévère eût effacés; mais sur des sciences indifférentes au bonheur, telles que les langues ou l'antiquité, il importe peu qu'on écrive bien ou mal, vrai ou faux, parce qu'il est presque impossible d'y découvrir la vérité; ce sont des joujoux d'enfants, peu importe que le vernis y soit bien ou mal appliqué. Quant aux véritables sciences, comme la politique et la morale, je saisissais l'occasion d'en répandre les principes dans les seuls écrits qu'un certain public lit constamment. Peut-être, en réfléchissant sur cette idée, eût-on bien fait de publier Montesquieu, Voltaire ou Rousseau, sous la forme périodique, au lieu de les disséquer platement sous les titres de *Génie* ou d'*Abrégé*.

Tel fut l'esprit dans lequel j'ai inséré des articles littéraires et politiques dans le *Courrier de l'Europe*, depuis février jusqu'en novembre 1783. A cette époque, j'abandonnai cette feuille et ma *Correspondance* pour exécuter l'entreprise du lycée de Londres. Mais avant d'en finir, je dois encore deux mots à la vérité. Le *Courrier de l'Europe* est peut-être le seul monument qu'on devra un jour consulter pour connaître l'histoire de la révolution de l'Amérique ; il est donc à propos de fixer le jugement qu'on en doit porter. La connaissance particulière que j'ai eue de la composition de cette feuille, des papiers anglais d'après lesquels on la fabriquait, enfin de l'esprit et du caractère de son auteur, m'ont permis de la bien juger. Latour a souvent varié dans ses principes, politiques, mais, généralement il était plus dévoué à la France qu'à l'Angleterre, il penchait plus vers le parti ministériel que vers celui de l'opposition. Il haïssait cordialement Fox parce qu'il le trouvait trop républicain, et il détestait le républicanisme parce qu'il le jugeait incompatible avec la subordination ; et aux yeux de Latour, qui avait été militaire, la subordination était l'âme des États. Il n'est donc pas impartial dans le récit des débats parlementaires ; il penche toujours la balance du côté de la Couronne.

Quant aux nouvelles, il les puisait dans les gazettes anglaises ; il faut donc souvent s'en défier. La liberté gâte encore plus les sources que ne fait ailleurs l'oppression. C'est cependant parmi elles qu'il faudra chercher l'histoire. Les pièces authentiques, telles que les déclarations de guerre, les traités de paix, etc., doivent rendre ce dépôt recommandable.

La partie littéraire, à quelques articles près, envoyée par des mains étrangères, n'a été qu'une rapsodie pitoyable de vers médiocres, d'éloges mendiés et souvent dictés, ou de plats sarcasmes. Il n'y a rien, presque rien, sur la littérature anglaise, l'auteur n'en ayant jamais lu aucune production. Il a finit la gazette à l'époque de la paix, et depuis ce temps elle est tombée en des mains ordurières qui en ont fait un cloaque impur, un réceptacle de mensonges et de calomnies, au lieu d'un dépôt historique. Ceci me ramène naturellement à Swinton.

N'étant point détrompé sur son compte, je m'étais hâté de le revoir à Londres aussitôt que je m'y étais fixé. Je soupçonnai bien qu'il était fâché de mon arrivée, mais il sut parfaitement dissimuler, et il m'accueillit avec une apparente amitié. Cette dissimulation dura jusqu'au moment où il me vit désabusé, et où nos intérêts commencèrent à se froisser.

Deux motifs avaient engagé Swinton à tâcher de m'éloigner de l'Angleterre, à me décourager des projets que je voulais y former, à me détourner de faire la conaissance de Latour ; car avant que nous nous connussions, il nous avait fortement brouillés. Il me regardait comme un homme à projets, entreprenant et persévérant dans mes entreprises, *a deep desiguingman*, ainsi qu'il le disait un jour. Il craignait que je ne voulusse partager la belle récolte qu'il accaparait à lui seul. Il craignait qu'élevant une nouvelle feuille périodique, mes faibles talents et l'expérience qu'il me supposait dans l'art de diriger un journal, ne m'attirassent des souscripteurs et ne diminuassent le nombre des siens. Hélas ! il me connaissait bien peu. Alors je me faisais gloire d'être son ami, et j'étais bien éloigné de jouer à l'amitié le tour sanglant dont il me croyait capable, et de m'abaisser à d'aussi vils calculs. Au moment même où son âme me faisait cette injure, j'en puis attester la femme à laquelle il était uni, j'aurais tout sacrifié pour lui, pour ses intérêts, pour sa feuille, tant je lui étais encore sottement dévoué.

Cette crainte n'était pas la seule qui troublât son repos. Il avait été plus d'une fois déchiré dans les papiers publics ; sa réputation était fort ébranlée de tous les côtés. Ses amis, les folliculaires, Latour, son cher Morande même, dont je parlerai tout à l'heure, le peignaient sous les plus noires couleurs. Tous le voyaient témoin paisible, auteur bénévole de ses injures : était-ce philosophie, ou impuissance de répondre ? Alors je n'aurais pas osé décider. Swinton prévoyait que tôt ou tard la bonne opinion qu'il m'avait inspirée allait se dissiper ; que je verrais son associé, ou quelque autre qui m'apprendrait à le connaître. Il prévoyait que, forcé de lui refuser mon estime, de lui ôter mon amitié, j'étais bien capable de détromper sur son compte les personnes que j'avais de bonne foi aidé à mettre dans l'erreur. Il me supposait des liaisons, des connaissances étendues, surtout à Boulogne, ville où il avait intérêt de jouir d'une bonne réputation, et il craignait de me voir renverser par mon indiscrétion, ma franchise, mon horreur de l'immoralité et d'une basse cupidité, l'édifice qu'il avait construit en France avec tant de peine et d'hypocrisie. Tout est arrivé comme il l'avait prévu. J'ai entendu, j'ai été consterné ; ne voulant pas croire aveuglément, j'ai vérifié les faits les plus graves. Content de m'être éclairci pour moi-même, j'aurais tout enseveli dans le silence, si par une accumulation de calomnies et de persécutions, il ne m'avait forcé depuis à le rompre.

Son caractère commença à se dévoiler à mes yeux quand, pour se venger de Latour, son associé et son rédacteur, il me fit une proposition que je ne pouvais accepter sans me déshonorer. Résolu d'enlever à Latour, à quelque prix que ce fût, la rédaction de la feuille, il me l'offrit à condition que j'embrasserais son parti ouvertement. Ma réponse fut simple. Je ne pouvais, je ne devais prendre aucune part à leur querelle. Ami de tous deux, mon devoir était de ménager leur réconciliation, et lors même qu'elle eût été impraticable, je ne pouvais consentir à supplanter ou même à succéder sans son consentement à un homme dont je n'avais qu'à me louer. C'était son état, son unique ressource ; je le savais, et il eût été affreux de l'en dépouiller. Ce calcul honnête n'était pas celui du vindicatif Écossais ; mais il ne se tint pas pour battu, et compta trouver quelque moyen de composer une autre fois avec mon austérité.

CHAPITRE XLI.

Deserres de Latour ouvre les yeux à Brissot sur la conduite et le caractère de Swinton. — Sa maison est le rendez-vous des Français les plus décriés. — Le correspondant de Beaumarchais. — L'esclave de Morande. — Morande. — Brissot fait le portrait de cet homme qui a exercé une si fatale influence sur sa vie et a causé ses plus cruels chagrins. — Jugement de Voltaire sur ce libelliste. — Morande tremblant devant les jupons de la chevalière d'Éon et la canne du comte de Lauraguais. — Ce qu'en ont écrit le marquis de Vilette, Linguet, et Mirabeau. — Le libelliste devient espion. — Morande et l'ambassadeur Demoustier. — Un extrait de *la Police dévoilée.*

Ce fut par Latour que j'appris mille détails affreux sur l'histoire et la vie de Swinton. Quoique lié avec lui par intérêt, il le détestait très-cordialement. Il me révéla mille anecdotes scandaleuses; la passion en avait probablement exagéré beaucoup. Cependant je ne pus douter, d'après les confidences de Latour, que Swinton n'eût cherché à nous brouiller en nous disant réciproquement beaucoup de mal l'un de l'autre.

Je l'avouerai, les lumières que Latour me donna sur Swinton dissipèrent une foule de préventions que j'avais chéries et qui m'attachaient à lui. Sa cupidité, la bassesse avec laquelle il recherchait les êtres les plus vils, mais dont il pouvait craindre le crédit ou les traits; sa barbare spéculation sur sa femme et ses enfants, sa spéculation mercenaire sur la curiosité publique : tout le rendit méprisable à mes yeux. Sa maison était le rendez-vous des Français les plus décriés ; il était le correspondant de Beaumarchais, et presque l'esclave de l'infâme Morande. Morande connaissait sa vie ; il avait même en main des preuves de faits qui pouvaient déshonorer Swinton, et il se servait de cet avantage pour lui faire payer un tribut considérable quand il tombait dans le besoin, et Morande y tombait souvent. C'était avec une pareille impudence qu'il rançonnait Beaumarchais et les ministres français qui redoutaient sa plume envenimée.

J'ai peint cet affreux libelliste dans d'autres mémoires particuliers et qui n'ont point vu le jour, et dans un écrit publié en 1791; je l'ai peint horrible, épouvantable, tel qu'il était. J'ai besoin de retracer ici son portrait. Ce fut l'homme dont la haine a fait le plus grand tourment de ma vie; il faut que je montre si j'étais bien coupable de l'avoir méritée!

Ses atroces calomnies auraient déshonoré tout autre dont la conduite eût été moins pure, et dont l'honneur et la probité n'eussent pas été attestés par les actions de toute sa carrière et par le témoignage des hommes les plus honorables de son temps; il faut qu'après ma mort, s'il reste quelques personnes égarées par les libelles et les placards dont la rage de mes ennemis privés et de mes ennemis politiques m'a poursuivi pendant ces dernières années de ma vie; il faut, dis-je, que ces personnes connaissent l'auteur de toutes ces calomnies, la source de tous ces libelles, et que celles qui les ont répétées (quelques-unes m'en ont déjà témoigné leur repentir) s'aperçoivent qu'elles n'ont été que le coupable écho du plus méchant comme du plus vil des hommes.

C'est lui qui, inconnu dans le monde jusqu'à la crise des parlements, excepté à la police de Paris, ou dans les prisons, débuta par une de ces productions tellement infâmes qu'on rougit presque d'en prononcer le nom.

C'est de lui, c'est de cette production que Voltaire écrivait :

« Il vient de paraître un de ces ouvrages de ténèbres (*le Gazetier*
« *cuirassé*), où depuis le monarque jusqu'au dernier citoyen, tout le
« monde est insulté avec fureur, où la calomnie la plus atroce et
« la plus absurde distille un poison affreux sur tout ce qu'on respecte
« et qu'on aime. L'auteur s'est dérobé à l'exécration publique. Puis-
« sent les jeunes fous qui seraient tentés de suivre de tels exemples,
« et qui, sans talents et sans science, ont la rage d'écrire, sentir à quoi
« une telle frénésie les expose. On risque la corde, si on est connu;
« et si on ne l'est pas, on vit dans la fange et la crainte. La vie d'un
« forçat est préférable à celle d'un faiseur de libelles, car l'un peut
« avoir été injustement condamné aux galères, et l'autre les mérite[1]. »

[1] *Questions sur l'Encyclopédie*, tom. 9, page 224, édition de 1772. (*Note de Brissot.*)

C'est ce Morande qui, forcé de se réfugier à Londres pour éviter le châtiment qu'il eût subi en France, pressé par la misère, sans talents comme sans mœurs, établit pour subsister une entreprise de brochures ordurières, et qui, abusant de la liberté qui règne dans cette île, se cacha sous l'égide de la loi trop indulgente pour violer la loi même.

C'est lui qui fit un métier du libelle, une marchandise de la calomnie, un jeu de l'assassinat moral, qui s'en allait taxant les personnages les plus distingués, les menaçant de son poison, de sa dent empoisonnée, s'ils refusaient d'alimenter l'insatiable avidité de ses vices.

C'est lui qui vendit son silence sur les aventures scandaleuses de Louis XV et de sa maîtresse, et vendit ensuite ces aventures mêmes à un intrigant qui les avait marchandées. Et encouragé par la rançon honteuse payée des deniers du peuple, il crut pouvoir attaquer tous les autres personnages riches ou puissants avec le même succès et la même impunité.

Fanfaron avec les lâches, chenille rampante avec les braves, c'est lui qu'on vit s'agenouiller publiquement devant les jupons de la chevalière d'Éon, et se reconnaître infâme, signer qu'il était infâme, faussaire, calomniateur; c'est lui qui, les mains jointes et à deux genoux, en déclara autant à Lauraguais. J'ai lu moi-même ce que j'écris ici dans les papiers anglais [1]; jamais Morande n'a osé le démentir; et voici ce que Lauraguais imprimait depuis sur ce vil Arétin

« C'est un gredin qui s'avise de dire du bien de moi dans un libelle
« où il déchire ce que j'aime et ce que je respecte; qui croit passer
« pour un bel esprit de compagnie, parce que quelques salopes l'ap-
« pellent le chevalier de la Morande, au lieu de *Morande*, et qu'il
« a imprimé un fatras scandaleux qui a l'air d'être écrit par un fiacre
« sur les Mémoires de la cuisinière de Madame Gourdan [2]. »

[1] Son amende honorable est imprimée en date du 20 novembre 1773 dans le papier intitulé : *London Evening-Post*, n° 8062. (*Note de Brissot.*)
[2] *Mémoire pour moi et par moi* par le comte de Lauraguais page 23 de la préface. (*Note de Brissot.*)

Les expressions de Lauraguais paraîtront grossières, mais il voulait probablement se mettre dans le costume du personnage et le barbouiller avec ses sales pinceaux.

C'était de Morande que le marquis de Vilette écrivait, dans la préface de ses *œuvres :*

« Un marchand d'injures, établi à Londres, vient de me proposer
« de racheter un recueil d'anecdotes qui me concernait ; il me demande
« cinquante louis ; je lui en ai demandé cent pour d'autres anecdotes
« encore plus curieuses et plus secrètes qu'il pourrait joindre à son
« manuscrit. »

C'est lui que Mirabeau, dans sa réponse énergique à l'écrivain de la Compagnie des eaux, c'est-à-dire Beaumarchais, appelle « un malheureux libelliste dont l'amitié et la correspondance étaient un opprobre pour l'auteur du *Mariage de Figaro.* »

C'est de lui que le rédacteur de l'*Observateur anglais* écrivait aussi :

« Ce qui achevait de rendre aux yeux de mademoiselle d'Éon le
« sieur Caron de Beaumarchais odieux et abominable, c'est la bas-
« sesse qu'il avait eue de prendre pour confident, de se donner pour
« substitut auprès d'elle un Français encore plus taré, plus vil que
« lui, s'il est possible, l'auteur du *Gazetier cuirassé*, le calomniateur
« de Louis XVI, et pour tout dire en un seul mot, Morande [1]. »

C'est de lui que Linguet disait dans ses *Annales,* qu'il fallait traiter son nom comme la justice traiterait sa cendre. C'est lui qui, ne pouvant plus vivre de son infâme métier, devenu trop stérile pour fournir à toutes ses débauches, l'échangea contre celui d'espion ; et qui pour le faire avec plus de sûreté et plus de profit, servait tour à tour les deux puissances, et les servait par des atrocités. C'est lui que la police elle-même regardait comme un homme à pendre ; lui enfin, qui, honteux de sa propre ignominie, avouait au minis-

[1] Tome IX, page 14. *(Note de Brissot.)*

tre Demoustier que son nom était une injure, et qu'il n'osait plus le porter.

Certes, lorsque tant d'écrivains secrets ou publics, amis ou ennemis; lorsqu'une génération entière se lève pour déposer contre un individu, peut-on supposer qu'il soit innocent, et qu'il ne mérite pas quelque chose de l'animadversion universelle?

J'ai besoin pour compléter et justifier cette esquisse, de rappeler ici l'extrait de la *Police dévoilée*, que j'ai donné en 1791. Morande n'y a répondu qu'en avouant tous les faits qu'il contient, et par des satires contre le respectable Manuel et contre moi.

« Le sieur Thévenot de Morande, disaient les papiers de la police, est fils d'un procureur d'Arnay-le-duc en Bourgogne; il alla du collége dans les prisons, car il était voleur avant même qu'il eût l'âge d'être libertin; et la première chose qu'il prit dans une maison de débauche, ce fut une boîte d'or. Il a servi fort peu de temps dans sa jeunesse, en qualité de dragon, dans le régiment de Beaufremont. Son père le destinait à la robe: son génie inquiet et libertin l'amena à Paris, où il a vécu, pendant quatre ou cinq ans, dans la plus grande dissolution, et dans tous les genres d'intrigues possibles. Conduit au Fort-l'Evêque le 25 juin 1768, sa famille, pour l'arracher au bourreau, sollicita un ordre du roi pour le faire enfermer aux Bons-Enfans d'Armentières. Il y est resté deux ans. Sorti de cette maison, il s'est réfugié en Angleterre, où il s'est livré à sa vengeance contre les ministres, magistrats, toutes les personnes en place et de quelque importance en finance, avec le plus grand acharnement. Il est en effet l'auteur du *Gazetier cuirassé*, et d'un autre libelle effroyable, intitulé *Vie d'une courtisane très-célèbre du dix-huitième siècle*, contre madame Dubarry, et pour lequel il est très-probable qu'il a été soudoyé même par des personnages considérables. Presque toute l'Europe sait que des officiers de la connétablie furent envoyés, à la fin de 1773, pour l'enlever à Londres; et qu'ayant manqué leur coup, le gouvernement entra en négociation avec lui pour supprimer ce libelle, par l'entremise du sieur de Beaumarchais, sous la condition de lui payer l'édition cinq cents guinées, et de lui faire une rente viagère de quatre mille livres, dont deux mille reversibles sur sa femme, fille d'un tailleur de Londres, son hôte.

« Presque tout le monde sait aussi sa querelle littéraire tant avec la chevalière d'Éon qu'avec M. le comte de Lauraguais, en 1773. Il se permit alors de faire imprimer des choses contre lui-même, dont il accusait ce seigneur, pour avoir lieu de lui en dire de pires encore ; et on sait de même que ce seigneur l'ayant attaqué en justice réglée au ban du roi, et craignant d'être poursuivi extraordinairement, c'est-à-dire d'être mis au carcan, et transporté, il lui a demandé le pardon le plus bas, et lui a fait l'amende honorable la plus humiliante. Avant de faire imprimer le *Gazetier cuirassé*, les *Mémoires d'une courtisane*, et autres libelles, il écrivit à toutes les personnes (M. de Voltaire compris) qui y étaient déchirées, à l'effet de leur proposer de lui faire tenir telle ou telle somme, si elles ne voulaient pas voir ces horreurs rendues publiques.

« Il a été véhémentement soupçonné d'avoir servi les ministres anglais, notamment le duc de Bedford et lord North ; on a prétendu même que ce dernier se rendait clandestinement chez lui, pour lui donner des notes, afin qu'il les insérât dans les papiers publics, sur les prétendues divisions entre les troupes françaises, leurs généraux, celles des Américains et les leurs ; on a cru aussi, et on a même dit dans les papiers publics, qu'il avait été le principal délateur contre le malheureux de la Mothe (pendu à Londres), et qu'à cette occasion il avait reçu deux cents guinées.

« Depuis quelques années, il paraît avoir changé ce goût pour les libelles, et s'être déterminé à faire oublier, si cela se pouvait, les horreurs dont il s'est rendu coupable, en se rendant utile (c'est-à-dire en se jetant dans l'espionnage) ce qui lui a procuré, par une lettre de monseigneur le comte de Vergennes, la permission de revenir en France, de laquelle il n'usera probablement pas ; car, comme il le dit lui-même, il n'oserait y soutenir la présence des honnêtes gens qu'il a si fort outragés. »

Eh bien ! voilà l'homme qui a fourni à mes ennemis tous les traits dont ils ont cru me déchirer. Voilà l'homme dont ils se sont faits les échos et dont ils ont épousé la haine et la querelle.

CHAPITRE XLII.

Durovray et l'article de Morande. — Le café de Spings-Gardens. — Les propos des gazetiers. — Les boucles des négociants ; la boîte d'or de l'actrice ; le vin de Déoda. — Nouvelles propositions de Swinton. — Brissot les refuse avec horreur. — Rupture avec Swinton. — Sa maison. — Receveur, agent de la police de Paris. — Le commerce des libelles. — L'ambassadeur Demoustier devenu le patron de Morandé. — Le marquis de Pelleport. — Ses libelles. — Son mariage avec une femme de chambre de madame Dupeyrou. — Brissot cherche à le tirer de la misère. — Receveur marchande à Pelleport une Vie de Marie-Antoinette. — Le *Diable dans un bénitier*. — Latour et Brissot engagent Pelleport à supprimer cet ouvrage. — Il résiste ; Vergennes l'attire en France et le fait mettre à la Bastille. — Effroi que cause au ministère français le séjour des gens de lettres à Londres. — Il s'imagine pouvoir acheter quelques orateurs de la chambre des communes pour faire révoquer la liberté de la presse. — Le censeur Aubert. — Moyens employés par le gouvernement français pour obtenir des renseignements sur l'état de l'Angleterre. — M. Lenoir et la fille entretenue.

Après mon voyage des États-Unis, Morande lisait à Durovray un article dans lequel il prétendait que j'avais été repoussé de toutes les sociétés d'Amérique. « Comment ! lui dit Durovray, mais cela n'est pas possible, j'ai vingt preuves du contraire ! — Et moi aussi, répondit Morande ; mais voilà comme je sers mes amis et mes ennemis. » C'est Durovray lui-même qui me répéta ce propos.

J'avais rencontré pour la première fois Morande, en 1779, chez Swinton, dont il fréquentait dès lors la maison avec assiduité. A mon retour en Angleterre, en 1783, me trouvant à dîner au café de Spings-Gardens, j'y vois un homme qui, les yeux fixés sur moi, ne cessait de me considérer, et qui, au bout d'un certain temps, prononça mon nom ; j'en témoigne ma surprise, ne connaissant pas celui qui me nommait, il vient à moi et me décline le sien à l'oreille ; il avait de bonnes raisons sans doute pour se nommer tout bas ; mais, je l'avoue, cette prodigieuse mémoire me fit frémir. Cet homme me disais-je, ne m'a si bien remarqué, sans doute, que parce que je suis une victime qu'il veut frapper ; et je ne me trompais pas dans mon pressentiment.

Je revis une troisième fois Morande chez Swinton, avec un autre folliculaire enrôlé sous les mêmes drapeaux. Que d'impudence ! et quel était mon étonnement ! Faire un métier abominable, et, loin d'en rougir, s'en vanter avec audace : peut-on pousser plus loin l'effronterie et la dépravation ? J'étais stupéfait, muet, honteux, baissant les yeux, et ne pouvant ouvrir la bouche. Ils citaient leurs bons mots les plus affreux, et se vantaient de la noirceur de leur imagination, de la fécondité de leur esprit dans l'invention des anecdotes qu'ils publiaient chaque jour contre les gens les plus recommandables. « Voici qui méritait bien la bastonnade, disait l'un en parlant de lui-même. — Ceci ne valait-il pas la corde ? » répliquait l'autre. L'heureux métier ! l'aimable chose qu'une gazette rédigée par de tels gens ! La victime paie pour effacer son nom, son ennemi paie pour le rétablir et le publier; la loi protége tout, et le public ne fait qu'en rire.

« Tel négociant m'a donné cette paire de boucles pour vanter son magasin et déprécier celui de son rival. — Telle actrice m'a envoyé cette boîte d'or pour la pouster [1]. — Cet excellent vin que je vous ai fait boire, je le tenais de Déoda, fameuse impure qui craignait que je ne révélasse un rendez-vous nocturne contraire à son marché, et une grossesse qu'on cache avec soin. — Avez-vous remarqué mon article sur cet auteur qu'on vante partout, et qui ne m'avait point envoyé d'exemplaires de son ouvrage ? Rien n'est plus amusant que de turlupiner le livre qu'on n'a pas lu. — Et cette société où l'on a entendu nos plus fameux artistes, j'ai bien prouvé que tout y avait paru médiocre et détestable; car on ne m'avait point envoyé de billet. »

---

[1] C'est le terme usité à Londres pour exprimer l'action de prôner. (*Note de Brissot.*)

Tels étaient pourtant les discours de Morande et de son ami ; voilà comment ils se renvoyaient leur mutuelle infamie : et Swinton écoutait et souriait ! En sortant de là je crus m'échapper d'une caverne de voleurs.

Je résolus dès lors d'éviter avec le plus grand soin de revoir jamais de pareils êtres ; je cessai même de fréquenter la maison de Swinton quand je sus que Morande s'y rendait souvent. Ce monstre ne s'aperçut que trop bien de l'horreur que j'avais conçue pour lui, et il fut confirmé dans ses soupçons par le refus que je fis de le recevoir lorsqu'il se présenta chez moi. Telle est la source de l'acharnement qu'il a depuis déployé contre moi. Il pardonnait le crime, mais il ne pardonnait pas le mépris.

C'est pourtant avec ce serpent odieux que Swinton avait imaginé de vouloir m'associer. Il était fatigué des caprices de Latour, qui lui faisait payer bien chèrement la réputation du *Courrier*. Croyant pouvoir le priver de sa propriété, il m'en proposa à deux reprises la rédaction, en offrant 500 louis par an ; c'était la moitié à peu près de ce que recevait Latour, en sorte que Swinton faisait une excellente opération en se dégageant de ses liens. Swinton y mettait une condition à mon acceptation, c'était de travailler en commun avec Morande. A ce nom, je reculai d'effroi...

S'apercevant aussitôt de la double indignation que me causaient ses propositions, Swinton prévint mon impatience à lui répondre, en ajoutant doucereusement que Morande travaillerait sous ma dictée, et serait tout à mes ordres. « Ni sous ma dictée ni autrement, lui repartis-je avec vivacité. En acceptant vos offres je blesserais l'honneur et l'amitié ; mais m'associer avec Morande, mais me souiller dans une pareille coalition, non, jamais ! Je mourrais de faim, et vous m'offririez cent mille livres sterling par an, que je repousserais de telles offres avec horreur. » Swinton, sans rougir, insista, me pria de réfléchir. Je lui rappelai qu'il m'avait dit lui-même que Morande était le plus grand des scélérats ; que l'enfer, à l'entendre, n'avait jamais vomi son pareil ; qu'il avait mérité dix fois l'échafaud. Swinton ne niait rien, ne réfutait rien, convenait de tout. « Tout est vrai, disait-il, mais Morande est le protégé de Beaumarchais, mais il tourne vivement un paragraphe. — Tant pis pour Beaumarchais, tant pis pour vous, tant pis pour celui qui aurait le malheur de se transformer en chef de brigands, car ces paragraphes sont de véritables brigandages ».

Ce fut mon dernier mot, et comme je tiens ferme lorsqu'il est question de haïr, de mépriser, de fuir les méchants, Swinton ne put m'ébranler; il y renonça en disant que j'étais et que je serais dupe de mon honnêteté. Je me souviendrai toujours de ces mots énergiques en anglais : *you have playd the foe*. Depuis, il exécuta son plan, amena le facile et insouciant Latour à lui abandonner le *Courrier de l'Europe*, et il en confia la rédaction à celui qu'il m'avait dit être digne du gibet. Cette étrange conduite était facile à concevoir. Un homme sans talent et déshonoré n'a pas droit à un grand salaire, et Swinton eût été digne confrère de ce libraire de la rue Saint-Jacques, qui s'écriait :

« Que ne puis-je tenir dans un grenier Voltaire, Helvétius et Diderot sans culottes? comme je gagnerais de l'argent! comme je les ferais travailler! »

Témoin d'une semblable association, j'en rougis pour l'homme que je ne pouvais déjà plus regarder comme mon ami. Je lui déclarai que voulant fuir l'air empesté que respirait son rédacteur, je ne mettrais plus le pied dans sa maison, et je tins parole. La froideur succéda à notre liaison, l'aigreur remplaça bien vite la froideur. Je n'avais point d'animosité, point de colère, je ne cherchais qu'à oublier; Swinton ne chercha qu'à me nuire. L'Écossais raconta bien vite à Morande les causes de notre rupture. La rage et la vengeance agitèrent son âme, et il jura de se venger à toutes les occasions : elles ne devaient pas lui manquer.

Un autre personnage m'éloignait encore plus de la société de Swinton. J'avais appris un jour qu'il était enfermé dans une conférence très-directe avec Receveur, l'un des principaux espions de la police de Paris. Je frémis à cette nouvelle. « Comment! lui dis-je, votre maison est l'asile des espions? il n'y a plus de sûreté à y mettre le pied » : et je me retirai. Le mot fut reporté à Receveur, et ce fut un des grands chefs d'accusation qui me firent mettre depuis à la Bastille, ainsi que je m'en convainquis par une lettre de ce scélérat qui se plaignait à M. Lenoir de mon irrévérence envers les suppôts de la police.

Londres était alors le foyer d'un commerce bizarre qui se faisait sur les libelles. Cinq à six Français couverts de dettes et d'opprobre, abusés par le succès passager du corsaire Morande, avaient imaginé de menacer le gouvernement français des écrits les plus virulents, si on n'assouvissait pas leur faim par des sommes assez considérables. Vergennes fut ébranlé, et il envoya Receveur en Angleterre pour négocier; cette frayeur était stupide, car il ne se vendait pas six exemplaires de ces libelles à Londres; et il était facile au gouvernement d'en empêcher l'introduction en France. Quoi qu'il en soit, Receveur, intéressé à vanter le danger, parce qu'il espérait en profiter, partit et disposa ses batteries. Il crut que le meilleur moyen était de mettre dans ses intérêts le chefs des brigands, et il s'assura de Morande par un tribut considérable que le gouvernement s'engagea de lui payer. Croira-t-on que le ministre de France qui était alors en Angleterre, le comte De Moustier, que depuis j'ai revu en Amérique, et que j'ai peint dans mes voyages; croira-t-on que cet ambassadeur fut l'agent de cette séduction, et qu'il ne rougit pas de s'afficher pour le patron de Morande? — Au surplus, nul homme ne connaissait mieux et les tripots, et les aventuriers qui fourmillaient dans Londres.

Du nombre des spéculateurs en libelles était ce marquis français appelé Pelleport dont j'ai parlé plus haut. Pelleport avait de l'esprit, l'apparence de la bravoure, un goût effréné pour le plaisir, un mépris profond pour toute espèce de moralité. C'était une sorte d'Alcibiade qui se prêtait à tous les rôles qu'on voulait lui faire jouer. Étant en Suisse dans la misère, il était devenu amoureux d'une femme de chambre de madame Dupeyrou, qu'il avait épousée malgré toutes les remontrances de cette dame. Marié avec elle, il s'était fixé comme maître de français et de mathématiques dans la charmante vallée du Locle. Il y vécut quelques années heureux et très-rangé; plusieurs enfants avaient été le fruit de ce mariage, mais son inconstance vint bientôt troubler son petit ménage. Il voulut revoir la France; il s'y promettait un brillant établissement. Sa femme, séduite par ses tableaux, le laissa partir, et Pelleport, arrivé à Paris, y tomba bientôt dans sa vie dissipée, contracta des dettes, et fut obligé de se sauver en Angleterre. La bienfaisante madame Dupeyrou, qui savait que je devais me fixer dans cette île, m'intéressa en faveur de sa femme. Elle est dans le besoin, me disait-elle; sans moi elle ne pourrait soutenir ses enfants, son mari ne lui envoie rien; procurez-lui de l'ouvrage, et engagez-le à se souvenir de ses enfants. J'en contractai l'obligation, et je m'empressai à mon arrivée à Londres de l'aller voir. Son air franc me séduisit, et l'esprit dont il me paraissait doué me fit croire qu'il était possible de le retirer de sa vie ordinaire. Il était déjà employé dans une école; plusieurs traductions et une place fixe que je lui procurai le mettaient à même de vivre avec aisance; mais son tempérament et des habitudes vicieuses l'emportèrent sur ses résolutions et sur mes efforts. Il vit dans la spéculation sur les libelles un moyen de gagner de l'argent sans beaucoup de peine, et il en devint le chef. Il me parla un jour d'une vie de Marie-Antoinette que Receveur marchandait; je lui demandait si elle existait, s'il en était l'auteur. Il me répondit que j'étais trop honnête homme pour qu'il pût me faire de pareilles confidences, et je ne lui en parlai plus que pour l'engager à renoncer à ce trafic qui tôt ou tard causerait les malheurs de sa vie; il rit de ma prédiction, qui ne se vérifia que trop. J'ai appris depuis que le marché ne put se conclure. Pelleport demandait 500 louis; Receveur, qui voulait sa part, n'en offrit que 300; Pelleport, furieux, publia contre Receveur, Morande et la police, l'écrit satirique qui fit tant de bruit dans le temps sous le nom du *Diable dans un bénitier*. Je le lus chez Latour, et je frémis du danger où il allait jeter Pelleport; il arriva comme nous en causions; nous réunîmes tous nos efforts pour l'engager à le supprimer ; Latour eut même la générosité de lui offrir de payer tous les frais; Pelleport refusa, il voulait se venger, et il paya chèrement son opiniâtreté, car le ministre Vergennes eut l'adresse, en lui faisant faire des propositions avantageuses par Swinton, de l'attirer en France; et à peine eut-il mis le pied à terre qu'il fut arrêté et conduit à la Bastille où cinq années du plus étroit emprisonnement expièrent son imprudence.

Rien ne pouvait égaler la frayeur que causait au ministre français le séjour d'un homme de lettres à Londres et l'indépendance dont y jouissaient les écrivains; cette frayeur était telle, qu'il conçut le projet le plus extravagant pour étouffer en Angleterre la liberté de la presse. Il s'imagina qu'avec de l'argent on pourrait acheter quelque orateur accrédité de la chambre des communes, et qu'aidé de son éloquence on pourrait mettre le génie aux fers. Une négociation fut réellement entamée avec Shéridan sur cet objet; Morande, qui s'amusait aux dépens du ministre français, le berçait de l'espérance du succès; il dressa même un projet de bill. Le bruit s'en répandit à Londres, et bientôt on vit pleuvoir les pamphlets; quelques lettres parurent dans le *Courrier de l'Europe*; Pelleport en était l'auteur, et ce fut un nouveau crime; elles désolèrent Vergennes, qui fit donner une semonce vigoureuse au rédacteur du *Courrier* par son censeur ou valet, l'abbé Aubert. Je lus les lettres; Latour me confia la clef du chiffre qu'employait ce plat serviteur du gouvernement français. La particule *on* était le mot qui désignait Vergennes sans le compromettre; c'était sous le mystère de cette particule que je le vis un jour réprimander le rédacteur des éloges qu'il avait donnés à Necker. Cet encens avait déplu au ministre suprême, il menaçait de sa colère l'humble rédacteur s'il retombait dans la même faute.

On ne peut rien concevoir de plus ignorant que le ministère français. J'exprimais un jour à la Bastille, à M. Lenoir, mon étonnement de ce qu'un pareil projet était entré dans la tête d'un homme d'État.

« Rien n'est plus vrai, me répondit-il, rien n'était mieux

combiné que ce plan. — Mais vous ne savez donc pas, lui dis-je, que la majorité abandonnerait le ministre qui oserait toucher à la liberté de la presse, et qu'un orateur de l'opposition tomberait dans le plus profond mépris s'il appuyait ce projet liberticide? — Tout s'aplanit, en Angleterre comme en France, avec de l'argent. — Soit; cependant on ne paie pas un homme pour s'égorger, car nul prix ne paie la vie. Mais de qui donc, ajoutai-je, tirez-vous vos lumières sur l'Angleterre? — D'une excellente source, » me répondit-il... Je tombai de mon haut quand j'appris que cette excellente source était celle d'une fille entretenue qui avait passé trois années à Londres, et qui dans ses petits soupers donnait à Lenoir des leçons de politique anglaise. Et voilà les hommes qui gouvernaient la France!

Plus occupés de leur sûreté personnelle que du bien de l'État, ils ne voyaient dans l'Angleterre qu'un département qu'ils voulaient assujettir à l'inspection de leur police. Vergennes avait formé à cet égard un plan très-vaste, au bout duquel il se proposait de priver de ce dernier asile la liberté d'écrire, et même de respirer. Par ses intrigues et de l'argent il avait déjà su la bannir de presque tous les États de l'Europe.

CHAPITRE XLIII.

Linguet sort de la Bastille. — Il est obligé de quitter tour à tour la Suisse et la Hollande. — Il se réfugie en Angleterre. — Son étonnement d'y être inconnu. — Brissot renoue ses liaisons avec lui. — Le peuple est prédestiné à l'ignorance comme à la méchanceté. — Le despotisme de la Turquie est préférable au régime de l'Angleterre. — Le pot de chambre de Rousseau. — Grands principes de vertu de Linguet et de sa maîtresse. — M. Butet. — Il accueille Linguet et lui offre sa bourse et tout ce qui lui appartient. — Linguet enlève madame Butet et cent mille livres. — Services qu'a rendus Linguet à la liberté en prêchant le despotisme. — Il grimace la liberté entre Danton et Camille Desmoulins. — Son factum pour Pondichéry. — Secret de sa fortune. — Sa rupture avec Brissot.

Linguet me parlait un jour à Londres de cette prétention à une tyrannie universelle ; il m'en citait un exemple : sorti de la Bastille et craignant d'y rentrer par quelque fantaisie du pouvoir, il avait pris la fuite. La Suisse lui parut impénétrable à la recherche du ministère français ; il s'y réfugia, mais à peine avait-il passé quelques jours à Berne, que l'avoyer l'avertit charitablement que si son gouvernement le réclamait, il serait difficile de ne pas avoir quelque complaisance pour ce gouvernement, qui traitait les Suisses avec générosité. Ayant justement conçu les mêmes craintes pour son séjour en Hollande ou en Flandre, Linguet résolut de se fixer à Londres ; le mal qu'il avait dit autrefois de la constitution britannique lorsqu'il exaltait le despotisme dans ses ouvrages, l'ignorance où il était de la langue anglaise l'en avaient d'abord éloigné, mais sa sûreté personnelle le força à passer pardessus ces considérations.

Arrivé à Londres il fut très-surpris d'y être entièrement ignoré ; il croyait que l'Angleterre retentissait comme la France de son nom, et il fut confondu d'être à peine connu de quelques hommes de lettres et de quelques voyageurs qui avaient visité le continent.

A peine fut-il débarqué que je m'empressai de le voir et de renouer mes liaisons avec lui : il était persécuté; il était étranger dans le pays qu'il choisissait pour asile, et il en ignorait la langue; je crus devoir lui offrir mes services, et demander ses conseils pour mes propres entreprises. La confiance qu'il me montra d'abord m'attacha vivement à lui, et malgré toutes les belles recommandations de Villar et des philosophes, je ne voulus pas sans raison me montrer infidèle à une ancienne amitié. Alors je ne connaissais pas le cœur de Linguet. Je tentai de lui être utile en lui procurant les moyens qui pouvaient être en mon pouvoir pour faire introduire ses ouvrages en France, et je ne tardai pas à m'apercevoir que la cupidité et la vanité étaient les seuls mobiles qui le dirigeaient. Il portait la défiance à l'excès; elle n'était égalée que par le mépris profond qu'il avait pour le genre humain.

Après avoir un jour parcouru mon *Traité sur la vérité*, il me dit que j'étais la dupe de mon imagination et de ma sensibilité, que le peuple ne méritait pas qu'on se sacrifiât pour lui, qu'il était prédestiné à l'ignorance comme à la méchanceté.... Mais pourquoi donc écrivez-vous, lui disais-je, pourquoi résistez-vous au despotisme ? Il me fit entrevoir que l'amour de la gloire était son unique objet; on peut, on doit tout risquer pour elle. Quant au peuple, il lui semblait si peu fait pour la liberté, que, même après avoir passé vingt-deux mois à la Bastille, il préférait encore au régime de l'Angleterre le despotime de la Turquie. Je jugeai son âme par deux autres traits : il avait lu mes *Réflexions philosophiques sur Saint Paul*; étonné de ma hardiesse, il me dit qu'elles me conduiraient à ma perte ; qu'il était des préjugés qu'il fallait respecter, que la religion était de ce nombre. Certainement, ajouta-t-il, vous ne me croyez pas assez stupide pour adopter les rêveries de nos prêtres, et cependant, dans tous mes ouvrages, je me suis fait la loi de les respecter et même de défendre les ministres d'un culte que je méprisais; j'avais deux objets en vue, je voulais conserver un frein nécessaire au peuple, et m'assurer un appui redoutable contre la robe qui me persécutait.

Qu'un capucin, encroûté de ses préjugés, défende sa religion, je le lui pardonne; il obéit à sa conscience. Mais défendre des impostures qu'on connaît et qu'on méprise intérieurement, c'est se livrer à une hypocrisie qui ne peut qu'exciter l'indignation des hommes vertueux et éclairés, à quelque secte qu'ils appartiennent.

L'éloge que j'avais fait, dans mon *Traité de la vérité*, d'Héloïse et des *Confessions* de Jean-Jacques irritait beaucoup Linguet et la femme avec laquelle il vivait. « Rousseau, me disait-il, est un fou qui, après nous avoir pendant sa vie débité mille extravagances, termine la farce en nous jetant son pot de chambre au nez. Comment pouvez-vous estimer un homme qui s'avoue coupable d'un vol, et qui vous raconte les plus sales amours? Non, je ne voudrais pas avoir commis la centième partie des crimes de J.-Jacques, ou j'irais me jeter dans la Tamise... » Et moi aussi, s'écria de concert sa vertueuse compagne, oui, j'irais cacher ma honte au fond de l'eau.

J'avoue qu'à ce langage je restai pétrifié! car si je ne croyais pas alors tout ce qu'on publiait de la conduite de Linguet et de sa maîtresse, j'en savais pourtant assez pour m'étonner de cet accès de vertu qui les transportait l'un et l'autre. Depuis j'eus bien plus de raisons d'en être surpris.

Je me trouvais dans le Perche en 1785, chez un ami de M. Butet, manufacturier de ces étamines de Nogent-le-Rotrou, qui sont la source de sa fortune. Voici ce qu'il me raconta, et il le tenait de M. Butet lui-même. Lorsque Linguet, exilé à la suite de l'affaire de Bellegarde, se retira à Nogent-le-Rotrou, le riche manufacturier l'accueillit non-seulement à bras ouverts, mais il lui offrit sa maison, sa bourse, le força de prendre la clef de son secrétaire, lui permit d'y puiser, et de regarder tout ce qui lui appartenait comme appartenant à lui-même. Linguet prit la chose au pied de la lettre ; il séduisit la femme de son généreux hôte; il l'enleva après lui avoir ouvert le secrétaire, d'où madame Butet emporta pour environ cent mille livres d'effets et de lettres de change. Et cet homme parjure à l'amitié, à la reconnaissance, cet homme, coupable d'un rapt scandaleux, d'une affreuse violation de l'hospitalité, et qui avait promené partout le témoin vivant de son crime, s'indignait que Rousseau révélât le vol d'une aune de rubans! Et sa complice adultère, chargée des cent mille livres dérobées à son mari, à la seule idée d'avoir commis des fautes bien plus légères, parlait de se jeter dans la Tamise! Ah! elle n'aurait pas dû en parler, mais elle aurait dû le faire!

On me blâmera peut-être de révéler ces anecdotes; une pareille révélation serait criminelle, s'il s'agissait de quelque personnage obscur. Mais le bien public exige que l'on démasque les écrivains qui, ayant acquis quelque célébrité, peuvent, par leurs ouvrages, induire le peuple en erreur.

On ne peut refuser à Linguet de la chaleur dans le style, des images brillantes, du talent pour le sarcasme. Il a rendu service à la liberté sans le vouloir, en attaquant avec opiniâtreté la tyrannie de la robe et celle des académies, en heurtant ouvertement l'inquisition à laquelle nos visirs assujettissaient toutes nos productions littéraires. Mais on doit le blâmer d'avoir prostitué son talent au panégyrique du despotisme, à la défense des causes les plus iniques, des paradoxes les plus révoltants, à la satire des écrivains les plus respectables. Linguet voulait des autels, et voulait les composer des débris des statues de grands hommes qui valaient mieux que lui. Si l'utilité publique est le sceau du vrai talent, et le garant d'un réputation immortelle, on s'explique pourquoi le nom de Linguet est mort de son vivant même. La révolution l'a surpris composant encore la satire du peuple et de la liberté. L'habitude datait de trop loin; elle était trop fortement enracinée pour que l'arbre pût se plier dans un autre sens. Aussi Linguet ne parut-il que grimacer la liberté, lorsqu'en 1791 il voulut se faire cordelier sous les auspices de Danton et de Camille Desmoulins. Il regardait le club des Cordeliers comme une piscine où s'effaceraient toutes ses prédications en faveur du despotisme. Personne ne fut la dupe de cette hypocrisie tardive. On le fit secrétaire de la *Société des amis de la liberté de la presse*; cette société se formait alors pour combattre les efforts de l'aristocratie qui voulait étouffer toute espèce de liberté. Je refusai de servir avec un collègue que je mésestimais. Linguet se retira et se plongea dans une profonde obscurité, dont il n'est sorti que pour venir un jour à l'assemblée législative débiter un *factum* fort ennuyeux en faveur de quelques habitants de Pondichéry; *factum* qu'il ne put achever parce qu'on baillait, et il le déchira de dépit.

Cependant la fortune a voulu qu'il ait fait un bon calcul en se jetant dans la retraite, car s'il a perdu la célébrité, il a du moins acquis le repos, et il est difficile de croire qu'avec un caractère aussi violent, aussi irascible que le sien, il n'eût tôt ou tard, au milieu des orages qui ont signalé notre révolution, succombé sous le poids des persécutions. On ne lui eût pardonné ni son talent, ni ses satires, ni ses principes, ni sa vie passée [1]. Ses spéculations sur les besoins et les intérêts des princes, plutôt que ses spéculations en littérature, lui avaient procuré une fortune considérable; et ce n'est pas un des traits les moins singuliers et les moins humiliants pour l'esprit humain et pour les princes, que tel numéro des *An-*

---

[1] La révolution ne pardonna rien à Linguet; la retraite au sein de laquelle il vivait obscur ne le fit point échapper à ses coups. Enlevé à la tranquille demeure qu'il s'était choisie près de Ville-d'Avray, il fut traduit devant le tribunal révolutionnaire; les juges, oubliant ses derniers gages donnés à la liberté, et ajoutant le persiflage à la cruauté, lui firent expier par d'atroces plaisanteries ses anciens ouvrages en faveur du despotisme. On trouva dans ses papiers un brouillon de lettre qu'il avait eu le projet d'envoyer à Louis XVI pour lui offrir d'être son défenseur devant la Convention nationale. Linguet ne répudia ni la lettre, ni le dessein dans lequel il l'avait écrite; et ce trait, qui hâta sa condamnation à mort, doit rendre plus indulgent pour les fautes de sa vie. Linguet, semblant prévoir l'oubli où tomberaient ses écrits, la plupart dictés par des passions du moment et dans l'aberration de son esprit, avait consacré ses dernières veilles à une histoire de France qu'il regardait comme un ouvrage digne de transmettre son nom à la postérité. Ses manuscrits devinrent la proie des soldats employés à l'École-Militaire, qui en firent des cartouches (M.)

nales de Linguet lui ait valu 10,000 livres, tandis que l'*Héloïse* n'en rapporta pas quatre mille à Rousseau. Linguet se faisait craindre des grands et des ministres, voilà le secret de sa fortune.

On doit bien penser qu'il me fut difficile de vivre longtemps dans l'intimité avec un écrivain dont le caractère et les vues contrastaient si fortement avec les miens. Une querelle que, dans sa défiance excessive, il me fit pour me marquer sa reconnaissance d'un service que je lui avais rendu, me força de rompre avec lui.

CHAPITRE XLIV.

La correspondance politique. — Les ouvrages français en Angleterre. — Brissot est abandonné de Villar et d'Élie de Beaumont. — L'économiste Saint-Flomel. — Le tableau des sciences et des arts. — Solitude de Brompton. — Les aventuriers français. Prix d'un service rendu. — Histoire de Chavannes. — Sa naissance illustre. — Son union avec une roturière. — Sa réclamation d'une dette de Louis XV. — La recommandation de la duchesse de Polignac. — M. Jennings. — L'audience de Maurepas. — L'ordre d'exil. — Le comte de Ségur et M. de Vergennes. — Arrivée à Bruxelles ; l'abbé Raynal. — Les voleurs et les haillons. — Le poème de l'*Amérique délivrée*. — Les libraires et les voleurs. — Le Mercure Hollandais. — Projet d'émigration en Virginie. — John Adams. — La lettre de recommandation de Lafayette. — La chapelle et la grêle. — La souscription. — L'enlèvement de Mirabeau d'Amsterdam. — Démarches de Brissot en faveur de Chavannes. — Le comte d'Andlaw ; la princesse de Chimay ; la duchesse de Polignac ; l'abbé d'Espagnac ; madame Victoire tante de Louis XVI. — Le louis du comte d'Estaing.

Je me dédommageai facilement de ma rupture avec Linguet, par la connaissance de quelques hommes de lettres et savants anglais ; je le dus à l'exécution de mes divers projets.

A peine arrivé à Londres, j'avais pris des arrangements pour y établir une *Correspondance philosophique et politique* ; mais le succès ne répondit pas à mon attente ; on imprimait bien les divers numéros que je composais, mais à peine en vendait-on quelques exemplaires, et les libraires paraissaient même me faire grâce en se chargeant du débit.

Quoique la langue française soit en général assez répandue à Londres, cependant on y estime peu les écrivains français, et on les lit encore moins. Je doute que Voltaire, Rousseau, ou Raynal y aient jamais plus de cent lecteurs ; je parle de l'original français. Car, et c'est une autre remarque importante à faire, presque tous les bons ouvrages français sont rapidement traduits en anglais.

Le succès de ma correspondance fut assez considérable en Allemagne pour que Virchaux, libraire à Hambourg, en entreprit une édition; mais il absorbait tous les profits, et je ne retirai de mes liaisons avec lui que des embarras et le désagrément d'être compris dans sa banqueroute.

En France, le ministère, effrayé de cet ouvrage, donna des ordres pour l'arrêter partout; pas un exemplaire ne pénétra, et je perdis cette édition.

Malgré tous ces désagréments, j'eus le courage d'imprimer douze numéros formant deux volumes in-octavo, et je crois fermement qu'ils eussent contribué à accélérer la révolution si l'accès leur eût été ouvert en France. Mais je fus complétement joué par mes deux collègues Élie de Beaumont et Villar. Malgré les serments qu'ils voulaient sceller de leur sang, je ne reçus d'eux ni secours pécuniaires, ni correspondance, ni appui pour faire passer l'ouvrage en France. L'un ne disait mot, et l'autre ne m'écrivait que des mots.

Ce lâche abandon ne me fit pas perdre courage; je me confirmai même dans mon projet en voyant Saint-Flomel en tenter un semblable. C'était un économiste outré qui, jadis employé dans la diplomatie, y avait été fort mal récompensé de ses services, et qui s'était réfugié en Angleterre pour y prêcher avec plus de sûreté les principes de la liberté. Mais environné d'espions, trompé par des entremetteurs, l'honnête Saint-Flomel fut victime de sa crédulité, et mourut martyr de sa frénésie pour l'indépendance.

Le sort qu'il éprouvait me fit voir que je lutterais en vain contre les difficultés, et que je perdrais le fruit de mes travaux si je ne changeais pas de route. Convaincu de l'insurmontable difficulté de faire parvenir régulièrement en France et par contrebande un ouvrage périodique, qui contiendrait des vérités hardies sur les gouvernements, je crus devoir changer de batteries et employer la mine au lieu de les dresser ouvertement.

La constitution anglaise, que j'avais étudiée sur les lieux mêmes, m'avait paru, malgré ses défauts, pouvoir servir de modèle aux sociétés qui voudraient changer leur régime. Elle était peu connue en France. Le livre de Delolme, qui n'est qu'un ingénieux panégyrique de cette constitution, n'était alors que dans les mains des savants. C'était en détail, et chaque jour, qu'il fallait la faire connaître, et la faire connaître c'était la faire aimer, la faire désirer. Mais le gouvernement français, craignant de voir trop de lumières éclairer ce sujet, était en garde. Il fallait le tromper, je lui fis donc demander une permission pour imprimer un journal qui serait *le Tableau exact des sciences et des Arts en Angleterre.* Ce titre n'avait rien d'effrayant, et l'appui de quelques personnes puissantes me fit obtenir un privilége, qu'on assujettit cependant à la condition que, composé et imprimé en Angleterre, il serait réimprimé à Paris et soumis à une censure très-sévère.

Je ne m'étendrai point ici sur cette entreprise; j'en ai déjà donné les détails dans d'autres Mémoires et dans les divers écrits que j'ai publiés en 1791; je me bornerai ici à rapporter quelques faits que j'ai omis et que j'ai dû omettre dans ces écrits; avant d'en rendre compte, je dois parler de la vie que je menais à Londres.

Renfermé dans ma solitude de Brompton, je n'en sortais que pour voir mon imprimeur, ou dîner chez Latour, ou respirer l'air pur de la campagne; car tandis que je voyais la ville de Londres plongée dans les brouillards, le ciel était clair dans les environs de Brompton. Avec quelles délices je les parcourais, souvent un livre à la main, plus souvent encore réfléchissant sur le bonheur de jouir de la liberté de penser, et de n'avoir pas à redouter les verrous de la Bastille! Avec quel plaisir je vis poindre les jeunes bourgeons de 1783! Seul avec moi-même, ayant peu de besoins, ne désirant ni les sociétés, ni les amis nombreux, ni les spectacles bruyants, j'aurais passé toute ma vie dans cette solitude.

Elle était quelquefois troublée par les visites d'importuns. De ce nombre étaient des aventuriers français qui, réduits à la dernière misère, s'adressaient à moi pour les soulager dans leurs besoins. J'avais peu, je leur donnais toujours, et j'en reçus souvent des désagréments. Je me rappelle entre autres d'avoir fait une souscription pour un jeune officier couché sur la paille; il m'en témoigna sa reconnaissance en me dénonçant au gouvernement français lorsque ce gouvernement l'eut acheté.

Cette ingratitude ne me rebuta point, et parmi les personnes qui réclamaient mes secours et mes services, il n'en est peut-être pas une qui puisse dire que je n'ai pas cherché à l'obliger. Je m'en serais fait un devoir par ma position et pour l'honneur de mes entreprises philanthropiques, quand je n'aurais pas trouvé dans mon cœur un sentiment naturel de bienveillance pour tous les hommes.

Celui qui m'intéressa le plus vivement en sa faveur par la bizarrerie de ses aventures autant que par l'originalité de son esprit, était un Lyonnais, comte ou marquis, mais qui me paraissait avoir abjuré les préjugés de sa naissance. Il s'appelait Chavannes de la Giraudière; il se prétendait issu d'une des plus anciennes et des plus aristocratiques familles de France; et cette famille, qui n'avait que des parchemins pour toute fortune, l'avait repoussé de son sein et lui avait voué la haine la plus implacable, parce qu'à l'âge de dix-huit ans il s'était uni à une jeune et jolie personne qui avait le malheur d'être roturière. Chavannes s'aperçut bientôt que sa femme avait un plus grand défaut que sa roture. Il s'était hautement glorifié de son union avec elle; il dévora en secret tous les chagrins que le caractère et les vices de sa compagne lui firent éprouver. Cette femme avait fait pendant quinze ans le tourment de sa vie, et lui avait donné quinze enfants dans cet intervalle. Ceci semble prouver qu'au milieu des querelles de ces époux, il y avait de fréquents raccommodements.

Après sa mort Chavannes était sorti de la retraite où il s'était confiné, et était venu solliciter à la cour une somme de cent milles livres due par Louis XV à son père. Il avait su intéresser en sa faveur et les princes et les princesses, et la reine elle-même, à qui il avait été présenté par la duchesse de Polignac; mais toutes ces belles recommandations ne lui firent pas même obtenir une place qui le dédommageât de la dette qu'on ne voulait pas plus payer que reconnaître. Chavannes, qui avait passé cinq ans d'antichambre en antichambre, eut bientôt mangé le peu de fortune qu'il possédait en attendant celle qu'il espérait en vain. Sa famille, réduite à un fils et deux filles, vint le joindre à Paris, et acheva bientôt d'épuiser ses ressources; il fut forcé, pour subsister, de donner des leçons de langue. Un de ses élèves fut M. Jennings, que j'ai connu à Londres, et qui me confirma une partie des faits que Chavannes lui avait avancés. Après le départ de cet Américain, Chavannes fut réduit au désespoir. Son frère aîné, qui servait sous le comte d'Estaing, venait d'être tué à Savannah, et son fils était malade, et à toute extrémité. Il courut à Versailles et se rendit à l'audience de Maurepas, auquel il annonça la mort de son frère et se montra comme le dernier rejeton d'une illustre famille, prêt à mourir de faim, tandis que les cent mille livres qui l'auraient fait vivre étaient arbitrairement séquestrées dans les coffres royaux. Il parla au ministre tout-puissant du ton d'un homme profondément irrité et pénétré de ses droits. Maurepas l'écouta tranquillement devant vingt personnes qui l'entouraient, et il lui tourna le dos sans répondre un mot : mais à peine Chavannes avait-il fait un pas hors de l'antichambre, qu'un estafier vint lui annoncer de la part du roi de sortir à l'instant de Versailles, et de se rappeler qu'il y avait une Bastille à Paris. Chavannes court à l'instant chez le comte de Ségur et chez Vergennes : le premier lui donne vingt-cinq louis; l'autre lui en donne trois et tous deux l'engagent à fuir au plus vite et à ne pas même s'arrêter à Paris. Tel était le régime despotique du dernier règne qu'on a voulu nous donner comme un modèle de douceur et de paternité.

Chavannes se retira à Bruxelles : il y reçut la visite de l'abbé Raynal, qui lui apprit que Maurepas venait de mourir; mais l'exilé ne prévit rien de meilleur pour lui d'un gouvernement qui ne faisait que changer d'homme et non de système. Il gagna Anvers, où il fut complètement dévalisé par des voleurs, et s'arrêta à Amsterdam avec ses enfants, n'ayant pour toute fortune que les haillons qu'on leur avait laissés sur le corps.

Ce fut là que Chavannes composa son poëme de l'*Amérique*

délivrée, ou plutôt l'esquisse d'un poëme sur l'indépendance de l'Amérique. Il fut pillé, rançonné par son libraire, comme il l'avait été à Anvers par les voleurs, et ne retira pas une obole, mais un procès, pour prix de quatre mille vers. Après avoir enduré tout ce qu'un homme peut supporter de misère et d'injustice, il fonda une feuille politique et républicaine, sous le nom de *Mercure Hollandais.* Cette feuille était son unique et précieuse ressource, elle faisait vivre toute sa famille; mais qu'était-ce que vivre dans cet état précaire, au milieu d'étrangers à l'esprit mercantile, et dont il espérait peu de soulagement pour l'avenir ?

Chavannes avait connu à Paris un riche Américain qui, touché de ses infortunes, lui avait promis deux cents arcs de terre près de Richemont, en Virginie, s'il voulait jamais gagner les États-Unis. Il avait pour garant de cette promesse Jennings et John Adams. C'était à John Adams qu'il avait dédié son *Amérique délivrée.* Le général Lafayette lui avait offert des lettres de recommandation pour Washington, et il espérait beaucoup de l'amitié d'Arthur Lee et de plusieurs citoyens de la Virginie. C'était pour que je l'aidasse à effectuer cette transmigration qu'il avait réclamé mes services.

Chavannes avait substitué à ses enfants le peu de biens qu'il possédait en France, et sa famille, qui aurait bien voulu qu'il s'expatriât, mais qui ne voulait point qu'il emmenât son fils, le *dernier du nom,* trouvait chaque année mille moyens pour retarder ou le priver de ses revenus. Une des meilleures raisons de refus qu'on lui ait alléguées, c'est que le feu du ciel avait brûlé une maudite chapelle bâtie dans ses fonds. On voulait qu'il la fît réparer à ses frais, sous prétexte qu'elle préservait la paroisse de la grêle, quoiqu'il ait grêlé dix ans de suite sur le terrain même qu'elle occupait : il y avait vraiment de quoi rire, si la position du pauvre Chavannes n'avait pas été digne de pitié.

Puisqu'il ne pouvait ni vendre son bien, ni en toucher le revenu, et qu'en abandonnant son *Mercure Hollandais* il eût abandonné tout ce qu'il possédait, il fallait donc, à défaut d'un roi qui lui faisait banqueroute, et d'une famille dont quelques personnes avaient le tabouret chez la reine, que Chavannes s'adressât à la générosité publique. Voilà où il en était réduit, et c'est moi qu'il chargeait de cette mission difficile. Chavannes, non par orgueil, mais par crainte, désirait que je proposasse, à Londres et dans les journaux, une souscription en sa faveur. Il ne demandait qu'une somme assez forte pour se transporter en Amérique avec ses enfants et quelques amis attachés à son destin ; mais il ne voulait point être nommé. Il venait de voir enlever sous ses yeux, en plein jour, Mirabeau, son compagnon d'exil, en vertu d'un ordre de la cour de Versailles transmis à la régence. Il craignait que sa famille, pour retenir son fils, dont il ne voulait pas se séparer, n'obtînt également contre lui quelque lettre de cachet.

On sent bien les difficultés que devait éprouver une souscription en faveur d'un homme qu'il ne fallait désigner que par des termes généraux, et qui ne s'appliquaient plus qu'à un malheureux déchu de sa position sociale et de sa fortune. Ce n'était plus le publiciste et le poëte patriote qu'il fallait recommander, mais un nom de grand seigneur anonyme pour qui l'on devait solliciter. J'avais d'ailleurs, depuis six mois, cessé toute relation avec le *Courrier de l'Europe*, journal dans lequel Chavannes eût désiré faire annoncer sa souscription ; les termes dans lesquels il l'avait rédigée, la confiance qu'il m'y témoignait, l'auraient fait exclure par ceux qui dirigeaient ce journal. Je ne pus donc lui être d'une grande utilité ; je tentai néanmoins la souscription par un autre moyen : j'écrivis en même temps à plusieurs personnes sur l'intérêt desquelles il devait compter, et s'il n'obtint pas tout ce qu'il désirait, il en dut recevoir du moins quelque soulagement.

Chavannes s'était proposé d'écrire les mémoires de sa vie sous le titre de *Mémoires d'un homme de condition* ou *de qualité*. Il changerait sans doute ce titre aujourd'hui qu'il ne doit plus y avoir d'autre qualité que celle du mérite et de la vertu. J'avais d'abord craint que tout ce qu'il me racontait de ses infortunes et des cruautés de sa famille ne fût pure invention ; car je ne pouvais accorder sa position misérable avec le rang des personnes qui paraissaient devoir s'intéresser à son sort. Je me rappelle qu'il ne me citait que princesses et duchesses, comtes et marquis : c'étaient les d'Andlaw, les Chimay, les Polignac ; c'était aussi l'abbé d'Espagnac, auquel j'aurais pu en parler depuis, c'était même madame Victoire, qui avait jadis chargé madame de Ségur, sœur de madame Lafayette, de lui remettre dix louis de sa part. Toutes ces personnes avaient été témoins ou pouvaient du moins attester la conduite de Maurepas à son égard, et le malheur dans lequel Chavannes avait été plongé. Ce malheur fut si grand, que le comte d'Estaing n'hésita pas à remettre un louis dans les mains de la garde-malade de son fils.

J'ai raconté tous ces détails pour montrer comment on faisait naguère expier en France le crime de s'être élevé au-dessus du préjugé de la naissance, et d'avoir parlé à un ministre avec l'accent de la justice et de la liberté. On voit aussi, comme dans le récit de Linguet, de quel réseau tyrannique les ministres et les rois voulaient entourer leurs frontières et celle des étrangers. L'Angleterre était peut-être le seul pays où l'on pût se croire en sûreté contre les sbires de leurs diverses polices. Espérons que l'exemple donné par la révolution française fera sortir tous les peuples de leurs prisons, et les engagera à briser leurs fers. Il est par trop outrageant pour l'humanité que des millions d'hommes se laissent tyranniser par les caprices de quelques individus, et qu'on n'ait pas même le triste privilége d'éviter leurs coups en fuyant loin de la patrie, qu'ils appellent insolemment leurs états.

CHAPITRE XLV.

Persécution des Génevois réfugiés en Irlande. — Plan de la Nouvelle Genève. — Circonstances qui font avorter ce projet. — Satire de Mallet-Dupan contre Brissot. — Jours heureux de Brissot, réuni à sa nouvelle famille. — Commencement de ses malheurs. — Établissement du Lycée de Londres. — Association avec Desforges. — Caractère de cet homme à projets. — Ses promesses et son dévouement. — Ce que, c'était que Desforges. — L'héritier du laquais Thierry. — Desforges veut vivre sous le même toit que Brissot. — Il essaie de lui rendre sa femme odieuse. — Premières hostilités de Desforges. — Les aventuriers et Pelleport.

Le gouvernement français persécutait alors les Génevois qui se réfugiaient en Irlande; on me savait lié intimement avec eux, et les espions qui m'environnaient ne manquèrent pas de rendre compte à la police des visites que je recevais. Clavière et Durovray me communiquèrent leurs plans pour la nouvelle Genève qu'ils allaient fonder près de Waterford. Pourquoi n'ont-ils pas réussi! j'y aurais probablement fixé mon séjour en m'y rendant utile dans la partie de l'éducation publique, et je n'aurais pas éprouvé tous les revers qui m'ont ensuite accablé. L'histoire de ces Génevois émigrés m'a prouvé qu'il était difficile de faire abandonner aux hommes, surtout à des républicains, leurs premières habitudes, et de les transplanter sur un sol où tout est changé pour eux. Le gouvernement irlandais donnait des fonds considérables, la ville commençait à s'élever, mais le climat pluvieux de l'Irlande, l'ignorance de sa langue, la différence des mœurs, l'éloignement trop grand des anciennes relations, le défaut de concert entre les émigrés, l'inconstance des chefs que rappelaient sans cesse leurs affaires avec la France, tout fit abandonner ce projet d'émigration, et quelques adoucissements apportés par les vainqueurs aux fers qu'ils avaient déjà imposés réconcilièrent bientôt les vaincus à leur nouveau joug; à peine même me surent-ils quelque gré de l'ouvrage que je publiai en leur faveur, et dont j'ai déjà parlé, sous le titre du *Philadelphien à Genève*. Je n'eus ni matériaux ni dédommagements ; Virchaux imprima l'ouvrage, le répandit, se l'appropria, et je n'eus pour toutes mes peines qu'une satire virulente de Mallet-Dupan. Pour débiter ses *Annales*, il était obligé de caresser le ministre qui dominait, et il lui faisait doublement la cour en me déchirant ainsi que ses compatriotes persécutés.

Je fus insensible à l'outrage comme à l'ingratitude ; mon but était rempli ; je voulais être utile en accélérant le règne de la liberté.

Ce fut au milieu de ces paisibles occupations que ma jeune épouse vint me rejoindre. Sa sœur Nancy quitta sa pension pour vivre avec nous. Les cinq à six mois que je passai dans cette douce société ont été les plus délicieux de ma vie. Les embarras de l'établissement que je songeais à élever alors en interrompirent malheureusement le cours.

J'entre ici dans une époque dont je ne puis me rappeler les circonstances lugubres sans éprouver encore des déchirements cruels.

Ce qui m'avait fait persévérer dans l'idée de l'entreprise du *Lycée de Londres*, c'était la difficulté de pouvoir m'ouvrir un accès dans les cabinets des savants, et dans les dépôts des monuments publics. J'avais remarqué que presque sans communication entre eux, les savants anglais en avaient encore moins avec ceux du continent ; j'avais remarqué que, presque tous étrangers à notre littérature, ignorant le degré où nous étions parvenus, ils examinaient péniblement des points que nous avions éclaircis, tandis que de notre côté nous ne connaissions de leurs productions que des poëmes ou des romans. Je pensais que j'avancerais la science chez les deux nations ; que je les enrichirais toutes les deux, en mettant leurs savants en communication ; ce plan devait aussi servir au but de mes travaux.

Le *Lycée de Londres* devait consister en trois parties : dans une assemblée de savants de toutes les nations, dans une correspondance que je devais ouvrir avec tous, et dont je devais être le centre ; enfin pour faire connaître la littérature anglaise, je devais en donner le tableau dans l'ouvrage périodique dont j'ai parlé.

C'était à l'intérieur une institution semblable à celle des lycées et musées existants en France. Mais ce lycée ne devait pas être restreint dans les bornes sévères que la tyrannie du ministère avait mises à ceux de Paris.

Ce n'était ni le spectacle, ni l'amusement, ni l'enseignement, ni les nouvelles, ni la musique, ni les tableaux qui devaient attirer à mon lycée ; c'était l'utilité seule que les amis des lettres peuvent tirer de leur société réciproque, utilité qui doublait dans un pays où rien n'en gênait la liberté ; utilité qui se transformait en nécessité quand on pensait au caractère des savants anglais et au vide absolu de communication. Je voulais, en un mot, créer cette *confédération universelle des amis de la liberté et de la vérité*, que des philosophes plus heureux que moi ont réalisée, à Paris, depuis la révolution.

Quelques exemplaires de mes prospectus imprimés à Londres dans l'été de 1783, parvinrent en France. On m'encouragea ; mais des suffrages stériles ne suffisaient pas, il fallait des avances et par conséquent des fonds. Presque épuisé par mes précédentes entreprises littéraires, je ne pouvais courir seul le risque de ce nouvel établissement.

Le précis de mon plan tomba entre les mains de ce Desforges d'Hurecourt dont j'ai déjà parlé. Son talent pour le clavecin l'avait introduit chez Mentelle, dont la femme touchait avec succès du même instrument. L'analogie des goûts et des talents avait cimenté entre elle et Desforges un rapprochement que le hasard seul avait procuré, et qui eut une funeste issue. Les torts de Desforges envers Mentelle n'auraient fait qu'augmenter mon éloignement pour sa personne ; mais je ne les connus que plus tard. J'ai dit qu'à ses talents pour la musique Desforges joignait des manières qu'on croyait distinguées, beaucoup de prétentions à la sensibilité, et un air d'estime pour la philosophie, qui, malgré toutes mes préventions, avaient fini par me subjuguer. Il ne me parlait des devoirs d'époux et de père que la larme à l'œil ; une vie retirée, paisible, avec un ami qui le payât de retour, était l'unique objet de ses désirs. Je fus dupe de son jargon, et ne tardai pas être détrompé. Une observation approfondie de son caractère m'en procura une connaissance plus vraie. Je le vis tel qu'il était dans une foule de scènes sur lesquelles je tire le rideau. Une défiance excessive se cachait derrière l'apparence d'une confiance sans réserve ; son air de sensibilité marquait une grande dureté d'âme, sa fausseté se peignait dans ses yeux de travers, dans toute sa physionomie équivoque ; et ce qu'il y avait de plus singulier, c'est qu'il déclamait sans cesse contre les gens aux regards louches, indices d'un cœur faux.

Il y a dans notre âme une espèce de génie qui nous porte à fuir celui dont l'amitié peut un jour nous être funeste et nous force à le haïr d'avance. A sa vue, l'âme se contracte, se resserre et éprouve un sentiment pénible, un malaise indéfinissable. Bergasse a très-ingénieusement expliqué cet état dans ses *Considérations sur le magnétisme animal*. Sans vouloir en tirer toutes les mêmes conséquences, je crois qu'il y a un pressentiment qui avertit une âme honnête qu'elle n'est pas en rapport avec l'âme d'un méchant qui se présente. Si nous écoutions la nature, si nous étions plus sensibles au jeu secret de notre organisation intérieure, si le tourbillon extérieur où nous sommes entraînés ne captivait pas entièrement nos sens, cette sorte de pressentiment serait pour nous un oracle presque infaillible. Tel était celui que j'éprouvai dès le premier moment où j'ai vu Desforges.

L'annonce de mon Lycée l'avait tout à coup rapproché de moi. Errant depuis quelque temps de projets en projets, il était à l'affût des spéculations lucratives : à l'entendre, il avait toujours des fonds immenses, un crédit sans bornes, et il gémissait de les voir languir dans l'inaction.

Cependant, malgré les idées défavorables que j'avais de son caractère, et qu'il n'ignorait pas, Desforges résolut de se lier avec moi. Il était séduit par la beauté de mon plan ; il crut entrevoir dans son exécution la possibilité d'une fortune immense, et cet appât lui fit oublier la froideur et l'éloignement que je lui témoignais ; il se présenta chez Larrivée, mon correspondant à Paris, lui demanda des détails, les obtint, et les examina.

Il me fallait quinze mille francs pour faire les fonds et partager le produit d'une entreprise qui à la troisième année promettait d'en rendre vingt mille net. La perspective était séduisante pour la cupidité.

Je frémis, je dois le confesser, à la lecture du nom de Desforges dans la lettre de mon correspondant, qui me pressait de l'accepter; ce nom réveilla, comme par une commotion électrique, tous les sentiments douloureux que j'avais autrefois éprouvés. Cet homme, disais-je, appréciera-t-il le motif noble qui me fait élever cette entreprise? Il n'y voit qu'argent, il ne rêve qu'argent, et moi je n'y cherche que l'avancement des sciences, que l'utilité d'établir une communication entre deux nations faites pour s'instruire, se connaître, s'estimer réciproquement; que le plaisir de rassembler chez moi des savants, des philosophes, de me lier avec eux, et par leurs secours d'agrandir l'empire de la philosophie. Que par ce projet, que par mon travail, je vive avec ma petite famille; que je retrouve l'intérêt des fonds et les fonds mêmes qui y seront versés, et je serai content.

Tel était mon calcul, et en prenant un associé intéressé, il fallait le changer, il fallait faire marcher de front l'intérêt et la gloire de l'entreprise, l'intérêt privé et le bien public. Cette nécessité semblait déshonorer mon plan, et je faisais des vœux pour avoir un associé riche qui fût dirigé par le même motif que moi. Vœu insensé! le désintéressement marche si rarement à côté de la richesse! Tout ce que m'avaient promis Villar, Beaumont et leurs amis était sans effet : je me trouvais seul, abandonné à mes ressources. Je me crus donc obligé d'accepter l'offre qu'on me faisait; en la refusant, mon entreprise tombait; et après tout, me disais-je, vaincu par des prières dont les lettres de Desforges ont fait foi, après tout, peut-être mes préventions contre Desforges ne sont-elles pas fondées. C'est ainsi qu'on cherche soi-même à s'aveugler.

D'après le traité que je consentis à signer, notre société devait durer sept ans *à l'effet de former à Londres l'établissement d'un club et d'un lycée en faveur des sciences, des arts et de l'humanité, et poursuivre l'objet des différentes opérations littéraires analogues audit établissement, et qui se trouvent détaillées dans le précis imprimé.*

Ce précis, comme je l'ai déjà dit, divisait l'établissement en trois branches : assemblée, correspondance et journal ou tableau des sciences et des arts en Angleterre.

J'avais obtenu du ministre français un privilége pour mon journal anglais; c'est alors que Desforges avait redoublé ses instances, et que je m'étais décidé à accepter ses fonds ; il regardait cette entreprise comme une excellente spéculation, sur laquelle il se proposait d'en greffer d'autres. Je me défiais de ses vues, je redoutais son caractère sombre et mystérieux, mais la droiture de mes intentions me rassurait, et bien déterminé d'agir toujours avec lui comme avec un frère et de lui sacrifier même mes intérêts, j'espérais que je n'aurais jamais de désagréments à éprouver de sa part. J'acceptai donc ses propositions; il m'envoya des fonds, j'en usai pour louer et meubler une maison, pour fournir aux frais de l'impression. Il voulut venir lui-même à Londres se fixer à côté de nous; j'y consentis avec quelque peine. En passant à Boulogne, il reçut l'accueil le plus flatteur, un accueil filial de ma belle-mère, qu'il déchira depuis avec une ingratitude monstrueuse.

Il ne me vint pas même dans l'idée de demander à Desforges quelque preuve de cette amitié qu'il me vouait, et de cette confiance qu'il exigeait pour lui; et cependant j'étais dans une ignorance absolue sur son origine, sur sa vie, sur ses facultés pécuniaires. On me l'avait dit ici neveu d'un facteur d'orgues; là fils d'un pauvre sellier; ailleurs, d'un arlequin. Ici on le faisait naître à Metz, là à Nancy ou en Suisse. Les uns prétendaient qu'il avait passé sa vie à faire de la musique de ville en ville, d'autres qu'il avait été attaché à un grand seigneur. Quant à lui, se taisant sur sa naissance, sur sa vie antérieure, il ne parlait que de ses richesses ou de ses projets. Sa naissance m'inquiétait peu : qu'il fût noble ou roturier peu m'importait. J'aurais été curieux de connaître sa vie, car j'aurais appris à connaître son caractère, et j'aurais mesuré par là le degré de confiance que je lui devais. Mais il gardait un silence opiniâtre, je le respectai. Il ne s'ouvrit qu'une fois sur l'origine de sa fortune. Ce fut lorsqu'il m'avoua qu'il était un des héritiers de ce fameux Thierry, mort à Venise dans le siècle dernier, au sein d'une richesse incroyable. Trois branches, suivant lui, réclamaient cette dépouille immense. Il était de la bonne, de celle qui était établie en Suisse ; et n'ayant pas assez de fortune pour suivre cette affaire qu'un siècle n'avait pu terminer, il avait vendu ses droits à un seigneur français, et il avait reçu, si je ne me trompe, quarante mille francs. Il avait sacrifié une partie de cette somme pour une malheureuse spéculation dans les colonies d'Amérique, et les quinze mille francs qu'il versait dans mon entreprise étaient le reste de cette bizarre succession.

Je crus cette histoire, quoique j'eusse regardé jusqu'alors comme une fable, imaginée par des fripons pour faire des dupes, la richesse inconcevable laissée par le laquais Thierry. Mais je trouvais de la contradiction dans le récit de mon associé ; je ne pouvais accorder ce qu'il me disait maintenant sur la modicité de sa fortune, avec les offres de quarante mille francs qu'il avait faites à mon correspondant, si j'en avais besoin ; avec ce crédit d'un million dont il m'avait parlé à Lyon ; cet autre crédit de deux ou trois cent mille francs dont il me berçait à Londres : quel rapport de quinze mille francs en espèces à un million de crédit ? Cette réflexion me donna de la défiance, qui s'évanouit bien vite, parce que la défiance est étrangère à mon âme.

Les associations entre les gens de lettres et les spéculateurs mercenaires finissent presque toujours par des ruptures. Les premiers ne cherchent ordinairement que l'utilité publique ou la gloire, les autres ne voient que l'argent. Les premiers veulent sans cesse faire des sacrifices, les autres n'en veulent aucun. Malgré les grands principes qu'affectait

Desforges, je m'aperçus bientôt qu'il avait fait les calculs des spéculateurs ordinaires; mais ce ne fut pas le seul chagrin que j'éprouvai. Desforges avait à peine passé quelques jours au milieu de ma petite famille, que son caractère violent, emporté, vindicatif, avare, s'y développa complétement. Il voulait, il exigeait une franchise sans réserve, une amitié sans bornes; il la voulait de mon épouse, de mes belles-sœurs, de mon frère, et il n'obtenait que ces égards et ces honnêtetés dus à un associé dont on doit respecter les droits. Cette position amena bientôt la contrainte, et la contrainte enfanta la haine.

Le premier essai de sa vengeance fut de chercher à me rendre mon épouse suspecte et même odieuse. Je me rappelle encore avec effroi la longue conversation qu'il eut à ce sujet avec moi dans Saint-James-York. Après m'avoir protesté de son admiration pour quelques-unes de ses qualités, il essaya de me prouver que son caractère était défiant, impérieux et entièrement étranger à cette aménité, à cette affabilité si nécessaires pour attirer les étrangers dans un établissement tel que celui que nous voulions fonder. Je vis bien que Desforges ne pouvait pardonner à ma femme d'avoir deviné son propre caractère, et de s'être mise sur ses gardes; mais feignant d'ignorer ses vues, je cherchai à le ramener. Ce fut en vain; le coup était porté. Desforges ne songea plus qu'à ruiner mon entreprise, qu'à me discréditer dans toutes les maisons où je l'avais moi-même introduit. Son talent pour la musique l'y faisait rechercher, et on croit aisément l'homme dont on a besoin pour ses plaisirs. Les liaisons que Desforges contracta avec les aventuriers français dont j'ai déjà parlé contribuèrent encore plus à le dégoûter de sa société avec moi. On ne lui parlait plus que de projets bien plus lucratifs que des projets littéraires; on regrettait qu'il eût ainsi sacrifié ses fonds; on lui faisait voir en perspective des monceaux d'or s'il pouvait les retirer de mes mains. Du nombre des hommes qui le flattèrent, qui empoisonnèrent son âme, qui l'irritèrent contre moi, était ce Pelleport même, à qui j'avais rendu tant de services.

CHAPITRE XLVI.

Vie de Brissot à Londres. — Les savants anglais. — Madame Macaulay. — Brissot défend ses principes républicains. — Enthousiasme que lui inspire son *Histoire d'Angleterre*. Il en parle à Mirabeau, qui l'engage à la traduire. — Debourge et Ginguené. — La traduction paraît sous le nom de Mirabeau. — Faiblesses de Madame Macaulay. — Son mariage avec un jeune homme qu'on prenait pour son fils. — Le docteur Graham. — Son pythagoréisme. — Ses cours publics sur l'art de faire de beaux enfants. — Ses dettes. — Il professe en prison au profit de ses créanciers. — Sa célébrité s'éteint de son vivant. — Celle de Madame Macaulay doit lui survivre. — Son séjour à Paris. — Sa visite à Turgot. — Elle se rend en Amérique. — Son dernier ouvrage sur l'immortalité de l'âme.

Étranger à toutes ces manœuvres, je me renfermais dans mon cabinet et dans le sein de ma petite famille. La simplicité régnait au milieu de nous, et l'économie la plus sévère réglait toutes nos dépenses ; mais le *brouet noir* que nous mangions était mille fois plus délicieux pour nous que les repas les plus splendides cherchés au dehors : et cependant on a osé calomnier cette vie de Spartiates ! On a osé dire que je prodiguais en somptuosités l'argent destiné à alimenter mon entreprise.

J'espérais la faire réussir avec l'appui des hommes de lettres avec lesquels j'étais entré en relations à Londres. Mais ne connaissant pas le caractère général des savants anglais, j'avais fait de faux calculs. Rien de plus estimable que leur morale, que leur ferme attachement aux principes qui doivent diriger l'homme de bien, mais rien de moins obligeant pour les étrangers, et surtout pour les Français, rien de moins empressé pour contribuer aux entreprises publiques, même à celles qui présentent des rapports très-utiles. Chacun lisait mes prospectus, aucun ne souscrivait, aucun même ne m'en parla : le plus profond silence fut observé dans les journaux. J'étais étranger, c'était une raison de se défier de moi.

On craignait que le philosophe ne cachât un aventurier ; il est vrai que l'expérience excusait cette défiance générale.

Cependant quelques personnages célèbres me témoignèrent un accueil amical ; au premier rang je dois mettre l'illustre historienne Macaulay. On lui a contesté l'ouvrage immortel qu'elle a publié : si quelque chose pouvait convaincre qu'elle en était véritablement l'auteur, c'était sa conversation ; elle avait tous les caractères de cette dignité, de cette énergie républicaine que respire son histoire.

Madame Macaulay ne parlait qu'avec enthousiasme du gouvernement anglais, de la nécessité de le réformer pour le conduire à une perfection où il pouvait atteindre. Si elle prenait les couleurs de l'opposition et du parti *foxite*, ce n'est pas tant, me disait-elle, par estime pour ce parti dont elle connaissait les vues secrètes, ambitieuses et perverses, que par l'impossibilité où il était d'arriver à son but, sans amener des réformes utiles à la liberté.

Son *Histoire d'Angleterre*, depuis l'avénement des Stuarts au trône jusqu'à la révolution, est écrite avec une énergie qui saisit et transporte le lecteur familiarisé avec les beaux siècles de la Grèce et de Rome ; et il est facile de se convaincre qu'en attaquant les actes du gouvernement anglais, aucun écrivain n'a rendu plus de justice à sa constitution.

On reprochait à l'historienne une partialité trop marquée pour le républicanisme. Je ne craignis pas, lorsque les derniers volumes de son ouvrage parurent à Londres, d'applaudir, de justifier cette partialité. Pouvait-elle s'en défendre quand elle avait à peindre les excès tyranniques qui signalèrent les ministères des Buckingham, des Laud, des Strafford ? La partialité pour ce système faisait l'éloge de son âme et de son esprit. La partialité pour les personnages déshonore seule l'historien. Mais madame Macaulay n'en est pas coupable. Voyez les portraits qu'elle fait des ennemis du bien public, des défenseurs de la prérogative. Ne donne-t-elle pas une larme à la mémoire du fanatique Laud ? Ne peint-elle pas dans tout leur éclat les vertus pacifiques et domestiques de Jacques II ? Ne convient-elle pas que les défenseurs de la liberté ne furent pas toujours animés par les vues les plus pures; que jamais on n'entendit dans son vrai sens, dans son sens étendu, le mot de liberté; que les droits de l'homme furent plus d'une fois méconnus et violés par ceux-mêmes qui s'affichaient pour les partisans du droit des Anglais? C'est le respect pour le droit sacré que l'homme tient de la nature, qui caractérise cette histoire, qui la met bien au-dessus de l'élégant tableau de Hume, chez qui l'esprit courtisan a souvent altéré ou effacé les couleurs de la vérité.

On a voulu dérober à madame Macaulay la gloire de cet ouvrage : calomnie ordinaire à l'envie quand l'éclat de la gloire d'une femme l'éblouit; calomnie usée, qui naît, circule, est accueillie sans preuve par les hommes et par les femmes, parce que cette injustice venge l'amour-propre des autres. Madame Macaulay a justifié les femmes du reproche qu'on leur fait, que je leur ai fait injustement moi-même, de ne pouvoir s'élancer dans la carrière des sciences, de ne produire rien de grand, d'utile; elle a eu le courage de fouiller dans les nombreux monuments de l'histoire d'Angleterre, de comparer cent écrivains fanatiques, ennuyeux, prolixes, que les temps de partis ont fait éclore; elle a eu le courage de s'écarter de la route des autres historiens, de s'en frayer une nouvelle, de censurer les principes serviles de Hume, de braver l'opinion publique qu'il avait su captiver. Elle a eu ce courage; elle a découvert, elle a dit des vérités, elle les a dites avec énergie : gloire lui en soit rendue.

Comme je parlais un jour avec enthousiasme à Mirabeau de cette Histoire, il me proposa de la traduire : je lui dis que c'était un ouvrage difficile à faire, car traduire littéralement, c'était faire une besogne détestable et fastidieuse pour les Français. Il fallait composer un ouvrage nouveau adapté à notre goût et à nos besoins, et ne regarder l'Histoire de Macaulay que comme un dépôt de matériaux précieux. Mirabeau n'abandonna pas cependant cette idée. Jaloux de toute espèce de gloire, il engagea Debourge, qui lui avait prêté sa plume plusieurs fois, et notamment pour son *Avis aux Bataves*, à entreprendre cette traduction. Debourge, avant de consentir, m en parla; je lui fis les mêmes objections : elles ne l'arrêtèrent pas. Il composa d'abord le discours préliminaire, qui est entièrement de lui, puis abandonna la traduction. Ginguené s'en chargea ensuite, ou plutôt s'en déchargea sur un de ces auteurs mercenaires qui louent leur plume à tant la feuille. Telle est l'origine de la détestable traduction publiée après la mort de Mirabeau, sous son nom. Il n'y a eu aucune part. Mirabeau ignorait l'anglais, et son nom n'a été pris que pour faire débiter cet ouvrage.

À ces grandes vertus dont on aime à revêtir l'historienne du long-parlement, madame Macaulay joignait quelques faiblesses qui, sur la fin de ses jours, aliénèrent d'elle presque tous ses amis. Avancée en âge, elle eut la fantaisie de se remarier; et sur qui fit-elle tomber son choix? sur un jeune homme de vingt-cinq ans, d'une très-jolie figure, et qu'on était tenté de prendre pour son fils, surtout lorsqu'on remarquait l'air respectueux avec lequel il prévenait tous ses désirs et écoutait ses avis. Rien n'offrait un contraste plus parfait que ce bizarre assortiment : figurez-vous une femme dont le visage était plombé, les dents perdues, les rides mal déguisées sous du rouge, et dont la décrépitude perçait au travers d'un ajustement toujours élégant, et de la dernière mode; et à côté d'elle la figure brillante de fraîcheur et de santé de son époux, encore adolescent! Il semblait voir un enfant attaché à un cadavre.

Ce tort n'était pas le seul qu'on reprochait à madame Macaulay; l'origine même du jeune homme était un autre grief; c'était le frère du docteur Graham, si fameux par son lit électrique, par ses bains de terre, par son pythagoréisme, par ses cours sur l'art de faire de beaux enfants, et par vingt autres systèmes non moins bizarres, qu'il avait été prêcher jusque dans le continent américain. Je vais dire ici deux mots de ce singulier personnage que j'ai rencontré souvent chez le pythagoricien Pigott, dont j'aurai par la suite occasion de parler.

Graham avait une belle figure, une taille avantageuse, une contenance noble et majestueuse, des regards qui semblaient commander le respect, surtout lorsqu'il parlait ; il développait ses opinions avec une pompe qui s'accordait assez bien avec l'idée qu'il voulait donner de son système. Tel était l'effet qu'il me semblait opérer sur nos Parisiennes ; un jour que je me promenais avec lui sur les boulevards, tous les yeux étaient fixés sur lui. Pythagore aussi était un homme remarquable par sa beauté, et il croyait que cette beauté des formes n'était pas indifférente au culte et à la prédication de la vertu. Je ne sais si ce rapprochement entre eux fit de Graham son imitateur, et du docteur Williams l'apôtre de cette même opinion. Mais Graham observait avec le scrupule le plus rigoureux l'abstinence de viande ordonnée par le réformateur de Crotone. C'était à ce régime, éprouvé et soutenu pendant douze ans, qu'il attribuait sa brillante santé ; j'ignore comment, avec tant de moyens de réussir, il a fait si peu de prosélytes. Dans les États-Unis, où l'on se nourrit des substances les plus succulentes, et où le pythagoréisme est presque traité de fable, on le regardait plutôt comme un charlatan que comme un philosophe. C'était encore l'idée qu'on en avait à Londres et dans l'Écosse, sa patrie. Deux choses contribuaient à fortifier cette opinion : d'abord la nature de ses cours, qui, prêtant naturellement aux plaisanteries, ne devaient pas être dans un siècle aussi corrompu que le nôtre traités publiquement par un homme qui affectait la philosophie. Qu'est-ce, en effet, qu'un philosophe qui veut apprendre à des poupées et à des libertins l'art de faire de beaux enfants ? C'est pure folie ; le premier germe de cet art est dans la vertu, dans la pureté des mœurs ; il fallait envoyer les plaisants dans le Connecticut, dans la Pensylvanie, sur les montagnes de l'Écosse, partout où la vertu est encore respectée : la nature les aurait convaincus. Mais prétendre suppléer à la vertu par une machine électrique, c'était donner un aiguillon au libertinage plutôt qu'à la morale.

Graham était pauvre et presque toujours couvert de dettes. Ces dettes annonçaient un grand désordre dans ses affaires, et c'était encore une considération qui devait éloigner de lui. Le philosophe pour être utile ne doit pas être riche, mais au moins il faut que par la médiocrité il soit indépendant. Graham fut mis souvent en prison par ses créanciers. Il y donnait encore des cours, ce n'était pas pour son profit, ce n'était pas même pour vivre, quelques pommes de terre lui suffisaient; mais c'était pour l'aider à payer ceux qui l'avaient fait enfermer. Graham a disparu de la scène du monde : c'est que dans la carrière de la gloire, pour se survivre, même de son vivant, il faut d'autres moyens que des singularités. Le nom de Pythagore ne serait pas parvenu jusqu'à nous s'il s'était borné à prêcher l'abstinence de viandes, l'horreur des fèves, et à ne porter que des robes de lin. Pythagore avait une profonde connaissance du cœur humain, de la morale, de la politique et des sciences physiques de son temps. Pythagore avait cet esprit vaste qui fait embrasser un grand plan, et ce caractère ferme que rien n'ébranle dans l'exécution; Pythagore enfin eut le bonheur de paraître dans un temps où l'imprimerie était encore dans le néant, où les connaissances étaient concentrées chez quelques individus, où le peuple était aisément dupe des formes et de tout ce qui frappe les sens. La science est si répandue aujourd'hui, que les grands hommes doivent être très-rares.

CHAPITRE XLVII.

Commencement des embarras de Brissot, relatifs à son établissement de Londres. — Il se dispose à se rendre à Paris. — L'imprimeur Cox. — Les recors anglais. — Brissot est arrêté. — Scène de prison. — Amusez-vous bien. — Visite de Latour et de Desforges. — Les seize guinées de Perks. — L'ami Bridel. — Les arrêts sont levés. — Arrestation du marquis de Pelleport. — Brissot lui fait recouvrer sa liberté. — Petite scène de reconnaissance et d'amitié. — Départ pour Paris.

Jamais je ne sentis plus cruellement combien il est dur d'être gêné dans sa fortune, avec un cœur libéral et brûlant de faire le bonheur des autres, que dans les premiers mois de 1784. A cette époque, j'avais dépensé pour mon établissement tout l'argent que mon associé y avait versé. Les souscripteurs arrivaient lentement; cependant on entrevoyait dans l'avenir le moment où tout devait prospérer; mais il fallait pour l'accélérer quelques nouveaux fonds; les premiers étaient visiblement trop médiocres. Je n'avais demandé qu'une somme de quinze mille livres lorsque le double et le triple eût été même à peine suffisant. J'avais trop présumé du succès, suivant mon usage; je comptais d'ailleurs sur l'addition que m'avait promise mon associé en cas de besoin, et me berçant de ses promesses, j'avais banni toute inquiétude. Mais je fus bien détrompé quand j'eus recours à lui.

Desforges s'était bercé comme moi de songes qu'il devait lui-même faire évanouir. Tandis que je le payais par une confiance imprudente, nous apprîmes que la permission accordée pour mon journal en France avait été suspendue, et qu'il s'élevait du moins des difficultés dans son entière exécution; il fallait les prévenir. J'étais nécessaire à Londres, Desforges partit pour Paris, non sans m'avoir encore accablé de protestations d'amitié et de désintéressement.

A peine était-il arrivé que la suspension avait été levée; c'était un grand bonheur, car en descendant de voiture Desforges gagna une entorse qui le tint dans sa chambre durant deux mois, ce qui ne l'empêcha pas de me faire payer depuis deux cents livres pour frais de voitures. Le libraire Périsse avait heureusement aplani toutes les difficultés, tandis que Desforges remettait sa jambe ou amusait de son clavecin la société qui venait compatir à sa souffrance.

Ma situation à Londres n'était pas tout à fait si douce ; car au *Tableau de l'Angleterre* j'avais encore joint une nouvelle occupation.

Infatigable dans mes recherches, je n'avais pas voulu me borner à exploiter les richesses politiques de l'Angleterre. J'avais remarqué, parmi les ouvrages qui m'étaient tombés dans les mains, la quantité prodigieuse de ceux que faisaient éclore les discussions des Anglais sur l'administration de leurs possessions dans les Indes orientales. Je voulus en lire un. Ce fut une énigme pour moi. Je résolus de la déchiffrer. Je ne devinais pas le travail immense que j'entreprenais, le nombre énorme de volumes qu'il me faudrait dévorer. Entré dans la carrière, je résolus de vaincre tous les obstacles ; j'y réussis. Arrivé au sommet, je vis avec surprise l'espace que j'avais parcouru ; espace inconnu à mes compatriotes, espace qu'il leur importait de connaître, et j'entrepris aussitôt de leur aplanir le chemin. J'entrepris de leur donner le tableau de la situation des Anglais dans les Indes orientales, et de l'état de l'Inde en général, d'après le rapport des comités de la chambre des communes, les histoires, les voyages et autres ouvrages publiés à Londres.

Il me semblait qu'un pareil tableau devait être tout à la fois utile aux sciences et aux gouvernements ; aux sciences, pour l'histoire et pour la géographie ; aux gouvernements, pour les éclairer sur le véritable intérêt de l'Inde, dont quelques charlatans politiques leur avaient tracé de faux tableaux, afin de les engager dans des guerres ruineuses.

Le croira-t-on cependant ? le ministère de France, si complétement ignorant sur ce sujet, qui n'en avait que des notions imparfaites, données par des aventuriers, des espions, ou des hommes employés dans ces contrées et dont l'intérêt pouvait diriger les observations[1]; le ministère, qui aurait dû payer chèrement la collection que je voulais publier; le ministère me suscita mille tracasseries, et je ne pus obtenir d'imprimer ce qui devait être si utile à la France, qu'à la condition de soumettre préalablement chaque numéro à la censure de quatre ministres.

Ce *Tableau* de l'Inde parut sous forme périodique, comme celui de l'Angleterre; en le publiant pour mon compte, je n'eusse point été coupable, et j'en fis le sacrifice à la société du Lycée, parce que j'imaginai qu'en le donnant *gratis* aux souscripteurs de cet établissement, j'en augmenterais le nombre.

Rien ne pouvait être plus utile à l'avancement des lumières et de la liberté que mon Lycée de Londres. Mais lorsqu'il fallut enfin l'ouvrir, une foule d'obstacles s'élevèrent autour de moi, et le premier qui m'arrêta fut l'emplacement nécessaire aux assemblées. J'avais pourtant trouvé un local tel que je pouvais le désirer. David Williams, que je fréquentais assidument, consacrait alors tous ses moments au perfectionnement de la politique, science dans laquelle il formait des élèves qui pourront un jour faire disparaître les taches dont la constitution de l'Angleterre est ternie. Il faisait un cours fort suivi par tous les membres de la société constitutionnelle, et même par les membres les plus éclairés du parlement, qui s'honoraient tous d'être comptés parmi ses amis. Le nombre de ceux qui venaient l'écouter ayant forcé Williams à chercher un plus vaste emplacement, il m'avait généreusement offert de partager celui qu'il avait choisi, en gardant à sa charge presque tous les frais qu'il avait déjà faits pour lui. J'allais accepter sa proposition; mais alors commencèrent les difficultés et les tracasseries; Desforges n'avait encore payé que 10,000 l. sur les quinze qu'il devait. Ces dix mille livres et beaucoup plus avaient été employées dans les frais d'im-

---

[1] Il faut en excepter M. Law. Lauriston, un des hommes les mieux instruits sur l'état de l'Inde, et qui a été gouverneur de Pondichéry; et M. d'Obsonville qui a composé un livre si agréable et si instructif, sous le titre modeste d'*Observations sur quelques animaux de l'Inde*, etc. (*Note de Brissot.*)

pression de nos journaux et de nos prospectus; je ne voulus pas prendre de nouveau sur moi la charge de trois cents guinées qu'il me fallait pour le local de notre établissement. Je demandai à Desforges le dépôt de la somme qu'il redevait; non-seulement il me refusa, mais même il me témoigna dès lors le désir de rompre la société : cette demande était le fruit des intrigues de mes ennemis et des spéculations commerciales qu'ils avaient formées. Je n'aurais pas balancé, si j'eusse eu des fonds; mais dénué de tout moyen, je fus forcé non-seulement de continuer la société avec lui, mais, à son refus, de recourir à d'autres bourses, pour soutenir mon entreprise que je ne voulais pas abandonner. L'Angleterre ne m'en offrait aucune, je n'en pouvais espérer qu'en France. Il fallut donc y passer. Je me préparais à ce voyage, lorsque mes premiers malheurs vinrent tout à coup fondre sur moi.

Ici commencent les persécutions de Swinton et de Morande. Mon imprimeur, que j'avais toujours bien payé, poussé par les instigations de ces deux hommes, et peut-être par Desforges lui-même, me fit demander l'argent qui lui était dû pour le *Journal du Lycée*. Je lui avais donné une traite de vingt guinées sur Paris; elle avait été protestée par un malentendu; il me la rapporta : je lui en acquittai le montant. Je ne lui cachai pas que mes affaires exigeraient peut-être que je fisse un voyage en France, mais qu'avant de partir je solderais son compte en entier; il me répondit qu'il n'avait aucune inquiétude, et qu'il serait content de toutes mes dispositions. Il me quitta, et je me reposai sur ces paroles.

Je n'avais jusqu'alors éprouvé que des honnêtetés de la part de Cox, chez lequel je faisais imprimer depuis dix-huit mois : mes procédés à son égard semblaient m'avoir gagné son estime. Il m'offrait ses services, m'invitait à dîner, me serrait affectueusement la main. Je croyais à toutes ses démonstrations. On me l'avait peint comme un Tartufe, comme un traître : on avait cherché à éveiller mes craintes et ma défiance. J'aimais à croire qu'on s'était trompé; c'était moi seul qui me trompais

Le surlendemain du paiement que je lui avais fait, il m'envoie un officier public. C'était un jour de poste, et je m'enfermais régulièrement ce jour-là. On refuse la porte à l'alguazil ; il retourne chez l'hypocrite Cox. Celui-ci craint que je n'aie découvert son infâme manœuvre ; il craint que, pour échapper à sa poursuite, je ne me sois caché. Afin de s'en assurer, il m'envoie le compositeur chargé de mon ouvrage sous prétexte de quelques éclaircissements à lui donner, et il le fait suivre par le sbire.

Suivant les lois anglaises, la maison d'un débiteur est un asile sacré ; le créancier ne peut jamais le violer. Si le bailli ne peut s'y introduire par douceur, si on lui en refuse la porte, il ne peut employer la force pour se la faire ouvrir ; s'il y avait recours il serait criminel, on aurait droit de le tuer. L'adroit bailli se présente à la suite de mon compositeur ; le domestique le laisse entrer sans difficulté : alors il me déclare que je suis son prisonnier.

Je tombai des nues. « Quoi ! arrêté sur la requête de Cox ! — Oui, monsieur. — Mais il était là hier. Là, je lui dis qu'avant de partir je terminerais son compte ; il doit l'être, il le sera ces jours-ci. — Je le crois ; mais voilà le *warrant*. » Il n'y avait rien à répondre. Ciel ! de quelle angoisse mon âme fut déchirée en me voyant obligé de subir et la honte et la douleur de cette fatale arrestation ! Jamais je n'avais éprouvé pareil malheur, et l'idée seule m'en avait souvent indigné. Mais que faire ? je n'avais pu prévoir la conduite infâme de l'imprimeur, et je ne pouvais dans cet instant désarmer l'alguazil qui me pressait de le suivre. Hélas ! étranger, ignorant les lois, devinant la source de cette intrigue, et ne sachant où elle pourrait s'arrêter, j'étais ce jour-là séparé de mon frère, sans conseil, et, pour comble d'infortune, n'osant même élever la voix dans mon cabinet. J'étais père depuis quelques jours ; Félicité était singulièrement affaiblie par sa couche qui avait été longue et douloureuse. Qu'allait-elle dire, si je passais vingt-quatre heures sans la voir ? Quelle inquiétude ne la tourmenterait pas ? car pouvais-je espérer de rentrer avant un jour ou deux ? Je prévins mes sœurs, avant de partir ; je leur recommandai de tranquilliser Félicité, en lui alléguant différents prétextes pour excuser mon absence. Combien de larmes je versai dans cette funeste chambre d'arrêt où l'huissier me renferma! Cette prison n'avait pourtant rien de triste et de lugubre; à l'exception des barreaux des fenêtres, j'aurais pu me croire encore chez moi. Il faut avouer que si l'on arrête brusquement un débiteur à Londres, on a pour lui les plus grands soins, et qu'on le traite du moins avec humanité. C'est un exemple qu'on devrait bien imiter en France à l'égard de tous les prisonniers.

Mais ces adoucissements ne pouvaient diminuer mes angoisses; je me peignais à chaque instant mon amie inquiète et accablée par sa douleur, n'offrant qu'un lait dangereux à ce pauvre enfant que je venais de recevoir dans mes bras. Le ciel ne m'abandonna pas; car c'est à sa bonté que je dois attribuer différents secours qui me mirent à portée d'opérer mon prompt élargissement.

A peine étais-je installé dans la maison d'arrêt, que j'avais vu paraître Latour, toujours gai et sans souci; il venait me recommander de bien me divertir; il me parlait de cette affaire comme d'une bagatelle, qui arrivait à tous les honnêtes gens, comme d'un accident qu'il avait essuyé dix fois, et qu'il était chaque jour à la veille d'essuyer encore. Desforges, qui avait accompagné Latour, me tenait un langage tout différent. C'était pour lui, c'était à cause de lui que j'étais dans cette affreuse position; il affectait d'en être consterné; il me protestait qu'il prenait une grande part à mes peines, et pour me le prouver, il m'apportait quelque argent qu'il avait, disait-il, emprunté à un ami. Je ne pus paraître insensible à ce procédé. J'oubliai tout ressentiment, j'oubliai même que je n'étais là, que je ne souffrais que pour lui. Je voulus bien croire que les monts d'or et tous les millions de Desforges s'étaient évanouis, qu'il en était réduit à emprunter quelques pistoles pour me tirer de l'embarras où notre entreprise et ses procédés m'avaient mis; mais qu'était-ce que la somme qu'il m'apportait? Elle ne pouvait me délivrer, et Desforges le savait aussi bien que moi.

Heureusement que mon excellente belle-mère m'envoya à cette époque une traite de cinquante guinées. Je n'oublierai jamais non plus les services qui, dans cette circonstance, m'ont été rendus par un Anglais que j'avais connu dans la maison de Swinton, et qui était précepteur de ses enfants. Retiré à Basersey, dans une académie qu'il dirigeait avec peine, dès que le bienfaisant Perks apprit mon malheur, il accourut, me donna seize guinées, produit de ses épargnes; il me pria de ne pas m'occuper du remboursement. Un autre de mes amis, que je n'ai point encore nommé, et à qui j'ai voué une profonde estime, me prodigua tous ses soins et toutes les consolations que sa situation lui permettait. C'était Bridel, professeur de français à Londres. Nous avions été camarades de collége, et je l'avais perdu de vue depuis que les mauvais traitements dont l'accablait son père, avocat à Chartres, l'eurent forcé d'aller chercher son pain dans une terre étrangère. Bridel s'était fixé à Londres; il y avait acquis cette habitude de réfléchir, cette solidité, cette constance dans ses attachements, vertus si rares en France. Je n'allais jamais chez lui sans être édifié. Sa famille était nombreuse; il la soutenait et l'élevait dans de bons principes. Bridel vivait dans l'obscurité; mais il était bien plus heureux que moi, qui poursuivais une vaine gloire, le désir d'être utile aux hommes. Si jamais vous retrouvez Perks ou Bridel, mes enfants, soyez reconnaissants envers eux, ils ont essuyé les larmes de votre père.

Avant de sortir du lieu où il m'avait fait conduire, j'envoyai chercher l'imprimeur. Je voulais le payer de mes mains et lui reprocher en face sa perfidie. Il refusa de venir. Ce refus me convainquit de la vérité de mes soupçons sur le principe de sa conduite; il en eût rougi devant moi; rien de personnel n'avait pu l'engager à agir ainsi. Tant de perfidie lui était étrangère. Il n'avait été que l'instrument de Swinton et de Morande, qui avaient déjà commencé leurs attaques contre moi dans le *Courrier de l'Europe*, et qui s'étaient indignés que j'eusse défendu Price et soutenu contre eux une opinion de Kirwan. Cox imprimait le *Courrier*; il était dans leur dépendance; ses affaires ne lui permettaient pas de perdre l'impression d'une feuille qui lui paraissait plus assurée que mon journal. Swinton, pour qui tout moyen de nuire était bon, l'avait forcé de me mettre le pistolet sous la gorge, et il avait mieux aimé m'immoler que de s'immoler lui-même. La conduite que Swinton et Morande tenaient à mon égard depuis quelque temps, et leurs diatribes imprimées contre moi, n'ajoutaient que trop de semblance à cette explication.

A peine avais-je été délivré de ma courte captivité, que je m'étais hâté de me rendre auprès de Félicité : je la rassurai; mais elle ne me confia pas tous les chagrins qui dévoraient son âme, et je devais, pour ménager sa sensibilité, dans le triste état où elle était, lui dissimuler les miens. Les ressources me manquant à Londres, je crus ne devoir pas perdre un moment pour me rendre en France. Mes ennemis m'épiaient, m'environnaient de tous les côtés pour me tendre des piéges. Je logeais dans ma maison le plus cruel et le plus perfide de tous; c'est lui qui, sous le voile de l'amitié, machinait contre moi les plus noires trahisons; mais comment dérober toutes ces craintes à ma sensible épouse? Elle languissait dans son lit, et mille inquiétudes sur elle et sur notre enfant assiégeaient son esprit; je crus que son bonheur même me commandait le silence, et je partis en lui annonçant seulement la nécessité de recourir à mes amis en France pour soutenir notre établissement. J'ignorais toutes les larmes que lui fit verser ce départ précipité, mais, ô mon amie! quelle était ton injustice de l'attribuer à un défaut de tendresse! Hélas! tu ne sentais pas mes déchirements, et tout le regret que j'éprouvais en te laissant dans une situation aussi douloureuse et en te dissimulant mes profonds chagrins!

Pour donner une idée de la faiblesse de mon cœur, de la facilité avec laquelle je me laissais aller à tous ses mouvements, et de l'ingratitude dont j'ai été payé, il faut citer la scène qui précéda de quelques heures mon départ pour Paris.

J'ai dit que Desforges s'était tout à fait livré à Pelleport, et que celui-ci, dupe comme moi de ses fanfaronnades, des millions qu'il prétendait avoir à sa disposition, cherchait par tous les moyens possibles de plaire à Desforges et de le captiver. De son côté, Desforges ne voyait rien de plus beau que les projets que la féconde imagination de Pelleport enfantait chaque jour; son association avec moi lui paraissait de plus en plus incapable de satisfaire les désirs gigantesques qu'il s'en était formés, et Pelleport avait le plus grand soin à augmenter son dégoût pour notre entreprise et pour moi. Cependant je vois arriver Desforges tout consterné, qui me conjure de monter avec lui dans une voiture qui m'attendait. « Et pour quoi faire? lui dis-je, étonné de son émotion; qui me demande? et où voulez-vous me faire aller? — Je viens de voir arrêter le marquis de Pelleport, me dit-il ; on l'entraîne s'il ne fournit à l'instant une caution. Vous savez qu'il n'a ici ni ami ni argent : c'est à vous qu'on l'a recommandé, au nom de ses enfants, sauvez-le; faites pour lui ce que je ne puis faire moi-même ; vous savez que je n'ai pas une guinée à ma disposition, et qu'on *n'accepterait pour rien ma signature* (Desforges se rendait justice); sauvez ce pauvre Pelleport : c'est un service qu'il attend comme moi de votre amitié. »

Je ne m'inquiétai pas si Desforges, pressé d'un si vif intérêt pour son nouvel ami, n'était pas de moitié dans cette affaire. Je ne vis que les deux enfants de Pelleport, abandonnés et mourant de faim; je ne songeai qu'à un nouveau service à lui rendre, et j'y volai. Je donnai ma signature. Pelleport fut libre; je ne sais en quel état déplorable il était réduit; je fus obligé de lui offrir jusqu'à ma bourse pour dîner, car le sensible Desforges donnait des pleurs à son infortune, mais ne voulait ou ne pouvait la soulager d'une obole. Et ce fut quelques jours après ce service que l'un et l'autre renouvelèrent leurs diatribes contre moi, qu'ils eurent la lâcheté de me décrier partout après mon départ, et de se joindre à mes dénonciateurs. Et ils ont ajouté à toutes ces infamies celle de laisser l'engagement que j'avais contracté pour eux à ma charge.

CHAPITRE XLVIII.

Le passeport de Vergennes et de Rayneval. — Suspension du journal de Brissot. — MM. Joly de Fleury, Villedeuil et Miroménil vengent le style du chancelier d'Aguesseau. — La suspension est levée quand tous les abonnés sont partis. — L'abbé Miolan. — La soirée chez le banquier Delessert. — Brissot est arrêté et conduit à la Bastille. — Il passe quarante huit heures à pleurer. — Sa belle-mère traverse le Pas-de-Calais sur une faible barque, pour rassurer sa fille sur ce malheur. — La visite de M. Lenoir. — Accusations portées contre Brissot. — Les libelles contre la reine.

Leurs calomnies m'avaient précédé à Paris, et ma perte était déjà résolue dans le cœur du ministre, à qui elles fournissaient un prétexte pour me punir de la liberté de mes écrits. Redoutant quelques sourdes menées, j'avais écrit à Vergennes pour lui demander un passeport ou une espèce de sauf-conduit. Rayneval, son bras droit, m'avait répondu que je n'avais rien à redouter, que ma sûreté serait entière. Comptant sur cette promesse, je passai six semaines à Paris dans la plus profonde tranquillité. L'orage cependant grondait sur ma tête; mais avant qu'il éclatât, il avait été précédé d'un autre malheur, tant il est vrai qu'une chute amène toujours une autre chute. Mon journal du Lycée avait été suspendu par ordre supérieur. Quel était le crime de son rédacteur? Il faut le dire, pour montrer si le comte d'Apremont, fondé de pouvoir de Desforges, eut le droit de se plaindre de ma conduite autant qu'il l'a fait; il faut le dire aussi pour montrer quelle était la honteuse dépendance où se trouvaient alors les écrivains, et l'infâme despotisme sous lequel ils étaient forcés de courber la tête.

M. Andrews, dans ses *Conseils à un jeune homme qui se prépare à voyager en France*, donnait une liste des ouvrages qu'un Anglais devait connaître pour bien posséder la littérature du pays qu'il allait parcourir, et pour y voyager avec fruit. Dans ce nombre, il citait Patru et d'Aguesseau. Je ne sais, disais-je à cette occasion, si M. Andrews a eu le courage de lire les deux auteurs qu'il recommande, mais je doute qu'il ait pu comprendre l'un et lire l'autre jusqu'au bout, sans être saisi de froid et de sommeil.

Cette opinion parut trop leste et trop lestement exprimée à un des premiers magistrats du parlement, Joly de Fleury. Il s'en plaignit à Villedeuil, chargé du département de la librairie, et au garde des sceaux Miroménil ; et celui-ci se crut solidaire pour d'Aguesseau, parce qu'il occupait sa place. « Qu'on suspende le journal, répondit-il. » C'est ainsi que d'un mot le chef de la magistrature jugeait, condamnait par provision un homme de lettres, un accusé, et le ruinait sans daigner le lire ou l'entendre ! Et pourquoi ? pour une opinion purement littéraire sur un littérateur mort depuis plus d'un quart de siècle. Et le ministre coupable d'un tel acte de despotisme disait, répétait, faisait dire et répéter que son gouvernement était juste et modéré : et le bon peuple de France se payait de ces paroles ! Mais la conduite du ministre en cette occasion prouve à la fois son injustice, sa tyrannie et sa pusillanimité, car il ne m'immolait que dans l'espoir d'être agréable à une famille qu'il croyait puissante.

J'avoue que je ne devinai pas du premier coup quelle pouvait être, dans les divers articles de mon journal, la phrase qui servait de prétexte à la suppression qu'il éprouvait. Lorsqu'enfin on voulut bien me mettre sur la voie, je cherchai à connaître celui qui avait pu me dénoncer. On m'assura que le coup partait de la famille même de d'Aguesseau. J'écrivis alors à l'héritier de son nom pour lui témoigner combien j'avais de peine à ajouter foi aux soupçons qu'on m'avait inspirés, combien je les trouvais inconciliables avec la noblesse d'âme et les idées élevées que le public lui attribuait, et qui devaient être chez lui un héritage de famille. J'ajoutais que dans mon journal, je n'avais jugé d'Aguesseau que relativement aux Anglais, pour lesquels ses écrits ne peuvent avoir le mérite qu'on leur reconnaît parmi nous ; mais que je n'avais point voulu porter atteinte à sa gloire, car ce n'étaient pas les qualités ou les défauts du style de l'écrivain qui devaient rendre le nom de d'Aguesseau recommandable, mais les grandes vertus de l'homme d'État.

Je dois croire, comme il me l'assura, qu'une vengeance si frivole et si basse ne pouvait s'accorder avec le caractère de M. d'Aguesseau. Sa réponse, dictée par un véritable esprit philosophique, doit servir à convaincre ceux qui la liront qu'il était étranger à cette manœuvre. Il faut la citer, puisqu'elle honore ce magistrat, puisque les sentiments qu'elle exprime sont rares, qu'ils peuvent servir d'exemple aux hommes puissants qui sont tentés d'abuser de leur autorité, et que l'hommage que je rends à son auteur, en la conservant, est une preuve de mon estime pour lui malgré la distance des opinions qui nous séparent maintenant [1].

M. d'Aguesseau sollicita sans doute pour moi comme il me l'avait promis; d'autres sollicitations s'étaient jointes à la sienne. J'obtins enfin justice. Mais quelle justice! Après six mois de suspension, Villedeuil m'écrivit que cette suspension était levée. C'était me rendre les armes après m'avoir égorgé. Déjà j'étais dans les embarras d'un procès causé par cette suspension même. Le peu de souscripteurs que mon journal avait acquis en France, en ayant été privés si longtemps, s'en étaient dégoûtés; la crainte de pareille interruption en avait dégoûté les autres. Tous mes travaux, toutes mes espérances étaient déjà à moitié perdus. Il ne fallait plus que l'événement que je vais raconter pour consommer ma ruine.

Je vivais, comme je l'ai dit, depuis six semaines à Paris, occupé de mes intérêts et de mes affaires, et dans un calme dont rien ne troublait la tranquillité. L'orage que l'éclair

---

[1] Quoique le comte d'Aguesseau ait été reçu à l'Académie Française en 1789, nous ne croyons pas qu'il ait écrit rien de mieux que cette lettre, si toutefois il a écrit autre chose. Député aux états-généraux, il avait été un des premiers à se réunir au tiers-état, mais il abandonna bientôt sa mission et fut accusé plus tard de s'être réuni aux royalistes pour faire dissoudre l'assemblée législative. M. d'Aguesseau, oublié dans la révolution, obtint toutes les faveurs de Napoléon. Il fut à la fois comte, sénateur et ambassadeur de l'empire, et n'en mérita pas moins les faveurs de la Restauration. Il siégeait à la chambre des pairs et à l'Académie lorsqu'il mourut en 1822. (M.)

forma au loin éclata enfin sur ma tête. C'était le soir où le fameux ballon de l'abbé Miolan fut la proie d'une populace irritée de son impéritie ou de son malheur. J'avais été, comme tant d'autres, me faire brûler au soleil en attendant que le malencontreux aérostat s'élançât dans les nues. J'avais assisté à ce spectacle en compagnie de la famille de mon ami Clavière. De là, nous allâmes chez le banquier Delessert, avec lequel j'ai eu depuis une singulière altercation dont je parlerai. J'avais l'âme triste. J'étais lié avec l'abbé Miolan, et j'étais vivement affecté de son accident. On fit de la musique ; je priai mademoiselle Delessert de chanter cette romance plaintive de Rousseau dont l'air est si bien en harmonie avec les paroles : *Au fond d'une sombre vallée*. Après avoir quitté madame Delessert et mes amis, je rentrai chez mon correspondant. J'arrivais sur les minuit, lorsqu'un inspecteur de police, pénétrant dans mon appartement avec plusieurs sbires à sa suite, m'arrêta au nom du roi.

Dans le premier instant je fus plus étonné qu'accablé de cette nouvelle. J'étais innocent ; qui pouvait me faire trembler ? On me demanda mes clefs, mes livres, mon portefeuille ; je donnai tout. Mes papiers ne concernaient que mes affaires et mes ouvrages, j'en expliquai l'objet avec sang-froid. Mes livres étaient tous anglais, j'en interprétai les titres ; et, après plusieurs autres formalités, j'entendis prononcer le mot fatal de la Bastille, et j'y fus bientôt renfermé.

Là, je passai quarante-huit heures, seul, livré à moi-même et à toute l'horreur de ma position. Dans cet isolement cruel, tous les pensers les plus lugubres, tous les déchirements du désespoir se disputaient mon cœur. J'étais tombé accablé auprès d'un fauteuil, l'arrosant de mes larmes et invoquant le ciel à grands cris. Non que je redoutasse rien pour moi-même, non que ma propre position pût ainsi m'abattre : ma vie était pure, et l'inquisition même n'avait rien à me reprocher. Mais être embastillé au moment où ma femme attendait de moi de pressants secours, au moment où, faible et délicate, elle pouvait à peine nourrir notre pauvre Félix, au moment où de sinistres pressentiments devaient à chaque instant la faire trembler pour mes jours, au moment enfin où les lettres que j'avais reçues de son frère m'apprenaient les excès auxquels Desforges avait osé se livrer en mon absence, et les persécutions qu'il lui faisait éprouver! Tant de tourments étaient au-dessus de mon courage; et la crainte affreuse que la nouvelle de ma détention ne portât un coup mortel à celle que j'aimais plus que tout au monde, ne devait-elle seule pas me rendre le plus malheureux des hommes? Pendant deux jours entiers je n'eus sous mes yeux que Félicité mourante, et notre enfant s'éteignant sur son sein; pendant deux jours entiers je ne cessai de verser des larmes.

Le ciel eut pitié de mon infortune; je l'invoquais pour ma malheureuse épouse, pour mon enfant Ce fut lui sans doute qui inspira à la meilleure des mères le dessein le plus hardi pour prévenir le coup fatal qui causait ma douleur et mon effroi. Prévoyant que le bruit de ma détention allait se répandre et passer au delà de la Manche, elle prit la résolution de prévenir la poste. Il n'y avait ni paquebot ni vaisseau prêt à mettre à la voile. Ma mère, intrépide, eut l'audace de franchir le détroit avec un seul matelot et dans une simple chaloupe.

Que ne peut l'amour maternel! Il faisait risquer à une faible femme le passage de ce détroit si dangereux, que l'on regarde comme un des traits d'une vie de héros que Dugay-Trouin ait osé en risquer la traversée pour échapper aux fers de l'Angleterre. Je ne peindrai pas la scène du départ de madame Dupont, les larmes de ses amis, les craintes, les regrets universels; chacun la regardait s'en aller comme une proie des flots. Tous les traits de ce tableau touchant sont gravés dans mon âme, ils n'en sortiront qu'avec mon dernier soupir. Et c'est moi qui causais tous ses maux! O ma tendre mère, pardonne à ton malheureux fils! Que n'eût-il pas fait pour t'épargner tant de douleurs et de périls, pour supporter seul les coups de ses ennemis! Combien de fois il a pleuré sur cette fatalité qui l'a jeté dans ta famille pour en troubler le repos, pour empoisonner tes jours!.... Et ces fers qui le chargent encore aujourd'hui! et ces murs de cette autre Bastille!

Ah! des larmes viennent baigner ses yeux attendris et amollissent malgré lui son cœur républicain!

Quelques précautions que ma belle-mère ait mises dans la manière dont elle justifia son arrivée près de sa fille et dont elle révéla mon malheur, il lui fut difficile de parer entièrement le coup que cette nouvelle devait porter à ma femme. Félicité eut beau rassembler toutes ses forces pour le souffrir avec courage, la nature fut plus forte que son courage, et elle lui refusa bientôt le lait dont elle nourrissait son enfant. Cependant la force de son âme et de son attachement pour son mari lui firent surmonter sa douleur. Sans vouloir abandonner Félix qui dépérissait, elle résolut de se vouer à mon secours, de se partager entre les devoirs de mère et d'épouse, et elle eut la douce consolation de sauver son fils et son mari.

Le troisième jour de ma détention j'avais enfin reçu une visite de M. Lenoir, qui m'avait parlé avec une douceur dont je ne soupçonnais pas la perfidie. Il me demanda, comme à l'inquisition, le crime dont j'étais coupable; c'était une bien cruelle plaisanterie, et je commençai par le lui faire observer. Il m'apprit que j'étais accusé d'avoir composé des libelles à Londres contre la reine. Cette calomnie m'indigna; je la repoussai avec chaleur. Il me cita une douzaine de ces libelles pour tâcher d'apprendre si j'en connaîtrais au moins les auteurs. C'était la *Naissance du Dauphin*, dans lequel on avait l'infamie, disait-il, d'attribuer la paternité de ce royal enfant à un prince royal qui n'était pas le roi; les *Amours du visir de Vergennes*; les *Petits soupers de l'hôtel de Bouillon*; les *Réflexions sur la Bastille*; la *Gazette Noire*; les *Rois de France jugés au tribunal de la raison*; les *Rois de France dégénérés*, et enfin les *Passe-Temps d'Antoinette*, ouvrage dirigé contre la reine, et dont je lui racontai l'histoire telle que je la connaissais, et en lui assurant que Pelleport, qui avait voulu le vendre, ne l'avait même pas composé. Quant aux autres libelles, j'en entendais pour la première fois les titres. Je sus alors que la dénonciation de Swinton, qui me rendait responsable de la perte de 2,000 souscripteurs de son *Courrier*, par suite de l'établissement de mon journal de Londres, que celles de Morande, de l'abbé Auber, dont j'avais le malheur de ne pas estimer les fables ni même les petites affiches, que celle enfin de Pelleport lui-même, excité par Desforges qui voulait profiter de ma détention pour me faire transiger à son gré sur notre association, étaient les véritables causes de mon embastillement. Mais comment pouvait-on m'accuser d'être l'auteur d'un ouvrage qui n'existait pas? Comment pouvait-on me soupçonner d'être pour quelque chose dans la composition de ce *Diable dans un bénitier*, libelle dans lequel Amelot, Vergennes, le maréchal de Castries, trois ministres que j'avais le plus grand intérêt à ménager pour le privilége de mon journal en France, étaient horriblement maltraités? Il y aurait eu trop de maladresse de ma part, et je n'eus pas de peine à convaincre Lenoir de mon innocence.

CHAPITRE XLIX.

Séjour à la Bastille. — Loyseau, madame de Boufflers, le prince de Conti et Delaunay. — Le billet de madame de Genlis. — Intérêt que Brissot excite dans le cœur de ses amis. — Condorcet, Bitaubé, Berquin, Parmentier, Bernardin de St-Pierre, le baron de Marivetz. — Madame de Genlis. — Ses rapports avec Brissot. — Le comité de Belle-Chasse. — L'abbé Sieyès n'était point charmé. — Opinion de Laclos et de Mirabeau sur madame de Genlis. — Le voyage de Pétion. — Madame Brissot est attachée à l'éducation de mesdemoiselles d'Orléans. — Son mariage la force à quitter cette place. — Sa lettre à madame de Genlis. — Froideur et raccommodement. — Brissot revoit madame de Genlis au club des jacobins.

Mais avoir démontré mon innocence n'était pas avoir obtenu ma liberté ; et après trois longs interrogatoires, dans lesquels je subis les questions les plus captieuses, et telles que l'inquisition aurait pu me les adresser, je ne prévoyais pas encore l'instant où les portes de la Bastille s'ouvriraient devant moi. Loyseau, jurisconsulte distingué, et qui a montré un patriotisme éclairé dans la révolution[1], avait rédigé un mémoire qu'il adressa à une femme de sa connaissance, je crois madame de Boufflers ; il la conjurait d'écrire et de faire écrire en ma faveur par le prince de Conti au commandant Delaunay, dont la conduite à mon égard dut me faire soupçonner qu'on ne m'avait pas bien vivement recommandé. Déjà Mentelle et mon correspondant Larivée avaient essayé de faire briser mes fers en m'adressant à madame de Sillery-Genlis, gouvernante des enfants de M. de Chartres. Ils connaissaient son amitié pour ma femme. Le billet de cette dame, que Larivée me fit passer à la Bastille, fut le premier soulagement que j'éprouvai. J'y voyais que madame de Sillery avait fait parler au ministre Breteuil, et elle était persuadée qu'un ministre aussi juste et aussi éclairé, disait-elle, s'empresserait

[1] Loyseau était auteur d'*Observations sur l'impôt* et du *Journal de constitution et de législation*. (M).

de faire rendre la liberté à un homme de lettres estimable, et dont la vie était irréprochable. Malheureusement M. de Chartres se trouvait en Angleterre, et madame de Sillery ne pouvait rien sans lui.

En attendant la justice de Breteuil, et malgré sa vie irréprochable, le pauvre prisonnier gémissait dans son cachot. Enfin Félicité arriva de Londres, et c'est à ses vives sollicitations, à ses démarches pressantes autant qu'à mon innocence, que je dus mon élargissement. Je le dus encore, je dois le dire, à la chaleur de quelques amis précieux qui offrirent de répondre de moi au prix de leur liberté; je la dus au cri presque universel des gens de lettres, même de ceux que je connaissais alors à peine, et qui convaincus de l'austérité de mes principes et de mes mœurs, traitèrent de calomnie la composition des libelles qu'on osait m'attribuer, et réclamèrent hautement la fin de ma captivité. Ainsi, non-seulement les amis dont j'ai parlé dans ces Mémoires me donnèrent des preuves de leur attachement, mais je reçus aussi des marques d'intérêt d'une foule d'autres personnes qui alors m'étaient presque étrangères, telles que Condorcet, avec lequel j'ai eu depuis tant d'honorables rapports; Bitaubé, le traducteur d'Homère; l'excellent Berquin, l'ami des enfants; le savant Parmentier; Philippon de la Magdeleine; Bernardin de Saint-Pierre, qui préluda à notre amitié par le vif intérêt qu'il prit à mon malheur; et Marivetz, auteur de la *Physique du monde*, auquel j'avais été assez heureux pour rendre quelques services à Londres[1]. Je dois citer aussi de généreux Anglais, tels que Kirwan, Priestley, lord Mansfield et plusieurs autres hommes recommandables, qui, à la nouvelle de mon arrestation, écrivirent en France et y rendirent un témoignage public et spontané de l'austérité de mes principes et de mes mœurs. Grâces leur en soient rendues, ainsi qu'à tous ceux dont je ne rappelle pas ici les noms; ils sont restés gravés dans mon cœur pour ne s'en effacer jamais!

[1] Le baron de Marivetz, que son goût pour les sciences fixa de bonne heure à Paris, était né à Langres en 1728; il en fut enlevé en 1793, et fut condamné à mort par le tribunal révolutionnaire (M.)

Je n'ai pas oublié non plus l'intérêt que madame de Sillery-Genlis prit à ma délivrance. On a dit, on a imprimé que j'avais eu depuis des relations très-intimes avec elle. On l'a montrée comme étant l'âme et le chef secret d'un comité qui se réunissait à Belle-Chasse, et dans lequel on me faisait entrer avec Voidel, Volney, Laclos, Mirabeau, Pétion et plusieurs autres écrivains et députés. A l'époque où l'on débitait ces fables, et où l'on ajoutait à la liste l'abbé Sieyès avec des circonstances dignes de la chronique scandaleuse, Sieyès disait à madame Laseinie, qui le plaisantait à ce sujet, qu'il ignorait même la couleur des beaux yeux dont on le prétendait charmé. Je puis également assurer avoir entendu Mirabeau et Laclos s'exprimer sur le compte de madame de Sillery de la manière la plus désobligeante; Mirabeau la traitait de théologienne bel-esprit, bonne à diriger une pension de petites filles et à apprendre aux petits garçons à servir la messe; n'ayant de talents que pour se louer elle-même, ou pour déchirer les autres. J'ai un papier de Laclos dans lequel il l'engage à changer sa plume en aiguille :

> Change donc, ma fille
> Ta plume en aiguille
> Brûle ton papier ;
> Il faut te résoudre
> A filer, à coudre,
> C'est là ton métier.

Est-il présumable, d'après l'opinion qu'ils avaient tous les deux de son peu d'aptitude aux affaires et de l'insuffisance de ses moyens, qu'ils auraient été prendre ses idées, ou lui confier la direction des leurs ?

Quant à Pétion, tout le monde sait qu'il avait voué à madame de Sillery un attachement très-vif. Ils ont fait ensemble un voyage en Angleterre qui semblait révéler entre eux une grande intimité, et dont on tira mille conséquences politiques des plus absurdes. Comme on me savait intimement lié avec Pétion, on en conclut que je l'étais également avec madame de Sillery : j'ai même vu des gens me dire que c'était moi qui, à l'époque de mon séjour au Palais-Royal, avais causé leur liaison ; je n'ai pu en être que la cause indirecte, ayant été l'intermédiaire de Pétion et du marquis Ducrest dans une affaire qui dépendait de la chancellerie d'Orléans. Quant à ce qui me regarde personnellement, je puis le raconter. En cela je rendrai hommage à la vérité, et j'acquitterai une dette de la reconnaissance envers une personne dont Félicité et moi-même n'avions qu'à nous louer.

Ma femme avait été attachée, en 1782, à l'éducation de mademoiselle de Chartres. L'excellente éducation qu'elle-même avait reçue, les connaissances variées qu'elle possédait, non moins que les qualités de son cœur, devaient lui assurer l'estime de tous ceux dont elle approchait, et madame de Sillery était digne de l'apprécier. Son séjour auprès d'elle fut pourtant de courte durée. Mon mariage, qui ne put rester longtemps secret, et l'envie que j'eus bientôt de voir mon amie venir occuper ma maison à Londres, furent les principales causes de cette séparation. D'autres motifs encore y avaient contribué. Félicité, qui avait un sentiment exquis des convenances, espérait qu'elles ne seraient jamais blessées à son égard ; il n'en fut pas tout-à-fait ainsi, et je l'avais dès lors décidée à donner sa démission.

Félicité voulut écrire à madame de Sillery pour obtenir à titre de faveur ce qu'elle eût pu réclamer comme un droit. Il s'agissait de quelques usages de la maison qui la choquaient, et auxquels une jeune personne ne devait pas se soumettre dans sa position. Madame de Sillery lui répondit :

« Ce n'est pas d'aujourd'hui, mon enfant, que j'ai senti ce que vous valez. Je ne vous passerai point de misères et de minuties, mais j'aurai toujours le plus grand égard pour les choses qui pourraient justement blesser votre délicatesse et cette aimable décence qui vous caractérise. Ce que vous me demandez est très-difficile ; cependant je vais m'occuper des moyens de vous satisfaire. Je désire que vous soyez heureuse ici, et croyez que votre confiance en moi ne sera jamais déçue. »

Ce billet aimable répara tout. Cependant il fallut révéler notre union. Félicité n'avait osé faire cette confidence, qui pouvait l'obliger à quitter la jeune princesse, à qui elle s'était vivement attachée. Je me chargeai de cette commision ; j'écrivis à ce sujet à madame de Sillery au commencement de 1783 ; je ne la connaissais point, et j'en étais probablement inconnu. Mes faibles ouvrages n'étaient pas de ceux qui pouvaient être tombés dans les mains d'une femme, de quelque esprit supérieur qu'elle fût douée : je lui envoyai l'un d'entre eux et le prospectus du *Lycée de Londres* pour lequel je lui demandai ses bons offices auprès de Vergennes. Elle parut sensible à la confiance que je lui témoignais en lui faisant l'aveu des liens qui m'unissaient à Félicité. Elle me répondit avec beaucoup de grâce, loua mon ouvrage avec bienveillance, me promit toute sa protection, qui fut infructueuse en cette occasion. Cependant elle avait vu mon mariage avec peine, soit qu'elle prévît que j'allais lui enlever une jeune personne dont le secours pouvait lui être utile, soit qu'elle eût quelque prévention contre moi, malgré les choses flatteuses qu'elle m'adressait ; car les gens de cour ont un art merveilleux pour faire des compliments et des promesses qui ne les engagent à rien.

Félicité, qui remarquait du refroidissement dans l'amitié que lui avait jusque-là témoignée le gouverneur (on sait que madame de Sillery avait obtenu ce titre), saisit le prétexte de sa mauvaise santé, et lui annonça le désir qu'elle avait de la quitter.

Madame de Sillery, dans une réponse où perçaient la froideur et le mécontentement, lui témoigna le regret qu'elle avait de s'en voir abandonnée ; mais je dois dire que le chagrin qu'elle put éprouver de sa retraite n'influa en rien sur les sentiments affectueux qu'elle lui rendit bientôt. Elle parut prendre un vif intérêt au succès de mon Lycée. Elle écrivit quelquefois à Félicité des lettres fort aimables et qu'elle a conservées ; et je dois croire que ce ne fut pas sa faute si, malgré la preuve acquise dès le premier jour de mon innocence, il me fallut languir plus de deux mois à la Bastille.

Depuis cette époque je n'ai eu presque aucune relation directe avec madame de Sillery. Je n'ai jamais été courtisan, ni aimé ce qui ressemble à la cour, et il y en avait une autour d'elle. Depuis ma sortie du Palais-Royal, je ne l'ai même rencontrée qu'une fois au club des Jacobins, avec le jeune de Chartres, qui y avait été présenté par son mari, et qui s'est conduit dans toute la révolution avec un patriotisme et une sagesse dignes d'une meilleure issue. Dumouriez l'a perdu ; cet homme devait perdre tout ce qui s'attachait à lui.

CHAPITRE L.

La cour fait un crime à madame de Genlis de ses prétendues relations intimes avec Brissot. — Madame de Genlis, l'une des ennemies les plus prononcées de la royauté. — Les *Leçons d'une gouvernante* et le premier argument en faveur de la déchéance de Louis XVI. — Les anarchistes ont dégoûté madame de Genlis de ses idées républicaines. — Dumouriez et le jeune duc d'Orléans à Tournay. — Brissot combat le décret rendu contre la famille de madame de Genlis. — Apologie de son *Journal* et de l'éducation qu'elle a donnée aux enfants du duc d'Orléans. — Le duc de Chartres fait rayer tous les titres qui accompagnent son nom. — Il est flagorné au club des jacobins par Collot-d'Herbois. — Terreur de Carra ; le duc de Chartres le rassure. — Projets du duc d'Orléans pour faire nommer son fils à la Convention nationale. — La franchise du républicanisme du duc de Chartres lui eût donné une grande influence dans l'assemblée — Ses articles dans divers journaux. — L'Ami du peuple. — Le Journal de Millin. — Le dîner chez Welloni ; Brissot, Barnave ; Sillery et le duc de Chartres.

Voilà sur quoi peuvent être fondées les relations intimes qu'on suppose avoir existé entre madame de Sillery et moi. La cour lui en faisait un crime par l'organe des journaux qu'elle stipendiait ; et aujourd'hui on m'en fait un crime à moi-même comme une preuve de mon penchant pour la faction de ce d'Orléans, que je crus un instant capable de diriger le mouvement révolutionnaire, mais que je n'ai cessé de mépriser et de combattre dès l'ouverture des États généraux, parce que dès lors il m'était connu.

L'aversion que l'ancienne cour portait à madame de Sillery déposera en faveur de ses sentiments, car l'ancienne cour se connaissait dans ses haines aussi bien que dans ses amitiés, et du moment où elle la regardait comme une de ses ennemies les plus prononcées, c'est qu'on avait reconnu dans elle une des ennemies les plus prononcées de la royauté. Qu'on lise la préface de ses *Leçons d'une gouvernante,* publiées à l'époque où le trône était encore debout, et où il fallait le

20.

respecter comme la constitution l'exigeait; l'on verra s'il était possible d'invoquer avec plus d'art, je dirais presque avec plus de perfidie, si ce mot pouvait être juste pour un acte de loyauté, la constitution que le dernier roi avait jurée, mais dont chacun savait bien qu'il ne cherchait qu'à se débarrasser; l'on verra s'il était possible de montrer avec plus d'énergie l'horreur du parjure et l'obligation du serment même lorsqu'il était forcé; s'il était possible enfin de traduire ainsi plus directement Louis XVI devant le tribunal de la nation, dans le cas où il violerait la loi, le jour même où en fuyant à Varennes il venait de la violer; c'est dans cet écrit qu'on trouverait peut-être, comme par une inspiration prophétique, le premier mot qui semblait provoquer la déchéance, mot que d'autres n'ont fait que répéter.

Mais qui a pu détourner, éloigner de la république celle qui intérieurement l'appelait de ses vœux? les suggestions de Dumouriez, l'orgueil aristocratique? Non, non, mais bien la fureur des anarchistes, le tableau sanglant des scènes de septembre, l'exécution impolitique de Louis XVI. On peut porter un cœur rempli de patriotisme, mais avoir horreur du sang, quand il inonde la patrie.

Après la défection de Dumouriez, j'ai entendu la déposition ou plutôt la dénonciation de l'une des sous-gouvernantes de mademoiselle d'Orléans, qui arrivait de Tournay. Elle assurait que la résolution prise par M. d'Orléans fils d'abandonner les drapeaux de la nation, lui avait été suggérée par madame de Sillery autant que par Dumouriez. Ce jeune homme, disait-elle, n'écoute que Dumouriez, ou chante les vêpres du matin au soir. Il est entièrement subjugué par les conseils du général en matière de politique, comme il l'est par son ancienne institutrice en matière de religion. Elle citait une conversation tout entière, dans laquelle on voyait madame de Sillery déclamer contre les Jacobins, qu'elle appelait des factieux, contre les septembriseurs qu'elle appelait des assassins; contre d'Orléans père, qui, suivant elle, avait été aux prisons porter le fer et la flamme, et qu'elle peignait sous les couleurs les plus affreuses pour le rendre odieux à ses enfants. Enfin madame de Sillery avait employé jusqu'aux larmes pour entraîner sur les pas de Dumouriez l'élève dont elle gouvernait l'esprit avec tant d'empire, qu'on l'avait vu l'accuser d'être toujours dans sa poche. La sous-gouvernante, dont j'ai oublié le nom, avait en vain essayé de dessiller les yeux du jeune d'Orléans, et l'avait vainement conjuré de rentrer en France avec sa sœur. Il avait répondu à cette femme que Dumouriez pouvait bien être un ambitieux, mais qu'il avait le cœur droit, et que sa plus grande ambition était de rendre la France heureuse. Il partageait ses sentiments et ne voulait pas prendre un autre parti que le général. On sait ce qui s'ensuivit.

Cette déposition précéda le décret qu'on rendit alors contre toutes les personnes qui tenaient aux transfuges par quelques liens. Certes je ne blâme point madame de Sillery de son opinion sur les jacobins et les anarchistes, que j'ai combattus jusqu'au jour où il a fallu succomber sous leurs coups; mais je la blâme des conseils qu'elle a donnés cette fois à son élève au lieu d'employer son éloquence à le retenir dans l'attachement qu'on doit à sa patrie. Je ne me fais point l'apologiste de d'Orléans père, ni de ceux dont la funeste rébellion devait coûter si cher à la république; mais je n'ai pu me défendre d'un sentiment de douleur en voyant expier à toute une famille les crimes de quelques-uns de ses membres. Je prends aujourd'hui Sillery à témoin que je n'ai pas craint de blâmer hautement ces rigueurs et ces cruautés dans le *Patriote français* et à la Convention. Cependant je venais à peine d'échapper au décret d'accusation que Robespierre avait provoqué contre moi comme complice de Dumouriez. Ma pitié pour des personnes que la trahison du général et de ses principaux lieutenants n'avaient que trop compromises, ne pouvait servir qu'à me compromettre moi-même. Mais je n'ai jamais calculé quand l'humanité et la justice me réclamaient, et j'ai toujours senti mon âme s'agrandir dans le danger. J'avoue que si je ne doutais pas de la défection de Dumouriez, je ne pouvais croire que Valence eût imité son exemple. Quelques jours auparavant, j'avais reçu une lettre de lui dans laquelle il me donnait des détails sur la position de l'armée, et me chargeait d'une mission toute patriotique pour le comité de défense générale. Je voulais qu'avant de le punir on daignât le juger et l'entendre. J'invoquai pour lui sa gloire et ses blessures de Nervinde ; mais je m'écriai que si Valence était un traître, j'abjurais à jamais le doux nom d'ami qu'il m'avait donné quelquefois. Hélas! Valence, ainsi que d'Orléans, avait imité l'exemple de Dumouriez[1]. Comment ont-ils pu se décider à une pareille désertion? N'avaient-ils pas laissé derrière eux des otages bien chers, et dont la tête devait répondre de leur démarche? Ils avaient peut-être compté sur l'inviolabilité des députés et le titre de femmes que portaient les personnes qui leur étaient chères. Non-seulement Sillery, que le même cachot renferme aujourd'hui près de moi, fut dès lors gardé à vue, ainsi que d'Orléans, mais on arrêta à la fois mesdames d'Orléans et de Montesson, madame de Valence et ses enfants[2].

Le *Journal d'éducation* publié par madame de Sillery est à mes yeux la preuve évidente de ses sentiments anti-aristocratiques.

---

[1] Le comte de Valence avait épousé la fille de madame de Genlis. Distingué par son esprit, par sa valeur et par son patriotisme, il fut entraîné hors de sa patrie par la défection de Dumouriez, et il y rentra aussitôt qu'il eut vu cesser la proscription qui pesait sur sa tête. Il servit la France sous Napoléon avec le même dévouement qu'il l'avait servie sous la république; il est mort en 1822. Valence était un des membres les plus honorables de la chambre des pairs, comme son gendre le général Gérard l'est aujourd'hui de la chambre des députés. (M.)

[2] « Sur la motion de Mortault, Valence et le général Égalité seront traduits « à la barre; d'Orléans et Sillery seront gardés à vue. On a ordonné l'arres- « tation de la femme de d'Orléans de laquelle il est séparé depuis plusieurs an- « nées; la femme du général, Valence, ses enfants âgés de quatre à cinq ans, la « citoyenne Montesson sa parente, seront mis en état d'arrestation. Ce ne « sont pas là des mesures fortes, ce sont des rigueurs inutiles, et toute rigueur « inutile est cruauté. Quand même Valence serait un traître, et jusqu'à présent « sa conduite et ses blessures démentent cette assertion, est-ce en arrêtant des « petits enfants et des femmes que la république se vengera? Voulez-vous être « victorieux, soyez magnanimes. » Voilà ce que Brissot écrivait dans le *Patriote français* le lendemain du jour où Robespierre avait demandé qu'il fût mis en arrestation comme complice de Dumouriez. On voit, comme il le dit, que la crainte de se compromettre ne faisait pas taire en lui les sentiments généreux de la justice et de l'humanité (M).

Il montre qu'elle était digne de partager les vertus d'une république, et de les graver dans le cœur de ses élèves. Sans doute que la conduite de ceux-ci, ainsi que la sienne, n'eussent jamais démenti les principes qu'elle leur avait inspirés, s'ils n'avaient pas été poussés ensemble hors de leur devoir par les circonstances, plus fortes que le courage d'une femme et les résolutions d'un jeune homme inexpérimenté.

D'autres ont cherché dans ce *Journal d'éducation* l'apologie de la conduite de l'auteur envers madame d'Orléans, et un désir secret de louer un mari en montrant les torts d'une épouse qui n'acceptait pas de bonne grâce les sacrifices de la révolution. J'y vois avant tout les sages *leçons d'une gouvernante* préchant à ses élèves les sentiments de la liberté et de l'égalité [1] ; je l'y vois applaudir aux heureux germes qu'elle a su développer en eux, lorsque, par exemple, le jeune d'Orléans va prêter son serment civique, et fait rayer sur les registres

---

[1] L'ouvrage dont parle Brissot est intitulé *Leçons d'une gouvernante à ses élèves* ou *Fragment d'un journal qui a été fait pour l'éducation de M. d'Orléans.* Voici une lettre de l'auteur qui peut révéler dans quel but cet ouvrage était écrit, et nous croyons que le lecteur ne la trouvera pas sans intérêt.

Lettre de madame de Genlis à M. d'Orléans père.

Du vendredi 1791.

« Je suis charmée, Dear Friend, qu'on vous ait dit du bien de mon journal. J'étais bien sûre de cet effet, parce que l'exacte vérité, exprimée avec bienséance et appuyée de preuves irrécusables, ne peut manquer d'être bien accueillie. J'ai évité avec soin, dans cet ouvrage, d'avoir l'air d'entreprendre votre apologie ou le dessein de vous louer ; vous n'y paraissez jamais que lorsqu'il semble indispensable de vous citer pour l'explication des faits ; mais on vous y voit toujours sous les traits les plus aimables de la bonté, de la douceur, de l'indulgence ; enfin constamment le meilleur des pères, et depuis deux ans le plus patient des maris. Aussi ai-je eu le plaisir d'entendre dire à tous ceux qui l'ont lu que rien au monde ne pouvait vous louer mieux que ces faits contés avec tant de simplicité. Ah ! si vous m'eussiez chargée de faire la brochure qui précéda votre retour d'Angleterre !..... elle aurait eu aussi un bien grand succès. Comme cet écrit était maladroit et manqué ! je suis confirmée dans l'opinion que mon journal a fait une grande impression dans le lieu qu'habite madame d'Orléans. J'imagine que M. de Penthièvre aura déterminé cette opinion. Mademoiselle vient encore de recevoir une lettre d'elle, dans laquelle elle mande qu'elle apprend son départ ; mais pas un reproche, pas un mot amer ; de la tristesse et de la tendresse, et la lettre n'est point dictée.

« Nous n'avons pas besoin de prêtres particuliers, il y a ici une chapelle romaine.

« Adieu, *my Dear Friend*, que j'aime et que j'embrasse de toute mon âme. »

qu'on lui présente ses qualités et ses titres, n'en voulant pas d'autre que celui de citoyen. Je suis loin d'approuver ces minuties religieuses, ces pratiques dévotes, bonnes pour occuper le temps et l'imagination des femme oisives, et que madame de Sillery paraît avoir inculquées, sans distinction de sexe, à tous les enfants dont on lui avait confié l'éducation. Mais si elle a mis dans leur cœur l'amour de Dieu, elle y a mis aussi l'amour de la patrie; si elle leur a enseigné à chanter les vêpres et à fréquenter les chapelles, elle leur a aussi montré le chemin du club des Amis de la constitution; enfin, si elle en a fait des dévots, elle n'en a pas moins fait des hommes. Les jeunes d'Orléans l'ont montré à la bataille de Jemmapes; ils ont prouvé, malgré le mot de Mirabeau, que s'ils savaient servir la messe, ils savaient encore mieux servir leur pays...

Lorsque d'Orléans fils vint s'associer aux *Amis de la constitution*, on fit grand bruit de cette admission, et l'on eut tort; ce n'était qu'un jacobin de plus dans le club; au moment où tous les honneurs étaient foulés aux pieds, ceux qui marchaient dessus n'auraient pas dû tant s'honorer d'avoir acquis un pareil collègue; mais alors nos plus fiers sans-culottes d'aujourd'hui étaient encore ceux qu'éblouissait le plus facilement un habit brodé. On délibérait un jour sur un article réglementaire de la société qui ne permettait pas d'en être membre avant vingt-un ans. Le jeune d'Orléans demandait qu'on portât cet âge à dix-huit, ajoutant que, si sa motion n'était pas adoptée, il se verrait privé de présenter son frère comme il en avait le projet. Là-dessus, M. Collot-d'Herbois répondit en phrases emphatiques, comme il les faisait déjà, et en flagorneur de la naissance et du rang, comme il le fut plus tard de la multitude, qu'on s'empresserait toujours de recevoir le jeune prince lorsqu'il se présenterait, parce que l'éducation que sa naissance lui avait fait recevoir le mettait au-dessus de la loi commune. Au reste, d'Orléans fils ne prit jamais la parole que pour des motions sages, et il montra toujours une grande présence d'esprit. Un jour, Carra s'étant imaginé que les caves des Jacobins avaient été remplies de poudres, et qu'on voulait faire sauter la salle, il fit part de ses soupçons à l'assemblée. M. d'Orléans fils traita cette assertion d'absurdité, et offrit d'en convaincre le révélateur en allant visiter les caves avec lui. Ils y allèrent; et l'on s'aperçut qu'en effet Carra avait pris des tonneaux de vin pour des barils de poudre.

A l'époque où l'on réunit la Convention nationale, d'Orléans avait songé à faire élire ses deux fils à Paris. Plût à Dieu pour lui et pour Paris qu'il eût réussi dans ce projet; il eût sauvé deux choix ignobles à cette députation parisienne, la honte de la Convention, et il se fût donné un sage conseil et peut être un solide appui. La présence de ces jeunes gens dans l'assemblée aurait pu avoir une grande influence sur les démarches de leur père. Leur conduite à l'armée ne pouvait que les rendre honorables parmi les députés; les sentiments que l'aîné avait exprimés dès 1790 en faveur du gouvernement républicain étaient vrais et sincères, et auraient défendu ce qu'on appelait sa faction contre les imputations dont elle était l'objet. Le républicanisme de d'Orléans a toujours paru une comédie; celui de son fils était plein de franchise et de pureté. Enfin sa raison précoce, son excellente morale et la douceur de ses mœurs eussent guidé d'Orléans en plus d'une occasion où il a été comme abandonné à un génie malfaisant. Il lui eût servi à la fois de conseil et d'exemple contre des amis dépravés et des conseillers perfides qui l'ont poussé dans la route la plus odieuse. Mais il devait en être autrement. Le député Antoine, ex-constituant et maire de Metz, répondit de faire élire d'Orléans fils dans cette ville: il ne réussit point. On m'avait engagé à servir ce projet; et, quoique les orléanistes me fissent peur, il y avait d'autres hommes dont j'étais plus réellement épouvanté. Je ne me refusai point à ce qu'on attendait de moi; mais j'aurais préféré voir le jeune d'Orléans présenté aux électeurs de Paris. Ses amis y exerçaient une influence plus directe; il y avait plus de chances en sa faveur que pour Priestley qu'on opposait à Marat. Et mettez le jeune Égalité à la place de Marat, la populace n'en aurait pas moins eu ses feuilles incendiaires.

Mais la tribune n'aurait pas été souillée; et le monstre qui commandait les massacres ne se serait pas retranché à la fois derrière les anarchistes et son inviolabilité.

Le nom de Marat me rappelle que, malgré sa modération, M d'Orléans fils passe pour avoir donné des articles très-violents à divers journaux et même à l'*Ami du peuple*. Le choix eût été malheureux. Je sais qu'il en a donné quelquefois à Millin, qui fréquentait le Palais-Royal. Un jour où j'allai le remercier d'un article bienveillant qu'il avait inséré dans sa *Chronique* en faveur de ma traduction des *Lettres philosophiques et politiques sur l'Angleterre*, il me lut une ou -deux pages sur la résidence des fonctionnaires publics, qu'il me dit lui avoir été apportées par M. d'Orléans fils; cet article n'avait rien que de très-sensé. Quant à moi, il ne m'en a jamais adressé pour ma feuille. Depuis la réponse que j'avais faite à Barnave, je m'étais perdu aux yeux de ces hommes qui composaient avec leur conscience et parlaient patriotisme en défendant la cause de la tyrannie; beaucoup de ces gens-là entouraient la maison d'Orléans. Ceux qui jusque-là étaient au rang de mes amis s'effrayaient de mon ardeur à la cause de la liberté et de la vérité; ils craignaient probablement que tant de franchise ne les compromît; ils m'en donnèrent une preuve deux jours après la publication de ma réponse. Je devais dîner chez Welloni avec quelques députés, et entre autres Volney, Noailles, Lameth, et Mirabeau qui avait déjà quitté la société des *Amis des Noirs*, mais avec lequel je vivais en bonne intelligence; j'arrivai fort tard et je ne trouvai personne. Sillery, qui devait aussi dîner avec nous, m'a dit depuis que lorsqu'il arriva avec le jeune d'Orléans, ils avaient appris que Lameth avait amené Barnave; on avait craint de le voir à table à côté de moi, et chacun s'en était allé de son côté. J'avais alors été présenté aux yeux du jeune d'Orléans comme un *exagéré*, et il n'aurait eu garde de m'adresser ses articles de journaux, ce qui ne m'a point empêché de le défendre plus tard dans le *Patriote* contre les fureurs des jacobins, ni de rendre justice aujourd'hui aux bons principes dans lesquels madame de Sillery l'avait élevé.

CHAPITRE LI.

Brissot sort de la Bastille. — Clavière et sa belle-mère. — Fin de son procès. — Il vient demeurer chez Clavière. — L'agiotage. — Amitié de Clavière pour Mirabeau. — Clavière aime tous les révolutionnaires. — Spéculations littéraires et calculs politiques de Mirabeau. — Écrits de Clavière et de Brissot publiés sous son nom. — La préface de la banque St-Charles. — Histoire de cet ouvrage ; Calonne et Mirabeau.

Je ne me suis point appesanti sur tous les détails de mon séjour à la Bastille ; ils sont consignés dans des écrits particuliers, où mes enfants pourront les retrouver. Ils pourront lire aussi mon interrogatoire et différentes pièces que Manuel m'envoya après la prise de la Bastille, en me disant qu'il ne fallait pas qu'il restât rien de moi dans les ordures de la police. Ces pièces, et surtout mon interrogatoire, peuvent servir à prouver que j'avais conservé en face des suppôts de la tyrannie tout le calme et toute la fermeté de l'honnête homme. En les signant avec moi, Lenoir et les siens m'ont donné, sans le vouloir, un certificat authentique et honorable de mon innocence.

Ce fut Félicité elle-même qui m'apporta l'heureuse lettre qui ouvrit la porte de mon cachot. Quelle douce jouissance de revoir la lumière après avoir été plongé, durant deux mois, dans des ténèbres épaisses ! Ces deux mois de captivité m'avaient semblé deux siècles ! Quels cruels moments j'avais passés ainsi courbé sous la verge du despotisme ! Devais-je présumer que j'étais destiné à de plus dures épreuves sous le règne de la liberté ?

Avec quel plaisir j'allai embrasser tous mes amis, et surtout Clavière, qui avait pris un si vif intérêt à mon malheur ; il ne borna pas là les preuves de son attachement pour moi. Après une pareille aventure, mes affaires, que j'avais l'espérance de voir s'arranger, étaient tombées dans le plus grand délabrement : tout, jusqu'à mes meubles, était saisi à Londres. Le journal était arrêté, et cependant il fallait payer l'imprimeur, le marchand de papier, la dépense journalière. Desforges, le principal auteur de tous mes maux, après avoir fait endurer à Félicité et à mes sœurs les traitements les plus grossiers, continuait ses persécutions. Clavière et ma belle-mère se réunirent pour me tirer de ces cruels embarras, et je dus à leur générosité d'éviter une banqueroute infaillible. Le ministre avait mis une dure condition à ma liberté. Redoutant les écrivains français qui respiraient l'air de l'Angleterre, il avait exigé que j'abandonnasse mon établissement du Lycée. Il fallut obéir, quitter tout, vendre tout, perdre tout, car Desforges, en mettant opposition à toutes mes mesures, me jeta dans les mains des procureurs, qui absorbèrent jusqu'au dernier sou. Et quels étaient ses droits? Quel traité osait-il invoquer? Celui même par lequel il était convenu de fournir 15,000 livres dans mon entreprise. Je le répète, il n'en avait fourni que dix, et il voulait me rendre responsable du peu de succès que lui-même avait provoqué en ne remplissant qu'à moitié ses engagements ; et il osait réclamer même ces 10,000 livres, se fondant sur des suspensions, des embastillements qui n'étaient que des causes secondaires de ma ruine. C'est lui qui l'avait commencée, elles n'avaient fait que la consommer.

Cet inique et inconcevable procès est devenu la source des plus infâmes calomnies. Pour faire droit à tous les engagements contractés en commun, j'ai perdu dans l'entreprise du Lycée une somme à peu près double de celle qui avait été fournie par Desforges. J'ai satisfait à tout ; à Londres comme à Paris, comme dans le monde entier, qui que ce soit n'a rien à réclamer, ne peut se plaindre de rien : Desforges même ne peut accuser que les événements ou mon impéritie, et non mon honneur. Nos arbitres, son avocat même, convaincus de ma probité, m'en ont donné des témoignages authentiques ; et pourtant Morande, venu à Paris pour faire un journal et de nouveaux libelles au profit de ceux qui le payaient, a réveillé ce procès depuis sept ans endormi ;

remuant la fange et la boue ¹, au milieu de laquelle il a toujours vécu, il s'imagina qu'il allait m'en couvrir. Dans l'impuissance de trouver d'autres moyens de m'avilir, tous les ennemis politiques, que m'avaient fait le patriotisme et l'énergie de mon journal se sont salis de ces ordures pour me les jeter.

On se rappellera leur rage lorsque, me voyant porté à l'assemblée législative par l'estime d'une foule de bons citoyens, ils me dénoncèrent dans leurs discours, dans leurs journaux, dans leurs libelles et jusque dans les placards qu'ils affichaient dans les rues contre moi. Que la cour ait payé ces placards, je le conçois; elle savait bien qui elle voulait écarter, et qu'elle ne trouverait dans aucun député un adversaire plus déterminé à attaquer ses hypocrisies et ses intrigues, et plus disposé à lui porter les coups qui l'ont enfin renversée : mais qu'il se soit trouvé des écrivains assez mercenaires pour écrire ces placards et pour les colporter; que des hommes qui se disent encore aujourd'hui les amis de la liberté aient cherché à les reproduire, voilà ce que la passion, les haines de parti peuvent à peine expliquer, et ce qu'on n'excusera jamais. Car chaque mot était un affreux mensonge, dont celui même qui l'écrivait n'avait pas le droit de douter. J'avais répondu au libelle de Morande et aux pièces diverses qu'il avait rassemblées. Ces pièces mêmes, qu'on invoquait contre moi, ont tourné à la honte de mes calomniateurs. Ma *réplique* à son libelle m'a fait acquérir plus d'amis que ses calomnies n'avaient pu m'en faire perdre. J'ai été défendu par les plus vertueux citoyens : voilà l'estime qu'il faut savoir mériter. « J'ai lu votre réponse au coquin, m'écrivait Duchosal; mais il m'avait suffi de lire son libelle et les aveux naïfs qui

¹ Morande quitta la rédaction du *Courrier de l'Europe* et rédigea à Paris l'*Argus*, journal méprisé par tous les partis. Une chose singulière, et que M. de Montlosier faisait observer à l'auteur de ces notes, c'est que ce fut lui qui, retiré à Londres par suite de son émigration, succéda à Morande dans la rédaction du *Courrier de l'Europe*. Revenu en France sous le consulat, M. de Montlosier fut accusé d'être l'auteur d'un autre journal intitulé l'*Argus*; ce journal n'avait pas meilleure réputation que celui de Morande, pas besoin de dire que M. de Montlosier y était entièrement étranger (M.).

lui échappaient. Consolez-vous, mon cher républicain, ces hommes-là seront connus comme Erostrate. Ils brûlent des temples et vous en construisez un à la liberté [1]. » — « Voilà comme on se défend, m'écrivait aussi Manuel. Tous vos ennemis sont écrasés du récit de votre vie. Ils ne pouvaient soutenir celle d'un homme de bien tel que vous. Je vous remercie de m'avoir cité : on est fier de déposer pour vous au tribunal du public. »

Mes enfants, si jamais vous publiez les *Mémoires* que j'écris aujourd'hui, joignez-y quelques passages de cette *réplique*. Les ennemis que j'ai ameutés contre moi ne sont plus les mêmes ; mais j'entrevois que les haines des aristocrates et des anarchistes sont également violentes, et ma mort même ne suffira peut-être pas pour les éteindre. Tous les détails dans lesquels je suis entré sur mes malheurs et les trois hommes qui les ont causés ont sans doute paru fastidieux ; mais ils apprennent à les connaître ; ils feront apprécier leurs calomnies : ne les effacez pas. Il faut, mes enfants, que, comme la femme de César, l'honneur d'un père ne puisse être soupçonné. Le mien doit vous être cher ; et l'idée que vous en serez les gardiens sacrés me consolera dans la tombe.

Depuis cette époque, c'est-à-dire depuis ma sortie de la Bastille, en septembre 1784, jusqu'au mois de mai 1788, mois où je partis pour l'Amérique, ma vie fut tranquille, obscure, et j'aurai peu d'événements à rapporter.

Je passai à Boulogne-sur-Mer la fin de l'année 1784, et ce temps s'écoula trop rapidement. Je vivais au milieu de toutes les personnes qui m'étaient chères ; mon enfant reprenait de la vigueur, et mes anciens amis de Boulogne me faisaient oublier mes malheurs par leurs caresses.

Il fallut cependant songer aux moyens de soutenir ma famille. Je revins à Paris. Clavière, qui venait de s'y fixer,

---

[1] Duchosal, rédacteur de plusieurs journaux politiques et littéraires, auteur de quelques ouvrages politiques et de deux ou trois poèmes, dont l'un est intitulé *les Exilés du Parnasse*, un autre *Blanchard*, est mort en 1801. C'est à lui et à Milon qu'on doit l'édition des œuvres de Dumarsais, publiée en 1797 (M.).

m'offrit un asile chez lui. Je l'acceptai. Les spéculations sur les fonds publics commençaient alors à fixer l'attention générale; le jeu devenait chaque jour plus violent. Clavière, dont la propriété principale était dans ces fonds, crut pouvoir prendre part à ces spéculations pour soutenir sa fortune, qui pouvait en être ébranlée. Mais je lui dois la justice qu'il porta toujours une grande moralité dans ses calculs. Son but était de décourager les spéculations immorales, fausses ou nuisibles à la chose publique. Il ne parla jamais que pour la raison et contre le charlatanisme. Une fois engagé dans ce combat, il voulut le soutenir de sa plume. Clavière, comme je l'ai déjà observé, avait un fonds inépuisable d'idées neuves, d'idées grandes et propres à captiver les esprits; mais le talent de les exprimer lui manquait. Il ignorait l'art de l'analyse; point d'ordre dans ses idées, point de clarté dans son style. Il pensait supérieurement; il fallait qu'un autre écrivît pour lui. C'était une mine intarissable de diamants bruts; il fallait un metteur en œuvre.

Mirabeau fut presque toujours un metteur en œuvre. Cet écrivain avait, comme il le disait lui-même, un talent particulier pour accoucher Clavière. Bien pénétré de ses pensées, *il les faisait siennes*, et leur imprimait son cachet original. C'est à cette source féconde que Mirabeau puisa son livre sur *La caisse d'escompte*, ses *Lettres sur les eaux*, l'ouvrage sur la *banque-Saint-Charles*, et sa fameuse *Dénonciation de l'agiotage*.

Plusieurs circonstances lièrent ces deux hommes célèbres. Chassé de Londres par ses dettes, Mirabeau était à Paris dans la plus grande détresse, et avec les besoins d'un grand seigneur qui avait toujours joué l'opulence. Au milieu de son orgueilleuse misère, il se sentait appelé à faire une révolution dans son siècle et dans son pays; tout lui promettait un grand succès. Cette audace de caractère que les obstacles irritent au lieu de l'ébranler, ce coup d'œil juste et perçant qui déphysionomise les hommes et prévoit les événements, cet art d'aspirer tous les talents et de les faire servir à sa gloire, son langage noble, élevé, qui commandait presque toujours l'admiration en annonçant sa supériorité; tous ces avantages étaient balancés par une immoralité profonde, par une vie ordurière, par le mépris de tous les principes qui sont le garant de la propriété et de la sûreté dans le commerce de la vie, enfin par ce désordre constant dans ses affaires privées dont les gentilshommes se faisaient presque un titre de noblesse.

Malgré tous ces défauts, Clavière aimait Mirabeau, et l'aimait, je crois, plus que tous ses autres amis. La cause de cet attachement était, si je ne me trompe, dans le penchant invincible qui portait le Génevois vers les révolutions et vers ceux qui pouvaient les opérer.

Jamais homme n'eut plus de droit que lui de mépriser et d'abandonner Mirabeau; jamais homme ne le rechercha, ne le défendit plus chaudement que Clavière, même contre son propre intérêt. Il lui pardonnait tous ses vices, et même ses crimes envers lui, parce qu'il voyait dans l'orateur et l'écrivain la régénération de la France.

Mirabeau, quoiqu'on ait cru longtemps le contraire, et que les nombreux ouvrages qui ont paru sous son nom aient semblé justifier cette opinion, Mirabeau n'était ni studieux ni laborieux. Les plaisirs, les intrigues, les expédients auxquels il avait souvent recours, ses correspondances secrètes, le besoin où il se trouvait d'étudier sans cesse de nouveaux rôles, enfin le spectacle qu'il donnait chaque jour chez lui, car chaque matin il semblait être en représentation, tous ces objets occupaient ses moments. D'autres pensaient, écrivaient, imprimaient à sa place. Il ne prêtait que son nom; ce nom qui, par la bizarrerie de ses aventures, par l'audace de son caractère, fixait, entraînait toujours l'attention, ce nom avait un grand prix, et c'était une sage et utile spéculation que de l'acheter. Cette vente était, dans Mirabeau, le produit d'un calcul encore plus politique que pécuniaire. Il fallait en imposer au peuple par un grand nom. Qu'importait le moyen par lequel il y parvînt? Qu'importaient les satires? Il avait trouvé le secret de les étouffer, ou au moins de créer le doute; c'était de ne pas répondre. Je veux citer deux traits qui donneront une idée de son effronterie sur ce point. Le livre de la *caisse d'escompte* appartenait à plusieurs pères. Je lui avais donné le septième et le huitième chapitre ; un autre chapitre avait été composé par Dupont de Nemours ; le reste par Clavière ; et les connaisseurs s'en apercevraient aisément en observant la bigarrure des styles. Le bruit se répandit que Mirabeau n'avait fait que prêter son nom. Il repoussa cette vérité comme une calomnie, dans la préface du livre sur *la banque de Saint-Charles*. J'ai pu, dit-il, prêter mon talent à mes amis, mais prêter mon nom eût été indigne de moi. — Observez que cette phrase même était de Clavière, qui écrivit la préface.

L'histoire de ce dernier ouvrage prouvera quelle réputation Mirabeau s'était acquise à cette époque, et comment il en trafiquait. Nous l'avions entrepris en commun, Clavière et moi. Déjà quatre ou cinq feuilles étaient sorties de la presse. Mirabeau le sut, et courut l'apprendre à Calonne avec lequel il était fort lié. Ce ministre voulait, sans être soupçonné, détruire l'ascendant que prenait cette banque en France. Il crut que notre ouvrage réussirait plus sûrement s'il était publié avec le nom de Mirabeau, ou peut-être Mirabeau le lui fit-il entendre pour l'engager dans la comédie qu'il voulait jouer. Il se fit écrire par le ministre une lettre dont l'objet était d'engager Clavière et moi à lui céder notre travail. Il offrait de nous indemniser de tous les frais et même de payer l'original. Après avoir lu cette lettre, nous sacrifiâmes l'ouvrage à Mirabeau, Clavière y voyait comme moi le bien public : Mirabeau en eut l'honneur, garda l'argent, et Clavière paya les frais.

CHAPITRE LII.

Origine de la liaison de Brissot et de Mirabeau. — La lettre de Brack. — L'ambassadeur Elliot charge Brissot d'offrir à Mirabeau un asile en Angleterre. — Mirabeau répond à ce sujet à Brissot, et lui rappelle quelques-unes de ses aventures; ses procès. — L'effet prodigieux que produisit son éloquence devant le parlement d'Aix, etc., etc.; il demande les conseils de Brissot sur la réponse qu'il doit faire aux offres d'Elliot.

Ce n'est pas ici le lieu de m'étendre davantage sur les productions de Mirabeau; mais je veux dire comment ont commencé mes rapports avec cet homme fameux dont j'aurai sans doute souvent l'occasion de parler. Pendant que j'étais à Londres, je reçus une lettre de l'un de mes amis qui voyageait dans le Nord, et se disposait alors à pénétrer dans la Laponie, et à visiter Saint-Pétersbourg : c'était Brack, connu par son patriotisme, son zèle pour la cause des noirs, et quelques écrits. Il me mandait qu'Elliot, ambassadeur d'Angleterre à Copenhague, homme d'un grand mérite, et dont le nom venait d'acquérir une juste célébrité, l'avait chargé de me demander des nouvelles de Mirabeau, et de l'instruire, s'il était possible, de son sort et de sa position actuelle; c'était quelque temps après sa sortie de Vincennes et la publication de ses *Lettres de cachet*. Ce livre avait fait une grande sensation. En le lisant, Elliot s'était rappelé que Mirabeau avait été son ami d'enfance et celui de sa famille, et le souvenir de ses infortunes avait ranimé son ancienne amitié. Brack m'assurait que si Mirabeau était libre, Elliot lui offrirait avec empressement un asile en Angleterre, et que s'il avait encore à se plaindre du sort qui l'avait si longtemps poursuivi, il pourrait le mettre à l'abri de ses coups, en lui faisant courir la carrière des ambassades.

Jusqu'à cette époque, la profonde immoralité de Mirabeau m'avait éloigné de son commerce; mais ses malheurs me faisaient excuser ses torts et m'intéressaient malgré moi. Je m'empressai de lui annoncer que, loin d'une patrie où il ne trouvait que des persécutions, un ami généreux lui tendait les bras, et lui offrait une patrie nouvelle. Mirabeau me répondit une lettre que j'ai conservée.

LETTRE DE MIRABEAU

« Je reçois avec beaucoup de reconnaissance, monsieur, la lettre ont vous m'honorez, en date du 17 juillet 1788. Elle m'est parvenue ɯr M. Delisle, le digne ami de notre excellent Clavière. Le paquet ֻu'elle m'annonce n'a pas eu le même sort, soit qu'envoyé à M. Dupeyrou, ce détour me le retarde, soit que cet aimable correspondant, ʳuo mon très-long silence peut avoir jeté dans l'incertitude sur mon ᶦour actuel, n'ait pas osé le hasarder. Ces conjectures me tranquil‑ ent un peu sans me rassurer pleinement ; car j'ai depuis quelques ⱼis éprouvé tant d'infidélités aux postes, que je suis inquiet sur le ᵣt de tout ce qui m'est adressé d'une manière facile à deviner, et ᵢême sur celui de mes écritures. Clavière m'écrit, par exemple, dans ɴe lettre très-retardée (car elle est de Dublin, du 20 mai), qu'il n'a ₓeçu qu'une lettre de moi depuis le mois de janvier. Je lui ai adressé ᶦeux paquets par Milord Péterborough, et deux par le duc de Mansᶦeld, malgré les douloureuses et innombrables occupations qui m'ont ᵢbsorbé depuis quelques mois. Qu'est-ce que tout cela est devenu ? Je ᵣrois que M. Dogni[1] seul le sait.

« Votre *correspondance* ne m'est point connue, monsieur. Je suis dans un pays perdu pour les lettres, où plusieurs de vos ouvrages ont pénétré cependant, mais apportés par quelques étrangers, du nombre desquels je suis. Je n'ai donc pu me procurer encore l'ouvrage où vous avez bien voulu parler du mien, et je n'avois pas besoin de ce motif d'intérêt personnel pour m'intéresser à ce qui sort de votre plume. A Dieu ne plaise que je sois étonné que vous ayez trouvé et relevé des défauts dans le livre dont il est question. Je parierois bien plutôt que vous aurez failli par indulgence, que je ne vous soupçonnerois de trop de sévérité. D'abord l'ouvrage doit manquer et manque en effet par la facture et le style. Fruit pénible des longues et douloureuses méditations auxquelles je me suis livré pendant les trois ans et demi et dix jours que j'ai été enseveli dans le plus horrible des tombeaux, je n'ai pas eu un conseil, pas un censeur ; et si la solitude peut

[1] Directeur général des Postes.

donner plus de profondeur aux pensées, elle nuit certainement à la méthode et à l'expression. Voilà une première source des défauts de l'ouvrage. Beaucoup d'autres appartiennent à moi plutôt encore qu'à ma situation, et j'en indiquerois un bon nombre; mais j'attends votre correspondance ou le plaisir de vous voir, pour me livrer à cette discussion, d'autant que votre bonté et la nature des choses que vous m'écrivez exigent en ce moment une explication importante. Je l'aurai avec franchise et candeur; d'abord parce que je n'ai point encore appris la méfiance, ensuite parce que vos amis de Neufchâtel m'ont donné une si haute idée de votre charactère moral, que je serais mal avec moi-même si je pouvois vouloir me déguiser avec vous.

« Il vous sera fort aisé de croire que votre lettre m'a touché jusqu'au fond de l'âme. Je n'aurois pas été si malheureux, si je n'étois pas né très-sensible. Voilà ce que prouve ma vie entière, et c'est à vous qui, bien légèrement pour un penseur, aviez conçu de cruelles préventions contre moi, que j'ose le dire. Je reconnois mon cher Elliot au trait que vous m'apprenez de lui. Il n'est que cette nation qui offre de tels traits d'humanité et de générosité. Mais dans cette nation même, il doit être rare qu'un jeune homme (Elliot est tout au plus de mon âge) jeté dans la carrière de l'ambition, s'attendrisse à l'idée des maux qu'a soufferts un ami de collège qu'il n'a pas revu, et qui ne lui a point écrit depuis dix-sept ou dix-huit ans, et veuille à tout prix arracher au despotisme une victime étrangère à sa patrie (car ils ont une patrie, et voilà pourquoi le peuple le plus corompu de la terre a encore des vertus fortes, des vertus civiques; voilà pourquoi ces fiers Bretons ont pris dans l'univers la première place en dépit des hommes et de la nature). Je ne serois pas l'objet d'un sentiment si noble, d'une pensée si haute, que je serois enthousiasté de l'homme qui l'a conçue; jugez ce que m'est le bon Elliot, et quel besoin j'ai de le serrer dans mes bras. Mais, monsieur, jugez ma position.

« Vous savez sans doute, par Clavière, quel affreux procès m'a enlacé ici depuis sept mois. Vous pouvez savoir aussi par lui que s'il eût été en mon pouvoir de réaliser la plus petite partie de la fortune que je dois avoir un jour, je n'aurais pas soutenu ce procès; et la vue et le contact d'une terre esclave ne m'auroient pas souillé plus longtemps. Mais lié par la double tyrannie du plus étrange de tous les pères, et de l'impérieuse nécessité; entravé par les fautes de ma jeunesse, qui m'ont exposé au très-grand malheur d'être dans la dépendance pécuniaire de ma famille, il m'a fallu viser à l'indépendance par la seule route qui pût m'y conduire, et dont les bourbiers infects qui la parsemoient m'auroient cependant écarté sur-le-champ si mes adversaires n'avoient pas eu l'insigne maladresse de compromettre mon honneur dans la discussion de ce procès[1].

« Je l'ai perdu, mais je l'ai perdu comme on ne perd point de procès en France, surchargé de chaînes et d'entraves, écrasé de dettes, suite du dérangement de ma première jeunesse, lesquelles on auroit pu arranger par le seul emploi de mes revenus, ce dont on s'est bien gardé, tout en m'en ôtant le pouvoir. Investi des préventions qui, dans le pays le plus méchant de la terre, ont résulté de mon inconduite, et surtout du manége et des relations officieuses des intéressés à ma perte ; entouré d'ennemis, mal servi par mon père, désagréable au gouvernement, je suis arrivé dans une province où il me restoit peu de parens, peu d'amis secrets, et presque pas un avoué pour lutter contre la famille la plus étendue, la plus accréditée, contre le particulier de la ville d'Aix qui en fait les honneurs et qui passe pour en avoir la société la plus aimable, les plus puissans amis, le meilleur cuisinier. Quand je suis arrivé, tout le monde me fuyoit ; j'étais l'antechrist. Je me suis conduit irréprochablement, et j'ai été assez heureux pour concilier beaucoup de fermeté et de sagesse. J'ai parlé en public quatre fois ; mon âme a élevé mon génie, et j'ai eu le plus grand succès. C'est avec raison que les anciens, du talent de la parole, ont fait un dieu. Le public, toujours extrême, s'est rangé de mon côté jusqu'à l'idolâtrie. Les battemens de mains m'ont poursuivi au palais,

---

[1] Mirabeau voulant, comme il le disait, se *réinvestir* de 60,000 livres de rentes, héritage de sa femme, plaidait alors contre elle, afin de la forcer de se réunir à lui. Peut-être eût-il gagné son procès, si son adroit adversaire (c'était M. Portalis), en poussant sa colère à l'extrémité, en le défiant de donner des preuves qui motivassent les torts de madame de Mirabeau envers lui, ne lui en eût fait produire une que l'avocat retourna contre Mirabeau même. On raconte que Mirabeau s'étant aperçu jadis d'une intrigue de sa femme, s'était enfermé avec elle dans son appartement, et après lui avoir arraché l'aveu de sa faiblesse, lui avait dicté une lettre qu'il s'était chargé de faire parvenir à son adresse, mais qu'il avait eu soin de conserver, prévoyant qu'il pourrait s'en servir un jour. (Cette lettre est datée du 28 mai 1774, elle commence par ces mots : « Je reviens enfin de mes égaremens, « monsieur, et le premier effet de mon retour à la vertu, est de vous avertir, que toute liaison est finie entre nous. ») Mirabeau, excité par les défis de Portalis, exhiba en effet cette lettre. L'avocat s'écria aussitôt qu'un mari qui avait de pareils motifs de plaintes contre sa femme, et qui ne craignait pas aujourd'hui de rendre son déshonneur public, ne pouvait vivre désormais en bonne intelligence avec elle et sous le même toit. Cet argument motiva le jugement de séparation des deux époux. (M.)

aux promenades, au spectacle ; un arrêt m'a condamné par un complot abominable. L'arrêt a été hué. Le parlement même s'élève contre les cinq juges qui l'ont déshonoré, dit-il ; car sur neuf j'en avois quatre pour moi, et les seuls d'entre eux qui soient estimés. La faveur du public a augmenté. J'ai été obligé de régenter un insolent colonel : le peuple a été prêt à le lapider. Enfin je suis devenu comme le démagogue de la province, et le vainqueur du procès est en fuite, tandis que le vaincu est hautement proclamé *l'illustre infortuné*.

« Je n'avois assurément mérité ni tant de sévérité ni tant d'indulgence, et vous croyez bien que ces tristes succès ne me tournent pas la tête, d'autant qu'une insurrection n'est jamais rien en France, mais ils m'imposent une sorte d'obligation de faire casser l'arrêt, qui est un véritable attentat aux mœurs et à l'ordre public, et qui d'ailleurs, n'étant point motivé selon notre mode française, peut laisser croire au loin, qu'au lieu d'être fondé sur un ridicule ergotage de palais, il l'est sur les imputations atroces dont on avoit voulu m'écraser. Mon honneur est donc aussi intéressé à la radiation de cet odieux arrêt, après laquelle je suis bien éloigné du désir de raviver le procès comme je le pourrois...... Première entrave qui s'oppose en ce moment à mon expatriation, et c'est en vérité la moindre ; car que me sont tous ces motifs secondaires, pourvu que je sois bien avec ma conscience ? motifs qui d'ailleurs ne sont pas sans objections, car mon séjour à Paris est loin d'être sans dangers extérieurs et sans inconvéniens domestiques.

« Mais, monsieur, voici des considérations d'une tout autre nature. Je vous l'ai dit, bien loin d'arranger mes affaires, mon père a eu le très odieux machiavélisme de les laisser dans un très grand désordre. Son compte de tutèle bien apuré, il se trouve me devoir 40,000 liv. : 80,000 liv. au plus paieroient mes dettes. Il m'avoit donné par contrat de mariage 8,500 liv. de pension annuelle ; il les touche maintenant, sous prétexte de payer mes dettes, n'en paie aucun créancier ; et prélève seulement une pension alimentaire de 2,400 liv. qu'il m'abandonne très en rechignant. Je n'ai pas pu parvenir encore par aucune voie à changer cet état de choses. Je n'ai pas pu obtenir qu'il me permît d'emprunter pour éteindre en bloc toutes mes dettes, et m'assurer ainsi un revenu indépendant. Je n'ai pas même obtenu qu'il fît honneur aux engagemens les plus sacrés que le grand procès qui m'avait conduit à Pontarlier et à Neufchâtel m'a fait contracter[1]. Mon

---

[1] Ce procès de Pontarlier était relatif à Sophie de Monnier. On sait qu'après son enlèvement et sa fuite en Hollande Mirabeau avait été condamné à mort

oncle, qui lui prodigue son bien et ses épargnes, n'a pas eu plus de crédit que moi-même à cet égard. Il a subvenu à tous les frais de l'affaire actuelle; mais riche seulement en viager, épuisé par son frère, lié par des devoirs de reconnaissance envers des entours auxquels il ne peut laisser que de l'argent, cet honnête homme, qui n'a de défauts que son invincible foiblesse pour son frère, ne peut pas beaucoup, et sa volonté est découragée par l'inutilité de ses efforts.

« Vous sentez, monsieur, qu'il ne me convient pas d'être à charge à personne, pas plus à Elliot qu'à tout autre. Il me paroît impossible qu'il m'obtienne aucun emploi dans un pays aussi étranger que le sien à tout François. D'ailleurs, je n'en prendrois pas d'indignes de moi, ni d'une certaine subalternéité. Je suis capable (et j'ai été mis à épreuve) du courage nécessaire pour gagner ma vie, je ne connois point de propriété plus légitime et plus honorable que celle de ses pensées par exemple. Mais je n'aurois pas le courage d'être le stipendié d'un grand seigneur quelconque. Ajoutez que je suis connu en Angleterre; que je le serois bientôt davantage par la nature des amis de cette nation que je me suis faits en France; et que j'y serois nécessairement un homme de convention; il ne me sera point permis d'être l'homme naturel : et c'est un grand malheur pour quiconque se sent un peu au-dessus des rêves de la vanité humaine.

« Voilà bien des inconvéniens, monsieur; il y en auroit beaucoup de sauvés, si Elliot avoit assez de crédit à la cour de Copenhague ou chez tel autre prince du Nord que ce puisse être pour me faire obtenir quelque emploi. La carrière est moins brillante qu'en Angleterre sans doute; mais elle est moins exclusive, si je puis parler ainsi. En Angleterre, il faut être Anglois; dans le Nord, il ne faut souvent qu'être François.

« Je manderai tout ceci avec beaucoup de candeur à mon ami Elliot; et je conviens encore que toutes ces objections me pèsent peu en comparaison de la liberté garantie, et de la possibilité de me livrer à mon énergie naturelle : deux avantages que je ne puis guère trouver que loin de mon pauvre pays. Mais la nécessité! la nécessité!

---

par contumace, et avait été exécuté en effigie. Aussitôt qu'il avait vu s'ouvrir les portes de Vincennes, il était allé faire réviser son jugement et purger sa contumace. L'affaire s'était arrangée à l'amiable entre lui et le mari de sa maîtresse. Les engagements que Mirabeau pouvait avoir contractés dans cette occasion ne devaient pas être considérables, car le marquis de Monnier, le plus outragé, mais le plus débonnaire des maris, ne s'était pas contenté de pardonner à sa femme et à son ravisseur, il avait encore payé les frais, dommages et intérêts du procès (M.).

Qui sait vaincre cet ennemi? Peu d'hommes en ont le courage, et ceci ne me manque pas ; mais la possibilité? je ne la vois pas ; le bonheur? je suis payé pour ne pas compter sur le mien.

« Parlez-moi donc en ami, monsieur, quoique je n'aie point mérité ce titre encore; mais ma confiance vous montre que je le désire et que je m'efforcerai de l'obtenir. Que me conseillez-vous? Quelles avances me seroient nécessaires? Quelle marche dois-je tenir? je puis espérer de mon oncle une somme d'argent qui m'aideroit à une transplantation ; mais je ne crois pas pouvoir raisonnablement compter sur une amélioration de fortune du vivant de mon père. Il est si dur et si dérangé que ce seroit présumer que de s'en flatter. Il aime beaucoup mieux garder les 6,100 liv. qu'il retient sur mon revenu que de me payer les 40,000 liv. qu'il me doit, et au moyen desquelles n'ayant plus que 2,000 liv. d'intérêts à supporter sur mon revenu pour me mettre en règle vis-à-vis de mes créanciers, j'aurois 6,500 liv. annuelles, et avec cela on vit dans tous les pays du monde, surtout quand on a plus de 60,000 liv. de rente de substitutions sur sa tête. Comment remédier à cela? en plaidant contre mon père; c'est une extrémité bien déplorable, et très loin d'être sans danger. Il faut donc se résigner ; et combien cette résignation me seroit payée, si j'achetois la liberté à ce prix !

« Voilà, monsieur, de bien longs et fastidieux détails et un fatigant griffonnage ; mais vous n'auriez pas pu me conseiller, si vous n'eussiez pas exactement connu mon état de situation ; et sur cette ébauche rapide, à peine et bien à peine pourrez-vous en juger. Parlez-moi nettement, et ne flattez ni votre avis ni vos données.

« Il me reste à vous faire de tendres remercîmens sur la peine que vous avez prise ; mais la manière la plus éloquente de les faire est, du moins pour mon cœur, de croire assez à la bonté du vôtre pour ne pas craindre de lui exposer et de lui soumettre de tels détails. J'ai senti la générosité de votre zèle, et je le crois bien vrai ; et je le paie d'un bien sincère retour, puisque j'y recours sans avoir aucun titre auprès de vous que celui que tout homme apporte à un autre homme.

« Je suis vraiment honteux de vous paqueter comme je le fais; mais je n'ai pas l'adresse précise d'Elliot. D'ailleurs une lettre directe à un ministre étranger pourroit effaroucher l'inquisition des postes. Je prends donc le parti de vous adresser ce que je lui écris ; et, pour cette fois seulement, vu l'importance de la chose, et la nouveauté de la correspondance, je vous écris directement, et vous envoie un duplicata par l'adresse que vous m'indiquez.

« J'espère que vous ne me ferez pas languir après votre réponse.

Adressez-la directement à M. Boyer, receveur des droits du greffe, à Aix en Provence, et deuxième enveloppe pour le C. de M.; et légitimez, en l'adoptant, la liberté que je prends de faire sauter la vedette et les complimens en formule. Il n'y a rien de formulaire, je vous assure, dans les sentimens d'estime, de reconnaissance et de dévouement que vous m'inspirez. « MIRABEAU fils. »

« A Mirabeau, ce 11 août 1783. »

P. S. « Depuis ma lettre écrite, j'apprends que le ministre s'oppose à ce que j'aille à Paris. Ce me seroit assurément une raison de plus d'y aller, si j'avois, d'après cela, le moindre espoir du succès dans la révision de l'arrêt : attendu que j'en regarde la poursuite comme une espèce de devoir de citoyen. Mais en est-il où il n'y a point de patrie? Et ne rendrai-je pas un plus mauvais service à la vérité et à la justice en la faisant échouer une seconde fois, qu'en lui laissant purement et simplement la vengeance de l'opinion publique? »

CHAPITRE LIII.

Changement dans les dispositions bienveillantes de l'ambassadeur Elliot à l'égard de Mirabeau. — Sa lettre à Brissot. — Qui a pu refoidir son amitié ? — La réputation de Mirabeau. — Le scandale de ses amours. — La marquise de Monnier ; la femme du gouverneur de Vincennes et la princesse de N... — Madame Saint-Huberti ; Henriette de Nerhat, etc. — Les *Lettres de cachet* sont-elles de Mirabeau ? — La traduction de Tibulle, Lachabaussière et Champfort. — Le Mémoire de Turgot. — Mirabeau menace Brissot d'une lettre de cachet. — Correspondance de Brissot et de Mirabeau à ce sujet.

Mirabeau avait compté comme moi sur la sincérité des offres d'Elliot. Mais, soit que Brack eût interprété dans une trop grande latitude ses dispositions bienveillantes, soit que le diplomate craignît de compromettre inutilement sa faveur, soit enfin que la lettre que je lui envoyai, et dans laquelle Mirabeau lui demandait de le placer dans une position digne de son mérite et de sa naissance, lui eût fait sentir qu'un poste digne de Mirabeau était au-dessus du crédit dont il pouvait jouir, il me répondit que, « vu certaines circonstances qui lui étaient connues, il lui était impossible de rendre au célèbre écrivain le service qu'il en réclamait; qu'il n'avait d'ailleurs jamais formé aucun plan à cet égard, et que le gouvernement français lui fermerait toutes les avenues de servir en Angleterre, quand même il pourrait l'y produire d'une manière digne de son nom. »

Qui avait pu refroidir ainsi l'amitié d'Elliot? Mirabeau ne lui parlait point de servir la Grande-Bretagne; il désirait au contraire obtenir un poste dans une cour du Nord, où il présumait sans doute n'être connu sous aucun rapport désavantageux. Mais peut-être sa réputation avait-elle percé jusque-là; peut-être des lettres de Londres avaient-elles révélé à l'ambassadeur quel genre de vie l'écrivain avait mené partout, en Provence comme en Franche-Comté, en Hollande comme en Angleterre. Il faut avouer que la conduite de Mirabeau était une bien mauvaise recommandation. Tour à tour amant affiché de Sophie que ses lettres ont rendue fameuse, mais qu'il trahissait pour la femme du gouverneur de Vincennes, qu'il trahissait elle-même pour une ex-princesse qui le fit sortir de prison où il venait d'écrire ses lettres brûlantes; puis d'une comédienne laide, mais riche, et aux dépens de laquelle il a trop vécu[1]; puis d'Henriette Nerhat, que j'ai vue tenir sa maison, et qui, dans nos divers travaux littéraires, nous a servi plus d'une fois de secrétaire; de cette Henriette, qu'il promena d'Amsterdam à Londres et de Londres à Paris, où il finit par la remplacer par la femme de son libraire, Mirabeau ne se donnait pas seulement en public avec toute l'effronterie de son immoralité, mais il laissait encore percer malgré lui les besoins où le plongeaient ses dérèglements; et l'on pardonne plutôt les fautes causées par l'emportement des passions que les extrémités où pousse la misère, puisqu'on appelle celles-ci des crimes et les autres des erreurs.

Joignez à tout cela ses mémoires contre un père dont les torts ne l'excusent qu'à moitié, son procès contre sa femme, ses aventures qui n'étaient pas toujours d'un vrai chevalier, mais souvent d'un chevalier d'industrie; rappelez-vous aussi ses ouvrages licencieux, et réfléchissez si de tels documents fournis à Elliot ne pouvaient pas avoir détruit tout l'intérêt que les souvenirs d'une amitié d'enfance avaient ranimés. C'était à la lecture des *Lettres de cachet* parvenues en Danemarck que Mirabeau devait les témoignages de cet intérêt, mais l'*Erotica biblion* ne pouvait-il pas y être aussi parvenu ? L'auteur avait composé l'un et l'autre livre à Vincennes, si toutefois l'un et l'autre y ont été composés, car je ne conçois pas trop comment il a pu se procurer dans le donjon tous les auteurs qu'il a cités, et je croirais volontiers ce que m'a assuré Perreau[2], que les lettres de cachet étaient de son oncle le bailli de Mirabeau, qui les lui donna, et auxquelles

---

[1] Madame de Saint-Huberti, qui épousa depuis le comte d'Antraigues, et mourut assassinée à Londres en 1812 (M).

[1] Perreau auteur de *Mizrim*, était fils naturel du père de Mirabeau.

le prisonnier ajouta quelques pages qu'on ne peut lui disputer. Perreau m'a dit encore que sa traduction de Tibulle était de Lachabaussière[1] connu par quelques pièces de théâtre, et dont le père avait été précepteur de Mirabeau. Je tiens aussi de Champfort, que non-seulement il lui a souvent prêté sa plume, mais même que Mirabeau lui a extorqué un manuscrit qu'il n'avait nulle intention de lui abandonner, vol qui l'avait vivement irrité. Ce fut aussi au sujet d'un manuscrit qu'il prétendait lui appartenir que j'eus avec Mirabeau une querelle dont je vais parler.

Je faisais imprimer à Besançon le *Plan des administrations provinciales*, dont Clavière m'avait donné jadis une copie. Je croyais que cet ouvrage pouvait être utile dans un temps où l'on annonçait les Etats-généraux; j'y avais joint des notes énergiques et qui devaient stimuler les esprits déjà en fermentation. Je parlai à Mirabeau de cette publication. Il ne dit mot d'abord, puis il vint me prier insidieusement de l'étouffer. Je ne voulus point entrer dans les motifs qu'il m'allégua, ou plutôt il m'en allégua aucun, et je lui déclarai que, quoique je ne retirasse aucun profit de cet ouvrage, dont j'avais donné le manuscrit comme on me l'avait donné à moi-même, je tenais pourtant à ce qu'il parût, parce qu'il devait être utile au public et éclairer les esprits. Mirabeau revint à la charge et me menaça d'une lettre de cachet. Il était alors tout puissant auprès de Calonne; je ne me ris pas moins de sa menace. Cependant voyant les angoisses que lui donnaient cette publication, je promis, à la sollicitation de Clavière, d'essayer de l'arrêter. Sur ces entrefaites, Calonne envoya Mirabeau à Berlin, d'où il m'écrivit, à son arrivée, une lettre moitié aimable et obligeante, comme il savait les écrire, et moitié menaçante; ce fut à cette seconde partie que je fis une réponse que Talleyrand, alors abbé de Périgord, lui fit passer. J'en ai conservé la copie, où l'on trouverait l'explication de

---

[1] Lachabaussière, mort en 1820, a donné *Azémia* ou les *Sauvages*, musique de Dalayrac : il a aussi composé avec M. Étienne l'opéra de *Gulistan*, que Dalayrac a également mis en musique. (M.).

cette intrigue. L'on trouverait aussi les lettres de Mirabeau relatives à cette affaire, parmi celles qu'il m'a écrites depuis, sur tant d'autres sujets différents.

LETTRE DE MIRABEAU A BRISSOT.

« A Brunswick, 15 juillet 1786.

« La précipitation de mon départ, que je n'ai pas été le maître de retarder, monsieur, m'a privé du plaisir de vous voir en quittant Paris ; je vous aurois engagé plus vivement de bouche que je ne le puis par écrit à persévérer dans vos louables vues de philanthropie, et à suivre avec moi une correspondance qui puisse vous tenir au courant des progrès très-rapides que fait l'Allemagne dans la théorie, et même à quelques égards dans l'amélioration pratique de tout ce qui a rapport à l'économie politique. Toutes vos lettres, toutes vos questions dans cet objet, recevront de moi des réponses aussi détaillées que le comporteront mes lumières. Usez et ne craignez pas d'abuser. Je prendrai avec vous la même liberté. Ce n'est que par une mutuelle confiance, et surtout une bonne foi inflexible et réciproque, que les gens de lettres qui ne croient pas que les talens agréables et les muses gracieuses soient le *nec plus ultrà* de l'esprit humain, parviendront à produire tout le bien qu'on est en droit d'attendre de l'instruction, et sans l'espérance duquel le métier d'écrivain seroit trop dupe et trop futile.

« Je comptois vous reparler aussi, monsieur, avec toute la sensibilité que réclame l'importance de l'objet, du manuscrit que par une légèreté très-indiscrète M. Clavière vous a confié, et que par une imprudence infiniment grave vous avez été sur le point de faire imprimer. J'ai parlé sur cela à M. Clavière avec une énergie qui doit lui avoir ouvert les yeux sur cette inconcevable inconséquence. Ce n'est pas auprès d'un homme qui professe les principes que vous affichez que je dois réclamer longuement les droits sacrés de la confiance et de la propriété ; mais ce que je ne saurois trop répéter, c'est que la divulgation de ce manuscrit me compromettroit si essentiellement, qu'elle me feroit un mal irréparable auquel je ne trouverois aucune compensation en bien, au contraire une aggravation réelle de chagrin, en me voyant forcé de vous traduire au tribunal peut-être de l'autorité, et certainement du public. Enfin, monsieur, et ceci est la vraie considération que j'offre à votre âme, vous entraveriez, vous étoufferiez même la plus importante opération qui puisse jamais régénérer la

France. Ce n'est pas vous qu'une spéculation typographique peut aveugler sur l'énormité d'un tel délit. Veuillez m'assurer, monsieur, le plus tôt possible, que les démarches que vous avez dû faire pour ravoir ce manuscrit ont eu un plein succès, et croyez que je vous saurai autant de gré d'avoir rempli ce devoir, que si c'étoit une faveur que vous m'eussiez accordée.

« J'ai l'honneur d'être avec des sentimens très-distingués, etc.

« Le comte de MIRABEAU. »

LETTRE DE BRISSOT,

Envoyée à M. l'abbé de Périgord[1], au couvent de Belle-Chasse, rue St-Dominique, pour faire passer au comte de Mirabeau.

« Je suis infiniment sensible, monsieur, aux offres obligeantes que vous me faites de me fournir toutes les lumières dont j'aurai besoin sur l'Allemagne ; et persuadé qu'elles sont sincères, et que vous êtes animé par le même motif qui me porte à écrire, je ne manquerai pas d'en profiter quand l'occasion s'en présentera. Vous me ferez le plus grand plaisir en vous adressant également à moi pour les objets sur lesquels je pourrai vous donner des renseignements.

Je dois vous avouer franchement que l'autre partie de votre lettre m'a causé autant de peine que de surprise. Il me semblait que ce que j'avais eu l'honneur de vous dire à ce sujet devait vous tranquilliser et m'épargner les choses plus que désagréables que vous m'écrivez. Vos instances nouvelles et vos expressions me forcent d'entrer dans des détails qui pèsent sur mon âme.

« Je ne conçois pas d'abord comment il vous est échappé de caractériser de légèreté très indiscrète la confiance qu'a eue en moi notre ami commun. Je ne m'arrête point sur le contre-coup de ce reproche qui réfléchit sur moi. Mais il me paraît que le Mémoire en question, connu déjà de plusieurs personnes, ne devait pas, par sa nature, être caché aux yeux d'un homme qui s'occupe d'objets publics ; et notre ami, n'ayant jamais eu à se repentir de m'avoir donné sa confiance, ne peut être accusé ici d'indiscrétion. S'il y a *délit*, comme vous le dites, il en est exempt, très exempt, j'en suis seul coupable. Mais je suis loin de convenir que ce soit un délit, ni même une *imprudence grave*, comme vous l'appelez encore. J'ai cru, je crois et je croirai toujours que tout ouvrage qui peut être utile au public, composé par un homme qui

[1] Aujourd'hui le prince de Talleyrand (M.)

n'est plus, par un homme qui, toute sa vie, s'est sacrifié au bien de l'humanité; je crois, dis-je, qu'un tel ouvrage appartient au public, et que c'est entrer dans les vues de l'auteur, et faire une bonne et patriotique action, que de le mettre au jour en l'enlevant à la timidité d'héritiers souvent faibles ou ignorans. Je crois que la famille même n'aurait pas droit de réclamer contre un pareil larcin; son objet, son but l'excusent, que dis-je? le sanctifient. Or, si la famille elle-même n'oserait priver le public de la jouissance d'un écrit utile, en réclamant le droit de l'enterrer dans un oubli funeste, que sera-ce d'un étranger à la famille et à l'écrivain?

« Lorsque notre ami me confia l'ouvrage en question, je vis en tête le nom de l'auteur; et cet auteur était mort depuis plusieurs années. Je crus pouvoir en tirer une copie sans aucun scrupule, et, dans la persuasion où j'étais qu'il n'appartenait à personne qui pût le réclamer, j'ai pris le parti dont vous vous plaignez. Je dois cet hommage à la vérité. Cette copie fut faite, et le dessein de la publier fut conçu sans l'aveu de Clavière, à qui je n'en parlai que long-temps après. Jamais, monsieur, je n'en aurais fait un pareil usage si je vous eusse cru le moindre droit de propriété *personnelle* sur cet ouvrage. Ma délicatesse doit vous être assez connue pour ne pas en douter. Je n'ai jamais pillé personne et puisque je laissais le nom de l'auteur à la tête de son ouvrage, je ne pouvais être soupçonné de plagiat.

« Enfin, vous eussé-je fait la confidence naïve de l'idée que j'avais exécutée, si je vous avais cru le père de cet ouvrage? Va-t-on ainsi confier son larcin à celui qu'on vole? Vous-même m'avez confirmé dans la croyance qu'il était le produit des veilles de l'homme respectable dont il portait le nom.

« Il n'y a donc dans ma conduite ni *grave imprudence*, ni *inconcevable inconséquence*, ni à plus forte raison *délit*. C'est l'acte d'un homme de bien, qui aime sa patrie, qui désirait voir réaliser un rêve patriotique, et qui voulait attirer les regards du public sur un monument utile et respectable élevé par un de ses défenseurs.

« Cependant, lorsque vous m'avez témoigné d'une manière si vive les craintes que vous éprouviez à ce sujet, j'ai cru devoir faire céder l'intérêt public à votre intérêt particulier. J'ai parlé à la personne chargée de diriger cette opération et que je vous ai nommée; celles qui devaient ou doivent l'exécuter, me sont inconnues; en sorte que mes démarches directes n'auraient abouti à rien.

« Depuis votre lettre, et par les considérations qui nous unissent, et non par crainte de vos menaces, j'ai encore pressé; on a écrit, et je vous communiquerai des réponses quand elles me parviendront. Voilà ce que j'ai fait pour l'amitié, et la part que je prends à vos intérêts. Mais je ne réponds pas du succès; nous sommes peut-être entre les mains d'Arabes, et je ne les connais pas. Voudront-ils lâcher leur proie. Je l'ignore. Si donc il paraît quelque chose, ne m'en accusez point. Accusez-en les circonstances ; on m'assure d'ailleurs que d'autres personnes connaissent et possèdent le Mémoire. Quoi qu'il en soit, je fais pour vous tout ce que le cœur me dicte : ma conscience m'acquittera, si vous me faites l'injustice de m'accuser.

« Vous m'en menacez, en effet ; vous me menacez, en cas de divulgation, de *me traduire au tribunal peut-être de l'autorité, et certainement du public.*

« De l'autorité ! Est-ce de l'autorité légale ? J'en serais plus fâché pour vous que pour moi, et surtout pour la chose publique, car ses ennemis riraient sans doute d'un pareil combat.

« Parlez-vous de l'autorité arbitraire ? Je ne puis croire à une pareille menace de la part de l'auteur des *Lettres de Cachet.*

« Reste le public. Je ne redoute pas plus son jugement. Je me présenterai avec le récit des faits, avec la conviction où j'ai été, où je suis d'après vous-même, que cet ouvrage était d'un homme public, mort étranger à vous et comme à moi, ouvrage dont la propriété était conséquemment au public. Je dirai : Cet ouvrage contient des vues excellentes ; j'ai cru qu'elles seraient utiles, et je les ai mises au jour. Lisez, et osez me condamner. Ah ! je crains bien que la seule faute que je commette aujourd'hui, soit de faire céder l'intérêt public au vôtre.

« Et qu'apporterez-vous en faveur de votre propriété ? Le hasard qui vous en a procuré la première copie. Quel droit !

« Vous avez très bien fait de croire qu'une spéculation de typographie ne balancerait pas chez moi le désir de vous être utile.

« Je n'ai jamais fait aucune spéculation de ce genre, et je vous affirme que je n'en retire aucun prix.

« Je serais véritablement désolé que cette publication, si jamais elle a lieu, pût empêcher l'opération dont vous parlez. Je donnerais de mon sang pour qu'elle réussit. Jugez si je suis maintenant intéressé à entrer dans vos vues !...

« Je me flatte que, d'après cette explication, vous regretterez de m'avoir écrit avec cette vivacité et ces expressions, que mes intentions (qui vous étaient connues) devaient vous faire effacer. Je les oublie en pensant à vos inquiétudes et à l'importance de l'objet qui a dû vous entraîner, et je n'en suis pas moins avec attachement, etc.

« Brissot Warville. »

LETTRE DE M. L'ABBÉ DE TALLEYRAND-PÉRIGORD A BRISSOT.

« J'ai reçu, monsieur, la lettre que vous m'avez fait l'honneur de m'adresser, et j'ai fait passer à M. le comte de Mirabeau celle que vous m'avez envoyée pour lui ; et d'après ce que vous marquez, il paraît que cette lettre est en réponse à une que vous avez dû recevoir de Berlin. M. de Mirabeau m'a plusieurs fois parlé de vous, monsieur, d'une manière avantageuse ; mais ne connaissant ni ses liaisons avec vous, ni la lettre à laquelle vous répondez en ce moment, je n'ai pas cru devoir profiter de la facilité que vous avez bien voulu m'accorder de prendre lecture de votre réponse en me l'envoyant décachetée. Quant à la brochure nouvelle que vous désirez lui envoyer, je me chargerai volontiers de la lui faire parvenir.

« Je suis charmé, monsieur, d'avoir cette occasion de vous assurer de sentimens d'estime et d'attachement avec lesquels j'ai l'honneur, etc.

« L'ABBÉ DE PÉRIGORD. »

RÉPONSE DE MIRABEAU A BRISSOT.

« C'est au retour d'un assez long voyage, monsieur, que j'ai reçu les paquets que m'apportoit M. Boden, et vos deux brochures s'y trouvent. Je suppose que les lettres qui les ont précédées (car mon secrétaire m'a dit qu'il y en avoit deux) me reviendront ; enfin, et quoi qu'il en puisse être, je vous remercie bien cordialement de votre souvenir et de votre attention. M. de Nordé, qui ouvre en mon absence toutes celles de mes lettres que l'on peut lire, m'a dit que l'une des vôtres étoit une apologie d'un certain procédé qui, indépendamment des risques qu'il m'a fait courir, a pensé, joint à une indiscrétion très-grave de M. Clavière, me brouiller avec mon meilleur ami ; et je crois que c'en est bien assez pour vous en donner un vif regret. Je ne sais point au reste sur quoi peut porter votre apologie : est-ce celle de vos motifs ? ils n'en ont pas besoin à mes yeux. Est-ce celle du fait ? l'emploi sans aveu d'un manuscrit qui n'est pas à nous, et dont le propriétaire est connu, n'en est guère susceptible. Vous citez, m'a-t-on dit, M. de Condorcet comme le possesseur ou l'auteur de ce manuscrit, je ne sais lequel ; je puis vous assurer, monsieur, très-positivement, qu'il n'est ni l'un ni l'autre. Ce mémoire, écrit sur les principes de M. Turgot, n'a été fait qu'après sa mort, et ceux qui ont donné son plan pour constituer le royaume n'en avoient pas connaissance. Quoi qu'il en soit on m'a rassuré sur la publication d'un mémoire trop beau pour que j'ose espérer de le voir réduire en pratique, et c'est bien avec du plaisir que je n'aurai plus à vous parler de cet inquiétant et scandaleux épisode; j'aime beaucoup mieux causer avec vous de vous et de vos intéressantes études.

« Je ne viens que d'ouvrir votre vigoureuse réponse à M. de Chatellux, et sur le seul exposé, je suis de votre avis. Il y a long-temps que, si je guerroyais encore, cet académicien vigoureux aurait eu une marque de souvenir de moi. Indépendamment de mes sentimens anti-aristocratiques, et de tant de reproches particuliers à faire à l'ouvrage de M. Chatellux, la légèreté avec laquelle on traite les Américains, ces généreux disciples des indépendans que détruisit le malheureux et infâme Cromwell, cette légèreté m'est insupportable. C'est au flambeau de la raison de ces hommes éminemment éclairés dans un siècle où personne ne l'étoit, que les Américains ont allumé la leur. Pour s'en convaincre, on n'a qu'à lire l'excellente histoire de mademoiselle Macaulay, et comparer ce que cette excellente femme rapporte sur les *sevellels*, dont elle a si bien développé les principes, à tous les écrits publics des Américains durant les troubles. Eh! comment ne pas s'indigner de voir de tels hommes et de tels principes jugés par un homme qui doit toute sa réputation à des caillettes, et à un ouvrage où il a indignement pillé et sans citer un homme que d'ailleurs il traite avec mépris. Ce reproche-ci est un peu plus fondé que celui qu'a fait M. de Chatellux à mes *Considérations sur l'ordre de Cincinnatus* de n'être qu'une traduction.... J'avoue que si je savois traduire ainsi, je ne ferois que traduire toute ma vie.

« En général, je vous remercierai toujours avec les honnêtes gens de ne pas laisser passer sans réclamation les relations calomnieuses que vous trouverez répandues çà et là dans plusieurs papiers publics, et même dans plusieurs ouvrages très récens sur les Etats-Unis; leur conduite politique n'est certainement pas ce qu'elle sera un jour; certainement ces vastes pays, qui n'étoient peut-être pas parfaitement mûrs à la grande révolution qu'ils ont subie, ne peuvent pas tout ce qu'ils voudroient, et peut-être même ne savent pas encore tout ce qu'ils peuvent. Mais tels qu'ils puissent être, monsieur, il est bien certain, il est trop certain qu'ils sont encore à un degré prodigieux le plus heureux pays de la terre, et que les peuples de l'Europe qui les critiquent, au lieu de les envier, ressemblent fort à des hommes qui, les fers aux pieds et aux mains, parleroient des dangers effroyables que court un voltigeur dans les essais de sa force et de sa liberté.

« Je trouve, page 80 de votre brochure, cette note : « Voyez ce que « j'en ai dit dans mon article sur l'état civil des juifs, tome II,

« *Journal du Lycée*... Vendre cher, y disais-je, s'est souvent traduit
« par le mot de mauvaise foi, au moins dans la bouche des igno-
« rans. »

« Je vous prie instamment, monsieur, de me faire passer le plus tôt possible, et par la poste, copie de ce morceau sur l'état des juifs. Vous ferez une très-bonne œuvre dont il est impossible que vous vous exagériez l'importance, et sur laquelle je ne puis m'expliquer.

« Pardon si je ne vous écris pas aujourd'hui de ma main, et si je m'explique à la hâte, mais j'arrive et repars pour une autre tournée de quelques jours seulement, et cependant d'une centaine de lieues, au moyen de quoi, je n'ai pas même le temps de me reconnaître, et je finis sans formule par l'assurance de mon attachement inviolable.

« Le comte de MIRABEAU. »

« Berlin, le 5 octobre 1786. »

CHAPITRE LIV.

Le manuscrit de Turgot vendu à Calonne par Mirabeau. — Calonne veut le donner aux États-généraux. — Dupont de Nemours. — L'*Histoire secrète de la cour de Berlin* brouille Mirabeau et M. Talleyrand. — Combats de Mirabeau et de Brissot contre Mallet-Dupan. — Les véritables écrits de Mirabeau. — Jugement sur son caractère. — Menaces contre ceux qui oseront attaquer sa mémoire. — Le convoi funèbre. — Bruits absurdes répandus, à l'occasion de la mort de Mirabeau, contre son secrétaire et MM. de Lameth. — Ses véritables assassins. — Les deux danseuses de l'Opéra. — Fausseté du mot attribué à Mirabeau sur MM. de Lameth. — M. Noël a été le premier écho des discours attribués au grand orateur à son lit de mort. — Le deuil de la monarchie et les factieux. — Mirabeau devait sa popularité et sa plus grande influence aux jacobins.

Mirabeau sut, en cette occasion, fort adroitement souffrir ce qu'il ne pouvait empêcher; mais il ne me pardonna que longtemps après la mésaventure que je lui causais, et sur laquelle il ne s'expliquait avec moi qu'avec ambiguité. Voici la vérité telle que Dupont de Nemours me la révéla plus tard. Mirabeau, qui faisait argent de tout, et qui vendait tous les manuscrits qu'il pouvait trouver, avait vendu celui du *Plan des administrations provinciales* au ministre Calonne; il le lui avait vendu comme son propre ouvrage, et s'était contenté d'en changer quelques pages. Calonne, qui n'était pas moins charlatan que son digne ami, se proposait de le présenter sous son propre nom aux États généraux; c'était une chose convenue et qui lui avait fait y attacher un grand prix. Heureusement pour lui qu'il le montra auparavant à Dupont de Nemours; Dupont lui ouvrit les yeux, et lui apprit que ce manuscrit sur les *administrations provinciales* n'appartenait même pas en entier à Turgot, et que c'était lui qui en avait composé autrefois le plan pour le ministre. Dupont, afin de l'en convaincre, lui montra le brouillon de son manuscrit tout raturé. Calonne ne put douter de l'industrie dont il avait failli être doublement la dupe. Ce larcin n'était pas encore découvert quand Mirabeau m'écrivait. Il voulait arrêter la publication que je faisais, pour tenir Calonne dans son erreur. Peu lui importait ce qui devait en arriver.

Lorsque Mirabeau revint de Berlin, je ne fus pas longtemps sans le voir. Il avait rapporté sa *Monarchie prussienne* dont le fond appartient au professeur Menard, et qui le fit chasser par le tyran de la Prusse. Il s'en vengea en publiant l'*Histoire secrète de la cour de Berlin,* qui n'appartient qu'à lui, et dans laquelle il méconnut à la fois les droits de l'amitié et compromit tous ceux qui s'étaient intéressés à son sort; Talleyrand, qui paraissait lui être attaché, rompit alors avec lui, et ne lui pardonna qu'au lit de la mort. Quant à moi, qui n'avais pas les mêmes sujets de plaintes, et qui ne pouvais m'empêcher d'applaudir à sa haine du despotisme, et au courage avec lequel il le poursuivait partout, je retrouvai bientôt mes anciens rapports avec lui. Il voulait publier une feuille sous le titre d'*Analyse des papiers anglais*. C'était un masque à la faveur duquel il répandait dans le public des vérités hardies; mais il ne connaissait malheureusement ni la langue anglaise, ni l'état de l'Angleterre. Je lui offris gratuitement d'être son collaborateur pour cette partie, et il accepta avec son amabilité ordinaire. Hardi dans l'attaque, il eut de violentes disputes avec Mallet-Dupan sur le procès d'Hastings et sur la situation des Anglais dans les Indes orientales. Mes études sur ce sujet lui furent utiles. Je composai aussi contre Mallet plusieurs lettres qui ont été publiées sous le nom de Mirabeau. Je dois rendre une justice à notre adversaire : il savait bien l'histoire, il était instruit des matières sur lesquelles il écrivait, tandis que l'instruction manquait entièrement à Mirabeau, dont quelques ouvrages sont pourtant surchargés des notes d'un érudit. Mais j'en ai assez dit sur ce sujet. Si l'on veut bien connaître la force d'esprit, l'originalité, la manière d'écrire de l'auteur des *Lettres de cachet,* il faut lire sa *Correspondance en Suisse :* voilà le vrai et pur Mirabeau.

Il est quelques autres ouvrages publiés à l'époque dont je

viens de parler, et dans lesquels on retrouve encore le vrai Mirabeau. Je citerai, par exemple, sa lettre vigoureuse à Lecoulteux de la Noraye. Mirabeau excellait dans la polémique, surtout lorsqu'il était indigné; l'orgueil et la colère lui arrachaient des morceaux admirables.

J'ai trop connu Mirabeau pour estimer son caractère; mais je me suis longtemps laissé prendre à la séduction de son esprit. C'était, quand il le voulait, le plus aimable de tous les amis, mais c'était aussi le plus égoïste et le plus dépravé de tous les hommes. Celui qui conseillait à un jeune ambitieux « de tuer sa conscience pour parvenir dans le monde » s'est peint d'un seul trait. Je n'ai pas eu besoin de preuves authentiques pour être certain que du moment où il avait modifié ses opinions, c'est qu'il les avait vendues. J'ai toujours rendu hommage à ses talents, mais j'ai combattu plus d'une fois l'emploi qu'il en savait faire, et je lui en ai fait un crime à lui-même. A sa mort, je voulus bien qu'on écartât tout reproche de sa tombe, qu'on ne vît en lui que l'homme de génie, que l'homme dont les conceptions vigoureuses et les inspirations sublimes avaient rendu d'immenses services à la chose publique, mais je ne voulus point qu'on regardât sa perte comme une calamité nationale, parce que Mirabeau, longtemps le fléau de la cour, avait déjà fait marché avec elle de la nation. Je demandai des pleurs pour sa fin prématurée, un voile pour ses fautes, des fleurs pour son tombeau, mais je dis qu'il y avait de la perfidie, de la démence, ou au moins une inconséquente légèreté à proclamer que son absence de l'assemblée devait anéantir la constitution; car Mirabeau était déjà payé pour la renverser.

Je ne marchandai point avec le triomphe par lequel on crut honorer son génie; mais je m'indignai qu'on osât parler de son patriotisme au moment où il venait de le prostituer; qu'on osât lui donner le titre de *vertueux* quand il eût été le premier à prendre un pareil titre pour une épigramme. Il y eut alors clameur de haro contre moi : tous les vertueux, tous les incorruptibles s'indignèrent. Des journalistes patriotes menacèrent de faire expirer sous le bâton quiconque oserait attaquer la mémoire du grand citoyen : ce qui ne m'empêcha point de le juger dès-lors hautement comme je le juge aujourd'hui.

Les honneurs décernés par l'assemblée constituante à Mirabeau avaient été provoqués par une députation des quarante-huit sections de Paris. Elles demandaient un deuil public pour ce citoyen éloquent et VERTUEUX ; elles demandaient encore son inhumation au champ de la fédération. Une autre députation du département, survenue dans la même séance, demanda que le Panthéon servît d'asile à sa cendre, et qu'on gravât sur le frontispice du temple : *Aux grands hommes la patrie reconnaissante*. Cette proposition fut enlevée d'enthousiasme, et Robespierre renchérit sur tous pour la faire adopter. C'est un fait que j'aurai peut-être occasion de rappeler.

Je passe sur cette pompe funèbre qui ne dut point étonner au milieu de nos mœurs relâchées, et dans les premiers accès d'enthousiasme d'une révolution. Jamais les rois, qui semblaient avoir réservé pour eux les honneurs, n'en ont obtenu de semblables ; parce que ceux-ci étaient décernés par le peuple, les autres par les courtisans. Le peuple croyait témoigner son patriotisme par ses regrets et faire honte à la cour par ses larmes, mais la cour seule avait raison de pleurer celui dont ses pages escortaient le catafalque et trahissaient les justes douleurs. Chacun s'abusait : Mirabeau était mort pour la liberté et contre la liberté. Il avait aidé à son triomphe, mais il avait voulu l'étouffer. Elle était toute-puissante, et il lui eût suffi d'un souffle pour la renverser.

Je laissai les journalistes et leurs menaces, les orateurs et leurs oraisons funèbres ; je laissai Cubières faire des poèmes, et Fiévée, qui s'était fait connaître par des articles patriotiques dans la feuille de Millin, mettre au concours des épithalames, donner les siens pour modèles, et inviter tous les poètes à suivre un exemple que le père Duchesne fut le premier à imiter, ce qui n'a pu manquer de faire grand plaisir à Fiévée. Au reste, Hébert, dans son sage langage, montra plus de jugement que les enthousiastes aveugles de Mirabeau ;

car il semblait craindre que l'orateur n'eût vécu un jour de trop pour sa gloire.

On a dit que Mirabeau était mort empoisonné; le suicide de son secrétaire sembla un instant justifier cette assertion. Combs n'avait été poussé à cet acte de désespoir que par le profond chagrin auquel il ne se croyait pas capable de survivre. On peut voir, par une lettre qu'il m'écrivit alors, et par l'autopsie du cadavre faite par Cabanis, combien ces inculpations étaient absurdes. Celles qui regardaient les Lameth étaient odieuses. Mais il semblait que Mirabeau, animé pendant sa vie d'un génie surnaturel, n'avait pu mourir de la mort commune. Qui donc eût hâté la fin de ses jours? la cour? elle ne comptait plus que sur lui pour sauver son pouvoir à l'agonie. Ses ennemis? des Français, au milieu de la rage des partis, peuvent bien se détester, mais l'idée de l'empoisonnement n'est point dans leurs mœurs. Non, Mirabeau ne devait sa mort qu'à lui-même. Dégoûté de toutes les jouissances, blasé sur tous les plaisirs, ayant amorti tous les sentiments de l'amour dans l'excès de ses passions effrénées, il ne lui restait plus de désir que pour ces voluptés à la fois honteuses et mortelles au sein desquelles il devait périr. Quelques jours avant la maladie qui l'emporta, il avait passé une nuit dans les bras de deux danseuses de l'Opéra, mesdemoiselles Helisberg et Coulomb. Voilà celles qui l'ont tué, il n'en faut point accuser d'autres[1].

J'ai cité le nom des Lameth. Un mot de Mirabeau contre eux se mêlait à tous les bruits répandus en cette occasion. Ayant appris qu'ils avaient refusé de se joindre aux membres envoyés près de lui par la société des Jacobins : « Je savais bien, lui fait-on dire, qu'ils étaient faux et lâches, mais je ne

---

[1] Millin prétend que ce fut lui qui amena Mirabeau dans la maison où ils soupèrent ensemble, et où il ne se trouvait que des députés, des gens de lettres et des artistes. Il dit que Mirabeau mangea peu, se retira il est vrai fort tard; mais il ne faut pas, ajoute-t-il, que des bruits de turpitude se mêlent à ses derniers moments. Que prouve le récit de Millin, sinon que ce ne fut pas dans cette soirée, ni au milieu de ses amis que Mirabeau épuisa les restes de sa vie, mais peut-être en les quittant, si ce n'est pas le lendemain? (*Note de Mentelle*).

les croyais pas si bêtes. » Mirabeau n'a pu laisser échapper une pareille injure. Alexandre Lameth n'était point à Paris ; son frère, désigné par Biauzat pour faire partie de la députation, se récusa, et je l'en louai. Il méprisait Mirabeau. Pourquoi s'abaisser à suivre la foule et à porter à une idole abhorrée un hypocrite hommage ? C'est là qu'eût été la fausseté, la lâcheté. Sachant que Mirabeau le voyait de mauvais œil et le regardait comme un de ses ennemis, pourquoi l'aller affliger de sa présence et s'en attirer peut-être quelques reproches désobligeants? C'est là qu'eût été la bêtise. Je sais bien qu'à l'époque du duel de Lameth et de Castries, Mirabeau avait proposé à l'assemblée d'envoyer une députation près du blessé, et qu'il s'y était adjoint de lui-même. Mais alors Mirabeau n'avait point essuyé les attaques des Lameth. Il n'était point en état d'hostilité contre eux ; et, dans cette occasion, en se montrant sensible au malheur d'un ami du peuple, il ne faisait qu'accroître sa popularité. J'aurai à parler ailleurs des Lameth, et d'apprécier la conduite de ces déserteurs de la cause qu'ils avaient d'abord si ardemment servie. Aujourd'hui, sans examiner davantage s'ils eurent tort ou raison de se refuser à l'invitation du président des jacobins, je veux seulement constater que Mirabeau n'a pu tenir le propos qu'on lui prête. A qui l'eût-il adressé ? Les amis des Lameth, et Barnave à leur tête, formaient la députation. Ils arrivèrent fort tard près du malade qui expira le lendemain. Qui, d'entre eux, eût été lui apprendre ce qui venait de se passer au club des jacobins? A qui eût-il fait la réponse qu'on lui attribue?

On a mis dans la bouche de Mirabeau mourant mille autres propos qui, la plupart, n'ont pas plus de vérité. Tous ces propos, qui semblaient dictés pour l'impression, avaient été publiés par Noël, dans la *Chronique de Paris*. C'est dans cette feuille que chacun alla les lire pour les répéter; la France entière fut son écho. Mais Noël lui-même convient qu'il n'avait fait que les recueillir d'un côté et de l'autre, et qu'il les avait conservés parce qu'il leur trouvait l'empreinte des passions du grand orateur, sans s'inquiéter si c'étaient bien réellement ses discours. Noël n'avait pu entendre un seul des mots qu'il avait imprimés; et il en est plus d'un, j'en suis sûr, que Mirabeau n'a jamais prononcé[1]. Cependant, parmi les phrases jetées comme pour la postérité, il en est une qui doit rester à la honte de son auteur et de ceux qui l'ont imprudemment répétée. « J'emporte le deuil de la monarchie; les factieux « s'en disputeront les lambeaux. » Les factieux! Et depuis quand Mirabeau songeait-il à leur imposer silence, et quels étaient ses droits pour le leur imposer? Misérable marchand d'honneur qui avait vendu le sien, et qui osait insulter à celui des autres! Les factieux qu'il désignait, c'étaient les patriotes sans doute; ces patriotes dont il s'était fait un marche-pied pour arriver à la popularité. Cette popularité, il ne la devait qu'à eux seuls, et il était perdu du moment où ils allaient s'apercevoir qu'il en avait abusé. Avant d'avoir honteusement ouvert ses bras a la cour, il ne fut quelque chose que par les patriotes. Je l'ai vu se remuant, s'agitant pour entrer dans le département, et à la veille d'en être repoussé par tous les partis; car tous les partis, soit qu'ils le combattissent, soit qu'ils se servissent de ses armes pour combattre, n'avaient aucune foi, aucune estime pour lui. Ce fut Danton, ce furent les jacobins qu'il caressait et qu'il a trahis, dont les efforts le portèrent au département et ensuite au directoire.

[1] M. Noël, dont le nom est si honorablement connu dans l'instruction publique, et auquel on doit plusieurs dictionnaires et ouvrages élémentaires estimés, rédigeait la *Chronique de Paris* avec Millin. Millin, l'un des hommes qui ont illustré l'Académie des sciences, est mort en 1818. (M.)

CHAPITRE LV.

Brissot se livre à l'étude de la finance avec Clavière. — La campagne du prieur Joliet. — Les lettres à l'empereur Joseph II. — Le marquis de Chatellux. — Les quakers. — Warner Miflin. — Sir John de Crevecœur et la comtesse d'Houdetot. — Le traité sur les rapports entre la France et les États-Unis. — Le magnétisme animal et M. Bergasse. — Liaison de M. Bergasse et de Brissot. — Le magnétisme n'est qu'un masque pour servir la révolution. — Sociétés secrètes : Lafayette, l'abbé Sabathier. — Despresmenil veut débourbonailler la France. — Manie de M. Bergasse; Lycurgue, Mesmer et Cagliostro. — M. Bergasse adoré des femmes et encensé comme le grand Lama.

Je m'arrachai à l'étude de la finance, à laquelle je me livrais avec Clavière, et dont Mirabeau venait parfois s'occuper avec nous, pour aller passer l'été de 1785 chez un de mes anciens amis de collége qui était prieur dans le Dunois. La campagne où demeurait Joliet n'était pas variée comme le charmant pays de la Suisse ou comme les bords de la Saône; mais enfin c'était la campagne, et quelques bois parsemés interrompaient la vue fastidieuse d'un terrain uni, et dont l'horizon était sans borne. Ces bois solitaires favorisaient la méditation, dont j'étais avide. Là, ne craignant que les mosquites et à l'abri des importuns et des importants de la ville, je me livrais avec mon épouse au doux plaisir d'être le témoin des ébats de notre enfant. Là, mon cœur palpitait à l'aspect de la nature. Je n'ai jamais vu les bois, une solitude épaisse, sans ressentir un tressaillement, une satisfaction intérieure et le désir de ne m'en jamais séparer. Je n'entrevoyais qu'avec horreur le moment de la quitter pour retourner à la ville. La bibliothèque du prieur me fournissait des livres qui occupèrent agréablement mes loisirs. J'étais libre, plus libre que chez moi, et je prenais à ma fantaisie ou la plume ou le râteau; quelques jeux innocents et des conversations franches et amicales me délassaient de mes travaux. Tel fut mon plan de vie pendant les trois ou quatre mois de mon séjour à cette campagne, avec le bon prieur et quelques voisins. Je ne demanderais au ciel pour terminer mes jours qu'une chaumière aussi modeste.

Ce fut sous ce toit hospitalier que je composai mes lettres à l'empereur Joseph second sur l'émigration et sur le droit des peuples. C'est encore dans ce séjour que j'eus le bonheur de devenir père d'un second enfant; je le nommai Sylvain; je voulais par là consacrer le séjour champêtre auquel il devait sa naissance, et le vouer, pour ainsi dire, dès son berceau à la vie rurale.

Les voyages de M. de Chatellux dans les États-Unis d'Amérique parurent à cette époque, et furent encensés par tous les journalistes avec cette bassesse dont étaient coupables presque tous les gens de lettres d'alors, lorsqu'ils jugeaient les ouvrages d'un académicien ou d'un homme de qualité. Cette flagornerie m'indigna; il y avait tant de légèreté dans les sarcasmes que Chatellux prodiguait aux quakers et aux Américains en général, tant de partialité dans ses jugements, tant de mépris pour les droits du peuple, que je crus devoir prendre la plume pour le réfuter et pour venger le peuple, les quakers et les Noirs[1]. Cette réfutation fut écrite presque d'un trait; je la soumis à la critique de mon ami Clavière, qui l'enrichit de ces idées profondes dont il était plein. Je lui dérobai une seule feuille, celle où j'exalte les effets du magnétisme; Clavière en plaisantait; j'y croyais et je récusai son jugement.

Si un auteur peut être entendu comme juge de ses propres ouvrages, je puis dire que cet *Examen critique du voyage de Chatellux* doit être préféré à tous ceux qui sont sortis

---

[1] Le marquis de Chatellux, membre de l'Académie française, avait servi en qualité de major-général sous les ordres de Rochambeau. A la suite de cette guerre il publia un Voyage dans l'Amérique méridionale, que réfuta Brissot. Chatellux, auteur de divers autres ouvrages, avait débuté en 1772 par un petit volume intitulé : *De la félicité publique*, par le chevalier de Chatellux. Cet ouvrage, augmenté depuis, a été réimprimé récemment avec une notice de M. de Chatellux fils. (M.)

de ma plume. L'énergie en paraîtra sans doute extraordinaire, si l'on se reporte au temps de sa publication, à l'année 1786. Les académiciens ne pouvaient pas revenir de leur étonnement en voyant l'insolence (c'était leur mot) avec laquelle je traitais un marquis académicien, et dont Voltaire même avait fait l'éloge. Aussi quelques journalistes essayèrent-ils de le venger, et parmi eux Scipion Maffey, rédacteur du *Journal de Paris;* je ne pus jamais obtenir d'imprimer ma réplique. La presse alors était également opprimée par les académiciens et par les ministres.

Cet ouvrage fut le fondement de mes liaisons avec les quakers de l'Amérique et avec Crevecœur. Plusieurs traductions en furent faites par leurs soins, tant en Angleterre que dans les États-Unis.

Dans mon voyage en ces contrées, j'ai recueilli la plus douce récompense qu'un écrivain puisse retirer de ses écrits, et l'accueil que j'ai partout reçu des bons quakers ne sortira jamais de ma mémoire. Il en est un surtout qui m'a témoigné tant d'intérêt, tant d'amitié, que je ne puis m'empêcher de le rappeler.

On connaît Warner Miflin par le tableau touchant qu'en a fait Crevecœur dans les *Lettres d'un cultivateur américain.* C'est Miflin qui le premier affranchit tous ses esclaves; c'est lui qui, sans passe-port, traversa l'armée du général Howe, et lui parla avec tant de fermeté et de dignité; c'est lui qui, ne craignant point les effets de la haine des Américains contre les quakers, alla, toujours sans passe-port, et au risque d'être traité d'espion, se présenter au général Washington pour justifier la conduite de ses frères; c'est lui qui, au milieu des fureurs de la guerre, également ami des Français, des Anglais, des Américains, portait des secours généreux à ceux d'entre eux qui souffraient. J'étais malade à Philadelphie; cet ange de paix vint me trouver : « Je suis Warner Miflin, me dit-il; j'ai lu le livre où tu défends la cause des amis, où tu prêches les principes de bienfaisance universelle; j'ai su que tu étais ici, et je viens te voir; j'aime d'ailleurs ta nation. J'ai été, je l'avoue, fort prévenu contre les Français. Elevé dans les principes des Anglais à cet égard, je les haïssais. Lorsque je les ai vus, une voix secrète m'a dit que je devais chasser de mon cœur ce préjugé, que je devais les connaître, les aimer ; je les ai donc recherchés, je les ai connus, et j'ai trouvé avec plaisir dans eux un esprit de douceur et de bienveillance universelle, que je n'avais point rencontré chez les Anglais. »

Je ne rapporterai point toute sa conversation ni celles que j'ai eues depuis avec ce digne quaker ; elles ont fait la plus profonde impression sur moi. Quelle humanité ! quelle charité ! Il semblait qu'aimer les hommes, que chercher à les obliger, fût sa seule existence, son seul plaisir. Il ne s'occupait que des moyens de faire de tous les hommes une seule famille : il n'en désespérait point. Il me parla d'une société de quakers qui existait à Nîmes, des frères d'Amérique et d'Angleterre qui allaient les visiter : il les regardait comme des instruments qui devaient servir à propager le quakérisme dans toute la France. Je lui parlai des obstacles, de la corruption de nos mœurs, de la puissance du clergé. Eh ! mon ami, me dit-il, le bras du Tout-Puissant n'est-il pas plus fort que le bras des hommes ? Qu'étions-nous quand la société naquit en Angleterre ? Qu'était l'Amérique il y a treize ans, quand Benezet s'éleva contre l'esclavage des nègres ? Faisons toujours le bien, ne craignons point les obstacles, et le bien se fera.

Tout cela se disait sans prétention, sans affectation. Les paroles coulaient du cœur de ce bon quaker ; il exprimait ce qu'il sentait, ce qu'il avait cent fois pensé ; il épanchait son âme et non son esprit. Il réalisait ce qu'il me disait des effets prodigieux de cette voix, de cet esprit intérieur, dont ceux de sa secte parlent tant ; il en était animé. Son âme se peignait dans la sérénité de sa physionomie et dans son geste agréable ; car bien des quakers ont un geste, quoiqu'on ait bien soin, dans les caricatures, de nous les peindre roides et sans mouvement.

Oh ! qui peut entendre un homme aussi élevé au-dessus de la nature humaine, sans réfléchir sur soi, sans chercher à l'imiter, sans rougir de ses faiblesses ! Que sont les plus beaux écrits devant une vie aussi pure, une conduite aussi constamment dévouée au bien de l'humanité? Et que je me suis trouvé petit en le contemplant ! L'on viendra calomnier la secte à laquelle appartient un homme aussi vénérable ! on viendra la peindre comme le centre de l'hypocrisie, de la mauvaise foi ! Il faut donc supposer ou que Miflin joue l'humanité, ou qu'il est de concert avec des hypocrites, ou qu'enfin il est aveugle sur leur compte. Jouer l'humanité, consentir à sacrifier ses intérêts, à être bafoué, ridiculisé, à partager son bien entre les malheureux, affranchir ses nègres, et le tout par hypocrisie ! ce serait, à coup sûr hypocrisie très-mal calculée, et l'hypocrisie fait mieux ses calculs. Ensuite, si vous supposez cet homme intact et vrai, pouvez-vous supposer qu'il s'entende avec des fripons? ce serait une contradiction absurde. Et enfin, en entendant cet homme plein de sens, et doué d'un jugement solide, raisonner avec tant de force, pouvez-vous croire qu'il ait toute sa vie été dupe d'une bande de fripons, lorsque d'ailleurs il a été de leurs conseils les plus secrets, et un de leurs chefs? Oui, je le répète, l'attachement d'un ange tel que Warner Miflin à la secte des quakers est la plus belle apologie de cette société.

Warner Miflin était prêt à se marier; il me pria d'aller voir son amie : c'était miss Ameland, jeune personne bien respectable. Quelle douceur ! quelle modestie ! et en même temps quel agrément dans sa conversation ! Miss Ameland aimait autrefois le monde, faisait des vers, de la musique, dansait. Elle avait renoncé, jeune encore, à tous ces amusements, pour embrasser la vie d'une anachorète, au milieu du monde même. Elle persista dans son projet, malgré les plaisanteries, et alla, avec son mari, faire des heureux dans ses terres de l'État de Delaware.

Les femmes de qualité étaient alors enthousiasmées des *Lettres d'un Cultivateur Américain*, de Crévecœur. Je partageai cet enthousiasme, et je recherchai avec empressement la connaissance de son auteur. Il me semblait qu'à l'âme la plus sensible il devait joindre le cœur le plus obligeant, le plus humain, la haine la plus forte pour la tyrannie, et le mépris le plus profond pour les rois et pour les nobles. Je me trompai dans ce jugement, et j'eus occasion de me convaincre que leur auteur et l'homme privé étaient ici deux hommes bien différents, et que si Crévecœur composait d'après son imagination, il agissait toujours d'après son intérêt. Cet homme simple était logé chez la fameuse comtesse de Houdetot, amante de Saint-Lambert, et devenue depuis si célèbre par les *Confessions* de Jean-Jacques Rousseau. On se rappelle qu'à l'âge de cinquante ans il s'était épris pour elle de la passion la plus ardente, et qu'il fit Julie à son image. J'ai vu cette dame en 1787; elle était vieille, laide, spirituelle, mais remplie de prétentions. En relisant Rousseau, je tombai de mon haut; je ne pouvais concevoir que ce fût là l'original de Julie. Cette comtesse avait tous les préjugés de sa caste; et, fière de posséder un sauvage américain, elle voulut le former et le jeter dans le grand monde. Il eut le bon esprit de s'y refuser et de se borner à quelques sociétés choisies d'hommes de lettres qui se rassemblaient chez elle. En voyant pour la première fois ces grands hommes qui remplissaient la terre de leur nom, Crévecœur était sur le point de s'agenouiller. Mais comme toute cette réputation s'évanouit quand il les entendit parler, se *collauder*, se déchirer réciproquement!

Rien ne lui parut plus vain, plus petit, plus misérable. Il revenait toujours avec joie à la solitude où il pouvait s'épancher avec moi.

Je l'avouerai, ces premiers épanchements m'attachèrent fortement à lui; il me semblait l'homme de la nature. J'aimais sa simplicité, son goût pour la solitude, son mépris pour l'orgueil académique, sa haine pour le vice. Mon amitié s'exalta, j'étais à chaque instant avec lui. C'était un bonheur pour moi que de lui rendre de petits services, c'était une jouissance que de le faire connaître à mes amis. Je le présentai chez Clavière, et d'après la lecture de son ouvrage, toute la famille, qui avait les mœurs américaines, était ravie de connaître un écrivain qui les avait peints avec tant de vérité. Clavière fut le seul qui ne partagea pas cet enthousiasme, ses yeux perçants avaient découvert qu'il y avait dans cet homme quelque chose de bizarre et même de suspect. J'accusais la sévérité de Clavière ; il tint bon, et l'événement me prouva qu'il avait raison. Crévecœur portait partout un front sombre, un air inquiet ; il semblait craindre qu'on ne le devinât. Jamais il ne se livrait aux épanchements, il paraissait même quelquefois effrayé du succès de son ouvrage, il semblait enfin qu'il eût un secret qui lui pesât sur l'âme, et dont il craignait la révélation. Voilà ce que Clavière entrevit ; j'aurais dû moi-même m'en défier à la froideur qu'il montrait, toutes les fois que je lui communiquais mon dessein de me fixer en Amérique. J'étais las du despotisme sous lequel la France gémissait. Homme de lettres, je ne voulais pas plier le genou devant les idoles du jour, et cependant je ne pouvais parvenir à exister que par cette bassesse. J'aimais mieux, lui disais-je, exercer dans les États-Unis quelque métier pénible, mais peut-être pouvais-je espérer que mes talents m'y procureraient un jour de l'aisance. Élever d'ailleurs mes enfants loin de la vue du tyran, était ma plus douce espérance, mon plaisir suprême ; j'aurais tout donné pour l'obtenir. Telles étaient mes idées de chaque jour, tel était le thème de toutes mes conversations. Crévecœur ne cessait de m'en éloigner, de combattre mon plan, de multiplier les injustices de mes ennemis, de m'exhorter à ne plus les attaquer, à choisir un autre genre pour écrire. De pareils conseils affligeaient mon âme sans abattre mon courage, sans m'inspirer aucun soupçon.

C'est en Amérique que j'ai trouvé le nœud de l'étrange conduite de Crévecœur à mon égard. Comptant sur son amitié, sûr de trouver dans son âme quelque reconnaissance des services que je lui avais rendus, de l'attachement que je lui avais témoigné, je vole chez lui ; j'étais étranger, il me devait un asile. A peine m'offrit-il un lit pour une nuit, une seule nuit, et le matin même il m'avertit que mon logement était prêt dans une maison où l'on recevait beaucoup d'étrangers. Depuis, il ne me vit qu'à la dérobée, il ne me présenta chez aucun Américain, et garda la réserve la plus mystérieuse.

Voici les motifs qui dirigèrent sa conduite. Au milieu des

troubles qui avaient déchiré l'Amérique, Crévecœur avait d'abord gardé la neutralité, puis avait paru la violer en s'attachant plus particulièrement aux royalistes; et lorsqu'ensuite il les vit près de succomber, il fit quelques pas pour se réconcilier avec les républicains. Cette variation dans sa conduite avait inspiré à ces derniers un profond mépris pour lui; ils le regardèrent, sinon comme un homme dangereux, au moins comme un homme sans énergie et sans caractère, et plus près de l'esclavage que de la liberté. D'après cette opinion et d'après sa conduite, ils s'étonnaient avec raison que le ministère français eût donné le premier consulat de l'Amérique précisément à un ennemi de la révolution et de l'indépendance américaine. Crévecœur, confondu lui-même de son prodigieux succès en France, craignait qu'on ne découvrît le mystère et qu'on ne lui enlevât une place à laquelle il était fort attaché. Un jour qu'il me parlait de la légèreté de la cour, et de la crainte de perdre la faveur du maréchal de Castries : Ne vous reste-t-il pas, lui dis-je, une grande ressource? la terre vous ouvre ses bras. Simple cultivateur, vous serez plus heureux qu'étant esclave des grands. Le mouvement de sa tête et le silence de Crévecœur me prouvèrent que cette morale, bonne pour les livres, n'était guère de son goût.

Sa conduite antérieure à la révolution n'était pas la seule chose que Crévecœur voulût cacher. Il avait eu des chagrins domestiques qu'il enveloppait d'un voile impénétrable. Cet homme soupçonneux et défiant ne m'éloignait de l'Amérique que pour m'éloigner de toutes ses connaissances; il craignait apparemment que je n'en profitasse pour lui nuire! L'ingrat, il connaissait bien peu mon âme! J'aurais, s'il avait eu quelque confiance en moi, cherché à épaissir encore le voile dont il se couvrait.

Quant à sa réserve à mon égard en Amérique, elle était dictée par un autre motif. Il était dans la dépendance de l'ambassadeur Demoustier qui haïssait les Américains, les révolutions et les écrivains énergiques; j'étais du nombre des hommes qu'il proscrivait; sans cesse il exhalait contre moi sa haine impuissante. Je la bravais; mais Crévecœur, qui craignait de perdre sa place s'il n'encensait pas les ressentiments de son petit ministre, Crévecœur jouait la froideur avec moi pour le tromper. Pouvais-je estimer plus longtemps un homme qui se dégradait par une si honteuse dissimulation? Pouvais-je aimer plus longtemps un homme que j'étais forcé de mésestimer?

J'ai cru devoir raconter d'un seul trait tous mes rapports avec Crévecœur. En terminant ce récit, je dois dire cependant qu'on serait dans l'erreur si l'on pensait qu'il ne fût pas estimable sous quelques rapports. Crévecœur suivait avec assiduité les progrès des arts mécaniques en Amérique; il en connaissait bien les mœurs, il les pratiquait; il eût été bon, constamment bon, s'il eût eu de l'énergie et moins d'intérêt personnel [1].

La froideur que me montrait Crévecœur ne m'empêcha pas de suivre avec la plus grande ardeur mes projets sur l'Amérique. J'étudiais tous les livres qui pouvaient me donner des lumières sur la nouvelle patrie que j'avais adoptée dans mon cœur; et, confondu de l'ignorance où l'on était en France à cet égard, je résolus de publier un ouvrage où j'examinais la situation des États-Unis. Je me proposais d'y faire connaître les relations commerciales et politiques que la France pouvait former avec ces contrées; et j'espérais que le tableau de la prospérité future des Américains inviterait mes compatriotes à imiter leur conduite, et à recouvrer enfin leur liberté. Tel fut le double objet de mon Traité *sur les Rapports entre la France et les États-Unis*, qui fut publié, en 1787, sous le nom de Clavière et sous le mien. On s'apercevra facilement que toute la partie commerciale appartient à cet homme profond. Son mérite ne fut pas senti; mais il le sera lorsque la paix aura consolidé la liberté, et permis au commerce de réparer ses pertes et d'étendre ses spéculations. Telle était la crainte que

---

[1] Saint-Jonh de Crévecœur traduisit lui-même en français ses *Lettres d'un Cultivateur Américain*, d'abord écrites en anglais, et elles furent publiées en 1784 par Lacretelle aîné. Il donna depuis un *Voyage dans la Haute Pensylvanie et dans l'état de New-York*, et mourut à Sarcelles en 1813. (N.)

le ministère éprouvait en voyant se développer la philosophie du commerce et la prospérité d'un peuple libre, qu'il éleva mille obstacles à la vente de cet ouvrage. Le silence le plus profond fut recommandé aux journalistes. L'accueil que les Américains firent à ce Traité, dont ils publièrent plusieurs éditions, nous dédommagea de l'indifférence des Français.

Cette étude intéressante ne m'empêchait pas de suivre avec zèle les expériences sur une découverte nouvelle qui absorbait alors l'attention du public et occupait toutes les plumes. Je parle du *magnétisme animal*. Je montrai d'abord l'incrédulité la plus prononcée; mais voyant le ton affirmatif et confiant de ses partisans, les faits nombreux qu'ils citaient, les noms respectables qui figuraient sur les listes, je résolus d'examiner leurs expériences par moi-même, et de rechercher les apôtres de cette doctrine nouvelle.

Bergasse paraissait en être le chef. Je vis Bergasse; j'étais prévenu en sa faveur par une petite dissertation sur les lois criminelles qu'il avait publiée, et qui annonçait une excellente logique et un ami de l'humanité. Bergasse m'écrivit, lorsque je lui demandai un rendez-vous : « Vous croyez trouver un savant, vous ne trouverez qu'un homme simple et bon, qui cherche la vérité dans son cœur. » Je le crus, car je ne pus jamais me défier de personne. Dès ce jour, nous nous liâmes de la plus étroite amitié. Je le voyais presque tous les jours; il me rendit le témoin de plusieurs faits très-extraordinaires; il me communiquait ses ouvrages; et ce fut dans la chaleur d'un de ces épanchements, que rentré dans mon cabinet, je composai sur le magnétisme mon *Mot aux académiciens*. Ils y étaient durement traités; ils méritaient de l'être. L'insolence avec laquelle ils voulaient écraser ce système nouveau, parce qu'il n'était pas sorti de leur sein, parce qu'il renversait leurs calculs; cette insolence devait révolter un ami de la liberté, de la vérité et de l'indépendance.

Bergasse ne me cacha pas qu'en élevant un autel au magnétisme, il n'avait en vue que d'en ériger un à la liberté. « Le temps est arrivé, me disait-il, où la France a besoin d'une révolution. Mais vouloir l'opérer ouvertement, c'est vouloir échouer ; il faut, pour réussir, s'envelopper du mystère ; il faut réunir les hommes sous prétexte d'expériences physiques, mais dans la vérité, pour renverser le despotisme. » Ce fut dans cette vue qu'il forma dans la maison de Kornman, où il demeurait, une société composée des hommes qui annonçaient leur goût pour les innovations politiques. De ce nombre étaient Lafayette, D'Eprémesnil, Sabathier, etc. Il y avait une autre société moins nombreuse d'écrivains qui employaient leur plume à préparer cette révolution. C'était dans les dîners qu'on agitait les questions les plus importantes. J'y prêchais la république ; mais, à l'exception de Clavière, personne ne la goûtait. D'Eprémesnil ne voulait *débourbonailler* la France (c'était son mot) que pour y faire régner le parlement. Bergasse voulait un roi et les deux chambres, mais il voulait surtout faire le plan seul, et que ce plan fût rigoureusement exécuté : sa manie était de se croire un Lycurgue. Les succès de Mesmer et de Cagliostro lui causaient un tourment dévorant. Il aurait voulu que la renommée ne s'occupât que de lui, et obtenir seul des autels.

Il cherchait des adorateurs et s'embarrassait peu d'avoir des amis. J'avais la bonhomie de croire qu'il était le mien. Lorsque l'illusion qui couvrait mes yeux s'est dissipée, je l'ai sincèrement regrettée. Il m'en coûtait peu de croire que j'eusse été sa dupe, mais beaucoup qu'il eût été insensible à mon amitié.

Lorsque je repasse dans ma mémoire tous mes rapports avec cet homme singulier, et tous les traits qui ont marqué le commerce que nous avons eu ensemble pendant deux ou trois ans, je ne puis m'empêcher de sourire de mon aveuglement et de ma crédulité. Je croyais Bergasse entraîné par un amour ardent pour la liberté et le perfectionnement de l'espèce humaine, et tout me force maintenant de confesser qu'un profond égoïsme était le mobile de toutes ses actions. Il ne voyait que lui, que sa gloire, dans le magnétisme, dans nos sociétés particulières, dans nos tentatives pour renverser le despotisme, dans l'assemblée nationale. Quelquefois il paraissait tenté de se croire un dieu, et il était tout étonné qu'on ne le crût pas comme lui. Diverses circontances l'avaient amené à ce comble de l'extravagance. Quelques femmes d'esprit, plus amoureuses de sa réputation que de lui, l'idolâtraient. Les partisans du magnétisme, qui avaient besoin de soutenir son échafaudage pour soutenir leur secte, l'encensaient comme le grand Lama. Cette erreur presque universelle lui avait donné la plus haute idée de son importance; et l'on sait que, dans la stupidité de ces temps-là, se montrer persuadé de son importance, c'était en convaincre la tourbe irréfléchie, et qui juge toujours d'après les surfaces.

J'ai dit les défauts de Bergasse, je dois parler de ses qualités. Comme écrivain, son style était pur, sa logique était serrée, sa morale religieuse. Il haïssait le despotisme; mais haïr le despotisme n'est pas toujours aimer la liberté. L'indignation l'arrachait quelquefois à son apathie; il avait de beaux mouvements. Comme homme privé, il était doux dans la société, désintéressé, réglé dans ses mœurs: mais, encore une fois, il n'avait pas cet amour de l'humanité, cette abnégation de soi-même, qui caractérisent les véritables héros, c'est-à-dire ceux qui sont utiles à l'humanité, les Benezet, les Howard. La liberté était son moyen plutôt que son but [1].

[1] Nous ne pouvons que mentionner ici, en regrettant que le défaut de place ne nous permette pas de l'insérer textuellement, une note de M. Robert de Crèvecœur, en réponse aux imputations dont l'ombrageuse susceptibilité de Brissot charge injustement la mémoire de son aïeul. Cette protestation, résumé de l'argumentation plus développée à laquelle sera consacré un ouvrage spécial, nous a semblé péremptoire. Elle explique très-bien l'attitude forcément réservée de Crèvecœur, devenu un personnage officiel, diplomatique, en présence d'un homme dont le zèle inquiet, parfois indiscret, n'était pas sans embarrasser souvent, sans compromettre quelquefois ses amis. (L.)

CHAPITRE LVI.

Mort du duc d'Orléans. — Le marquis Ducrest. — Brissot à la chancellerie d'Orléans. — Projets philanthropiques et politiques. — L'homme vertueux, les sofas et les filles. — Le cardinal de Brienne offre à Ducrest une place au ministère. — Ducrest veut être premier ministre. — Sa lettre au roi. — Elle est présentée par le duc d'Orléans. — Plaisanteries dont elle est l'objet. — Autres lettres non moins plaisantes. — Vengeance de madame de Genlis contre son frère. — Voyage de Brissot en Hollande. — Le margrave de Salm. — Le prince d'Orange. — Lubersac et l'abbé Sieyès. — Ducrest à Spa. — Retour à Paris. — Nouvelles intrigues politiques. — Écrits de Brissot contre le cardinal de Brienne. — Brissot se sauve en Angleterre; le marquis Ducrest l'y rejoint. — Le lit de justice du 20 novembre 1787. — Exil du duc d'Orléans. — Un mot de ce prince et sur ce prince.

Ce fut au milieu de la fermentation révolutionnaire que mon genre de vie changea tout à coup. La mort avait enlevé M. d'Orléans le père; son fils mit à la tête de sa fortune prodigieuse le marquis Ducrest. C'était un homme d'esprit, actif, novateur, éternel créateur de projets, qui avait pour but d'enrichir son maître et d'honorer son administration. Ducrest voulut s'entourer d'hommes instruits; il me proposa une place auprès de lui. Je résistai d'abord; mon indépendance m'était chère, je craignis de l'aliéner; je le lui dis; il m'assura que je serais libre, que nous ne vivrions en amis, et que je m'occuperais des travaux qui me plairaient le plus. Il me fit entrevoir de vastes desseins et la part que je pouvais y prendre. Nous touchions à une grande crise; je le sentais; il me semblait qu'elle ne pouvait s'opérer qu'avec l'appui d'un prince riche, adoré du peuple, qui s'allierait avec les parlements, ces éternels ennemis du trône. Cette idée me décida; j'acceptai la place de lieutenant-général de la chancellerie. Ce n'était qu'un titre; mon travail consistait dans l'examen de tous les projets que le prince pouvait exécuter avec sa fortune immense. On voulut s'attacher les savants, encourager les arts, les sociétés. Ainsi l'on donna des pensions aux premiers, des secours aux inventeurs. On créa une foule de sociétés philanthropiques dans les apanages du prince. Mais ce beau début ne fut pas soutenu. Il fallait se préparer à la révolution par de bonnes mœurs, par des écrits vigoureux, par tout ce qui pouvait attacher au prince le peuple las du despotisme, et on se bornait à bâtir des projets au milieu des dîners les plus fastueux, et de laquais dont la plupart étaient des espions. Je m'élevais contre cette marche, je prêchais, mais ce fut en vain. On m'appela *l'homme vertueux*, et on continua de censurer le verre à la main, ou sur des sofas avec des filles.

Énivré de l'encens que lui prodiguèrent ses flatteurs, Ducrest se crut bientôt le seul homme capable de régénérer la France. L'archevêque de Sens, son parent, dominait alors le conseil. Instruit des menées de Ducrest, il lui offrit, pour le tenter, une place dans le ministère; mais Ducrest voulait être premier ministre, et, dans son délire, il écrivit une lettre au roi, où il confessait naïvement qu'il était le seul ministre qui pût sauver l'État. Ce trait de folie perdit Ducrest, et amusa tous les salons de la capitale à ses dépens. Il ne me montra sa lettre que vingt-quatre heures après l'envoi, et je lui en prédis la triste issue. Cette lettre, où il n'y avait de ridicule que le naïf orgueil et les prétentions de celui qui l'avait écrite, fut présentée au roi par le duc d'Orléans. Il en courut des copies de la cour à la ville, et elle fut l'objet des plus amères plaisanteries, surtout de la part de ceux qui ne la connaissaient pas. On prétendait même que le duc d'Orléans en avait senti le premier le ridicule, et avait dit à Ducrest : Vous n'avez oublié dans votre éloge que de vous vanter d'être le plus joli homme de France. On disait aussi que si madame de Sillery-Genlis, sœur de Ducrest, ne s'était pas opposée à la présentation de cette lettre, c'était pour se venger de ce que Ducrest ne l'avait pas empêchée elle-même d'écrire son livre sur la religion. Assurément, s'il m'eût consulté cette fois sur le projet d'adresser un pareil Mémoire à Louis XVI, je l'en aurais vivement dissuadé. Je le portais de mes vœux au ministère parce que je le croyais capable d'y opérer du bien, mais ce n'était pas la marche qu'il fallait suivre. Au reste, cette lettre et plusieurs autres de Ducrest qui sont restées dans mes mains, mais que je n'ai pas sous les yeux, donnent une idée de la situation des esprits et des choses à la veille de la révolution; et la prétention de leur auteur montre à quelle extrémité la patrie était réduite. Quant à lui, pour se venger des railleries du public, il imprima un ouvrage politique. On ne peut nier qu'il n'eût beaucoup d'esprit, quelquefois des idées neuves, quelquefois encore des calculs assez ingénieux. Mais on y voyait plutôt une tête où les projets débordaient de toutes parts, qu'une tête sage et mûre pour le ministère. L'ouvrage n'eut pas un grand succès; on eut donc recours, pour parvenir, à de nouvelles intrigues. Le Brabant était alors en fermentation, et la Hollande en insurrection ouverte. Je fus tenté d'aller assister à cette révolution. Ducrest, qui espérait d'en tirer parti, et qui se proposait alors un emprunt considérable en Hollande, consentit à ce voyage. Je le fis avec mon ami Clavière, et je le fis avec fruit.

A Mons, nous fûmes, en arrivant, témoins d'une révolte considérable ; le peuple força les magistrats à supprimer les droits sur la bière.

La fermentation n'était pas moins considérable à Bruxelles. Le peuple était aisé, et ce peuple aisé souffrait impatiemment le despotisme nouveau de Joseph. La plus grande richesse se développait dans cet état. La nouvelle colonie génevoise qui s'y était établie promettait de l'augmenter.

A Breda, nous fûmes sur le point d'être victimes de la haine qu'on y portait aux Français. Le parti stathoudérien y dominait, mais un prompt départ nous déroba à leurs fureurs.

La scène changea à Utrecht; c'était le quartier général du parti républicain. Nous y vîmes son général, le margrave de Salm, et la bande nombreuse de ses officiers étrangers qui vinrent s'amuser aux dépens des Hollandais. L'insolence de ce margrave, la profonde immoralité de ses officiers, l'inconcevable sécurité des insurgens, tout nous donna de funestes présages sur l'issue de cette révolution. On travaillait avec lenteur aux fortifications, et le camp du prince d'Orange était à deux lieues de là. La Prusse faisait avancer ses troupes, qu'on attendait à chaque instant, et ces bons Hollandais ne voulurent pas nous croire quand nous les assurions qu'on se jouait d'eux en France, et qu'on ne s'y occupait nullement de leurs débats.

Nous tînmes le même langage à Amsterdam, et les politiques furent assez incrédules. Combien ils durent regretter, deux mois après, le mépris qu'ils avaient fait de nos avertissements! Partout on chantait la victoire, lorsque la plus triste catastrophe s'annonçait.

A Rotterdam, nous fîmes la rencontre de Lübersac, évêque de Chartres, et de l'abbé Siéyès, si fameux depuis. Nous y vîmes de bons compatriotes hollandais, nous y trouvâmes la même incrédulité sur l'insouciance de la France.

L'opération que nous nous étions proposée n'eut aucun succès. Les Hollandais se défiaient de l'état des finances de la France.

Je rejoignis le marquis Ducrest à Spa; il oublia bientôt, au milieu des repas et du jeu, le mauvais succès de sa mission. Le Brabant lui offrit une conquête plus facile, il me montra son plan. Il était brillant, il ne lui manquait pour réussir qu'une armée heureuse, des trésors, et la confiance des Brabançons qui ne la donnent point aisément.

Les environs de Spa me parurent dignes d'être la retraite des philosophes; on en avait fait l'asile du jeu le plus infernal. Liége m'offrit l'image d'un pays ravagé par le feu; c'est l'effet ordinaire du despotisme.

De retour à Paris, Ducrest reprit ses intrigues pour renverser le ministère. Il se lia plus fortement que jamais avec les parlementaires frondeurs. A cette époque le cardinal de Brienne, pour se tirer de ses embarras, imagina de faire une demi-banqueroute; mais avant de risquer cette opération qui pouvait le culbuter, il voulut sonder l'esprit public.

J'imprimai plusieurs lettres pour prévenir cette fatale mesure ; mes écrits l'irritèrent, je fus prévenu que je devais être arrêté. La lettre de cachet était expédiée. Je partis pour l'Angleterre ; Ducrest m'y rejoignit bientôt, il y avait été forcé par la même crainte. L'archevêque était furieux du discours qu'avait tenu Sabathier au fameux lit de justice ; il savait que tout avait été concerté à la chancellerie d'Orléans, et c'est ce qui valut au prince sa lettre d'exil. Je vis le dessus du billet qui fut écrit à cette époque et qui pénétra son âme. « Ne croyez pas, me disait-il, que si j'ai fait cette levée de boucliers contre le roi, ce fût pour servir un peuple que je méprise et un corps dont je ne fais aucun cas, mais j'étais indigné qu'un homme me traitât avec cette insolence. » Ce prince aimait assez les conspirations qui ne duraient que vingt-quatre heures ; passé ce terme il était effrayé. « Il ne voudra jamais se mettre à la tête d'un parti, me disait un jour Ducrest, parce qu'il craint de ne pas avoir l'Opéra et les filles dans son camp. »

CHAPITRE LVII.

Inefficacité des brochures pour éclairer le peuple. — Brissot crée le *Patriote Français*. — Le sens commun et la révolution américaine. — Utilité des journaux. — Le pouvoir essentiellement calomniateur. — Les écrivains sous la censure. — Deux arrêtés du Conseil. — Vergennes corrompt les organes de la publicité. — La particule *On*. — Inquisition de la presse. — Son formulaire. — Singulier respect pour la propriété. — Le *Journal de Paris* ouvert à la diffamation. — Châtellux invective les quakers. — Réponse de Brissot. — Un commis fait la loi à vingt-six millions d'hommes. — Contradiction bizarre. — Publication de Brissot étouffée par quatre censeurs. — Il demande la liberté de la presse. — Étranges opinions de quelques prêtres à ce sujet. — Les électeurs ont besoin de lumière. — Appréciation de Bailly. — Susceptibilité des membres de l'Assemblée nationale. — Comment le long parlement se rendit odieux. — Erreur de quelques bons citoyens. — Accusation dirigée contre Brissot. — L'idolâtrie, cause du despotisme. — Déplorables suites de l'ambition. — Benezet se fait maître d'école. — Ignorance du docteur Johnson en politique. — Dernières séances de l'Assemblée nationale. — Un dicton de circonstance. — Nécessité de faire de bons choix. — Anathème des fourbes sur les *têtes exaltées*. — Ce que l'on appelle *modération*. — Tactique des intrigants pour miner la Constitution. — Les pièces républicaines bannies du théâtre. Reprise du répertoire monarchique. — *Athalie* fait fureur. — Allusions sur allusions. — Incroyable enthousiasme. — Bêtise des factions.

Rien n'est, je crois, si difficile que d'écrire l'histoire contemporaine, du moins pour l'homme qui n'est pas resté simple spectateur des événements, et qui les voit encore se presser autour de lui. Les souvenirs affluent et se heurtent avec les impressions du moment, et dans le besoin qu'il éprouve de rendre ce qui le frappe d'abord, il laisse bien des choses en arrière, et s'expose à revenir souvent sur ses pas. Cela m'est arrivé et m'arrivera plus d'une fois sans doute. Ce désordre n'existe pas dans mon esprit; mais comme je ne fais point un livre, et que j'écris plutôt des fragments pour ma propre satisfaction et suivant la commodité de mes loisirs, je n'ai pas jugé à propos de m'astreindre à un ordre.

La France touchait au moment d'obtenir une constitution qui devait à jamais assurer sa liberté ; les amis du peuple, les écrivains indépendants, cherchaient à éclairer la nation sur ses droits, le gouvernement sur ses devoirs, et à établir entre tous les membres de l'État une harmonie indispensable pour l'accomplissement de cette grande œuvre.

Une foule de brochures avaient paru depuis la naissance de la révolution ; elles répandaient une vive lumière sur les importantes questions qui allaient être agitées ; mais ces brochures ne pouvaient être lues que par un petit nombre d'individus. Puis, au milieu de ce déluge d'écrits de toutes espèces, il y avait l'embarras du choix ; car on ne pouvait les lire tous. Je songeai donc à trouver un autre expédient plus commode et moins coûteux, afin d'instruire tous mes concitoyens, sans cesse, et à peu de frais. Dans ce but, je créai un journal sous le titre de *Patriote Français*. Un journal était en effet le seul moyen d'instruction pour une nation nombreuse, gênée dans ses facultés, peu accoutumée à lire, et qui cherchait à sortir de l'ignorance et de l'esclavage.

Sans les journaux, la révolution de l'Amérique ne se serait jamais faite. Le *Sens Commun*, par exemple, écrit où triomphe la raison, où respirent l'énergie, la dignité de l'homme, restait inconnu et sans influence sous la forme d'une brochure ; les journaux s'en emparent, le réimpriment, le répandent partout et raniment ainsi les esprits abattus des habitants du nouveau Monde.

Les journaux ont tiré l'Irlande de la langueur et de l'abjection où la tenait le parlement anglais ; les journaux soutiennent le peu de liberté politique qui reste à l'Angleterre ; les journaux sont des sentinelles qui veillent sans cesse pour le peuple.

Je ne parle ici que des journaux libres, indépendants ; quant à ceux qui se soumettent à une influence quelconque, qui prêtent leurs colonnes aux organes du despotisme ou d'une basse flatterie, ils portent avec eux le sceau de la réprobation.

Au moment où je fondai le *Patriote Français*, cette prostitution de journaux soumis à une censure infâme était portée au dernier point. On les voyait tantôt calomniant, tantôt poursuivant d'adulations les mêmes personnes : un ministre en place était un Colbert, un Sully; disgracié, il n'était plus qu'un Law ou un Terray.

C'était pour faire cesser ce trafic honteux de la presse, qui en France avait tant avili la profession de journaliste; c'était du moins pour mener une ligne de démarcation entre les écrivains indépendants et les misérables qui vendaient leur conscience et leur talent, que je me proposai d'établir une feuille politique, nationale, indépendante de la censure et de toute espèce de gêne ou de protectorat.

Mais un gouvernement pusillanime, qui, épouvanté de la marche rapide de la révolution, cherchait en vain à s'appuyer sur les fondements ruinés de l'édifice féodal, en s'efforçant encore de comprimer le développement énergique de l'esprit humain, fit paraître, les 6 et 7 mai, deux arrêts du Conseil qui ôtaient la liberté de la presse aux journaux politiques. Cette mesure indigna tous les citoyens. Elle froissait plus ou moins les intérêts de tous les ordres et tranchait une question sur laquelle les états généraux allaient avoir à prononcer ; c'était le premier combat qui allait se livrer entre la liberté et le despotisme, entre les représentants de la nation et le pouvoir exécutif. Il s'agissait de décider si les journaux avaient le droit d'attaquer courageusement une foule d'abus consacrés depuis douze siècles par le despotisme, de dévoiler mille iniquités enfantées par l'arbitraire, ou si, vils instruments de ministres prévaricateurs, ils continueraient à présenter au public trompé les actes les plus odieux sous un jour favorable et à jeter un voile officieux sur les démarches les plus coupables.

On sait aujourd'hui quelle ligue abominable existait, à cette époque, entre tous les ministères et celui de la librairie. Quel que fût le secret qui couvrit cet arrangement honteux, il a été trahi plus d'une fois : je puis en citer un exemple dont je garantis l'authenticité. Lors de la guerre en faveur du stathoudérat, Vergennes avait la plus grande influence sur toutes les gazettes étrangères, auxquelles il dictait des éloges et des critiques par des intermédiaires à ses gages. Le rédacteur de l'une de ces gazettes me montra un jour une lettre d'un subalterne qui lui mandait : « *On* a trouvé très-mauvais l'éloge que vous avez fait de M. Necker, à l'avenir *on* vous défend de le citer. » Le rédacteur me dit que cette particule *on* désignait le ministre principal et que c'était un signe convenu avec lui. C'est de cette manière que le gouvernement était parvenu jusqu'alors à étouffer les réclamations des opprimés et les leçons sévères des défenseurs de la vérité.

Ce n'était pas assez. Il avait voulu enchaîner les idées, même avant leur impression; il avait créé un tribunal qui devait prononcer sur la convenance de leur publication, tribunal qui avait ses formulaires et son code; il avait confié cette autorité arbitraire à des hommes qui, attendant des ministres toute leur fortune, étaient forcés de se prêter à leurs vues et, par conséquent, de condamner au néant toute vérité qui pouvait leur déplaire.

Le formulaire de cette inquisition variait suivant les circonstances. Rome dominait-elle? il fallait respecter les préjugés religieux. Le ministre se montrait-il jaloux de son autorité? on proscrivait les livres qui proclamaient les droits de l'homme. L'aristocratie avait-elle la prépondérance? on laissait déclamer contre le despotisme d'un seul, mais il fallait encenser les despotes secondaires. Ainsi de tout temps on bannissait la vérité nécessaire aux circonstances, et le remède applicable aux abus qui s'élevaient.

Les censeurs, dans ces différentes variations, n'étaient que les esclaves du ministre dominant, chargés d'imprimer le sceau de la servitude aux idées d'autrui, de pétrir les têtes, de mutiler les idées, d'enchaîner les facultés de leurs semblables au gré de leurs patrons. Leur ministère ne se bornait pas à ces mutilations, ils étaient encore astreints au vil métier d'espions et de dénonciateurs des écrivains énergiques.

Rien n'était mieux imaginé que ce système d'inquisition pour maîtriser les développements de l'esprit humain : il était difficile que le génie pût échapper aux entraves qui l'entouraient.

De tout temps le despotisme a été ingénieux pour étouffer la vérité. On a vu un ministre qui craignait la liberté de la presse, former un plan pour la détruire non-seulement en France, mais encore dans les pays étrangers : il réussit en Suisse, à Genève, en Hollande ; il n'échoua qu'en Angleterre.

Le croira-t-on ? c'était sur la dénonciation des journaux privilégiés qu'avait d'abord été publiée la défense qui suspendait la circulation du *Patriote Français*, dont le premier numéro seulement avait paru ; et qu'ensuite avaient été rendus les arrêts des 6 et 7 mai qui supprimaient d'autres journaux publiés sans permission.

On s'appuyait sur la nécessité de protéger la propriété, le privilége du *Journal de Paris*....

Eh quoi ! mes idées n'étaient-elles pas aussi ma propriété ? Le développement que j'en faisais n'était-il pas aussi ma propriété ? Et si je ne pouvais les développer à cause du privilége de ces journaux, n'était-ce pas plutôt leurs propriétaires qui commettaient à mon égard une véritable spoliation ? Ma propriété était sacrée, inviolable ; et la prétendue propriété exclusive de ces entrepreneurs de gazettes privilégiées était une usurpation atroce faite à l'aide d'une loi injuste.

Car, qu'est-ce qu'un journal ? c'est le canal par lequel un écrivain peut transmettre ses lumières au public. Pourquoi chacun ne pourrait-il pas user de ce moyen ? Celui qui veut en jouir seul n'est-il pas un monopoleur atroce ? et combien est-il plus coupable, lorsqu'au lieu de donner à ce canal une destination honnête, il n'y fait couler que des eaux impures pour empoisonner le peuple ? C'est là, en effet, le tableau des gazettes privilégiées. N'avaient-elles pas été jusqu'alors le véhicule des mensonges, des calomnies, des principes les plus lâches et les plus serviles ? N'avaient-elles pas été le moyen constant de tromper le public ? Dans la crainte que leurs injustices et toutes leurs turpitudes ne vinssent à être dévoilées, ne les avait-on pas vues sans cesse s'attacher à étouffer toute publicité dont elles ne devaient pas être les organes ; le *Journal de*

Paris, entre autres, jusque dans les petits riens dont il remplissait ses colonnes, avait de tout temps été vendu aux hommes en place, en crédit, aux petits despotes de la littérature, tandis qu'il prodiguait les plus grossières injures aux hommes qui ne caressaient pas les divinités du jour, qui ne savaient dire que la vérité. Je pourrais en citer mille preuves ; je me bornerai à quelques traits qui me concernent.

J'avais été outragé par un libelliste infâme, j'adressai à ce journal une réclamation ; des hommes, et à plus forte raison des hommes de lettres devaient aider leur frère à se laver des imputations d'un scélérat ; ma réclamation fut rejetée, je ne reçus pas un mot de réponse.

Chatellux publie des invectives contre les quakers, je les réfute : on ne dit pas un mot de la réfutation ; mais on la déchire indirectement. Des auteurs parasites, plats valets des grands, outragent avec ignorance ou mauvaise foi les quakers. Nouvelles réclamations de ma part ; lettres sur lettres adressées au *Journal de Paris*, pas une n'est insérée et toutes les injures sont fidèlement imprimées. Et pourquoi ? Parce qu'elles venaient d'hommes puissants, et que je n'étais qu'un politique isolé, sans prôneurs.

Enfin, telle était la partialité du *Journal de Paris*, qu'il a constamment refusé d'admettre les articles envoyés par la société des *Amis des Noirs*, parce que des écrivains mis à l'*index* avaient fondé cette société. Ainsi on avait la cruauté de faire réfléchir sur des Africains malheureux la haine injuste qu'on portait à ceux qui s'intéressaient à leur sort. Procédé atroce et qui montre la bassesse des écrivains courbés sous le joug de la censure !

Et c'était pour maintenir les priviléges d'un pareil journal que deux arrêts du conseil avaient suspendu la publication du *Patriote Français !* Qu'était-ce encore qu'un arrêt du conseil en matière de librairie ? l'ouvrage d'un simple commis revêtu du nom du roi qui n'en avait aucune connaissance. En effet, le souverain confiait l'administration de la librairie aux soins d'un ministre qui, déjà chargé d'autres attributions, abandonnait cette partie à un directeur, lequel ayant aussi d'autres affaires, s'en rapportait à un premier commis qui pouvait agir de la même manière, etc.; ainsi, en dernier résultat, les arrêts du conseil émanaient d'un subalterne. C'était donc un subalterne qui donnait des lois à vingt-six millions d'hommes, qui garrottait, qui paralysait les plus grands génies, qui faisait proscrire les ouvrages des Rousseau, des Helvétius, des Raynal. C'était un subalterne qui arrêtait, en ce moment, l'instruction du peuple français, qui rompait la communication entre le peuple et ses représentants; qui osait dire aux amis de la liberté : Vous voulez imprimer sans mon cachet, je vous le défends; qui osait dire à la nation entière : Vous demandez la liberté de la presse, je ne veux pas qu'elle règne, mon intérêt s'y oppose. C'était un commis, en un mot, qui faisait défendre au roi, en mai 1789, ce qu'il avait ordonné en décembre 1788, et qui compromettait son nom en le mettant ainsi en contradiction avec lui-même.

Que pouvait-on attendre d'un commis avide ou esclave des gens en place? Aussi, rien n'était plus variable et souvent plus ridicule que les décisions de cette administration : en voici un exemple : Pendant mon séjour en Angleterre, en 1783, je vis que l'on y publiait une foule de livres sur la situation des Anglais dans les Indes Orientales, livres et situation parfaitement inconnus en France. Je crus que le tableau en serait utile à ma patrie, j'entrepris de le faire et je me plongeai pendant quinze mois dans l'examen de ces ouvrages. Au lieu de m'encourager on me suscita mille tracasseries, on me nomma quatre censeurs, un dans chaque département; mon manuscrit devait subir toutes les mutilations que leur dictait leurs préjugés. Ces entraves me dégoûtèrent; martyrisé à chaque numéro que je voulais faire paraître, je fus obligé de suspendre; et, cependant, on a vu la même administration, cédant à la crainte, permettre la publication de feuilles entreprises par des hommes dont l'énergie paralysait son pouvoir.

J'adressai alors aux états généraux un mémoire dans lequel, après m'être plaint de la mesure arbitraire qui suspendait la publication de mon journal, je signalais les scandaleux abus de la censure et démontrais la nécessité de declarer sur-le-champ la presse entièrement libre.

Je sais qu'à propos de cette liberté de la presse, le clergé d'une province dont le nom m'échappe, soutenait qu'il ne fallait pas d'autre liberté que celle à l'ombre de laquelle avaient brillé les Boileau, les Racine, les Bossuet, les Fénelon, etc.; c'est-à-dire qu'il ne fallait pas d'autre Constitution que celle sous laquelle avaient eu lieu la Saint-Barthélemi, les dragonnades, la révocation de l'édit de Nantes, une foule de guerres injustes, des dépenses de luxe excessives et une banqueroute de trois milliards. Sénèque parut sous Néron, Tacite sous Domitien, Sadi au sein de l'anarchie persanne. Ce clergé, qui se contentait de si peu, était donc obligé de croire qu'on jouissait d'une assez grande liberté sous Néron, sous Domitien, et en Perse du temps de Sadi. La publication de quelques tragedies ou oraisons funèbres sous le despotisme, prouve qu'un despote peut avoir du goût, les gens de lettres de la complaisance et de la bassesse, mais elle ne prouve pas qu'on puisse être heureux et grands sans liberté.

La liberté de la presse n'avait jamais été plus nécessaire qu'aux approches des assemblées délibérantes, pendant les travaux de la Constituante et de la première Assemblée législative. Alors elle pouvait rendre les plus grands services, surtout au moment où les plus chers intérêts de la France allaient être discutés par des députés que le peuple avait choisis. Son influence eût d'abord été indispensable pour guider dans ce choix les provinces peu au fait de la conduite qu'elles avaient à tenir; faute d'être éclairé, le peuple nomma dans plusieurs endroits des intrigants et laissa le mérite à l'écart. Les élections de Paris, même, n'offraient qu'un ou deux membres versés dans la science politique et dignes, par leurs lumières, de la mission importante qui leur était confiée; il y avait certainement plus de deux hommes instruits dans cette députation, mais c'était dans des sciences étrangères à la politique[1]. Il en était un, connu par l'élégance et la pureté de

[1] Il ne s'agissait pas de faire un traité de commerce, mais de créer une constitution. *(Note de Brissot.)*

son style, que son titre de pensionnaire du roi aurait dû faire exclure. Il fut élu cependant par une inconséquence qui n'eût pas eu lieu si des journaux libres avaient pu discuter d'avance les titres des divers candidats à la confiance de leurs commettants. Bailly eût-il été un Aristide, comme pensionnaire du roi il était inéligible ; c'est un bonhomme, disait-on ; que signifie cette qualification prodiguée à tant de gens, et par laquelle on se laisse trop séduire en France? Un *bonhomme,* dans les affaires publiques, est tout simplement un homme nul, un mannequin qu'on fait mouvoir à volonté. Sans doute il était de l'intérêt du pouvoir exécutif d'avoir un mannequin de cette espèce dans la place de maire de Paris, que Bailly occupait alors ; mais ce n'était pas l'intérêt du peuple de choisir ce mannequin pour défendre sa cause.

Avant les élections, j'examinai longtemps si je donnerais mon suffrage à Bailly : je lus, j'entendis pour et contre, et je crus, en conscience, être obligé de voter contre lui. Bailly pouvait être un élégant historien des sciences, un excellent académicien ; mais il n'entendait rien ni en administration, ni en affaires contentieuses.

On vantait la douceur de son caractère ; mais cette douceur, qui dégénérait en faiblesse, était encore un défaut dans un homme en place : rien de plus dangereux qu'un pareil caractère. L'histoire de Bacon en offre la preuve : les commis, les serviteurs d'un ministre faible, abusent de sa facilité, se jouent de sa confiance, et le maîtrisent à leur gré. C'est un défaut qu'on a reproché, avec quelque raison, à Bailly, maire de Paris.

Il avait de l'aménité, des manières souples et polies, de ces manières qu'un académicien devait avoir sous l'ancien régime, parce que c'était le moyen de parvenir, parce que, pour parvenir, il ne fallait heurter personne. *Faut souffrir qui veut parvenir,* disait l'aimable Grouvelle. Dans le nouveau régime, il fallait des hommes durs, fermes, inflexibles pour la cour, pour ses valets, ses flatteurs ; sourds à la voix de l'intrigue, terribles pour tous les abus. Sans cette sévérité, on ne pouvait tailler dans le vif et cicatriser les plaies de l'État.

Bailly tournait fort bien un compliment; il improvisait avec esprit : c'était encore un talent de l'ancien régime, où l'on étudiait surtout ce qui devait plaire ; mais Bailly, par quelques discours ou quelques ouvrages, avait-il prouvé qu'il entendît les constitutions libres? et il faut les entendre pour les maintenir et ne pas les violer.

Bailly, après avoir passé presque toute sa vie dans la simplicité, avait tout à coup déployé le faste et l'ostentation lorsqu'il avait été maire ; il avait eu sa livrée, quand tout le monde la quittait; il avait tenu table ouverte quand la détresse publique commandait l'économie ; Bailly, enfin, l'homme de l'ancien régime, ne pouvait être l'homme de la révolution. Jamais il n'y eut dans un poste élevé d'incapacité politique mieux constatée. On ne cite de lui que des phrases, et point d'actes qui ne puissent être censurés avec raison. Il y eut malheureusement à cette époque trop de nullités appelées à délibérer sur les intérêts de la patrie: les notabilités de position et de fortune accaparèrent les suffrages; il devint nécessaire de les déconsidérer, et bientôt on commença à se plaindre du ton de liberté que des gazetiers ou journalistes prenaient en parlant des opérations de l'Assemblée nationale. Cette assemblée avait tort, soit d'accueillir, soit de proférer de pareilles plaintes ; elle aurait dû se souvenir de la maxime si sage de Tacite : *spreta exolescunt*. Le droit de censurer même la première assemblée de la nation appartient à toutes classes d'hommes et à tout citoyen. La borne à ce droit éternel, imprescriptible, est la calomnie des intentions. La censure qui l'outre-passe devient criminelle ; la censure qui ne s'exerce que sur les opinions ne peut jamais l'être. Le long parlement d'Angleterre se rendit odieux au peuple, et provoqua sa propre chute, pour avoir oublié ces vérités; il avait semblé s'emparer de la verge de fer de la tyrannie pour la briser; il la garda, s'en servit contre le peuple même, et le peuple l'abandonna pour reprendre son ancien joug. Ce long parlement exerçait, contre les livres royalistes, la même proscription que le parti royaliste avait auparavant exercée contre lui. Les représentants d'un peuple qui veut être libre, et qu'ils veulent rendre libre, doivent tolérer tout, hors la calomnie; et pourtant combien d'entre eux se sont montrés susceptibles, au point de maudire la liberté qui les livrait à des critiques auxquelles la même liberté leur permettait de répondre ! Combien d'excellents citoyens, à la vérité peu éclairés, ont blâmé avec amertume les écrivains patriotes qui n'approuvaient pas sans réserve tout ce qui émanait des hommes qu'ils avaient en vénération. A les entendre, nous tirions sur nos troupes, et nous tendions à affaiblir notre parti en dénigrant ceux qui le servaient mal; quelquefois ces reproches étaient fondés, mais souvent aussi ils tombaient à faux. Un anonyme que je crois un citoyen très-estimable, inséra dans la *Chronique* quelques réflexions, où il accusait les patriotes de se déchirer mutuellement; il ajoutait : « On a osé répandre dans Paris le bruit d'un complot, formé « par MM. Barnave, Lameth, l'abbé Grégoire, contre les jours « de Lafayette : et ce bruit, aussi faux qu'atroce, se retrouve, « comme une exacte vérité, dans un journal qui prend le titre « de *Démocrate*. Je ne puis [1] assez exprimer ma peine, quand je « vois l'éloquent et sévère Brissot attaquer avec tant d'achar- « nement ce jeune Barnave, qui a si bien mérité de la patrie. » Le rapprochement de deux phrases qui doivent se rapporter à des objets différents fit croire que, dans la première, il s'agissait de mon journal, et que j'y avais consacré la calomnie dont il était question. Or, je n'ai jamais fait la moindre insertion d'une fable aussi ridicule, à laquelle Dubois de Crancé avait le tort d'attacher la plus grande importance. Le bon sens, la prudence et la dignité d'hommes qui se respectent auraient dû faire rester dans le néant ce complot imaginaire. Quant à ce qui me concernait personnellement, c'est-à-dire

---

[1] L'anonyme pensait, sans doute, que je n'étais pas étranger à la rédaction du *Démocrate* : ce n'est pas la seule fois que des publications auxquelles je ne prenais aucune part m'ont été attribuées. La *Correspondance littéraire secrète* prétend que c'est à moi que l'on doit la publication de la *Légende dorée*, légende patriotique, et qui balançait alors le succès des *Actes des apôtres*; je n'ai jamais été pour rien, ni dans la composition, ni dans la publication de cet ouvrage. Ce qui a pu causer l'erreur de la *Correspondance*, c'est que la *Légende dorée* sortait des mêmes presses que le *Patriote Français*. (*Note de Brissot.*)

les attaques auxquelles on prétendait que je m'étais livré dans ma lettre sur Barnave, je n'ai qu'un mot à dire à ceux qui m'ont improuvé ; qu'ils démentent un seul des faits rapportés par moi ; qu'ils nient un seul de mes principes ; qu'ils détruisent un seul de mes raisonnements ; que M. Dubois de Crancé, par exemple, à qui je dois d'ailleurs des remercîments pour les éloges généreux qu'il a faits de cette lettre, me montre une seule des injustices qu'il y a trouvées, et je me rends. J'en félicite ici l'esprit public, le succès universel de cette lettre prouve les progrès qu'il a faits ; il prouve que les principes ont gagné partout, puisque les meilleurs amis de M. Barnave m'ont rendu justice : un temps viendra où nous n'aurons plus d'idoles. L'idolâtrie est une bien sotte et bien funeste manie ; aussi le peuple français, celui de tous les peuples qui l'a poussée le plus loin, fut-il, pendant des siècles, le peuple le plus esclave.

L'idolâtrie implique toujours une confiance aveugle, et il est rare que les hommes qui ont obtenu une confiance de ce genre n'en aient pas indignement abusé et qu'ils ne soient pas devenus les plus dangereux ennemis de ceux qui la leur avaient accordée.

Je ne dirai pas que l'idolâtrie pour nos rois ait été la cause du despotisme qui a pesé pendant si longtemps sur nous ; je me bornerai à rappeler ce qui s'est passé de nos jours. Les parlements, Despresménil, Necker, Mounier, Bergasse, Lally, d'Entraigues, etc., etc., ont tour à tour été les idoles du peuple. Quelle a été ensuite leur conduite ? Quels sont les chefs de cette coalition, qui, dans ces derniers temps, a tant entravé l'achèvement de la Constitution ? Ne sont-ce pas, pour la plupart, les membres de cette minorité de la noblesse que Paris porta en triomphe lors de la réunion des ordres ? Que ces exemples récents nous préservent donc de ce penchant à l'adulation, qui faisait l'apanage du Français esclave, mais qui ne convient pas au Français devenu libre.

La liberté, la Constitution, voilà les seuls objets dignes des hommages d'un peuple qui a détruit le despotisme ; mais la Constitution comme la liberté ne seront pas stables tant que nous serons possédés de la fureur de vouloir tous nous pousser aux emplois de l'État; c'est avec douleur que l'observateur philosophe voit l'ambition qui tourne toutes les têtes depuis notre révolution. Il n'est plus si mince avocat qui sérieusement ne se croie un Démosthène; pas d'écolier qui ne se propose pour un commandement; il est tel district où l'on compte plus d'officiers que de soldats. Au milieu de cette fièvre d'avancement le vrai patriote, celui qui aspire à fonder le règne de l'égalité[1] doit descendre pour donner l'exemple : Benezet se fit maître d'école pour instruire les nègres. Le patriote le plus éloquent, celui qui est véritablement éclairé, sait qu'il se grandit quand il s'abaisse pour mettre ses lumières au niveau du peuple, ou pour le défendre.

L'astre de notre révolution s'était levé brillant comme le soleil qui féconde toute la nature : il avait été majestueux au commencement de l'Assemblée nationale, dont les débuts étaient si imposants et si riches d'espérances; il y eut quelques séances sublimes, là il jeta encore de l'éclat; mais plus il s'éloignait de son aurore, plus il pâlissait : à mesure que l'Assemblée nationale s'avançait vers le terme de ses travaux, ses séances ne répandaient plus qu'une faible lueur sur les grands intérêts qu'elle avait été appelée à discuter[2], et ses membres

---

[1] A propos du mot *égalité*, je me rappelle un trait du docteur Johnson, qui prouve qu'on peut avoir de grandes connaissances et en même temps une idée bien fausse de ce qu'on doit entendre par égalité des droits.

La célèbre historienne d'Angleterre, Mme Macaulay, dînait un jour chez lui. La conversation tomba sur cette égalité de droits, et la zélée républicaine en fit le plus bel éloge. Sans lui répondre, le docteur fit signe à son laquais de s'asseoir auprès d'elle.

Cette plaisanterie grossière décelait l'ignorance de Johnson en matière politique. La véritable égalité, c'est l'égalité devant la loi; c'est un même droit pour tous les citoyens de prétendre aux emplois et aux charges; c'est une égale protection pour tous de la part du gouvernement; c'est enfin l'anéantissement de cet infâme préjugé qui consacrait, dès la naissance, la prétendue supériorité de quelques-uns et l'humiliante condition du plus grand nombre.

(*Note de Brissot.*)

[2] *Tu raisonnes comme la fin d'une législature.* Tel était le dicton qui enrichissait à cette époque la partie proverbiale de notre langue. Ce sont là les jugements du peuple, et jamais ils ne s'effacent de la mémoire des hommes. Quelle leçon pour les nouveaux législateurs!

allaient se séparer sans avoir rempli l'attente des amis de la liberté, qui tournaient déjà leurs regards sur l'Assemblée à élire.

L'instant approchait où la nation se donnerait de nouveaux mandataires, où elle en verrait, pour la représenter, ceux qui lui semblaient dévoués à sa cause. Les électeurs, dans cette importante occasion, devaient plus que jamais se pénétrer des obligations qui leur étaient imposées ; ils devaient les avoir sans cesse présentes à l'esprit, et ne rien négliger pour les remplir ; car le sort de la Constitution dépendait en grande partie de la bonté des choix qu'ils allaient faire.

La nouvelle Assemblée allait se réunir au milieu des circonstances les plus graves. La France avait des guerres étrangères à soutenir, et bientôt peut-être, des guerres intestines à étouffer. Il fallait donc choisir des hommes courageux, des hommes qui redoutassent plus la tyrannie que la mort.

Le pouvoir exécutif allait redoubler d'efforts pour corrompre la majorité de l'Assemblée. Il fallait donc choisir des hommes qui, par leur peu de besoins et la sévérité de leurs mœurs, fussent constamment, comme le disaient les Jacobins de Nantes, *étrangers aux douceurs de la liste civile*.

Il fallait donner la préférence aux hommes qui en toute occasion, avaient fait preuve de patriotisme. Les électeurs devaient se mettre en garde contre les calomnies imaginées par la cour et par tous les ennemis de la révolution, pour déconsidérer les citoyens les plus vertueux ; ils devaient examiner, vérifier, juger, et ne pas se décider légèrement ; souvent tel a semé le bien, qui ne recueille que le mal.

Pour avoir une bonne législature, il convenait d'unir à la simplicité des campagnes quelques lumières des villes. Il était surtout indispensable de se défier de la noblesse, auteur de tous les troubles qui agitaient la France, et des entraves qu'éprouvait la marche de la révolution. On répétait partout qu'il fallait écarter les *têtes exaltées*. Mais, avec ce mot, on cherchait à éloigner les vrais, ardents et utiles patriotes. Ils étaient dangereux, disait-on, et des hommes sages convenaient mieux aux circonstances. La sagesse est bonne en tout temps; mais la sagesse n'est point cette pusillanimité qui tremble au moindre vent, ni cette cupidité cachée qui, pour obtenir des places ou de l'argent, s'arrange avec tous les partis, et s'appelle modération. Nous n'étions pas hors de danger; des députés faibles de courage, d'esprit ou de patriotisme, pouvaient nous perdre. La masse des électeurs voulait la révolution et des hommes capables de la soutenir ; mais il fallait lui montrer ces hommes, et pour parvenir à les faire connaître, la discussion publique était le seul moyen; aussi ce moyen fut-il employé par toutes les sociétés des *Amis de la Constitution*, que les amis de la monarchie pure s'efforçaient de mettre en péril. La tactique de ces derniers pour égarer l'opinion, était de substituer le sentiment à la raison, de réveiller des sympathies absurdes et l'amour d'un ordre de choses qui avait pour eux tant d'attraits. Lorsque Louis eut accepté la Constitution, et qu'il eut été reconnu roi des Français, les aristocrates et tous les fauteurs du despotisme, voulant donner un démenti à ces faits solennellement proclamés, s'empressèrent de faire éclater les transports de leur basse adulation. On vit, tout à coup, aux théâtres, les pièces énergiques de *Brutus*, de la *Mort de César*, de *Rome sauvée*, de *Charles IX*, de *la Liberté conquise*, etc..., remplacées par *Gaston et Bayard*, *la Partie de Chasse*, *Richard Cœur-de-Lion*, *Athalie*; *Athalie* surtout, qui fut composée dans un temps où le fanatisme royal et sacerdotal régnait dans toute sa force. Cette tragédie, digne de Racine par les beautés dramatiques dont elle est remplie, n'est pas moins digne de madame de Maintenon et de Louis XIV, pour qui elle a été faite, par le caractère que l'auteur a donné à ses personnages.

Il ne manquait à la singulière destinée de cette tragédie, reçue avec froideur dans le dernier siècle dont elle peignait si bien l'esprit religieux et politique, que de jeter les Français dans le délire des applaudissements, à l'époque où nous nous trouvions.

CHAPITRE LVIII.

Rapidité des changements opérés en France. — Étonnante amélioration de l'esprit public. — Premiers efforts, premiers succès. — Vaste entreprise de la réforme. — Abus de l'inégalité des droits. — Corruption des classes élevées. — Avilissement de la classe moyenne. — Défenseurs du tiers-état. — Bergasse, Mirabeau, Dupont, Volney, Potier, Rabaud de Saint-Étienne, Lafayette, d'Entraigues. — La France riche en écrivains défenseurs du peuple. — Necker. — Ses ennemis. — Calonne. — Prédilection des aristocrates pour ce ministre. — Sa lâcheté. — Necker se détache de la cause du peuple. — Ses idées sur la noblesse. — Singulière imagination d'un plaisant pour ridiculiser les titres. — Mot de Ramsay sur la noblesse et la souveraineté des rois. — Abolition de l'hérédité nobiliaire. — Necker réfuté par Millin, Loiseau et Antoine. — Séance anti-féodale du 19 juin 1790. — Discussion animée. — Motion de Lambel, appuyée par Charles Lameth, Lafayette, Goupil, Montmorency, Noailles, Saint-Fargeau, Tracy. — Combattue par de Foucault, l'abbé Maury et de Faucigny. — Opinion de la majorité dans l'Assemblée. — Le décret est rendu. — Le com... constitution propose un amendement tendant à autoriser tous les Français à prendre les armoiries et les titres qui leur plairont. — Le roi déjoue les intentions du comité par une prompte sanction. — Discrédit de la royauté. — Échelle des êtres selon leur mérite, par un républicain anglais.

Les hommes qui ont mal dirigé l'impulsion révolutionnaire ont été bien coupables; car la pente vers la régénération était rapide. En se reportant aux temps qui ont précédé 1789, on n'imaginera pas qu'une nation puisse changer à son avantage avec autant de promptitude.

Six mois s'étaient à peine écoulés depuis l'instant où j'avais quitté la France pour aller en Amérique; à mon retour je ne reconnus pas mes compatriotes; ils avaient franchi un intervalle immense. Je les avais laissés dans l'esclavage et je les retrouvais libres; on les croyait énervés, ils avaient déployé la plus grande énergie; on les taxait d'ignorance, et ils montraient en politique les connaissances les plus profondes; on les disait légers, inconstants, et ils avaient fait preuve de réflexion et de persévérance ; enfin, on les supposait incapables d'harmonie, et il y avait ou le concert le plus parfait entre leurs principes et la marche qu'ils avaient suivie; on prédisait qu'ils seraient dupes ou des finesses ministérielles, ou de l'aristocratie parlementaire, cachée sous un air de popularité, ou des prétentions de la noblesse et du clergé, déguisées sous le voile de la générosité. Ils avaient opposé les parlements aux ministres, et les ministres étaient tombés. Ils avaient opposé leurs droits aux parlements et les parlements s'étaient tus. Forcés dans leurs derniers retranchements par des écrivains énergiques, les privilégiés avaient frémi d'indignation, mais ils n'avaient pu défendre que mollement et pour ainsi dire en rougissant, des distinctions incompatibles avec les lumières, et avec cette Constitution libre que tous les ordres réclamaient.

Les Français s'étaient rapidement avancés dans les voies de la liberté, pourtant ils étaient encore loin du but.

Pour y atteindre, il fallait une volonté forte, parce que cette volonté, en tournant toutes les idées vers ce but sublime, écartait les distractions et rejetait dans le néant les petites considérations de la vanité et de l'intérêt personnel. Il fallait une opiniâtreté qui redoublât en raison des obstacles. Il fallait enfin que les états généraux ne précipitassent point la tâche qu'ils avaient à remplir. Tâche immense sous quelque aspect qu'on l'envisageât! Une Constitution à fonder, des états généraux à organiser, une dette énorme à fixer et à consolider, nos ressources à examiner, des milliers d'abus à réformer, toute la législation à refondre, une bonne et durable administration à établir, etc. Quels travaux!... Un an, deux ans même ne pouvaient suffire à terminer une si vaste entreprise. Les examens, pour être utiles, devaient être lents; les réformes, pour être sages et recevoir de la consistance, ne pouvaient s'effectuer qu'après quelques débats tumultueux. Une sage lenteur était donc indispensable pour le bien général; avec elle seule on pouvait parvenir insensiblement à vaincre les préjugés, à rompre les habitudes, à éclairer le peuple, à lui donner de la dignité, enfin à faire naître entre tous les ordres une union solide, ou plutôt à ne faire de tous les ordres qu'un seul ordre, de tous les Français qu'une seule famille.

Cette union, malheureusement, ne régnait pas encore. Une foule d'intérêts différents et contraires la combattaient : quoique la noblesse et le clergé eussent abandonné leurs exemptions pécuniaires, il y avait toujours diversité d'opinions et de principes sur tous les autres points; il y avait inégalité de droits entre les citoyens, et cette inégalité était incompatible avec une bonne constitution.

La destruction de cette inégalité était le but auquel devaient tendre sans cesse les défenseurs et les députés du tiers état [1]. Toute constitution qui l'eût consacrée eût porté dans son sein un vice radical, capable de détruire en peu de temps la liberté générale.

Cette inégalité de droits avait beaucoup de partisans, parce que beaucoup d'individus étaient intéressés à la défendre; c'était même le parti le plus formidable pour le tiers état. Il réunissait, en effet, la haute noblesse, le haut clergé, la haute magistrature, et ce qu'on appelait le haut tiers ou la haute bourgeoisie, ayant, les uns et les autres, pour auxiliaires cette classe moyenne qui est toujours un peu servile par esprit de sotte vanité [2]. C'étaient là les vrais ennemis du peuple français, ceux que les défenseurs de ce peuple devaient combattre sans relâche jusqu'à ce qu'ils fussent abattus ou éclairés. La corruption de cette partie de la société était un motif pour accélérer et non pour retarder une constitution libre, parce que cette constitution

---

[1] Lorsque je parlais d'abolir la distinction des ordres, ce n'était pas aux états généraux de 1789. Il fallait d'abord poser les bases; la Constitution devait faire le reste. *(Note de Brissot.)*

[2] On doit excepter de cette ligue un grand nombre de membres qui, bien qu'appartenant à ces différentes classes, n'en étaient pas moins attachés à la cause du peuple. *(Note de Brissot.)*

devait répartir plus également les moyens qui, destinés à protéger l'industrie, à secourir l'indigence, ne servaient encore qu'à soutenir le luxe et la corruption.

L'avilissement, l'ignorance du peuple, accidents résultant d'un mauvais gouvernement, devaient disparaître sous un régime libre. L'instruction plus répandue, l'habitude de fréquenter les assemblées politiques donnent de la dignité, et des lumières au peuple.

Je conclus de là que l'impossibilité d'une régénération du peuple n'existait pas, et que cette régénération devait s'opérer sous une constitution où tous les droits fussent égaux.

Pour obtenir cette égalité de droits, il fallait opposer constamment le langage de la raison aux privilégiés; il fallait, pour déconcerter leurs intrigues et leurs manœuvres, que les défenseurs du peuple missent en commun leurs talents et leurs efforts; qu'ils écartassent de ce combat tout mouvement de vanité ou d'intérêt personnel; il fallait qu'ils fussent tout dévoués au bien public, et soutenus par la volonté inébranlable de faire enfin triompher l'homme de celui qui se croyait plus qu'un homme, le peuple de ses tyrans, la liberté du despotisme.

Tel était l'esprit qui animait quelques hommes célèbres [1] inscrits sur la liste des défenseurs du tiers état. Je les conjurais alors de former une sainte et inviolable ligue pour abattre l'aristocratie; d'oublier leurs ressentiments, si des ressentiments avaient pu les séparer autrefois; je leur conseillais de concerter leur marche, leur attaque et leur défense, afin d'assurer leur succès. Les privilégiés, d'ailleurs, n'avaient aucun talent respectable à leur opposer, et les députés du tiers étaient secondés au dehors par des écrivains énergiques et sincères amis du peuple [2]. J'osai quelquefois me

---

[1] Bergasse, Mirabeau, Dupont, Volney, Pétier (auteur de l'*Avis aux Français*). Rabaud de Saint-Étienne, Mounier, et, dans un autre ordre, Lafayette et d'Entraigues. (*Note de Brissot*).

[2] Je puis nommer Clavière, Sieyès, Condorcet, Bourges, Gallois, Cerutti, Target.

Je dois rendre cette justice à mon pays; nulle part, même en Amérique, je

mêler dans cette troupe patriotique, heureux si mes efforts ont pu contribuer à fonder cette liberté, après laquelle j'ai soupiré si longtemps, et que j'étais allé chercher dans un autre hémisphère, lorsque l'espoir d'une constitution me ramena dans ma patrie.

L'un des hommes que j'y retrouvai prêts à seconder les progrès de l'époque, en les mettant en pratique d'après un système à lui, était le Génevois Necker, dont les idées étaient alors fort goûtées des sectateurs de l'innovation. Les ennemis de ce ministre, et ils étaient nombreux, cherchaient à inspirer des soupçons sur ses desseins, et à engager le tiers état à se réunir à eux pour le renverser; mais c'était un piège tendu au peuple pour lui ravir l'homme qui était alors son meilleur appui. Si je fais cet éloge, ce n'est pas que je fusse un de ses partisans, ni un des écrivains qui lui étaient dévoués; on ne m'accusera pas de l'avoir encensé; ma conduite, avant et pendant qu'il fut en faveur, répondrait à ce reproche, car aucun jour de ma vie ne fut souillé par une visite rendue à un ministre, encore moins par la demande de quelque grâce. Si jamais je sollicitai quelque acte de justice, ce ne fut que de loin, et pour être presque toujours refusé. J'avais dans l'âme trop d'indépendance. Cependant, voilà ce que je pensais sur Necker, ministre, alors qu'il était assailli par mille fausses imputations.

Je dois dire avant tout, que j'avais commencé par combattre les opinions de Necker, dans mon livre *De la France et des États-Unis*. Mais l'aveu que je vais faire donnera une plus juste idée de ma situation relativement à lui. Dans un ouvrage qui parut sous différents titres, tantôt : *Œuvres posthumes de Turgot* ou *Administration provinciale de Turgot* [1], j'avais

n'ai vu autant d'auteurs animés du même esprit. J'y ai vu des patriotes désintéressés, infatigables; j'y ai vu le bon sens régner partout, et presque tous les citoyens bien instruits de leurs devoirs; j'y ai vu des hommes au-dessus de Montesquieu, mais en petit nombre. Le *Sens Commun* et le *Fédéraliste* ont eu beaucoup de lecteurs et peu de rivaux.

(*Note de Brissot.*)

[1] Lorsque je publiai cet ouvrage, Dupont, qui en fit la critique dans le *Journal de Paris*, parut scandalisé de la hardiesse des principes que j'émettais. Ces

réfuté, peut-être trop sévèrement, les principes développés par Necker dans son mémoire sur les administrations provinciales Il me semblait qu'il avait trahi la cause du peuple. Je crus depuis l'avoir mal jugé : sa conduite paraissait le prouver. Je me rétractai avec plaisir; mais je ne laissai pas d'improuver ses opérations quand elles furent mauvaises, et de blâmer ouvertement le principe qu'il avait fait prévaloir dans la convocation des états généraux; principe qui donna une influence prodigieuse aux privilégiés dans les élections, et qui amena dans l'assemblée une foule d'hommes corrompus, médiocres ou ineptes.

Malgré ses fautes, j'étais fermement persuadé que tous les amis du peuple devaient se joindre à lui, et le soutenir contre la faction qui cherchait à le renverser, c'est-à-dire contre les aristocrates, les plus acharnés ennemis du genre humain.

Ainsi un intérêt commun devait engager la nation à se rallier à Necker. D'autres motifs encore prouvaient la nécessité de cette union.

Necker devait être partisan de la Constitution; c'était le seul moyen d'augmenter sa gloire, et il aimait la gloire.

Il était ennemi de la guerre, et nous avions alors besoin de la paix pour affermir la liberté.

Il était ami de l'ordre et de l'économie, et un ministre n'est réellement ami du peuple que lorsqu'il a de telles propensions.

Il avait la double confiance du peuple et du prince : mieux qu'un autre, il pouvait être l'arbitre de leurs contestations.

Tout autre ministre que lui eût été suspect au peuple. On l'eût soupçonné de soutenir le despotisme et de sacrifier le peuple à ses vues ambitieuses. Necker était parfaitement à l'abri sous ce rapport.

---

principes étaient ceux qu'on a proclamés plus tard, et qu'il fut lui-même forcé de défendre; mais, alors, on me dénonçait comme un incendiaire dans plusieurs journaux et ces journaux, *par ordre*, étaient fermés à ma défense.

(*Note de Brissot.*)

Lui seul encore, investi de la confiance générale, et par conséquent disposant du crédit public, pouvait trouver les moyens de subvenir aux dépenses jusqu'à ce que les états généraux y eussent pourvu d'une manière certaine et durable.

Qui pensait-on d'ailleurs présenter pour le remplacer ? était-ce cet ambitieux prélat qui avait joué le patriotisme, ou qui, s'il ne l'avait pas joué, n'avait aucun moyen pour le soutenir? était-ce ce ministre aussi fameux par ses déprédations que par son audace à braver ses juges et la nation française ? étaient-ce deux ou trois vils intrigants qui n'aspiraient au ministère que pour payer leurs dettes, en dissipant nos dernières ressources, et que le haut parti ne protégeait que pour éloigner une constitution qui devait mettre fin aux déprédations les plus scandaleuses ?

Oui, tel était le but des aristocrates. Il perçait dans tous leurs pamphlets. Qu'on lise ces *Lettres amicales*, où des âmes de boue cherchaient à ridiculiser Necker. Ils croyaient, par des épigrammes, nous éloigner d'un honnête et sage ministre. Ils nous croyaient toujours des enfants prêts à sacrifier nos droits pour des colifichets.

Les aristocrates vantaient sans cesse l'esprit de Calonne : c'était de l'honnêteté que nous voulions et dont nous avions besoin. Ils vantaient son amabilité : cette amabilité nous avait coûté cher. Ils vantaient ses mémoires : des tours de force étaient-ils des raisons ? Il nous fallait un Sully et non un saltimbanque. Ils vantaient la considération dont l'ex-ministre jouissait à Londres : mais à quoi tenait cette considération ? une bonne table, un équipage brillant, un grand luxe ; tout attirait autour de lui des parasites et des flatteurs, car Londres a aussi les siens. Cet entourage ôté, l'ex-ministre se trouvait à sa place dans l'obscurité. Pouvait-on croire de bonne foi que l'économe Pitt, par exemple, n'eût pas du mépris pour un dissipateur, et que la saine partie de la nation anglaise estimât un homme qui avait ruiné son pays?

Enfin, ils vantaient ses connaissances en administration.

Quelle administration était la sienne ? n'était-ce pas lui qui d'une main signait la condamnation de l'agiotage, et de l'autre retirait de son jeu des profits énormes ? N'était-ce pas lui qui multipliait emprunts sur emprunts, arrêts du conseil sur arrêts du conseil ; qui créait une caisse d'amortissement, laquelle au fond n'était qu'un véritable leurre ; qui étendait secrètement les rentes viagères, qui en prodiguait sans recevoir de capitaux, etc. ? Si Calonne connaissait les vrais principes de l'administration, il les oublia cruellement, et les foula aux pieds pendant son ministère.

La conduite de Calonne, lors de la disgrâce de Necker, prouve combien cet homme avait des sentiments vils et abjects. On le croyait anéanti, mais à la nouvelle de la chute du ministre, il reparaît sur la scène ; il fait illuminer sa maison et donne un grand souper. Dans l'espoir de séduire encore une fois les Français, il fait circuler une lettre en réponse au mémoire de Necker sur les subsistances, où il le traite généreusement d'*aventurier* et de *charlatan qui a ruiné la nation française*. Dans une seconde lettre, également imprimée, et adressée à l'Assemblée nationale, il lui offre ses services et ses lumières. Les services d'un Calonne ! il ignorait encore que le règne des dissipateurs était passé ; et, s'il voulait conserver ses jours, il ne lui restait plus qu'à aller augmenter la colonie de Spa, ou l'honorable réunion de Coblentz.

Pour connaître à fond le caractère et les principes de ce misérable, il suffit de lire sa dernière lettre au roi. Avec quelle perfidie il cherchait à insinuer à Louis XVI qu'on le dépouillait de son autorité ! avec quelle audace il insultait à la nation française, il attaquait ses droits essentiels et primitifs ! Il osait se dire Français et il prêchait le despotisme !

Il n'y avait donc pas à hésiter dans les circonstances présentes, le peuple devait se faire un appui de Necker. Ce ministre paraissait alors embrasser franchement sa cause, et les amis de la liberté plaçaient en lui leur espoir. Cependant, plus tard, il s'est détaché de la cause du peuple et a méconnu la liberté.

En effet, on le vit, dès l'année suivante, proclamer que l'Assemblée nationale avait eu tort de supprimer les titres, les noms nobles, les armoiries. Il employait les raisonnements les plus ridicules pour soutenir cette singulière assertion. *Le peuple*, disait-il, *c'est-à-dire les citoyens artisans, ouvriers, reçoivent plus volontiers leur salaire de l'homme décoré que du simple citoyen.* Il ne restait plus qu'à déchirer la Constitution, si de pareilles mœurs devaient subsister. Un citoyen qui pouvait s'enorgueillir de travailler pour un homme galonné et décoré, n'était plus un citoyen, mais un esclave.

L'éclat des livrées et distinctions, ajoutait Necker, *ne blesse pas leur vue, ils se plaisent au contraire à en recevoir le reflet.*

Quel langage !..... Eh bien ! puisque des yeux étaient encore assez faibles pour se laisser éblouir par l'or, il fallait condamner l'or : il fallait anéantir ce brillant entourage, puisqu'il pouvait engager le peuple à supporter les distinctions avec moins de dégoût.

Cette destruction, continuait Necker, *nuit à une classe nombreuse.*

Quelle était cette classe? celle des nobles?... des nobles que des préjugés indéracinables ont imbus de leur supériorité, et d'un mépris incurable pour le peuple. Les nobles étaient incorrigibles, ils l'ont prouvé !

Il était, d'ailleurs, de l'intérêt de l'État de relever la domesticité, en supprimant les livrées, véritables insignes de l'esclavage [1].

Une Constitution libre ne pouvait pas, sans doute, ramener

---

[1] Un plaisant avait imaginé, pour ridiculiser les titres, de les distribuer à ses domestiques, selon la nature de leurs services. Il avait nommé son palefrenier chevalier, parce que l'origine du mot chevalier est cheval. Il avait fait un duc de son cocher, parce que ce mot signifie conducteur. Il avait donné le titre de comte aux laquais, parce que les premiers comtes étaient ceux qui suivaient et accompagnaient les grands. Enfin, comme le nom de marquis fut inventé pour ceux qui gardaient les frontières, les *marches* de l'empire, il en avait décoré son portier, chargé de défendre l'entrée de la maison. (*Note de Brissot.*)

l'égalité partout, et surtout l'égalité de fortune : il devait y avoir, comme auparavant, des riches et des pauvres ; et ces derniers devaient encore, par la nature des choses, dépendre, pour leur subsistance, des emplois que les riches ont à leur donner. La domesticité est un de ces emplois. Mais la domesticité ne doit point être vile sous une Constitution libre. Ce qui avilit l'homme, ce n'est pas d'être pauvre, mais d'avoir des mœurs dépravées, des sentiments bas et assujettis à ceux du maître, d'être son complaisant, son adulateur. Or, un domestique, sous une Constitution libre, peut se préserver de cette bassesse, et conserver sa fierté au sein même de la domesticité ; tel était Épictète, et Épictète ne fut pas déshonoré.

C'était donc un des grands devoirs de notre éducation nationale, puisqu'on ne pouvait bannir la domesticité, de faire des domestiques-citoyens, hommes et dignes de la liberté au sein même de la dépendance.

La livrée était le signe de l'aristocratie parmi les domestiques. Un homme du peuple d'alors pouvait se glorifier d'appartenir à un seigneur puissant : il lui semblait que l'opulence et l'importance de son maître, en se réfléchissant sur lui, lui donnassent le droit d'être insolent envers le laquais du bourgeois. Mais, puisque l'aristocratie des maîtres était supprimée, pourquoi conserver celle des valets?

Ce décret, disait encore Necker, *nuit aux galonniers.*

Le décret sur les lois féodales nuisait aux feudistes; celui sur le droit canon, aux canonistes; celui sur les tribunaux, aux juges, aux procureurs, etc.... En vérité, devait-on s'arrêter à de pareilles considérations? Avec un argument de cette force, on aurait étouffé la découverte de l'imprimerie, car l'imprimerie nuisait aux copistes. Qu'étaient les intérêts d'un petit nombre de galonniers, lorsqu'il s'agissait de régénérer une nation et de lui donner des mœurs?

Ce n'était plus sur le luxe, sur l'art de varier les modes, que le Français libre devait fonder sa prospérité; il devait renoncer au commerce précaire de ces colifichets, pour exploiter les grandes ressources rurales que lui présente le sol de la France, et les manufactures qui s'associent avec la liberté sans corrompre les mœurs.

Necker osait avancer que la noblesse était héréditaire et transmissible par essence, enfin qu'elle était une propriété sacrée.

Ces assertions absurdes me rappellent un vicomte de Chastenay, qui voulut prouver, dans une lettre au *Journal général de France*, que la noblesse datait de l'origine du monde. Le patricien était modeste, car il ne tenait qu'à lui de prouver aussi bien qu'elle était de toute éternité.

Eh quoi! la noblesse est-elle donc une qualité naturelle, inhérente au sang, empreinte, par un sceau divin, sur le corps de quelques individus? Je pense comme l'intrépide Ramsai. « Je ne croirai pas, disait-il, à la noblesse ni à la souveraineté des rois, tant que je ne les verrai pas naître avec des éperons, et leurs sujets avec une selle sur le dos. »

D'ailleurs, l'hérédité de la noblesse avait été abolie par une loi, depuis près d'un an. Tel était le but de l'article 11 du décret du 4 août, des articles 1er et 6 de la déclaration des droits, de l'article 7 de l'organisation des municipalités, et section 1re de l'article 1er de l'organisation des assemblées administratives. C'est ce que Lafayette prouva clairement en répondant à l'abbé Maury. Et parmi la foule immense de contradicteurs que trouva l'opinion de Necker sur le décret relatif à la noblesse, Millin, Loiseau et Antoine se montrèrent les plus énergiques, et le réfutèrent de la manière la plus vigoureuse.

Ce fut dans la célèbre séance du 19 juin 1790 que s'engagea la première lutte au sujet de la noblesse : la discussion y fut si animée qu'il serait difficile d'en faire l'analyse. M. Lambel demanda qu'il fût fait défense de prendre des titres. Charles Lameth appuya la motion, comme étant conforme à la constitution décrétée. « Les titres, dit-il, dérivent du régime féodal que vous avez anéanti. » Il proposa d'interdire seulement dans les actes les titres de pair, duc, comte, marquis, et même de gentilhomme, laissant à chacun la liberté de conserver ces distinctions dans le langage ou dans les lettres, sauf à en être puni par le ridicule. Lafayette prétendit que la motion n'avait pas besoin d'être appuyée, mais en ajoutant qu'il s'y joignait de tout son cœur. M. de Foucaut demanda comment on remplacerait cette déclaration : *un tel a été fait noble pour avoir sauvé l'État à telle heure.* Lafayette répondit : *Eh bien!* au lieu de dire *a été fait noble,* on dira simplement *a sauvé l'État à telle heure.* M. Goupil, de Préfeln, en souscrivant à un décret qui lui paraissait remplir les intentions de l'Assemblée, proposa de conserver le titre de *monseigneur* pour les princes du sang. Lafayette fit observer que dans un pays libre, il ne devait y avoir que des citoyens et des officiers publics ; qu'il fallait donner une grande énergie à la magistrature héréditaire du roi ; mais que, selon lui, l'exception réclamée par le préopinant était tout à la fois inutile et dangereuse. L'abbé Maury combattit toutes ces propositions, et fut réfuté par Montmorency. Noailles demanda que l'encens fût réservé à la divinité, et que les livrées fussent abolies. M. de Saint-Fargeau ouvrit l'avis que désormais on ne prît plus de noms de terre, mais le nom de famille. M. de Tracy opina pour qu'il fût défendu de porter le nom des familles dont on ne descend pas. M. de Faucigny demanda l'ajournement de ce décret constitutionnel. Lafayette lui répondit qu'il ne s'agissait pas là d'un nouvel article constitutionnel, mais d'un décret réglementaire qui ressortait de la Constitution. Tels furent les principaux traits de ce débat qui produisit le décret du 20 juin.

Le lendemain plusieurs députés, nommément ceux qui composaient le comité de Constitution, trouvèrent que ce décret avait besoin d'être amendé non dans ses dispositions principales, mais dans quelques-unes de ses dispositions secondaires, car l'immense majorité des constituants pensait que partout où l'on ne peut être privilégié, ni par le titre de la terre, ni par les exemptions de charges publiques, ni par des préférences d'admission, ni par des droits politiques, l'existence d'une noblesse est impossible.

L'Assemblée n'aurait su où placer les *titres, honneurs et*

prérogatives attachés à la condition de noble. Toute qualification qui, dans l'ancienne jurisprudence de la France ou de l'Europe, caractérise les priviléges territoriaux ou personnels et semble en conserver les droits, lui paraissait devoir être effacée des actes publics et officiels; mais le comité de constitution eût souhaité d'amender la rédaction d'une manière moins dure pour l'ancienne caste, et en même temps de la rendre plus conforme à la liberté, en étendant à tous les citoyens, comme dans les États-Unis, au lieu de l'interdire, la faculté de prendre les armoiries et livrées qu'ils voudraient. Lafayette fut chargé d'en écrire au roi, en le priant de différer sa sanction : il en parla au garde des sceaux; mais le conseil du roi se hâta de sanctionner. Lafayette, à la demande de ses collègues, écrivit le lendemain pour que l'apport de la sanction fût retardé afin de laisser au comité de constitution le temps de proposer et de faire goûter ses amendements; mais le message du roi fut envoyé de suite. Les aristocrates et le roi lui-même étaient trop pressés de faire promulguer un décret dont la forme, blâmée par la mauvaise foi, pouvait tôt ou tard donner lieu à une révocation. Au reste, révocation ou non, l'opinion publique était fixée sur ce qu'on avait appelé la noblesse; et la royauté était elle-même bien malade, malgré le parachute d'une Constitution où elle figurait encore comme l'un des pouvoirs. Déjà on la chansonnait, on la bafouait, on la démolissait pièce à pièce par les textes de l'Écriture; on la dégradait aux yeux de la raison, on l'attaquait dans l'ancien comme dans le nouveau monde : c'était un prestige usé, et cette vieille Constitution n'occupait plus guère, dans l'esprit de la plupart des hommes éclairés, que la place qui lui a été assignée par un républicain anglais dans ce tableau :

Échelle des êtres suivant leur mérite.

DIEU.
ANGE.
TYRANNICIDE.

PHILANTHROPE.
HOMME PROBE.
LABOUREUR.
CITADIN FAINÉANT.
DÉVOT.
PRÊTRE.
MOINE.
SAINT.
MARTYR.
SOLDAT.
HÉROS.
NOBLE.
ROI.
PAPE.
DIABLE.

CHAPITRE LIX.

Source des calomnies dirigées contre Brissot. — Il fait la guerre aux abus anciens et nouveaux. — Les modérés amis immodérés de la liste civile. — Projet d'asservir le peuple par le peuple même. — Le schisme s'introduit dans la Société des Jacobins. — Liste des députés membres de cette Société. — Les modérés mettent le peuple aux prises avec la garde nationale. — Les patriotes désignés à la haine sous le nom de républicains. — Tactique des intrigants. — Crédulité du peuple. — Tôt ou tard il est détrompé. — Les placards sont proscrits. — L'autorité en fait une arme dangereuse. — Manœuvres pour fausser les élections. — Imputations contre Brissot. — Le libelliste Théveneau de Morande. — Opinion de Rousseau applicable aux circonstances. — Candidature et ballottage de Brissot. — Députation de Paris. — Encore un mot sur la dernière séance de l'Assemblée Constituante. — Jugement du peuple.

Je n'avais été ramené en France que par le désir et l'espoir d'être utile à mon pays. Le feu s'allumait ; tous les cœurs s'ouvraient à la perspective d'un brillant avenir ; des athlètes fameux avaient engagé le combat, je voulus aussi rompre une lance, et je publiai mon *Plan de conduite pour les députés du peuple.*

Je ne rappellerai point ici tous mes travaux depuis la révolution, et les écrits nombreux que j'ai fait paraître et les services que j'ai rendus dans les différentes places dont mes concitoyens m'ont honoré, soit comme président de mon district, soit à la municipalité, soit comme membre du premier comité des recherches, soit même comme électeur. Ces diverses missions, qui se sont succédé et qui m'ont constamment attaché à la chose publique, déposent, ce me semble, en faveur de mon patriotisme inaltérable et de mon intégrité.

C'est ce patriotisme qui m'engagea à publier, malgré mes nombreuses occupations, les observations que j'avais faites en Amérique. Je voyais avec peine qu'en changeant de régime, nous n'avions pas changé de mœurs. J'étais convaincu que, si l'on peut conquérir la liberté sans mœurs, sans mœurs on ne peut pas la conserver; et je me hâtai de mettre sous les yeux de mes concitoyens le tableau d'un peuple libre et vraiment moral.

C'est ce patriotisme qui a été la source de toutes les haines et de toutes les calomnies qui se sont accumulées sur ma tête. J'avais occasion de le développer chaque jour dans le journal que j'ai entrepris dès le commencement de la révolution. Là, sacrifiant sans cesse à l'intérêt public mes intérêts privés, qu'il eût été facile de concilier avec les idées *des modérés*, j'y ai constamment exposé, soutenu, propagé les vrais principes de la liberté et de l'égalité. Là, j'ai combattu avec une fermeté inébranlable tous les préjugés qui formaient un rempart autour des castes privilégiées, et tous les abus du despotisme. Inflexible dans mes principes sévères, dans ces principes qu'une étude de quinze années et une longue habitude de l'horreur du despotisme ont gravés dans mon âme, j'ai successivement attaqué le despote, ses vizirs, leurs valets, la noblesse orgueilleuse, l'hypocrite clergé, la finance dévorante, la bureaucratie déprédatrice. Je n'ai pas davantage épargné les vices, les abus, les préjugés, qui, sous d'autres noms, se sont établis sur les ruines des anciens[1]. Usurpations et attentats de municipalités, aristocratie des départements, accumulation des pouvoirs dans l'Assemblée nationale, désordre et précipitation de ses discussions, despotisme de ses comités, machiavélisme et corruption de leurs chefs, abjection de leurs jockeys, iniquité des décrets qu'ils ont extorqués, intrigues, coalitions, manœuvres qui se tramaient derrière la liste civile : j'ai tout attaqué; j'ai sur tout éveillé l'attention du public. J'ai désigné, nommé, démasqué, et ces intrigants qui cachaient sous le voile de la démocratie leurs vues ambitieuses, leur mépris pour le peuple, et ces *modérés qui, sous le semblant de leur amitié pour la monarchie, déguisaient*

---

[1] *Tyrannidis affectatio est in eo qui omnia imperii signa retinens, negat tamen verbis se habere vel velle imperium.*

TACITE.

mal leur amour immodéré pour la liste civile et pour la corruption sur laquelle ils fondaient leur subsistance.

Doit-il paraître étonnant qu'isolé, sans parti, n'ayant qu'un petit nombre d'amis également sévères dans leurs opinions, n'étant dévoué qu'au culte de la vérité et de la liberté, me montrant *envers et contre tous*, suivant que les principes l'ordonnent, j'aie été assailli de tant d'ennemis à la fois? L'austérité des principes est le crime le plus impardonnable et le plus dangereux chez une nation corrompue qui se régénère, parce que là, une foule d'hommes sans talents et sans vertus, qui n'existent que par la corruption, et qui trompent le public pour le piller, redoutent les réverbères, et décrient leur lumière inquiétante, afin de s'en délivrer. Aussi aucun de ces hypocrites n'a pu me pardonner de les avoir démasqués, et tous ont dû se réunir enfin pour m'écraser. La coalition qu'avait fait naître l'évasion du roi leur en fournit une occasion favorable. Un crime commun, une terreur commune, ordonnèrent cette coalition dans les premiers moments; un intérêt commun l'a ensuite prolongée. Les aristocrates abattus y trouvaient en effet le moyen de ressusciter leurs prétentions; *les modérés, celui de piller la liste civile, et d'enchaîner le peuple*; les apostats populaires, honnis de tous les côtés, y trouvaient le plaisir de se venger des amis de la liberté qui les méprisaient, de perpétuer un pouvoir qu'ils voyaient avec peine échapper de leurs mains.

Déposant pour un moment leurs longues haines, n'ayant qu'un seul objet, celui de perpétuer leur influence, ne pouvant réussir qu'en trompant les diverses factions, qu'en atterrant le peuple, qu'en intimidant les défenseurs de la liberté, ces conjurés coalitionnaires mirent alors au jour le projet le plus infernal, *celui d'asservir le peuple même, de détruire par ses mains la Constitution, en apparence par respect pour elle.*

On me pardonnera de m'étendre sur cet événement, qui a principalement ranimé le système de calomnies employé contre moi sous l'ancien régime. L'évasion, le parjure et la protestation du roi contre la Constitution, amenaient naturellement à corriger ce qu'il y avait de défectueux dans le pouvoir exécutif, à organiser le ministère d'une manière convenable à la base générale de la Constitution; c'est-à-dire, à le rendre représentatif et électif. C'était le vœu des patriotes; je le défendis, et on m'en fit un crime; ce système dérangeait l'ambition privée des hommes médiocres et corrompus, qui ne voulaient tenir leur sort que de l'intrigue et de la faveur, et qui redoutaient le jugement du peuple qu'ils avaient trompé.

Ils se gardèrent bien cependant d'abord de heurter le sentiment général d'indignation contre le roi fugitif et parjure; ils l'excitèrent, au contraire, afin de justifier l'usurpation et l'accumulation, dans leurs mains, de tous les pouvoirs dont ils avaient eu le secret de se ressaisir.

Ce despotisme démagogique ne pouvait durer longtemps sous le nom de l'Assemblée. Que fit-on? On chercha à le continuer sous le nom d'un roi qui venait de se rendre méprisable. Mais il fallait l'arracher au jugement d'une nation outragée et irritée. On employa l'intrigue, la terreur, les écrits des mercenaires, les adresses mendiées, pour apitoyer le peuple sur le roi et sur la royauté, pour faire déclarer inviolable, impunissable un homme qu'on avait peint comme le plus grand criminel. On travestit en séditieux ceux qui soutenaient les principes, on caractérisa de rébellion leur doctrine, on se hâta de prévenir à coups de fusil la trop grande publicité de leurs raisons.

Cette doctrine avait été embrassée par une société célèbre [1], justement regardée comme un des meilleurs boulevards de la Constitution, société qui avait servi de piédestal

---

[1] La société des Jacobins patriotes où siégeaient les députés :

Buzot, Pétion, Robespierre, Royer, *évêque*; Termos, Saint-Martin, Vadier, Durand de Maillanne, Coroller, Kervelegan, Saurinne, *évêque*; Rœderer, Creuzé-Latouche, Guyot, Pierre Monneron, Lebreton, *abbé*; Clermont, Boutidoux, Antoine, Sillery, Daoust, Louis Monneron, Voidel, Dubois-Crancé, Cottin, Gautier des Orcières, Hébrard, Lemaréchal, Bouvier, d'Orléans, Coupé, Gourdan, Hernoux, Decussy, Helle, Populus, Girot, Nioche, Fournier, Pierre Flieger, Meurinne, Delbecq, Darché, Chevalier, Maignan, Grenot, dom Gerle, Prieur, Merlin, Chasset, Salle, Noll, Guy, Legoen, Moyot, Lelay, Corentin, Lafloc, Kauffmann, Gobel, *évêque de Paris*; Cochard.

aux ambitieux. Les factieux, ne croyant plus ce piédestal utile à leur pouvoir, essayèrent de le briser. Un schisme éclatant, qu'ils provoquèrent sous les prétextes les plus frivoles, leur parut un acheminement à sa ruine ; on voulait perdre dans la société mère toutes les sociétés du royaume ; on leur offrait une correspondance simulée avec les schismatiques, afin, ou de maîtriser, ou d'anéantir cette correspondance. Ainsi on éteignait ces fanaux éternels qui, de tous les points du royaume, éclairent les complots et les administrateurs.

Dans les révolutions, les schismes sont toujours favorables aux chefs ambitieux. Ce fut un schisme qui rendit le cruel Maurice maître de la Hollande. Indifférent pour toutes les religions, il favorisait la guerre entre les *remontrants* et les *contre-remontrants*, pour perdre, avec l'aide du fanatisme, les ennemis de ses desseins cachés. C'est une intention semblable qui a fait naître le schisme des Jacobins. On espérait diviser ainsi toutes les sociétés, les détruire l'une par l'autre, et régner sans surveillants importuns.

Le peuple était encore l'effroi de ces tyrans secrets : il fallait détruire son influence dans l'opinion publique; *il fallait le mettre aux prises avec la garde nationale.* Les tentatives faites jusqu'alors n'avaient pas réussi. Le peuple était resté victorieux, et lors de l'arrêté mendié sur l'affaire des Théatins, et lors du départ prémédité du 18 avril. On profite d'un rassemblement paisible de citoyens qui signaient une pétition au Champ-de-Mars; on les peint comme un amas de brigands aux yeux de la garde nationale; on prépare la tragédie de deux hommes trouvés le matin sous l'autel, et massacrés à propos; la comédie de pistolets et de pierres jetées; on répand le bruit que Lafayette est blessé, on enflamme les esprits, et le drapeau rouge est déployé sans nécessité ; et le sang coule sans que la loi ait parlé, et l'on triomphe d'une victoire sur des femmes et des enfants sans armes; et, sous prétexte de troubles chimériques, on laisse flotter le drapeau, afin de pouvoir, sous cette dictature militaire, arrêter, jeter dans les cachots quiconque osera parler ou écrire contre ce despotisme oriental.

C'est encore ainsi qu'à l'ombre d'émeutes qu'il avait préparées secrètement, Maurice trouva le moyen de faire appeler dans les villes ses troupes de ligne, et de dominer partout.

Ce n'était pas assez : les écrivains patriotes faisaient encore trembler nos décemvirs. Il fallait les perdre; et on employa le charlatanisme des mots de ralliement. Les tyrans savent fort bien que le peuple, incapable, faute de temps et d'aisance, d'approfondir les faits, se laisse souvent diriger par les mots; qu'un mot adroit lui présente un fantôme effrayant, et le porte à égorger ses meilleurs amis, lorsqu'on a l'art de les lui rendre suspects. C'est ainsi que Cromvell, avec un mot, faisait égorger les Indépendants, et Maurice les Arminiens. *A leur exemple, nos démagogues firent déshonorer, par leurs écrivains, le nom de républicains; on le traduisit en ceux de séditieux ou rebelles, ou ennemis de la Constitution; et on l'appliqua ensuite aux vrais amis de la liberté.* Quoique rien ne ressemblât mieux au régime des trente tyrans d'Athènes qu'un pareil régime, quoique nos *Pisistrates* n'eussent pas même conservé l'ombre de la royauté, ils firent cependant sonner partout le tocsin contre les républicains; c'était le mot du guet pour la garde nationale, pour les libellistes, pour le peuple. Tout ennemi des intrigants était un républicain. C'étaient les républicains qui avaient excité la révolte imaginaire du Champ-de-Mars; il fallait leur faire leur procès. En conséquence, et quand cette farce eut bien échauffé les têtes, un comité, qui n'avait été armé d'un pouvoir inquisitorial que pour rechercher les contre-révolutionnaires, tourne, à leurs ordres, ses armes contre les patriotes. L'asile sacré des maisons est violé; le secret des lettres est trahi; les domestiques sont convertis en espions; sur des délations vagues et ridicules, les lettres de cachet se multiplient, les cachots regorgent de victimes innocentes. La consternation s'empare de tous les esprits; les amis se craignent, s'évitent. On fuit, comme des pestiférés, les hommes à caractère qui s'étaient signalés par leurs écrits. On les croit dévoués à l'échafaud. Pour leur ôter l'intérêt public, on affecte de les confondre avec les libellistes les plus méprisables. On fait répandre qu'ils sont arrêtés, afin de sonder le public sur leur arrestation, ou de les forcer à prendre la fuite....

J'ai été un de ces hommes désignés publiquement pour l'échafaud ; moi que, huit jours auparavant, on portait presque aux nues, je me trouvai tout à coup dans un abîme effroyable : je lisais sur tous les visages, et les calomnies qu'on avait répandues contre moi, et l'effroi que mon approche inspirait, et ma sentence prochaine. Mille avis me parvenaient à la fois ; mes amis tremblaient pour moi : les uns me conseillaient de fuir, les autres de modérer mes traits contre mes persécuteurs. J'ai tenu ferme ; je me suis montré partout ; j'ai poursuivi mes persécuteurs eux-mêmes avec la même fierté et la même opiniâtreté. Ma conscience me parlait plus haut que toutes les terreurs du dehors.

C'en est fait de la liberté, si l'on est sans courage ; si les scélérats parviennent à intimider les honnêtes gens ; si ceux-ci ne se réunissent pas pour faire tête aux infâmes moyens qu'emploient les brigands politiques.

Oui, il faut le dire, j'ai trop appris dans cette rude épreuve, à connaître, et les fanfarons en liberté, toujours prêts à s'agenouiller devant l'idole du jour, et les faux amis qui vous étouffent de leurs caresses dans votre prospérité, et vous délaissent au péril ; mais aussi j'ai senti la prodigieuse supériorité de l'homme de bien sur les scélérats et leurs valets ; j'ai vu plus d'un de ces brigands déconcerté par mes regards.

Ne pouvant m'intimider, ils ont changé de batterie : ils ont eu recours à leurs armes favorites, à l'obscure calomnie. La liste civile, le trésor public, les places étaient à leurs ordres, et les libellistes, les délateurs mercenaires à leurs pieds. L'or a coulé, et la capitale a été inondée, et d'émissaires qui prêchaient dans tous les lieux publics contre les Jacobins, et de trompettes qui hurlaient *les grandes conspirations découvertes* (encore à découvrir), et de pamphlets qui désignaient au peuple et aux gardes nationales leurs victimes ; et de journaux qui versaient au loin le poison fabriqué dans la capitale.

C'est alors qu'on a vu mille batteries dirigées à la fois

contre les écrivains patriotes : ainsi *l'Ami* prétendu *des Patriotes*, dont le luxe insolent trahit la corruption, dont les écrits recèlent le machiavélisme le plus perfide, et décèlent l'âme la plus profondément abjecte; cet écrivain gangrené, fier de voir quelques baïonnettes égarées au service de la coalition, osait accuser des écrivains purs, d'être soudoyés comme lui, criait qu'ils désobéissaient à la loi, parce qu'ils criaient contre sa faction. Ainsi, le *Postillon par Calais*, pour éclairer la question du jour, désignait doucereusement au bourreau les proscrits; ainsi la tourbe des autres journaux, nés tout à coup, et encore inconnus du public, renchérissaient à l'envi sur leurs calomnies..... Mais ce système de diffamation a bientôt dégoûté les honnêtes citoyens; on en a découvert la source impure, et on n'a pas même voulu tirer de la fange ces méprisables écrits, qui n'ont trompé que des imbéciles, et amusé que les fripons. On a eu recours, pour se faire lire, à une autre tactique : on a mis les libelles en placards, et les placards sont devenus périodiques, journaliers. On voulait, par là, tromper le peuple, l'exciter contre ses défenseurs les plus purs; ce peuple qui porte tout à la fois la défiance et la crédulité à l'excès, parce qu'il a si peu de moyens pour éclairer et vérifier les faits; ce peuple qui ne cessera de pleurer sur les cendres de Socrate forcé de boire la ciguë par la légèreté des jugements populaires. Ainsi, l'on tournait contre les apôtres de la liberté de la presse ce droit d'affiches qu'ils avaient si fortement réclamé, et que les hommes corrompus avaient voulu attribuer exclusivement aux corps administratifs. Au lieu d'en faire des cours d'instruction pour le peuple indigent, d'y graver le catéchisme de la Constitution, on gravait, on répétait en mille endroits les accusations les plus atroces contre des hommes irréprochables; et la police, si vigilante, si inquiète, à l'égard des affiches raisonnées sur la déclaration des droits, imprimées par les sociétés fraternelles, cette police voyait tranquillement les placards calomniateurs se répéter, surcharger les colonnes et les murailles; et l'aristocratie des épaulettes en meublant avec complaisance les corps de garde, infectait de ce poison les esprits simples et crédules des soldats artisans. Quel était donc le but de ces placards si multipliés, de ces libelles répandus avec tant de profusion, de ces journaux ignorés, quoiqu'on les offrît *gratis?* Pourquoi n'y déchirait-on que quelques individus? Était-ce là une simple rivalité d'auteurs? Existait-il des individus assez riches, assez fous pour se ruiner à soutenir un système aussi dispendieux de diffamation? où en était donc la source?... Je l'ai dit déjà : elle était et dans la cour et dans le ministère, et dans les aristocrates, et dans nos apostats, qui avaient formé une coalition formidable par la liste civile. Le plus grand mal d'un état libre, disait Rousseau, est que le crime y fasse des alliances plus indissolubles que n'en fait la vertu. Les méchants, en effet, se lient entre eux plus fortement que les bons; et leurs liaisons sont plus durables, parce qu'ils ne peuvent les rompre impunément, parce que de la durée de ces liaisons dépend le secret de leurs trames et l'impunité de leurs crimes, parce qu'ils ont le plus grand intérêt à se ménager toujours réciproquement. C'est la ligue des intérêts communs, intérêts iniques, s'entend, contre les principes de la haute équité qui leur sont contraires. La coalition, la liste civile, c'était de là que partaient tous ces placards, où, sous le ton du patelinage, de la modération, de l'esprit pur et conservateur, de la haine des anarchistes, on cherchait à irriter le peuple contre ses amis les plus sûrs et les plus dévoués; mais rendons justice au peuple : il n'a pas été longtemps dupe de ces stratagèmes; bientôt il n'a lu qu'avec mépris ces rapsodies journalières, où l'on supposait sans cesse des ennemis étrangers ou soudoyés par des étrangers, sans en désigner aucun : il a vu l'intention des auteurs, celle de faire commettre au peuple quelque grand crime, pour avoir un prétexte de l'enchaîner, et pour faire périr ses plus zélés défenseurs.

Peu de temps avant les premières assemblées électorales, il y eut un déluge de pamphlets dirigés contre moi. Chaque jour en faisait éclore de nouveaux : un des plus volumineux était intitulé : *Réplique de Charles Théveneau contre J.-P. Brissot.* C'était le coup de grâce que méditaient de me porter les intrigants, aux gages desquels était Morande. Ils se flattaient de m'enlever ainsi les suffrages de mes concitoyens; plus l'épreuve approchait, plus il était naturel que ceux dont les calomnies et les attaques ne m'avaient jamais ménagé, redoublassent de fureur. Deux écrits périodiques de l'époque, le *Babillard* [1] et le *Chant du coq* osèrent avancer que j'avais *oublié* de rétablir pendant six mois, dans la caisse du district des Filles Saint-Thomas, 580 livres, solde du compte dont j'avais été chargé comme président de ce district. Il me fut aisé de me laver de cette inculpation en produisant un certificat de Lepage, mon successeur dans ces fonctions, qui déclarait avoir reçu le solde de ce qui me restait entre les mains à cette époque, et qui se montait à 580 livres, ou environ. Lui-même versa cette somme entre les mains de Picard, dont je montrai aussi le reçu.

Une attaque aussi ridicule prouvait assez l'impudeur de mes ennemis; mais un acharnement aussi opiniâtre contre un seul individu trahissait son objet. Ce n'était pas moi que menaçait cette rage, mais le parti que je défendais et que je défendrai jusqu'à la mort.

Les colonnes du *Patriote français*, de l'*Ami des Citoyens*, et de plusieurs autres journaux consacrés à soutenir la révolution, étaient remplies de sages conseils aux électeurs, pour les guider dans leur choix et les préserver des menées secrètes des agents du despotisme. Tant de précautions suffisaient à peine pour atténuer l'effet des attaques continuelles et des imputations injurieuses dont les amis du peuple étaient l'objet chaque jour. Cependant l'Assemblée électorale ouvrit ses séances avec beaucoup de tranquillité, et Lacépède fut nommé président. Tout y annonçait que les patriotes y seraient en majorité.

Lacretelle, connu par une foule d'ouvrages estimables, écrivit à l'assemblée pour se mettre au rang des candidats à

---

[1] Les auteurs du *Babillard* ont eu la charité, voire même le patriotisme, de dépenser 1200 liv., en deux placards, pour apprendre à la capitale et aux villages voisins que j'avais dépensé la somme énorme de 164 liv. pendant ma présidence du district des Filles-Saint-Thomas. (*Note de Brissot.*)

la députation. Cette démarche, noble et digne d'un régime libre, a été d'abord vivement applaudie ; et Grouvelle, Sergent, Kersaint, Dusault, essayèrent, dans des discours fort bien faits, d'engager l'assemblée à profiter de cette occasion pour établir la méthode des candidats, méthode si funeste pour les cabales, si utile aux talents et au mérite ; mais leurs efforts furent vains, on passa à l'ordre du jour sur la lettre.

Le premier choix des électeurs donnait aux patriotes les espérances les plus brillantes ; il tomba sur Garran de Coulon, qui, au second scrutin, eut la majorité absolue sur Lacépède.

Il est à remarquer que dans cette séance, Necker obtint deux ou trois suffrages. A ce premier succès se joignirent deux événements qui causèrent une vive satisfaction aux amis de la liberté. Le procès du 17 mars fut enfin rapporté, et plusieurs des patriotes décrétés furent élargis. On remarqua à l'Assemblée électorale Camille Desmoulins, Brune et Momoro. On avait lu la veille une lettre et une adresse énergique du premier, qui avaient été fort applaudies.

D'un autre côté, la coalition commençait à se dissoudre, et la manière dont l'*Ami des Patriotes* traitait Lameth et Barnave annonçait que la mésintelligence allait éclater.

Dans la séance du lendemain, Lacépède fut nommé au premier scrutin. J'obtins après lui le plus grand nombre de suffrages. Ils furent partagés, le jour suivant, entre Pastoret et moi. Mais l'infâme Morande avait habilement profité de l'intervalle des deux séances pour lancer un nouveau libelle. C'était toujours les mêmes horreurs, avec un nouveau degré d'acharnement ; cela pouvait abuser quelqu'un de ceux qui me donnaient leur voix, et Pastoret fut nommé le troisième député. Si mes ennemis, ou plutôt les ennemis du peuple, avaient pu m'acheter, ils n'auraient pas dépensé 3 ou 4,000 livres pour me fermer l'accès de la tribune.

Ce fut Cerutti qui, ensuite, devint mon concurrent. Les suffrages, d'abord partagés entre nous, le favorisèrent au second tour de scrutin, et mes ennemis purent encore triompher de ce nouvel échec. C'était cependant une douce consolation pour moi de voir avec quelle indignation les bons citoyens envisageaient ces infâmes intrigues. Je reçus à ce sujet une lettre de Manuel, dans laquelle leur auteur principal était justement flétri : il y prouvait que Morande était un libelliste et un espion, et ses preuves étaient la correspondance même de ce Morande, trouvée à la Bastille, et dans laquelle on reconnaissait toute l'impudence d'un calomniateur à gages, et toute la bassesse d'un suppôt de la police :

« Comme vous, mon ami, m'écrivait-il, je respecte l'opinion ; comme vous, je sais que la patrie a le droit de dire à chacun de ses enfants : il court de fort mauvais bruits sur votre compte; ou faites les cesser, ou cessez de vivre.

« Mais, est-ce à un Morande, que la loi ne laisse vivre sans doute que pour le rendre plus malheureux, à citer des hommes de bien, dont la vie entière est une réponse à toutes les calomnies, devant ce tribunal où l'on n'a plus rien à gagner quand on n'a plus rien à y perdre ?

« Aurions-nous cru que le *gazettier cuirassé* aurait trouvé asile chez un peuple qui se régénère ? Ce n'est que dans les états corrompus qu'un homme qui n'a que des vices est partout blâmé et partout accueilli : comment une municipalité, tutrice des mœurs, ne surveille-t-elle pas celui qui porte partout le signe de Caïn ? Qu'elle l'oblige du moins à s'écarter avec respect du citoyen vertueux ; et, quand il osera se montrer aux spectacles, qu'elle le relègue dans une place solitaire, où, livré au mépris, il devienne une leçon publique.

« On dit qu'il a persuadé, je ne sais à quel comité, que jamais il ne fut ni libelliste ni espion, lui qui a écrit tant de fois : *Je vous remercie de vos soins, mon cher M. de Benavent; mais je suis très-fermement résolu à ne me dessaisir de mon manuscrit que de la main vuide à la main pleine.* Lui qui écrivait encore, en 1785, le 12 novembre : *Je vous envoie, mon cher maître, une lettre que je vous prie de remettre à M. de Crosne, en assurant ce magistrat que je ne demande pas mieux que de trouver les occasions de lui être agréable ; mais le sieur de Buard se compromet si gauchement à chaque pas qu'il fait, que je ne le verrai que quand il m'aura montré une lettre de M. le lieutenant de police qui lui dise en quoi je puis lui donner mon assistance.*

« Au surplus, lisez vous-même ; je vous fais passer quelques-unes de ces lettres, que gardait si bien la Bastille dans ses dépôts impurs ; ce sont celles précisément où son fiel déborda sur vous. Mes yeux et mon cœur se fatiguent de toutes ces ordures; si vous saviez ce qu'il m'en a coûté à les remuer! Mais on me saura peut-être gré un jour d'en avoir couvert et écrasé le despotisme. »

Les élections se continuaient; Beauvais Depréau et Bigot de Préaméneu furent nommés députés. Gouvion et Broussonet furent élus après eux. Dans la séance qui suivit, il y eut un ballotage entre Crété de Palluel et moi. Je n'eus que 305 voix, mon concurrent en obtint 460 et fut nommé. J'éprouvai encore la même chance dans le ballotage suivant avec Gorguereau; mais le véritable patriotisme ne se décourage jamais lorsqu'il s'agit de triompher des ennemis de son pays et de la liberté. La violence avec laquelle le despotisme s'opposait à mon élection était une preuve de la puissance qu'il exerçait encore malgré tous les efforts de la révolution pour le terrasser. Je crus devoir prendre la parole au club des électeurs. J'essayai de dévoiler les manœuvres qui repoussaient le vœu qu'ils avaient constamment émis en ma faveur. Je les remerciai de leur persévérance huit fois trompée, mais plus honorable pour moi qu'un triomphe, et qui serait mon plus beau titre de civisme. Je les engageai toutefois à discontinuer des efforts qui pouvaient nuire à la cause de la liberté; d'autres, avec autant de zèle et plus de lumières que moi, pourraient être accueillis plus favorablement parce que leurs noms, moins souvent attaqués, ne réveilleraient pas les mêmes préventions dans de bons esprits qu'on avait égarés. Malgré cette espèce de désistement, mes amis ne voulurent pas se tenir pour battus, et à la première séance de l'assemblée électorale, les suffrages se partagèrent entre Garnier et moi; mais le scrutin fut annulé.

Pendant ces débats, les *Amis de la Constitution* de Chartres écrivirent à l'assemblée électorale de Paris, pour lui exprimer toute l'indignation que leur inspirait l'acharnement des attaques dont j'étais l'objet depuis le commencement des élections. Ils conjuraient cette assemblée de mépriser les infâmes libelles qu'on ne cessait de distribuer et d'afficher dans la capitale, et jusque dans le lieu des séances, contre leur compatriote, dont ils garantissaient la probité, les mœurs et le patriotisme.

Non, Messieurs, disaient-il, Brissot n'est point un factieux, un ennemi de l'ordre et de la prospérité publique. Il ne mérita jamais les inculpations odieuses que des scélérats vendus à l'aristocratie lui prodiguent avec autant de scandale que de mauvaise foi. S'il faut cent mille signatures pour attester son honnêteté, sa franchise et sa loyauté, vous les trouverez dans le pays qui l'a vu naître. Ces généreux citoyens m'adressèrent une copie de cette lettre, en y joignant des témoignages d'estime et des éloges qui m'offraient un dédommagement bien flatteur des injures qu'une faction perverse s'efforçait d'accréditer contre moi.

Pour la dixième fois balloté à l'Assemblée électorale, je succombai pour la dixième fois. Thorillère, ancien procureur au Châtelet, l'emporta sur moi.

Enfin, le patriotisme triompha de la fureur de mes nombreux ennemis : un onzième ballotage me porta à la législature. Ce trait, unique dans l'histoire des élections, donnait la mesure des vrais patriotes. Les intrigants n'auraient pas eu une si longue persévérance pour le même individu; ou ils auraient réussi plus tôt, connaissant mieux la tactique des assemblées. Mais les patriotes n'avaient de tactique que leur loyauté, leur droiture et leur constance. Je jurai alors de ne pas tromper leur vœu, et j'ai tenu parole.

Tous mes jours, tous mes moments ont été employés à combattre les projets funestes des ennemis du peuple et de la Constitution; et aujourd'hui encore, lorsque je jette mes regards sur le passé, j'y trouve la consolation d'avoir rendu plus d'un service à la cause de la liberté. Mon concurrent, dans cette séance, était Dufresne, du trésor royal; du moment de mon élection, je me vouai tout entier à la chose publique; je pensai qu'au lieu de témoigner individuellement ma reconnaissance aux nombreux patriotes qui venaient m'offrir leurs félicitations sur un succès si longtemps combattu, je remplirais bien mieux leurs intentions en me préparant, par des travaux préliminaires, à soutenir leurs intérêts à la tribune nationale. Je m'empressai de recueillir les renseignements qui pouvaient m'être utiles dans la carrière que j'allais parcourir; mais je devins avare de mon temps, il appartenait à ma patrie. Et quelle énergie n'allaient pas avoir à déployer les défenseurs du peuple dans les circonstances où nous nous trouvions? Les droits conquis par la révolution à soutenir; les nouveaux efforts du despotisme à paralyser; enfin, des institutions à consolider contre les perfides agresseurs qui les attaquaient sourdement.

On avait vu, il est vrai, une Constitution libre acceptée librement par le fils de soixante-cinq despotes; un peuple secouant le joug de ses anciens maîtres, consacrer cet axiome qu'un peuple peut changer son gouvernement; on avait vu l'autel du patriotisme relevé dans la capitale, et les grands principes couronnés après la lutte la plus opiniâtre; mais de nombreux dangers menaçaient encore. Les finances étaient dans un désordre que couvrait un voile impénétrable; les corps administratifs se heurtaient ou restaient dans une déplorable inertie; le pouvoir exécutif était sans énergie, parce qu'il était sans confiance; la guerre nous menaçait, ou plutôt on cherchait à nous travailler par la terreur d'une guerre, que la France libre aurait dû prévenir par une attitude imposante; la corruption cherchait à se glisser partout; corruption d'autant plus dangereuse qu'elle prenait les formes les plus séduisantes. Dans un pays libre, les tyrans, ne pouvant plus être l'effroi du peuple, cherchent à l'enivrer de délices; ils lui plaisent pour l'asservir.

Hérault de Sechelles fut nommé quatorzième député; l'abbé Mulot obtint après lui les honneurs de l'élection; et Condorcet, ayant enfin été mis sur les rangs, eut pour concurrent Godard, homme de loi, qui l'emporta sur lui. Les intrigues qui m'avaient repoussé si longtemps semblèrent se renouveler contre le célèbre philosophe. On avait redouté mon patriotisme, on était effrayé de son génie. Deux négociants, Boscari le jeune et Quatremère de Quincy, successivement ballotés avec Condorcet, eurent la majorité des suffrages. Ces deux scrutins auraient fait faire de singulières réflexions à

Stanhope et à Priestley, et s'ils pensaient comme Pedarete, la France devait être heureuse. La séance destinée à nommer le dix-neuvième député vit encore Condorcet repoussé, et Ramond élu. Léonard Robin, juge, et Debry, ancien régisseur général, lui furent encore préférés. Dans les séances qui succédèrent, les dernières élections occasionnèrent un tumulte considérable; les patriotes ne purent contenir plus longtemps l'indignation que leur avait fait concevoir l'extrême médiocrité de ces choix. On les attribuait à l'influence d'un club formé à la Sainte-Chapelle, qui tenait ses séances à huis-clos, et sur lequel on présumait que le ministère exerçait un grand pouvoir. Les intrigants, les hommes corrompus qui dirigeaient cette association clandestine, prenaient si bien leurs mesures, qu'on vit tel homme inconnu ou inepte avoir, au premier tour de scrutin, 250 voix, tandis qu'un homme célèbre par toute l'Europe n'avait pu encore réunir ce nombre. Caillère de l'Étang, vénérable vieillard, dans lequel les glaces de l'âge n'avaient pas éteint le feu du patriotisme, se récria avec indignation contre *cet accaparement de consciences :* on l'applaudit vivement. Un autre patriote voulut prendre la parole; mais les marchands de conscience n'aimaient pas à s'entendre dire leurs vérités, ils s'empressèrent d'étouffer toutes les réclamations. On arrêta, au milieu du tumulte, de se retirer dans les bureaux; les patriotes refusèrent de s'y rendre en déclarant qu'ils ne prendraient point part à ces scrutins, où ils n'étaient que les témoins et les complices de choix détestables.

Une conduite aussi énergique déconcerta les meneurs et les força à l'inaction; Condorcet fut élu. Cette seconde victoire du patriotisme, longtemps disputée, fut une compensation des nominations surprises par l'intrigue.

Enfin, l'Assemblée nationale termina une carrière trop longue de quelques mois pour sa gloire et la liberté. Si elle avait été l'objet de viles adulations, je dois avouer qu'elle avait été en butte à des calomnies bien atroces. Beaucoup de ses flatteurs allaient changer avec les circonstances, et la critiquer avec aussi peu de générosité qu'ils l'avaient louée avec peu de délicatesse. Pour moi on ne m'avait jamais vu parmi ses bas panégyristes, on ne me vit pas depuis parmi ses détracteurs furieux. Tant qu'elle exista, je parlai d'elle avec autant de courage que si elle n'eût pas existé; elle cessa d'être, et j'en parlai comme si elle existait encore. Elle tomba dans de grandes erreurs, elle fit de grandes fautes; mais elle fonda la liberté, elle promulgua les droits de l'homme, et cette promulgation rachète bien des torts. D'ailleurs le bien qu'elle fit, on le lui devait tout entier; elle le fit lorsqu'elle se se livra à sa propre impulsion, quand elle fut elle-même; le mal qu'elle commit fut le crime de quelques intrigants qui l'avaient divisée, trompée, harassée, surtout dans les derniers temps.

J'assistai à la dernière séance de cette Assemblée; elle fut signalée par plusieurs actes de générosité, ou pour mieux dire d'une noble justice. Ainsi on vota 6,000 livres de dédommagement à Rataille, propriétaire du jeu de paume de Versailles, où les députés de la nation avaient trouvé un asile lorsqu'ils furent contraints de fuir devant le despotisme. Lasalle, commandant de la garde nationale parisienne, reçut une pension de 2,000 livres; et Desauldray, son second, une pension de 1,000 livres : tous deux avaient bien mérité de la patrie dans ces jours de dangers.

L'Assemblée s'occupa ensuite de revenir sur quelques délibérations surprises à son incurie les jours précédents, et la séance se termina ainsi : Louis entra dans la salle, grands applaudissements; il prononça un discours sentimental, très-grands applaudissements; le président fit une réponse phrasée, nouveaux applaudissements; enfin Louis se retira, très-longs et très-vifs applaudissements; ensuite le président annonça que la mission de l'Assemblée Constituante était remplie et ses séances terminées... (applaudissements de toute la France).

Le peuple donna, dans cette circonstance, un grand exemple de justice, qui ne devait pas être perdu pour la seconde législature. Au moment où les députés, entrés inviolables dans l'Assemblée, en sortaient simples citoyens, une foule innombrable se rassembla pour payer à chacun le fruit de ses travaux. On poursuivit de huées et de sifflets les Lameth, Barnave, Goupil, etc., tandis que des bénédictions et des applaudissements accueillaient les Pétion, les Buzot, les Grégoire et tous ceux qui n'avaient jamais varié. On les couronna du chêne civique, au bruit d'acclamations unanimes, et d'une musique militaire placée sur la terrasse des Feuillants.

DÉFAITE DU PARTI DE LA GIRONDE,

ET

FUITE DE BRISSOT.

Depuis que dominait la faction des anarchistes, à la tête de laquelle était Robespierre avec sa cour d'intrigants et de séides, Brissot n'était, en quelque sorte, occupé que de répondre aux attaques calomnieuses dirigées contre lui. Le parti qui avait juré de noyer la république dans le sang ne lui pardonnait pas d'avoir dévoilé cet atroce projet. Chaque jour, Brissot était dénoncé, ainsi que Vergniaud, Guadet et Pétion : tantôt on les accusait d'avoir partagé avec Dumouriez une somme de *six millions* destinée aux dépenses secrètes, bien que la plus grande partie de cette somme eût été conservée au trésor par leurs soins; tantôt on leur reprochait d'avoir contribué à l'élévation de Dumouriez au ministère, bien que Dumouriez fût parvenu à ce poste par les seules intrigues de Talon et de la ci-devant reine. Robespierre imputait particulièrement à Brissot d'avoir conspiré avec Dumouriez, pour le rétablissement de la royauté, et il ne citait d'autres preuves de cette complicité que l'identité de leurs opinions *sur l'anarchie.* Comme si la haine de l'anarchie ne pouvait pas être un sentiment commun aux partisans du despotisme et aux amis de la liberté! car les uns et les autres cherchent à s'emparer de l'ordre : les premiers, pour l'imposer selon leur caprice; les seconds, pour l'établir conformément à l'intérêt général.

Dumouriez, dans son adresse du 3 avril aux Français, avait hautement annoncé *l'intention de protéger la majorité saine de la Convention;* et, dans cette majorité saine, qu'il lui convenait de rendre suspecte, il ne comprenait ni Robespierre, ni Marat, à qui il prodiguait au contraire des injures, afin de les désigner ainsi plus spécialement à la confiance du peuple. Par un raffinement de perfidie, le traître s'était déclaré en faveur de ceux qu'il voulait perdre, et il avait affecté de dénigrer ceux qui devaient seconder ses vues. Robespierre et les Jacobins, qui avaient envoyé des ambassadeurs pour faire leur paix avec le généralissime, sont maltraités par lui; et ceux qui, comme Brissot, francs admirateurs de ses grands talents militaires, l'avaient d'abord soutenu, tant qu'il paraissait dévoué aux bons principes, puis démasqué impitoyablement du moment où ils avaient reconnu en lui le conspirateur; ceux-là, il les couvre de son égide, parce qu'il est convaincu que cette feinte bienveillance les flétrira, parce qu'il prévoit qu'elle leur sera fatale. Dumouriez s'était trompé sur le succès de sa trahison; mais il avait très-bien calculé le résultat de l'expression mensongère de ses affections ou de ses mépris. Plus tard, Robespierre relève comme des trophées les invectives qui lui sont personnelles, et il se sert des éloges donnés à ses ennemis pour établir leur complicité avec l'homme qui leur avait offert cette marque d'intérêt.

Lorsqu'il est notoire que depuis le 10 août, Danton et lui ont distribué à leurs créatures tous les emplois de l'État; lorsqu'il est évident que, depuis cette époque, les Jacobins ont tout envahi, argent et places, Robespierre ose attribuer à Brissot une influence qu'il n'eut jamais. Il lui fait un crime d'avoir, en décembre 1792, empêché l'invasion de la Hollande; tandis que le seul obstacle à cette invasion avait été la mauvaise administration de Pache, et les contre-ordres donnés par ce ministre, que dirigeaient Robespierre et son parti. Il n'est pas un des griefs articulés contre Brissot par Robespierre, qui, examiné impartialement, ne puisse plus véritablement inculper ce dernier. Brissot n'eut avec Dumouriez que des liaisons passagères, qui aboutirent à une rupture éclatante; Robespierre avait été dans l'intimité de ce général; il l'avait loué, embrassé, caressé aux Jacobins; Danton, qui occupait le fauteuil dans cette fameuse séance, lui avait aussi adressé des félicitations, et Collot s'était joint à ce concert de louanges. Robespierre signale Brissot comme Orléaniste, et pourtant Brissot n'avait de sa vie parlé à d'Orléans, dont il avait constamment sollicité l'expulsion. Robespierre, au contraire, Marat, Danton, avaient soutenu, prôné, encouragé ce factieux, aussi longtemps qu'ils avaient pu partager son espoir, et rattacher leur fortune à la sienne ou à celle de son fils, non moins ambitieux que lui. Robespierre et ses affidés sont comme ces adroits filous qui crient au voleur, afin de se dérober plus facilement au châtiment de leur méfait. Qui sait si, en prêchant le pillage, le massacre, le nivellement universel, ils ne remplissaient pas les conditions d'un traité secret avec Pitt, s'ils n'accomplissaient pas la mission de rendre la république odieuse, et de faire détester partout la liberté française? Il ne serait peut-être pas très-difficile de restituer toutes ces connivences coupables, à ceux qui avaient toujours l'initiative des dénonciations. Quoi qu'il en soit, ils répétèrent leur calomnie avec tant de persévérance et d'acharnement, ils se vantèrent si souvent, et à tout propos, de leur incorruptibilité, de leur désintéressement à toute épreuve, qu'ils produisirent une certaine illusion, qui, aujourd'hui même, subsiste encore chez quelques honnêtes gens, trop paresseux pour vérifier les faits.

Le système de diffamation employé contre Brissot ne s'appuyait sur rien d'authentique : à la fin, ses ennemis voulurent produire contre lui un témoignage irrécusable.

Watteville, rédacteur de *la Gazette de France*, avait adressé à Laporte, intendant de la liste civile, une lettre pleine de sentiments royalistes. On résolut de tirer parti de cette lettre; et, quand la main d'un faussaire eut changé le nom de *Watteville* en celui de *Warville*, au-dessus duquel était imitée la signature de Brissot, Marat se chargea de donner de la publicité à cette pièce. Brissot, dans la séance du 15 février 1793, vint non-seulement la désavouer à la tribune de la Convention, mais encore il demanda que le comité de sûreté générale fût tenu de déposer la lettre au tribunal criminel du département de la Seine, pour être informé contre l'auteur et les complices du faux. Barrère, Bernard de Saintes, Lamarque, Marat, Legendre, s'opposèrent avec violence à ce que cette demande fût prise en considération. L'Assemblée rendit un décret conforme à la justice; plusieurs membres proposèrent le renouvellement du comité général, dont cette falsification mettait la probité au grand jour. « Faites taire ces infidèles, imposez silence à ces conspirateurs, s'écria Legendre, envoyez-les moi à l'Abbaye, pour l'honneur de la Convention. — Il est bon de surveiller tous ces coquins, » reprit Marat. — Ce n'était qu'une des scènes du prologue de ce grand drame qui allait se terminer par le supplice des Girondins. Bientôt les désorganisateurs rassemblent leurs forces, et la lutte s'engage, avec des alternatives de triomphe et de défaite pour les deux partis. L'insurrection préparée par la Commune éclate le 2 juin : Barrère, toujours fort, quand mille poignards se sont levés pour appuyer sa motion, demande la suspension des députés de la Gironde ; l'affreux Couthon les désigne nominativement, au nombre de trente-cinq, en sollicitant un décret qui les mette en arrestation chez eux. Le décret est rendu par les Jacobins, en l'absence des trois quarts des membres de l'Assemblée, et il ne reste plus aux proscrits qu'à fuir ou à porter leur tête sur l'échafaud. Brissot ne fut pas du nombre de ceux qui se réfugièrent à Caen, et se retirèrent ensuite dans le midi, par la Bretagne, après s'être déshonorés en acceptant le secours du marquis de Puisaye, l'un

---

1 Tout le monde sait, dit Marat, dans l'*Ami du Peuple*, n° 122, que *Brissot* a fait les nobles fonctions de *mouchard* de l'ancien régime, à 50 écus par mois. Son nom est couché en plein sur les registres de Lenoir, et c'est la crainte seule de la publicité, dont Bailly et Lafayette l'ont menacé, s'il bronchait, qui l'a enchaîné dès lors à la cause du royalisme, dont il a été si long temps un agent secret; *la pièce souscrite de sa main en fait foi.* (Vient ensuite la lettre imprimée comme très-véritable.)

des plus fougueux royalistes. Brissot, qui ne put jamais concevoir une pensée de vengeance, ne songea qu'à sa propre sûreté : il voulait aller chercher hors de France une terre hospitalière : la lettre dans laquelle il donne au comité de salut public les motifs de cette determination, fait le plus grand honneur à son caractère.

(*Note de M. de* Montrol.)

MON VOYAGE.

Il m'est impossible de mettre de la suite dans ce récit de l'un des principaux événements de ma vie, parce que mille idées se croisent à la fois dans ma tête, et que je subis toutes les influences d'une situation assez extraordinaire pour me préoccuper. Je vais donc parler des divers objets, à mesure qu'ils se présenteront à mon esprit. Ma fuite, dans le mois de juin, fixe en ce moment mon attention.

Nous avions des renseignements certains sur la conjuration qui a éclaté les 31 mai et 2 juin. Comment prévenir ce dénoûment fatal? Les bons patriotes, dont on voulait verser le sang, délibéraient dans le but unique de trouver un expédient. Mais quel expédient? Repousser la force par la force? De quelle force pouvions-nous disposer? nous n'en avions aucune; et la guerre civile nous faisait horreur. Attendre notre salut des départements? c'était l'attendre en vain : leurs mouvements devaient être si lents, si irréguliers; puis, s'ils s'ébranlaient, n'était-ce pas encore là la guerre civile? On discutait beaucoup et on ne déterminait rien; je me souviendrai toujours d'une opinion développée avec une grande énergie par Buzot. Il s'agissait de savoir si, étant décrétés d'accusation, nous ne devions pas préférer une mort volontaire à l'ignominie de monter sur l'échafaud. Buzot opina pour ce dernier parti, et prouva que la mort sur l'échafaud était plus courageuse, plus digne de patriotes, et surtout qu'elle serait plus utile à la cause de la liberté.

Nous étions au milieu de ces deux morts, quand arriva la nouvelle du décret d'arrestation. On se sépara sans avoir pris de parti. Je fus averti l'un des derniers, et je m'assurai une retraite. Lorsque les barrières furent ouvertes je quittai

Paris, et je gagnai Chartres, ma patrie. J'espérais que ma réputation et les services que j'avais rendus à la liberté m'y feraient accueillir. Le premier homme que je vis était un ami de *vingt ans;* il était tremblant, embarrassé ; il m'exhorta à fuir sur-le-champ, promit de revenir me voir et ne reparut pas. Ceux qui lui succédèrent, en montrant plus de courage, me donnèrent le même conseil. Je pus donc m'appliquer ce passage : *in patriâ venit, et sui eum non receperunt :* il vint dans sa patrie et il en fut repoussé.

De quelle douleur mon âme ne fut-elle pas navrée, en pensant que j'étais obligé de déguiser mon nom, de me dérober à tous les regards dans mon pays ; moi qui aurais dû y recevoir mille témoignages de reconnaissance ; tandis que quelques jours auparavant, un de mes collègues, couvert de mépris et de haine, y avait joui de tous les honneurs du proconsulat !

Après avoir erré dans le département de Loir-et-Cher, où je cherchai vainement un asile, je me dirigeai vers Orléans, en prenant des chemins de traverse. De Pézou jusqu'à cette ville, je voyageais dans un désert, au milieu des broussailles et des rochers. Combien je regrettais de ne pouvoir y trouver un ermitage où je pusse m'ensevelir, et me dérober à jamais aux regards de ces hommes pour qui j'avais tout sacrifié et qui m'immolaient ! Plus la nature paraissait sauvage, triste, isolée, plus elle plaisait à mon âme. La vue des hommes, la vue d'une ville me faisaient frissonner. Là, me disais-je, est la demeure de la fourberie, de l'égoïsme, de l'insouciance, de la servitude... Là, tous les rapports sont brisés, tu n'es en harmonie avec personne.

Aussi, me hâtai-je de quitter Orléans. En 1787, j'avais passé un mois dans cette cité, où j'avais eu beaucoup d'agrément : j'accompagnais alors le marquis Ducrest, qui, comme chancelier du duc d'Orléans, y paraissait presque en viceroi. Nous étions bien accueillis partout, c'était à qui nous fêterait. Souvent je m'étais dérobé à ces plaisirs pour goûter le bonheur de la solitude ; j'aimais à m'égarer dans les délicieuses campagnes des environs, j'étais heureux ; le spectacle de la nature sourit toujours à l'homme libre qui jouit d'ailleurs d'une bonne conscience. Cependant à cette époque même, et durant mon séjour à Orléans, je faillis être lapidé pour avoir, dans un discours sur l'esprit public, osé faire l'éloge de Rousseau; cette mauvaise affaire me fut suscitée par la cabale janséniste.

Au moment où la proscription me ramenait dans Orléans, j'y trouvais tous les esprits abattus par la plus profonde stupeur. La persécution élevée contre ses habitants à l'occasion du prétendu complot d'assassinat de Léonard Bourdon, avait répandu une consternation universelle. On craignait de se parler, on évitait jusqu'aux regards; les Maratistes dominaient. Quelle joie pour eux s'ils m'eussent découvert! Afin de ne pas leur laisser cette satisfaction, je partis sur-le-champ pour Gien. Cette ville me mettait sur la route du midi, où il était plus probable que je pourrais trouver un asile pour quelques jours. La campagne était couverte des plus riches moissons, et leur aspect faisait oublier les effets de la gelée qui avait ravagé plusieurs cantons. Mais qu'est une belle campagne pour une âme dévorée d'inquiétude? Je passai dans Châteauneuf, cette ville où M. de Penthièvre avait si souvent promené son ennui, cette maladie des princes. Je me disais, en voyant cette résidence princière : Est-il donc de la destinée de cette pauvre humanité d'être immolée, ou par des tyrans qui s'arrogent cet empire par droit d'hérédité, ou par des tyrans populaires qui pillent et asservissent le peuple en lui vantant sa souveraineté? Beaucoup de champs incultes environnaient cette terre; il y en a partout autour des princes, fussent-ils même bienfaisants. La liberté seule ne connaît pas de terres incultes. Voyez la Suisse : la culture, voilà le vrai thermomètre de la liberté. Notre thermomètre n'en est pas encore à ce degré.

Gien me rappela le fameux combat de Condé et d'Hocquincourt, et la manœuvre hardie de Turenne qui sauva la cour. Ils se battaient alors pour avoir des maîtres. Je cherchais à entrevoir dans l'avenir, si nous serions encore condamnés à cette terrible espèce de guerre civile. L'avenir ne présentait que des nuages épais. Hélas! il était si facile d'arriver à la concorde! si facile d'établir enfin la liberté et de la rendre durable, en ne la fondant que sur la raison, sur l'évidence et sur l'ordre! Par quelle fatalité, la philosophie qui avait renversé le despotisme, était-elle à son tour foulée aux pieds par le vandalisme et le cannibalisme? Regrets impuissants! trois mots ont détruit la plus belle révolution dont l'univers ait encore été témoin! Du feu, du sang, du pillage, voilà les trois mots de ralliement d'une révolution où l'on n'aurait dû entendre que les mots consolants et paternels de philosophie, tolérance, humanité.

C'était un dimanche que je voyageais; le dimanche doit être un jour de fête chez un peuple libre. Dans trente-six lieues que je parcourus, je n'entendis qu'une seule fois le bruit du violon animant les danses villageoises.

Dans les villes, les hommes étaient attroupés près de la poste aux lettres. On attendait des nouvelles. La révolution du 31 mai avait jeté tous les esprits dans la plus profonde incertitude; on ne savait quel jugement en porter. La suspension de presque toutes les feuilles périodiques, de celles qui étaient dévouées aux principes, inquiétait. On n'osait, dans les auberges, se livrer à des épanchements naturels, on craignait d'être dénoncé. On sondait ses voisins pour connaître leur opinion, le parti auquel ils appartenaient. On cherchait à lire dans les yeux des voyageurs si les nouvelles étaient bonnes ou mauvaises. Les routes étaient désertes; à peine rencontrait-on quelques *patacchs*, petites voitures traînées par un seul cheval, qui font le cabotage d'une ville à l'autre. Les maîtres de poste me disaient qu'ils étaient quelquefois trois jours sans voir une chaise de voyageur. Mais comment se risquer dans un pays où, à chaque village, il faut descendre, exhiber son passeport, répondre à des interrogats, et, sur un simple soupçon, se voir traîner dans un comité, puis dans une maison d'arrêt, jusqu'à plus ample éclaircissement? Ainsi, cette terreur permanente, qui est la base du Maratisme, a ruiné la circulation des hommes et des choses en France, ruiné le commerce, ruiné les messageries, les grandes routes, et la nombreuse classe de professions qu'alimentent les voyageurs.

J'avais entendu dire que les Maratistes dominaient à Nevers. Il fallait donc n'y entrer que de nuit, afin d'éviter soit les difficultés pour mon passeport, soit la rencontre de quelques personnes qui auraient pu me reconnaître. Souque, mon généreux compagnon de voyage, était d'avis que nous continuassions notre route, sans nous arrêter; il comptait que de la sorte nous arriverions à Moulins sur les six heures du matin, et que nous pourrions y passer sans être inquiétés, car, à cette heure les corps de garde sont solitaires; puis on est moins méticuleux quand le repos de la nuit a calmé les esprits. Son calcul était assez bon ; mais j'étais fatigué, et je ne pus résister à l'envie de passer la nuit dans une auberge isolée, à deux lieues de Nevers. Je me promettais de réparer tout, en partant le lendemain de très-bonne heure. Je ne me couchai jamais si gai, et je dormis délicieusement. Funeste paresse! elle m'a coûté bien cher! Et c'est une leçon pour moi, pour vous, mes enfants ; il ne faut jamais rien laisser à la fortûne, toujours aller en avant, toujours embrasser plutôt le parti le plus sage, que le parti le plus agréable. Les minutes sont des siècles dans les révolutions.

Pendant qu'on attelait le cabriolet, je vis partir deux voitures, que je jugeai être remplies par des Marseilllais. Je les suivis constamment, et à chaque poste nons nous retrouvions. J'eus vingt fois l'envie de les aborder. C'était une inspiration qui me tourmentait, et je la combattis malheureusement, car je ne puis douter aujourd'hui que ce ne fût une partie de ces quarante députés de Marseille qui avaient été présents aux fameuses séances des 31 mai et 2 juin, et qui retournaient raconter dans leur pays ce qu'ils avaient vu. Mais je craignais de trouver dans les voitures, soit des commissaires de l'Assemblée, soit des commissaires du Pouvoir exécutif, et je ne me souciais pas de me livrer à mes ennemis.

J'arrivai sur le midi à Moulins. Mon compagnon de voyage descendit seul avec les passe-ports, c'était notre usage. Il tarda longtemps, j'en conçus un mauvais augure. Il revint, me dit qu'on avait vérifié son passe-port, qu'on faisait des difficultés pour le mien; c'était un passe-port de Neufchâtel. Je descendis. A peine entré dans le corps de garde, on me montra la lettre de Garat, qui était suspendue à la muraille, et qui avertissait de ne laisser passer personne avec des certificats suisses qui ne seraient pas signés par Barthélemy, ambassadeur de France en Suisse. La lettre était du 29 mai, par conséquent elle n'avait que sept à huit jours de date, et ne pouvait s'appliquer à un passe-port bien en règle, délivré depuis plus de deux mois. J'eus beau déduire mes raisons, l'officier du poste ne voulut rien décider sans le maire, qui voulut consulter le district, lequel consulta le département. Tous ces renvois m'alarmaient, mais je tâchais de cacher mon inquiétude. Le département était assemblé; j'y parus, je dus craindre d'y rencontrer des hommes qui m'avaient vu à l'Assemblée; et, en effet, il s'y en trouvait, comme je l'appris plus tard; mais ils n'eurent pas l'air de me reconnaître.

Je plaidai ma cause comme Suisse, mais je ne sais pas être faux, et il dut régner dans mon discours et dans mes manières quelque gêne qui me trahit.

Je me présentais comme négociant; on me demanda des papiers, je n'en avais pas. « Au moins, me dit-on, vous avez des malles et nous allons les visiter. » Je répondis que je voyageais en sans-culotte. On m'invite alors à désigner mes correspondants; je nomme sans hésiter les premières maisons de commerce, et l'étonnement redouble quand on me voit offrir de moi-même de rester à Moulins jusqu'à ce qu'on ait éclairci ma qualité. Un membre mutin insiste pour que je sois retenu dans la maison d'arrêt; je demande à être gardé dans une auberge : grande dispute à ce sujet. Je la soutiens avec fermeté, prêt, au besoin, à invoquer le caractère sacré dont j'étais revêtu, celui de représentant de la nation, qui me permettait de couper court à l'insolence des questionneurs. Enfin, on décide que je serai mis provisoirement en état d'arrestation, et que ma voiture sera visitée. La visite a lieu; pendant qu'elle s'opère, je conserve une attitude calme et presque indifférente qui surprend encore. Nous allons au comité de sûreté générale,

Là, je réfléchis qu'il me serait impossible de prouver mon identité avec celui dont je portais le nom, et qu'en attendant j'aurais le désagrément de passer plusieurs jours dans une prison. Je me déterminai, en conséquence, à dire qui j'étais, et cet aveu me soulagea d'un grand poids. Je rends toujours mal un rôle emprunté. Alors on convint de me mettre en état d'arrestation dans une auberge. A l'exception de quelques impertinences du maire, j'eus lieu d'être satisfait des égards que les autres administrateurs me montrèrent.

Je dînai mal; je voyais dans le lointain la joie que mon arrestation allait causer à mes ennemis, et les crimes qu'ils allaient m'imputer. Mais, en examinant ma position, je sentis qu'il fallait me résigner à tout, et supporter mon malheur avec cette décence et cette dignité qui ne doivent jamais abandonner un républicain dont la conscience est irréprochable.

Le département envoya, sur les cinq heures du soir, chercher mon compagnon de voyage, pour l'interroger. C'était au moins une imprudence, car notre arrestation avait déjà mis tout Moulins sur pied; et, sous mes fenêtres mêmes, on nous qualifiait de traîtres.

Quoi qu'il en soit, Souque y alla. C'était un moment bien cruel pour lui; lui, répandu, avant la révolution, dans les sociétés les plus brillantes, et qui n'avait vécu qu'au milieu des arts agréables; lui, réduit à braver les fureurs d'un peuple prévenu. Il soutint cependant ce rôle pénible avec courage, répondant à tout avec fermeté. Il était nuit lorsqu'il revint. La foule qui l'entourait était considérable, on l'insultait, on demandait qu'il fût mis en prison, on le menaçait de la guillotine, on parlait de l'égorger. La garde était peu nombreuse. Souque m'a avoué qu'il n'avait pas cru survivre à cette scène. La mort de Foulon, dont il avait été témoin, lui revenait sans cesse à l'esprit; il craignait à chaque instant un sort pareil; et il sollicita plusieurs fois l'officier de garde nationale qui l'accompagnait, de lui donner un pistolet pour se tuer au moment où l'on voudrait le traîner à la mort.

Cependant il parvint à remonter à mon appartement. La

foule le suivit, j'entendis ses rugissements. Souque, pâle, interdit, se jette à mon cou, en me disant que nous n'avons plus que quelques instants à vivre. Je le supposais en délire, je le lui dis. Il me répondit que je n'avais pas vu la multitude furieuse, qu'elle allait nous assaillir, que déjà elle était à notre porte. En vain le procureur de la commune, et d'autres personnes, cherchèrent à le calmer, en l'assurant que le peuple de Moulins s'était toujours soumis aux lois, qu'il n'y avait pas de massacre à redouter... J'étais plus accoutumé que Souque à ces rages d'une multitude égarée; j'en avais été tant de fois le témoin et l'objet à Paris ! Je continuai de causer très-tranquillement sur l'Angleterre, avec un officier municipal. Cependant le maire, qui s'était déclaré mon ennemi, me témoigna des craintes; il me dit qu'il ne répondait de rien, qu'il n'y avait qu'un seul moyen d'apaiser le peuple, c'était de nous rendre à la maison d'arrêt, parce que les représentants du peuple ne devaient pas avoir d'autre prison que les autres. J'objectai qu'il y avait un décret formel qui mettait les députés en état d'arrestation chez eux; puis, requérant l'exécution de ce décret : « Je ne sortirai pas d'ici, ajoutai-je, qu'on ne m'en arrache par la force, et je vous rends responsable de tout. Vous m'avez assuré que le peuple de Moulins était soumis à la loi, faites-la lui connaître. Il doit obéir à la Convention et au département. » Le procureur de la commune fut de mon avis, il me répondit de faire respecter la loi; et, se présentant avec courage à cette troupe de forcenés, il menaça les plus mutins, et exhorta les bons citoyens à se retirer chez eux. La harangue produisit son effet, la place fut promptement évacuée.

Le département expédia aussitôt un courrier à la Convention. J'y joignis une lettre qui fut mutilée à la lecture et dans le *Moniteur*. On voulait me dégrader.

Je passai dix jours à Moulins assez tranquillement, quoique on s'assemblât de temps à autre sous mes fenêtres, et que l'on y tînt alors force propos qui n'étaient pas très-rassurants pour moi.

Dans le commencement, je reçus la visite de quelques administrateurs et officiers municipaux ; mais le maratisme qui terrifiait Moulins comme les autres petites villes, eut bientôt rendu les visiteurs suspects, en sorte que je ne tardai pas à me trouver dans l'isolement le plus complet. Je m'étais bien aperçu que les administrateurs éclairés étaient dans les bons principes ; mais là, comme ailleurs, ils n'osaient faire face aux brigands, et, pour leur complaire, ils affectaient des sentiments qu'ils étaient loin de partager.

Deux aventures troublèrent ma solitude : l'histoire du district de Gannat, dont on a fait tant de bruit, fut la première.

Voici l'autre : il était minuit, je lisais tranquillement dans mon lit, tout à coup il se fait dans la rue une grande rumeur ; j'en demande la cause. On m'annonce qu'un étranger vient d'être arrêté. L'hôtesse me le dépeint, et me dit que c'est un nommé Marat ; il y avait quelque ressemblance dans le portrait qu'elle m'en fit ; mais Marat à Moulins !... le fait n'était pas croyable : n'importe, je ne pouvais tarder à apprendre la vérité. A peine ai-je repris ma lecture, que j'entends l'officier de garde défendre aux sentinelles qui étaient à ma porte de me laisser sortir, et même communiquer avec Souque, suivant l'usage. Alors je jugeai que j'étais pour quelque chose dans l'arrestation de cet étranger. Quel qu'il fût, ma conscience ne me reprochait rien, je n'avais rien à redouter, je m'endormis paisiblement.

Deux heures après on m'éveilla pour me raconter l'histoire de l'inconnu : c'était l'Espagnol Marchena qui venait m'apporter des secours ; on le retint prisonnier.

Le jour de mon départ de Moulins fut un spectacle pour les habitants de cette ville. Il avait été annoncé pour sept heures du soir, et, dès trois heures, la place, qui est assez grande, était remplie ; les fenêtres et les toits même étaient couverts de spectateurs. Je ne pus déterminer quel sentiment rassemblait cette multitude. Je m'attendais à des injures, à des outrages, à des menaces, et je m'y résignai sans effort. Je sentis avec plaisir que le plus grand calme régnait dans mon âme. Je traversai une haie d'hommes qui semblaient tous étonnés que ce petit individu fût Brissot. Je ne sais pourquoi le vulgaire se représente toujours un homme célèbre avec grande taille et une figure vénérable. Je montai dans la voiture et y restai pendant quelques minutes exposé aux regards des curieux. Quelques cris de scélérats qui vociféraient : *à la guillotine!* retentirent dans les airs; je n'en fus pas ému. L'image de Phocion, l'image de Sidney m'étaient présentes, et je ne les aurais pas démenties. Je n'accuse pas tout Moulins de cette barbarie qui insulte et punit l'accusé avant de l'avoir entendu; mais j'aurai éternellement à faire ce reproche à cette ville : un des plus zélés défenseurs de la liberté y a été dans les liens, et il n'a pas vu une seule larme couler sur son malheur; pas une consolation ne lui a été offerte.

Un courrier nous précédait, il annonçait mon passage, et il était facile de me distinguer, car j'avais un cortége de trois voitures. Cependant, jusqu'à Montargis, j'observai plus de curiosité et de stupeur que de malveillance dans les regards.

Montargis, qui avait été presque le tombeau du philosophe Manuel, ne devait pas me préparer une brillante réception; aussi fus-je accablé d'injures en y passant. Un canonnier surtout était acharné contre moi. Un de ses confrères l'arrêta en lui disant : *Il n'est pas jugé.* Je fus tenté dix fois de haranguer cette multitude; soit timidité, soit orgueil, je gardai le silence. On arrêta à dessein ma voiture près d'un corps-de-garde, et elle fut bientôt entourée et couverte d'êtres à figures hideuses qui laissaient entrevoir un regret, celui de ne pas boire mon sang à l'instant même. Rien ne m'a mieux peint le spectacle d'une danse de cannibales autour de leur victime attachée au fatal poteau, que la vue de ces monstres qui m'annonçaient avec un air de jubilation la guillotine prochaine... Je ne fus pas inquiet malgré leurs fureurs, mais mon âme était navrée. — Voilà donc, me disais-je, les hommes pour lesquels tu as sacrifié tes veilles, ton repos, ta famille, tout ce que tu as de plus cher! Fasse le ciel, m'écriai-je, la larme à l'œil, que mon exemple ne décourage pas les vrais amis de la liberté ! Mais la république est encore loin de Montargis: il n'y en a point sans la justice.

Je craignis une scène encore plus fâcheuse en arrivant de jour à Paris. Le commissaire qui m'accompagnait prit les devants pour savoir, du comité de salut public, où je descendrais; on m'assigna la mairie, en attendant que je pusse aller chez moi. Je m'y rendis avec confiance. Là encore, il me fallut essuyer les invectives de trois mégères, et l'insolente obligeance d'un maire dont je repoussai avec dédain les offres de service. Le lendemain, on me signifia l'acte d'accusation lancé contre moi........

Ici finissent nos extraits des *Mémoires de Brissot*. Les moindres circonstances du procès des Girondins et de leur mort sont trop connues pour que nous n'arrêtions pas au seuil de la prison, c'est-à-dire de l'échafaud, ces confidences à la postérité dont la rédaction occupa les loisirs d'une longue détention. Ce que nous en avons reproduit suffit amplement à notre but, qui était de donner une idée juste d'un caractère et d'un talent trop méconnus, en même temps qu'un tableau curieux des mœurs politiques et littéraires durant les années qui précédèrent la révolution.

(L.)

FIN DES MÉMOIRES DE BRISSOT.

TABLE DES MATIÈRES

CONTENUES DANS CE VOLUME.

                                                                                        Pages.

INTRODUCTION.. I à LXIX

CHAP. Ier. — Captif, et arrivé à cet âge où Rousseau fit un examen général de sa vie, Brissot veut l'imiter, et profiter de la solitude de son cachot pour écrire ses Mémoires. — Sa naissance. — Singulière critique dont elle fut l'objet. — Le marquis de Luchet et Morande. — Sa famille.. 3

CHAP. II. — Éducation de Brissot. — Ses préjugés d'enfance. — La *profession de foi du Vicaire savoyard* éclaire son esprit. — Ses idées irréligieuses le brouillent avec ses parents. — Il est au collège avec Guillard, auteur d'*Œdipe à Colone*. — Ses rêves de républicanisme. — Son admiration pour Cromwell. — Son amitié pour Blot, ami de Clavière et de madame Rolland.. 11

CHAP. III. — Brissot quitte le collège. — La physique et l'abbé Joumois. — L'étude du procureur. — Bouvet, de l'assemblée constituante. — Sergent, de la Convention. — Le droit canonique. — Le premier écrit *Rome démasquée*. — Étude de l'anglais. — D'où vient le surnom de Warville. — M. d'Anton. — M. de Robespierre. — Le décret de paix et de guerre. — Robespierre et le petit dauphin. — Lettre de Robespierre à Camille Desmoulins. — Robespierre chez Brissot. — Réponse de Camille à Robespierre.. 22

CHAP. IV. — Étude de l'italien avec Bouteroue, député à la Convention. — Études diverses. — Court de Gébelin. — La censure. — Le président du musée. — Embarras de Gébelin. — Dureté de ses amis. — Leur générosité après sa mort. — Le comte d'Albon. — Le mausolée de Franconville. — Projet d'ouvrage abandonné. — Dom Mulet prieur des bénédictins. — Veaugeois, président du comité d'insurrection du 10 août. — La traite des noirs.. 30

CHAP. V. — Brissot veut se faire bénédictin. — Sages conseils de Dom Mulet. — Combats entre l'athéisme et le déisme. — Publication des *Lettres philosophiques sur saint Paul*. — Quelques opuscules : la parodie du *Stabat*. — Philosophie d'une femme de dix-sept ans. — Suicide. —

27.

Le procureur Nolleau. — Dissertation sur le vol et la propriété. — Cette démonstration est déterrée par Suard, André Chénier et Morellet. — Médisances et calomnies dont elle est le sujet. — L'abbé Chasles prêtre, aristocrate et depuis athée et démagogue à la Convention...... 35

CHAP. VI. — Arrivée à Paris. — M. Aianon et M. Legrain. — Le bourreau de Soissons. — Paris et les spectacles. — Les gens de lettres. — Laharpe. — Marmontel. — Dudoyer. — Les drames anglais. — Ducis. — Lemière. — Les acteurs de la Comédie française. — Mademoiselle Dumesnil. — Mademoiselle Gaussin. — Mademoiselle Clairon à Anspach. — Lekain. — Dugazon, aide de camp de Santerre. — Les parades. — Monvel. — Mademoiselle Mars. — Hébert.................. 41

CHAP. VII. — M. Nolleau. — L'abbé Coyer et Voltaire. — Le curé de Sainte-Geneviève. — Les prières à la Vierge. — Conversion et mort de M. Nolleau. — Madame Nolleau. — Les mouchoirs à la Wilkes. — M. de Gouves et l'abbé Terray. — L'administration du contrôleur général. — L'éloge de Maupeou. — Le partage des trois cent mille francs du comte de Clermont. — Marat, M. Guérier et l'abbé Terray......... 50

CHAP. VIII. — Linguet. — Accueil qu'il fait à Brissot. — Il l'engage à travailler à son journal. — Lettre de Linguet. — Réception de Laharpe à l'Académie. — Critique de Linguet à ce sujet. — Le libraire Panckoucke. — Intrigue académique. — Épigrammes de Linguet. — Suard et Laharpe font supprimer son journal. — La reine essaie en vain de le protéger auprès de Louis XVI. — Il quitte la France................. 59

CHAP. IX. — Le journal de Clément et de Palissot. — Clément. — Palissot et J.-J.-Rousseau. — Jugement sur une édition des œuvres de l'auteur de la *Dunciade*. — Les commentaires et les notes. — La *Dunciade*. — L'homme dangereux. — Intrigue comique. — Le pardon de Jean-Jacques. — La brochure de Brissot contre les Jacobins. — Opinions courageuses de Palissot sur les anarchistes................. 68

CHAP. X. — Brissot compose les tables du journal de Linguet. — Ce que c'était que les *Annales politiques, civiles et littéraires*. — Mademoiselle Sainval rayée de la Comédie française. — Mot de Linguet qui semble prévoir la révolution de 1789. — Enthousiasme pour son talent. — Illusion dissipée. — Linguet au club des Cordeliers. — Le secrétaire de Marat. — Pourquoi Linguet n'a pas défendu les États de Bretagne. — M. Mazade. — Le cheval du duc des Deux-Ponts. — Les cent louis de Dorat. — Les cadeaux de la figurante de l'Opéra. — La *Cacomonade*, par le docteur Pangloss. — La Chalotais. — Ses ouvrages ne sont pas de lui. — Madame Lem lui fait passer dans sa prison les *Mémoires* qu'il prétend avoir écrits avec un cure-dent...................... 74

CHAP. XI. — Robespierre et Brissot clercs de procureur. — Guillard. — Vie de poëtes. — Indigence et travail. — Les brochures. — La femme bel-esprit. — Le *Pot-pourri* et la lettre de cachet. — L'officieux exempt. — Les propositions de M. Goupil. — Maladie. — Le docteur Doublet. — Le perruquier docteur. — Remède merveilleux........... 83

Pages.

CHAP. XII. — Lubersac, évêque de Chartres. — L'abbé Lubersac au Palais-Royal. — L'évêque convertissant la femme d'un cocher du comte d'Artois. — Le drôle de billet. — La double amende et l'exil de Monseigneur. — C'est l'erreur d'un abbé de cour. — Le prélat philosophe et constitutionnel à la veille des états généraux. — Sieyès, Pétion et Brissot, ou le conseil privé d'un évêque. — Les deux galériens. — La chaîne se rompt. — Goutte et les curés. — La religion de l'État. — Les protestants catholiques. — Le comte de Montlosier. — Lubersac excommunié. — L'institution des religieuses de Chartres. — Le catéchisme. — Ce que c'était qu'un intrus. — Regrets à une ancienne amitié. La comtesse de la Seinie. — Ses lettres à Brissot sur Sieyès, Pétion; le duc d'Orléans et leur élection à l'Assemblée nationale............... 90

CHAP. XIII. — Retour à Paris. — Réunion avec Guillard. — L'amitié n'est qu'un mot. — L'embarras des finances. — Les petits soupers du poëte. — Le dîner du savant. — La *Théorie des lois criminelles.* — Le *Pyrrhonisme universel.* — Lettre à d'Alembert. — Ses deux réponses. — Générosité des philosophes. — D'Alembert et madame Corneille. — Madame Corneille et Larive... 99

CHAP. XIV. — D'Alembert et madame de Tencin. — Mademoiselle de l'Espinasse. — Les bureaux d'esprit. — Madame de Fourqueux et le chevalier d'Éon. — Madame Dupin. — Madame Suard. — Madame Necker. — Madame Geoffrin. — Madame Doublet. — Bachaumont et l'Abbé Xaupi. — La présidente de l'école de médecine. — Le nouveau *Pot-pourri*,... 105

CHAP. XV. — Les expédients pour vivre. — Guillard et l'actrice de l'Opéra. — Les amours. — Le bijoutier. — Le baron allemand. — Le comte Schmetau. — La loge maçonnique. — Bonneville et Thomas Payne. — Fin de l'aventure du bijoutier..................... 111

CHAP. XVI. — Le testament politique de l'Angleterre; M. de Vergennes et M. Swinton. — Le journaliste anglais. — Les adieux à Guillard, aux deux actrices. — Un dernier coup d'œil sur Paris. — Les grands événements du jour. — Benjamin Francklin. — Voltaire. — La première représentation d'*Irène*. — Le duc de Bourbon et le comte d'Artois. — Affaire du bois de Boulogne. — Les petits-fils de Francklin, et leurs talons rouges. — Souvenirs d'une visite de Brissot à Francklin, en Amérique. 118

CHAP. XVII. — Rencontre de Voltaire chez M. Horeau. — Stupidité du procureur. — L'escorte du poëte. — Brissot pourra dire, j'ai *vu* Voltaire. — Il voudrait pouvoir dire, je *lui ai parlé*. — Tentatives à ce sujet. — La préface de la *Théorie des lois criminelles*. — Le marquis de Vilette. — Son portrait. — Il se charge d'une lettre de Brissot. — Réponse de Voltaire. — J.-J. Rousseau. — Brissot veut lui offrir d'être son garde-malade. — La comtesse Dubarry. — La faute en est aux Dieux qui la firent si belle. — Mirabeau. — Laclos. — Madame de Nehra. — Madame de Genlis. — Ses sentiments constitutionnels et républicains *peut-être*. — Portraits de madame Dubarry par Mirabeau..................... 125

CHAP. XVIII. — Arrivée à Boulogne-sur-Mer. — Une famille anglaise. — Les Gascons de l'Angleterre. — Fanfaronnade de Johnston. — La morale d'Arétin. — Le cadet écossais. — Ce que c'était que M. Swinton. — Les hauts faits de ses aïeux. — Ses deux frères. — Lord Olive. — Les divers métiers du marin. — Spéculation à l'anglaise; une femme de douze ans. — La belle-sœur du comte de Lauragais. — Les idées de Swinton sur le mariage. — Les enfants naturels, et les lois anglaises. — Portrait de mademoiselle Félicité Lefèvre et de ses enfants.............. 132

CHAP. XIX. — Le *Courrier de l'Europe*. — Il révèle les grands orateurs et la constitution de l'Angleterre. — Les libertés anglaises. — C'est là qu'est le peuple-roi. — Lord Stormond, ambassadeur en France. — Lord Mansfield. — Lord d'Arhburton. — Projets vertueux du journaliste. — Travaux littéraires. — Promenade au bord de la mer. — Les sociétés de Boulogne. — Brissot voit pour la première fois celle qui doit être sa femme. — Amour et discrétion.. 138

CHAP. XX. — Derniers souvenirs de Boulogne. — Promenade de nuit. — Scènes fantastiques. — Désespoir d'amour. — Le suicide. — La jeune femme est vite consolée. — Autre suicide. — Adieux d'un philosophe au magnanime tiers-état et au clergé. — L'avenir de Brissot se rembrunit. — Son journal est censuré. — L'abbé Aubert. — Nouveaux projets de Swinton. — Il tâche de se débarrasser de Brissot. — Voyage en Angleterre... 144

CHAP. XXI. — Nouveaux projets de Swinton. — Départ de l'Angleterre. — L'abbé Batte et sa gazette scandaleuse. — Les comptes de Swinton. — Retour à Paris. — Brissot écrit à son père. — La réponse de l'abbé de Langle. — Le bureau d'esprit de madame Hénique. — Sylvain Maréchal. — L'*Almanach des honnêtes gens*. — Saint-Lazare. — Le *Journal de Paris*. — Encore un projet. — Le *Dictionnaire ecclésiastique* de M. Hénique. — Étrange manière de payer les travaux des littérateurs. — Extraits d'une lettre de Brissot à Gensonné. — Départ de Swinton. — Projets de mariage. — Béla. — Liaison avec Mentelle. — Quelques jours passés au sein des lettres et de l'amitié......................... 150

CHAP. XXII. — Brissot apprend la maladie de son père. — Il part pour Chartres et le trouve aux mains d'un confesseur. — Le testament. — Les partages. — La mère de Brissot rêve qu'elle voit son fils englouti dans la mer. — Elle devient folle. — De la démence. — Différence du traitement des fous en France et en Amérique. — Bernardin de Saint-Pierre. — L'hôpital des fous de Philadelphie. — La bibliothèque, le buste de Francklin; les œuvres de Fourcroy. — Le Sylvia de Sterne. — Les hôpitaux conduisent au gibet et aux galères. — Le docteur Chambon. — Brissot retrouve mademoiselle Félicité Dupont chez Mentelle. — C'est l'instant le plus heureux de sa vie. — Il veut reprendre l'étude du droit. — Il y joint celle des sciences. — L'anatomie et la physique. — Le cours de chimie de Fourcroy................................. 157

CHAP. XXIII. — Le docteur Chambon. — Ses ouvrages. — Il est élu maire de Paris à la place de Pétion. — Il assiste à la lecture de l'arrêt de mort de Louis XVI. — Sa voiture conduit le monarque déchu à l'échafaud. — Grouvelle et Garat. — Pache, maire de Paris. — Les réunions de Montelle. — Les gens de lettres et les savants. — Bon estomac et mauvais cœur. — L'abbé Choupy et son fanatisme pour la Trinité. — Le Brigant. — Le languedocien et le bas-breton. — La dispute scientifique et le saignement de nez de Choupy. — Première idée du *Traité de la Vérité*. — But de cet ouvrage. — Lablancherie. — Le musée. — L'agent général de la littérature, des arts et des sciences. — M. le comte de Rivarol. — *Le petit Almanach des grands hommes*. — Le journal de Lablancherie. — Brissot va à Reims acheter un diplôme d'avocat. — Son examen. — Les eunuques peuvent-ils se marier ? — Le stage. — Brissot, pour éviter d'être proscrit avec son ouvrage sur les lois criminelles, abandonne la robe de Scaramouche et le barreau........ 164

CHAP. XXIV. — Brissot se livre entièrement aux sciences et à la littérature. — Les découvertes que Marat annonce sur la lumière et sur le feu lui font rechercher sa connaissance. — Il se lie avec lui d'une étroite amitié. — Marat lui raconte quelques circonstances de sa vie. — Ses liaisons avec Catherine Kaufman. — Ses succès prodigieux dans la médecine qu'il avait pourtant abandonnée pour la physique. — Ses remèdes et ses bouteilles. — De ses procédés en médecine. — Il veut se faire ouvrir le ventre pour se guérir d'une colique. — Sa dureté envers les autres, il l'exerce envers lui-même. — Ses travaux pour humilier l'Académie des sciences. — Le *nec plus ultra* de son ambition. — Son traité sur les principes de l'homme. — Voltaire le persifle. — Marat n'a jamais obtenu justice dans le cours de sa vie. — Injustice à son égard. — Querelle de Brissot et du géomètre Laplace, au sujet de Marat. — Le chapitre du préjugé académique, ou récit fidèle de cette dispute. — Brissot y a peut-être porté trop de dureté. — Égoïsme de Marat. — Quoique taillé en sapajou, il trouve pourtant le secret de plaire à la marquise de L..... Esprit et amabilité de cette femme. — Marat ne se borne pas auprès d'elle au rôle de médecin. — Sa violence dans la vie domestique. — La marquise de L..... Marat lui a sauvé la vie. — Mot féroce et trait de générosité de Marat........................ 173

CHAP. XXV. — Lettre de Marat. — Cause de son amitié pour Brissot. — Marat fait lui-même ses articles sur ses ouvrages. — Il accable d'injures Volta qui semblait douter de l'infaillibilité de son génie. — Brissot rend justice à ses connaissances en physique. — Franklin lui-même a rendu hommage à ses talents. — L'Académie des sciences fait supprimer un rapport qui lui était favorable. — Acharnement de Marat pour obtenir un éloge de cette Académie. — Stratagème qu'il emploie pour réussir. — Position précaire de Marat. — Il n'était point vénal. — Son unique passion. — Son opiniâtreté, ses moyens pour parvenir. — Il fut en tout comédien et polichinelle ; flagorneur de la multitude et tribun avant d'être tyran. — Singulières confidences. — Mépris de Marat pour les Robespière et les Danton. — Il veut se battre avec Charles. — Il menace la Convention de se brûler la cervelle. — L'idée de la Bastille lui faisait peur. — Lorsqu'elle fut par terre, il prétendit l'avoir renversée. — Autres fanfaronnades. — Le colonel de dragons. — L'*Ami du peuple*. — Brissot prône le premier cette feuille. — Son étonnement en la lisant. — Brissot pardonne à Marat le mal qu'il lui a fait, mais il ne lui pardonnera jamais d'avoir prêché les massacres et l'anarchie, d'avoir corrompu la morale du peuple. — Sans morale et sans humanité, il n'y a pas de république. — Portrait de Marat écrit par lui-même............... 179

CHAP. XXVI. — Des spéculateurs littéraires engagent Brissot à traduire Milton. — Il veut associer Marat à ce travail. — Un ouvrage anglais écrit par Marat. — Son indignation à propos d'un éloge de Voltaire. — Motifs de sa haine contre le philosophe de Ferney. — L'article de Voltaire sur le livre de l'*Homme*. — Ressentiment de Laplace contre Brissot, au sujet du dialogue du *Sceptique et du Géomètre*. — L'abbé Miolan, Letourneur, Mercier et Charles Pougens chez Marat. — Marat voudrait se lier avec Fourcroy et Lavoisier. — Il accuse Lavoisier d'avoir pillé Cavendish. — Lavoisier. — Estime de Brissot pour ses talents comme chimiste. — Il fait moins de cas de ses lumières en politique et en finances. — Il attaque le commissaire du trésor. — Buzot. — M. Devaisne. — Lavoisier donne le projet des murailles de Paris. — Lettre de Lavoisier à Brissot, sur sa nomination de commissaire du trésor............. 189

CHAP. XXVII. — Brissot publie sa *Théorie des lois criminelles*. — Voltaire et la Société économique de Berne. — Situation de l'Europe sous le rapport de la législation. — Zamoiski. — Campomanès. — Jugement de Brissot sur son ouvrage. — Hobbes et le règne de la Terreur. — La bibliothèque de milord Devonshire. — La législation anglaise. — Le comte d'Albon... 192

CHAP. XXVIII. — Les journalistes et la *Théorie*. — Lacretelle. — Brissot reçoit des encouragements de quelques hommes célèbres. — Delisle de Sales lui fait présent de l'un de ses ouvrages. — L'avocat-général Servan. — Le président Dupaty. — Contraste entre l'accueil que les jurisconsultes font à Brissot et celui qu'il a reçu jadis des philosophes. — Les conseils de Dupaty et ses observations font apprécier à Brissot le juste mérite de ses ouvrages. — Lettre de Dupaty.................. 203

CHAP. XXIX. — La *Bibliothèque criminelle*. — Les deux prix d'académie. — Les critiques des journaux. — Lacretelle. — M. Garat et le Mercure. — Les ordonnances du règne de Louis XIV. — Sources des liaisons de Brissot et de M. Garat. — Reproches de Brissot adressés à M. Garat. — Les massacres de septembre. — Pétion, Robespierre, Danton et Marat. — La conspiration du 10 mars. — La lettre du comte de Pontécoulant. — Vaines tentatives de rapprochement. — Justification d'Hébert. — Différence entre le ministre et le citoyen, l'homme privé et l'écrivain... 207

CHAP. XXX. — M. de Miroménil. — Le parlement. — L'abbé Delacourt. — L'abbé Sabathier. — Son ouvrage sur l'origine de la puissance temporelle

DES MATIÈRES. 479

Pages.

les papes. — Brissot académicien. — Voyage à Châlons. — Les académies de province. — Concerts chez Mentelle. — Clementi. — Desforges d'Hurecourt. — Perreau, auteur de *Mérim*. — Attraits de sa conversation. — Ses amours pour une religieuse. — Il veut purifier un journal de la cour. — Projets de Brissot pour renverser la royauté. — Plan du lycée de Londres. — Villar. — Ses minauderies. — Les complaisances pour les philosophes. — Visite à Élie de Beaumont. — Les belles promesses. — Charlatanisme philosophique et patriotique...................... 217

CHAP. XXXI. — Villar. — Le Toulousain et ses gasconnades. — Voyage à Lyon. — Dijon. — Guyton de Morveau. — M. Poupignon. — Séance d'académie. — M. de Juigné, évêque de Châlons. — Ses bonnes et mauvaises œuvres. — Il sauve une femme d'un incendie et proscrit les jansénistes. — Il succède à Christophe de Beaumont. — Son fanatisme. — Le député-archevêque chez Louis XVI. — Les huées du peuple. — Le peuple est vindicatif et ingrat. — La croisade contre la France. — La diligence de Lyon. — Le comte d'Astier. — L'apothicaire de madame de Genlis, et ses souris blanches. — La nièce vaporeuse. — Rencontre du comte et la comtesse du Nord. — La diligence d'eau. — Les bords de la Saône. — La jolie batelière. — Arrivée chez Blot................. 225

CHAP. XXXII ET XXXIII. — Servan. — Brissot lui fait une visite à Lyon. — Son esprit dans la conversation. — Les *Confessions* de J.-J. Rousseau. — Servan se propose d'écrire contre cet ouvrage. — Les plus grands détracteurs des *Confessions* de J.-J. sont les plus grands partisans de Voltaire. — Leur injustice. — Comparaison des *Mémoires* de Voltaire et des *Confessions* de Rousseau. — Entretien sur le *Siècle de Louis XIV*. — Générosité du *grand roi* injustement louée par Voltaire. — Son despotisme excusé. — Servan aime avant tout sa liberté. Crainte que lui inspire la Bastille. — Lettre de Servan à Brissot...... 231

CHAP. XXXIV. — Visite à M. Poivre. — Délices de son habitation sur les bords de la Saône. — Sa charmante famille. — Son accueil bienveillant. — Son aimable et douce philosophie. — Sa modestie et ses ouvrages. — Son neveu Sonnerat et le voyage à la Chine. — L'abbé Raynal et le nègre de Madagascar. — Beniowski et M. de Sartines. — Ce qu'eût été M. Poivre dans la révolution. — Quelques notes sur sa vie. — M. Dupont de Nemours mari de la veuve de M. Poivre. — M. Poivre échappe aux jésuites. — Perfidie dont il est victime dans les Indes. — Combat sur mer. — Il perd un bras dans le combat. — Il ne pourra plus peindre. — Sa mission à la Cochinchine. — Il en rapporte le poivrier et les différents arbres à épices qui enrichissent l'Î'e de France, dont il devait un jour être l'administrateur suprême................. 236

CHAP. XXXV. — Le lieutenant de police de Lyon. — L'ami de Turgot. — L'avocat et l'homme de lettres. — Hommage rendu au mérite de Prost de Royer par Voltaire, Campomanès et Romtzaw. — Maurepas et Vergennes lui adressent Joseph II. — Entretiens de l'Empereur et du jurisconsulte. — Les coudes sur la table. — Joseph II et les Hongrois.

— Bathiani et l'éducation. — La nation charmante. — L'amitié pour le roi de Prusse. — Les Turcs. — Les spectacles et les prêtres. — Discrétion de Prost de Royer sur ces entretiens. — Il craint d'indisposer Voltaire que Joseph II avait évité. — Les panckouckistes. — Bruys. — M. Dusoleil. — Le gentil Lacretelle. — Portalis. — Gilibert et le roi de Pologne. — Le pamphlet du comte de Fortia et de Charles Pougens... 243

CHAP. XXXVI. — Le ministre Frossard. — Les *Mémoires* de Blair. — Le prêche des protestants. — La cène. — La comédie. — La sœur Nancy. — Les Broteaux. — Les banqueroutes à Lyon. — Les portraits des échevins. — M. Desforges. — L'exercice de collége. — Les jésuites à Lyon. — Mes frères il n'y a point de Portugal. — Le jésuite et la jeune fille. — C'était un énuque. — La Bibliothèque. — L'Oratoire. — Le père Roubier. — La morale de Sénèque. — La guerre contre Genève. — M. Francis d'Ivernois. — Son patriotisme de ce temps-là. — Ses écrits. — Il imprime les œuvres de Rousseau.. 249

CHAP. XXXVII. — Départ de Lyon. — Les fourgons de l'armée de Jaucourt. — Le Philadelphien à Genève. — État de cette ville. — Les négatifs. — Les représentants. — Portraits de Genévois républicains. — D'Ivernois. — Hommage aux Genévoises de 1782. — Elles ont bien changé. — Clavière. — Durovray. — Grenus. — La montre des grenadiers de Jaucourt. — Fuite sur le lac. — La famille de Clavière. — Les lettres de Calvin. — Le pouce embaumé de Richelieu. — Sennebier. — Delue. — Saussure. — Le pasteur Vernes. — Souvenir d'une promenade de Rousseau sur le lac de Genève. — Tronchin et Voltaire. — Effroi du philosophe à l'aspect de la mort. — Rousseau laçant le corset de mademoiselle Levasseur. — Mallet-Dupan. — Ses critiques lourdes et méchantes. — Sa lettre à Linguet contre Voltaire. — Il déchire Brissot après son départ de Genève............................... 255

CHAP. XXXVIII. — Pèlerinage à Ferney. — Les Délices. — Le marquis français. — L'église et le château de Ferney. — Le marquis de Villette. — Le frère de Marat. — Source de la haine de Marat contre Clavière. — Départ de Genève. — Bayle et le château de Coppet. — Aubonne et Tavernier. — Lausane et Servan. — Berne et Frendensich. — Neufchâtel. Le banneret d'Osterwald. — Le ministre Bertrand. — Mercier. — *Le tableau de Paris.* — *L'histoire philosophique des Indes* de Raynal. — Droz et M. Pope. — Arrivée des proscrits génévois à Neufchâtel. — L'ami de Rousseau. — Bienfaisance de madame Dupeyrou............. 263

CHAP. XXXIX. — Anecdotes sur J.-J. Rousseau contées par M. Dupeyrou. — Les pierres de Motiers-Travers. — Querelle de Hume et de Rousseau racontée à Londres par Kirwan. — Mademoiselle Levasseur. — Offre généreuse de M. Dupeyrou à Rousseau. — Ses concitoyens expient leur conduite à son égard. — Soumission de Genève. — Arrivée des proscrits à Neufchâtel. — Injustes reproches qu'on leur adresse. — Ingratitude à leur égard. — On tire des coups de fusil à Clavière. —

Projets des proscrits. — Courses de Clavière et de Brissot autour de Neufchâtel. — Sages conseils de Clavière. — Sa générosité. — Sa conduite envers Delolme. — Delolme guichetier d'une prison. — Le ministre de Colombier. — Milord Maréchal. — L'île Saint-Pierre. — Saint-Robert. — Sa retraite dans la Suisse. — Sa bière de santé. — Ses spéculations bienfaisantes. — Il accompagne Brissot jusqu'à Besançon. — Séjour à Motiers-Travers. — Arrivée à Paris. — Mariage de Brissot. — Départ pour Londres.. 271

CHAP. XL. — Arrivée à Londres. — Le séjour de Brompton. — Les Français réfugiés. — Pelleport. — Aventures de Serres de Latour, rédacteur du *Courrier*. — Madame de Béjan et l'intendant d'Auvergne. — Le rapt et le *Courrier de l'Europe*. — Succès du *Courrier*. — Les dragées de la Mecque. — Paresse et insouciance de Latour. — Brissot se charge d'une partie de son travail. — Idées sur le journalisme. — Swinton à Londres. — Ses craintes et ses soupçons. — Son regret de voir Brissot en Angleterre. — Ses amis. — Propositions qu'il fait à Brissot pour dépouiller Latour de son journal...................................... 280

CHAP. XLI. — Desserres de Latour ouvre les yeux à Brissot sur la conduite et le caractère de Swinton. — Sa maison est le rendez-vous des Français les plus décriés. — Le correspondant de Beaumarchais. — L'esclave de Morande. — Morande. — Brissot fait le portrait de cet homme qui a exercé une si fatale influence sur sa vie et a causé ses plus cruels chagrins. — Jugement de Voltaire sur ce libelliste. — Morande tremblant devant les jupons de la chevalière d'Éon et la canne du comte de Lauraguais. — Ce qu'en ont écrit le marquis de Vilette, Linguet et Mirabeau. — Le libelliste devient espion. — Morande et l'ambassadeur Demoustier. — Un extrait de *la Police dévoilée*...................... 289

CHAP. XLII. — Durovray et l'article de Morande. — Le café de Spings-Gardens. — Les propos des gazetiers. — Les boucles des négociants; la boîte d'or de l'actrice; le vin de Déoda. — Nouvelles propositions de Swinton. — Brissot les refuse avec horreur. — Rupture avec Swinton. — Sa maison. — Receveur, agent de la police de Paris. — Le commerce des libelles. — L'ambassadeur Demoustier devenu le patron de Morande. — Le marquis de Pelleport. — Ses libelles. — Son mariage avec une femme de chambre de madame Dupeyrou. — Brissot cherche à le tirer de la misère. — Receveur marchande à Pelleport une Vie de Marie-Antoinette. — Le *Diable dans un bénitier*. — Latour et Brissot engageant Pelleport à supprimer cet ouvrage. — Il résiste; Vergennes l'attire en France et le fait mettre à la Bastille. — Effroi que cause au ministre français le séjour des gens de lettres à Londres. — Il s'imagine pouvoir acheter quelques orateurs de la chambre des communes pour faire révoquer la liberté de la presse. — Le censeur Aubert. — Moyens employés par le gouvernement français pour obtenir des renseignements sur l'état de l'Angleterre. — M. Lenoir et la fille entretenue.......... 295

CHAP. XLIII. — Linguet sort de la Bastille. — Il est obligé de quitter tour à tour la Suisse et la Hollande. — Il se réfugie en Angleterre. — Son étonnement d'y être inconnu. — Brissot renoue ses liaisons avec lui. — Le peuple est prédestiné à l'ignorance comme à la méchanceté. — Le despotisme de la Turquie est préférable au régime de l'Angleterre. Le pot de chambre de Rousseau. — Grands principes de vertu de Linguet et de sa maîtresse. — M. Butet. — Il accueille Linguet et lui offre sa bourse et tout ce qui lui appartient. — Linguet enlève madame Butet et cent mille livres. — Services qu'a rendus Linguet à la liberté en prêchant le despotisme. — Il grimace la liberté entre Danton et Camille Desmoulins. — Son factum pour Pondichéry. — Secret de sa fortune. — Sa rupture avec Brissot.. 303

Chap. XLIV. — La correspondance politique. — Les ouvrages français en Angleterre. — Brissot est abandonné de Villar et d'Élie de Beaumont. — L'économiste Saint-Flomel. — Le tableau des sciences et des arts. — Solitude de Brompton. — Les aventuriers français. — Prix d'un service rendu. — Histoire de Chavannes. — Sa naissance illustre. — Son union avec une roturière. — Sa réclamation d'une dette de Louis XV. — La recommandation de la duchesse de Polignac. — M. Jennings. — L'audience de Maurepas. — L'ordre d'exil. — Le comte de Ségur et M. de Vergennes. — Arrivée à Bruxelles; l'abbé Raynal. — Les voleurs et les baillons. — Le poëme de l'*Amérique délivrée*. — Les libraires et les voleurs. — Le Mercure Hollandais. — Projet d'émigration en Virginie. — John Adams. — La lettre de recommandation de Lafayette. La chapelle et la grêle. — La souscription. — L'enlèvement de Mirabeau d'Amsterdam. — Démarche de Brissot en faveur de Chavannes. — Le comte d'Andlaw; la princesse de Chimay; la duchesse de Polignac; l'abbé d'Espagnac; madame Victoire tante de Louis XVI. — Le louis du comte d'Estaing.. 402

Chap. XLV. — Persécution des Génevois réfugiés en Irlande. — Plan de la Nouvelle-Genève. — Circonstances qui font avorter ce projet. — Satire de Mallet-Dupan contre Brissot. — Jours heureux de Brissot, réuni à sa nouvelle famille. — Commencement de ses malheurs. — Établissement du Lycée de Londres. — Association avec Desforges. — Caractère de cet homme à projets. — Ses promesses et son dévouement. — Ce que c'était que Desforges. — L'héritier du laquais Thierry. Desforges veut vivre sous le même toit que Brissot. — Il essaie de lui rendre sa femme odieuse. — Premières hostilités de Desforges. — Les aventuriers et Pelleport.. 317

Chap. XLVI. — Vie de Brissot à Londres. — Les savants anglais. — Madame Macaulay. — Brissot défend ses principes républicains. — Enthousiasme que lui inspire son *Histoire d'Angleterre*. — Il en parle à Mirabeau, qui l'engage à la traduire. — Debourge et Ginguené. — La traduction paraît sous le nom de Mirabeau. — Faiblesse de Madame de Macaulay. — Son mariage avec un jeune homme qu'on prenait pour son fils. — Le docteur Graham. — Son pythagoréisme. — Ses cours publics sur l'art de faire de beaux enfants. — Ses dettes. — Il professe en prison au profit de ses créanciers. — Sa célébrité s'éteint de son vivant. — Celle de madame Macauly doit lui survivre. — Son séjour à Paris. — Sa visite à Turgot. — Elle se rend en Amérique. — Son dernier ouvrage sur l'immortalité de l'âme.................................... 325

CHAP. XLVII. — Commencement des embarras de Brissot, relatifs à son établissement de Londres. — Il se dispose à se rendre à Paris. — L'imprimeur Cox. — Les recors anglais. — Brissot est arrêté. — Scène de prison. — Amusez-vous bien. — Visite de Latour et de Desforges. — Les seize guinées de Perks. — L'ami Bridel. — Les arrêts sont levés. — Arrestation du marquis de Pelleport. — Brissot lui fait recouvrer sa liberté. — Petite scène de reconnaissance et d'amitié. — Départ pour Paris... 33

CHAP. XLVIII. — Le passeport de Vergennes et de Rayneval. — Suspension du journal de Brissot. — MM. Joly de Fleury, Villedeuil et Miroménil vengent le style du chancelier d'Aguesseau. — La suspension est levée quand tous les abonnés sont partis. — L'abbé Miolan. — La soirée chez le banquier Delessert. — Brissot est arrêté et conduit à la Bastille. — Il passe quarante-huit heures à pleurer. — Sa belle-mère traverse le Pas-de-Calais sur une faible barque, pour rassurer sa fille sur ce malheur. — La visite de M. Lenoir. — Accusations portées contre Brissot. — Les libelles contre la reine.. 340

CHAP. XLIX. — Séjour à la Bastille. — Loyseau, madame de Boufflers, le prince de Conti et Delaunay. — Le billet de madame de Genlis. — Intérêt que Brissot excite dans le cœur de ses amis. — Condorcet, Bitaubé, Berquin, Parmentier, Bernardin de St-Pierre, le baron de Marivetz. — Madame de Genlis. — Ses rapports avec Brissot. — Le comité de Belle-Chasse. — L'abbé Sieyès n'était point charmé. — Opinion de Laclos et de Mirabeau sur madame de Genlis. — Le voyage de Pétion. — Madame Brissot est attachée à l'éducation de mesdemoiselles d'Orléans. — Son mariage la force à quitter cette place. — Sa lettre à madame de Genlis. — Froideur et raccommodement. — Brissot revoit madame de Genlis au club des Jacobins... 347

CHAP. L. — La cour fait un crime à madame de Genlis de ses prétendues relations intimes avec Brissot. — Madame de Genlis, l'une des ennemies les plus prononcées de la royauté. — Les *Leçons d'une gouvernante* et le premier argument en faveur de la déchéance de Louis XVI. — Les anarchistes ont dégoûté madame de Genlis de ses idées républicaines. — Dumouriez et le jeune duc d'Orléans à Tournay. — Brissot combat le décret rendu contre la famille de madame de Genlis. — Apologie de son *Journal* et de l'éducation qu'elle a donnée aux enfants du duc d'Orléans. — Le duc de Chartres fait rayer tous les titres qui accompagnent son nom. — Il est flagorné au club des jacobins par Collot-d'Herbois. — Terreur de Carra ; le duc de Chartres le rassure. — Projets du duc d'Orléans pour faire nommer son fils à la Convention nationale.

La franchise du républicanisme du duc de Chartres lui eût donné une grande influence dans l'assemblée. — Ses articles dans divers journaux. — L'ami du peuple. — Le journal de Millin. — Le dîner chez Welloni; Brissot, Barnave; Sillery et le duc de Chartres............................. 358

CHAP. LI. — Brissot sort de la Bastille. — Clavière et sa belle-mère. — Fin de son procès. — Il vient demeurer chez Clavière. — L'agiotage. — Amitié de Clavière pour Mirabeau. — Clavière aime tous les révolutionnaires. — Spéculations littéraires et calculs politiques de Mirabeau. — Écrits de Clavière et de Brissot publiés sous son nom. — La préface de la banque de St-Charles. — Histoire de cet ouvrage; Calonne et Mirabeau.. 361

CHAP. LII. — Origine de la liaison de Brissot et de Mirabeau. — La lettre de Brack. — L'ambassadeur Elliot charge Brissot d'offrir à Mirabeau un asile en Angleterre. — Mirabeau répond à ce sujet à Brissot, et lui rappelle quelques-unes de ses aventures; ses procès. — L'effet prodigieux que produisit son éloquence devant le parlement d'Aix, etc., etc.; il demande les conseils de Brissot sur la réponse qu'il doit faire aux offres d'Elliot.. 268

CHAP. LIII. — Changement dans les dispositions bienveillantes de l'ambassadeur Elliot à l'égard de Mirabeau. — Sa lettre à Brissot. — Qui a pu refroidir son amitié? — La réputation de Mirabeau. — Le scandale de ses amours. — La marquise de Monnier; la femme du gouverneur de Vincennes et la princesse de N... — Madame Saint-Huberti; Henriette de Nerbat, etc. — Les *Lettres de cachet* sont-elles de Mirabeau? — La traduction de Tibule, Lachabaussière et Champfort. — Le mémoire de Turgot. — Mirabeau menace Brissot d'une lettre de cachet. — Correspondance de Brissot et de Mirabeau à ce sujet........................ 376

CHAP. LIV. — Le manuscrit de Turgot vendu à Calonne par Mirabeau. — Calonne veut le donner aux États-généraux. — Dupont de Nemours. — L'*Histoire secrète de la cour de Berlin* brouille Mirabeau et M. Talleyrand. — Combat de Mirabeau et de Brissot contre Mallet-Dupan. — Les véritables écrits de Mirabeau. — Jugement sur son caractère. — Menaces contre ceux qui oseront attaquer sa mémoire. — Le convoi funèbre. — Bruits absurdes répandus, à l'occasion de la mort de Mirabeau, contre son secrétaire et MM. de Lameth. — Ses véritables assassins. — Les deux danseuses de l'Opéra. — Fausseté du mot attribué à Mirabeau sur MM. de Lameth. — M. Noël a été le premier écho des discours attribués au grand orateur à son lit de mort. — Le deuil de la monarchie et les factieux. — Mirabeau devait sa popularité et sa plus grande influence aux Jacobins.. 386

CHAP. LV. — Brissot se livre à l'étude de la finance avec Clavière. — La campagne du prieur Joliet. — Les lettres à l'empereur Joseph II. — Le marquis de Chatellux. — Les Quakers. — Warner Miflin. — Sir John de Crèvecœur et la comtesse d'Houdetot. — Le traité sur les rapports entre la France et les États-Unis. — Le magnétisme animal et M. Ber

DES MATIÈRES.

Pages.

gasse. — Liaison de M. Bergasse et de Brissot. — Le magnétisme n'est qu'un masque pour servir la révolution. — Sociétés secrètes : Lafayette, l'abbé Sabatier.— Despresmenil veut débourbonnailler la France.— Manie de M. Bergasse ; Lycurgue, Mesmer et Cagliostro. — M. Bergasse adoré des femmes et encensé comme le grand Lama...................... 393

CHAP. LVI. — Mort du duc d'Orléans. — Le marquis Ducrest. — Brissot à la chancellerie d'Orléans. — Projets philanthropiques et politiques. — L'homme vertueux, les sofas et les filles. — Le cardinal de Brienne offre à Ducrest une place au ministère. — Sa lettre au roi. — Elle est présentée par le duc d'Orléans. — Plaisanterie dont elle est l'objet. — Autres lettres non moins plaisantes. — Vengeance de madame de Genlis contre son frère. — Voyage en Hollande. — Le margrave de Salm. — Le prince d'Orange. — Lubersac et l'abbé Sieyès. — Ducrest à Spa. — Retour à Paris. — Nouvelles intrigues politiques. — Écrits de Brissot contre le cardinal de Brienne. — Brissot se sauve en Angleterre ; le marquis Ducrest l'y rejoint. — Le lit de justice du 20 novembre 1787. — Exil du duc d'Orléans. — Un mot de ce prince et sur ce prince... 405

CHAP. LVII. — Inefficacité des brochures pour éclairer le peuple. — Brissot crée le *Patriote français*. — Le sens commun et la révolution américaine. — Utilité des journaux. — Le pouvoir essentiellement calomniateur. — Les écrivains sous la censure. — Deux arrêtés du Conseil. — Vergennes corrompt les organes de la publicité. — La particule *On*. — Inquisition de la presse. — Son formulaire. — Singulier respect pour la propriété. — Le *Journal de Paris* ouvert à la diffamation. — Chatellux invective les quakers. — Réponse de Brissot. — Un commis fait la loi à vingt-six millions d'hommes. — Contradiction bizarre. — Publication de Brissot étouffée par quatre censeurs. — Il demande la liberté de la presse. — Étranges opinions de quelques prêtres à ce sujet. Les électeurs ont besoin de lumière. — Appréciation de Bailly. — Susceptibilité des membres de l'Assemblée nationale. — Comment le long parlement se rendit odieux. — Erreur de quelques bons citoyens. — Accusation dirigée contre Brissot. — L'idolâtrie, cause du despotisme. — Déplorable suite de l'ambition. — Benezet se fait maître d'école. — Ignorance du docteur Johnson en politique. — Dernières séances de l'Assemblée nationale. — Un dicton de circonstance. — Nécessité de faire de bons choix. — Anathème des fourbes sur les *têtes exaltées*. — Ce que l'on appelle *modération*. — Tactique des intrigants pour miner la constitution. — Les pièces républicaines bannies du théâtre. — Reprise du répertoire monarchique. — *Athalie* fait fureur. — Allusions sur allusions. — Incroyable enthousiasme. — Bêtise des factions........ 410

CHAP. LVIII. — Rapidité des changements opérés en France. — Étonnante amélioration de l'esprit public. — Premiers efforts, premiers succès. — Vaste entreprise de la réforme. — Abus de l'inégalité des droits. — Corruption des classes élevées. — Avilissement de la classe moyenne. — Défenseurs du tiers-état. — Bergasse, Mirabeau, Dupont,

Volney, Potier, Rabaud de Saint-Étienne, Lafayette, d'Entraigues. — La France riche en écrivains défenseurs du peuple. — Necker. — Ses ennemis. — Calonne. — Prédilection des aristocrates pour ce ministre. Sa lâcheté. — Necker se détache de la cause du peuple. — Ses idées sur la noblesse. — Singulière imagination d'un plaisant pour ridiculiser les titres. — Mot de Ramsay sur la noblesse et la souveraineté des rois. — Abolition de l'hérédité nobiliaire. — Necker réfuté par Millin, Loiseau et Antoine. — Séance anti-féodale du 19 juin 1790. — Discussion animée. — Motion de Lambel, appuyée par Charles Lamoth, Lafayette, Goupil, Montmorency, Noailles, Saint-Fargeau, Tracy. — Combattue par de Foucault, l'abbé Maury et de Faucigny. — Opinion de la majorité dans l'Assemblée. — Le décret est rendu. — Le comité de constitution propose un amendement tendant à autoriser tous les Français à prendre les armoiries et les titres qui leur plairont. — Le roi déjoue les intentions du comité par une prompte sanction. — Discrédit de la royauté. — Échelle des êtres selon leur mérite par un républicain anglais.. 425

CHAP. LIX. — Sources des calomnies dirigées contre Brissot. — Il fait la guerre aux abus anciens et nouveaux. — Les modérés amis immodérés de la liste civile. — Projet d'asservir le peuple par le peuple même. — Le schisme s'introduit dans la Société des Jacobins. — Liste des députés membres de cette Société. — Les modérés mettent le peuple aux prises avec la garde nationale. — Les patriotes désignés à la haine sous le nom de républicains. — Tactique des intrigants. — Crédulité du peuple. — Tôt ou tard il est détrompé. — Les placards sont proscrits. — L'autorité en fait une arme dangereuse. — Manœuvres pour fausser les élections. — Imputations contre Brissot. — Le libelliste Théveneau de Morande. — Opinion de Rousseau applicable aux circonstances. — Candidature et ballotage de Brissot. — Députation de Paris. — Encore un mot sur la dernière séance de l'Assemblée Constituante. — Jugement du peuple... 430

Défaite du parti de la Gironde et fuite de Brissot..................... 457
Mon voyage.. 462

FIN DE LA TABLE DES MATIÈRES.

www.ingramcontent.com/pod-product-compliance
Lightning Source LLC
Chambersburg PA
CBHW070830230426
43667CB00011B/1743